मोहन राकेश की डायरी

मोहन राकेश

राजपाल

स्थापित 1912
100 वर्षों की
श्रेष्ठ प्रकाशन परम्परा
राजपाल

ISBN : 9788170285618
संस्करण : 2017
MOHAN RAKESH KI DIARY (Memoirs)
by Mohan Rakesh
मुद्रक : रेप्रो नॉलेजकास्ट लि, इंडिया

राजपाल एण्ड सन्ज़

1590, मदरसा रोड, कश्मीरी गेट-दिल्ली-110006
फोन: 011-23869812, 23865483, फैक्स: 011-23867791
website : www.rajpalpublishing.com
e-mail : sales@rajpalpublishing.com
www.facebook.com/rajpalandsons

मोहन राकेश की डायरी

श्री ओमप्रकाश जी को
और उन सबको
जो उनकी कमी महसूस कर रहे हैं

–अनीता राकेश

अपनी डायरी के बारे में स्वयं

मोहन राकेश की डायरी में बीच-बीच में कुछ हिस्से ऐसे मिलते हैं जिनमें वे अपनी डायरी के बारे में ही ज़िक्र करते हैं। पहली बात तो यही है कि उन्होंने नियमित रूप से डायरी लिखने की कोशिश कई बार शुरू की लेकिन वह चल नहीं सकी। पहली उपलब्ध डायरी के आरम्भिक कुछ पृष्ठ फटे हुए हैं, फिर 1952 में लम्बी छलाँगें लगाते हुए आगे बढ़ते हैं। 1955 में जब नीचे दिया नोट लिखा गया, लगता है, उन्हें इस बात का कुछ क्षोभ भी हुआ, और उन्होंने बाकायदा अपने जन्मस्थान और जन्म से लिखना शुरू कर दिया। लेकिन ये पन्ने भी आगे नहीं बढ़ते—

डायरी के अन्तिम वर्ष में कुछ पृष्ठ अलग से मिलते हैं जो डायरी में दिये जायें या न दिये जायें, इस पर वे विचार कर रहे थे। परन्तु यह इस बात का स्पष्ट सबूत है कि वे डायरी को प्रकाशित देखना चाहते थे—जो अन्यत्र भी कुछ स्थानों पर कहा गया है।

29.9.55

मैं ज़िन्दगी भर डायरी लिखने की आदत नहीं डाल सका। मैंने कई बार कोशिश की, कई दिन लगातार कई-कई पन्ने लिखे भी, परन्तु फिर वह डायरी वहीं की वहीं छूट गयी—कभी साल-छह महीने बाद मैंने फिर आगे चलने की चेष्टा की तो फिर वही अंजाम हुआ। यही वजह है कि अपने जीवन के संस्मरण लिखते हुए मुझे विश्वास नहीं है कि मैं इन्हें पूरा कर पाऊँगा। कह नहीं सकता कि कब कहाँ पूर्ण विराम लग जाये और ये पन्ने भी पहले की अधूरी डायरियों के पन्नों की तरह शेल्फ के कोने में या किताबों के पीछे कहीं धूल से लथपथ होते फिरें, और मुझे इन्हें देखकर बार-बार चिढ़ना पड़े क्योंकि ऐसे अधूरे पन्ने मेरे पास बहुत जमा हैं जिन्हें न रखते बनता है, न फेंकते—वे पुराने चीथड़ों की तरह एक ढेर बनते जा रहे हैं, कुछ लिखे और कुछ टाइप किये पन्ने, जो फ़ाइलों के अगल-बगल से झाँकते मुझे बहुत बुरे लगते हैं। मुझे कोरे कागज़ों से बहुत लगाव है और ऐसे कागज़ों से सख्त चिढ़ है जिनके कोने इधर-उधर से टूटे हों। मगर मेरे अपने लिखे हुए

कागज़ ज़्यादातर इसी हालत में रहते हैं और मैं उन्हें उठाता हूँ तो कुछ इस तरह जैसे किसी अपात्र पर कृपा कर रहा होऊँ।

1.10.55

जीवन के संस्मरणों को जन्मस्थान के संकेत से आरम्भ किया जाये, ऐसा कुछ रिवाज़-सा है और इस रिवाज़ का पालन करने में भी मुझे काफ़ी कोफ़्त का अनुभव होता है, क्योंकि मेरा जन्म एक तंग शहर की छोटी-सी गली के एक बहुत अँधेरे घर में हुआ और जो वातावरण मुझे आरम्भ में मिला, उसमें भी श्लाघनीय कुछ नहीं था। मुझे ऐसे लोगों से स्पर्द्धा होती है जो देवदारों से लदे हुए उन पहाड़ी प्रदेशों में पैदा हुए जहाँ गिरते और मचलते हुए पहाड़ी झरनों ने उनकी विस्मित शिशु आँखों को अपने सौन्दर्य से भर दिया था। जिन्हें बचपन में खेलने को खुले समुद्र तट मिले जहाँ वे रेत के घरौंदे बनाते और बिखेरते रहे। मेरा जन्म अमृतसर की जिस गली में हुआ, वहाँ ताज़ा हवा तक तो पहुँच नहीं पाती थी। हमारा घर अंधेरा तो था ही, साथ ही वह काफ़ी छोटा भी था क्योंकि उसकी दोनों मंज़िलों पर मुझे कुल दो कमरों का होना ही याद है—इसके अतिरिक्त एक रसोई और एक ठाकुर जी का कमरा शायद और था। नीचे ड्योढ़ी के साथ सटे हुए दीवानखाने में एक अलमारी भी जिसमें कितनी ही रहस्यमय चीज़ें रखी रहती थीं—हाथीदाँत की माला, बुँदे, चाँदी की डिबिया और जाने क्या-क्या। मेरी उन चीज़ों को हाथ में लेकर तोड़ने की बहुत उत्कट इच्छा हुआ करती थी मगर अलमारी इतनी ऊँची थी कि बिना माँ की सहायता के मेरा हाथ उन चीज़ों तक नहीं पहुँच पाता था। और माँ मुझे कोई चीज़ तोड़ने का अवसर नहीं देती थी। मेरी दूसरी इच्छा ऊपर टँगा हुआ पिता का सितार लेकर बजाने की होती थी, जो मुझसे कहा जाता था कि मुझे बड़ा होने पर दिया जायेगा। मैं एड़ियाँ उठाकर हज़ार बार प्रमाणित करता कि मैं पहले से बड़ा हो गया हूँ मगर कोई भी मुझ पर विश्वास करने को तैयार न होता।

हमारे घर के साथ सटा हुआ बाल कौर ब्राह्मणी का घर था। बाल कौर और मेरी दादी में बहुत घनिष्ठता थी और इसी वजह से प्रायः उनमें लड़ाई हो जाया करती थी। बाल कौर के घर के आगे टाइलों का छोटा-सा दालान था। वहाँ हम और आस-पास के दो-चार घरों के बच्चे इकट्ठे होकर खेला करते थे। जब बाल कौर की दादी के साथ लड़ाई हो जाती तो हमारा वहाँ खेलना बन्द हो जाता। कई-कई सप्ताह उन दोनों की बोलचाल बन्द रहती और हम खिड़कियों के पास खड़े होकर उदास आँखों से खाली दालान को ताका करते। अन्त में किसी त्योहार के दिन दादी बाल कौर को या बाल कौर दादी को कुछ मिठाई या फल-वल भिजवा देतीं और इस तरह फिर से उनके मित्रताकाल का आरम्भ हो जाता। जिस दिन दादी बाल कौर से एक शब्द बोल लेतीं, उसी दिन हम उछलते हुए बाल कौर के दालान

में खेलने पहुँच जाते। मेरी बड़ी बहन और चचेरी बहनें वहाँ किक्कली डालतीं या गीटे और टहनें खेलतीं या एक-दूसरी की बाँहों में बाँहें डालकर ऐसी कोई पंक्ति गातीं–'शुक्ला को लेने आते हैं, आते है ठंडे मौसम में', और मैं अस्थिर ढंग से पास खड़ा एक पैर से टाइलों वाले फ़र्श पर प्रहार करता हुआ बोलता, 'कबड्डी...कबड्डी'।

नयी दिल्ली : 11.10.67

बासु से बातचीत के बाद डायरी के ये दो पन्ने (1948 के) निकाल लिए ताकि अगर डायरी छपने के लिए दी जाये, तो उसकी शुरुआत सन् 49 से हो, मगर छपने दे दूँ या नहीं, इसका फ़ैसला अब तक नहीं कर पाया। यूँ शरद देवड़ा से हुई बात के बाद से ही डायरियों के वे अंश जिनमें कुछ अर्थ या संगति है, टाइप कर रहा हूँ। सोच रहा हूँ कि जितना हिस्सा कवर कर लिया है, उतने को या जला दूँ या फाड़कर फेंक दूँ। जो लेना था, उसे लेने के बाद बाकी कूड़ा भी क्यों भरे रखूँ जिससे कल को कोई उस कूड़े को भी 'डायरी-शेष' के रूप में छाप दे? (**कमेंट** : तो आप समझते हैं कि जो आपने चुना है, वह कूड़ा नहीं है?)

–मोहन राकेश

राकेशजी की यह डायरी

लम्बे बारह वर्ष बीत गये—इस डायरी के छपने में। इसकी अपनी ही एक दास्तान है। अनेक बार यह प्रेस में गयी और लौट आयी। सोचा, थोड़ा समय और ले लेना ठीक होगा। कारण—डायरी एक बहुत ही व्यक्तिगत चीज़ होती है और यही आदमी का वह सच्चा स्वरूप होता है जिसके द्वारा उसका अन्दर-भीतर बिना किसी लाग-लपेट के व्यक्त होता है। इसमें उसकी अपनी ही नहीं बल्कि अपने से जुड़े सभी व्यक्तियों की भी सच्चाइयाँ व्यक्त होती हैं।

एक लेखक अपनी कहानियों, निबन्धों, नाटकों और उपन्यासों के माध्यम से अपने आपको व्यक्त कर तो लेता है पर यह अभिव्यक्ति सीमित होती है, पूर्ण नहीं होती। तसल्ली उसे तभी मिलती है जब वह डायरी लिखता है। ज़रूरी नहीं कि सभी अपने को इसी तरह हल्का करते हों लेकिन राकेशजी जैसे भावुक व्यक्ति के लिए यह अत्यन्त आवश्यक था। ज़िन्दगी की पगडंडियाँ चढ़ने-उतरने के बाद लेखक ज़रूर थोड़ी राहत चाहता है और इसके लिए वह डायरी का सहारा लेता है।

अब यह डायरी आपके हाथ में है। यों तो डायरी या फिर किसी भी पुस्तक का वक्तव्य वह स्वयं ही होती है, फिर भी इसके अतिरिक्त भी दो शब्द मैं यहाँ जोड़ देना चाहती हूँ।

राकेशजी के युवाकाल से लेकर अन्त तक के अनुभव इसमें शामिल हैं। हाँ, कहीं-कहीं अनुभवों को लिखने में काफ़ी अन्तराल रहा है, लेकिन इसके बावजूद इसमें एक तारतम्य है जो उनके जीवन और व्यक्तित्व से सीधा जुड़ा है। राकेशजी के जीवन में बहुत से लोग आये और गये। कुछ शायद उन्हें बहुत अच्छे लगे, कुछ नहीं (जैसा कि मानवीय स्वभाव है), और सम्भवतः उन्होंने अपने स्वभाव के अनुसार अपने पात्रों को कहीं बहुत कुछ अच्छा या बुरा कह दिया होगा। और सम्भवतः वह अपने मित्रों, पत्नियों और प्रेमिकाओं को लेकर ही नहीं वरन् अपने को भी लानत दिये बिना बाज़ नहीं आये होंगे। मैं अपने पाठकों से अनुरोध करूँगी कि पुस्तक को एक डायरी (जो कि बहुत ईमानदारी और स्वतन्त्रता से लिखी जाती है)

के रूप में ही लें और जो कुछ भी उस व्यक्ति ने किसी पात्र के लिए अच्छा-बुरा कहा हो, उसे मात्र उस व्यक्ति के अपने स्वतन्त्र विचार मानकर नज़रअन्दाज कर दें। मैं स्वयं आप सबसे अलग नहीं हूँ और आप देखें कि मेरे अपने बारे में भी उन्होंने क्या कहा-सुना है। जहाँ आप इस डायरी के एक पात्र हैं, मैं भी अपने को आप सबके साथ ज़रूरी तौर पर शामिल करना चाहूँगी।

इस डायरी-विशेष के प्रकाशित होने में बहुत कुछ समय तो राकेशजी की हस्तलिपि पढ़ने और उसे टाइप कराकर पुनः अच्छी तरह संशोधित करने में निकल गया, और जब यह सब हो गया तो लगा कि अभी कुछ और समय इन्तज़ार करना चाहिए। बहुत-सी चीज़ें समय के साथ थम जाती हैं और आदमी प्रत्येक चीज़ को तसल्ली से ले लेता है—जैसे कि स्वयं मैंने भी बारह वर्षों में डायरी के बाबत तसल्ली रखना सीख लिया है। सबसे मुख्य कारण इनमें कुछ ऐसे पात्रों का होना है जिनके बारे में हमें काफ़ी सोचना पड़ा—अर्थात राकेशजी की स्त्री मित्रों तथा प्रेमिकाओं के विषय में। इन्हें मिटाया भी नहीं जा सकता था क्योंकि इससे राकेशजी के व्यक्तिगत 'इवॉल्यूशन' की जड़ें ही कट जातीं और किसी हद तक यह उन महिलाओं के प्रति भी अन्याय होता। ये सब विवरण अब ज़रूरी सम्पादन के साथ दिये गये हैं।

डायरी अब आपके हाथों में है। हिन्दी में डायरी लिखने और प्रकाशित करने का प्रचलन कम है, जबकि अंग्रेज़ी और दूसरी पश्चिमी भाषाओं में इन्हें निस्संकोच छापा जाता है और साहित्य का ज़रूरी हिस्सा माना जाता है। साहित्य की आधुनिकता भी कहीं इस तरह की सच्चाई के साथ जुड़ी होती है।

अब मैं आखिर में दो शब्द कह कर इसे समाप्त करती हूँ कि यह डायरी उन सभी पात्रों को समर्पित है जो इससे किसी भी रूप में जुड़े हुए हैं।

—अनीता राकेश

डायरियाँ—एक लेखक का अपना रेगिस्तान

राकेश की ज़िन्दगी एक खुली किताब रही है।
उसने जो कुछ लिखा और किया—वह दुनिया को मालूम है।
लेकिन उसने जो कुछ जिया—यह सिर्फ़ उसे मालूम था!

अपनी साँसों की कहानी उसने डायरियों में दर्ज की है।

~

और कितना तकलीफ़देह है यह एहसास कि राकेश जैसा लेखक अपने अनुभवों की कहानियाँ दुनिया के लिए लिख जाये और अपने व्यक्तिगत संताप, सुख और दुःख के क्षणों को जानने और पहचानने के लिए अपने दस्तावेज़ दोस्तों के पास छोड़ जाये....

डायरियाँ, लेखक का अपना और अपने हाथ से किया हुआ पोस्ट-मार्टम होती हैं!..एक लेखक कैसे तिल-तिल जीता और मरता है—अपने समय को सार्थक बनाते हुए ख़ुद को कितना निरर्थक पाता जाता है और अपनी निरर्थकता में से कैसे वह अर्थ पैदा करता है—इसी रचनात्मक आत्म-संघर्ष को डायरियाँ उजागर करती हैं। राकेश की डायरियाँ इसी आत्म-संघर्ष के सघन एकांतिक क्षणों का लेखा-जोखा हैं, जो वह किसी के साथ बाँट नहीं पाया या उसने बाँटना मंजूर नहीं किया...आदमी के अकेलेपन की यह यात्रा तब और भी त्रासद हो जाती है, जब उसकी यात्रा में कुछ ठंडी और शीतल छायाएँ आती हैं...वे ठंडी शीतल छायाएँ जीवन के मरुस्थल को और बड़ा कर देती हैं और मन के सन्नाटे और सूनेपन को और अधिक गहरा!

मुझे कच्छ के रण का एक अनुभव याद है...समांतर लेखक सम्मेलन के सिलसिले में हम माण्डवी और अंझार गये थे। सम्मेलन समाप्त होने पर हम कच्छ के रण में गये—उस असीम फैले रेगिस्तान में मैं काफ़ी दूर तक अकेला चला गया और दिशाओं का ज्ञान तक भूल गया। कच्छ के रेगिस्तान का सन्नाटा इतना भयानक

था कि मुझे घबराहट होने लगी...अपनी साँसों की आवाज़ सुनने के लिए मैं छटपटाने लगा...अगर कुछ देर और उस रेगिस्तान में मैं खड़ा रहता तो शायद वहाँ का सन्नाटा और दिशाभ्रम मुझे बेहोश या क्षणिक रूप से पागल कर देता...तब मैंने वहाँ के लोगों से पूछा था कि सन्नाटे से भरे इस रेगिस्तान को लोग कैसे पार करते हैं? पूछने पर पता चला कि रेगिस्तान पार करने वाले लोग अपने मुँह में चूड़ी की तरह का एक छोटा-सा गोल यन्त्र रखते हैं जिसमें एक पतला तार बँधा रहता है। उस स्वर-यन्त्र को वे चंग कहते हैं...जब यात्री रेगिस्तान का सफ़र करता है तो मुँह में वह चंग को बजाता रहता है—जिसकी आवाज़ सिर्फ़ भीतर शरीर में हल्के-हल्के गूँजती रहती है और बाहर के रेगिस्तानी सन्नाटे को तोड़ती रहती है...और यात्री अपना रेगिस्तानी सफ़र पूरा कर लेता है।

लेकिन लेखक का यह रेगिस्तानी सफ़र तो कभी पूरा नहीं होता! जिस लेखक ने अपने रेगिस्तान को नहीं जिया है, वह अधूरा ही रहा है! राकेश ने अपने भीतर ये डायरियों के चंग बजा-बजाकर अपने सन्नाटे को तोड़ा और अपने रेगिस्तान को जिया है!

हालाँकि मेरा और राकेश का साथ एक बहुत लम्बे अर्से तक रहा है लेकिन मैंने उसे कभी डायरियाँ लिखते नहीं देखा, उन दिनों में भी जब माँ और राकेश अकेले थे और हम एक ही मकान में रहते थे। माँ का ज़्यादा समय गायत्री और मानू के साथ गुज़रता था, और राकेश का मेरे साथ। शामें कुछ चहल-पहल से भर जाती थीं– जवाहर चौधरी, मन्नू(भण्डारी), राजेन्द्र(यादव), सुरेश अवस्थी, ओम और सुधा शिवपुरी, राजेंद्रनाथ, अलकाज़ी, नेमिचंद्र जैन, राजेन्द्र अवस्थी, इन्दर मल्होत्रा, चमन, मदन, राज और उज्ज्वला बेदी (बम्बई से), रेखा और शील और कभी-कभी विश्वनाथ, शीला सन्धू और ओमप्रकाश भी आते रहते थे...सभी समकालीन नये कहानीकारों से भी मुलाकातें होती रहती थीं, ये वर्ष ज़बरदस्त हलचलों और साहित्यिक आंदोलनों के वर्ष थे!...सब आते थे, ठहाके लगते थे, कॉफ़ी या रम के दौर चलते थे और जब सब चले जाते थे, तो राकेश के पास जालन्धर, अमृतसर, शिमला, कुफ्री, चम्बा और डलहौज़ी की यादें आती थीं। उस समय हम अपने-अपने रेगिस्तानों में भटक जाया करते थे...बहुत मुश्किल से कभी-कभी राकेश के रेगिस्तान से एक आवाज़ आया करती थी—'रेगिस्तान में घर कैसे बनाये जाते हैं?...रेत का ही सही, लेकिन एक घर तो होना चाहिए!' साहित्य के लिए वह पुख़्ता घर बना गया, पर अपने लिए वह पूरी रेत भी जमा नहीं कर पाया। उसने कई घर बसाये, पर उसे उसके मन का घर किसी ने बना कर नहीं दिया! अधूरे घरों की रेतीली कहानियों के बहुत से प्रसंग उसकी डायरियों में होंगे...सम्बन्धों और दोस्ती की बहुत-सी ईंटें उसने थापीं, उन्हें आँवे में पकाया...पर बंजारों की तरह पुख़्ता ईंटों की अधबनी दीवारें वहीं छोड़कर वह कहीं और चला गया...

राकेश एक ऐसा नाम था, जिसके पते हमेशा बदलते रहे और ज़िन्दगी के सारे अहम खत उसे रिडायरेक्ट होकर देर से मिलते रहे! अपना उपन्यास *डाक बंगला* लिखने के समय जब मैंने उसे 'थीम' बतायी कि 'ज़िन्दगी में हर आदमी को वह सब कुछ मिल ही जाता है, जिसकी वह कामना करता है, पर मनुष्य की त्रासदी यही है कि उसे उस वक्त वह नहीं मिलता, जब वह उसकी कामना करता है!' तो राकेश अपने मोटे चश्मे के भीतर से कई पल ताकता रहा था और दूसरे दिन शिमला जाने का टिकट ले आया था। वह अपना टाइपराइटर लेकर लिखने के लिए कुफ्री जा रहा था।

उसकी यह लेखन-यात्रायें अपने भीतर छुपे एक शून्य को भरने की व्यक्तिगत यात्रायें भी होती थीं, क्योंकि कभी-कभी अपना टाइपराइटर लटकाये वह दूसरे दिन ही लौट आता था और अपने मन पर लगे किसी घाव या दर्द की टीस को छुपाते हुए झूठ बोलता था कि लिखने का माहौल ठीक नहीं बना, इसलिए वह लौट आया है!

राकेश लगातार सम्बन्धों के विविध आयामों को अपनी रचनाओं में खोजता और विश्लेषित करता रहा है, लेकिन उसकी डायरियाँ अपने साथ अपने सम्बन्धों की खोज का ज़रिया रही हैं! राकेश के सम्बन्ध राकेश की साहित्यिक 'इमेज' के साथ बहुत सन्तुलित थे। राकेश के सम्बन्ध खुद राकेश के साथ बहुत हलचल से भरे थे...जिनको वह समेट नहीं पाता था। उसके ये सूत्र बिखरे ही रह जाते थे और कभी-कभी तो बहुत उलझ भी जाते थे—पर अपने मन की भाषा को वह बहुत गहराई से पढ़ता रहता था और अपने बारे में वह हमेशा बहुत साफ़ निर्णय लेता था...और मुझे उम्मीद है कि उसकी डायरियों में रहस्यों, दुराव, कटुता, द्वेष और भंडाफोड़क प्रवृत्तियों की बहुलता नहीं बल्कि उनमें समय, सम्बन्धों और व्यक्तिगत प्रश्नों और उन प्रश्नों के मनमाफिक उत्तर पाने की आकांक्षाएँ ही शब्दबद्ध की गयी हैं—(यह मैं इसलिए कह रहा हूँ कि प्रकाशन से पहले राकेश की डायरियों को मैंने बहुत सरसरी तौर से ही पढ़ा है)।

एक बार राकेश ने कुछ तकलीफ़ के क्षणों में कहा था—'डियर, एक बात बता...दुनिया के सारे सवालों के जवाब तो हम दे देते हैं और ले लेते हैं, पर अपने मन के सवालों के जवाब इस दुनिया से क्यों नहीं मिलते?' जवाब वह जिस दुनिया से माँगना चाह रहा था, उसकी वह दुनिया कुछ व्यक्तियों की दुनिया थी...जहाँ वह ज़्यादातर निराश ही रहा है, क्योंकि सब अपना-अपना प्राप्य चाहते थे, पर राकेश क्या चाहता था, यह 'उन्होंने' नहीं समझा जिन्हें वह चाहता था! अतीत का यह बोझ वर्तमान के सम्बन्धों को अनजाने ही प्रभावित करता रहता है और एक लेखक अपने वर्तमान और भविष्य पर अपने अतीत की अपेक्षाओं का दायित्व भी डालता रहता है...और इसी कारण उसका रेगिस्तान निरन्तर बड़ा होता जाता है और सम्बन्धों

की सघनता और आंशिक तृप्ति के बावजूद उसके मन का सन्नाटा बढ़ता जाता है...और तब लेखक अपना पोस्ट-मार्टम ख़ुद करता है...और अपने पोस्ट-मार्टम की रिपोर्ट छोड़ जाता है!

राकेश की ये डायरियाँ—उसकी अपनी रिपोर्टें हैं, जो उसने अपने लिए तैयार की थीं...जो उसके एकांतिक संताप और सच्चाई की दास्तानें हैं!

बम्बई
4.1.85

—कमलेश्वर

"क्या सचमुच मैं 'वह' हूँ जिसकी कभी अपने से आशा होती थी और जिसकी कुछ दूसरे अब भी आशा रखते हैं? कभी-कभी अपनी योग्यता और genuineness पर बहुत सन्देह होता है। लगता है, यह सब बाहरी आडम्बर है—अपने को और दूसरों को छलने की एक विडम्बना मात्र है। अपने लिखे से और लिखने की इच्छा से वितृष्णा होती है। क्या सचमुच मुझमें वह है, जो इस कार्य के लिए होना चाहिए?"

बम्बई : 1948

कोई बात थी अभी-अभी दिमाग में। जुगनू की तरह चमककर बुझ गयी। कितनी बार ऐसा होता है। एक धुँधली-सी तस्वीर दिमाग में उभरने लगती है, पर उभरते-उभरते अन्दर के अँधेरे में खो जाती है। जैसे कि दिमाग में उसकी शरारत चल रही हो। मैं कितनी-कितनी बार उस जुगनू को पकड़ने की कोशिश करता हूँ—किसी अनजाने क्षण में उसे दबोच लेने की ताक में रहता हूँ। कई बार घंटों यह खेल चलता है, पर जुगनू पकड़ में नहीं आता। हल्के से कभी यहाँ, कभी वहाँ, टिमटिमाता है—पर उस टिमटिमाहट का ठीक आभास हो पाये, इससे पहले ही फिर अँधेरे में डुबकी लगा जाता है। उठते, बैठते, हँसते, बात करते, एक हल्की-सी चमक और बस! कई बार सुबह से शाम तक यह खेल अपने में, अपने से, खेला जाता है। उलझन इसलिए होती है कि वह बात यूँ बहुत परिचित और अन्तरंग जान पड़ती है—लगता है जैसे घर का कोई बहुत परिचित कोना बार-बार सामने खुलकर सहसा बन्द हो जाता हो। फिर सोचकर हँसी आती है कि वास्तव में 'अपना' क्या है?—वह जुगनू, उसे पकड़ने का प्रयत्न, या उस प्रयत्न से हारा खीझा हुआ मन!

बम्बई...?

जुहू बीच। रात के ग्यारह। उमड़ती लहरें। नागिनों की तरह करवटें लेतीं। उनका पैरों तक आना और पानी हो जाना। शरीर में उठती कँपकँपी। स्नायुओं में दौड़ती झुरझुरी। सहसा तेज़-तेज़ चलना। जैसे कि एक बीज अपने में भर आया हो। अपने भरे होने की अनुभूति से सामने के फैलाव को देखना। सरकती रेत पर पाँव जमाये दूर से दूर के बिन्दु तक जाने की कोशिश करना। फिर उस बिन्दु से अपनी तरफ़ लौट आना। इस बात को...हर बात को...भूल जाना।

बम्बई...?

दिन-भर परिभाषाएँ गढ़ते रहे। साहित्य की, जीवन की, मनुष्य की। बे-सिर-पैर। सभी पढ़ी-सुनी परिभाषाओं की तरह अधूरी और स्मार्ट। दूसरों ने जितनी स्मार्टिंग की कोशिश की, उससे ज़्यादा खुद की। जैसे परिभाषा नहीं दे रहे थे, कुश्ती लड़

रहे थे। महत्त्व सिर्फ़ इस बात का था कि दूसरे को कैसे पटखनी दी जाती है। या फिर पटखनी खाकर भी कैसे बेहयाई से उठ खड़े होते हैं। 'साहित्य का वास्तविक लक्षण यह है कि..' 'जीवन की आध्यात्मिक व्याख्याओं से हटकर वास्तविक व्याख्या इस रूप में दी जा सकती है कि...' 'नीत्शे की मनुष्य की कल्पना बहुत एकांगी है। मेरे विचार में मनुष्य का वास्तविक स्वरूप यह है कि...।' जिसे जितने गुर आते थे कुश्ती के, उसने वे सब इस्तेमाल कर लिए। नतीजा? कुछ नहीं, सिवाय भेल-पूरी की दावत के। साहित्य, जीवन और मनुष्य, तीनों पर एक-एक डकार और बस की क्यू में शामिल।

बम्बई...?

बहुत उलझन होती है अपने से। सामने के आदमी का कुछ ऐसा नक्शा उतरता है दिमाग में कि दिमाग बिलकुल उसी जैसा हो जाता है। दूसरा शराफ़त से बात करे, तो बहुत शरीफ़। बदमाशी से बात करे, तो बहुत बदमाश। हँसने वाले के सामने हँसोड़। नकचढ़े के सामने नकचढ़ा। जैसे अपना तो कोई व्यक्तित्व ही नहीं। जैसे मैं आदमी नहीं, एक लेन्स हूँ जिसमें सिर्फ़ दूसरों की आकृतियाँ देखी जा सकती हैं। कभी जब तीन-चार आदमी सामने होते हैं, तो डबल-ट्रिपल एक्सपोज़र होता है। अपनी हालत अच्छे-खासे मुहताज की हो जाती है।

कन्नानोर : 8.1.53

आगरा से चलने के बाद आज मानसिक स्थिति ऐसी हुई है कि यहाँ कुछ लिख सकूँ। भोपाल में, बम्बई में, गोआ में, मंगलौर में—सब जगह मन में विचार आता था कि अपनी किन्हीं प्रतिक्रियाओं को बैठकर लिखूँ, परन्तु या तो व्यस्तता रहती थी या थकान या दूसरे लोग उपस्थित रहते थे।

घर से इस तरह आकर मैं कह सकता हूँ कि मुझे मानसिक स्वस्थता मिली है। यद्यपि ऐसे क्षण आते हैं, जब घर के सुखों का आकर्षण अपनी ओर खींचता है, और मन में हल्की-हल्की अशान्ति भर जाती है, फिर भी अहर्निश नूतन के सान्निध्य की अनुभूति, केवल निजत्व का साहचर्य, और चारों ओर के जीवन को जानने की रागात्मक प्रवृत्ति, इन सबसे सुस्थिति बनी रहती है...

मैंने अपनी यात्रा के नोट्स में कहीं लिखा है कि किसी भी अपरिचित व्यक्ति से, चाहे उसकी भाषा, उसका मज़हब, उसका राजनीतिक विश्वास तुमसे कितना ही भिन्न हो, यदि मुस्कराकर मिला जाये तो जो तुम्हारी ओर हाथ बढ़ाता है, वह कोरा मनुष्य होता है : कुछ ऐसी ही मुस्कराहट की प्रतिक्रिया नाना व्यक्तियों पर मैंने लक्षित की है। यह ठीक है कि बाद में भाषा, मज़हब और विश्वास के दाग उभर आते हैं, परन्तु वे सब फिर उस वास्तविक रूप को छिपा नहीं पाते, और

मनुष्य की मनुष्य से पहचान बनी रहती है। मुझे याद आता है कि डेल कार्नेगी की पुस्तक *हाउ टू विन फ्रेंड्स एंड इन्फ्लुएंस पीपल* में एक जगह उसने लिखा है कि 'जब अपरिचित व्यक्तियों से मिलो, तो उनकी ओर मुस्कराओ।' यद्यपि लेखक एक मनोवैज्ञानिक सत्य का उद्घाटन करने में सफल हुआ है, फिर भी मनुष्यता के इस गुण का व्यापारिकता, और परोक्ष लाभ की कूटनीति से सम्बन्ध जोड़कर उसने एक अबोध सत्कौमार्य को कटे-फटे हाथों से ग्रहण करने की चेष्टा की है। वह मुस्कराहट जो तहों में छिपे हुए मनुष्यत्व को निखार कर बाहर ले आती है, यदि सोद्देश्य हो तो, वह उसके सौन्दर्य की वेश्यावृत्ति है।

गाड़ी के सफ़र में मेरी कापरकर से जान-पहचान हो गयी, जहाज़ पर मोतीवाला से, कन्नानोर आकर कपूर से, और कल शाम को समुद्र तट पर धनंजय से—बस उसी मुस्कराहट के बीज से। साधारण चलते जीवन में ये सबके सब 'साधारण व्यक्ति' हैं—इनमें से किसी में भी कोई ऐसी विशेषता नहीं, जो इन्हें 'जानने योग्य' व्यक्ति बनाती हो। फिर इनसे मिलना भी किसी चयन का परिणाम नहीं, केवल आकस्मिक योग ही था। परन्तु इन सबमें ही एक तत्त्व निखरकर सामने आया—वह तत्त्व जो प्रत्येक मनुष्य में रहता है, परन्तु बहुत कम ही कभी व्यक्त हो पाता है, शायद सभ्यता के संस्कार के कारण—यहाँ तक कि बहुत से 'जानने योग्य' व्यक्तियों में भी उसके दर्शन नहीं होते—और वह था मनुष्य का मनुष्य में सहज विश्वास, बिना किसी आरोप के, बिना किसी बाधा के, बिना किसी कुंठा के।

भोपाल में बितायी गयी शाम का वातावरण अपनी हल्की-सी छाप छोड़ गया है। मुगलकालीन जीवन की जो कल्पना मस्तिष्क में थी, उसको कुछ अंशों तक मूर्त रूप में देखकर एक ओर तो यह पुलक हुआ कि मैं एक कल्पना को साकार रूप में देख रहा हूँ और दूसरे शायद यह रोमांच हुआ कि मैं वर्तमान से कुछ पीछे हट आया हूँ। अतीत की एक शाम में, अतीत के एक नगर में, अतीत के वातावरण में, मुझे कुछ क्षण जीने का अवसर मिल गया है। वह चौक और वहाँ की दुकानें, वे तश्तरियों में दस-दस बीस-बीस पान लेकर खाते और खिलाते हुए शायर, वे बिकते हुए मोतिया और चमेली के हार, वे मस्जिदों-जैसे घर और शुद्ध उर्दू में बात करते हुए ताँगे वाले—मुझे महसूस हो रहा था कि अभी किसी शहज़ादे या शहज़ादी की सवारी भी उधर से आ निकलेगी और लोग झुक-झुककर उसे सलाम करेंगे।

परन्तु सोफिया मस्जिद की आधुनिकता देखकर अतीत का यह सपना टूट गया। फिर वोल्गा होटल के कीमे की गन्ध भी मुगलिया नहीं, डालडा के आविष्कार के बाद की थी...

बम्बई विक्टोरिया टर्मिनस स्टेशन पर उतरकर यह नहीं लगा कि मैं दो वर्ष बाद वहाँ आया हूँ। ऐसा लगा जैसे मैं दादर से वहाँ आ रहा हूँ। रोज़ ही आता हूँ और वहाँ के जीवन से उसी तरह ऊबा हुआ हूँ। वही मछलियों की गन्ध, वही

जल्दबाज़ी, वही सूखे मुरझाए हुए शरीर, वही कुछ खोकर उसे ढूँढ़ने की हताश चेष्टा का-सा जीवन—कहीं जाने का मन नहीं हुआ, किसी से मिलकर हृदय उत्साहित नहीं हुआ। जिस यात्रा में वहाँ के प्रत्येक व्यक्ति के जीवन में पुनरावृत्ति है, वह दो वर्ष बाद एक दिन के लिए भी उकता देने वाली थी, जो वह पुनरावृत्ति जीवन भर के लिए जिये जा रहे हैं, उनके स्नायुओं में कितनी जड़ता भर गयी होगी?

शाम को इक्वेरियम में मछलियाँ देखकर हृदय और आँखों में विस्फार आ गया। शीशे के पीछे पानी था, जहाँ उपयुक्त पृष्ठभूमि देकर उसे नाना रंगों की रोशनी से आलोकित किया गया था। अपने-अपने केस में तरह-तरह की मछलियाँ, केंकड़े और इन्हीं श्रेणियों के कुछ दूसरे जीव इठला रहे थे। वह उनके लिए साधारण रूप से जीना होगा, जो हमारी आँखों को 'इठलाना' नज़र आता है। मैं मछलियों के नाम भूल गया। केवल रंगों की और उनकी गति की कुछ स्मृति रह गयी है। चौड़े शरीर और छोटे आकार की वे मछलियाँ, जिनके नीचे, रेशमी डोरे-से पीछे की ओर फैले रहते थे—एक नर्तकी के लचकते हुए शरीर से कई गुना अधिक लचकती हुई नाना चितकबरे रंगों की डेढ़-दो फुट की मछलियाँ—सामूहिक रूप से एक दिशा से दूसरी दिशा की ओर जाती हुई नाना आकारों की मछलियाँ—नाखून भर के आकार तक की मुँह के रास्ते साँस लेती हुई भगत मछलियाँ, जिन्हें यह नाम शायद इसलिए दिया गया है कि उनके मुँह के खुलने और बन्द होने में वही गति रहती है जो 'राम' नाम के उच्चारण में—और अन्यान्य कई तरह की मछलियाँ। मैं फूलों और तितलियों को देखकर ही सोचा करता था कि रंगों के और आकारों के इस वैविध्य की सृष्टि करने वाली शक्ति के पास कितनी सूक्ष्म सौन्दर्य-दृष्टि होगी—परन्तु नाखून-नाखून भर की मछलियों के कलेवर में रंगों की योजना देखकर तो जैसे उस विषय में सोचने से ही रुक जाना पड़ा...

पूना में थर्ड क्लास के वेटिंग हॉल में कुछ समय बिताना पड़ा था। वहाँ बहुत से ऐसे स्त्रियाँ-पुरुष थे, जो या तो विकलांग थे, या आकृति के रूखेपन के कारण मनुष्येतर-से मालूम पड़ते थे। किसी के सिर पर रूखे बाल उलझे हुए खड़े थे, किसी की दाढ़ी महीने भर की उगी हुई थी। स्त्रियों में किसी की आँखें रूखी और लाल हो रही थीं और किसी का भाव-शैथिल्य मन में एक जुगुप्सात्मक भाव भर रहा था। ऐसे व्यक्तियों की एक श्रेणी ही है जो देश के किसी भी भाग में पायी जा सकती है। काले पड़े हुए शरीर, सूखी हुई त्वचा, जीवन के प्रति नितान्त निरुत्साह भाव, चेष्टाओं में शैथिल्य और बुद्धि के नियन्त्रण का अभाव। जिस समाज में मनुष्य की एक ऐसी श्रेणी बन सकती है, उसके गलित होने में सन्देह ही क्या है?

जब मैं अपने-आपको मानसिक दुर्बलता के किसी क्षण में पकड़ पाता हूँ, तो अपना-आप बहुत भिन्न—साधारण से कहीं स्तरहीन प्रतीत होता है। ऐसे समय एक ओर तो मैं अपने चेहरे के शिथिल-प्रतिभ भाव को देखता हूँ, और फिर द्रष्टा

के रूप में उस भाव पर मुस्कराता हूँ...सचमुच वह अपना शिथिल-प्रतिभ रूप दर्शनीय होता है। देखा नहीं जाता।

मार्मुगाँव से मंगलोर तक जहाज़ पर की गयी उन्नीस घंटे की यात्रा में वह पुलक प्राप्त नहीं हुआ, जिसकी मुझे आशा थी। समुद्र का अपना आकर्षण था, जहाज़ के डोलने में भी थोड़ा आनन्द था, खोजने से दृष्टि को कहीं न कहीं कुछ सौन्दर्य मिल ही जाता था, पर थर्ड क्लास के डेक पर मनुष्य से जिस रूप में सफ़र करने की अपेक्षा की जाती है वह किसी भी तरह सह्य नहीं। जो जहाज़ पशुओं को ले जाते हैं, उनमें पशुओं के लिए शायद इससे कहीं अच्छी व्यवस्था होती होगी।

कन्नानोर के सागर पुलिन पर टहलते हुए मैं बच्चों के रेत पर बने हुए घरौंदे देखने लगा था। बच्चों के पिता साथ थे—श्री धनंजय—जिनसे बाद में परिचय हो गया। उन्होंने जब मेरा विशद परिचय जानना चाहा तो मैंने बताया कि मैं एक लेखक हूँ, घूमने के लिए निकला हूँ, पश्चिमी घाट का पूरा प्रदेश घूमने का विचार रखता हूँ। इस तरह अपना परिचय देकर मुझे एक रोमांच हो आया। मुझे लगा जैसे मैं कोई बहुत बड़ी बात कह रहा हूँ। यह होना, और ऐसे होना, जैसे जीवन में बहुत-कुछ पा लेना है। मैंने एक बार लहरों की ओर देखा जो शार्क मछलियों की तरह सिर उठाती हुई तट की ओर आ रही थीं। फिर बच्चों के घरौंदों को देखा। फिर दूर क्षितिज के साथ सटकर चलते हुए जहाज़ को देखा जो कोचीन की ओर जा रहा था। डूबते सूर्य का लगभग एक इंच भाग पानी की सतह से ऊपर था, जो सहसा डूब गया। कुछ पक्षी उड़ते हुए पानी की ओर से मेरी ओर आये। बायें हाथ कगार के नीचे काली चट्टानों के साथ एक लहर ज़ोर से टकराई। कुछ बच्चों की किलकारियाँ सुनाई दीं। पीछे पुल के पास से कोई कार चल दी।

आज मेरा जन्मदिन है। आज मैं पूरे अट्ठाईस वर्ष का हो गया। मुझे प्रसन्नता है कि मैं यहाँ हूँ। होटल सेवाय दिन भर शान्त रहता है। रात को रेडियो का शोर होता है, पर खैर! मैं यहाँ रहकर कुछ दिन काम कर सकूँगा।

कन्नानोर : 16.1.53 (रात्रि)

अभी सोने के लिए लेटा था। पर हवा के दो-एक झोंके खिड़की से ऐसे आये कि मुझे सहसा महसूस होने लगा जैसे बाहर बादल छा गये हैं और बरसात होने वाली है। इससे कुछ ऐसा लगा कि मैं उठकर बैठ गया हूँ और लिखने लगा हूँ।

बरसात होने से पहले, जबकि किसी भी समय बूँदों के गिरने की सम्भावना रहती है बीच-बीच में आकाश और अन्धकार के एकान्त को तोड़ता हुआ बादल गरज उठता है, तो कभी-कभी लगता है कि कुछ अपना ही अंश, अपने से विमुक्त था जो पा लिया है। वह वातावरण, जिसमें हल्की-हल्की ठिठुरन शरीर में भरती है, जैसे अपने ही अन्तर का परिचित कुछ बाहर विस्तीर्ण हो रहा होता है।

मेरा बिस्तर खिड़की से सटा हुआ है। होटल सेवाय समुद्र से कोई एक फर्लांग हटकर है, पर उमड़ते हुए समुद्र की ध्वनियाँ यहाँ सुनाई देती रहती हैं।...रात्रि की निःस्तब्धता में तो ये ध्वनियाँ ऐसी लगती हैं, जैसे खिड़की से पचास गज़ हटकर ही हों...और इन ध्वनियों को सुनते हुए मैं कल्पना कर रहा हूँ कि यदि इस समय बादल भी घिर आयें, कुछ बूँदें बरस जायें, और मैं एक क्षण बादल का गर्जन सुनूँ फिर बिजली की चमक में सामने क्लब का कमरा और बाहर की गीली मिट्टी देखूँ, फिर अन्धकार में कमरे और मिट्टी की स्थिति की कल्पना करूँ, जब समुद्र की ऊँची-ऊँची लहरों की निरन्तर गड़गड़ाहट सुनाई देती रहे, तो कितना सुखप्रद अनुभव हो!

टिररि...टिररि...टिररि—लहरों की ध्वनि के अतिरिक्त यह सब ध्वनि मैं सुन पा रहा हूँ...और इनके अतिरिक्त टिड्डियों का चिट-चिट स्वर भी है और एक लम्बी 'त्रि र र र र' ध्वनि...एक लहर किनारे से इस ज़ोर से टकराई है जैसे कगार को तोड़ गयी हो और वह पानी में जा गिरा हो!

दूर स्टेशन पर गाड़ी सीटी दे रही है।

कल रात को बाज़ार से आते हुए सहसा रुककर तारों को देखा था। बड़ी साधारण बात थी कि ऊपर इतनी दुनियाएँ हैं—असंख्य। पर उस इतने बड़े खगोल में अपनी स्थिति रखते हुए मुझे बड़ा असाधारण-सा अनुभव हुआ था। क्या कोई ऐसा भी है जिसे मैं परिचय दे सकूँ कि मैं इस खगोल का निवासी हूँ।

कन्नानोर : 21.1.53 (रात्रि)

कल सहसा चल देने का निश्चय कर लेने के अनन्तर मुझसे कुछ भी काम नहीं हो पाया। यह व्याकुलता जो सहसा जाग उठी, बिलकुल आकस्मिक नहीं कही जा सकती। मैं जानता हूँ...चाहे यह विरोधोक्ति ही लगती है—कि मुझे अर्ध-चेतन रूप से सदा अपने से इसकी आशंका रही है। जहाँ तक चलते जाने का प्रश्न है, चलते जाया जा सकता है। परन्तु जहाँ ठहरने का प्रश्न आता है, वहाँ बहुत-सी अपेक्षाएँ जाग्रत हो उठती हैं और उन सबकी पूर्ति असम्भव होने से, फिर चल देने की धुन समा जाती है।

यहाँ रहकर एक बात हुई है, जिसे मैं सन्तोषजनक कह सकता हूँ। उपन्यास की आरम्भिक रूपरेखा के विषय में मैं इतने दिनों से संशययुक्त था...वह रूपरेखा अब बन गयी है। परन्तु मेरे इस सन्तोष को इतना मूल्य क्या कोई देगा, जितना इसके लिए मैंने व्यय किया है?

एक बात और। घूमने और लिखने की दो प्रवृत्तियाँ हैं, जिन्हें शायद मैं आपस में मिला रहा था। अन्योन्याश्रित होते हुए भी ये अलग-अलग प्रवृत्तियाँ हैं, ऐसा मुझे अब प्रतीत हो रहा है। मैं कैसा भी जीवन व्यतीत करता हुआ घूमता रह सकता

हूँ परन्तु बैठकर लिखने के लिए मुझे सुविधाएँ चाहिए ही।

कन्याकुमारी : 31.1.53

कन्याकुमारी आकर जैसे मेरा एक स्वप्न पूरा हो गया है। यह एक विडम्बना ही थी कि मैं सीधा यहाँ आने का कार्यक्रम बनाकर भी सीधा यहाँ नहीं आया। पर उससे आज यहाँ आकर पहुँचने का महत्त्व मेरे लिए और भी बढ़ गया है। साधारणतया देखने पर यह एक समुद्रतट ही है, परन्तु यह केवल समुद्रतट ही नहीं है। यह एक कुँवारी भूमि है, जहाँ निर्माता की तूलिका का स्पर्श अभी गीला ही लगता है। यहाँ आकर आत्मा में एक सात्विक आवेश जाग उठता है। यहाँ आकर रहना अपने में ही जीवन की एक आकांक्षा हो सकती है! शायद टेलीपैथी की तरह का कोई और भी विनियम होता है जो दो मनुष्यों के बीच नहीं, एक मनुष्य और एक स्थान के बीच सम्भव है। उसे अणुओं का अणुओं के प्रति आकर्षण कह सकते हैं। इसे एक स्थान का आवाहन कहना शायद कवित्यमय या शिशुत्वपूर्ण लगे। परन्तु व्यक्ति अपने भावोद्रेक के अनुसार ही जीवन की व्याख्या करने से नहीं रह सकता। मैं इस समय जिस भावोद्रेक में हूँ उसे समझने के लिए बंगाल की खाड़ी, हिन्द महासागर और अरब सागर के इस संगम-स्थल को एक बार देख लेना आवश्यक है। कितना भी भटककर एक बार यहाँ आ जाया जाये तो उस भटकने में सार्थकता है।

कन्याकुमारी : 1.2.53 (रात्रि)

क्या मैं यहाँ एक घर बनाकर रह सकता हूँ?

यह स्थान और यहाँ का वातावरण दोनों मुझे इस तरह प्रभावित कर रहे हैं कि बार-बार इच्छा होती है कि यहाँ एक छोटा-सा घर बना लूँ...कुछ वैसा ही जैसा कि मैं कल्पना करता रहा हूँ और उसमें रहने लगूँ। साल में छह-आठ महीने घूमा करूँ या अन्यत्र कहीं रहा करूँ...जीवन के प्रवाह के बीच, और शेष समय यहाँ आ जाया करूँ...जीवन से जो कुछ ग्रहण किया हो, उसे अपने में समाकर देखने के लिए, मनन और चिन्तन के लिए। परन्तु इसे सम्भव बनाने के लिए आर्थिक सुविधाएँ मुझे प्राप्त नहीं!..

आगरा : 21.2.53

एक वस्तु का अपना प्राकृतिक गुण होता है। व्यक्ति का भी अपना प्राकृतिक गुण होता है। मूल्य व्यक्ति और वस्तु के प्राकृतिक गुण का न लगाया जाकर प्रायः दूसरों की उस गुण को बेचने की शक्ति का लगाया जाता है। संसार में जितने धनी व्यक्ति हैं, उनमें से अधिकांश दलाली करके—वस्तु या व्यक्ति के गुण को बेचने में माध्यम बनकर धन कमाते हैं। यह दलाली वस्तु और व्यक्ति के वास्तविक

मूल्यांकन और मूल्य ग्रहण में बाधा है।

जिस हवा में फूल अपने पूरे सौन्दर्य के साथ नहीं खिल सकता, वह हवा अवश्य दूषित हवा है। जिस समाज में मनुष्य अपने व्यक्तित्व का पूरा विकास नहीं कर सकता, वह समाज भी अवश्य दूषित समाज है।

डलहौज़ी : 13.6.53

वह व्यक्ति जो शाश्वत जीवन की चर्चा करता है, यह नहीं जानता कि शाश्वत जीवन का अर्थ है नयी कलियों का न खिलना, नये अंकुरों का न निकलना, नये शिशुओं का न जन्म लेना। जो व्यक्ति ऐसा जीवन चाहता है, वह मृत्युपूजक है। जीवन की शक्ति और आकर्षण नये की उत्पत्ति में है और उस उत्पत्ति की अनिवार्य पूर्वापेक्षा पुरातन का विनाश है। विनाश देखकर हमें आशामय होना चाहिए या निराशामय? मरते हुए व्यक्ति को हम सन्तोष दें या कहना चाहिए कि उसके पीछे दो कुलबुलाते हुए नन्हे हाथ उसकी जगह लेते जा रहे हैं...क्योंकि विनाश का एक महान् उद्देश्य है और वह है नये विकास के लिए भूमि छोड़ देना और छोड़ देना ही नहीं, स्वयं नये विकास का खाद बन जाना।

डलहौज़ी : 17.6.53

मनुष्य के विकास का ज़िक्र करते हुए यह तो माना गया कि जीवों को परिस्थितियों के अनुकूल अपने शरीर, त्वचा आदि का विकास करना पड़ा...सर्वाइवल के लिए यह अपेक्षित था कि वे बदलती हुई अवस्थाओं में या तो बदलें या नष्ट हो जायें। परिस्थितियों के अनुकूल विकास करते-करते धीरे-धीरे मनुष्य ने जन्म लिया। यह सब तो ठीक है। परन्तु रंगों के विकास के विषय में क्या कहा जा सकता है? कुछ जीवों में तो हम देखते हैं कि परिस्थिति के अनुकूल ही आत्मरक्षा के लिए रंग का भी विकास हुआ है, जैसे कुछ तरह के घासों के कीड़ों आदि में। परन्तु रंगों के क्षेत्र में हम ऐसा भी वैविध्य पाते हैं जिसका सम्बन्ध जीवों की आत्मरक्षा के लिए विकास करने की प्रवृत्ति के साथ नहीं जोड़ा जा सकता। जहाँ तक योनिज प्राणियों का सम्बन्ध है, हम रंगों की विशेष विविधता नहीं देखते और जो विविधता है, उसे उनके वायुमंडल द्वारा प्रभावित भी कह सकते हैं, यद्यपि बिलकुल काले और बिलकुल गोरे का अन्तर पृथ्वी के वर्तमान वायुमंडल में बहुत बड़ा अन्तर है। योनिज प्राणियों को छोड़कर जब हम इन्द्रियों और अण्डजों के क्षेत्र में आते हैं तो रंगों के नाना विभेद, नाना संयोजन जो सब मानवीय दृष्टि को अत्यन्त कलापूर्ण प्रतीत होते हैं, देखकर सहसा उसके पीछे किसी चेतन प्रवृत्ति का आभास होता है। उन संयोजनों में जो ज्यामिति न्याय या जाति सादृश्य और व्यक्ति विभेद दिखाई

देते हैं, उन्हें केवल घटनावश या बस 'यूँ ही' कहकर हट जाने को हृदय स्वीकार नहीं करता। रंगों के विकास के मूल में 'सर्वाइवल' के अतिरिक्त और क्या रहा है, यह सोचने का विषय है।

डलहौज़ी : 17.6.53 (रात्रि)

मनुष्य के पूर्वजों की जिन दो-एक खोपड़ियों के आधार पर उसके विकास की स्थितियाँ निर्धारित की जाती हैं, कुछ वैसी ही खोपड़ियाँ आज की कुछ आदिवासी तथा हमारी जातियों के किन्हीं विशिष्ट व्यक्तियों की भी...या मय मनुष्य जाति के ही किन्हीं विशेष अपवादस्वरूप व्यक्तियों की भी तो हो सकती हैं। एक-एक खोपड़ी के आधार पर लगाये गये अनुमान क्या बहुत अधूरे और अनिश्चित अनुमान नहीं हैं?

डलहौज़ी : 18.6.53

बादल बरस रहे हैं। मेरे कमरे के बाहर घाटी में हल्के-हल्के सफ़ेद बादल भरे हुए हैं। अपनी वासना के उन्माद में बादल गरजता है—बरसती बूँदों से धरती में वही वासना नर्तन करती है। धरती उन बूँदों को पीकर तृप्ति को स्वीकार करती है...नये अंकुर, नये जीवन के रूप में सारी हरियाली धरती के अन्दर से फूट पड़ने के लिए करवटें लेने लगती है। मेरे पौराणिक दोस्तो, मां धरती तुम्हारे सामने अभिसार करती है और तुम्हारी नैतिकता की भावना, तुम्हारी पहरेदारी, तुम्हारी जीवन के विकास को रोकने की प्रवृत्ति जाग्रत नहीं होती? यदि यह विश्वमय अभिसार तुम्हारी व्याघातक प्रवृत्तियों को जाग्रत नहीं करता तो मेरे पौराणिक दोस्तो, तुम यह क्यों नहीं सोचते कि हम भी माँ धरती की सन्तान हैं, और हमारे निर्माण का सबसे बड़ा भाग वही धरती है, जो इतनी आतुरता से बरसते हुए बादलों की बूँदों को पी रही है।

डलहौज़ी : 21.6.53 (रात्रि)

एक व्यक्ति को इसलिए फाँसी की सज़ा दे दी जाती है कि वह व्यक्ति न्याय-रक्षा के लिए खतरा है। वह व्यक्ति जो न्याय-रक्षा के लिए खतरा हो सकता है, वह निःसंदेह उस न्याय से अधिक शक्तिवान होना चहिए।

न्याय, जो सदियों से नस्लों और परम्पराओं का सामूहिक कृत्य है, यदि एक व्यक्ति के वर्तमान में रहने से अपने लिए आशंका देखता है तो वह न्याय जर्जर और गलित आधार का न्याय है।

वास्तव में ऐसे न्याय के लिए खतरा कोई एक व्यक्ति नहीं होता है—व्यक्ति तो उसके लिए खतरे का संकेत ही हो सकता है। उसके लिए वास्तविक खतरा

भविष्य है, जिसे किसी भी तरह फाँसी नहीं दी जा सकती।

अतीत कभी भविष्य के गर्भ से बचकर वर्तमान नहीं रह सका।

समय सदा दिन का साथ और अगले कल का साथ देता है।

मनुष्य को फाँसी देकर नष्ट करना वहशत ही नहीं, पागलपन भी है। यह पागलपन और वहशत डरे हुए हृदय के परिणाम होते हैं जो अपने पर विश्वास और नियन्त्रण खो देता है।

समय ऐसे हृदयों का साथ नहीं देता।

वे झड़कर नष्ट हो जाने वाले पत्ते हैं, जो झड़ने से पहले अपनी कोमलता खो बैठते हैं।

जालन्धर : 30.11.53 (रात्रि)

और आज फिर डायरी। दिनों नहीं, महीनों के बाद। इन महीनों में कितनी ही घटनायें हो गयी हैं। मैं फिर से नौकरी का तौक गले में बाँध बैठा हूँ। नये सिरे से ज़िन्दगी घंटियों की आवाज़ के साथ बावस्ता हो गयी है...मगर कुछ अन्तर है। मगर अन्तर! हः हः! कितना लाचार 'मगर' है!

हाँ, कल की बात है। सिनेमा हॉल में बैठकर मैं गालों की लाली के विषय में सोच रहा था। एक सौंदर्य प्रसाधन से प्राप्त होता है, एक सौंदर्य जिगर के ठीक काम करने से प्राप्त होता है। वस्तुतः पहला सौंदर्य नहीं...मगर बात बहुत साधारण-सी है। शायद मैं वहाँ कुछ और सोच रहा था, जो गुम हो गया है। जो गुम हो गया है उसे खोजने की चेष्टा व्यर्थ है।

और भी कुछ था जो गुम हो गया है।

जालन्धर : तिथि याद नहीं

अब यह डायरी कुछ दूसरा रूप ले रही है शायद। ऐसा लग रहा है कि अब जो कुछ मैं इसमें लिखूँगा वह अधिक वैयक्तिक होगा। परन्तु, जो जिस रूप में बाहर आना चाहता है, उस पर बन्धन नहीं होना चाहिए।

जालन्धर : तिथि याद नहीं

मैं अभी तक 28 फरवरी की शाम को हुई घटना के प्रभाव से मुक्त नहीं हो पाया। न मुक्त हो पाना शायद अपनी ही कमज़ोरी है। कमज़ोरी है, या sensitiveness—मैं उस विषय में खामख्वाह सोचने लगा हूँ, इस समय भी। हाँ तो...वे दो थीं। वे रिक्शा में मुझसे आगे चलीं, और फिर जानबूझकर उन्होंने रिक्शाओं की होड़ भी शुरू कर दी। होड़ क्यों? वे ही अपनी रिक्शा कभी पीछे रह जाने देतीं,

कभी आगे निकलवा लेतीं। हर बार क...किस बदमज़ाकी से हँसती थीं? "देखिये, हम अब आपको आगे निकलने दे रही हैं।" "देखिये, हम आपसे आगे जा रही हैं...आप हमसे हर बार पीछे रह जाते हैं।" "हम आपके बराबर चलें तो आपको कोई आपत्ति तो नहीं?" "किसी दिन हमें अपने घर बुलाएं।" "सुना है, आपका नौकर चला गया है...उसे शिकायत थी कि आपके घर मेहमान बहुत आते हैं।" "तो हम किस दिन आपके घर आयें?" "चाय तो पिलाइयेगा न?" "आप कंजूस हैं, आपने एक दिन पहले भी और लोगों को चाय पिलाई थी पर मुझे नहीं पूछा था।" "किसी रेस्तरां में चलिए न!" "किस रेस्तरां में चलियेगा—रॉक्सी हमें पसन्द नहीं?"

यह कह रही थी...क...! वह बदसूरत लड़की, जिसके पास शायद वासना के अतिरिक्त नारीत्व का और कुछ नहीं है। और उसकी पहले की चेष्टायें भी अब अर्थयुक्त बनकर मेरे सामने आ रही थीं—जब उसने दीवाली और नये वर्ष के कार्ड भेजे थे—मुझसे मेरी पुस्तकें माँगने आयी थी और एक दिन कॉलेज में मेरे कमरे में आकर बोली थी, "एक प्रश्न पूछना चाहती हूँ। पाठ्य विषय में दिलचस्पी नहीं है। क्या यह बतायेंगे कि मनुष्य रोता क्यों है?" और फिर बाद में व्याख्या करती हुई बोली थी, "देखिये, मैं यूँ ही जानना चाहती हूँ। मेरी एक सहेली मुझसे पूछती थी। मैं तो जानती नहीं, क्योंकि मैं कभी रोयी नहीं।"

और जब मैंने रिक्शावाले से कहा कि वह रिक्शा बहुत आहिस्ता चलाये और दूसरे रिक्शावाले को आगे निकल जाने दे, तो उनका रिक्शा भी बहुत आहिस्ता चलने लगा और पुनः मेरे बराबर आ गया। और इस बार र...ने कहा, "आप तो हमसे डरकर पीछे जा रहे हैं कि कहीं सचमुच इन्हें चाय न पिलानी पड़े। चलिये, हम आपको चाय पिलाती हैं।"

और क...बोली, 'देखिये, हमारा घर पास है। हमारे साथ चलिये। हम आपको चाय पिलायेंगी। चलिये, चलते हैं?"

उन्होंने रिक्शावाले को हिदायत दे रखी थी कि मेरा रिक्शा तेज़ चले या आहिस्ता, वह रिक्शा बराबर ही रहे।

कचहरी पहुँचने से पहले, उनके रिक्शावाले ने पीछे से रिक्शा बराबर लाकर पूछा, "साहब, वे पूछ रही हैं कि आप क्या मॉडल टाउन नहीं चल रहे? उन्होंने रिक्शा मॉडल टाउन का किया है।"

मैंने यह उत्तर देकर कि मुझे कुछ काम है, और मैं यहीं उतर रहा हूँ, रिक्शावाले से रिक्शा रोक लेने के लिए कहा। मेरा रिक्शा रुकने पर उनका रिक्शा भी रुक गया।

"हमने आपकी वज़ह से मॉडल टाउन का रिक्शा किया है, और आप यहाँ उतर रहे हैं?" क...बोली।

"मुझे यहाँ कुछ काम है," मैंने कहा, "इस समय क्षमा करें..." और मैं बिना पीछे देखे सीधा चल दिया। मुझे खेद था कि ये लड़कियाँ इतनी बदमज़ाक क्यों हैं? मैं 'प्योरिटनिज्म' का दावेदार नहीं, परन्तु कोमलताप्रिय मानव, मानव-व्यवहार में...विशेषतया एक नारी के व्यवहार में कोमलता और शिष्टता की आशा तो करता ही है! नारी का एक-चौथाई सौंदर्य, उसकी त्वचा के वर्ण और विन्यास में रहता है, और सम्भवतः तीन-चौथाई अपने 'वदन' में। और जहाँ, वह एक-चौथाई भी नहीं, और यह तीन-चौथाई भी नहीं—उस वासनामयी मिट्टी...उस दलदल को क्या कहा जाये? फिर भी इस घटना से एक बात अवश्य हुई, मेरे दिमाग से थोड़ा जंग उतर गया।

दूसरे दिन क...ने एक कॉपी मुझे दी—यद्यपि मैंने क्लास से कुछ लिखकर लाने के लिए नहीं कह रखा था। कॉपी में गलत अंग्रेज़ी में लिखी चिट थी—"Somehow or the other, please do come at my home, only for some time." और बाकी का जो पृष्ठ देखने के लिए मोड़ा गया था, उस पर कुछ ऐसे-ऐसे उदाहरण थे :

"Divers mostly in the water die
A lover when the sex feels shy."

तथा

"Loving a beautiful women is the best way of glorifying God."

पढ़कर एक बार तो मैं जी खोलकर हँस लिया। Loving a beautiful women! तो यह लड़की भी अपने को beautiful woman समझती है! खूब! शायद उसका दोष नहीं।

—और यहाँ आकर मैं क्षण-भर के लिए सोचता हूँ। यहाँ अवश्य ही थोड़ा विश्लेषण करना चाहिए। कुछ दिन पहले—बहुत दिन नहीं—शायद महीना-भर पहले ही एक और लड़की की कॉपी में मुझे ऐसे ही कागज़ मिले थे। एक बार, फिर दूसरी बार, फिर तीसरी बार। कुछ ऐसे उद्धरण उसने भी संकलित कर रखे थे :

"Man loves little and often,
Woman loves much and rarely."

"He who loves not wine, women and song,
Remains a fool his whole life long."

"परस्पर भूल करते हैं, उन्हें जो प्यार करते हैं!
बुराई कर रहे हैं और अस्वीकार करते हैं!
उन्हें अवकाश ही रहता कहाँ है मुझसे मिलने का
किसी से पूछ लेते हैं, यही उपकार करते हैं।"
"चाहता है यह पागल प्यार,
अनोखा एक नया संसार!"

उन कागज़ों को पढ़कर मुझे उस तरह की वितृष्णा का अनुभव क्यों नहीं हुआ था? इसलिए कि उस लिपि के मध्य जिन हाथों का सम्बन्ध था, उन हाथों की त्वचा कोमल और सुन्दर है? लिखनेवाली की आँखों और ओठों में आकर्षण है। वह चकित मृगी-सी मेरी ओर देखा करती है? उसकी आँखें मुझे मासूम क्यों लगती हैं? क्या यह चेहरे का ही लिहाज़ है कि मुझे उसका वह सब लिखना बुरा नहीं लगा? वह बच्ची भी तो है। शायद वह समझती भी नहीं कि वह क्या लिख रही है। यौवन के प्रथम उबाल में वह सब लिखने को यूँ ही मन हो आता है—और फिर पात्र वही बन जाता है, जिसे सम्बोधित कर पाना सम्भव हो। यह विश्लेषण उसके साथ अन्याय भी हो सकता है। वह उन दो लड़कियों की तरह, जिनका मैंने पहले उल्लेख किया है, 'फ़्लर्ट' तो प्रतीत नहीं होती। उसे चाहनेवालों की कमी नहीं है। साधारणतया लोगों की धारणा है कि वह बहुत मासूम है। मैं नहीं जानता, क्योंकर उसने यह initiative लेने का साहस किया? जो कुछ भी है, वह लड़की अच्छी है। यदि वह अपने-आप न सँभल गयी तो मुझे उसे समझा देना होगा—परन्तु....

जालन्धर : 7.3.54

पाल वही है—बिलकुल वैसा ही। जो उससे करने को कहा जाये, वह न करना, या उसके प्रतिकूल करना उसका कार्य ही है। वह करता है, जब initiative उसका अपना हो—दूसरे की प्रेरणा से कुछ नहीं—बिलकुल नहीं। परन्तु उसका सारी दोपहर बिलियर्ड खेलकर बिताना मुझे कुछ विचित्र-सा लगा। यह ठीक है कि वह बिलियर्ड, टेनिस और बैडमिंटन का शौकीन है—फिर भी। कितनी repeat life व्यतीत कर रहा है वह।

जालन्धर : 13.3.54

हमारा ऑफ़िस सुपरिंटेंडेंट सारा समय माथे पर तेवरी डाले रहता है। किसी से भी बात करेगा तो माथे पर तेवरी डाले हुए। ऑफ़िस का ज़रा-सा भी काम उसकी दृष्टि में इतना महत्त्वपूर्ण होता है कि वह उसके सम्पादन की चेष्टा में झुँझला-झुँझला उठता है। "बाबू साहब, आपने इस कागज़ पर दस्तखत नहीं किये," वह एक प्रोफ़ेसर से कहेगा। "कीजिये न दस्तखत। साहब नाराज़ होंगे कि दस्तखत नहीं कराये।"

फिर वह चश्मा नाक पर ज़रा नीचा करके किसी सामने खड़े लड़के की ओर घूरेगा और कहेगा, "तुम्हारा एडमिशन नहीं हो सकता। बर्थ सर्टिफिकेट कहाँ है? मैं कहता हूँ, यह कॉलेज है, मुंशी पाठशाला नहीं। बर्थ सर्टिफिकेट के बिना एडमिशन नहीं हो सकता।"

और फिर साथ की टेबल पर बैठे हेडक्लर्क से, ''बाबू गुरदास राय, सत्ताईस नम्बर की फ़ाइल में देखना कि वह साढ़े चार आने वाला वाउचर लगा है कि नहीं। आप उठकर देख लेना। एकाउंट का मामला है—कहीं गड़बड़ न रह जाये। एक बार अपनी आँखों से देख लो न।''

—और तब मातादीन चपरासी से कहेगा, ''यह ले मातादीन, यह इश्तिहार डीन साहब के कमरे में ले जा। उन्हें दिखाकर यह नोटिस बोर्ड पर लगाना है। समझा? लग जाये नोटिस बोर्ड पर। कल को फिर मुझे मत कहना कि जी, याद नहीं रहा। मैंने अब दो बार कह दिया है।''

—और फिर किसी आगन्तुक को, जो कुछ पूछना चाह रहा होगा, लक्षित करके कहेगा, ''भाई साहब, ठहर जाइये। देखिये, काम कर रहा हूँ, खाली तो नहीं बैठा। अभी आपसे भी बात करता हूँ। बैठ जाइये, नहीं तो थोड़ी देर बाहर टहल आइये।''

उससे हर एक को शिकायत रहती है कि वह कभी सीधे मुँह बात नहीं करता, किसी का लिहाज़ नहीं करता, उसका चेहरा ही मनहूस है, और यह भी कहा जाता है कि सवेरे उसका चेहरा देख लिया जाये तो दिन-भर रोटी नसीब नहीं होती।

आज सवेरे निरूला ने उससे कह दिया, ''लाला उत्तमचन्द, देखो, इस तरह हर समय माथे पर तेवरी मत डाले रहा करो। आदमी खुशदिली से बात करे तो सेहत अच्छी रहती है और उम्र बढ़ती है। हर समय झुँझलाते रहना अच्छा नहीं।''

इस पर लाला उत्तमचन्द ने चश्मा नाक पर ज़रा नीचे किया और कहा, ''बाबू साहब, आप मेरी उम्र क्या समझते हैं? मेरी उम्र इस समय साठ साल है। और कोई दिखाइये साठ साल का आदमी, जो देखने में मेरे-जैसा लगता हो। मैं आपसे ज़्यादा सेहत के उसूलों से वाकिफ़ हूँ। मगर क्या करूँ—ज़िन्दगी ने ऐसा धोखा दिया है कि कहीं का नहीं रखा। आपका खयाल है कि मैं हमेशा से ऐसा हूँ? बाबू साहब, मैं भी आप लोगों की तरह हँसता-खेलता रहा हूँ, ऐसी बात नहीं है। मेरे में यह चिड़चिड़ापन दो-तीन साल से ही आया है। मेरे पाँच लड़के और चार लड़कियाँ थीं—वे सब रहते तो मैं इस उम्र में नौकरी कर रहा होता? आराम से घर बैठकर न खाता? मेरी सरकारी नौकरी थी। नब्बे रुपये पेंशन मेरे लिए कम नहीं थी। मुझे क्या पड़ी थी, यह सब झंझट उठाने की? पर बाबूजी, मेरे तीन लड़के और दो लड़कियाँ गुज़री हैं। उन्होंने मुझे कहीं का नहीं रहने दिया। एक लड़की अट्ठाईस महीने बीमार रहकर गुज़री है और दूसरी अठारह महीने। जो अठारह महीने बीमार रही, वह तो मुझे बिलकुल तबाह ही कर गयी। मेरा सारा प्रॉविडेंट फंड—छह हज़ार का छह हज़ार, उसकी बीमारी पर लग गया। और जो कुछ था, वह भी लग गया।''

और फिर उसने गुरदास राय की दी हुई एक फ़ाइल पर दृष्टि डाली, कुछ

रिमार्क लिखे, एक लड़के की अर्जी पढ़ी उसे बताया कि उसे फ़ीस में कन्सेशन नहीं मिल सकता, दो कागज़ों को प्रिंसिपल के पास ले जाने की फ़ाइल में रखा और पुनः चश्मा ज़रा नीचा करके बोला, ''मेरा बड़ा लड़का ही होता तो मुझे किस चीज़ की परवाह थी? वह इस वक्त डॉक्टरी कर रहा होता। जितना उसकी पढ़ाई पर मैंने खर्च किया, और जिस तरह किया, वह मैं ही जानता हूँ। पर खैर, जो परमात्मा की इच्छा! अब छोटा लड़का तैयार हो रहा है। दो-तीन महीने तक वह रेलवे में लग जायेगा। फिर मुझे कुछ आसरा हो जायेगा। मुझे यह नौकरी उम्र-भर थोड़े ही करनी है। साल नहीं, दो साल! बाबू साहब, मैं झुँझलाता हूँ तो आप लोगों पर नहीं झुँझलाता, मैं तो अपने पर झुँझलाता हूँ। मैंने क्या बुढ़ापे में अपनी जान को यह रोग लगा रखा है।''

—और फिर उसने चश्मा ठीक करते हुए गुरदास राय से कहा, ''दो नम्बर की फ़ाइल देना इधर। अब पता नहीं एम.ए. के फॉर्मों की एंट्रियाँ हुई हैं कि नहीं। मैंने कितनी बार कहा है कि फ़ाइल रखने से पहले मुझे दिखा दिया करो।''

और फिर वह मुझसे कहने लगा, ''बाबू साहब, आपकी डिग्री अभी तक नहीं आयी। यूनिवर्सिटी ने माँग भेजी है। जल्दी से मँगवाइये न। कल-परसों तक यहाँ से चली जानी चाहिए और फिर क्षण-भर के लिए कुर्सी से टेक लेकर उसने आँखें बन्द करके कहा, ''वाह मालिक! तेरी करनी।''

जालन्धर : तिथि याद नहीं

हाँ, तो 6 तारीख की वह पार्टी।

मिस...के यहाँ उसकी कज़िन के विवाह के सिलसिले में वह पार्टी दी गयी थी। पार्टी से पहले संगीत का कार्यक्रम था। सुबुलक्ष्मी तथा पंकज मलिक को गाने के लिए बुलाया गया था। खूब रईसी ठाठ के साथ रोशनी की गयी थी। पंडाल में पाँच-छह सौ व्यक्तियों के बैठने का प्रबन्ध था—स्टेज के बनाने में भी सुरुचि से नहीं तो मेहनत से तो काम लिया ही गया था। वहाँ की चहल-पहल—स्त्रियों के चेहरों के रंग—उनके कसे हुए रंगीन ब्लाउज़—कुछ ऐसा प्रतीत होता था जैसे वे सब भी आस-पास की रोशनी का ही अंग थीं—रंगीन बल्बों की चलती-फिरती लड़ियाँ। केवल उनके बदसूरत चेहरे इस रंगीन भ्रम में कुछ बाधा डालते थे। अधिकांश युवतियाँ, वैसे वे सब ही युवतियाँ थीं—षोडषियाँ अध-उभरे अंगों को चेष्टा के साथ अतिरिक्त उभार दिये थीं। और प्रौढ़ाएँ ढलके हुए अंगों को सहारा देकर उन्नत किये हुए बिना कारण और कार्य के इधर से उधर और उधर से इधर आ-जा रही थीं। वैसे आत्मप्रदर्शन की व्यस्तता कुछ कम महत्त्व नहीं रखती। ऊपर से नीचे तक गाउन पहने हुए एक महिला की ओर संकेत करके मेरे साथी ने कहा, ''यह...की बहन है। अभी हाल ही में अमरीका से लौटी है।''

मैंने आँखों से उस महिला के व्यतीत यौवन को बाँध रखने के उत्साह की प्रशंसा करते हुए साथी से पूछा, "उसके पति वहाँ एम्बेसी में हैं या कोई स्वतन्त्र काम..."

परन्तु मेरी बात बीच में ही काटकर मेरा साथी बोला, "अरे यार, पति की तो अभी तलाश हो रही है..." और फिर क्षण-भर रुककर उसने कहा, "वैसे वहाँ एम्बेसी में ट्रायल होते रहे हैं।"

इसी बीच कुछ अपने परिचित लोग और आ गये थे। अतः अपना ध्यान उनकी ओर बँट गया। एक पी.सी.एस. महोदय, जो सदा मुझे देखकर तपाक से हाथ मिलाते हैं, और बहुत उत्साह के साथ दूसरों को मेरा परिचय देते हैं कि मैं उनके एक घनिष्ठ मित्र का घनिष्ठ मित्र हूँ, फिर किसी को मेरा वही परिचय दे रहे थे और मेरा एक अभिजात परिवार का विद्यार्थी, जो उपस्थित समुदाय में से अनेक लोगों को जानता था, अपने अठारह वर्षों का पूरा उत्तरदायित्व चेहरे पर लाकर अधिकारपूर्ण ढंग से कह रहा था कि उसे पंकज मलिक का संगीत कतई पसन्द नहीं—यदि उसका वश चले तो वह उसका कत्ल कर दे!

बारातियों के आ जाने बाद पंकज मलिक ने एक गीत गाया। लोगों के सिर हिले—कुछ प्रशंसात्मक वाक्य और तालियाँ। फिर वधू को वहाँ लाया गया। उसने वर को माला पहनायी और सबको हाथ जोड़ती हुई लौट गयी। उसके बाद सुबुलक्ष्मी का गीत आरम्भ हुआ।

—कर्नाटक का शास्त्रीय संगीत। चहलगोइयाँ होने लगीं। चहलगोइयाँ बातों में बदल गयीं...और फिर कुछ ऐसा वातावरण हो गया जैसा किसी शो का इंटरवल चल रहा हो।

त्यागराज का गीत—दूल्हा उठकर चल दिया—उसके दोस्त भी। उन सबने शायद पी रखी थी। दो-एक स्थानीय नेता आये, तब जाकर देख आये कि कहीं उन्हें आगे की सीटों पर जगह मिल जाये, पर निराश होकर लौट आये क्योंकि और लोगों ने पहले ही तत्परतापूर्वक सीटों पर अधिकार कर लिया था।

एक संस्कृत गीत। कुछ लोग टहलने के लिए बाहर चले गये। एक मोटे-से सज्जन शोर मचा रहे थे कि जब लोगों को चीज़ समझ में नहीं आती तो वे हमारे आनन्द में बाधा क्यों डालने लगते हैं?

"कुछ आ रहा है समझ में?" सबने पूछा।

"तबला बाजा समझ में आ रहा है," दूसरे ने उत्तर दिया।

"चलो, कोल्ड ड्रिंक पी आयें।"

"चलो।"

"अब तो भूख भी लग आयी।"

"यहाँ दस बजेंगे।"

"चलना चाहिए।"
"नहीं, अभी पंकज मलिक के गीत होंगे।"
"नहीं, सुना है, वह अब कल सवेरे गायेगा।"
"फिर भी बैठना चाहिए। लोग कहेंगे कि इनकी समझ में नहीं आया इसलिए उठकर चल दिये।"
एक निःश्वासपूर्ण—"अच्छा।"
मीराबाई का भजन।
ध्वनियाँ रुक गयीं। गये हुए लोग लौट आये। सीटें भर गयीं।
"खूब!"
"यार, बहुत अच्छा गाती है!"
"गले में लोच देखो!"
"वाह!"
"वह बूढ़ा देखो घड़ा किस तरह मस्त होकर बजा रहा है!"
"आप भी तो वह घड़ा-सा है।"
"वह साथ गानेवाली कौन है?"
"पता नहीं।"
एक कबीर का भजन।
"यार, क्या गला पाया है!"
"गला भी पाया है और सूरत भी!"
"वाकई, है खूबसूरत।"
"सुना है, दो हज़ार रुपये लेकर आयी है।"
"सचमुच डिज़र्व करती है!"
तालियाँ।
एक सूर का भजन।
"कमाल है।"
"पंकज इसके सामने कुछ नहीं।"
"अरे भई, यह क्लासिकल चीज़ है, वह तो बस ऐसे ही है।"
"इसके बाद वह नहीं जमेगा।"
"वह गायेगा ही नहीं—देख लेना।"
फिर कर्नाटक संगीत।
"चीज़ बहुत बढ़िया है—यह और बात है कि अपनी समझ में नहीं आती।"
"इन चीज़ों को सुनने का भी अभ्यास चाहिए।"
"गले का उतार-चढ़ाव लक्षित करो।"
"मुझे ठंड लग रही है।"

"चलो, चाय पी आएं।"

"ठहर जाओ, शायद इसके बाद फिर भजन गाये।"

"सवा नौ तो हो गये। अब और नहीं गायेगी।"

"सुना है, दस बजे की गाड़ी से जा रही है। कल दिल्ली, पंडित जी के यहाँ प्रोग्राम है।"

—कुछ देर के लिए गीत रुक गया और घड़ा तथा तबलावादक के बीच अपने-अपने साज का चमत्कार दिखाने की प्रतिद्वन्द्विता छिड़ गयी।

"वाह!"

"खूब पट्ठे!"

"ये उसे मात दे गये।"

"यह चीज़ बहुत बढ़िया है।"

"देखो, कैसे हिलहिलाकर घड़ा बजाता है।"

"साहब बैठ जाइये—पीछे वालों को भी देखने दीजिये।"

"मज़ा आ गया।"

"असली चीज़ अब आयी है।"

और फिर गीत आरम्भ हो गया।

तीन भजन और।

"अब तो देर हो गयी—अब पंकज क्या गायेगा।"

"सुना है, वह नाराज़ हो गया है।"

"नहीं, अब मान गया है। इसके बाद वह गायेगा।"

"इसकी तान खूब है।"

"मुझे तो नींद आ रही है।"

एक गाँधी का भजन और—समाप्त।

"पंकज आ रहा है। वह आ गया।"

और हवा में फिर पंकज के गीत का स्वर गूँजने लगा—"दो नयना मतवारे तिहारे, हम पर जुल्म करें।"

उसके बाद बुफे डिनर का आयोजन था। अधिकांश लोगों की संगीत की अपेक्षा इस आयोजन में अधिक रुचि थी—उतनी मेज़ों पर सजे हुए खाद्य पदार्थों के कारण नहीं, जितनी उन सजी-कसी, लिपी-पुती आकृतियों के कारण, जो मेहमानों से खाने का आग्रह करती घूम रही थीं और स्वयं मेहमानों के आग्रह से दाना चुगने की तरह यहाँ-वहाँ से थोड़ा-कुछ खा रही थीं। सुबुलक्ष्मी और पंकज मलिक तो वहाँ कहीं दिखायी नहीं दे रहे थे—उस महफ़िल के हीरो थे प्रान्त के शिक्षा मन्त्री तथा उनके इर्द-गिर्द छोटे ग्रहों की तरह घूमते हुए स्थानीय नेतागण और कुछ अखबारों

के रिपोर्टर। मिस...जिसके निमन्त्रण से मैं उस आयोजन में गया था, भी उस समय गृहिणी की-सी व्यस्तता का भाव लिए इधर-उधर आ-जा रही थी और भरी हुई प्लेटें लेकर खा रहे लोगों से कुछ और खाने का आग्रह कर रही थी। मुझे देखकर उसने कहा, "वाह, आपको मैंने पहले देखा ही नहीं।"

"मैं यहाँ बहुत पहले से हूँ," मैंने कहा, "संगीत सभा के आरम्भ से पन्द्रह मिनट पहले ही आ गया था।"

"और मैंने आपको देखा तक नहीं–मैंने सोचा शायद आप आये ही नहीं।" और मैं जानता था कि उस दिन की व्यस्तता में उसके पास ऐसी बात सोचने का अवकाश ही नहीं रहा होगा।

"आइये, कुछ खा तो लीजिये," उसने कहा।

"मैं खा चुका," मैंने उत्तर दिया।

"तो ठहरिये, आपके लिए आइसक्रीम मँगवाती हूँ।"

"मैं आइसक्रीम भी खा चुका हूँ।"

"तो और लीजिये, मैं अभी मँगवाती हूँ।"

"नहीं, और नहीं लूँगा।"

"कैसे नहीं लेंगे?" और उसने अपने भाई को आदेश दिया कि वह आइसक्रीम की दो-तीन प्यालियाँ ले आये।

"संगीत कैसा था?"

"सुबुलक्ष्मी बहुत अच्छा गाती है।"

"सचमुच पंकज तो उसके सामने फीका रहा। परन्तु उसका संगीत यहाँ के लोगों को समझ में नहीं आया।"

"कुछ ऐसा ही लगता था।"

"क्लासिकल चीज़ को एप्रिशिएट करने के लिए टेस्ट भी चाहिए और ट्रेनिंग भी।" और उसने भाई द्वारा लायी गयी आइसक्रीम की प्याली मेरी ओर बढ़ाते हुए कहा, "लीजिये! आइसक्रीम को कभी इनकार नहीं करना चाहिए।"

लौटते हुए सहगल बोला, "आज मिस...तो खूब ड्रेस और मेकअप में थीं।"

"पार्टी का दिन जो था," मैंने कहा।

"पार्टी का दिन भी था और आप ही पार्टियों का मौका पैदा करने की कोशिश भी।"

"मतलब?"

"मतलब यह कि ऐसे ही इन पार्टियों में अपने शरीर का विज्ञापन किया जा सकता है, जिससे कोई ग्राहक मिल जाये। इसकी बड़ी बहन भी अभी कुँवारी है, जो अमरीका होकर आयी है–इसकी बारी तो अभी बाद में आयेगी!"

"यह बाईस-एक बरस की तो होगी।"

"बाईस की? यह चौबीस से कम की नहीं है। इसकी बड़ी बहन तीस के लगभग होगी। वैसे इन्हें परवाह किस चीज़ की है?"

"मतलब?"

"मतलब यही कि सरकारी ठेके लेने में ये बाप की सहायता करती हैं। उस तरफ़ बाप का काम हो जाता है और इस तरफ़ इन्हें भी किसी तरह का अभाव नहीं रहता।"

"लोग नाहक भी तो बदनामी करने लगते हैं।"

"कुछ-न-कुछ बात होती ही है तो लोग बदनामी करते हैं। औरों की क्यों नहीं करते? लोग तो यहाँ तक कहते हैं कि इनके घर में नौकरों को वेतन रुपये-पैसे में न मिलकर सजीव द्रव्य के रूप में मिलता है।"

"इसमें कुछ सच्चाई भी है?"

"सच्चाई-वच्चाई का पता नहीं। लोग कहते हैं।"

सहगल अपने रास्ते चला गया तो वेद बोला, "बहुत बातूनी शख्स है।"

"हाँ, है तो सही।"

"यूँ ही बकता रहता है। बात में सच्चाई हो या न हो—कहीं से इसके कान में पड़ जाये, यह उड़ाये बिना नहीं रहेगा। मेरा तो खयाल है कि...बहुत शरीफ़ लड़की है।"

"मेरा भी यही खयाल है।"

"अच्छा, कल मिलेंगे।"

"ओ के।"

जालन्धर : तिथि याद नहीं

उस दिन वह आयी थी—वह जो अब तक अकेली दिखती रही है—उसके साथ क...थी—ये दोनों इकट्ठी क्यों और किस तरह आयीं, यह मैं नहीं जानता। मैं बस स्टॉप के पास खड़ा था—कॉलेज जाने के लिए बस पकड़ने के उद्देश्य से —जब मैंने उन दोनों को पास से गुज़रते देखा—मेरे पास दो लड़के खड़े बात कर रहे थे। वे गुज़र गयीं और पेड़ के पास जाकर hedge की ओट में खड़ी हो गयीं —बस आ गयी, मैं बस में बैठ गया। उसी समय एक रिक्शावाले ने आकर कहा, "आपको वहाँ कोई बुला रही हैं।"

मैं उतर कर वहाँ चला गया। उसने कहा, "देखिए, हम तो आपसे मिलने आयी हैं, और आप चले जा रहे हैं।"

"मुझे कॉलेज जाना है—मेरी दो बजे क्लास है। कहिये?" मैंने कहा।

वे चुप रहीं।

"कोई विशेष काम हो तो आप बतायें..."

वे चुप रहीं।

"तो इस समय तो मैं जा रहा हूँ–"

वे चुप रहीं।

मैंने रिक्शा लिया और चल दिया।

वे लौट गयीं।

जालन्धर : 30.3.54

तीन महिलायें...

दीदी ने रात को कॉफ़ी पीने के लिए बुला रखा था। मैं परिचय के दिन ही से उन्हें दीदी कहने लगा था, क्योंकि जिन महिला ने मेरा उनके साथ परिचय कराया था, वे उन्हें दीदी कहकर पुकारती थीं। तो वहाँ दीदी के अतिरिक्त वही भद्र महिला थीं और दीदी की छोटी भौजाई थी। जब मैं उनके घर पहुँचा, बत्तियाँ गुल थीं–जैसा कि प्रायः मॉडल टाउन में होता है। चर्चा यह हो रही थी कि कॉफ़ी गरम पी जाये या ठंडी–क्योंकि दीदी वैसे तो बत्ती जाने से पहले पर्क्युलेटर से कॉफ़ी बना चुका थीं–पर मुझे कुछ देर हो गयी थी, और कॉफ़ी को बने लगभग दस मिनट समय बीत चुका था।

मेरे पहुँचने पर कुर्सियाँ बाहर बरामदे में निकलवायी गयीं और वहाँ बैठकर कॉफ़ी के साथ बातचीत आरम्भ हुई। कॉफ़ी अभी काफ़ी गर्म थी, अतः गर्म ही पीने का निश्चय हुआ–दीदी ने आम काटे, जो खट्टे थे। कुछ मीठा और नमकीन था–मेरी परिचिता भद्र महिला ने नमकीन में अधिक रुचि प्रदर्शित की।

बातचीत नाटकों और स्टेशन डायरेक्टर की पार्टी आदि विषयों से होती हुई दीदी के एक किस्से पर आ गयी। दीदी उसी दिन की एक घटना सुनाने लगीं– "आज मुझे कॉलेज से लौटते हुए एक व्यक्ति मिला।"

"अरे कहाँ? कैसा था वह?" भद्र महिला ज़रा स्मार्ट भाव से बोलीं।

"मैं क्या जानूँ कौन था?" दीदी बोलीं, "टांडा के कॉलेज का एक प्रोफ़ेसर था," और बताने लगीं कि किस तरह उन्होंने उस व्यक्ति को बेवकूफ़ बनाने की चेष्टा की।

मैं उन तीनों महिलाओं की प्रतिक्रियाएँ लक्षित कर रहा था। उनकी स्मार्टनेस, पुरुषनिन्दा, चतुरता, व्यस्तता आदि के पीछे एक पीड़ा स्पष्ट झलक रही थी, और वह थी उनकी दबी हुई वासना। वे बार-बार–भले ही निन्दा के प्रकरण में–चर्चा पुरुषों के विषय पर ही ले आती थीं और यदि एक सीमा-विशेष पर आकर वे अपने को रेस्ट्रेन कर लेती थीं, तो शायद इसीलिए कि उस समय उनकी मंडली में एक पुरुष भी उपस्थित था।

जालन्धर : 27.11.54

हमने पिछले दिनों कॉलेज में एक वेरायटी शो किया था। उसके लिए मेरे एक सहयोगी प्रो. ..., जो ड्रामा क्लब के प्रधान भी हैं, ने एक नाटक लाकर दिया कि उसे खेला जाये। नाटक खेला गया—परन्तु स्टाफ़ के कुछ लोगों ने आपत्ति की कि उस नाटक में 'आर्यों' का मज़ाक उड़ाया गया है और लड़कियों को फ्लर्टेशन करते दिखाया गया है। जब स्टाफ़-रूम में इस सम्बन्ध में खूब गर्मागर्म बौछार हुई तो प्रोफ़ेसर साहब ने सकपका कर रुख बदला और फरमाया, "मैं तो चाहता था कि इसे adapt करके खेला जाये, पर राकेश ने इसे adapt नहीं होने दिया।"

इस सम्बन्ध में वास्तविकता इतनी ही थी कि मैंने एक बार कहा था कि सारे नाटक में आर्य, शक, हूण, मंगोल आदि जातियों की चर्चा है—उसमें नाटकीय प्रभाव ही बनाये रखने के लिए उस चर्चा का रहना आवश्यक है—नहीं तो कोई और ही नाटक चुन लिया जाना चाहिए। विशेष ज़ोर इसलिए नहीं दिया था कि और नाटक जो सामने थे, वे मेरे ही लिखे हुए थे। उस समय तो उन महोदय ने इस बात को अपनी विजय समझा था कि उनके द्वारा लाया गया नाटक खेला जा रहा है—पर बाद में जब आलोचनायें हुईं तो पैंतरा बदल गया।

स्टाफ़-रूम में मेरी भी उनसे इस विषय को लेकर गर्मागर्मी हो गयी। अब आप बोले, "मैं तो कहूँगा कि तुम्हारे नाटकों के बजाय हम एक अन्य व्यक्ति का नाटक खेल रहे थे, अतः तुमने जानबूझकर, इस उद्देश्य से कि हमारा प्रोग्राम ठप हो जाये, adaptation नहीं होने दी।"

इस पर मैंने उन्हें सुझाया कि मैं उस कमेटी का सदस्य भी नहीं, जिसकी ओर से नाटक खेले जा रहे हैं—मैं उन्हें इस चीज़ से prevent कैसे कर सकता था, तो वे फिर सकपकाये और हठधर्मी से अपनी बात को दोहराते रहे।

मैंने उस कमेटी के डीन से बात की। वे बहुत आवेश के साथ बोले कि यह बात गलत है—वे इसका खुले तौर पर विरोध करेंगे और वास्तविक वस्तुस्थिति लोगों के सामने रखेंगे। दो दिन बाद वे मुझसे बोले, "मैंने कहा, शान्ति ही रहने दी जाये—वैर-विरोध बढ़ाना अच्छा नहीं। मैं भी दखल देता तो बात और बढ़ती। आप शान्ति रखें—शान्ति बहुत अच्छी चीज़ है।"

मैं मन-ही-मन हँस लिया। और दो-चार रोज़ बीत गये। वही प्रोफ़ेसर महोदय, ड्रामा क्लब के अध्यक्ष, मुझे स्टाफ़-रूम से निकलते देख बाँहें फैलाकर खड़े हो गये और चार आदमियों को सुनाकर बोले, "आओ भाई, क्या हाल है? तीन-चार दिन से मिले ही नहीं। मुझसे नाराज़ तो नहीं? मेरा तो ऐसा स्वभाव है कि कभी कोई मुझसे नाराज़ रह ही नहीं सकता। लोग कोशिश ज़रूर करते हैं आपस में फूट डलवाने की, मगर मैं उन चीज़ों को बहुत छोटी समझता हूँ। हम तो मित्र हैं, मित्र ही रहेंगे..."

मैं एक बार फिर मन-ही-मन हँस लिया।

...और फिर आठ महीने के व्यवधान के बाद!

क्या नहीं हुआ? ज़िन्दगी बदल गयी—अपना पुनर्जन्म हो गया—मानसिक गुलामी से मुक्ति—अस्वस्थ घुटन से मुक्ति—

जीवन का न्याय आकर्षण में है और जो आकर्षण तुम्हें खींचे उसकी ओर खिंचे चले जाओ।

जालन्धर : 24.9.55

दस महीने के बाद—केवल अपने को अपनी याद दिलाने के लिए।

नौकरी के दलदल और अपने आत्म में गहरा संघर्ष है—मैं जीतूँगा—ज़रूर जीतूँगा।

जालन्धर : 26.1.57 (रात्रि)

आज सवा साल के बाद बल्कि सोलह महीने के बाद—इस दौरान ज़िन्दगी के सबसे बड़े द्वन्द्व से गुज़रा हूँ—मैंने पिछले छह साल की घुटन को समाप्त करना चाहा है—जिस औरत से मैं प्यार नहीं कर सकता, उसके साथ मैं ज़िन्दगी किस तरह काट सकता हूँ? आज वह मुझ पर 'वासना से चालित' और 'इन्सानियत से गिरा हुआ' होने का आरोप लगाती है—क्योंकि मैंने उससे तलाक चाहा है—क्योंकि मैं अपने अभाव की पूर्ति के लिए एक ऐसे व्यक्ति का आश्रय चाहता हूँ, जो मुझे खींच सकता है, बाँधकर रख सकता है।

जालन्धर : 1.2.57 (सुबह)

कल की तीन कहानियाँ हैं।

सुबह कॉलेज में एक घटना हो गयी थी, जो हमारे नैतिकता के ठेकेदारों की नैतिकता का पता देती है। कॉलेज क्रिकेट टीम के कुछ खिलाड़ियों ने स्कूल की एक टीचर को और उसके दो साथी टीचरों को रेलवे लाइन के पास रोक लिया कि वे लोग किसी बुरे फल के उद्‌देश्य से कहीं जा रहे हैं—उन्होंने टीचरों के साथ हाथापाई की—उन्हें गिराकर पीटा—लड़की ने उन्हें डाँटा तो उसकी साइकिल गिरा दी और उसे भी एकाध धक्का रसीद कर दिया—वे लोग किसी सेंटर की मीटिंग अटेंड करने जा रहे थे। लड़की जल्दी से साइकिल पर जाकर सेंटर से अस्लिहा ले आयी—फिर लड़कों की थोड़ी कुटाई हुई—और केस प्रिंसिपल के पास आ गया।

कॉलेज की क्रिकेट टीम दो-तीन दिन बाद यूनिवर्सिटी फ़ाइनल मैच खेलने वाली है। अशिष्ट व्यवहार के लिए मुख्य रूप से उत्तरदायी लड़का बिल्लू क्रिकेट टीम का सबसे अच्छा खिलाड़ी है—

सरगर्मी के साथ लोग इधर-उधर गये—क्रिकेट क्लब के प्रधान तथा स्पोर्ट्स डायरेक्टर के साथ प्रिंसिपल की कानाफूसियाँ हुई थीं। यह फ़ैसला किया गया कि बिल्लू बिलकुल निर्दोष है—उसने तो अनैतिकता को रोकने की ही कोशिश की थी और फिर जवानी में अक्सर ऐसा हो जाता है।

लड़की रो रही थी—उसके साथी नाम लिखा रहे थे—प्रिंसिपल साहब गम्भीर थे—और लड़के—बिल्लू और उसके साथी—सारी परिस्थिति की खिल्ली उड़ा रहे थे।

इधर स्टाफ़-रूम के बाहर धूप में कुर्सियाँ डालकर बैठे हुए लोगों में गर्मागर्म बहस शुरू हो गयी। क्रिकेट क्लब के प्रेसीडेंट तथा स्पोर्ट्स डायरेक्टर वहीं आ बैठे थे—स्टाफ़ का प्रोग्रेसिव एलिमेंट खासा गर्म था। तमाशबीन एलिमेंट नमकीन टिप्पणी कर रहा था और वे दोनों महानुभाव लड़कों को डिफ़ेंड करने के लिए उनकी वकालत कर रहे थे—बहुत से लड़के दूर से स्टाफ़ की इस गर्मागर्मी का आनन्द ले रहे थे... अन्ततः स्टाफ़ के दो मेंबरों—भल्ला और ज़िंदल—में ही लड़ाई हो गयी—

रिसेस की समाप्ति की घंटी बज जाने से यह हंगामा तितर-बितर हुआ।

दूसरी कहानी लोकेन्द्र की है। उससे मैंने कई बार उसकी उदासी का कारण पूछा था। उसने आज पाँच बजे आने को कहा था। वह पाँच बजे आ गया। उसने जो अपनी दास्तान सुनाई, वह दर्दनाक थी। उसके पिता फ़िल्म-लेखक और कवि हैं—डी.एन. मधोक के साथ मिलकर लिखते-लिखाते, खेलते-खाते रहे हैं। लड़का छुटपन से उस माहौल में पला है, जहाँ उसकी माँ को ठोकरें मारी जाती थीं—पिता रोज़ अपनी महबूबा खुरशीद के साथ रंगरलियाँ मनाते थे—जबकि उनके मित्र मधोक साहब निगार सुल्ताना के इश्क में गिरफ़्तार, अपनी बीवी से भी वही सलूक करते थे। उसकी माँ, यह कहता है, बहुत सुन्दर थीं—मगर सह-सहकर अब उनकी हालत अजीब हो गयी है। उसने फिर यह भी बताया कि रुपया किस तरह बर्बाद होता रहा। रेसों में और शराब में, फिर खुरशीद भी उन्हें छोड़ गयी—फिर *गंगावतरण* में पैसा गंवाकर, रात को इसकी माँ को क्लोरोफॉर्म सुँघाकर उसके गहने निकालकर ले गये—अब हालत 'ज़ीरो' पर पहुँच गयी है—स्थिति यह है कि कई-कई दिन घर में खाना नहीं बनता। अपने पिता के ये दो बच्चे हैं—यह और इसकी बहन। बहन ननिहाल में रहती है। मामा उसे पाल-पोस रहे हैं और उन्होंने उसकी ऐंगजमेंट कर दी है—

"इतना ही शुक्र है कि हमारा घर बचा रहा," लोकेन्द्र ने कहा, "नहीं, यह भी हो सकता था कि हमारी हालत भी मधोक साहब के बच्चों-जैसी हो जाती—उनकी लड़कियाँ आज फ़र्स्ट क्लास सोसाइटी गर्ल्स हैं..."

यह किसी तरह कुछ काम करना चाहता है, जिससे यह अपनी माँ को सपोर्ट कर सके—

मैंने उसे अपनी ज़िन्दगी के कुछ ग्लिम्पसिस दिये—

लड़का गम्भीर हो गया। फिर ओठ उठाकर बोला, ''जी, मेरी माँ का भी कसूर है—ऐसी ज़बानदराजी करती थीं—वे retaliate न करतीं तो मैं सचमुच उन्हें महान् मानता—सचमुच उन्होंने भी पिताजी को बहुत तंग किया है।''

तीसरी कहानी अपनी हिमाकत की है, जो खामखाह डॉक्टर साहब को आपबीती सुनाने की कोशिश कर बैठे। पान खाये, अंगीठी जली, हाथ गर्म हुए, कहानी आरम्भ हुई—दो-एक लाइन रिमार्क्स दिये गये, खोसला साहब तशरीफ़ लाये—कहानी भाड़ में गयी—दुनिया के भव्य सनातन तत्त्व की कुछ चर्चा हुई—डॉक्टर साहब बाहर चल दिये—'हिन्दी साहित्य को स्त्रियों की देन' पर खोसला साहब का कटाक्ष हुआ और कहानी समाप्त हो गयी।

इस बीच डॉक्टर साहब ने यह और बता डाला कि अंबाले के कुलभूषण और मिलिट्री अफ़सर की बीवी की आत्महत्या का हिस्सा एक ज़बर्दस्त कहानी का प्लॉट हो सकता है। एक ने गाड़ी में बम्बई से लौटते हुए पोटेशियम परमेगनेट खा लिया, दूसरे के हाथ से शीशी छूट गयी और वह सही सलामत घर पहुँच गया—सीरियस हुआ तो जेल में—फिर वफ़ादारी याद आ गयी और उसने अफीम हासिल करके खा ली—इति शम्।

जालन्धर : 3.2.57 (सुबह)

स. दे. शर्मा को पत्र लिखा है कि वे हो सके तो मामले में हस्तक्षेप करके इसे अयाचित कटुता से बचा लें।

जालन्धर : 8.2.57 (सुबह)

कल

दिन में कॉलेज में इलेक्शन के चर्चे चलते रहे। प्रो. रामकृष्ण अपनी गम्भीरता और विद्वता बघारते रहे—''खाओ कांग्रेस का,'' आगे बोले, ''और वोट जनसंघ को दो। ये कांग्रेसी हरामजादे...।''

इस तरह उन्होंने हिन्दू राष्ट्रवाद का ज्वलन्त उदाहरण प्रस्तुत किया।

सोशलिस्ट श्री राम शर्मा सिर्फ़ दाँत उघाड़कर मुस्कराता रहा—आई.ए.एस की स्पेशल रिक्रूटमेंट का इम्तिहान देने के बाद से वह बहस-मुबाहिसों में कम हिस्सा लेने लगा है।

दोपहर में निरूला कॉलेज आया था। गुप्ता के सुपरिंटेंडेंट बनने की वजह से उसकी खासी लेगपुलिंग हुई—'इन्विजिबल्ज' के तजकरे ने बेचारी गुप्ता को embarrass कर दिया—

बाद दोपहर घर पर *बूँद और समुद्र* पढ़कर समाप्त किया—नागर का यह उपन्यास चरित्र चित्रण और थॉट कंटेंट दोनों दृष्टियों से बहुत अच्छा है—कुछ जगह

थॉट कंटेंट के लिए औपन्यासिकता को रुद्ध ज़रूर कर दिया गया है, और बाबा रामजी का चरित्र उतना कन्विसिंग नहीं बना—उस चरित्र को आध्यात्मिकता से बचाकर अधिक यथार्थ रखा जा सकता था—

मगर किताब वाकई ग्रेट है।

आज क...के घर चाय पीने के लिए गया था। तीन साल पहले वह एक दिन मिलने आयी थी तो मैं कॉलेज जा रहा था—रुका नहीं था—

उस दिन मेरे मन में चोर था—मैंने अपनी ज़िन्दगी के यथार्थ को—अपनी घुटन और पीड़ा को—अभी खुलकर स्वीकार नहीं किया था—

इसलिए मैंने रूखे व्यवहार के बाने में अपने अन्दर की कमज़ोरी को छिपा रखना चाहा था।

मगर जल्दी ही वह बाना बिखर गया।

एक दिन मैंने उसके सामने अपनी कमज़ोरी स्वीकार कर ली थी।

तब मुझे उसका रुख कुछ बदला हुआ लगा था—अब तक हॉस्पिटल वाली घटना हो चुकी थी। फिर लम्बा-लम्बा व्यवधान रहा। दो-एक बार रास्ता चलते मुलाकात हुई—कुशलक्षेम हुआ, हाथ जोड़े गये—और इस तरह तीन साल—नहीं, दो साल निकल गये—

मेरे ऑपरेशन को दो ही तो साल हुए हैं।

इस लम्बे अर्से में मेरे आन्तरिक द्वन्द्व और मेरी पीड़ा के साक्षी दो-एक व्यक्ति ही हैं—

मैं उसकी तरफ़ से निराश हो चुका था।

इधर दूसरी तरफ़ की घटनायें अपनी अनिवार्य टर्न लेती गयीं—

ज़िन्दगी से हटने और दोराहे से हटने में से एक च्वाइस था।

दोराहा छोड़ देने का निश्चय किया।

बहरहाल, परिस्थिति की इस करवट में उस दिन सहसा वह फिर सड़क पर मिल गयी थी—

दो बातें हुई, उसने 'संकेत' की प्रति चाही—मैंने उसे अपने साथ घर तक चलने को कहा, कुछ बातें हुई, मैंने रेडियो पर उसकी टाक fix करने की बात कही—

उन दिनों मैं छावनी में था—वह छावनी के स्कूल में हेडमिस्ट्रेस की पोस्ट के लिए ट्रायल दे रही थी।

वह 'संकेत' लेकर चली गयी। उसने यह भी कहा कि किसी दिन मिलने आयेगी—

यह भी कहा कि आप भी ज़रूर किसी दिन आइयेगा।

वह अपने वायदे के अनुसार पन्द्रह-बीस दिन हुए अपने पिता के साथ एक

दिन आयी थी—पन्द्रह मिनट बैठकर चली गयी—

और कल मैं उन लोगों के बुलावे पर उनके घर गया था।

9.2.57 (सुबह)

डेढ़-दो घंटे उनके यहाँ चाय के साथ विनोद-चर्चा होती रही। क...आज भी उतनी ही सुन्दर और डेलिकेट है जितनी तीन बरस पहले थी। सारा समय बातचीत का मरकज़ वही बनी रही।

उसकी आँखों में 'वह' भाव मैंने उस दिन भी देखा।

मैं उन लोगों के बीच एकाएक कितना होमली फ़ील करने लगा था।

सहसा ब...सामने से निकलकर चली गयी थी।

एक गलत कॉमा, एक गलत विराम, ज़िन्दगी का अर्थ किस बुरी तरह से बदल देता है।

जब तक मेरी ज़िन्दगी का गलत विराम हट नहीं जाता—ज़िन्दगी अपना सही अर्थ नहीं पा सकती।

उस रात को लौटकर सोलन का कार्यक्रम रहा। प्रेमी और जोशी मूड में साँपों की चर्चा करते रहे—प्रेमी ने एक साँप पकड़ने वाले का किस्सा सुनाया, जिसे घास से साँप पकड़ने के लिए बुलाया गया था—एक रुपया साँप देने का वायदा था। वह पहले सूँघ कर कहता, "अब भी खुसबू आय रही है।" और फिर बीन बजाता! उसने पाँच साँप निकाले—हर बार अलग व्यक्ति ने रुपया दिया। उस पर भी अभी खुसबू आय रही थी—मगर छठा कोई रुपया देने वाला नहीं था, इसलिए वह खुसबू नाक में लिए हुए ही चला गया—

जोशी ने इस साँप का किस्सा सुनाया, जिसे शराब पीने की आदत पड़ गयी थी। एक रोज़ एक आदमी की पीठ को फन से थपथपाने पर जब उसे पीने को स्कॉच मिली तो वह रोज़ स्कॉच के लिए उसके इर्द-गिर्द चक्कर लगाने लगा—बार-बार घूमता और उसकी पीठ पर दस्तक देता—जब स्कॉच मिल जाती तो मस्त होकर चला जाता।

कई चर्चाएँ हुईं—कि बन्दर साँप को किस तरह थुथनी रगड़कर मारता है—नेवला किस तरह मारता है—उड़न साँप कितना छोटा होता है और गर्भिणी का साया पड़ने पर किस तरह साँप अन्धा हो जाता है—

लुब्बे-लुबाब यह था कि साँप बहुत निरीह और शरीफ़ जानवर है—ज़हर की थैली की वज़ह से बेचारा खामखाह बदनाम है—

कल दिन भर बहुत खुश रहा—खूब दिल्लगी और हुज्जतबाजी की—अर्से के बाद इस तरह का एक दिन बीता।

कल मैं अन्दर से खुश था। यूँ कल पिताजी की सोलहवीं बरसी थी।

आज रेडियो पर फिर उससे मुलाकात होगी—मैं उत्सुक भी हूँ और आशंकित भी। आशंकित इसलिए कि क्या मैं उसे पूरी परिस्थिति समझा सकूँगा? क्या वह पूरी परिस्थिति समझ पायेगी? और क्या उसका अवसर भी आ पायेगा?

आँख के एक हल्के से निमेष पर कितना कुछ निर्भर करता है।

जालन्धर : 16.2.57

9 तारीख की मीटिंग—स...के साथ होने से सब मामला चौपट हो गया। स...से मुझे सख़्त वितृष्णा हुई।

दूसरे फ्रंट पर उनका रवैया ठीक वैसा ही है। 'आदर्शवाद' की आड़ में यह औरत क्या खेल खेलना चाहती है? लगता है कि समस्या बिना कटुता के हल नहीं होगी।

सत्यदेव और रवीन्द्र सिंह को पूरी परिस्थिति का परिचय दे चुका हूँ। आज फिर दोनों को खत लिख दिये हैं।

जालन्धर : 24.2.57

इस बीच की तीन-चार कहानियाँ हैं।

उस दिन श्रुतिकान्त आया था। उसने अपनी बहन का किस्सा सुनाया। कहानी यह है कि लड़की की शादी हुई—पर गौने से पहले मियाँ-बीवी में शारीरिक सम्बन्ध हो गया (यह भी हो सकता है कि एक version मात्र हो)। तो हाँ, लड़की के गर्भ रह गया—लड़का पहले मान भी गया—फिर उसने इनकार कर दिया कि यह लड़की बदमाश है, मैं इसे घर में नहीं रखूँगा।

परिणामतः अब लड़की इनके यहाँ है—जवान लड़की को घर में सँभालना कहाँ तक सम्भव है? और दूसरी शादी के बारे में उनकी कम्युनिटी वालों का कहना है कि वे लड़की को गोली मार देंगे—दूसरी जगह नहीं जाने देंगे। श्रुति ने यह भी बतलाया कि उनकी कम्युनिटी में लड़की को कई बार पैदा होते ही गोली मार दी जाती थी, जिससे बाद में दिक्कत न हो।

दूसरी कहानी च...के लड़के की है। जिसकी अभी-अभी शादी हुई है। लड़की के बारे में मैं पहले से जानता हूँ। वह अपनी बुआ के लड़के के साथ फँसी रही है और उसने उससे वायदा किया है कि शादी के बाद आकर एक रात उसके साथ काटेगी। वह एक बार कुछ कृपा ज...पर भी कर चुकी है और बेचारा ग...सीधा-सादा आदमी है—नाम तुल्य! हे जगदम्बे!

फिर जगदीश की कहानी है। ब्याह करके इस लड़के को क्या हो गया है? कल उसकी बीवी हमें अजीब सी लगी—repulsive भी और ओवरएज भी। शायद इसी की प्रतिक्रिया हो कि वह आज चाय पर नहीं आया—खैर, मुझे सामान ज़ाया

होने की चिन्ता नहीं—मगर उस लड़के को अगर अभी से घुन लग गया तो आगे चलकर क्या होगा? आज उसकी शादी हुए पाँच-छह रोज़ ही तो हुए हैं।

और हाँ, तुलसीरमण का भी तो किस्सा है—उसने दूसरी शादी की है। उसके बाद पहली और दूसरी बीवी दोनों से साथ-साथ एक-एक लड़की हुई। उसके कुछ शब्द—"नहीं जी, उसे मतलब है कि छोड़ा नहीं—मतलब है कि यूँ ज़रा प्रभाव-सा था। ये—वह—उसके लिए—घरवाले भी और वैसे तो मैं भी—सोचते थे—और वह बात है न कि फूंकण की ज़रूरत होती—सो वह..." इत्यादि।

और वह कह रहा था कि सिर के सफ़ेद बालों का इलाज करने के लिए आम्रकल्प करेगा—अर्थात् 65 दिन सिर्फ़ आम-ही-आम खायेगा—दूध के साथ।

इस तरह उसका कायाकल्प होगा।

इलेक्शन की चर्चा चलने पर उसने कहा, "मैं खड़ा हो जाता जी पर वह है न, मुझे उसमें फ़ायदा कम था—इसमें फ़ायदा ज़्यादा है—सो मैंने कहा कि क्या खड़ा होना है—वैसे मैं हो ज़रूर जाता—unopposed—मगर मैंने कहा कि फ़ायदा नहीं है—"

"सबसे अधिक लाभ भाषण देने में है," वह बोला, "इस सौदे में कभी घाटा नहीं होता।"

"जी, हाँ जी, आप आइये न कभी...वहाँ धूप अच्छी है—हवा भी है—आइये न डॉक्टर साहब। इनको भी साथ लाइये न कभी।"

और साथ बैठा हुआ देवचन्द हँस रहा था—हाँ। हिसाब की बात है। सोचने की बात है। पते की बात है।

इसके अलावा जोशी से पता चला कि परसों रात प...जी स...के साथ कमरे में बन्द पाये गये।

होम फ्रंट पर बात कुछ आगे बढ़ी है। देखें 17 मार्च को क्या होता है।

जालन्धर : 30.4.57

आज क्या-क्या लिखूँ? पहले आज की ही कहानी—कस्टम्स ऑफ़िस के बाहर वह शख़्स बैठा था, मोटी-सी पगड़ी बाँधे—अपने आपे से ढील छोड़े—और बक रहा था—"हिन्दुस्तान को आज़ादी दिलायी सुभाष ने—आज़ादी दिलायी भगतसिंह ने—महात्मा गाँधी ने दिलायी ये आज़ादी। या इन कुत्तों ने जो अब आज़ादी के साथ सम्भोग कर रहे हैं?—वहाँ से हम आये थे—अपने सामने अपनी बहनों-बेटियों को नग्न होते देखकर, अपने बच्चों को कत्ल होते देखकर कि हाँ, अब आज़ादी तो मिली है। यह आज़ादी मिली है कि पी...रात-दिन यहाँ धक्के खा रहे हैं और कहते हैं कि गवर्नमेन्ट वक्त ले रही है। सालो, यमराज भी तो हमारा वक्त गिन रहा है। अगर वह वक्त पूरा करेगा भी तो इधर तुम कहना कि तुम्हारी अर्ज़ी मंज़ूर हो गयी।"

दफ़्तर का चपरासी उसे रोक रहा था, मगर वह और चिढ़ता जा रहा था—

"मैं भौंकूँगा और यहीं बैठकर भौंकूँगा। मैं कुत्ता हूँ—परमात्मा का कुत्ता—God...God...परमात्मा Dog...Dog... कुत्ता, मैं परमात्मा का कुत्ता हूँ—भौंकता हूँ—भौंकता रहूँगा, मुझे किसी का डर नहीं है। मैं आप परमात्मा हूँ—मैं ही नानक हूँ क्योंकि इसकी आवाज़ मेरे अन्दर बोलती है। मैं सच कहूँगा—ज़रूर कहूँगा। मेरे भाई की यह बेवा बैठी है—यह उसका लड़का है, दस साल का तपेदिक का मरीज—यह उसकी लड़की है, जवान—ब्याहने जोग—कहाँ ले जाऊँ इनको? घर में आय नहीं है, कहाँ से खिलाऊँ? सरकार आज वक्त ले रही है। सरकार दस साल से वक्त ले रही है। सरकार अभी दस साल का वक्त लेती रहेगी। राजा रणजीतसिंह आप भेस बदलकर घूमता था—प्रजा का दुःख-सुख देखता था और एक ये बादशाह हैं—बेताज बादशाह—ये बेताज बादशाह हैं और मैं बेलाज बादशाह हूँ। बगैर लागलपेट बात कहूँगा। यह कुत्तों की हुकूमत है और मैं परमात्मा का कुत्ता भौंक रहा हूँ।"

और फिर आस-पास खड़े उदास चेहरों को सम्बोधित करके वह कहने लगा, "इस तरह क्यू बाँधकर खड़े रहो—खड़े रहो जब तक मौत नहीं आ जाती—भौंकते रहो जब तक शरीर में दम है, कुछ लेना है तो भौंको—कुत्तो, भौंको—सबके सब मिलाकर भौंको, नहीं भौंकोगे तो कुछ नहीं मिलेगा—" तभी उसकी अन्दर बुलाहट हो गयी।

"लो देख लो—भौंकने का यह असर होता है। सब के सब मिल जाओ—एक आवाज़ से भौंको—खुदा के कुत्तो—एक आवाज़ से भौंको।"

जालन्धर : 5.5.57

सुबह सोमेश के साथ प्लाज़ा जा बैठे। व्यक्तिगत मामलों पर बात होती रही। उसे ब्याह की समस्या घेरे है, मुझे सम्बन्ध-विच्छेद की। सोमेश अपने भविष्य के बारे में बहुत अनिश्चित है—उसमें महत्वाकांक्षा बहुत है, यद्यपि उसकी सीमायें भी बहुत हैं। उसे प्रकाशन आरम्भ करने का सुझाव दिया। कर पायेगा, इसमें मुझे सन्देह है। वह जमकर बैठनेवाला प्राणी नहीं है। उसने परसों सम्बन्ध-विच्छेद की पिटीशन का मज़मून बनाकर भेजने को कहा है। मैं कल इलाहाबाद चला जाऊँगा, मज़मून मुझे वहीं मिल जायेगा।

दोपहर के बाद घर आकर सो गया। शाम को श्याम और मोहन मैत्रेय आये थे।

शाम को शहर नहीं गया, मॉडल टाउन में ही टहल लिया।

जालन्धर : 6.5.57

आज दोपहर र...आयी थी। उसने अपनी और दो डायरियाँ भी दीं। दो डायरियाँ

उसने पहले दी थीं। इस लड़की की निर्कुंठता को मैं उसकी विशेषता समझता हूँ। साहस भी उसमें बहुत है जो कभी दुस्साहस की सीमा को भी छू लेता है। कभी-कभी यह बच्चों-जैसी बातें करती है। तब ज़्यादा अच्छी लगती है।

दोपहर को इलाहाबाद से भाभी का पत्र आ जाने से रात की गाड़ी से इलाहाबाद जाने का निश्चय किया। छुट्टी ले ली, तार दे दिया, पर वर्षा की वज़ह से नहीं चल सका। अब कल सुबह या दोपहर की गाड़ी से जाऊँगा।

कॉलेज एकेडेमिक काउंसिल की मीटिंग से उठकर चला आया था। वर्षा हो रही थी। भीगते हुए रिक्शा लिया। वर्षा खूब तेज़ हो गयी। सामने से काफ़ी भीग गया। पीछे का परदा उठाकर तिरछा बैठ गया—जैसे खिड़की के पास। भीगती हुई सड़क पीछे हटती जा रही थी। इक्का-दुक्का आकृतियाँ थीं। पानी की डोरियाँ आकाश में जाली बुन रही थीं। रिक्शावाला शिकायत कर रहा था कि बत्ती हवा की वज़ह से बार-बार बुझ जाती है। सिपाही चालान कर देगा। वह हाथ में माचिस की डिबिया छनका रहा था कि उसका कानून तोड़ने का कतई इरादा नहीं है। बिजली चमकती थी और बादल ज़ोर से गरज उठता था। सड़क की बत्तियाँ गुल हो गयी थीं। वे सहसा चमक जातीं, फिर गुल हो जातीं। मुझे बहुत अच्छा लगा।

जालन्धर : 16.5.57

इस बीच इलाहाबाद चले जाने के कारण नियमित रूप से डायरी नहीं लिखी जा सकी। इन दिनों का ब्योरा इस प्रकार है :

सात की दोपहर को फ्लाइंग मेल से चल दिया था। बंसल स्टेशन पर मिल गया था। अम्बाला तक वह साथ रहा। वह पाठ्यपुस्तकों के सम्बन्ध में अपने और दूसरों के हथकंडे बतलाता रहा। वह अपने साले की मृत्यु पर शोक प्रकट करने नहीं जा सका, क्योंकि उसे उस दिन अपनी पुस्तक की सिफ़ारिश के सिलसिले में किसी से मिलने जाना था।

बंसल के जाने के बाद मैं काफ़ी देर तक र...की डायरी पढ़ता रहा। उसकी सेवासदन सम्बन्धी डायरी ज़िन्दगी के घिनौने यथार्थ पर बहुत प्रकाश डालती है। काश! कि इस लड़की ने हर चीज़ को और विस्तार के साथ अंकित किया होता।

रात को दिल्ली से स्लीपिंग कार में जगह मिल गयी। कंडक्टर ने तीन के बजाय दो रुपये लिये और रसीद नहीं दी। मैं उस शख्स के गोल-मटोल, डरपोक और लोलुप चेहरे को देखता रहा। पाँच का नोट उसे दिया था और उसने डरते-डरते, आँख से मेरा जायज़ा लेते हुए, मुँह में कुछ बुदबुदाते हुए तीन एक-एक रुपये के नोट मेरी ओर बढ़ा दिये। पहले मेरा मन हुआ कि उसे तंग करूँ, मगर मुझे नींद आ रही थी इसलिए मैं सो गया।

आठ की दोपहर को इलाहाबाद पहुँचा। अश्क स्टेशन पर लेने आये हुए थे।

कौशल्या भाभी स्टेशन के बाहर थीं। घर पहुँचकर पता चला कि शीला ने शाम को बच्चों की पार्टी रख रखी है। अश्क सात की रात को उसे बता आये थे कि मैं निश्चित रूप से आ रहा हूँ। दोपहर भर प्रतीक्षा की कि शायद वहाँ से कोई पैगाम आये या शीला बच्चे को मिलाने के लिए ले आये। इस बीच कमलेश्वर और दुष्यन्त के टेलीफोन आये थे और उनसे छह बजे मिलने का तय किया था, चार बजे तक प्रतीक्षा करके निकल पड़े कि बच्चे के लिए कोई उपहार तो भेज दिया जाये। सिविल लाइन्स से बच्चे के लिए उपहार खरीदे। नीलाभ का वहाँ निमन्त्रण था, सो उपहार उसी के हाथ भेज दिये गये। रामा'ज़ कैफ़े में दुष्यन्त और कमलेश्वर मिल गये। इलाहाबाद की साहित्यिक हलचलों की चर्चा होती रही। मार्कण्डेय भी आ गया। नयी कहानी के सम्बन्ध में एक पुस्तक निकालने की उन लोगों की योजना थी, जिस पर बात होती रही। राजकमल से ओमप्रकाश का बुलावा आने पर वहाँ चले गये। वहाँ पाठकजी भी थे। थोड़ी-सी पुरतकल्लुफ़ बातचीत हुई। साही मस्त गयन्द की गति से आकर बैठ गया। दस मिनट बाद वहाँ से चल दिये।

रात को घर आकर फिर प्रतीक्षा की कि शायद कोई बच्चे को लेकर आये या वहाँ से कोई समाचार आये। कोई नहीं आया, सो बहुत निराशा हुई। बच्चे के जन्मदिन के लिए ही आया था और उस दिन उसी से मेल नहीं हुआ। बहुत दुःख और क्षोभ हुआ। रात देर तक जागता रहा।

नौ की सुबह अश्क जाकर शीला को बुला लाये। दोपहर को खाना खाने के बाद देर तक बातें होती रहीं। सारी स्थिति फिर एक बार खोलकर सामने रखी गयी। शीला ने अपने पिता नवरत्नजी को पत्र भेजा कि वे भी वहाँ आ जायें। साढ़े दस बजे जब उनकी प्रतीक्षा करके निराश हो चुके तो वे आये। रात डेढ़ बजे तक बातें होती रहीं। जितने सवाल उठाये गये, उनमें से किसी का वे जवाब नहीं दे सके, मगर उनकी आर्य-समाजी हठधर्मी बनी रही। सारी बातचीत का निष्कर्ष यही था कि वे परिस्थिति को सुलझाने में सहायक नहीं, बाधक ही हो सकते हैं।

10 को शीला फिर बच्चे को लिये हुए आ गयी। उसने बतलाया कि रात को वे लोग तीन बजे तक बातचीत करते रहे हैं और उसके पिता इस बात पर रज़ामन्द हो गये हैं कि हम लोग आपसी समझौते से जो निर्णय चाहें कर लें। वे सिर्फ़ यह चाहते हैं कि इलाहाबाद में केस न किया जाये। वकील को बुलाकर मशविरा किया गया।

कई तरह के उपाय सोचे गये। यह लगा कि वर्तमान कानून के अन्तर्गत सम्बन्ध-विच्छेद के लिए कोई-न-कोई तोहमत लगाना आवश्यक है। अन्ततः मैंने यही सुझाव दिया कि वस्तुस्थिति के सत्य को अपनाकर ही चला जाये। दो साल से शारीरिक सम्बन्ध न रहने के आधार पर पहले judicial separation कर लिया जाये और दो साल बाद सम्बन्ध-विच्छेद के लिए कार्यवाही की जाये।

11 को सुबह अश्क ने नरेश मेहता, रेणु और भैरवप्रसाद गुप्त को नाश्ते पर बुलाया था। शीला भी आ गयी थी। मुझे साथ ले जाने के लिए दुष्यन्त भी आ गया। कुछ देर काफ़ी शगल रहा। छुट्टी बढ़वाने का निश्चय पहले कर लिया था। भाभी को फोनोग्राम लिखकर दे दिया। वहाँ से चलकर दुष्यन्त के साथ पहले कमलेश्वर के यहाँ गया। कमलेश्वर को लेकर श्रीपत और अमृत से मिलने गये। शिष्टाचार के अलावा कोई खास बातचीत नहीं हुई।

शीला की माँ के आग्रह पर दोपहर का खाना उनके यहाँ मान लिया था। अश्क, कौशल्याजी और मैं–तीनों लगभग दो बजे वहाँ पहुँचे। नवरत्नजी घर पर नहीं थे। शीला की भाभी स्वर्ण को पहली बार देखा। देखने में मुझे वह लड़की बहुत ही साधारण लगी। मुझे आश्चर्य हुआ कि कैसे पुष्पा जी की जगह इन लोगों ने इस लड़की को पसन्द किया है? क्या सिर्फ़ रुपये-पैसे के लिए ही?

वहाँ से निकलकर बाज़ार में घूमते रहे। मुन्ने के लिए स्ट्रा हैट खरीदा। बाज़ार से कौशल्याजी लौट गयीं। मैं और अश्क सिविल लाइन्स चले गये। रामा'ज़ में चाय पी। फिर राजकमल चले गये। वहाँ से मैं ओमप्रकाश को कॉफ़ी हाउस ले गया। वहीं बैठकर पन्द्रह मिनट में तय किया कि आगामी प्रकाशन मैं उनके यहाँ से अपने इन्वेस्टमेंट से करूँगा। यूँ उन्होंने बताया कि वे अपने डायरेक्टर्स की मीटिंग में मेरी सब किताबें अपने यहाँ से प्रकाशित करने का निर्णय कर चुके हैं। मगर मुझे अपने इन्वेस्टमेंट वाली स्कीम ज़्यादा पसन्द आयी। वहाँ से निकलकर फिर रामा'ज़ कैफ़े में चला गया। वहाँ दुष्यन्त और गंगाप्रसाद पांडेय प्रतीक्षा कर रहे थे। कुछ देर बैठकर बाग की तरफ़ चले गये। बाद में पांडेयजी अपनी कार में सिविल लाइन्स तक छोड़ गये। हम दोनों ने रिक्शा लिया और जमुना ब्रिज की तरफ़ लम्बी सैर पर निकल गये। रास्ते में दुष्यन्त ने अपनी एक मुसलमान माशूका का किस्सा सुनाया और फिर द... का किस्सा शुरू कर दिया। उसने द...के साथ पहले कमलेश्वर के और फिर अपने सम्बन्ध के विकास पर प्रकाश डाला और बताया कि इस सम्बन्ध में शारीरिकता ने कहाँ और कैसे प्रवेश किया। द...के नीलाभ प्रकाशन छोड़ने से आज तक के सारे प्रकरण की संक्षिप्त रूपरेखा जानी और मैं इस निष्कर्ष पर पहुँचा कि ये लोग जो अश्क को बदनाम किया करते हैं, उसके मूल में इनकी व्यक्तिगत परिस्थितियाँ, स्पर्द्धायें और प्रतिस्पर्द्धायें ही हैं।

रात को अश्क ने किताब महल के श्रीनिवास को खाने पर निमन्त्रित कर रखा था। उसने भी द... का ही किस्सा छेड़ दिया। द... नीलाभ से जाकर पहले कुछ दिन उसके यहाँ रही थी। दुष्यन्त ने मुझे बतलाया था कि किस तरह श्रीनिवास द...को शारीरिक रूप से पाने के लिए उतावला हो रहा था और किस तरह उसने उसे बुत्ता दे दिया था। 'नयी कहानी' की योजना में दोनों एक-दूसरे को बुत्ता ही दे रहे थे। अब श्रीनिवास बता रहा था कि द..के राजकमल में जाने के बाद से

ओमप्रकाश के घर में क्या प्रतिक्रियाएँ हो रही हैं। विषय रोचक था, मगर मैं ज़्यादा देर नहीं सुन सका, क्योंकि मुझे नींद आ रही थी। मैं जाकर सो गया।

12 को फिर शीला सवेरे ही आ गयी। उसके आने से पहले पाठकजी आकर खाने के लिए कह गये थे। आज *परिचय* की गोष्ठी भी थी, जहाँ विशेष रूप से बुलाया गया था, परन्तु शीला के आने की प्रतीक्षा में ही वहाँ नहीं गया। आज हमें अन्तिम निर्णय कर लेना था। सुबह कुछ बातचीत नहीं हुई। ग्यारह-साढ़े ग्यारह बजे पाठकजी के यहाँ चला गया। रेंड और उनकी पत्नी भी खाने पर निमन्त्रित थीं। कुछ व्यक्तियों, जातियों और प्रादेशिक रीतियों के बारे में उखड़ी-उखड़ी-सी पुरतकल्लुफ़ बातचीत होती रही। डेढ़ बजे के लगभग लौट आया।

शाम तक हम लोगों ने बातचीत करके निश्चय कर लिया कि मैं ही 'ज्यूडिशियल सेपेरेशन' के लिए अप्लाई करूँगा—सम्भव हुआ तो पठानकोट से।

सायंकाल अमरकांत और शेखर जोशी मिलने के लिए आ गये। मुझे इस बात की बहुत खुशी हुई कि उन दोनों ने प्रोफ़ेशनल ढंग से बातें नहीं कीं। अश्क अपनी कवितायें सुनाने लगे, इसलिए बातचीत रुक गयी। चलते हुए खुसरो बाग के मोड़ तक फिर उन लोगों से कुछ बातें हुईं। इलाहाबाद के साहित्यिक माहौल से वे लोग बहुत कुछ 'फ्रस्ट्रेटेड'-से महसूस हुए। 'परिमल' ग्रुप से तो वे अपने को अलग समझते थे, इसलिए उससे उन्हें गिला नहीं था। उन्हें गिला था तो *परिचय* के ही अपने साथियों—कमलेश्वर, मार्कंडेय और दुष्यन्त से। द...कांड की वज़ह से भी इन तीनों से वे त्रस्त थे।

13 को चलने का पक्का इरादा कर लिया। दोपहर को रामा'ज़ कैफ़े में दुष्यन्त मिल गया, और वह मुझे भारती के घर छोड़ आया। सारी दोपहर भारती से अपने निजी मसले पर ही बात होती रही। शाम को कॉफ़ी पीकर रघुवंश के घर गए। वहाँ चाय पीकर लौटते हुए भारती ने कान्ता को भी ले लिया और हम तीनों नीलाभ प्रकाशन आ गये। शीला अभी वहीं थी। वह थोड़ी देर में आने को कहकर मुन्ने को छोड़ने चली गयी। मैंने सामान पैक किया। खाना खाने के बाद सब लोग स्टेशन चले गये। कमलेश्वर और दुष्यन्त वहाँ पहले से थे। दुष्यन्त ने मेरे साथ ही सहारनपुर तक चलने का कार्यक्रम बनाया था। विनय भी आया। गाड़ी लेट थी, इसलिए अश्क, भारती और विनय को भेज दिया। बाद में शीला कमलेश्वर के साथ चली गयी।

गाड़ी के चलते ही दुष्यन्त को कहानी के सम्बन्ध में एक परिसंवाद करने की सूझी और एक घंटा नयी कहानी के सम्बन्ध में हम दोनों का बेसिर-पैर का परिसंवाद चलता रहा। उसके बाद दुष्यन्त सो गया, लेकिन मुझे सुबह तक नींद नहीं आयी।

14 को सुबह गाजियाबाद स्टेशन पर सामान उतार लिया, क्योंकि दुष्यन्त अपने टिकट से दिल्ली होकर नहीं जा सकता था। गाजियाबाद स्टेशन के फ़र्स्ट

क्लास वेटिंग रूम में चार सौ बीसी करके नहाये-धोये। फिर बस लेकर दिल्ली की तरफ़ चल दिये। रास्ते में एक शायर मिल गया जो गज़लें और किते सुनाता रहा।

दिल्ली पहुँचकर खाना खाया और राजकमल प्रकाशन में जाकर देवराज से मिले। दुष्यन्त को अपनी किताब का हिसाब लेना था। देवराज ने शाम को वहाँ चाय पीने के लिए कहा। वहाँ से उठकर रेडियो स्टेशन चले गये। वहाँ दुष्यन्त अपने प्रोफ़ेशनल काम में लग गया और मैं सत्येन्द्र शरत के साथ रिज़र्व बैंक की कैंटीन में चला गया। थका हुआ था, इसलिए शरत से ज़्यादा बात नहीं हो सकी। उसने दुष्यन्त के साथ अपनी लड़ाई का किस्सा सुनाया जो दुष्यन्त मुझे पहले सुना चुका था।

रेडियो स्टेशन से लौटते हुए ओंकारनाथ श्रीवास्तव साथ चला आया। उसके सम्पादित संग्रह की बात को लेकर उसे थोड़ा मसला। फिर राजकमल से चाय पीकर गाजियाबाद पहुँच गये। ठेके से बियर की बोतल लेकर एक सोडावाटर की दुकान की बेंच पर बैठ गये। दुष्यन्त महाराज व्हिस्की पीकर उलटे हो जाते हैं पर बियर उनसे ज़रा भी नहीं पी गयी।

अभी जनता एक्सप्रेस के आने में अढ़ाई-तीन घंटे थे। प्लेटफ़ॉर्म पर बेंच के साथ सन्दूक मिलाकर लेट गये। दुष्यन्त ने फिर द...पुराण के विस्तृत उपाख्यान बतलाना आरम्भ कर दिया। उसने बतलाया कि किस तरह द...की माँ इस सारे प्रकरण की—यहाँ तक कि उन लोगों के cohabitation की साक्षी रही है। किस तरह वह ऐसे अवसरों पर उन्हें चाय पहुँचाती रही है और किस तरह द...बात-बात पर तमक कर उसे चप्पलों से पीटती रही है। उसने द...के साथ लखनऊ और बनारस जाने के किस्से भी सुनाये और यह भी कि कैसे उसमें और कमलेश्वर में खटपट हो गई थी। जिस वीभत्स नग्नता की ओर उसने संकेत किया उससे मेरा मन कई बार सिहर उठा और मुझे बहुत वितृष्णा हुई। मगर दुष्यन्त कहता रहा कि वह लड़की बहुत प्यारी है, और उसमें कई खूबियाँ हैं, और कि आज जब उससे लड़ाई है, उसे उसके बिना बहुत सूना-सूना लगता है। दुष्यन्त ने अपने कुछ जमींदारी के अनुभव भी सुनाये कि किस तरह उसने कई बार किसानों के घर जलवाये हैं और उनके यहाँ रिवाल्वर रखकर बरामद कराये और उन्हें जेल करायी है। "वहाँ जाकर साहित्यिकता-वाहित्यिकता सब भूल जाते हैं प्यारे लाल! वहाँ तो ठाठ से जमींदारी करते हैं।"

और फिर द...पुराण कि किस तरह वह उसकी लड़की को एक बार साथ ले आयी थी किस तरह वह cohabitation के तुरन्त बाद उसे भैया कहकर उससे पानी माँगती है और उसे उस पर प्यार आ जाता है।

रात गाड़ी में फिर नींद नहीं आयी। इधर-उधर की बातों में मन बहलाया। सहारनपुर के बाद थोड़ी देर के लिए सो गया।

15 को जालन्धर पहुँच गया। खाना खाते ही घोड़े बेचकर सो गया और छह घंटे बाद होश आया। एक साहब बहुत दूर से मिलने आये थे...कुछ एम.ए. परीक्षा के सम्बन्ध में परामर्श लेने। उन्हें ठीक से अटेंड नहीं कर सका। शाम को पता चला कि कॉलेज अपना फोनोग्राम पहुँचा ही नहीं और वहाँ तीन दिन से धूम मची हुई है कि राकेश साहब नदारद हैं।

रात को थोड़ा टहलने के बाद चिट्ठियाँ लिखीं। साढ़े दस बजे के करीब नरेन्द्र आ गया। साढ़े बारह बजे तक बातें होती रहीं। उसे अश्क और कौशल्या भाभी का सन्देशा दे दिया। अपनी तरफ़ से भी समझाने का प्रयत्न किया कि जिस लड़की से वह ब्याह कर रहा है, उसका क्षय रोग उसके और होने वाली सन्तान के जीवन को खतरे में डाल सकता है, इसलिए उसे अब भी इस सम्बन्ध में सोच-समझ लेना चाहिए। नरेन्द्र असमंजस में तो था, पर वह यही निश्चय कर पायेगा, इसमें मुझे सन्देह है। मैंने उसे भी समझाने का प्रयत्न किया कि इस विवाह से उसके कार्य को अन्ततः पार्टी को नुकसान पहुँचेगा, मगर नरेन्द्र की भलमनसाहत उसके रास्ते की सबसे बड़ी बाधा है।

आज 16 को कॉलेज से लौटकर पिछले दिनों की डायरी लिखता रहा। दोपहर को खन्ना के यहाँ चला गया। वहीं चाय पी। उसने *द हार्ट हैज़ इट्स रीजन्स* शीर्षक पुस्तक—डचेज़ ऑफ विंडसर की जीवनी भेंट की। शाम को सुस्ती छायी रही। रेडियो के लिए कहानी लिखने का इरादा था—आज नहीं लिख पाया। अब बैठकर कुछ देर र...की डायरी पढ़ूँगा या डचेज़ की जीवनी...

जालन्धर : 17.5.57

कॉलेज से लौटते हुए कुछ घंटे देर प्लाज़ा में बैठे रहे। आज तबीयत काफ़ी खुश थी और मन हल्का था। वहाँ से उठकर घर चले आये। अम्मा को दवाई ला दी। खाना खाने के बाद दो घंटे पत्र लिखे। ज्ञान को एक तेज़ पत्र लिखा था, पर उसे पोस्ट न करके दूसरा पत्र पोस्ट कर दिया। मैंने कभी नहीं सोचा था कि यह आदमी इस कदर 'मीडिऑकर' हो सकता है। वस्तुतः मेरा ही मूल्यांकन गलत रहा है। मैंने अपने कैशोर्य में जो कुछ इस व्यक्ति में देखा था वह उस रूप में इसमें था नहीं। वह व्यक्ति नहीं एक टाइप है—और उस टाइप की अपनी सीमायें हैं।

नरेन्द्र के सम्बन्ध में कौशल्या भाभी को एक विस्तृत पत्र लिखा। पत्र लिखकर सो गया। कोच्छड़ के जगाने पर जागा और उसके साथ पिक्चर देखने चला गया—*मुसाफ़िर*। प्रयोग अच्छा है पर तीनों कहानियों का टोन बहुत सीरियस होने से बहुत डलनेस आ गयी थी। इसमें मुझे सन्देह है कि साधारण जनता इस पिक्चर को पसन्द करेगी।

पिक्चर के बाद चावला के साथ प्लाज़ा चला गया। वहाँ ऋषिगोपाल से अपाइंटमेंट था। रवीन्द्रसिंह भी वहीं आ गये। प्लाज़ा में भीड़ होने से नीरा में बैठे रहे। रवीन्द्रसिंह से मुझे बात करनी थी, इसलिए शेष दोनों से विदा ले ली। पहले रवीन्द्रसिंह और मैं सड़क पर टहलते रहे। हल्की-हल्की बूँदाबाँदी और हवा की वज़ह से बहुत सुहाना मौसम हो रहा था। अपना-आप बहुत हल्का लग रहा था। सड़क पर विरक, सुदर्शन भाटिया और दो-एक और लोगों से हँसी-मज़ाक करता रहा। फिर हम लोग एवरेस्ट में जा बैठे। वहाँ केबिन में बैठकर मैंने रवीन्द्रसिंह को इलाहाबाद का पूरा किस्सा सुनाया। हमारे नवरत्नजी के यहाँ खाना खाने जाने और उनके वहाँ उपस्थित न रहने की बात से रवीन्द्रसिंह को बहुत दुःख हुआ। एवरेस्ट से निकलकर फिर काफ़ी देर टहलते रहे और एक पुल की मुँडेर पर बैठ रहे। रवीन्द्रसिंह अपने स्वभाव के अनुसार indirectly sermonise करते रहे। वहीं दस बज गये। फिर रिक्शा लेकर चला आया। अब यह चिन्ता सवार है कि परसों रेडियो स्टेशन पर कौन-सी कहानी पढ़ूँ? क्या कल नयी कहानी लिख पाऊँगा?

और इस बीच नरेन्द्र घर होकर लौट गया है। वह पत्र छोड़ गया है कि उसने 2 जून अपने विवाह की तिथि निश्चित कर ली है। बेचारा नरेन्द्र!

जालन्धर : 18.5.57

सुबह कॉलेज में उ...को न...को साथ लेकर आने का निमन्त्रण दिया। स्टाफ़ रूम में कुछ देर देवराज गुप्ता के साथ चुहल करता रहा। फिर ऋषिगोपाल के घर चला गया। ऋषिगोपाल के यहाँ खाना खाकर उसे साथ लेकर स्टेशन गया, वहाँ से पर्चे लिए और रिक्शा लेकर डॉ. खुराना के घर गये। डॉ. खुराना घर पर नहीं मिले। मैं मॉडल टाउन चला आया। घर पर नरेन्द्र प्रतीक्षा कर रहा था। घंटा-डेढ़ घंटा उससे बात होती रही। उसके साथ ही चाय पी। उसने विवाह का निश्चय कर ही लिया है, इसलिए उसे थोड़ा चीयर अप करने की चेष्टा की। नरेन्द्र के जाने के बाद 'नीलाम' शीर्षक कहानी को काट-छाँट कर रेडियो के लिए तैयार किया। नयी कहानी लिखने का मन नहीं हुआ। प्रेमी का नौकर बुलाने आया तो उससे कहा कि वह प्रेमी को यहीं भेज दे। थोड़ी देर बाद प्रेमी चले आये। घंटा भर रमी खेलते रहे। फिर बियर शॉप चले गये। बियर शॉप जाकर पता चला कि अपना चश्मा रास्ते में ही कहीं गिर गया है। चश्मा खो जाने की कोफ़्त नहीं हुई मगर कोफ़्त हुई इस बात की कि चार-छह दिन काला चश्मा चढ़ाये हुए ही काटने पड़ेंगे।

बियर शॉप से लौटते हुए प्रेमी के घर चला गया। प्रेमी की पत्नी और बच्चों से पहली बार मिला। मेरा इम्प्रेशन उन लोगों के बारे में कुछ और सा था। मगर मुझे वे सब काफ़ी अच्छे लगे। हो सकता है कि यह बियर की डेढ़ बोतल का असर हो।

घर आकर पता चला कि पीछे र...मिलने के लिए आयी थी और कल दस-साढ़े दस बजे आने को कह गयी है।

बियर शॉप से लौटते हुए रास्ते में म...अपनी बहन और भाई के साथ मिली थी। आज उसके चेहरे पर वह रौनक नहीं थी, इसलिए वह बहुत साधारण लगी।

अब रात के वक्त काला चश्मा चढ़ाये बैठा लिख रहा हूँ। कोई भला आदमी देखे तो क्या कहे?

कौशल्या भाभी को नरेन्द्र के सम्बन्ध में पत्र लिख दिया था—अभी एक पत्र और लिखूँगा। नरेन्द्र नहीं चाहता कि वे लोग उसके विवाह के अवसर पर यहाँ हों, लेकिन मैं समझता हूँ कि उन लोगों को यहाँ होना चाहिए।

मेरे पास एक टेबल डायरी का होना ज़रूरी है।

पौने दस बजे हैं। कुत्ते भौंक रहे हैं और दूर गाड़ी सीटी दे रही हैं। सामने पंखा शोर कर रहा है। रात को कुछ करने का मन नहीं है। हो सका तो डचेज़ की जीवनी पढ़ूँगा।

कल्पना और *ज्ञानोदय* को पारिश्रमिक लौटा दिये हैं।

जालन्धर : 19.5.57

सुबह उठकर महँगे से मालिश करवाई। महँगे मालिश करता हुआ अक्सर दुनिया-भर के किस्से सुनाया करता है—किस सरदार की घरवाली किससे मालिश कराती है और कौन-सी लड़की लॉ कॉलेज के बाबुओं के पास चक्कर लगाती है। बहुत दिनों से वह कह रहा है कि उसे सरकारी नौकरी मिलने वाली है—क्लीनर की। नौकरी लगने के बाद वह साहब की मुफ़्त मालिश किया करेगा। नौकरी लगने में सिर्फ़ एक ही कसर है—अभी 'चालचलन' फँसा हुआ है।

"कहाँ फँसा है चालचलन?" मैंने पूछा।

"चालचलन चंडीगढ़ गया है जी," वह बोला, "बड़ी मुश्किल से कमेटी वालों के हाथ-पैर जोड़कर बनवाया था। तीन महीने यहाँ पड़ा रहा—अब महीने भर से वहाँ पड़ा है।"

"ऐसी बात क्या है चालचलन की?"

"जी वैसे तो अपना चालचलन ठीक है, पर कभी-कभी बदमाशी हो जाती थी—आप जानते हैं, जवानी हज़ार ऐबों का ऐब है—बस इसी ऐब ने मुझे खराब किया है। दिल मेरा एक बच्चे-जैसा है लेकिन दिल को कौन देखता है?"

फिर उसने आवाज़ दबाकर कहा कि उसकी बीवी को यह बात न बताई जाये कि नौकरी के सिलसिले में उसका 'चालचलन' अटका हुआ है, नहीं तो वह जाकर उसके चालचलन के खिलाफ़ शहादत दे आयेगी। और वह हँसने लगा।

महँगे के चले जाने के बाद नहाकर नाश्ता किया। ग्यारह बजे के करीब र...आयी। आज उसने अपने सेंटर के बारे में कई बातें बताईं। उसने अछूतों और जाटों के झगड़े का किस्सा सुनाया। जाट अछूतों की हीनता और अशिक्षा का लाभ उठाते हैं। एक जाट चौधरी की लड़की उसके कामे (चमार) के साथ फँस गयी थी। पहले उसने 'स्लो प्वायज़निंग' से लड़की को मरवा दिया। फिर उस कामे का कत्ल करा दिया। मुकदमा हुआ मगर अदालत में वह छूट गया—चौधरी जो था। उसके बाद उसने अछूतों के प्रतिनिधि पंचायत के मेम्बर को मिलाकर उनकी ज़मीन हथिया ली। बाद में अछूतों की तरफ़ से केस लड़ा गया तो ज़मीन वापस मिली।

सेंटर पर काम करने वाली वर्करों के बारे में उसने कई बातें बताईं। गाँव के लोग कई बार वर्करों की ज़िन्दगी मुहाल कर देते हैं। एक रात एक गुंडा एक सेंटर का दरवाजा खटखटाता रहा। वर्कर अकेली थी, डर गयी। उसने दरवाज़ा नहीं खोला। सुबह आकर धमकाने लगा कि वह एक डिलीवरी केस के लिए बुला रहा था। बाद में डराने-धमकाने पर उसने अपने इरादे का इकबाल किया और पंचायत के रजिस्टर में लिखकर माफ़ी माँगी।

उसने यह भी बताया कि महकमे के अफ़सर किस तरह वर्करों को खराब करते हैं या उन्हें साथ मिलाकर रुपया-पैसा हड़प जाते हैं। गाँवों से रुपया इकट्ठा करने में बहुत दिक्कतें पेश आती हैं—एक-चौथाई खर्च गाँव से इकट्ठा किया जाता है। गाँववाले वर्करों के खिलाफ़ संगठित हो जाते हैं। इस बार उसके एक गाँव के लोग माँग कर रहे थे कि अमुक वर्कर को बरखास्त करके उसकी जगह अमुक वर्कर को यहाँ लाओ तो पैसा देंगे। उस वर्कर के वहाँ के कुछ लोगों के साथ relations थे, इसलिए उसे ट्रांसफ़र किया गया था। उस सिलसिले में गाँव के एक चौधरी ने एक पंच को बढ़ावा देकर कहलाया था कि वह अकेला पाँच सौ रुपया दे देगा, अगर वह वर्कर तब्दील करके वहाँ ले आयी जाये। इस बात पर र...के बवाल उठाने पर उस आदमी से जुर्माने के तौर पर पाँच सौ रुपये वसूल किये गये।

एक किस्सा काफ़ी मनोरंजक था। मास्टर गुरबन्तासिंह जब वज़ीर हो गया तो गाँववाले दिल-ही-दिल उसकी इज़्ज़त करने लगे। जो भी उसकी पत्नी के पास जाता, वह पूछता कि तहसीलदार साहब कब आ रहे हैं। वह नाराज़ होती कि तहसीलदार साहब क्यों कहते हो, वज़ीर साहब कहो। लेकिन लोग समझते कि उन्हें अगर छोटा रुतबा मिला है तो भी उन्हें बड़े रुतबे से याद करने में कोई हर्ज़ नहीं, इसलिए फिर भी कहते कि तहसीलदार साहब कहाँ हैं? एक बार एक बुड्ढे जाट ने एतराज करने पर कहा, "कोई बात नहीं बेटी। आज ये वज़ीर लगा है, कल को तहसीलदार भी हो जायेगा! ऐसा लायक आदमी है—तहसीलदार को क्या कोई पर लगे होते हैं?"

र...के बैठे-बैठे ही मोती आ गया। र...चली गयी तो हम दोनों ने खाना

खाया। मोती अपना और पुष्पा का किस्सा सुनाता रहा। उसने बताया कि पुष्पा ने रेडियो से त्यागपत्र दे दिया है। उन दोनों का आपसी वैमनस्य दूर हो गया है। फिर वह जोशी के साथ अपनी लड़ाई की बात सुनाता रहा। उसने जोशी की हाल की कुछ हरकतें सुनायीं और यह भी बताया कि उन दोनों में दो-एक बार गाली-गलौज हो गयी है।

मोती के जाने के बाद चाय पी और पर्चे देखने पर जुट गया। आठ बजे तक पर्चे देखता रहा। फिर खाना खाकर रेडियो स्टेशन चला गया। ठाकुर ने 'ओवलटीन' पिलायी। कहानी पढ़कर निकलने पर ऋषिगोपाल मिल गया। घर आने पर मदन और उसके दो दोस्त बैठे हुए मिले। पन्द्रह मिनट गप करके उन्हें विदा किया।

अभी थोड़ी देर पहले वर्षा हो रही थी और खूब ठंडी हवा चल रही थी। अब वर्षा रुक गयी है, हवा भी रुक गयी है। कब्रिस्तान की आवाज़ों की तरह गली में कुछ आवाज़ें सुनायी दे रही हैं। एक कुत्ता रह-रहकर भौंक उठता है। तेज़ रफ़्तार से दूर जाती हुई गाड़ी की आवाज़ सुनायी दे रही है। हवा में आवाज़ ज़ोर से उभर कर मद्धम पड़ गयी है। दूर पहरेदार "हो...ओ..." की आवाज़ लगा रहा है। मेरी आँखों में नींद भरी है—मगर अभी कुछ पर्चे देखने बाकी हैं।

जालन्धर : 20.5.57

सवेरे देर से उठा। हल्की-हल्की बूँदाबाँदी हो रही थी। जल्दी-जल्दी कुछ पर्चे देखकर नहाया और कॉलेज चला गया। बस देर से मिलने से कॉलेज देर से पहुँचा। क्लास के बाद उ...ने बुधवार का समय ले लिया। घर आकर बैठा ही था कि र...आ गयी। आज बसु को आना था—र...यही बताने के लिए आयी थी कि वह नहीं आ पायेगी। उसने कमला और सुदर्शन की वज़ह से जो दिक्कतें उठ खड़ी हुई हैं, उनका ब्यौरा सुनाया। फिर वह अपने सेंटरों के किस्से सुनाती रही। सेंटरों से मिस थापर और अफ़सरों की बीवियों के लिए जो गलीचे वगैरह बनकर जाते हैं, उसको वह करप्शन नहीं समझती। इस प्वाइंट पर उसे काफ़ी खींचा। उसे समझाना चाहा कि Road to corruption is paved with pious resolves.

मुझे डर है कि यह लड़की भी धीरे-धीरे उस साँचे में ढल जायेगी। यह अपने तीखे कोने न बनाये रख सकी और समझौतेबाज़ी में पड़ गयी तो अंजाम वही होगा जो हर ईमानदार आदमी का इस रास्ते में होता है—

Such people become more dangerous for society than other people.

र... जब गयी तो वह इस मामले में बहुत कांशस हो गयी थी।

र...के जाने के बाद कुछ देर के लिए सो गया। अचानक कोच्छड़ ने आ जगाया। वह अपना वनस्पतिशास्त्र खोलकर बैठा गया और शब्दों के अनुवाद पूछ-पूछ

कर मेरा भेजा खोखला करता रहा। उसके जाने से पहले ही डॉ. प्रेमनाथ अपनी पत्नी और लड़की के साथ आ गये। कोच्छड़ चला गया। हम लोगों ने साथ-साथ चाय पी। डॉ. प्रेमनाथ नौकरी छोड़कर अपनी प्रकाशन-संस्था खोलने की बात करते रहे। ज़्यादा बातें पुरतकल्लुफ़ अन्दाज़ में हुईं। डॉ. प्रेमनाथ सीधा आदमी लगता है। महत्वाकांक्षी भी है। उसकी पत्नी पहले मुझे बहुत दुबली लगी थी। आज नज़दीक से देखने पर अपने सफ़ेद बालों के बावजूद स्वीट लगी। उनकी बच्ची प्रोमिल भी बहुत ही स्वीट है–बिलकुल एक गुड़िया की तरह!

इसी तरह रात हो गयी है। वे लोग चले गये हैं लेकिन मैं इस उधेड़बुन में हूँ कि अब क्या करूँ। कुछ चिट्ठियाँ लिखनी हैं और पर्चे देखने हैं।

जालन्धर : 21.5.57

सवेरे जल्दी से नहाकर नाश्ता किया और काम करने बैठा ही था कि बाहर से किसी ने आवाज़ दी। देखा तो सदानन्द था। तेरह-चौदह वर्ष बाद उसे देखकर खुशी भी हुई, थोड़ा आश्चर्य भी। काफ़ी देर इधर-उधर की बातें होती रहीं। मुझे आश्चर्य और खेद हुआ कि वह हॉस्टल के दिनों की बहुत-सी बातें भूल चुका है। उसे श्यामलाल और राजबाला का किस्सा भी याद नहीं था। उसे साथ कॉलेज ले गया और वह डेढ़ घंटा क्लास में बैठकर मेरा लेक्चर सुनता रहा। बाद में एक शॉप में चाय पीते हुए उसके आने का मुद्दआ स्पष्ट हुआ। सन्देह मुझे पहले से था। मेरा खयाल था कि वह ज़रूर किसी की सिफ़ारिश लेकर आया होगा। और इसीलिए मैंने बात-बात में उसे सुना दिया था कि एक परीक्षक के रूप में अपनी बदकिस्मती के लिए मैंने कितनी बदनामी अर्जित की है। उसकी बात से पता चला कि उसने स्वयं एम.ए. की परीक्षा दी है।

उसे घर लाकर खाना खिलाया। पुराने परिचित से मिलकर एक अजीब तरह की खुशी होती है। यह महसूस होता है कि अतीत के सब सूत्र हाथ से निकल नहीं गये हैं। कई लोगों की चर्चा हुई। अन्ततः सदानन्द फ्लाइंग से चला गया और मैं बस से अमृतसर चला गया, आसासिंह से चश्मा बनवाने।

इन्द्रदेव अरोड़ा को दुकान पर मिल लिया और वहीं से नि...को फोन किया। नि...के यहाँ खाना खाने का तय हुआ। यह चार बच्चों की माँ आज भी (बत्तीस-पैंतीस की उम्र में) कितनी स्मार्ट और खूबसूरत लगती है। जिस्म का गठन भी अभी आकर्षक है। मगर साहित्य और कला को लेकर उसे अपने बारे में काफ़ी गलतफ़हमियाँ हैं और नाटक को तो वह अपने घर की कला समझती है। उसके निचले ओठ की तराश के सम्बन्ध में मैं निश्चित नहीं हूँ कि वह मुझे सुन्दर लगती है या असुन्दर...कुछ अलग-सी ज़रूर लगती है। उसके पति ज़िन्दगी से खासे बेज़ार आये-से प्रतीत होते हैं। उस शख्स ने सतह पर जितना बड़ा भद्रता का कवच धारण कर

रखा है, अन्दर से वह उतना ही टूटा और कटुता से भरा हुआ प्रतीत होता है। वह फ्रस्ट्रेटेड भी है और अपनी सूरत की वजह से कुंठाग्रस्त भी। नौ बजे उन लोगों से विदा ली और स्टेशन से कालका मेल पकड़ ली।

अमृतसर जाते हुए और लौटते हुए सारा रास्ता सत्येन्द्र शरत् का कहानी संग्रह *कुहासा और किरण* पढ़ता रहा। सत्येन्द्र शरत् को मैं इतना प्यार करता हूँ लेकिन उसकी कहानियों को मैं उतना प्यार नहीं कर सका। किसी ज़माने में उसकी कहानी 'कागज़ी नींबू' पढ़ी थी जो मुझे अच्छी लगी थी। वह इस संग्रह में नहीं है। इस संग्रह की कहानियाँ concocted situation को आधार में रखकर लिखी गयी हैं...और कहानियों के नायक एक ही व्यक्ति के चरित्र की छाया प्रतीत होते हैं। कहानी कहने के बजाय सत्येन्द्र कुछ जगह बात करने या कविता करने लगता है। कुछ जगह उसने संकेत को संकेत न रहने देकर इस तरह स्पष्ट किया है कि अखर जाता है। *कुहासा और किरण* की अधिकांश कहानियाँ लेखक के कैशोर्य की परिचायक हैं। समझ में नहीं आता सत्येन्द्र को इनके सम्बन्ध में क्या लिखूँ?

राजेन्द्र यादव के नाम पत्र लिखा था, सो वह सारा दिन जेब में ही घूमता रहा और अब तक जेब में ही पड़ा है।

जालन्धर : 22.5.57

सुबह कॉलेज में वेदप्रकाश मल्होत्रा से झड़प हो गयी। यह धर्ममूर्ति दिल में द्वेष पालता रहता है। इन्सान खुलकर विरोध कर ले तो दूसरी बात है।

कॉलेज से आकर थोड़ी देर के लिए सो गया। फिर खाना खाकर पर्चे देखता रहा। पाँच बजे के करीब सोमेश आ गया तो चाय पी। साढ़े पाँच बजे उ...आ गयी। घंटा-डेढ़ घंटा उसे पढ़ाया। यह लड़की या तो बहुत ही भोली है या बहुत ही चालाक। उसका व्यवहार कुछ मेरी समझ में नहीं आया। उसके जाने के बाद सोमेश के साथ प्लाज़ा चला गया। वहाँ से कक्कड़ के घर खाने पर। वहाँ घंटा भर हँसते-हँसाते रहे। लौटते हुए मेनन साहब साथ में प्लाज़ा चले आये और अपने थीसिस का वही रोना रोते रहे जो पहले हज़ार बार रो चुके हैं।

उनके जाने के बाद सोमेश के साथ पैदल मॉडल टाउन आया। रास्ते में काफ़ी देर नहर के पुल पर बैठे रहे। खूब ठंडी तेज़ हवा चल रही थी। नहर की पतली रेखा दूर तक तिरछी चली गयी थी। मैं कुछ देर वहाँ लेटा रहा। ऐसी जगह पर मेरा दिल अनायास भटक जाता है। मुझे वह रात याद आयी : पूनों की रात—जब जालन्धर छावनी स्टेशन पर वीणा को 'सी ऑफ़' करके आया था—लगभग सवा साल पहले। उस दिन भी मेरा मन इसी तरह भटक गया था। 'वेवर्ड लाइफ़' क्यों मेरे हृदय को इस तरह आकृष्ट करती है? वहाँ लेटे हुए वीणा की भी बहुत याद आयी और मन थोड़ा उदास हो गया। मेरा जीवन जो अब विशृंखलित हुआ जा

रहा है...उसे वह बचा सकती थी। वह एक नारी है जिससे एक दिन मुझे आन्तरिक आत्मीयता का अनुभव हुआ। वह अनुभव मुझे और कहीं किसी के साथ नहीं हुआ।

बाहर हवा ज़ोर की चल रही है और मिट्टी उड़ रही है। पहरेदार की आवाज़ रात के सीने में कील की तरह चुभ जाती है। मैं फिर उ...के व्यवहार के सम्बन्ध में सोच रहा हूँ। सोमेश शायद सो गया है।

जालन्धर : 23.5.57

रात को वर्षा की वजह से बाहर से अन्दर भागना पड़ा इसलिए सुबह तक नींद पूरी नहीं हुई। सुबह सोमेश साथ कॉलेज गया। सेमिनार लेते समय मेरा मूड काफ़ी उखड़ा-उखड़ा-सा था। कॉलेज में ज्ञान मिल गया। उसने उदयभानु 'हंस' की दो कविता पुस्तकें दीं, जो वह हिसार से लाया था। लाइब्रेरी के बाहर डॉ. मदान के साथ सहसा यशपाल दिखायी दे गये। उन्हें अचानक जालन्धर में देखकर आश्चर्य हुआ। वे उसी समय बॉम्बे एक्सप्रेस से जा रहे थे। दुआ-सलाम ही हो सका।

कॉलेज से प्लाज़ा पहुँचा। कुछ देर वहाँ बैठकर घर चला आया। सोमेश से वहीं का अपाइंटमेंट था। वह मुझसे पहले कॉलेज से चला आया था।

घर आकर सोमेश के थीसिस का सिनॉप्सिस बनाने पर जुट गया। पौन घंटे में उसे सिनॉप्सिस डिक्टेट किया और फिर खाना खाया। इसी बीच मोहन अपने ऑनर्ज़ के पर्चे लेकर आ गया था। कुछ देर उससे बातचीत की। खाने के बाद सोमेश का सिनॉप्सिस टाइप कर दिया। सोमेश को पाँच सौ रुपये उधार चाहिए थे। अपनी वर्तमान आर्थिक स्थिति में मैं उसे कहाँ से ये रुपये दे सकता हूँ? उसकी आवश्यकता पूरी न कर पाने का बहुत खेद हुआ। मैं भी महामूर्ख हूँ जो बिना नोन-तेल के सौ तरह की खिचड़ी पकाता रहता हूँ। नौकरी छोड़ देंगे और अपना प्रकाशन करेंगे—किस बूते पर? बैंक में कुछ सौ रुपल्लियाँ हैं और उससे आधा बाज़ार का उधार देना है!

सोमेश के चले जाने के बाद सोने की सोची। तकिये पर सिर रखा था कि दरवाज़े पर खटखट होने लगी। मि...और सु...थीं। मि...हमेशा की तरह मूर्खता और कॉम्प्लेक्स से भरी बातें करती रही। मुझे सन्देह है कि वह वेल्फ़ेयर ऑफ़िसर का काम कर सकेगी। उसका वही रोना-धोना और वही किस्से और सवाल—भाभी जी कब आयेंगी? सु...छोटी होकर भी उससे कहीं अक्लमन्द है...यह ज़रा-सी लड़की कितनी आसानी से कितनी गहरी बात कह जाती है। उस जैसा मीठा और लोचदार गला बहुत कम किसी का होगा। मगर घर के लोग उसके संगीत सीखने के मार्ग में बाधा डालते हैं...विशेष रूप से मि...''She will not let me do it—it is mainly jealousy!''—सु...ने धीरे से कहा जब मि...एक मिनट के लिए बाहर गयी : ''I shall tell you some day. She will not let me grow better than herself.''

मि... आकर फिर वही मूर्खतापूर्ण बातें करती रही। इस लड़की के चेहरे का एक्सप्रेशन वैसा ही है जैसा घुन खाये सेब का होता है। मुझे खेद होता है कि मैंने बख्शी की वज़ह से इस लड़की को क्यों इतनी कोचिंग दी।

सु....ने तीन-चार गीत सुनाये। मि...कुछ डिस्गस्टिड और कुछ patronising भाव से उसे देखती रही। जाने से पहले सु...ने फिर कुछ बहुत ही सेन्सीबल बातें कहीं ...मि तब माँ जी से बात कर रही थी। "She may make a career," सु...बोली, "but she will not prove a good wife to her husband. I hate such women who are arrogant and spoil the lives of men they are married to. They do not know that a man wants a home...above everthing else."

मुझे बहुत आश्चर्य हुआ कि यह छोटी-सी बच्ची (हालाँकि वह सत्रह-अठारह साल की है) इतनी गहराई तक कैसे सोचती है।

उन दोनों के जाने के बाद प्रेमी और उनका परिवार आ गया। भाभीजी माँजी के पास रसोई में चली गयीं, इसलिए खाना घरेलूपन के साथ ही खाया गया। भाभी प्रेमीजी की अपेक्षा कहीं निश्छल हैं, हालाँकि अपनी ज़बान पर उनका वश नहीं है। उनके बच्चे मेरे किताबों के शेल्फ़ का हुलिया बिगाड़ते रहे। जाते हुए वे चार-पाँच ऐसी पुस्तकें छाँटकर ले गये जो ज़िन्दगी भर नहीं पढ़ पायेंगे।

...और आज गुरदासपुर से गणेशदास जी का तार आया है कि...'A matter urgent, come on any holiday.' मैं समझता था कि अब तक पुष्पा का दिमाग दुरुस्त हो गया होगा। मगर अब मालूम होता है। उसका फ़ितूर अभी तक बाकी है। मैं उन्हें क्या उत्तर दूँ? इन हालात में गुरदासपुर जाना मुझे कतई मुनासिब नहीं प्रतीत होता।

आज टेबल लैम्प के पास बेइन्तिहा कीड़े उड़ रहे हैं। इनकी भी किसी-किसी दिन फसल हो आती है!

बहुत से आर्टिकल भी देखने रहते हैं। किस दिन देख पाऊँगा?

जालन्धर : 24.5.57

कॉलेज से लौटकर कौशल्या भाभी के दो पत्र मिले कि जैसे भी हो, नरेन्द्र से मिलकर या स्वर्ण से मिलकर उनके विवाह की तिथि आगे बढ़वाई जाये। कौशल्या भाभी को उत्तर लिखा, पर पोस्ट करना याद नहीं रहा। शाम को बुक सेंटर में नरेन्द्र के लिए सन्देश छोड़ दिया।

दोपहर को दो घंटे सोने के बाद एम.ए. का यूनिवर्सिटी का रिज़ल्ट तैयार किया और पैकेट बँधवा दिया। कल पैकेट स्टेशन पर ले जाने और बुक कराने की समस्या होगी।

शाम को ख...के यहाँ चला गया। उसने बताया कि मेरा डायरी केस अभी

तैयार नहीं हुआ, उस पर कुछ चित्रकारी करना बाकी है। कुछ देर रिलैक्स करके कॉफ़ी पीकर चला आया। आते हुए पन्द्रह-बीस मिनट प्लाज़ा में बैठा रहा।

घर आने के थोड़ी देर बाद र...आ गयी। वह अपना बनाया हुआ एक पेंसिल-स्केच साथ लायी थी। स्केच में कुछ गोलाइयाँ अच्छी आयी थीं...पर कुल मिलाकर उसमें काफ़ी कच्चापन था। अपनी समझ के मुताबिक र...को दो-एक सुझाव दिये। वह बेचारी ज़रूरत से ज़्यादा कांशस हो गयी थी। फिर जाकर उसे रिक्शा तक छोड़ आया।

कल अपना कोई पीरियड नहीं, इसलिए कॉलेज गोल कर जाने का इरादा है। शायद कल चंद सतूर लिखी जा सकें।

इस वक्त अपने पर नींद गालिब है।

जालन्धर : 25.5.57

सुबह बहुत ही हील-हुज्जत के बाद उठे। कॉलेज में कोई पीरियड नहीं था, इसलिए कॉलेज जाने का इरादा तर्क कर दिया। नाश्ते के बाद *साहित्य का माकट* का पहला अध्याय टाइप करने के लिए निकाल लिया। सवा-डेढ़ सफ़ा टाइप करके छोड़ दिया। दोपहर को खाना खाकर कुछ पत्र लिखे और एम.ए. (ओल्ड कोर्स) का रिजल्ट तैयार करके पार्सल कराने स्टेशन चला गया। स्टेशन से आकर एवार्ड्स की रजिस्ट्री करायी और फिर टाइपराइटर सामने रख लिया। तभी दरवाज़े पर खटखट हुई। खोलकर आश्चर्य के साथ देखा—उ...थी। वह अपने उस दिन के व्यवहार के लिए खेद प्रकट करने आयी थी। घंटा भर वह बैठी रही। उसके लिखे हुए दो आर्टिकल देख दिये। आज उसका व्यवहार अपेक्षतया कहीं स्वीट था।

आज दोपहर को स्टेशन के पास म...को देखा था। उस समय वह बहुत ही साधारण लग रही थी। इस समय पौने दो बोतल बियर दिमाग पर सवार है। सिर झुककर मेज़ को छू लेना चाहता है। दाँत भिंचे हुए हैं और आँखें मुँदी जाती हैं।

अम्माँ ने बताया है कि मेरी गैर-हाज़िरी में डॉ. मदान आये थे और सुबह के लिए गाउन माँग ले गये हैं।

अब लिखना-पढ़ना खाक होगा?

जालन्धर : 27.5.57

दिन भर कुछ नहीं किया, फिर भी काफ़ी व्यस्त रहा हूँ।

सुबह तीन घंटे कॉलेज में बकवास करने के बाद प्लाज़ा में आया, जहाँ नरेन्द्र से मिलने का वायदा कर रखा था। नरेन्द्र, उमेश और नीलाभ वहाँ मिल गये। तय हुआ कि एक कॉमरेड स्वर्ण के यहाँ जायेगा। नरेन्द्र काफ़ी देर...शुगर मिल का वृत्तान्त सुनाता रहा।

प्लाज़ा से उठकर घर आये तो गुरदासपुर से पुष्पा आयी हुई थी। उसके साथ स्टेशन गया। गाड़ी आने से पहले काफ़ी देर रिफ्रेशमेंट रूम में बैठे रहे। पुष्पा ने हिसार की जो दास्तान सुनायी उससे मन बहुत खिन्न हो उठा। मैंने यह सारा प्रकरण ईमानदारी से मोहन को बता दिया था... इस आशा से कि वह परिस्थिति को सँभालने का प्रयत्न भी करेगा और हम लोगों की दोस्ती में बट्टा भी नहीं लगेगा। मगर पुष्पा ने बताया कि कान्ता रात-दिन उसे ताने देती रही है और मुझे गालियाँ, और मोहन ने एक दिन उसे इस बात को लेकर बेइन्तिहा पीटा है...इतना कि कई दिन उसकी हड्डियाँ दुखती रहीं। पुष्पा की आँखें भरी हुई थीं। मेरे हृदय में रह-रहकर यह सवाल उठता था कि मैं इस लड़की के लिए क्या कर सकता हूँ? मैं उसके लिए आन्तरिक संवेदना का अनुभव करता हूँ, लेकिन...

यह मोहन इतना कच्चा, इतना ओछा और इतने छोटे दिल का आदमी है? ओह! अनेकानेक विपरीत प्रमाण और अवसर होने पर भी इस व्यक्ति को सदा विश्वास दिया है, सौहार्द दिया है और इसने दिल में सदैव मुझे कोसा है, मुझे हीन करना चाहा है। क्या इसके बीच में इस शख़्स की प्रोफेशनल जैलसी ही है या और कुछ? मेरे हृदय में कभी उसे लेकर जैलसी का अंकुर भी नहीं जागता...मगर वह...? कितनी बड़ी विडम्बना है। मैं उससे छल करता, दुराव रखता तो वह मेरे बारे में इतने घृणित शब्दों का प्रयोग तो न करता। उसने यहाँ तक कहा कि मैं बहुत घटिया और गिरा हुआ आदमी हूँ। उसने वीणा के प्रकरण को लेकर मेरी भावुकता की इतने सस्ते शब्दों में छीछालेदर की?...मैं समझता हूँ मैं ही अपराधी हूँ। मुझे समझना चाहिए कि दुनिया दुनियादारी से चलती है और कोई मूल्य महान नहीं है। जो जितना छल कर सकता है वह उतना ही बड़ा है। धोखाधड़ी, दोस्तों से, अपने से, हर एक से... यही सभ्यता का न्याय है...मैं आज इस मसले को लेकर बहुत पीड़ित हूँ। एक शख़्स ने मुझे रुसवा किया है—जिसने मेरे मुँह पर सदैव दोस्ती और फरमाबरदारी की कसमें खायी हैं। आज उसने मेरी बताई हुई वास्तविकता पर अपनी कल्पना का पुट चढ़ाकर एक अबोध लड़की पर तोहमत भी लगायी है और मेरे विश्वास को कुचलने का भी प्रयत्न किया है। लेकिन मैं अपना विश्वास मरने नहीं दूँगा। मोहन ही एक इन्सान नहीं है।

शाम को प्रेमी के साथ बियर शॉप चला गया। लौटते हुए रास्ते में बख़्शी मिल गया जो साथ घर चला आया। फिर उसे छोड़ने शहर चला गया। अब नरेन्द्र का इन्तज़ार है। उसे स्वर्ण के यहाँ का मैसेज लेकर अश्क को फोन करके आना था। मैं इन्तज़ार कर रहा हूँ।

मन भारी है। आज की चोट बहुत गहरी है। मुझे रह-रहकर पुष्पा पर तरस आता है। काश कि यह लड़की इतनी भावुक न होती!

जालन्धर : 28.5.57

आज दिन में काफ़ी गर्मी पड़ी और सीज़न में पहली बार सिरदर्द हुआ। कॉलेज में छुट्टी थी, फिर भी यूनिवर्सिटी क्लास लेने के लिए चला गया। वहाँ से रेडियो स्टेशन गया और घर चला आया। प्रेमीजी भी निहायत बेपेंदे के लोटे हैं। मौकापरस्त और कुर्सीपरस्त। 'काफ़िर रा जहन्नुम रफत!' शाम को आपने 'दूध और दाँत' का स्क्रिप्ट उर्दू से हिन्दी कराकर भेज दिया कि ठीक कर दो। उस साली हिन्दी को फिर से ठीक करूँ?

दिन-भर गर्मी के मारे परेशानी रही। शाम को उ...और न...चाय पीने आयीं। न...को अपने बारे में खासी गलतफ़हमी है। यूँ है ज़रा आज़ाद तबीयत लड़की। बन्दे की कहानियों के पैराग्राफ्स आपको याद हैं। उससे अपनी vanity काफ़ी tickle होती है। आप गज़लें भी कहती हैं। गोया कि आप शेर-ओ शायरी से प्रेम रखती हैं। दो बार अपनी एक गज़ल सुनाने को हुईं और सुनाते-सुनाते रह गईं। और उ...बच्चों की तरह दाँत खोलती और बन्द करती रही। उसे अभी यह आभास है कि वह बच्ची है...भले ही एम.ए. में पढ़ती है। आप दिन-भर दूध पीती रहती हैं—एक दिन में डेढ़-सेर दूध पी जाती हैं! मक्खन खाती हैं सो अलग! घर में कोई कामवाम नहीं करती! खुदाबन्द-ताला की सृष्टि में कितने तरह के जीव हैं?

अम्माँ की टाँग के दर्द की वज़ह से आज बहुत चिन्तित रहा हूँ। आज कई महीने होने को आये। यह दर्द ठीक नहीं होता है। डॉक्टर मेहता ने आज तीसरी बार दवाई बदली है। अम्माँ की अस्वस्थता से तो भैया अपनी गाड़ी ही रुक जायेगी। (स्वार्थपरता?)

आज फिर मन बहुत भटक रहा है कि नौकरी छोड़ ही देनी चाहिए। आर्थिक सीक्योरिटी बड़ी चीज़ है—मगर यह रुटीन तो मेरी जान सोखे ले रहा है। सब छोड़-छाड़कर कुछ दिनों के लिए तो साँस लेने का अवकाश मिलेगा।

आज रात नीलाभ की वज़ह से थोड़ी परेशानी हुई। उस लड़के में मनमानी करने की आदत अति की मात्रा तक बढ़ी हुई है। यह बोलता भी ज़रूरत से ज़्यादा है। आज अपने को शहीद करके उसे बहलाता रहा। उसकी मम्मी के माथे पर ज़रा-सी बात से तेवर जो पड़ जाते हैं। सच, भाभी कितनी छोटी-छोटी बातों पर नाराज़ हो जाती हैं?

जालन्धर : 30.5.57

रात को दो बजे लौटकर घर आया था या ठीक कहा जाए तो सुबह दो बजे ...बियर की वजह से या गर्मी की वजह से सिर में दर्द हो रहा था—जिन कपड़ों में आया था, उन्हीं कपड़ों में सो गया। सुबह पाँच बजे फिर जागना था।

नीलाभ को कॉलेज साथ ले गया। वहाँ लाइब्रेरी में लड़कियाँ उससे खेलती और उसे चिढ़ाती रहीं। दोपहर को नरेन्द्र घर आ गया। नरेन्द्र का स्वभाव अश्क से कितना भिन्न है? He is a thorough gentleman.

बाद दोपहर अपनी कारस्तानी से मीटर का फ्यूज़ उड़ गया, इसलिए मारे गर्मी के कराहते रहे। शाम को वेद पर्चे लेकर आ गया और कुछ देर उससे माथापच्ची की। छह बजे के बाद बिजली दुरुस्त हुई और जान में जान आयी।

आज मोहन को एक लम्बा पत्र लिखा—यदि सचमुच उसके हृदय में ऐसा मैल है तो उस सम्बन्ध का समाप्त हो जाना ही श्रेयस्कर है। मैंने उसकी भावुकता को कितना महत्त्व दिया है? लेकिन...उसके पुष्पा को पीटने से मेरा विश्वास भी पिट गया है। और यह शख्स लेखक होने...इन्सान को समझने का दावेदार है। यह शख्स है जिसे मैंने अपनी conscience की तरह माना है। और अपनी ज़िन्दगी के हर पृष्ठ का एक-एक शब्द ईमानदारी के साथ इसके सामने पढ़ दिया है।

शाम को नीलाभ को घुमाने ले गया। बख्शी के मिल जाने पर नीलाभ को रिक्शा में वापस भेज दिया।

फिर सु... की बात चलने पर बख्शी ने हठ किया कि बियर शॉप चलकर बैठें। वहाँ उसने भी मेरी धारणा की पुष्टि की कि मि...सु...से बेहद जलती है और उस लड़की के विकास में एकमात्र बाधा मि...ही है। सु...के बच्चों के-से व्यवहार को भी वह लड़की मैली आँख से देखे बिना नहीं रहती—मुझे पहले भी इस लड़की से वितृष्णा होती थी, कल और ज़्यादा हुई।

बियर शॉप से निकलने पर बख्शी की तबीयत ज़्यादा खराब हो गयी। शहर-भर घूमकर उसके लिए नींबू पानी हासिल किया। फिर उसे घर पहुँचाकर मॉडल टाउन आया।

बख्शी के उन शब्दों से क्या गूँज निकलती है—मैं सु...को अपनी बेटी बनाना चाहता हूँ। वह मेरी बेटी बन जाये तो मुझे कुछ नहीं चाहिए। मैं तब ज़िन्दगी -भर शादी नहीं करूँगा...मैं उसे बनाऊँगा और एक रुतबे तक पहुँचाऊँगा।

बख्शी में भी काफ़ी पर्वर्शन है।

आज सुबह-सुबह बौड़म बने घर से निकल पड़े—न नहाये, न शेव किया और उमेश और नीलाभ को बस पर छोड़ने चल दिये। उन्हें बस में बैठाकर वहीं से बख्शी के घर चले गये। बख्शीजी महाराज का जब नशा उतरता है तो उनकी आत्मचेतना जाग्रत हो जाती है और उन्हें जीवन और संसार असार प्रतीत होने लगते हैं। बख्शी के यहाँ से वैसे ही कॉलेज चले गये। सोचा था कि क्लास नहीं लेंगे और हाज़िरी लगाकर चले आयेंगे। मगर जाते ही रोज़े गले पड़ने लगे। पहले पोताड़े साहब मिले—वे आगरा से किसी प्रकाशक के एजेंट के रूप में आये थे। उन्हें पहचाना नहीं, हालाँकि चेहरा परिचित लगा। बाद में कमरे में पहुँचा

तो दो बातें होने के बाद उन्हें पहचान पाया। फिर आगरा की बातें होने लगीं। तभी एक सुकुमार-काय नवयुवक और आ गया—वह भी पुस्तकों के ऑर्डर लेने के सिलसिले में ही आया था। पोताड़े को कुछ पुस्तकों का ऑर्डर दिया और कुछ पुस्तकों का उस लड़के को—पोताड़े को अपने ऑर्डर की अपेक्षा उस लड़के के ऑर्डर में ज़्यादा दिलचस्पी थी—मुझे राजेन्द्र यादव की पोताड़े पर लिखी हुई कहानी याद आ गयी। वह लड़का बेचारा बिलकुल नातजुर्बेकार था—कुछ पुस्तकों के कवर लिये हुए ही चला आया था। उसका ऑर्डर बन जाने पर पोताड़े के चेहरे पर चमक आ गयी।

आज प्रीवियस के एक लड़के भाटिया की नौकरी लग जाने के कारण उसके सहपाठियों ने उसे दावत दी थी। कुछ देर वहाँ बैठना पड़ा। मोहन ने बहुत ही घटिया किस्म की स्पीच दी। उस लड़के को अपने बारे में खासा कॉम्पलेक्स है और उसके अन्तर में सबके प्रति विद्वेष की ग्रंथि है। बहरहाल, वह किस्सा समाप्त हुआ और घर आये।

घर आते ही नींद के शिकार हो गये। सवा दो बजे उठकर खाना खाया और गर्मी की वज़ह से साँप की तरह फुँकारने लगे।

चार बजे नहा लिये और नहाकर घर बैठना रास नहीं आया तो धूप में निकल पड़े। खन्ना के घर चले गये। वहाँ जाकर फिर नींद गालिब आने लगी। चाय पी और जूते उतारकर सोफ़े पर लम्बे हो गये। तभी कमलाजी (ए. कमला), उनकी बड़ी बहन जयाजी, छोटी बहन तारा, मीनाक्षी और भाई साहब (?) आ पहुँचे। जयाजी अपना शरत्-प्रसादान्त साहित्य ज्ञान विकीर्ण करने लगीं। कमलाजी अधिक आधुनिक होने का दावा अपने यशपालान्त ज्ञान से जमाने लगीं। बन्दा दुर्लभ श्रोता की तरह सुनता रहा। फिर जयाजी दाक्षिणात्य श्वेताम्बरता की चर्चा करती हुई पंजाबियों की रुचि की निन्दा करती रहीं। मेरा ध्यान ज़्यादा देर उनके चेहरे पर रहा, क्योंकि अभी हाल ही में (शायद डेढ़-एक वर्ष पहले) उनका विवाह हुआ था और वे देखने में चालीस-बयालीस से कम की नज़र नहीं आ रही थीं—उनके चेहरे के भाव से मुझे मातृप्रधान परिवार कल्पना का स्मरण हो आया। यूँ ज्यामिति के न्याय से उनका चेहरा शेष दोनों बहनों की अपेक्षा तारतम्य में था।

कॉफ़ी के बाद मजलिस बरखास्त हुई।

घर आकर पता चला कि पीछे वीरेन्द्र आया था। उसे टेकनिकल इन्स्टीट्यूट से नोटिस मिल गया है। किस्मत की खूबी देखिये, टूटी कहाँ कमन्द...। डेढ़ महीना और निकल जाता तो बखूबी बेचारे की पढ़ाई पूरी हो गयी होती। अब परीक्षा के बाद ही उसे नये सिरे से बेरोज़गारी के सवाल से जूझना होगा।

सिर भारी है, गला खुश्क है और आत्मा अवसन्न है।

और यह सवाल हल नहीं हो रहा—कि सो जाऊँ या जागता रहूँ।

जालन्धर : 31.5.57

आज यह निश्चय किया कि यथासम्भव सिगरेट और बियर (कम-से-कम जून महीना) नहीं पीऊँगा। तुरन्त ही सिगरेट की ज़रूरत महसूस हुई और एक सिगरेट सुलगा लिया।

फिर दिन-भर खूब सिगरेट पिये।

कॉलेज से लौटकर कुछ पत्र लिखे। पुष्पा को लिख दिया कि मैं गुरदासपुर नहीं आ पाऊँगा। बाद दोपहर सोमेश आ गया। आजकल इतने मेहमान आते हैं कि अपना घर मेहमानखाना लगता है। कभी-कभी बड़ी कोफ़्त होती है। एक तो नौकर के फ़र्ज़ सरअंजाम देने होते हैं—फिर अपनी हद से बाहर खर्च होता है और उस पर तुर्रा यह कि हर मेहमान को उधार की भी ज़रूरत होती है—उधार जो कभी रिटर्नेबल नहीं होता। आजकल यार लोगों में यह शौक कुछ ज़्यादा ही बढ़ गया है। पिछले छह महीने में जो भी आया है, उसने चलते हुए उधार ज़रूर माँगा है! और जब किसी को अपनी दास्ताने-हयात सुनाता हूँ तो वह समझता है कि यह ज़िक्र उसका नहीं, दूसरों का हो रहा है। हर व्यक्ति अपने को बहुत ही निजी, बहुत ही घनिष्ठ, बहुत ही बेतकल्लुफ़—और इसीलिए उधार माँगने के लिए मौजूँ आदमी समझता है। यह उधार घर से चलते समय ही लोगों की प्लानिंग में शामिल होता है या हर एक को बाहर आकर टोट पड़ जाती है? अपनी शराफ़त के मारे कमर टूट रही है। हर समय अजब झुंझलाहट दिमाग में भरी रहती है।

रात को बातों-बातों में सोमेश की कहानी सुनना भूल गये। अम्माँ से पूछा कि क्या वे कुछ दिन सोलन रहना पसन्द करेंगी, पर उन्हें तैयार नहीं पाया। ऊपर से वे कहती रहीं कि वे चली जायेंगी, पर उनका दिल नहीं है।

मैं नौकरी छोड़ने-न छोड़ने के मसले में बुरी तरह उलझा हुआ हूँ। आज वीरेन्द्र को लिखा है कि क्या वह कुछ दिन अम्माँ को सपोर्ट कर सकता है? देखूँ, क्या उत्तर देता है?

जालन्धर : 1.6.57

रात को ज़ोर की आँधी आयी, जिससे एक बार नींद जो टूटी तो फिर दो-अढ़ाई बजे तक जागते रहे। बाहर के बरामदे में कुर्सियाँ निकालकर अम्माँ से नौकरी छोड़ने के मसले पर बातें करते रहे। दिमाग उलझा हुआ था, अम्माँ को नाहक दुःखी किया।

सुबह उठने पर दिमाग बहुत भारी था। रह रहकर ध्यान आ रहा था कि पुष्पा को आज मेरी वज़ह से भटकना न पड़ा हो। कल जो दो-तीन रुपये जेब में थे, वे सोमेश ने ले लिये थे, इसलिए सुबह अम्माँ से एक (उनका आखिरी)

रुपया उधार लेकर कॉलेज गये तो मालूम हुआ कि कॉलेज में आज छुट्टी है। बड़ी कोफ़्त हुई। वहाँ से खन्ना के घर गये तो वहाँ उसकी भाभी आयी हुई थीं। लौटते हुए रास्ते में वर्षा होने लगी तो प्लाज़ा में रुक गये। बत्तियाँ गुल हो गयीं और मोमबत्तियाँ जला दी गयीं। मोमबत्ती की रोशनी में हर लड़की सुन्दर और स्वप्लिन-सी नज़र आती है। प्लाज़ा में ही बख्शी मिल गया और पहले उसके घर चले गये। उसकी मम्मी के चेहरे से लगता था कि वे कांड की वज़ह से परेशान हैं। बख्शी से पता चला कि कल बन्दे की वजह से उसकी मि...और उसकी अम्माँ से लड़ाई हो गयी थी।

बख्शी के घर से अपने घर आये। रास्ते में बख्शी ने खासा बोर किया—बीस मिनट रिक्शा रोककर मेहता से बातें करता रहा और पाँच मिनट कमरजीत से। मैं अन्दर-ही-अन्दर जल-भुनकर खाक हो गया।

मौसम बहुत अच्छा था। थोड़ी देर सोने के बाद चाय पी। भनोट अपने पर्चे ले आया। घंटा भर उससे मगजपच्ची की। बख्शी आराम से टाँगें फैलाकर तख्त पर सोया रहा।

घर में धूल-मिट्टी भर रही है और अम्माँ बेचारी दिन में तीसरी बार सफ़ाई करने लगी हैं। माँ का जीवन कितना अनात्मरत और निःस्वार्थ है, जैसे उनका अपना आप है ही नहीं—जो है, घर के लिए है, मेरे लिए है, और मैं हूँ कि अम्माँ से झगड़ने लगता हूँ। अम्माँ धरती की तरह शान्त रहती हैं। मेरे हर आवेश, उद्वेग को वे धरती की तरह ही सह लेती हैं। इतनी स्थिरता, इतनी डेडिकेशन—इससे बड़ा योग और क्या हो सकता है? और इस पर भी वे अपने को मूर्ख, नासमझ और कमज़ोर कहती हैं? माँ के त्याग में कहीं त्याग की consciouseness नहीं है और इसी बात में माँ की महत्ता है। उनकी सहिष्णुता में तनिक भी तो शिकायत नहीं होती। सच, मेरी माँ बहुत बड़ी हैं—बहुत ही बड़ी। काश! कि मुझमें माँ के इन गुणों को शतांश भी होता।

अभी दो-अढ़ाई घंटे बख्शी और मैं बाहर बरामदे में कुर्सियाँ निकालकर बैठे रहे हैं। सिगरेट की कसम कल टूटी थी, व्हिस्की की कसम आज टूट गयी (मगर कसम व्हिस्की की नहीं, बियर की थी) हम दोनों ही introspective mood में थे। नतीजे के तौर पर अपनी-अपनी ज़िन्दगी की छीछालेदर करते रहे, इस बीच शीला और भाभी की भी चर्चा हुई—दोनों का तुलनात्मक अध्ययन होता रहा। अँधेरे बरामदे का रहस्यमय वातावरण, हवा में उड़कर आती हुई पानी की बूँदें...और रोमांच—मुझे आज फिर वीणा की बहुत याद आयी। वह शायद लन्दन के किसी सजे हुए .फ़्लैट में इस समय अपने पति के लिए बेड टी तैयार कर रही होगी। और मैं यहाँ—रात के सवा ग्यारह बजे—उस एक क्षण की याद में पुलकित हूँ, जब अम्बाला स्टेशन पर रात भर की बातचीत के बाद सुबह पाँच बजे वह बुकिंग ऑफ़िस की खिड़की

से मेरा टिकट खरीद कर आयी थी, मैंने टिकट ले लिया था, उसे बस की ओर जाना था, मुझे प्लेटफ़ॉर्म की ओर। उसने हाथ जोड़ दिये थे और मैंने भी–उस एक क्षण के लिए वह मेरे कितनी निकट थी? और उसी क्षण हम लोग अलग हो गये थे–शायद सदा के लिए। कह नहीं सकता कि ज़िन्दगी में उसे फिर कभी देख पाऊँगा या नहीं?

और आज मुझे पुष्पा के लिए भी बहुत खेद है। लेकिन मैं समझता हूँ कि मैंने गुरदासपुर न जाकर ठीक ही किया है।

बख़्शी ने आज एक अपना किस्सा सुनाया। मैं उससे कह रहा था कि ऐसे वातावरण में मुझे किसी के अभाव का बहुत अनुभव होता है। पुरुष-पुरुष में बहुत घनिष्ठता हो जाती है–लेकिन वास्तविक घनिष्ठता एक पुरुष और एक स्त्री में ही सम्भव है क्योंकि emotion की सही परिणति शारीरिक उपलब्धि में जाकर ही होती है। The climax of true intimacy is the complete merger of two bodies. Intimacy is incomplete without that merger and the merger is incomplete without that intimacy.

इसलिए पुरुष को स्त्री का साहचर्य मात्र ही नहीं चाहिए–हर पुरुष को एक विशेष स्त्री का साहचर्य ही वास्तविक सुख दे सकता है। It is a question not of a woman but the woman (पाल इस the woman के मसले पर अक्सर भाषण दिया करता था)। तो बख़्शी का किस्सा इस the woman के मसले से ही शुरू हुआ–

उसने बताया कि छह साल पहले वह दिल्ली में एक ऐसी लड़की को जानता था जिसे अपने लिए 'द वूमेन' कह सकता था। उसे उसमें वह हर विशेषता दिखाई देती थी, जो उसकी धारणा के अनुसार एक लड़की में होनी चाहिए थी। मगर किस्सा मुख़्तसर यह हुआ कि आर्थिक सिक्योरिटी के अभाव के कारण (जैसे कि पुरखों की परम्परा है) उसने किसी और से शादी कर ली। इस पर भी उसके दिल में उस लड़की की कद्र बनी रही, मगर हाल ही में वह फिर उसे मिली है, एक बच्चे की माँ बन चुकने के बाद–और अब वह उसे शारीरिक रूप से पा लेने के लिए व्याकुलता दिखाती है। बख़्शी की बात, पचास फ़ीसदी discount काट देने पर भी बड़ा गम्भीर संकेत देती है। बख़्शी बाद में स्त्रियों के सम्बन्ध में अपनी असहिष्णुता और अनास्था की चर्चा करता रहा।

खाना खाकर घूमने निकल गये। तेज़ हवा और बूँदाबाँदी में घूमने से अधिक सुखदायक शायद की कोई अनुभव हो। कीचड़ में पाँव बचाते हुए चलने का भी अपना रोमांच है। कहीं कीचड़ के छींटे पड़ जाते हैं तो मुँह से चीख निकलती है और मन में पुलक भर जाता है।...ज़्यादा दूर नहीं गये। सिगरेट सुलगाकर लौट आये।

इस समय हवा ज़ोर-ज़ोर से दरवाज़े खटखटा रही है। हवा के दबाव की बहुत तेज़ आवाज़ हो रही है, जैसे हवा ज़मीन की हर चीज़ को बुहार कर ले जायेगी। बन्द कमरे में बैठे हुए बाहर की इस शक्ति का संस्पर्श कितना अद्‌भुत लगता है। किसी कोने में टिड्डियाँ बोल रही हैं और दूर गली में पहरेदार। दरवाज़े का पर्दा झूले की तरह झूल रहा है।...

यह लिखने में भी मन को सन्तोष होता है।

हवा क्या दरवाज़े तोड़ ही देगी?

जालन्धर : 2.6.57

कई दिनों बाद डटकर सोये और सुबह उठते ही अम्माँ से लड़ाई कर ली। अम्माँ इतनी बात कहने की दोषी थीं कि अगर नौकरी छोड़ दूँ तो घर का सामान रखने के लिए कहीं छोटा-सा कमरा ले लेना चाहिए। बस, इतनी-सी बात पर दिमाग का पारा जो चढ़ा तो होशोहवास कायम नहीं रहे। अम्माँ को रुला दिया। अम्माँ फिर कहती रहीं कि मैं मूर्ख हूँ, बेसमझ हूँ, जो मुँह में आये बोल जाती हूँ। अब दिन-ब-दिन बूढ़ी हो रही हूँ इसलिए दिमाग और ज़बान पर काबू नहीं रहा, मैं बहुत दुष्ट हूँ जो अपने बच्चे को इस तरह दुःखी करती हूँ, और बच्चा अपनी तानाशाही दिखाता रहा—अन्ततः माँ की बात उस दुष्ट की समझ में आयी, शर्म के मारे हाथों में मुँह छिपाकर बैठा रहा और फिर माँ से माफ़ी माँग ली। माँ ने उसे छाती से लगाकर चूम लिया और उसके लिए चाय बनाकर ले आयी।

दोपहर का खाना खाकर सो गया। उठकर *शिला के आँसू* के स्क्रिप्ट पर जुटा। दो घंटे *कलिंग विजय* के पुराने स्क्रिप्ट को लेकर बेकार मेहनत की। फिर नये सिरे से नाटक टाइप करना प्रारम्भ किया। दो-अढ़ाई पृष्ठ टाइप करके बुरी तरह थक गया और बाहर चला गया। प्लाज़ा में नरेन्द्र मिल गया। दोनों सैर करते हुए चले आये। नरेन्द्र से दो-एक मसलों पर बातचीत हुई—एक कि सौन्दर्य के विकास के मूल में कौन-सा नियम काम करता है? सौन्दर्य वास्तविक है या अपेक्षिक? विकास के नियम के अन्तर्गत स्वस्थतर के साथ-साथ सुन्दरतर का निर्माण क्यों? 'फार्म' के evolution का क्या राज़ और महत्त्व है?

खाना खाकर कुछ दूर टहलने के लिए निकल गये। विश्व की समस्याएँ हल नहीं हुईं।

अब नाटक बीच में ही धरा है। काम करने का ज़रा मन नहीं है। यह सब होगा कब?

आज मन इस दिशा में निश्चित है कि नौकरी छोड़ देनी चाहिए। कुछ और प्रश्नों का निर्णय करना है—कि कहाँ रहा जाये? सामान का क्या हो? और अपनी

आधिदैहिक समस्याओं का...?

फक्-फक्-फक्-फक् गाड़ी जा रही है। गीली रात में गाड़ी की आवाज़ कितनी अच्छी लगती है।

4.6.57

कल रात नरेन्द्र के आ जाने से बातें ही होती रहीं, डायरी कौन लिखता?

पिछली रात की अधूरी नींद के कारण सुबह उठने पर सिर भारी था। कॉलेज जाकर किसी तरह फ़र्ज़ पूरा किया। क्लास खत्म करके स्टाफ़ रूम में शोर करते रहे। *कल्पना* से लौटकर आया हुआ पच्चीस रुपये का चैक एक रुपये में प्रो. नन्दकिशोर को बेचा। बाद में चैक को देखकर उन्हें एहसास हुआ कि वे ठगे गये हैं। एक रुपये का सहभोज (सहपान) हुआ।

तनख्वाह आज भी नहीं मिली, सब्र नहीं हुआ, और पैसा नहीं था, इसलिए तनख्वाह की रकम बैंक से निकलवा ली और लेनदारों का भुगतान करने पहुँच गये।

घर आने पर मोहन का पत्र मिला। पत्र में न केवल उसके malice का स्पर्श था—साथ उसके inferiority complex का भी। उसे उत्तर लिखा और पुष्पा के यहाँ आने और सब बातें बताने की बात स्पष्ट लिख दी। उसने जो कुछ पुष्पा के सम्बन्ध में लिखा है, उससे मुझे स्पष्ट लगता है कि सारे परिवार को ही कुछ psychic बीमारी है अन्यथा एक ओर उसके आग्रह और दूसरी ओर उसके मुकरने का क्या अर्थ है?

पत्र डालकर कोच्छड़ के यहाँ चला गया, और उसके घर से प्लाज़ा चले गये। अपना हैट और postal stationery उसके घर ही रह गयी। प्लाज़ा से लौटते समय हल्की-हल्की बूँदाबाँदी हो रही थी। रामाकृष्णा की दुकान में किताबें देखते रहे। घर लौटकर *शिला के आँसू* के दो-एक पन्ने टाइप किये थे कि नरेन्द्र आ गया। उसे रात को यहीं सोना था।

आज सुबह उठकर नाटक का एकाध पृष्ठ और टाइप किया और कॉलेज चला गया। वहाँ नरेन्द्र का टेलीफ़ोन आया कि नवतेज आया हुआ है। प्लाज़ा में मिलने का अपाइंटमेंट किया। आज क्लास में ठीक से नहीं पढ़ाया।

फार्म भरवाकर दफ़्तर में दिये और प्लाज़ा पहुँच गया। घंटा भर बातें हुईं—ऊपरी-ऊपरी सतही बातें। फिर नाटक लिखने के इरादे से उन लोगों से छुट्टी ले आया।

घर आकर कुछ और पृष्ठ टाइप किये तो प्रेमी आ गया। जितने पृष्ठ टाइप किये थे, वे उसे दे दिये और बियर शॉप चले गये। वहाँ दो घंटे वह शख्स हमेशा की तरह रेडियो स्टेशन की पॉलिटिक्स के रोने रोता रहा। कुमार यह चाहता है और वह चाहता है। बिसारिया यह करता है और वह करता है। स्टेशन डायरेक्टर

उससे डरता है। डी.जी. हमको बहुत मानता है। केसकर साला बेवकूफ़ है। भाउ बड़ा होशियार आदमी था।

...और उसके बाद उसकी सेक्स सम्बन्धी बातें और उसके मुँह से टपकता हुआ लार!

"मिस्टर राकेश, I have just one friend in Jullundur and that is you. There is only one literary man in Jullundur and that is you."

और इसके साथ ही आप कुर्सी पर बिखर गये—ऐसे अवसरों पर उसके सफ़ेद बाल और उसका गोल चेहरा मुझे न जाने क्यों अजीब-से लगते हैं।

बियर शॉप से प्रेमी के घर गये और वहाँ से पिक्चर देखने—*चम्पाकली*। साली वह घटिया दर्जे की बंबइया फ़ॉर्मूले की पिक्चर थी कि बीच में से ही उठ आये। कुछ अर्से से पिक्चरों के बीच से उठ आना अपना स्वभाव-सा हो गया है। मनहूस पिक्चरें आती ही ऐसी हैं!

प्रेमी के घर से खाना खाकर दस बजे तक घर पहुँच गये। मगर सिर दर्द के मारे बुरा हाल था, इसलिए सो रहने में ही खैरियत समझी।

आज फिर कसम खाता हूँ, परवरदिगार, कि बियर नहीं पीऊँगा।

5.6.57

एक डल दिन।

सुबह उठकर *शिला के आँसू* के कुछ पृष्ठ टाइप किये और रेडियो स्टेशन पहुँचा दिये। दोपहर भर सोया रहा। शाम को घूमने निकल गया और अभी लौटकर आया हूँ।

आज आते हुए फिर वही फ़लसफ़ा तंग कर रहा था। किसी वैज्ञानिक से energy के सम्बन्ध में ठीक जानकारी हासिल करनी चाहिए।

अब बैठकर फिर वही धन्धा करना है। *शिला के आँसू* ने अपने प्राण ले लिए। मुझे यह सब लिखने में ज़रा इंटेरेस्ट नहीं आता।

...Anti-tax campaign के लिए नरेन्द्र ने पाँच रुपये टैक्स अदा किया। What a paradox !

6.6.57

रात को नाटक पूरा करके लेटा था। बहुत देर तक नींद नहीं आयी। सुबह चार बजे तक करवटें ही बदलता रहा। इस बीच कुछ उखड़े-उखड़े सपनों के टुकड़े मंडराते रहे—वे सब सपने अपने पर आक्षेप थे। अपना आप बहुत छोटा प्रतीत हुआ। बीच में कई बार उठकर बाहर आया। मौसम बहुत अच्छा था। मुझे मेढकों की आवाज़ बहुत अच्छी लगती है। लगता है, जैसे वह प्रकृति की आदिम आवाज़

हो—प्रकृति का अपना स्वर। इस आवाज़ को सुनते हुए अपनी अलग सत्ता का बोध खो जाता है, one feels like a part of the whole.

सुबह देर से उठा। कॉलेज में क्लास नहीं ली। प्रो. सत्यदेव देर तक क्लास में बैठे रहे, इसलिए दिमाग भन्ना गया था। कॉलेज टीचर्स यूनियन की तरफ़ से Demands Day की meeting थी, वह अटेंड करके घर चला आया।

घर वीरेन्द्र आया हुआ था। इससे उसके मसले पर और बातचीत हुई। उसे समझाया कि उसे इस वक्त कुछ दिन बिना लड़ाई-झगड़े के निकाल लेने चाहिए। वीरेन्द्र *शिला के आँसू* का फ़ाइनल स्क्रिप्ट रेडियो स्टेशन ले गया। तभी जितेन्द्र आ गया। वह स्टूडेंट्स के साथ अपने झगड़े का रोना रोता रहा। उसे दो-एक सुझाव दिये।

बाद दोपहर फिर कुम्भकर्ण की तरह सो गया और पाँच बजे उठा। उठकर *हवामुर्ग* का अंग्रेज़ी में अनुवाद टाइप करना आरम्भ किया। प्रयत्न बुरा नहीं लगा। दो-एक दिन और लग जायें तो यह कहानी मुकम्मिल हो सकती है।

शाम को प्रेमी के साथ बियर शॉप चले गये। वहाँ बख्शी, मिड्ढा और प्रदीप वगैरह मिल गये।

प्रिंसिपल सूरजभान से कल का अपाइंटमेंट है—शाम सात बजे का। इस समय मन कहता है कि साल-दो-साल अभी और ठहर जाना चाहिए—अगर उनके टर्म सूटेबल हों।

7.6.57

रात को बख्शी साहब दो बजे तशरीफ़ लाये। बहुत कोफ़्त हुई। उनके रिक्शा के लिए जेब खाली की, जैसा कि हर दो बजे आने वाले मेहमान के लिए लाज़िमी है। उनका रुख बिस्तर की तरफ़ किया और फिर लम्बे हो गये—मगर घंटा-डेढ़ घंटा नींद उचाट रही।

सुबह कॉलेज जाकर दिमाग भन्ना गया क्योंकि विद्याप्रकाश और भनोत ने स्टूडेंट्स को एक्स्ट्रा क्लास के लिए ठहरने की सूचना नहीं दी और मेरे पास आकर झूठ बोल गये।

दोपहर को बत्ती ऑफ़ होने के कारण बिजलीघर को कोसते रहे। रमेश पाल का प्यार भरा पत्र आया था, उसका उत्तर लिखा, फिर रेडियो स्टेशन चला गया। अढ़ाई घंटे नाटक की रिहर्सल में बैठा रहा। कुछ चरित्रों की वैयक्तिक रिहर्सल करायी और पूरी एक रिहर्सल ली। प्रेमी को नाटक के production के A B C का भी तो पता नहीं है। परमशिव की तरह बैठकर आप दूसरों का पाठ सुनते रहते हैं। रात को रेडियो पर नाटक सुना तो फिर माथा पीट लिया। नाटक के आगे-पीछे मौन में म्यूज़िक पीस लगाने चाहिए, इन्सान को इसका कुछ तो सेन्स होना चाहिए।

परमशिव ने अशोक के नाटक के आगे पीछे इंगलिश म्यूज़िक के पीस लगा दिये थे और effects दे रहे थे, श्री आर.पी.आर.एल. मदहोश–

रिहर्सल से उठकर न...के यहाँ चला गया। उसने आम का पुडिंग खिलाया। दो-चार-दस बातें हुईं। फिर प्रिंसिपल से मिलने चला गया। घंटा भर इन्तज़ार किया। फिर महाप्रभु प्रकट भये। आध घंटे की बातचीत का लुब्बे-लुबाब यह रहा कि हम अभी त्यागपत्र नहीं देंगे और वे हमारी pay revise कराने का प्रयत्न करेंगे। इति शम्।

घर आकर *शिला के आँसू* पर आँसू बहाये और अब फिर बख्शी जी महाराज का इन्तज़ार है जो दो घंटे हुए आध घंटे में आने को कह गये थे।

मेरे खुदा, मुझे इन मेहमान दोस्तों से बचा।

8.6.57

This should be the last day of my beer-taking and giving lift to that man called Hari Krishna Premi.

I have also to revise my attitude towards some other people. Undue courtesy not only belittles you but also puts wrong notions in other people's head.

आज कॉलेज नहीं गया। सुबह बख्शी के विदा होने पर *हवामुर्ग* के कुछ और अंश का अंग्रेज़ी में अनुवाद किया। दोपहर को मोती आ गया। उसकी वजह से ही प्रेमी के घर जाना पड़ा, उसे बियर शॉप ले जाना पड़ा और खामखाह का सिरदर्द मोल लेना पड़ा। "प्रेमचन्द के बाद हिन्दी साहित्य में लोग बस मेरा ही नाम जानते हैं," डेढ़ बोतल बियर के बाद आप बोले, "मुझ पर अंग्रेज़ी में तुम एक लेख लिख दो।"

मोती की वजह से मैं अपने पर वश किये रहा, वर्ना वहीं इस शख्स की गलतफ़हमी थोड़ी दूर कर देता। दिमाग का गुस्सा बियर शॉप के असिस्टेंट पर निकाल दिया। बियर शॉप से घर आकर कुछ चिट्ठियाँ लिखीं और फिर शहर चला गया। ऋषिगोपाल से अपाइंटमेंट था। उसके साथ काँगड़ा की ट्रैकिंग का प्रोग्राम बनाया। ऋषिगोपाल ने भी *शिला के आँसू* के प्रोडक्शन पर बहुत आँसू बहाये।

जाने किस गधे ने इन लोगों को producers बनाकर भेज दिया है।

अभी तक सिर बुरी तरह दर्द कर रहा है। सम्भवतः यह इस वर्ष का सबसे गर्म दिन था।

I have never exercised discretion in the choice of friends. That is one of the fundamental mistakes I have committed in life. I have always allowed myself to be imposed upon by people who have choice to do so.

This also happened in marriage. I just allowed the woman who wanted to impose herself on me to do so. The result in all such cases has been self torture.

Extreme sensitivity results inevitably in acute self condemnation. Most of my suffering has come at my own hands. I have known only one person in life so far who has understood each shade of my thought and who has known my pain and sufferings. That was Veena—though her puritanism always irritated me. But the woman was made of very fine clay...spread into a very sensitive fibre. But she was also cowed down by convention. What a great tragedy it is in life! Only if she were a little daring and I had a little more initiative !

Life would then have had a different pattern !

But I do not think if I will ever see her again in life.

I loved the expression of her beautiful eyes and the sweat of her body.

It is very easy to get corrupted—but is very difficult to be able to love.

आज वीरेन्द्र का पत्र पढ़कर दिल उमड़ा पड़ा था—वह बच्चा कितना अच्छा है!

यदि मद्रास गया तो दो-चार दिन के लिए उसके पास जाने का प्रयत्न भी करूँगा।

9.6.57

सुबह से मन उलझा हुआ था। मालिश कराते समय महँगे की बातों ने और उलझा दिया। कम्बख्त हर घर की रपट यहाँ-से-वहाँ पहुँचाता फिरता है।

महँगे के जाने के बाद नरेन्द्र आ गया। अढ़ाई-तीन घंटे वह रहा। उससे हिन्दी आन्दोलन के बारे में बात होती रही। वास्तव में यह आन्दोलन भाषा-सम्बन्धी न होकर, पदाधिकार सम्बन्धी है। काँग्रेस सरकार इस समय स्वयं साम्प्रदायिकता को आश्रय दे रही है...उसी से यह सारा बखेड़ा खड़ा हुआ है। एक दृढ़ और निश्चित पॉलिसी ही इस समस्या का निदान है। पंजाब की भाषा निस्सन्देह पंजाबी है...और हिन्दुओं की यह भूल है जो वे पंजाबी को सिखों की भाषा बनाए दे रहे हैं। उधर कुछ सिख communalist अपने को इस भाषा के ठेकेदार समझने लगे। प्रश्न वस्तुतः भाषागत न होकर दूसरा है। पहली आवश्यकता यह है कि सिख और पंजाब के विरोध को खत्म किया जाये। हम जो भाषा बोलते हैं, उसे अपनी भाषा के रूप में स्वीकार करने में क्यों डरते हैं? परन्तु यह प्रश्न किसी भी community

की स्वीकृति-अस्वीकृति से हल नहीं होगा। उसे हल करने के लिए बुनियाद पर चोट करनी होगी।

नरेन्द्र अपने विवाह के मसले को लेकर काफ़ी परेशान है। न जाने विवाह के बाद इसका क्या हश्र होगा।

र...आयी थी...पाँच मिनट के बाद चली गयी।

नरेन्द्र के जाने के बाद कुछ पत्र लिखे। गर्मी की वज़ह से बहुत परेशानी रही। ठीक से नींद भी नहीं आयी। बाद दोपहर *हवामुर्ग* के दो-एक पन्नों का और अनुवाद किया। फिर नहाकर सैर करने निकल गया।

नहर की पटरी के साथ-साथ काफ़ी दूर तक चलता रहा। कई बार एकान्त बहुत अच्छा लगता है। झींगुरों के स्वर में बहुत आत्मीयता प्रतीत होती है। खुले में हवा का स्पर्श चेतना को आच्छादित कर लेता है। मन फिर अनजान राहों की ओर भटक चलता है।

लौटने पर राजेन आया हुआ था। इस लड़के के व्यवहार में कुछ विचित्रता है। मुझे वह natural नहीं लगता। खासतौर पर उसका हाथ जोड़ने का अन्दाज़।

जब कोई व्यक्ति केवल 'मिलने' के लिए चला आता है, और न उसके पास पूछने को कोई बात होती है—न कहने को, और वह पूछे जाने पर बार-बार 'कुछ नहीं जी, बस मिलने के लिए आया था' कहकर चुप बैठा रहता है और केवल अपने बैठने के पोज बदलता रहता है तो बहुत विचित्र लगता है। वह जब तक बैठा रहता है, उसका बैठे रहना अस्वाभाविक होता है, जब उठकर जाने लगता है तो उसका उठकर जाना अस्वाभाविक होता है। ऐसे में इन्सान स्वयं भी पोज बदलते रहने के सिवा क्या करे?

दो दिन से एक वार्षिक पत्रिका निकालने की योजना मन में आ रही है, जिसमें वर्ष भर की हर क्षेत्र की गतिविधि का लेखा-जोखा हो। वर्ष की चुनी हुई पुस्तकों का परिचय हो, एकाध symposium हों और वर्ष की कुछ चुनी हुई रचनायें सम्मिलित हों। परन्तु सवाल पैसे का है...

शिला के आँसू के प्रोडक्शन को लेकर मन अभी तक परेशान है। कल-परसों प्रेमी को इस मामले में ज़रा सबक देना चाहिए...लोग-बाग तो सब भंडाफोड़ अपने सिर पर करते हैं।

10.6.57

दिन भर उलझन रही।

रात को *हवामुर्ग* का अनुवाद पूरा करके सोया था। सुबह कॉलेज में ही मन उखड़ा-उखड़ा था। दोपहर को घर आकर *Desiree* के कुछ पृष्ठ पढ़े। तीन बजे सोमेश आ गया। साढ़े तीन बजे के करीब उ...आयी और साढ़े पाँच तक रही। उसके

जाने के बाद नहाकर घूमने निकल गये।

कुछ बातों में सोमेश का व्यवहार कुछ अखरता है। उसके दिमाग में अपने बारे में खासा कॉम्प्लेक्स है। उससे कुछ साफ़गोई की तो वह चिढ़ गया। खीझकर उसने दो-एक बातें कहीं, लेकिन बाद में उन्हें फिर पी गया। वह न जाने क्यों अपने इर्द-गिर्द खामखाह की mysteries create करता है।

शहर से बख्शी भी साथ आ गया था। घर आकर सोमेश से साफ़गोई के लिए बहुत आग्रह किया मगर वह एक बार अपने shell में जाकर फिर बाहर नहीं निकला।...वह Havelock Ellis की किताब बन्दे के account में आज ले आया था—कुछ देर वही पढ़ता रहा। बख्शी से वर्षा के सम्बन्ध में bet लगाया मगर हार गया।

I must have a still more defined attitude towards all friends. I have paid a great price for my courtesy and cannot pay any more of it.

Curtness is a virtue that pays immediate dividends.

I do not think if I should make company with Rishigopal. Neither for a trip to the hills.

जालन्धर : 11.6.57

सुबह बहुत strained थी। कोशिश करके भी सोमेश नॉर्मल नहीं हो सका, न ही मैं। उसके जाते ही उसके नाम एक खत लिखा, जिससे कॉलेज जाने में देर हो गयी। इस व्यक्ति को खुलकर सामने आना चाहिए। मेरे मुँह पर तमाचा लगाना हो तो खुलकर लगाना चाहिए, इस तरह दबे-दबे नहीं। यह hypocricy है।

कॉलेज में पढ़ा चुकने के बाद देवराज गुप्ता के क्वार्टर में चला गया। वहाँ उसके साथ ही खाना खाया। देवराज की ज़िन्दगी—उसका वर्तमान—intellect के corruption और compromise का प्रमाण है। उसने अपने नये ओहदे को justify करने के लिए कई बातें कीं—अपनी ईमानदारी साबित करने के लिए बहुत कुछ कहा। उस आदमी की sincerity असन्दिग्ध है।

घर जाने के थोड़ी देर बाद ही र...आ गयी। वह घंटा भर रही। उसके बाहर निकलते ही नरेन्द्र आ गया। अम्माँ ने बताया कि पीछे एक लड़की आयी थी—बहुत सादा थी वह—फिर आने को कह गयी है चार बजे—

नरेन्द्र ने metal workers के धंधे के सम्बन्ध में कई बातें बतायीं। Moulder भट्टी किस तरह झोंकते हैं—कठाली में ताँबा भरकर किस तरह जलती भट्टी के किनारे खड़े होकर गीले बोरे और वस्त्र पहने हुए वे काम करते हैं। फिर उसने metal के ढलने, साफ़ होने और पॉलिश होने का क्रम समझाया। साँचे के अन्दर चिकनी मिट्टी की तह देकर और सूराख से पिघला हुआ मेटल (पीतल आदि) डालकर वस्तुओं

को उनके निश्चित आकार में ढाला जाता है। फिर उनका रंदना, रेतना और पॉलिश आदि होता है। एक-एक moulder दिन में बीस-बीस, तीस-तीस रुपये का काम कर लेता है। उसने यह भी बताया कि किस तरह एक कारखाने में एक moulder के अधीन पचास worker हैं—उसका बाकायदा ऑफ़िस और स्टेनो आदि हैं। यहाँ भी मालिकों के हथकंडे worker की जान मुट्ठी में रखते हैं। मालिक कॉंग्रेस और जनसंघ को साथ-साथ चन्दा देते हैं। गोवर्द्धन राम पी.ए. की फैक्टरी के मज़दूरों के त्रास का ज़िक्र भी उसने किया। हड़ताल में workers हौसला रखते हैं—परन्तु मिल में धुआँ दिखायी दे जाये तो workers का हौसला टूट जाता है। कारखाने की धड़कन आरम्भ होते ही strikers की धड़कन बन्द होने लगती है।

शाम को नहाकर शहर चले गये। बख्शी के साथ कल शर्त हारी थी, इसलिए उसे बियर शॉप ले गया। बख्शी का केस सीरियस शकल अख्तियार कर रहा है इसलिए वह दुःखी रहता है। वहाँ त...और नि...की विशेष रूप से चर्चा हुई—फिर अपने उन दोस्तों की जिनसे मैंने बहुत ज़्यादा की आशा रखी है, पर जिन्होंने पिछले दिनों मुझे बहुत सीरियस आघात दिये हैं।

बख्शी कई बार बहुत sensible बातें करता है।

घर अम्माँ रोटी के लिए इन्तज़ार कर रही थीं। इस बात का मुझे बहुत दुःख होता है। अपने से ग्लानि भी होती है। अम्माँ ऐसा क्यों करती हैं?

दोपहर वीरेन्द्र का तार आया था कि वह साढ़े सात सौ रुपये के दो मनीऑर्डर भेज रहा है। अम्माँ ने मुँह से एक बात नहीं कही, पर अम्माँ का चेहरा कितना खिल गया था। दिन भर फिर उन्होंने इस बात की चर्चा नहीं की। माँ कितनी sensitive, कितनी कोमल और कितनी understanding है।

चार बजे आने वाली लड़की नहीं आयी। न जाने कौन थी वह, और उसे क्या काम था?

Bakshi just now said a few things frankly. I liked his frankness. अब बंद करो महाशय, रात का एक बज चुका है—एक।

12.6.57

सुबह रोज़मर्रा की तरह आरम्भ हुई। हर सुबह की तरह बख्शी साहब पर depression सवार था। जल्दी-जल्दी तैयार होकर कॉलेज चला गया। डेढ़ घंटा जायसी पर लेक्चरबाजी की। क्लास से उठकर स्टाफ़-रूम में चले गये और वहाँ से गुप्ता के घर। वहीं खाना खाया।

खाना खाते हुए गुप्ता ने एक बड़ा मज़ेदार किस्सा सुनाया।

एक कॉलेज के प्रिंसिपल के पास स्टाफ़ के चन्द एक मेम्बर एक दिन पहुँचे। एक ने मुँह बनाकर हरियाणवी में कहा, "साहब, वो जो सुपरिंटेंडेंट साहब के घर

लड़का हुआ है, वह तो म्हारा लड़का है, सो म्हारा लड़का हमें दिलाया जाये!"

प्रिंसिपल हक्का-बक्का मुँह देखता रहा। उसने बात फिर खोलकर समझायी।

होस्टल के मेस में पाँच-छह प्रोफ़ेसर रोटी खाते थे। उन्हें सूखी दाल-रोटी मिलती थी, जबकि सुपरिंटेंडेंट साहब के लिए स्पेशल घी की तरकारी बनती, दूध जाता, मलाई जाती और न जाने क्या-क्या जाता। उन्हीं दिनों सुपरिंटेंडेंट साहब का ब्याह हुआ और दस महीने बाद उनके लड़का पैदा हुआ। शिकायत करने वालों का प्वाइंट यह था कि वह लड़का जिस दूध-घी की बरकत से पैदा हुआ है, वह दूध-घी उन्हीं के पैसों से आता था...उपयोग अकेले सुपरिंटेंडेंट साहब करते थे। इसलिए हिसाब से उस लड़के पर उन सबका साझा हक था।

प्रिंसिपल कुर्सी से उछल पड़ा और कहने वाले के गले लग गया।

गुप्ता के यहाँ ही चावला के आ जाने से काफ़ी देर गप हाँकते रहे। चावला के जाने के बाद बन्दे को फ़िलासफ़ी का मूड सवार हो गया। इसलिए बहुत-सी बातें बक डालीं...

मनवानुवाच...

जीवन में एकरसता और ऊब का अनुभव क्यों होता है? असाधारणता के वहम के कारण जब हम और असाधारण की खोज करते हैं तो एक स्थिति पर आकर हम थक जाते हैं, क्योंकि हर असाधारण-सी असाधारणता बहुत शीघ्र ही साधारणता में बदल जाती है। व्यक्ति की अधिक परिपक्वता उसे यह देखने की दृष्टि देती है कि जीवन का आकर्षण उसकी असाधारणता में न होकर, उसकी साधारणता में है।

गुप्ता को सुनते-सुनते नींद आने लगी थी। इसलिए उससे छुट्टी लेकर घर आ गया। घर में वीरेन्द्र के साढ़े सात सौ के दो टी.एम.ओ. मिले...अम्माँ के नाम। शाम तक बैठकर *हवामुर्ग* का अनुवाद दुरुस्त किया, फिर शहर चला गया। नरेन्द्र के साथ उसकी शादी के कपड़े वगैरह खरीदवाने चला गया। बाज़ारदारी के बाद घर लौट आये। घर आकर कौशल्याजी का तार मिला कि वे सवेरे आ रही हैं।

बाहर फिर आँधी के आसार बन रहे हैं। यह रोज़-रोज़ की वर्षा, रोज़-रोज़ की आँधी...वल्लाह कैसा मौसम है यह!

जिन उपलब्धियों के लिए मन इतना भटक जाया करता था, अब वह उनसे इतना भरा-भरा क्यों रहता है?

जालन्धर : 13.6.57

सुबह अश्क दम्पति को आना था, इसलिए जल्दी उठकर किसी तरह स्टेशन पर पहुँचा। लेकिन वे फ्रंटियर से नहीं आये। वे बाद में जनता से आये। मेरे कॉलेज से लौटने तक वे घर पहुँच गये थे। अश्क साहित्य जगत की चर्चायें सुनाते रहे।

दोपहर को खाना खाकर प्लाज़ा चले गये। अश्क और कौशल्याजी को आश्चर्य होता है कि लोग अश्कजी की इतनी निन्दा क्यों करते हैं। उन्हें अपनी प्रतिक्रिया बतलायी। वास्तव में यह अश्क की misplaced humour के सबब से है। बहुत कम लोग उसे enjoy कर पाते हैं और अक्सर कुढ़ जाते हैं। अश्क के लोगों के साथ व्यवहार में कुछ peculiarities आ गयी हैं, जिसके कारण हैं, इलाहाबाद के लोगों की आरम्भ में hostile attitude से पैदा हुई प्रतिशोध भावना, कुछ शारीरिक और मानसिक frustration, अनुकूल सहयोगियों का अभाव, आदि। अश्क से बहुत बार serious और non-serious की रेखा नहीं रखी जाती। इसी से अधिकांश tragedies का श्रीगणेश होता है। He has been playing up younger people against older ones, resulting in their similar behaviour towards him also.

दर्शन सिंह के आ जाने पर बात हिन्दी-पंजाबी मसले पर होती रही। दर्शन सिंह से भी वही बातें कही जो उस दिन नरेन्द्र से कही थीं।

It is mainly a question of vested interests and not of emotions and sentiments. Ministers themselves are the culprits while swamis are playing in the hands of the culprits keeping behind the scenes.

प्लाज़ा से उठकर दर्ज़ियों के चक्कर लगाये फिर मैं उनसे अलग होकर ख ...के यहाँ चला गया। वहाँ विनय बहुत देर teaching profession को कोसता रहा। कॉफ़ी पीकर चला आया। ख....के स्वभाव में वह स्थिरता और कोमलता है जिसकी एक इन्सान को अपेक्षा हो सकती है।

घर आकर पता चला कि पीछे म...और ल...आयी थीं। मेरे मन से वह सूत्र बिलकुल ही टूट गया है क्या?

जालन्धर : 14.6.57

I am dead tired, too tired to write anything. And what is there to write about after all? We got up, we bathed, we ate, we talked a lot and we felt tired.

Ashk and Kaushalya, they are both good-hearted children, but very much self contained and with many misconceptions about themselves.

अश्क का छोटा भाई इन्द्रजीत समझौतेबाज़ी में पड़कर तबाह हुआ आदमी प्रतीत होता है। उसका अपना कोई व्यक्तित्व नहीं रहा।

Ashk today bullied him a lot and to a great extent unnecessarily. Indrajit is an unsccessful man—unsucessful in the worldly sense—and that is makes him a weak, fumbling and faltering fool. Otherwise he has a lot of sense and a lot of vigour. But...

जालन्धर : 23.6.57

ब्याह और बरातियों के जमघट में और थकान में—कुछ भी नहीं लिख पाया।

15 को नरेन्द्र की शादी थी। सुबह उठते ही तैयार होकर स्टेशन वैगन में बड़ाला गाँव चले गये। वहाँ एक बैठक में पहले लस्सी-पानी हुआ। दर्शन सिंह ने वहाँ बैठे-बैठे डोली के गाँव के दो-एक और किस्से सुनाये। एक किस्सा एक बारात का था। बिचौले की कृपा से लड़के वाले यह सोचकर आये कि उन्हें काफ़ी दहेज मिलेगा। लड़की वालों ने अपनी हद से बाहर जाकर खर्च किया पर उनके स्टैंडर्ड से कहीं नीचे फिर भी रहे। लड़के का बड़ा भाई गर्म हो गया। परिणामतः बारात दहेज के कपड़े-लत्ते लेकर और लड़की को छोड़कर चल दी। लड़की का बाप संस्कारपरस्त वर्ग का था। उसने...सिंह की घरवाली से मिन्नतें कीं तो इधर के लोग इकट्ठे होकर नहर के किनारे बारात पर पिल पड़े और अपने दहेज के अतिरिक्त उनके कपड़े-घड़ियाँ और पैसे भी ले आये।

इसी तरह नाजायज़ शराब निकालने के सिलसिले में एक थानेदार ने वहाँ आकर गाँव के कुछ लोगों को पीटा। गाँव वालों ने थानेदार और सिपाहियों की मरम्मत करके उनके कपड़े उतरवा लिये। थानेदार रिपोर्ट दर्ज करके नहीं आया था इसलिए अदालत का फ़ैसला उसके खिलाफ़ हुआ।

नरेन्द्र की शादी हुई। अछूत परिवार के उस घर में भी चाय के सेटों में मेज़ कुर्सियों पर चाय पिलायी गयी। एक स्थानीय कवि ने कविताएँ सुनायीं। उसकी वाणी में ओज था और कुछ पंक्तियाँ बहुत सधी हुई थीं। राजनीतिक मामलों में वह अफ़ीमी काफ़ी जागरूक जान पड़ता था। अश्क ने भी अपनी दो-एक कवितायें सुनायीं। मगर उनका स्वाद बहुत फीका रहा।

स्टेशन वैगन में अढ़ाई बजे घर पहुँचे। अम्माँ ने नयी दुलहिन को गले लगाया। ...अम्माँ की छूतछात कहाँ चली गयी? कहीं ज़रा भी कुंठा, ज़रा भी संकोच नहीं था। केवल बेटे के अनुरोध की रक्षा ही थी क्या? नहीं—अम्माँ का दिल बहुत विशाल है—बहुत।

गर्मी में इतने आदमियों का खाना बनाकर वे बेहाल हो रही थीं। किसी को इसका ध्यान नहीं आया। आते ही सब पानी की फ़रमाइश करने लगे। तब मुझे अपने पर कोफ़्त हुई कि मैं अम्माँ को कितनी तकलीफ़ देता हूँ।

दिनभर घर में चहल-पहल रही। दर्शन सिंह ने Indian mutiny के कुछ पक्षों पर भाषण दिया। रात को अम्माँ फिर चूल्हे के आगे जुटी रहीं। तभी तार आया कि नानाजी की मृत्यु हो गयी। ...अम्माँ ने अभी खाना नहीं खाया था। उन्हें कैसे बताता? धीमे-धीमे सबसे बात हुई। नरेन्द्र स्टेशन गाड़ी का पता करने चला गया। कौशल्या भाभी बैठकर अपने अतीत के दुखों की गाथा सुनाती रहीं। सरला के घर

में भाभी के हाथों उन्हें जो तिरस्कार और भर्त्सना सहनी पड़ी—समय-समय पर उन पर जो लांछन लगाये गये—अपना दुःख कहकर व्यक्ति को कितना सन्तोष होता है! नरेन्द्र ने आकर बताया कि अढ़ाई बजे रात को एक गाड़ी अमृतसर जाती है। अम्माँ के पास जाकर किसी तरह उन्हें खबर दी। अम्माँ के हाथ-पैर फूल गये। उन्हें अढ़ाई बजे की गाड़ी से चलने को तैयार होने को कहा। डेढ़ बजे स्टेशन पहुँच गए और घंटा भर बाद गाड़ी में सवार हो गये।

जालन्धर : 25.6.57

सोलह को सुबह अमृतसर पहुँचे। बन्दे ने तो स्टेशन पर नाश्ता-आश्ता कर लिया—पर अम्माँ बेचारी भूखी रहीं—बहुत कहने पर भी उन्होंने कुछ नहीं खाया। मगर जब घर पहुँचे तो अजीब दृश्य देखा। वहाँ जैसे मृत्यु को एक बहुत साधारण घटना के रूप में स्वीकार किया गया था। थोड़ी देर में वहाँ चौक भरने वाले आ गये—नानक और कबीर के भजन होने लगे—'मन राम सिमर पछतायेगा।' फटे हुए बेसुरे गले, बेसुरे बाजे—आसपास जमा हुए लोग दुकानदारी की बातें कर रहे थे। हमारे तायाजी आलोचना कर रहे थे कि भजनों की भाषा ठेठ हिन्दी है—सिखों की अकल मारी गयी है जो वे पंजाबी के लिए इतना बखेड़ा खड़ा कर रहे हैं। वहाँ उपस्थित अधिकांश व्यक्ति सिख थे—हमारे ननिहाल का सारा परिवार ही सिख है—और तायाजी कह रहे थे—"बन्दर कुड़ी पावे! उनकी अकल को क्या हो गया है? सारी हिन्दी है, शुद्ध हिन्दी—क्या कहते हो पुत्तर?"

और बाबू कन्हैयालाल कह रहा था—"मुर्दा ऊपर क्यों रख छोड़ा है? नीचे लाओ, धन्धा खत्म करो, जल्दी से फूँक आयें और घर जायें।"

और दोनों मामा चौरी और घड़ियाल के इन्तज़ाम में व्यस्त थे।"

नाना जी के दाह-संस्कार के बाद मैं वापस जालन्धर चला आया। शाम को नरेन्द्र के ब्याह की पार्टी प्लाज़ा में हुई—भाभी ने घर पर पार्टी करना उचित नहीं समझा।

पार्टी के बाद कुछ देर सतीश लूम्बा के यहाँ बैठे रहे। फिर बियर शॉप चले गये। अश्क द...और सो...के साथ अपने प्रेमकांड सुनाते रहे।

सत्रह से बीस तक होटलों मे घूमने, गप मारने और पान खाने के सिवा कुछ नहीं किया।

उस दिन शाम को उ...और न...भी आयीं। अश्क कच्छा-बनियान पहने उन्हें अपनी तथा दूसरों की कवितायें सुनाते रहे। न...हक्सले का रौब डालने की चेष्टा करती रही। उस रात फिर बियर शॉप चले गये।

20 को अश्क चले गये। 21 को नरेन्द्र ने अपना कमरा बदल लिया। 23 तक मुझे होश नहीं आया। नींद भी कई दिन ठीक से नहीं आयी। खाना-पीना

भी अव्यवस्थित रहा। इस बीच कॉलेज में टाइम टेबल के सिलसिले में गर्मागर्मी हो गयी।

21 और 23 की दोपहर को र...आयी थी। 22 की दोपहर को ख....के यहाँ चला गया था। 20 की शाम को भी उसी के यहाँ खाना खा आया था।

कल 24 को न...उ...के यहाँ जाने का वायदा किया था, पर जाने को मन नहीं हुआ। दोपहर ऋषिगोपाल के यहाँ काटी और उसके लिखे नाटक सुनकर बोर हुआ और रात को कोच्छड़ की किताब की भूमिका का अनुवाद कराया। रात बख़्शी आ गया था, इसलिए अकेलापन ज़्यादा महसूस नहीं हुआ।

आज सुबह पच्चीस रुपये बख़्शी साहब को भेंट किए। खुदा काफ़िर को दोस्त दे, मगर दोस्तों पर फटेहाली न लाये।

बहुत दिनों के बाद दोपहर सोकर काटी और सिर कुछ दुरुस्त हुआ। शाम प्लाज़ा में मनोज के कुछ सवालों को लेकर माथापच्ची की। रामाकृष्णा में एक साहब मिल गये—मिस्टर बाहरी, एडवोकेट—उन्होंने कुल्लू से पौड़ी के रास्ते का कुछ ऐसा वर्णन किया कि उधर जाने का निश्चय कर लिया। नीरा में बैठे-बैठे सूद के साथ पौड़ी की पैदल यात्रा का प्रोग्राम बना डाला। फिर सूद के घर जाकर उसकी उतारी हुई तस्वीरें देखते रहे और ग्यारह बजे मॉडल टाउन लौटकर एक रास्ते के ढाबे में खाना खाकर घर तशरीफ़ ले आये।

न...के यहाँ आज फिर जाना नहीं हुआ।

कॉलेज में त्यागपत्र दे देने का पक्का निश्चय कर लिया है।

प्रेमी उस दिन सुदर्शन को साथ ले जाने के बाद से नहीं आया। बख़्शी कहता था कि कल रात को 11 बजे वह उसे लिये खेतों की तरफ़ घूम रहा था।

जालन्धर : 26.6.57

दोपहर बियर शॉप में—शाम होटल और सड़क पर।

बिजली का बिल वक्त पर अदा न करने से आज मीटर ही डिस्कनेक्ट कर गया। अब अँधेरा, गज़ब की गर्मी, और अपना दीवालियापन—सब सामान ऐसे हैं कि जीना दुश्वार लग रहा है।

चुपचाप बाहर जाकर चारपाई पर लेट जाते हैं और आसमान को देखते हैं। अभी थोड़ी देर में प्रेम जोशी आ जायेगा।

मोमबत्ती अभी आध घंटा चल सकती है। माथे में दर्द न होता तो कोई उपन्यास ही पढ़ता।

जालन्धर : 27.6.57

आधी रात तक नींद नहीं आयी और सुबह उठने तक ठंड में कमर दोहरी

हो गयी। गर्म चादर पैताने पड़ी रही मगर उसे ऊपर ले लेने का उद्यम नहीं किया। नतीजे के तौर पर सबेरे तक जुकाम और खाँसी ने धर दबाया।

किसी तरह घिसटते हाल कॉलेज पहुँचे। एम.ए. प्रीवियस को आखिरी लेक्चर दिया। कॉलेज से चावला के घर चले गये और वहीं खाना खाया। चावला को बीवी के ज़रखरीद गुलाम की तरह काम करते देखकर रूहानी खुशी हासिल हुई। आलू छीलने से बच्चे का दूध गर्म करने तक के काम वह फ़र्ज़े लाज़िमी की तरह सरअंजाम देता रहा। उसकी बीवी बच्चा होने के बाद आगे से कहीं खूबसूरत निकल आयी है।

दोपहर के अढ़ाई बजे घर पहुँचे तो ताले की चाबी नदारद थी। पड़ोसी सरदारों से ताली लेकर लगायी तो उसने बिना ज़रा भी हीलो हुज्जत के ताला खोल दिया। अन्दर पहुँचकर देखा कि बिजली का मीटर अभी तक कनेक्ट नहीं हुआ। हालाँकि सुबह ही जोशी को पैसे देकर भेज दिया था। छह बजे तक ऊँघते, पंखा झलते और कराहते रहे। छह बजे कनेक्शन मिला। तब तक सिर की बुरी हालत हो चुकी थी।

शाम रोज़मर्रा की तरह प्लाज़ा में बिताकर और काँगड़े वालों के ढाबे से रोटी खाकर घर चले आये। इस वक्त पेट अकड़ा हुआ है और रात को नींद हराम होने का अन्देशा है।

शाम को दिमागी हालत बहुत खराब थी और उसी हालत में यह तय किया कि नौकरी छोड़कर अगर स्कॉलरशिप मिल जाये तो शिमले जा रहा जाये। अभी तक यह निश्चय बदस्तूर कायम है।

सूद ने सारे कॉलेज में शोर मचा दिया है कि हम लोग पैदल पौड़ी की यात्रा पर जा रहे हैं। अब उस यात्रा पर जाना अपना नैतिक कर्तव्य-सा हो गया है।

दोपहर को ख...को आना था—पर उसका न आना अच्छा ही रहा—क्योंकि पंखा न होने से गर्मी ने प्राण खुश्क कर रखे थे।

जोशी के मामूजान वादिये कुल्लू के बारे में जानकारी देने के लिए तशरीफ़ लाने वाले हैं। बन्दा मुन्तजिर है।

28.6.57

जब शरीर अस्वस्थ होता है तो रात भर विचारों के खंडित टुकड़े या छोटे-छोटे वाक्य दिमाग में मँडराते रहते हैं। कुछ विचार स्पष्ट होते हैं और कुछ चौंका देते हैं। कुछ अस्पष्ट होते हैं और आँख-मिचौली खेलने लगते हैं।

रात भर यही किस्सा रहा।

सुबह उठने तक नज़ले से बुरा हाल था।

कॉलेज में थोड़ी देर मटरगश्ती करके चावला के यहाँ चला गया। खाना वहीं

खाया। विमल कुछ देर सितार सुनाती रही। फिर सेक्रेटेरियट चले गये और दफ़्तरी माहौल की एक झाँकी देखकर—एक वकील के बीमार हाल घर से होते हुए विमल को लेकर प्लाज़ा चले गये। घंटे भर की बैठक के बाद वे मियाँ-बीवी मसन्द चौक तक ताँगे में साथ आये। वहाँ वे उतर गये और बन्दा घर तशरीफ़ ले आया।

कुछ देर के बाद घर से निकले तो सामने से के...साइकिल पर आती मिल गयी। उसके साथ लौट आये। वह आध घंटा बैठकर चली गयी। माँबदौलत घिसटते हुए डॉक्टर की दुकान तक गये और पता चला कि बुखार भी है। इंजेक्शन लिया, फिर थोड़ी बदपरहेजी की और घर चले आये।

कॉलेज में उ...कमरे में आयी थी। उसका चेहरा आज कैसा विकृत-सा लग रहा था? आपको शायद उस बात का भान है कि हम पिछले सोमवार हस्ब वायदा उनके घर क्यों नहीं गये?

और मालूम हुआ कि बख़्शी साहब अभी जालन्धर में ही तशरीफ़ फ़रमा रहे हैं। इन्सान कितनी छोटी-छोटी contradictions का बना हुआ है।

जालन्धर : 30.6.57

कल सुबह कॉलेज पहुँचने पर पता चला कि टेम्परेचर है। जल्दी-जल्दी थोड़ी दफ़्तरी कार्यवाही करके चले आये। घर आकर अम्माँ को देख कर आश्चर्य और इन्तिहा की खुशी हुई। आधा बुखार उतर गया। अम्माँ ने काढ़ा-आढ़ा पिलाया तो बाकी भी जाता रहा।

दोपहर भर लेटकर करवटें बदलते रहे। शाम को एम. ए. फ़ाइनल की पार्टी में चले गये। प्रो. प्यारे लाल हमारे 'फ़्लू' के डर से साथ ही कुर्सी पर दम साधे बैठे रहे। यह पिछले चार साल का सबसे सादा फ़ंक्शन था। कमलाजी के गीत की प्रशंसा की गयी तो वे गम्भीर हो उठीं—और बोलीं कि वे एक साल और नौकरी करके ऋषिकेश चली जाना चाहती हैं—जहाँ खड़ताल लिये हुए वे संगीत की साधना कर सकें। प्रशंसा ऐसे गम्भीर भाव से नहीं की गयी थी, लेकिन कमलाजी में आजकल spinsterhood की consciousness बहुत बढ़ गयी है।

घर आकर खाना खाकर लेटे—पर मन नहीं लगा तो उठकर शहर चले गये। लौटकर थके हुए थे, तुरन्त सो गये।

आज इतवार था—देर से उठे। नाश्ता खाकर प्रेम जोशी के यहाँ और वहाँ से प्रेमी के यहाँ चले गये। वहाँ पति-पत्नी में ठनी हुई थी और भाभी ने प्रेमी को वापस इन्दौर चले जाने का नोटिस दे रखा था। घंटा-डेढ़ घंटा भाभी से चख-चख की। यूँ भाभी की छुआछूत को लेकर झगड़ा खड़ा हुआ था। भाभी को एतराज था कि प्रेमी मेहतरानी के डिब्बे को लेकर निपटने क्यों जाते हैं—उससे उन्हें कै हो जाती है और प्रेमी को ज़िद थी कि वे वही डिब्बा लेकर जायेंगे क्योंकि यह उनके

लिए सैद्धान्तिक प्रश्न है—वे साहित्य में जिस बात का समर्थन करते हैं, जीवन में भी उसका निर्वाह करेंगे—इस बात से उनका कलेजा छिल जाता है कि वे भंगिन को अपने से हीन समझें—और इस बात पर आप रो दिये।

दोपहर को प्रेमी और उसकी पत्नी घर पर आ गये। केस अम्माँ के सामने पेश हुआ। थोड़ी देर में नरेन्द्र भी आ गया। बाकायदा मुकदमे की सुनवाई हुई।

भाभी का गोल चेहरा, ज़रा दबी हुई नाक, खुले हुए ओठ और दोनों ओर ज़रा-ज़रा सी मूँछें और माथे का अधबुझा तिलक मन्दिरों में बनने वाली रेत की मूर्तियों का स्मरण कराते थे। भाभी पाँच घंटे झींकती रहीं कि घर में कोई उनकी कद्र नहीं करता, वे सबका हित करती हैं पर सब लोग उन्हें दुश्मन समझते हैं, वे वहाँ से चली जायेंगी, क्योंकि दो महीने में उन्होंने पति को सुखी करने की बजाय दुखी ही किया है, वे अपनी छुआछूत नहीं छोड़ सकतीं और यह नहीं देख सकतीं कि नौकर उनके सामने गन्दा काम करे या पैसा खाये या खटिया पर पड़ा रहे। प्रेमी कुलबुलाते रहे कि डिब्बे का प्रश्न सैद्धान्तिक प्रश्न है, कि बच्चे माँ की बजाय बाप के पास रहकर ज़्यादा खुश हैं, कि इन्दौर जाकर भी वे बच्चों पर झींकती रहती हैं और उन्हें पढ़ाई नहीं करने देतीं, और कि अगर नौकर न रखना हो तो वे स्वयं अपने बरतन मलने को तैयार हैं, और सब लोग भी अपने-अपने बरतन मलें। भाभी फिर बोलीं कि उनके सामने उनके घर में सहेलियाँ आयें, यह वह क्योंकर बरदाश्त कर सकती हैं। प्रेमी जी ने यहाँ भी शास्त्रीय निर्णय दिया कि हर पुरुष को सहेली की आवश्यकता होती है, पत्नी पास न हो तो आदमी बगैर सहेली के नहीं रह सकता। भाभी गरज पड़ीं—और पुरुष न हो तो? हम भी सहेला रखा करें? हम तो नहीं रखतीं। हमारे लिए तो तुम्हीं एक पुरुष हो, बाकी सब नारी हैं। पुरुष भी नारी हैं। हम तो पतिव्रता हैं। पति का पइसा भइया किसी को खाते नहीं देख सकती। इनकी मरज़ी उन्हें रखाने की होय तो हमें क्या करना है? हमें इहाँ ते भेज देंय। हम अपने बहू-बेटा के साथ रह लेंगे—उनका भी रुख देखेंगे तभी रहेंगे—नहीं बृन्दाबन में झोंपड़िया डाल लेंगे और वहीं रहेंगे। हमें का लेना-देना है उनकी घर-गिरस्ती में? हमें कुछ नहीं देना है। जैसे इनसे सँभलता हो सँभालें—हमसे तो सँभलता नहीं है भइया...''

भाभी वाक्य के अन्त को हमेशा लटका देती थीं—''हमसे नहीं होता है अ...ब। जब हमारे सरीर से निकलता था तो निकाला अब नहीं निकलता है...''

पाँच घंटे की चखचख का कोई परिणाम नहीं निकला।

प्रेमी के जाने पर नरेन्द्र से कल के मसले पर बात करता रहा। He has been an introvert child and has probably suffered more than myself. हम अपनी शैशव और कैशोर्य की self consciousness की बातें करते रहे। नरेन्द्र को अभी कई elementary बातों का भी नहीं पता है। उसे हैवलाक एलिस पढ़ने की सलाह दी।

घर से निकलकर कुछ देर मॉडल टाउन की सड़कों पर आवारागर्दी करते रहे। मार्केट में सड़क के किनारे बैठकर एक-एक प्याली चाय पी और चले आये। वीरेन्द्र व्यथित बीमार होने से अम्माँ को अपने लिए खिचड़ी बना देने को कह गया था। वही खाकर पेट अफरा लिया।

अब सोयेंगे।

जालन्धर : 1.7.57

सुबह से दोपहर तक त्यागपत्र के एक दर्जन मजमून बनाये और फाड़ दिये। दिमाग इतना व्याकुल हो गया कि चुपचाप सो गये। उठकर कुछ पत्र लिखे नहाकर उ...के यहाँ चले गये। एक लड़की ने बताया कि बेबी नहा रही है। कुछ मिनट बाद न...आँखें मलती हुई आ गयी। न...की आँखों में एक खास कशिश है—उन आँखों में एक अजब वीरानगी-सी घिरी रहती है। उसके उड़े-उड़े बाल और चेहरे का खोया-खोया भाव भी अच्छा लगता है। वह बातें करते हुए भी, लगता है, जैसे स्टेज पर अभिनय कर रही हो। उसकी आवाज़ में कोमलता भी है और ठहराव भी। केवल उसकी नाक ज़रूरत से ज़्यादा बड़ी है जो उसके चेहरे की shapeliness को बिगाड़ती है। आप कहीं से astrology की कोई पुस्तक लाई थीं, जिसमें इस बात का ब्योरा था कि what sort of a wife or a husband you are—आपने अपना विवरण निकाल कर दिया और बताया कि वह सौ फ़ीसदी सही है। उसके अनुसार आप बहुत affectionate और passionate और जाने क्या-क्या हैं। The man who marries her will know better.

थोड़ी देर में उ...इलायचियाँ चबाती हुई तशरीफ़ ले आयीं। आपने भी as wife अपना जनमपत्रा खोलकर दिखाया। उनके अनुसार आप ज़्यादा आरामपसन्द तबीयत की हैं और आप इसे सौ फ़ीसदी सच मानती हैं और जीवन में चरितार्थ भी करती हैं। कुछ देर में उन्होंने हमारा भी जनमपत्रा निकाल दिया। उसके अनुसार हममें वे सब अवगुण होने चाहिए जिनसे हम नफ़रत करते हैं—अर्थात् हम उस प्रकार के आदमी हैं, जिस प्रकार के आदमी से हम बोलचाल रखना भी गवारा नहीं करते। और न...का दावा था कि हमारे बारे में भी हर बात सोलह आने सही है। लाहौलविला कुव्वत इनका दिमाग!

उ...ने कुछ देर *मृगनयनी* के कुछ सवालों से परेशान किया, कुछ देर थोड़ी soft talk की, हमें पंजाबी में बात करने से मना किया, चाय की एक प्याली पिलायी और विदा किया। न...ने चलते हुए अपना वायदा दोहराया कि शीघ्र ही *After Many A Summer* की कॉपी हमें भेंट देंगी।

वहाँ से टहलते हुए प्लाज़ा आये। वहाँ लोकेन्द्र मिल गया। वह as usual

बम्बई के किस्से सुनाता रहा—अपने अब्बा, गोप और श्याम के किस्से। उससे पता चला कि उसकी अम्माँ आजकल यहीं है तो इतवार सायंकाल उसके घर चलने का निश्चय किया, पर घर आकर डायरी देखने पर पता चला कि उसी रात अपनी talk भी है। खूब आदमी हो मियाँ!

न...को हमारी *इन्सान के खंडहर* की कहानियाँ ज़्यादा पसन्द हैं और बाद की writings पर ज़्यादा एतमाद नहीं। तुम क्या सोचते हो, मियाँ?

जालन्धर : 2.7.57

कॉलेज जाते ही कान में भनक पड़ने लगी कि आज से छुट्टी हो रही है। फ्लू एपिडेमिक का यह एक अच्छा पक्ष भी है। डेढ़ घंटा कबीर की उलटबाँसियों में उलझने के बाद सूचना confirm हुई। स्टाफ़-रूम में जाकर चार लोगों को रसगुल्लों की पार्टी दी।

दोपहर करवटें बदलते हुए काटी। शाम को म...के यहाँ चले गये। आप प्रभाकर के पर्चों का बंडल बनाने में लगी थीं। माँ जी ने (जो या उनकी दादी हैं या नौकरानी) जल्दी-जल्दी कमरा साफ़ किया। तभी उनके जीजा जी तशरीफ़ ले आये। सात साल बाद वे पहली बार उनके घर तशरीफ़ लाये थे। सात साल में—ब्याह के बाद में ही—उन्होंने पत्नी को मैके में छोड़ रखा था। जीजा ने बैठकर बतलाया कि वे 'आई स्पेशलिस्ट' हैं और जगह-जगह कैम्प लगाकर आँखों का इलाज करते हैं। आपका विस्तार स्वतः एक कैम्प के नक्शे की तरह था। म...की बड़ी बहन काफ़ी देर बैठकर गप करती रही। जीजाजी के जाने पर वह उनका किस्सा बताती रही। शिकंजवी के नकद तीन गिलास गले से उतारने पड़े। यह अच्छा था कि ल....दिखाई नहीं दी। उस लड़की की शक्ल देखते ही मुझे झुँझलाहट होने लगती है। म....की सबसे बड़ी (परित्यक्ता) बहन भी काफ़ी बातें करती रही। मुटापे में वह अपने पति की सही अर्द्धांगिनी प्रतीत होती है।

म...के चेहरे में एक निश्चित आकर्षण है—उसके चेहरे में एक खास कटावदार तराश है। मगर मेरे मन में आज फिर कोई जुम्बिश नहीं हुई। यदि बहुत कहने से मैं इन लोगों के घर दो-चार बार गया होता तो शायद कभी भी मेरे मन में कोई जुम्बिश न होती।

जी.टी. रोड तक म...और उसके पिता के साथ टहलते हुए आये। वहाँ से वे लोग रिक्शा में मॉडल टाउन को चल दिये—हम प्लाज़ा में जा विराजे। कुछ देर की चुहल की और सड़क पर मटरगश्ती के बाद घर चले आये।

अब समस्या है कि कल ही किस तरह पहाड़ चले जायें? जो अपने नाम से scheduled रेडियो टॉक्स हैं, उनका क्या होगा? यहाँ 8 तारीख तक के अपाइंमेंट्स भी हैं।

कल का दिन जो अभी कबीर का पाठ घसीटना है, उसे सोचकर बहुत कोफ़्त हो रही है। अभी घंटा भर बैठूँगा।

नौकरी के सम्बन्ध में आज का फ़ैसला यह है कि अभी resign नहीं करेंगे और स्कॉलरशिप किसी और भले आदमी को हथियाने देंगे, जो शराफ़त से कुछ काम भी करे। इस निश्चय का प्रधान कारण यह है कि गर्मी की छुट्टी दस दिन पहले हो गयी है।

जालन्धर : 4.7.57

रात को दो बजे सोये, सुबह छह बजे से पहले ही प्रो. सत्यदेव ने जगा दिया कि सैर करने आया था, सोचा आवाज़ देता चलूँ। आप तो दो मिनट में उड़नछू हो गये, बन्दे की नींद एक बार उचटी तो फिर नहीं आयी।

अभी-अभी भाई रामकृष्णा तशरीफ़ लाये। आगे से कहीं गोल हो गये हैं। आप आध्यात्मिक जीव हैं। कभी हमारे पास पढ़ते थे। अक्सर इनके क्लासफैलो इनसे कीर्तन कराया करते थे और आप कीर्तन करते-करते बेहोश हो जाते थे। कुछ बामनी गीत भी अभिनय के साथ सुनाया करते थे। क्लास में प्रेमचन्द पर लेक्चर हो रहा हो तो ये उसमें से भी कुछ-न-कुछ आध्यात्मिक तत्व ढूँढ़ निकालते थे। अक्सर डिस्कशन करने पर तशरीफ़ ले आते थे। ज़रा-ज़रा-सी बात पर ज़िन्दगी भर के प्रण उठा लेते थे। पढ़ने के नाम पर डिब्बा गोल था। कुछ पढ़ने-लिखने को कहा जाए तो चार दिन से ज़्यादा की मोहलत नहीं माँगते थे—छह पेपर तैयार करने के लिए। छह लेख एक दिन में लिख लाने को कह जाते थे, मगर करते कुछ नहीं थे। अपने हर व्यक्तिगत मामले में परामर्श लेने आते थे। एक बार यह परामर्श लेने आये कि ब्याह कर लें या नहीं। किस्सा आपने यह सुनाया कि पहली बीवी को आपने ज़रा ज़्यादा पीट दिया था, सो वह कुएँ में छलाँग मारकर मर गयी। अब उसकी छोटी बहन के लिए रिश्ता आ रहा है। आप बोले, "सोचता हूँ, दूसरी जगह से यहीं अच्छा रहेगा। जाने-पहचाने हुए लोग हैं, हम उनके जाने-पहचाने हुए हैं, इसलिए असुविधा नहीं होगी। अपरिचित लोगों में कई बार दिक्कत हो जाती है। आपकी क्या राय है?"

और फिर आप रोज़ ही आने लगे—यह पूछने आये थे कि आज दूसरे पीरियड में दस मिनट पहले उठकर चला आऊँ कि नहीं आऊँ? यह पूछने आये थे कि बिहारी की पहले आलोचना पढ़ूँ कि टेक्स्ट पढ़ूँ?

खैर, आपने शादी कर डाली। हाज़िरियाँ कम हो गयीं। फिर रोज़ सपत्नीक आने लगे।...सोचा, माताजी से मिलवाऊँ...सोचा, देख आऊँ कि घर पर हैं या नहीं।

हाज़िरियाँ इतनी कम थीं कि 'कंडोन' नहीं हो सकीं। आपने बन्दे के खिलाफ़ प्रिंसिपल को लिखा। प्रिंसिपल के खिलाफ़ वाइस चांसलर को लिखा। वाइस चांसलर

के खिलाफ़ चौधरी लहरीसिंह को लिखा। चौधरी लहरीसिंह की व्यक्तिगत सिफ़ारिश भी आप ले आये। फिर भी काम नहीं बना तो आपने निन्दा campaign आरम्भ किया। फिर भी काम नहीं बना तो आपने स्तुति campaigan आरम्भ किया। फिर भी कुछ नहीं हुआ तो आपने आध्यात्मिकता की शरण ली। अन्ततः आपको क्लास अटेंड करके लेक्चर पूरे करने पड़े।

आज आप आये कि...दर्शन करने आये हैं। हमेशा की तरह हाथ मलते हुए बताते रहे कि डिस्ट्रिक बोर्ड के स्कूल में मास्टर हैं, ज़मीन पर कोआपरेटिव फार्मिग के अन्तर्गत ट्यूबवेल लगवाने की सोच रहे हैं। आप बात ऐसे करते हैं जैसी किसी चीज़ का अदालत में एक्सप्लेनेशन दे रहे हों। चलते हुए आपने बताया कि आपको सत्यदेव जी से पता चला है कि हम आज अमृतसर जा रहे हैं–वहाँ एम.पी. कपूर हैं, उनके पास चौथा पर्चा है, उनकी पत्नी ने परीक्षा दी है–यदि हो सके तो..।

यह बताने पर कि बन्दे से यह नहीं हो सकता, आप बोले, "तो ठीक है, कोई बात नहीं। इतनी गर्मी में खुद जाऊँगा, पैसे भी खर्च करूँगा, उससे अच्छा है कि फिर पैसे भर के वह अगली बार परीक्षा दे दे। थोड़ा खर्चा ज़्यादा तो पड़ेगा, पर जाने-आने की मुसीबत से तो अच्छा है।"

और आपने कुर्सी से उठते हुए नमस्कार किया। दरवाज़े की ओर चलते हुए नमस्कार किया और दरवाज़े से निकलकर फिर नमस्कार किया।

इस गर्मी की दोपहर में अब अमृतसर तक की यात्रा–हे दीनबन्धो!

जालन्धर : 6.7.57

इस कड़ाके की गर्मी में जीना मुहाल है। दिनभर सिरदर्द रहता है, जिस्म फुंसियों से भर गया है और सोचने-समझने की शक्ति बिलकुल जवाब दे गयी है।

परसों अमृतसर जाते-जाते बस के दो घंटे के सफ़र में भर्ता हो गया। खिड़कियों से आती हुई लू तन-बदन को झुलसा देती थी। यही गनीमत थी कि सलामत पहुँच गये।

नानी के घर में नानाजी का अभाव ज़्यादा नहीं अखरा। ऐसे ही लगा जैसे एक चारपाई कमरे से हटा दी गयी हो। नानी ने उनके आखिरी दिन की जो दास्तान सुनाई उसमें भी वेदना नहीं थी। नानी हमेशा की तरह कच्छे और दोपट्टे में ही बैठी थी–उसकी हड्डियाँ आगे से ज़्यादा निकल आयी हैं। भोला को भी जैसे घुन लग गया है। बीर अपनी बीमारी के बावजूद सुन्दर लग रही थी। इस नौ बरस की बच्ची का भविष्य क्या होगा?

नानी के यहाँ से नहा-धोकर ताया जी के यहाँ गये। बड़ी ताई ने कोई उत्साह नहीं दिखाया। महेन्द्रो बुआ ने बल्कि प्यार से बात की। विमला की आँखें उस दिन बड़ी suggestive हो रही थीं।

ब्याह का प्रबन्ध कृष्ण कन्या महाविद्यालय के भवन में था। वहाँ जाते ही माँ को—अर्थात् अपनी दादी को—देखा। अँधेरे कमरे में वह मट्ठियाँ गिना रही थी। माँ ने भी देखा। शायद तेरह-चौदह बरस हो गये थे एक-दूसरे को देखे हुए। बढ़ कर माँ के पैर पकड़ लिये। रुलाई फूट पड़ी। माँ ने छाती से लगा लिया। वह भी रोने लगी। बड़ी देर में रुलाई शान्त हुई। अकेले माँ से कहा कि वह घर आकर रहे। माँ ने कहा कि वह दो-तीन महीने में मथुरा होकर आयेगी। माँ पहले से बहुत बूढ़ी हो गयी है। उसकी कमर में ज़रा-सा खम प्रतीत होता है और उसकी आवाज़ ज़रा-ज़रा काँपने लगी है। फिर भी उसका शासिका का भाव वही है। वह आज भी शासन करती है। माँ के सामने मैंने अपने को अपराधी अनुभव किया। सच, माँ पास रहती तो हमारे जीवन का रूप बहुत भिन्न होता। इस माँ ने ज़िन्दगी में कितना कुछ सहा है—कितना कुछ...! साधारण स्त्री टूट जाती मगर माँ नहीं टूटी। वह अदम्य शक्ति थी—जीवन में सही मार्ग मिलता तो वह बहुत कुछ निर्माण कर सकती थी। She is the type of woman who could have run a country. She has the stamina, the confidence, the tact. माँ की तब की झुँझलाहट को मैं आज समझ सकता हूँ। तब नहीं समझता था। माँ ने रुककर, हज़ार मुसीबत सहकर भी, अपने को नवाया नहीं। One can be proud of her inheritance. माँ ने कोई गिला नहीं किया। हँसकर बोली, "मेरी सेवा करने के लिए मेरे पास आया है।"

मोटा किशन बहुत मोटा हो गया है और किसी के आशीर्वाद से दिन-ब-दिन मोटा होता जा रहा है। उसकी पत्नी कमलेश, बारह बरस की लड़की की माँ होकर भी अच्छी लगती है।

माया मौसी मिलते ही गिले-शिकवे करने लगी। उससे कुछ खुली बात हुई। मौसी ने सब पुरानी बातें खोल दीं। उसे अपनी बात बतायी। मौसी हँसती रही, रोती रही, गुस्सा करती रही, दोषारोपण करती रही, डिफ़ेंस देती रही और प्यार देती रही। सब को बुला-बुलाकर कहती रही—देख लो, कितने बरसों के बाद मिला है। नदीदे, लेना-देना कुछ नहीं, मिल तो लिया करता।...मौसी यह सुनने को तैयार नहीं हुई कि मिलना उसी की तरफ़ से बन्द हुआ था—"सब कसूर तेरा है," मौसी कहती रही, "कहता है तुम लोगों का कसूर है—ज़रा इसकी बात सुनो। सुन रही हो बहन, सुन रही है न, कहता है हम लोगों का कसूर है...कसूर है, हाँ, हम लोगों का कसूर है—हमारा पेट जो है। कसूर हमारा नहीं तो किसका है?"

और मामा मौसी को कोस रहे थे। वही इधर-उधर आ जा रही थी, आदेश दे रही थी, चीज़ें रखवा रही थी, और सबको कोस रही थी, "आप हैं यहाँ बैठने के लिए। हाथ न हिल जाये। मैला हो जायेगा। बैठे हैं। तमाशा हो रहा है, देख

रहे हैं। मैं इनकी चाकर हूँ। जिधर जाये, मौसी, जो काम करे, मौसी। ये सेठ साहूकार हुक्म दे रहे हैं। वे सेठ साहूकारियाँ गप्पे हाँक रही हैं।''

कितने ही व्यक्ति बरसों के बाद मिले। रामजी की वह हँसी नहीं सुन पड़ी। पर उनकी बातों का विश्वास और वह युक्ति ज्यों-की-त्यों थी। ताया जी उनकी बातें सुन रहे थे और कुढ़ रहे थे। रामजी हिन्दू विवाह पद्धति की वैज्ञानिकता बता रहे थे—खट्टे में मीठे की घोंट लगायी जाये तो मीठा चल पड़ता है—पर ठीक घोंट लगे। उसके लिए चार चीज़ें आवश्यक हैं—जन्म....समय। विवाह में भी यही क्रम है। एक व्यक्ति घड़ा लेकर खड़ा होता है—यह जन्म आवश्यक है क्योंकि इस समय, गोत्र परिवर्तन के समय विद्युत का प्रवाह होता है—जल विद्युत को समा लेता है। नहीं तो करंट लग सकता है—इत्यादि। शास्त्रीजी उनकी युक्तिपरकता का आँखों से गम्भीर समर्थन कर रहे थे। रामजी आँखों से दूसरों पर हो रही प्रतिक्रिया का जायज़ा भी लेते जा रहे थे।

एक कोने में दीवान लेटा था। परिवार का निष्कासित जुआरी, जो हर ज़रूरत के मौके पर मेहनत के काम करने के लिए बुला लिया जाता है। दीवान हमेशा की तरह बोला, ''मैं अगले महीने तेरे पास जालन्धर आऊँगा। माँ नहीं मिली... वह दिन याद है, जब कहता था माँ मुझसे यह कहती है? दीवान तेरी मदद के लिए तब भी था, अब भी है। तू अपना बेटा है।...अब तो माँ कुछ नहीं कहती।''

और वह खाँसने लगा। उसे भी सारी दुनिया की तरह फ़्लू हो रहा था। दीवान की दाढ़ी की सफ़ेदी के अतिरिक्त उसमें और कोई खास परिवर्तन नहीं था। वही उसकी वेशभूषा थी, वही बोलचाल, वहीं ज़िन्दगी।

''आजकल काम क्या करते हो?'' मैंने पूछा।

''वही खट्टे छोले लगाता हूँ।''

''और?''

''और...'' और वह हँसा, ''और काम मेरे करने के नहीं हैं—जिन कामों की वजह से घरबार से निकाले हुए हैं।''

दीवान कभी कविता भी किया करता था। नमकमंडी चौक में बड़े-बड़े मजमों में वह कविता सुनाता था—''सिर लिश्कदा बाटे दे बूट वाँगू...अर्ज किया है...''

''तुम्हारी कविता का क्या हाल है।''

''वह अच्छे ज़माने की बात थी। आजकल साली कविता सूझती है?''

एक और व्यक्ति जो बहुत प्यार से मिला, वह था लालचन्द दलाल—तारो का पति। देखते ही आकर साथ लिपट गया और रोने लगा, ''बेटे तू मिल गया तो मेरा यार करमचन्द मिल गया। उसे किन आँखों से रोऊँ? किस ज़बान से उसके गुण गाऊँ?...वह मेरा यार था। वह मेरा प्राण था।''

लालचन्द भी दुबला हो रहा था। चेहरा माँस कम हो जाने से पहले से नुकीला हो गया है। ठुड्डी नीचे को ज़्यादा निकल आयी है। ऊपर का भाग चौकोर-सा हो गया है। बातों-बातों में लालचन्द की भाव-भंगिमा और उसके स्वर का उतार-चढ़ाव देखने योग्य था। लालचन्द एक अच्छा एक्टर हो सकता था। आज चौंसठ साल की उम्र में भी उसकी बातों में बहुत जीवन था, "पहले भी लड़की ब्याही जाती थी, पहले भी दहेज जाता था—पर दोनों घरों को एक-दूसरे का लिहाज़ होता था, खयाल होता था। पहले भी समधी लिहाज़ नहीं करता था...पर वह आरी चलाता था। कुछ बूर इधर गिरता था, कुछ बूर उधर गिरता था—मगर अब—अब चलाते हैं ऐसा...काटो और अपनी तरफ़, काटो और अपनी तरफ़। ब्याह रह गया है? यह डकैती है डकैती...सरासर डकैती।...सरकस में एक आदमी जान मुट्ठी में लेकर ऊँची तार पर चलता है। गिर जाये तो हड्डियाँ टूट जायें। पर नीचे खड़ा जोकर मुँह बना देता है कि कुछ नहीं। यही हाल यहाँ है। लड़की वाला साला रस्सी पर नाच करता है और लड़के वाला मुँह बिचकाये जाता है कि कुछ नहीं। और हम लोग अब भी साले, मुँह खोलकर तमाशा देखते हैं..." सहसा भाव बदल गया, चेहरा चढ़ गया और बात पूरी हुई..."धिक्कार है बाबूजी। धिक्कार है हम सबको, धिक्कार है इस समय को। हम लोग कोई इन्सान हैं...?"

7.7.57

रात लिखते-लिखते राजेन्द्रपाल आ गया था। वह कुछ देर बच्चों की तरह बातें करके चला गया।

...लालचन्द को तब हमारे घर में लालू कहा करते थे। वह पिताजी के उन दोस्तों में से था, जिनके साथ उनका जवानी के दिनों का उठना-बैठना था, खाना-पीना था। लालचन्द तरह-तरह से पिताजी की प्रशंसा करता रहा—"स्वामी ने कहा हमारे साथ खाता-पीता क्यों नहीं? आसव पी लेता है तो इसमें क्या डर है?...आसव तू समझता है? अंगूर का रस निकालकर बनाते हैं।...मगर नहीं। करमचन्द बस हँसता रहा। दोनों की बोलचाल बन्द हो गयी। साल भर दोनों नहीं बोले।"

साल भर नहीं, दस साल तक उनकी बोलचाल बन्द रही, यह वह भूल चुका था।

रात भर ब्याह की हलचल रही। आधी रात तक जागकर अपने फ़र्ज़ सरंजाम दिये। अच्छी कवायद हुई। संस्कार के अवसर पर तायाजी और किशन ने खामखाह कुछ शह भर दी। पंडित पर गर्म हो गये। इस लड़के को तायाजी की शह ने खासा बददिमाग बना दिया है। यह न जाने अपने को क्या समझने लगा है?...परिवार का जीनियस। हीरो। यही इस लड़के के जीवन की ट्रेजेडी है। छोटे-मोटे काम की ओर इसकी अभिरुचि ही नहीं होती—ये लोग न जाने इतने secretive क्यों हैं?

तायाजी, ताई, किशन और कैलाश चारों एक जैसे हैं। विमला और शकुन्तला कुछ भिन्न हैं।

तायाजी रुपया खर्च करने के मुकाम पर इस तरह संकोचपूर्ण व्यवहार करते रहे कि सभी को बुरा लगा। ब्याह पर इतना सब खर्च हुआ—दस-बीस रुपये में क्या हो जाता?

सुबह चार बजे के बाद तायाजी के घर जाकर सोये। फिर उठकर ननिहाल चले गये और साढ़े आठ बजे तक फिर तैयार होकर आ गये। डोली साढ़े ग्यारह बजे हुई। इसी समय चलकर जालन्धर आ गये। आते हुए फिर माँ से घर आकर रहने का अनुरोध किया।

दो बजे जालन्धर पहुँचे। प्लाज़ा से खाना खाकर घर आ गये। साढ़े तीन के करीब र...आयी। उसकी वेशभूषा चमत्कृत कर देने वाली थी। नीली साटन की फूलदार कमीज़ और सफ़ेद इंग्लिश जाली का दुपट्टा। साढ़े पाँच के करीब वह चली गयी। वह 1 तारीख को मद्रास चली जायेगी। उसका अजब हठ था कि हम उसके जाने के बाद ही जालन्धर से जायें।

शाम को प्रेम जोशी मॉडल टाउन मार्केट में मिल गया और प्लाज़ा चले गये। काँगड़ा वाले के ढाबे से खाना खाकर घर चले आये। पिछली रात की नींद बाकी थी, यूँ भी शरीर शिथिल हो रहा था, इसलिए जल्दी सो गये। वीरेन्द्र व्यथित के घर की चाबी खो गयी थी, वह भी यहीं सोया।

सबेरे आठ बजे अम्माँ अमृतसर से आ गयीं और उन्होंने बेड टी देकर उठाया। दोपहर तक शिथिल रहे। आसन में खारिश की बहुत तकलीफ़ थी। अम्माँ ने पाउडर-आउडर लगा दिया। माँ को एक चिट्ठी भी लिखी—अम्माँ से भी लिखायी। फिर ख...के यहाँ चले गये। वहीं चाय पी और छह बजे के करीब चले आये। घर आने पर नरेन्द्र आ गया। वह स्वर्ण को अश्क के पास डलहौज़ी ले जाने के लिए गाँव से ले आया था। उसे अपनी राय बतायी। नरेन्द्र का मन डाँवाँडोल हो गया। उसके जाने के बाद मार्केट में घूमकर घर आकर खाना खा लिया और देर तक डायरी लिखते रहे। राजेन्द्रपाल के जाने के बाद ही सो गये।

जालन्धर : 8.7.57

कल सुबह उठते ही 'टाक' लिखने का भूत सवार हुआ। दोपहर भर बैठकर 'टाक' लिखी। प्रेमी और मोती आ गये। बियर शॉप के लिए निकले तो सत्यपाल आनन्द और रवीन्द्र कालिया रिक्शा में आते दिखायी दिये। वे अपनी तरफ़ ही आ रहे थे। प्रेमी एंड पार्टी को छोड़कर उनके साथ लौट आये। आनन्द के साथ रस्मी किस्म की साहित्यिक गुफ़्तगू हुई। उसे साथ बियर शॉप ले गये। Writers co-operative की चर्चा हुई। डेढ़ घंटा बैठकर बियर शॉप से उठ गये और उन

लोगों से विदा लेकर प्लाज़ा आ गये। साढ़े सात बजे लोकेन्द्र आ गया और उसके साथ उसके घर चले गये—खाना वहीं था। काफ़ी पुरतकल्लुफ़ खाना बना था। खाने के बाद लोकेन्द्र की अम्माँ के दर्शन किये। बहुत ही सौम्य आकृति है उनकी। देखकर ही लगता है उन्होंने बहुत-बहुत कष्ट सहे हैं। 'टाक' के लिए रेडियो स्टेशन पहुँचने की जल्दी थी, इसलिए ज़्यादा देर उनके पास नहीं बैठ सके। पैदल रेडियो स्टेशन की तरफ़ चले—कोई रिक्शा नहीं मिला। ठंडी खुली और एकान्त सड़क बहुत सुहानी लग रही थी। टप-टप हमारे जूतों की आवाज़ हो रही थी। 'टाक' का वक्त होता जा रहा था। खूब तेज़ चले—पर रेडियो स्टेशन अभी एक मील और था। एक साइकिल वाले से रिक्वेस्ट करके उसके कैरियर पर बैठ गये और किसी तरह 'टाक' से पाँच मिनट पहले रेडियो स्टेशन पहुँचे। प्रेमी नर्वस हो रहा था। 'टाक' के बाद प्रेमी और मोती को बियर शॉप ले गये और काफ़ी देर से लौटे। रात को देर तक गर्मी की वजह से नींद नहीं आयी।

आज सुबह ही कोच्छड़ ने जगा दिया। उसे गाली देते हुए उठे। नहाकर कॉलेज जाने का निश्चय किया—resignation के सिलसिले में प्रिंसिपल से बात करने। प्रिंसिपल के सामने अपनी demands फिर रखीं। उसने demand से सहमति प्रकट करते हुए resignation press न करने के लिए कहा।

कॉलेज से लौटने पर मोती घर आया हुआ था। उसके जाने के बाद आनन्द और कालिया आ गये और पाँच बजे तक रहे। कल की तरह ही गुफ़्तगू होती रही। आनन्द में अभी कैशोर्य बाकी है।

"मेरी सूरत कुछ-कुछ धर्मवीर भारती से मिलती है?" आपने एक सवाल पूछा।

"कदरे मिलती है," मैंने जवाब दिया।

"मुझे बहुत लोगों ने ऐसा कहा है।"

फिर वह अपनी पढ़ी हुई किताबों की फ़ेहरिस्त सुनाता रहा। टैगोर ने boy in puberty का जैसा ज़िक्र किया है—साहित्यिक दृष्टि से सत्यपाल आनन्द की कुछ वैसी ही स्थिति है।

सत्यपाल और कालिया के जाने के कुछ देर बाद ही उ...आ गयी। वह दो घंटे रही। इस दौरान उसके कई सवाल हल किये। लड़की अपनी स्मार्टनेस के बावजूद बहुत भोली है, जैसे अक्सर पहाड़ी लड़कियाँ होती हैं। उसके फ़ीचर्स पर और उसके Movements पर कश्मीर का काफ़ी असर दिखायी देता है।

कल रात छावनी से रेडियो स्टेशन की तरफ़ आते हुए फिर वीणा की याद ताज़ा हो आयी थी।

उ...के जाने के बाद पता चला कि वीरेन्द्र बाहर आकर बैठा रहा है। उस शख़्स ने भी अच्छी बेतकल्लुफ़ी अख़्तियार कर रखी है।

शाम को नहाकर डॉक्टर मदान के यहाँ चले गये और वहाँ से प्रेमी के यहाँ—फिर घूमते हुए लौट आये।

कल शीला का पत्र आया है कि नीत की तबीयत खराब है। उस नन्हे के लिए मन बहुत उदास होता है। क्या करें आखिर?

जालन्धर : 9.7.57

सुबह-सुबह बारिश ने बाहर से खदेड़ दिया। बरामदे में आ लेटे पर नींद नहीं आयी। जल्दी ही उठकर नाश्ता कर लिया। अखबार लेकर बैठे थे कि ज्ञानचन्द भाटिया तथा चार और आदमी चन्दाग्रहण मिशन पर पहुँच गये। ग्यारह रुपये देकर निस्तार पाया।

मदान के दिमाग से हर चीज़ दो खानों में विभक्त हो जाती है—अच्छी और बुरी, और वह हर चीज़ के सम्बन्ध में अपनी प्रतिक्रिया की घोषणा ऐसे विश्वास के साथ करते हैं जैसे दूसरा मत हो ही न सकता हो।

खोसला ज़्यादा दुखी था। उससे उठा नहीं जा रहा था। किसी तरह उठना हुआ घर पहुँचे।

आज कई दिनों के बाद ठंडी तेज़ हवा चली है। मेढकों की आवाज़ें फिर वातावरण में फैल रही हैं। मेढक मुझे कितने जघन्य लगाते हैं—यह स्वर उतना ही आकर्षक लगता है। न जाने क्यों?

जालन्धर : 11.7.57

कल सुबह से दस बजे तक पंजाबी मुहावरे के अनुसार 'चाइयाँ माइयाँ' डालते रहे। दस बजे घर से निकले। कुछ देर नरेन्द्र के साथ प्लाज़ा में बैठे। फिर बाज़ार जाकर रज़ाई और दुलाई का कपड़ा खरीदकर शर्मा को बनवाने के लिए दिया। एक रेनकोट और होलडॉल भी लाये। पहाड़ जाने की मानसिक तैयारी हो चुकी थी। दो बजे घर लौटकर आये। कौशल्या भाभी का पत्र मिला, जिसमें उन चीज़ों की लम्बी सूची थी, जो वे चाहती थीं कि मैं साथ डलहौज़ी लेता आऊँ। लिस्ट पढ़ते ही फ़्लैट हो गये। ध्यान आया कि अगर ये सब चीजें साथ ले जानी हों तो अपना पहाड़ जाना सम्भव नहीं है। मतलब डलहौज़ी जाना सम्भव नहीं है। भाभी को पत्र लिख दिया कि लिस्ट देखकर अपने देवता कूच कर गये हैं—डलहौज़ी नहीं आ रहे।

शाम को प्लाज़ा में नरेन्द्र से बात हुई। उसने कहा कि मैं न जाऊँ तो वह स्वर्ण के हाथ सब चीज़ें भेज देगा। उससे आज निश्चित बात करने के लिए कहा।

मदान मिला। उससे दि...के बारे में बातचीत हुई। उसे बताया कि उसे क्या रवैया अख्तियार करना चाहिए। पूरी घटना का भी उसे परिचय दिया।

प्लाज़ा से ख....के यहाँ चले गये। डेढ़ घंटा इधर-उधर की बातें होने पर खाना आया। खाने में फिर वही तकल्लुफ़ था—जिसका परिहार करने के लिए मैंने खाना खाने का इरादा प्रकट किया था। उसकी कुर्सी पर लगभग सभी उपनिषद पड़े थे। आजकल उपनिषदों का अध्ययन हो रहा है। आस-पास की सभी तस्वीरें, जिनमें स्त्री-पुरुष के युगल चित्र हैं, या उत्कंठारत प्रतीक्षा करने वाली नारियों के चित्र हैं, एक खास मानसिक स्थिति का पता देती हैं—एक अधूरी वासना का। अपनी बढ़ती हुई उम्र की consciousness उसे भी बहुत है। अपने को youngish बनाने की चेष्टा भी स्पष्ट थी। उससे आत्महत्या के इरादे की बात सुनकर बड़ा अजब लगा। देर तक उससे बातें कीं—ज़िन्दगी की उपयोगिता के बारे में—प्राप्ति और वासना की निरर्थकता के बारे में—व्यक्तित्व के महत्त्व के बारे में।

जिस समय चले, पौने ग्यारह बज चुके थे। बाहर सुनसान सड़क पर पहुँचकर बहुत अजब लगा। इतनी देर तक बैठे रहना शायद उचित नहीं था। पर—खाना जो इतनी देर से लाया गया था।

रिक्शावाला बहुत धार्मिक आदमी मिला। जीवन की नश्वरता और भवितव्यता के बारे में किस्से सुनाता रहा।

घर आकर उमस में मारे बाहर ही रहे, कमरे में नहीं आये। सोने की चेष्टा की, पर नींद नहीं आयी। आधी रात को कमरे में आ गये। पंखा छोड़कर फिर सोना चाहा, पर नहीं सोया जा सका। लिहाज़ा इसी तरह सुबह हो गयी और उठ बैठे।

जालन्धर : 11.7.57 (रात्रि)

सुबह दस बजे प्लाज़ा पहुँचे। नरेन्द्र से मिलकर निश्चय किया कि डलहौज़ी चले ही जायें। ज़्यादा बोर हुए तो चार-छह रोज़ में भाग आयेंगे।

वहाँ से रेडियो स्टेशन चले गये। तीन बजे तक मुश्किल से डिस्कशन रिकॉर्ड हुआ। आते हुए शर्मा के यहाँ से रज़ाई ले आये। नरेन्द्र और स्वर्ण घर पर आये थे। सुबह कश्मीर मेल से जाना तय किया। उनके जाने के बाद सो गये। उठकर नहाकर डॉक्टर के यहाँ गये। उसे टाँगों पर निकले हुए धक्कड़ दिखाये। डॉक्टर से दवाई की चिट लेकर शहर गये और दवाई ले आये। पेन और कुछ स्टेशनरी खरीदी। घर आकर पता चला कि ड्राईक्लीनर के यहाँ से कपड़े नहीं आये तो लौटकर कपड़े लाने गये। आकर बिस्तर बाँधने लगे तो पेटियाँ छोटी निकलीं। बिस्तर बाँधते हुए बेहाल हो गये। किसी तरह अब सामान तैयार हुआ है। रात के साढ़े बारह बज चुके हैं। सबेरे तीन बजे उठकर फिर तैयार होना होगा। जाने नींद आयेगी भी या नहीं। उम्मीद तो नहीं। यह भी डर है कि कल जाते ही अश्क दम्पति से लड़ाई न हो जाये।

बहरहाल, जालन्धर से तो निकलेंगे।

डलहौज़ी : 14.7.57

11 की रात को नहीं के बराबर सो पाये। यह चिन्ता सवार थी कि गाड़ी मिस न हो जाये। सवा तीन-साढ़े तीन बजे उठ गये और चाय की प्याली पीकर रिक्शा लाने निकल पड़े। गली के कुत्तों को शायद गलतफ़हमी हुई कि यह शरीफ़ आदमी नहीं, कोई चोर-उचक्का है। भौंक-भौंककर तबीयत परेशान कर दी। मार्केट में चक्कर लगाये पर कोई रिक्शा दिखाई नहीं दिया। गुरुद्वारे से रिक्शा लाये। अम्माँ ने बड़े प्यार से विदा किया...अम्माँ की वत्सलता के सामने अपना आप कितना crude, कितना भद्दा प्रतीत होता है?

स्टेशन पर पहुँचकर बहुत प्रतीक्षा की, पर नरेन्द्र और स्वर्ण दिखाई नहीं दिये। आखिर गाड़ी के वक्त पर टिकट लिया और गाड़ी में सवार हो गये। पठानकोट तक ऊँघते आये। पठानकोट से कुछ फल खरीदे और बस में सवार हो गये। दुनेरा तक पहुँचते-पहुँचते दिमाग की गर्मी निकल गयी। दुनेरा पठानकोट से अट्ठाईस मील और डलहौज़ी से बाईस मील के फ़ासले पर 2220 फुट की ऊँचाई पर है। दुनेरा में दोनों तरफ़ की गाड़ियाँ आकर गेट के इधर-उधर रुक जाती हैं। ग्यारह बजे गेट खुलता है तो गाड़ियाँ छूटती हैं। वहाँ डाकखाने के बुड्ढे और बहरे डाक बाबू के कानों में चिल्ला-चिल्लाकर डलहौज़ी तार दिया। इस उम्र का आदमी सरकारी नौकरी में किस तरह बहाल है, समझ नहीं आया...वहाँ एक घटिया सी शॉप की बेंच पर बैठकर चाय पी। चाय पीते हुए कई साल पहले की बात याद आयी। वहीं दुनेरा में ही एक बुड्ढे व्यक्ति से मुलाकात हुई थी, जिसने बताया था कि उसने नयी कार खरीदी थी मगर उसके दोस्तों ने उसकी कार का इतना नाजायज़ फ़ायदा उठाया कि आखिर उसने कार बेच दी। जो भी मिलता, कहता, भइया ज़रा पठानकोट तक तो छोड़ आना, ज़रा डलहौज़ी तक यह बिस्तर तो ले जाना। कोई रास्ता चलते रोककर एक टोकरी सेब उसमें लाद देता, कोई अपनी बहू और भौजी के निढाल शरीर बस से उतार कर कार में भर देता। वह अपने उन सब दोस्तों को गालियाँ देता रहा। थोड़ी देर में गेट खुला, एक बस डलहौज़ी की तरफ़ से आयी, उसके चेहरे पर खुशी की लहर दौड़ गयी, आँखें मटकाकर कि चलो पठानकोट तक जाने का सामान हो गया, कार की तरफ़ भागा और बाँह देकर उसे रोककर उसमें सवार हो गया। उसके दोस्तों ने उसे अच्छा सबक सिखा दिया था। मेरे चेहरे पर मुस्कराहट फैल गयी।

गेट खुल गया और ड्राइवर ने हॉर्न बजा दिया। बस डलहौज़ी की तरफ़ रवाना हुई। बनीखेत से दो दुबली-छरहरी छोकरियाँ बस में सवार हो गयीं, जिनकी अंग्रेज़ी ने सब लोगों की बातचीत बन्द करा दी। जो सफ़र में उलटे हो रहे थे, वे भी

सीधे हो गये। वैलून के स्टाप के पास सिर से पैर तक लाल कपड़ों में मलबूम एक खूबसूरत लड़की अखबार पढ़ती दिखायी दी—जैसे बस स्टाप बस स्टाप न होकर समुद्र तट या हैंगिंग गार्डन हो। डलहौज़ी के अड्डे पर कौशल्या जी मिलीं। चेहरे से ज़ाहिर था कि खासी नाराज़ हैं। रास्ता चलते हुए बातचीत शुरू हो गयी। गिला उन्हें बेहद था। घर पहुँचने पर ज़बानी सुनाया गया। थोड़ी देर में बात रफ़ा-दफ़ा हो गयी।

अश्क के पास सेठी नामक एक आर्टिस्ट आया हुआ था। चौकोर चेहरा, खाओ-पियो, मौज करो वाला भाव—और मध्यवर्गीय fastidiousness. "Oh, those places," आप ज़रा निचले दर्जे के घरों की बात करते हुए बोले, "I cannot imagine how one can put up there. It is simply impossible! "

दोपहर के खाने के बाद घूमने निकल गये। कुछ चीज़ें खरीदीं। कुछ पुराने लोग मिले। शाम को चाय के बाद फिर घूमने निकल गये—कौशल्या भाभी से शीला के बारे में बातें होती रहीं।

रात को अश्क और कौशल्या भाभी *दीवाने गालिब* की गज़लें गाते रहे। जहाँ भाभी की आवाज़ सुर में होती, वहाँ अश्क भी साथ अपनी आवाज़ मिलाकर उसे बेसुरा बना देते थे।

रात को खूब ज़ोर की बारिश हुई। तेरह को सुबह ही नरेन्द्र का तार मिला कि स्वर्ण दोपहर की बस से पहुँच रही है। बैलून से कुछ चीज़ें खरीदने के इरादे से भाभी के साथ निकले। हरबंस बेरी के घर गये तो पता चला कि वह बस स्टाप पर अपनी बीवी को लाने गया है। बस स्टाप पर गये तो वही लाल कपड़ों वाली लड़की बदस्तूर अपनी जगह पर अखबार पढ़ती दिखायी दी। पता चला कि वह प्रसिद्ध जनरल मर्चेंट डी.पी. खन्ना के संचालकों की कोई बहन-वहन है। उसका भाई दीक्षित पहले सड़क पर मिल चुका था। बस स्टाप पर एक बस खड़ी थी। स्वर्ण भी उस बस में थी। बेरी की बीवी नरेन्द्र भी। स्वर्ण को बस में आगे भेज दिया, क्योंकि अश्क डलहौज़ी के अड्डे पर इन्तज़ार कर रहे थे। हरबंस बेरी से दो-अढ़ाई बजे इन्तज़ार करने को कहकर मिलिट्री अस्पताल को जाने वाली सड़क पर चल दिये। पहले समझ नहीं आया कि भाभी क्यों अस्पताल की तरफ़ जाना चाहती हैं। वे बेरी के साथ एक दिन बैलून के जंगल एरिया में अकेली जाने की बात भी कह रही थीं। रास्ता चलते-चलते हल्की-हल्की बूँदें पड़ने लगीं। भाभी का चेहरा बहुत भावुकतापूर्ण हो उठा था, उन्होंने बताया कि उनके पिता की वहाँ पर मृत्यु हुई थी। वे मिलिट्री अस्पताल में डॉक्टर थे। वे अस्पताल देखना भी चाहती हैं—और फिर बेरी के साथ एक दिन वहाँ का शमशान देखने जायेंगी। अश्क को वे उस सम्बन्ध में नहीं बताना चाहती थीं कि उन्हें दुख न हो।

वर्षा की वजह से एक जगह कुछ देर रुकना पड़ा। फिर चले तो एक मोड़

से मिलिट्री अस्पताल की बिल्डिंग दिखायी देने लगी। भाभी वहीं रुककर रोने लगीं। उन्हें किसी तरह सान्त्वना दी और वापस चले।

बेरी के घर पहुँचकर बैठक में जा बैठे। बैठक बहुत सुन्दर लगी। वह खुला हुआ बरामदा है जो घाटी के ऊपर पड़ता है। अपना शिमले का स्टडी-रूम याद आया जो लगभग ऐसा ही था। वहाँ चाय की प्याली रखकर इधर-उधर की बातें होती रहीं। बेरी के मेहमान भी थे—मिस्टर और मिसेज भगनानी। बारिश बहुत ही ज़ोर की होने लगी। काफ़ी देर वहाँ रुकना पड़ा। बेरी बहुत witty आदमी है। कई बार बहुत पुरलुत्फ़ बातें करता है। उसकी पत्नी नरेन्द्र (नरिन्दर) अपने बिरले दाँतों के बावजूद सुन्दर लगती है। उसकी हँसी से चमन की बीवी सन्तोष की याद आ जाती है। वहाँ कुछ चित्रों के प्रिंट्स लगे थे। सोहनी-महीवाल के एक चित्र की स्थिति पर प्रकाश डालते हुए बेरी किस्सा सोहनी-महीवाल की पंक्तियाँ सुनाता रहा। बारिश थम जाने पर वहाँ से उठे। मिस्टर भगनानी तथा उसकी भारी-भरकम पत्नी पहले ही सोने जा चुके थे। बेरी से विदा लेकर चले आये।

भूख महसूस हो रही थी, इसलिए टी शॉप की discovery की। अंडे, आमलेट कुछ नहीं मिला तो हलवाई की दुकान से जलेबियाँ और सेवइयाँ मँगवा लीं। चाय पीकर निकले तो फिर वही लड़की दिखायी दी। इस बार उसकी बड़ी और छोटी बहन (सम्भवतः) उसके साथ थीं। बड़ी बहन इतनी सुन्दर नहीं थी, कद छोटा था और उसकी ठोड़ी आगे को निकली हुई थी। पर उसके चेहरे पर sobriety ज़्यादा थी। वह लड़की खूबसूरत तो थी पर लगता था जैसे केवल animal level पर ही जीने वाली है। वे फिर बस स्टाप पर जाकर उसी तरह सड़क की मुँडेर पर बैठ गयी।

कुछ क्रॉकरी वगैरह खरीदकर वापस चल दिये। फिर शीला की बातें होती रहीं। I know that I cannot pass even a day with her. भाभी ने बताया कि बिसारिया उसका पक्ष लेकर मेरी निन्दा करता रहा है। I know where that man feels pinched. I can just laugh it out.

घर आने पर बारिश और तेज़ हो गयी। काफ़ी देर की गपशप के बाद खाना खाया और माल का एक चक्कर लगाकर लेट गये, नौकर दौलतराम भी अपने कमरे में था क्योंकि स्वर्ण के आ जाने से बन्दे की चारपाई ड्राइंगरूम में आ गयी थी। दौलतराम को खाँसी हो रही थी। वह रात भर खाँसता रहा और अपने को ज़रा देर नींद नहीं आयी।

आज सुबह उठने पर जिस्म शिथिल हो रहा था। नाश्ते के बाद अश्क के उपन्यास *पत्थर-अल-पत्थर* की पांडुलिपि पढ़ डाली। दस-ग्यारह पृष्ठ कल पढ़े थे। खाने के पहले उपन्यास पढ़कर समाप्त किया और अश्क को अपने सुझाव दिये। खाने के बाद माल पर निकल पड़े। सड़क पर जगह-जगह रेंगते हुए snails के

कारण बहुत अचकचाहट हुई। कई और पुराने चेहरे और बाबूसिंह हलवाई आदि मिले। भाभी ने डॉक्टर से इंजेक्शन लिया और कुछ मिठाई आदि लेकर लौट आये।

अश्क ने प्रबोध और उसकी मिसेज़ आदर्श को चाय पर बुला रखा था। थोड़ी देर में वे पति-पत्नी आ गये। वे लोग अपने एक्स मिनिस्टिराना अन्दाज़ में बातें करते रहे। धीरे-धीरे प्रबोध एक हिन्दी कन्वेंशन के मसले पर आ गये। कुछ सुझाव दिये। विशेष बातचीत के लिए कल का दिन तय किया। कल इस सिलसिले में उनके यहाँ खाना खाने जायेंगे। कैरो के बारे में जो बातें सुनी जाती हैं, प्रबोध ने भी उनका समर्थन किया। वह सरदार के आन्तरिक corruption के किस्से सुनाता रहा। अश्क अपनी और अपने नाटकों की प्रशंसा करते रहे, भाभी चाय की प्यालियाँ बनाती रहीं और बन्दा तटस्थ भाव से हर मसले पर theorise करता रहा। जाते हुए अश्क ने उन्हें अपनी किताबों का सेट भेंट किया। उसकी चर्चा उनके आते ही आरम्भ हो गयी थी।

प्रबोध और उसकी मिसेज़ के जाने के बाद अश्क और मैं घूमने निकल गये। थोड़ी दूर जाते ही बेदी और मिसेज़ बेदी मिल गये। उन्हें घर भेजकर स्वयं चक्कर पर निकल गये। प्रबोध की स्कीम की टीका-टिप्पणी होती रही। एक-दो जगह अश्क के प्राकृतिक सौन्दर्य प्रेम ने जोश मारा। रास्ता चलते लोगों को रोककर उन्होंने घाटी में दिखायी देते हुए दरियाओं के नाम पूछे। वे थे व्यास, चक्की और रावी। चेयरिंग क्रॉस पर कृष्णा वडेरा मिल गयी। उससे वे बातें करके ठंडी सड़क से चल दिये। रास्ते में प्रोमिल मिली, अपनी अम्माँ के साथ। अश्क प्रकाशन के सम्बन्ध में तथा पुस्तकों के प्रचार के सम्बन्ध में अपने नुस्खे बताते रहे। डाकखाने के चौक में बेदी मिल गया! वहाँ से चले तो अश्क जान-बूझकर सामने से आती हुई एक महिला से point blank range पर जा भिड़े। महिला ने खून-आलदा नज़रों से देखा। अश्क ने ठहाका लगाया। सामने से आती हुई कौशल्याजी ने मातृत्व गर्व के साथ दृष्टि उन पर डाली और सबकी ओर देखकर मुस्करायीं। सब लोगों ने वहाँ गोलगप्पे खाये और घर आकर कॉफ़ी पी। कॉफ़ी पीते हुए लतीफ़ाबाजी होती रही। बेदी ने एक अच्छा लतीफ़ा सुनाया—एक सरदारजी ड्राइंगरूम में कच्छा पहने और पगड़ी बाँधे बैठे थे। किसी ने पूछा कि वे केवल कच्छे में क्यों बैठे हैं, कोई आ जाये तो? तो बोले कि अपना घर है, आराम से खुले हुए बैठे हैं, खामखाह बँधकर क्यों बैठें? पूछने वाले ने फिर पूछा कि पगड़ी क्यों बाँधे हैं तो बोले कि क्या पता कोई आ ही जाये।

अश्क ने भी कई पुराने घिसे-पिटे लतीफे सुना दिये, उन लोगों के चलने पर उन्हें छोड़ने के इरादे से फिर निकल पड़े और मोटर स्टैंड की तरफ़ उतरने वाली सड़क तक छोड़ आये।

खाने के बाद थकावट हो रही थी, फिर भी डायरी निकाल ली और जुट गये।

अब जब कि घर के सब जीव सो रहे हैं, केवल अपनी ही जान को जागने और लिखने का रोग लगा है।

डलहौज़ी : 15.7.57

रात खूब मज़े की नींद आयी। सुबह उठकर अम्माँ को चिट्ठी लिखी। घूमने जाने की तैयारी में थे कि मिसेज़ शास्त्री भाभी से मिलने या किराया उगाहने आ गयीं। बाजार जाना स्थगित हो गया। साढ़े ग्यारह-पौने बारह बजे प्रबोध के यहाँ गये। वहाँ और विस्तार से बात हुई—प्रादेशिक साहित्य समारोह के आयोजन का निश्चय हुआ।

16.7.57

रात सख्त नींद आयी—कुछ लिखना-लिखाना नहीं हुआ।

प्रबोध बहुत धीमी आवाज़ में बात करता है। साहित्य समारोह या हिन्दी से उस शख्स को दूर से भी मतलब नहीं हो सकता। यह स्पष्ट है कि वह आदमी कोई राजनीतिक चाल चलना चाहता है। उसका मुद्दआ शायद कैरो को थोड़ा disgrace करके स्वयं popularity हासिल करने का है। हिन्दी आन्दोलन की आड़ लेकर वह अपने लिए एक खास स्थिति हासिल करना चाहता है।

उसकी बीवी बड़ी बनावटी मुस्कराहट मुस्कराती है, जैसे अपने से छोटों से बात कर रही हो।

कल बाद दोपहर घूमने निकल गये और चेयरिंग क्रॉस में बेंचों पर बैठकर पकौड़े खाये और चाय पी। वहीं शेव भी करायी। लोगों को अपनी शराफ़त पर खासा सन्देह हुआ।

घर आते हुए कृष्णा वडेरा और उसका देवर मिल गये। वे साथ घर आये। चाय से पहले अश्क कृष्णा से मज़ाक करते रहे। फिर बेरी और उसकी बीवी आये। अश्क का प्रकृति प्रेम जागा और वह सबको बुला-बुलाकर सूर्यास्त में चमकती बर्फ़ दिखाने लगे। कृष्णा चली तो उसे छोड़ने चेयरिंग क्रॉस तक चला गया। वह अपनी उदासी और अकेलेपन का ज़िक्र करने लगी। जब-जब पाल की बात हुई, वह सहसा खामोश हो गयी। उसके डलहौज़ी में तीन महीने बिताने के कार्यक्रम का उस episode के साथ ही शायद कुछ सम्बन्ध है।

कृष्णा पास से देखने पर ज़्यादा अच्छी लगती है। उसमें sophistication काफ़ी है। वह जिस तरह एकान्त ज़िन्दगी काट रही है, उससे सहानुभूति होती है। वह अगर बुजदिल न होती तो इस सबसे न गुज़रता। पाल उसे अपनाने के लिए कितना उत्सुक रहा है।

कृष्णा को छोड़कर तेज़ कदमों से घर आया। खाने के बाद फिर थोड़ी दूर

टहलने निकल गये। लौटकर सो गये।

आज सुबह ही भाभी की तबीयत खराब हो गयी। भाभी का हृदय कितना सम्पूर्ण है, पर वे ज़रा-ज़रा सी बात पर चिड़चिड़ा जाती हैं, वे दूसरों को कब क्या करना चाहिए, इस सम्बन्ध में अपना एक कोड रखती हैं और जब दूसरा उस कोड के अनुसार व्यवहार नहीं करता तो खामोश रूप से नाराज़ हो जाती हैं।

नौकर के साथ जाकर सब्ज़ी लाये, नहाये, खाना खाया और सो गये। घूमने निकल गये। लोअर सर्कल में घूमते हुए अश्क भाभी की आलोचना करते रहे कि "She harasses me terribly. I have to fight to find time to do every bit of writing. She wants to bind me down to her own writing."

चेयरिंग क्रॉस पर कृष्णा और उसका देवर मिल गये। वे साथ-साथ चक्कर पर आये। अश्क फ़िल्म कम्पनी के किस्से सुनाते रहे। हम कृष्णा को वापस चेयरिंग क्रॉस तक छोड़ आये। वह फिर अपनी boredom की बातें करती रही।

घर लौटने पर भाभी हमारी रज़ाई पर खोल चढ़ा रही थीं। खाने के बाद अश्क से *पत्थर अल पत्थर* के बारे में बहस होने लगी। उस पुस्तक में खामखाह की टूरिस्ट डिटेल भरकर उसे बड़ा किया गया है। मगर अश्क अपना डिफ़ेंस देते रहे कि irrelevant matter is tolerable in a novel. बाद में अश्क खीझकर ridicule करने पर उतर आये। ताव में हमने भी दो-एक उल्टी-सीधी कह दीं। एक ठहाके के साथ सभा विसर्जित हुई।

डलहौज़ी : 17.7.57

रात ठीक नींद नहीं आयी, इसलिए सुबह दिमाग काफ़ी उलझा। तबीयत भी खामखाह उदास थी। नाश्ते के बाद तक भारीपन छाया रहा। नाश्ते के बाद सतधारा और पंजपुला की तरफ़ जाने का निश्चय हुआ, टोकरी में आम लेकर छड़ी से पीठ पर लटकाये चल दिये। गुरदासपुर से उमा का पत्र आने से, जिसमें उसने लिखा था कि वह अपनी माँ के साथ ही सात दिन के लिए आ सकती है, अश्क बहुत उदास हो गये थे। रास्ते भर कोई खास बातचीत नहीं हुई। सतधारा को देखकर बहुत निराशा हुई—सात पानी की टूटियाँ और उनमें से भी चलती हुई एक ही। पंजपुला अलबत्ता अच्छी जगह लगी। पहले भी एक बार मैं यहाँ हो गया था। पंजपुला के झरने के पत्थरों पर बैठकर आम खाये, सिगरेट पिया और लौट पड़े।

घर आकर खाना खाने के बाद अश्क सो गये। भाभी माया के किस्से और अपने दुःखों की दास्तान सुनाती रहीं। "I say I am a fool, yes, I know I am a fool. Those whom I love, for them I can do anything, I say, anything. You can believe me because you understand me. Fool I am, but one should make me do things through love. Love and affection. If one has love for me, I can give my life for him, yes, my life. Such a fool I am. But if one does not love me why should I do anything for him? I will not do. Because I am so senstitive. You understand me. I should have been very happy I say, if I were not so sensitive. But how can I help it? I am what I am, and I am not sorry for it. Because I am not evil at heart, I tell you. I tell you, there is a way of getting things done by me. One should only know. The fool that I am, I can sacrifice any comfort for anybody.''

चाय के बाद भाभी को साथ लेकर डॉक्टर घई के पास गये...भाभी को इंजेक्शन लेना था। डॉक्टर के आने से पहले भी भाभी उमा की चिट्ठी, माया की प्रवृत्ति और अपनी पन्द्रह वर्ष की ज़िन्दगी की बातें करती रहीं।

अश्क माया के पंजमनी आने का तथा अन्य किस्से सुनाते रहे। उनसे पुष्पा और उषा के सम्बन्ध में भी बात हुई। अश्क की उषा के सम्बन्ध में राय काफ़ी अच्छी प्रतीत हुई। काफ़ी देर तक ज़िन्दगी की राज़दारी की बातें होती रहीं।

खाने के बाद टहलने निकल गये। सुनसान सड़कों पर टहलना बहुत अच्छा लगता है, खासकर रात को। अश्क और कौशल्या जी से कल जालन्धर जाने के सम्बन्ध में कहा था। चाहता हूँ कल चला जाऊँ...तीन-चार दिन वहाँ रहकर... वहाँ के काम पूरे करके फिर वापस चला आऊँ।

डलहौज़ी : 18.7.57 (सुबह)

इन्सान स्वप्न क्यों देखता है?

मैं अभी-अभी देख रहा था...एक पुस्तक मुझे चाहिए, उसे ढूँढने की चेष्टा में मैं एक विद्यालय में जाता हूँ....वहाँ शंकरदेव, राधारमण और एक और आदमी (शायद राय जी) ये तीन बुज़ुर्ग ताश खेल रहे हैं, और बहुत अश्लील बातें कर रहे हैं (शंकरदेव और राधारमण को मैंने 15 बरस से नहीं देखा।)। राधारमण के चेहरे को देखकर मैं सोचने लगा कि यह शख्स अब तक भी वैसा क्यों है? अभी बुड्ढा क्यों नहीं हुआ?

और मैं एक तंग ज़ीने से उतरता हूँ, जो आगे जाकर बहुत ढालू हो जाता है। ज़ीने को सहारा देने वाली लकड़ियों में मैं खोजता हूँ कि कौन-सी लकड़ियाँ हमवार नहीं हैं। फिर आगे से निराश होकर मैं पीछे को लौटता हूँ। ऊपर जाने के लिए मैं टाँगें ऊपर किये हुए यन्त्रचालित-सा पीछे से किसी शक्ति से (या अपनी ही शक्ति से) धकेला जाता हूँ। ऊपर वही मंडली जमी है। मैं फिर सोचता हूँ कि राधारमण अभी बुड्ढा क्यों नहीं हुआ? कुछ पुस्तकें मुझे दी जाती हैं। फिर मैं एक कक्षा में पढ़ाने चला जाता हूँ। साथ की कक्षा में एक फंक्शन है। मुझे ध्यान आता है कि हलवाइयों का और निमन्त्रण पत्रों का प्रबन्धन करना है। पढ़ाते-पढ़ाते क्लास

छोड़ देनी पड़ती है। साथ की कक्षा का फंक्शन आरम्भ हो रहा है। कोई चिल्लाता है...“शनिवार को पाँच बजे सब लड़के आकर फ़ॉर्म भर जायें।” मेरा मन नहीं करता। फिर भी मैं कर्तव्यपालन के लिए कहता हूँ, “हाँ पाँच बजे, शनिवार को।” नहीं साढ़े पाँच बजे, शनिवार को।” कोई दोहरा देता है, “साढ़े पाँच बजे शनिवार को।”

और जब मेरी नींद खुलती है तो मैं अपने को यह सोचते हुए पाता हूँ कि There can be no faith without reason. Where there is little reason, there is enough faith, where there is enough reason there is little faith. Where there is all reason, there is no faith. यह बात ‘आहार-निद्रा-भय-मैथुनादि’ को लेकर मन में उठी थी।

आज पहली बार यहाँ औरों से पहले जागा हूँ। बाहर वह चिड़िया बोल रही है जिसकी आवाज़ शिमला में मुझे बहुत मधुर लगती थी। कस्तूरा नाम है इसका शायद। एक पहाड़ी कौआ रह-रहकर बोल उठता है...क्राय-क्राय-क्राय-क्राय।

दोपहर

चाय के वक्त भाभी का चेहरा उतरा हुआ था—शायद इसलिए कि रात को देर तक शायद अढ़ाई बजे तक, अश्क उनसे सिर की मालिश कराते रहे। भाभी अपनी बीमारी की वजह से वैसे ही चिड़चिड़ी हो रही हैं। जब वे नाराज़ होती हैं तो उनके होंठ बँध जाते हैं, भवों पर तनाव आ जाता है, चेहरे की लकीरें गहरी हो जाती हैं और वे बुढ़िया लगने लगती हैं। उनका must और must not का एक विधिवत् कोड है, जिससे ज़रा भी कोई digression हो तो वे बहुत कुढ़ जाती हैं। पर etiquette की demands उन्हें साफ़-साफ़ कुढ़ने नहीं देती, इसलिए वे अन्दर-अन्दर कुढ़ती हैं, उनका expression तराशे हुए पत्थर का-सा हो जाता है और वे बात करना लगभग बन्द कर देती हैं। अगर वे कोई polite सी बात formal ढंग से कहती भी हैं तो लगता है, सौ मन के पत्थर के नीचे से बोल रही हैं और पास बैठा हुआ आदमी भी गहरे बोझ के नीचे दबने लगता है।

अश्क भी उमा के पत्र की वजह से परेशान थे। नाश्ते से पहले ही उन्होंने तीसरा version लिखा, जो डेढ़-दो घंटे में पूरा हुआ। इन दोनों की परेशानी से अपना मन हो रहा था कि तुरन्त घर छोड़कर भाग जायें।

स्वर्ण की भी अजीब परिस्थिति है। उसे अपना आप awkward भी लगता है, भाभी के standard पर वह पूरी उतर नहीं पाती, पर...इस वातावरण और खानपान का लोभ भी वह नहीं छोड़ सकती। किसी क्षण उसे लगता है कि उसे जालन्धर चली जाना चाहिए, पर दूसरे क्षण लगता है कि नहीं जाना चाहिए। घर से वह दिन भर सबसे लगभग cut off-सी रहती है। मैंने पहले ही नरेन्द्र से कहा था

कि उसे उस परिस्थिति से गुज़रना पड़ेगा।

नाश्ते के बाद अश्क और मैं ऊपर टहलने निकल गये। बैंक से निकलकर मैंने सुझाव दिया कि चन्द मिनट कृष्णा के यहाँ चलकर बैठा जाये। कृष्णा की बालकनी मुझे बहुत अच्छी लगी। घाटी के ऊपर बनी हुई बालकनी मुझे हमेशा बहुत आकृष्ट करती है। घर में सामान-आमान कुछ नहीं था। एक नन्ही चारपाई, चार साधारण कुर्सियाँ (जिन पर भाभी के कटाक्ष मैं पहले सुन चुका था), एक मेज़, जिस पर खादी का प्रिंटिड मेज़पोश बिछा था। कृष्णा पीछे के कमरे से निकलकर आयी। वह नाइट सूट और स्वेटर पहने थी। उस ड्रेस की वजह से वह अधिक छोटी और मेकअप न होने के कारण ज़्यादा अच्छी लग रही थी। बालकनी की दीवार पर उसके चार-छह कोट लटक रहे थे। लगता था, वह अपने साथ यही कुछ सामान लेकर आयी है।

"मैं भी आपकी आदत लेकर देर से नहाने लगी हूँ," कहती हुई वह आकर बिना किसी संकोच या तकल्लुफ़ के बैठ गयी। मैंने उसके bohemian flat की प्रशंसा की। अश्क भाभी की fastidiousness के किस्से सुनाने लगे।

"Down there I am also fastidious."

वह बोली, "पर यहाँ आकर मैंने अपने को खुला छोड़ दिया है, बस..."

"Which is your natural self—this or that?" मैंने कहा।

"You guess which is."

"I can guess all right but I'd better not tell."

अश्क के किस्से चलते रहे...कान्तिचन्द्र सोनरिक्सा और भगवतीप्रसाद वाजपेयी के episodes. कौशल्या जी के तौलिए, साबुन, लंच टाइम, डिनर टाइम, places for things, कौशल्या जी के fastidious—मामाजी की बीवी...देर तक हँसते-हँसाते रहे।

"यह सब होने पर भी वह बहुत भोली है and I love her!"

चलते हुए मैंने कृष्णा से अपनी गुंडई टोपी के बारे में पूछा कि कैसी लगती है तो उसने flat कर दिया।

"I wear it only with one purpose," I said, "and that is to look a little villainish."

"Your face is too innocent for that," उसने कहा।

मैंने हँसते हुए thanks कहा और वह दरवाज़ा बन्द करके अन्दर चली गयी।

मुझे आज पहली बार अहसास हुआ कि पाल इस लड़की को इतना क्यों चाहता रहा है।

घर आने पर भाभी का चेहरा पहले से कहीं सख्त हो रहा था। लंच खाते समय वातावरण में बहुत स्ट्रेन रहा। खाना खाकर उठने लगे तो उन्होंने मुझसे पूछा,

"उधर निचले चक्कर पर घूमने चले गये थे?"

"नहीं," मैंने कहा।

"बैंक से सीधे ही चले आये हो?"

"नहीं," मैंने कहा।

"तो कहाँ गये थे?"

"थोड़ी देर कृष्णा के यहाँ बैठे रहे थे," मैंने कहा।

भाभी का चेहरा और भी सख्त हो गया।

अश्क चुपचाप अपना तख्ता और कागज़ लेकर बरामदे में चले गये और काम करने लगे। मैं ढलान के मोड़ पर कुर्सी ले आया और घाटी के सिरे पर बैठकर *Desiree* पढ़ने लगा। फिर अखबार और डायरी उठा लाया।

मीलों में फैली हुई घाटी यहाँ से बहुत खूबसूरत लगती है। टेढ़ी-मेढ़ी पगडंडियाँ और जहाँ-तहाँ बिखरे हुए घर जैसे घाटी को सजीव बना देते हैं। हवा चीड़ों और देवदारों में भरभरा रही है। मेरे पैरों के नीचे मरे हुए पत्तों का ढेर फड़फड़ा रहा है। मुझसे बहुत नीचे, परन्तु घाटी के समतल से बहुत ऊपर वहीं बीच में बादल तैर रहे हैं। अभी थोड़ी देर पहले सड़क पर 'होइ हो' की आवाज़ें सुनायी दे रही थीं। रात एक तार का खम्भा गिर गया था जिसे फिर से खड़ा किया जा रहा था। बेलचों से ज़मीन पर चोटें पड़ रही थीं। चार आदमियों की 'होइ हो', 'होइ हो' लगातार चल रही थी। एक आदमी दूसरे से कह रहा था, "ज़ोर लगा, और लगा भैण के, तू ब्राह्मण नहीं है, राजपूत है, राजपूत नहीं—यूँ ढीला-ढीला मत रह..."

और पास से गुज़रती हुई लड़कियाँ हँस रही थीं।

पहाड़ का वातावरण बहुत रूमानी है। इन्सान पूरे abandon के साथ अपने को खुला छोड़ दे तो इस रूमान के हर स्पन्दन का सही अनुभव कर सकता है। लगता है, शाम बंसरियों की आवाज़ के साथ आसमान से उतरेगी और सारी फ़िज़ा में और तंग कोठरियों में बादल-ही-बादल भर जायेंगे और हर चीज़ में एक सिहरन फैल जायेगी।

हवा तेज़ हो रही है, मन होता है कि डाइनिंग टेबल पर बैठकर दूर की snow covered peaks को देखते हुए चाय पी जाये, पर...

भाभी चेहरा सख्त किये न जाने कुछ बुन रही हैं, या सो रही हैं या सिर्फ़ कुढ़ रही हैं...जब तक भाभी का मूड ठीक नहीं होता, चाय खाक पी जायेगी!

कस्तूरा फिर बोल रही है, ज़मीन से मीठी-मीठी बास उठ रही है, आसपास छोटे-छोटे काले कीड़े मंडरा रहे हैं, पत्तियों पर ऐसी आवाज़ हो रही है जैसे हल्की-हल्की बूँदें पड़ रही हों...पत्तियाँ भी वैसी आवाज़ करती हैं—लेकिन बूँदें हैं कहाँ? मुझ पर तो एक भी बूँद नहीं पड़ती।

रात्रि

भाभी को खुश होते भी देर नहीं लगती। चाय पीते हुए दो-एक इधर-उधर की बातों से ही उनका मूड बदल गया, और उन्होंने फ़ैसला कर लिया कि वे रात को अपने हाथ से रोटी बनाकर खिलायेंगी। उनके कहने पर उनके साथ जाकर सब्ज़ी ले आये। भाभी की उदारता के अक्षय भंडार खुल गये।

सैर करने निकलने पर पहले सेठी परिवार मिल गया, फिर कृष्णा और उसका देवर। वे लोग तेज़ चलकर आगे निकल गये। कुछ देर बाद फिर एक हवाघर में बैठे हुए मिले और हमारे साथ चलने लगे। चेयरिंग क्रॉस पर सोमेश मिल गया। सबको छोड़कर उसके साथ अकेले गप एक्सचेंज में चले गये। वहाँ अपने judicial separation के केस की बात होती रही। तय हुआ कि गुरदासपुर से केस किया जाये...जिस दिन मैं जालन्धर से लौटूँ उस दिन सोमेश मुझे पठानकोट में मिल जायेगा।

छोटे चक्कर से होकर आये। आते हुए रणजीत चेयरिंग क्रॉस से साथ हो लिया। रणजीत ने भी मणि महेश की यात्रा की सलाह दी। पहले बेदी ने भी कहा था। रास्ते में भाभी और स्वर्ण मिल गयीं। घर आकर भाभी ने सचमुच खाना आप बनाया। खाना ज़्यादा खाया गया इसलिए भाभी बहुत प्रसन्न हो गयीं।

घंटा भर बरामदे में टहलते रहे। कुछ लतीफे हुए, कुछ ज़िन्दगी के लतीफेनुमा किस्से सुने-सुनाये गये, कुछ मोटी-मोटी गालियाँ उच्चारित की गयीं, लोक निन्दा हुई, अश्क ने अपनी पुस्तकें लोकप्रिय बनाने के अपने method पर प्रकाश डाला और ultimately कॉफ़ी पीकर सोने के लिए चले आये।

मगर आँखों में ज़रा भी नींद नहीं है। इसलिए और बकवास लिखने के बजाय *Desiree* ही पढ़ा जाये।

कल जालन्धर जाना लगभग निश्चित है। लगता है, लौटने में एक सप्ताह से कम नहीं लगेगा।

जालन्धर : 19.7.57

आज डलहौज़ी से यहाँ पहुँच गये। सुबह सोमेश बस के अड्डे पर छोड़ गया था। न जाने किस ज़माने की दकियानूसी बस थी। हर एक मिनट के बाद पेट्रोल का धुआँ सारी बस में भर जाता था। दुनेरा तक पहुँचते-पहुँचते दम घुटने लगा। वहाँ बाहर निकल कर किसी तरह दम में दम आया। दुनेरा से पठानकोट तक ज़्यादा परेशानी नहीं हुई।

सुबह नाश्ता करते हुए ही राजेन्द्र यादव का पत्र मिला था। पढ़कर तबीयत खामखाह परेशान हो गयी। आप chivalry दिखाने पर उतरे हैं। शीला जी से आपको सहानुभूति है। लिखते हैं, क्यों उस बेचारी इतनी अच्छी लड़की का सत्यानाश कर

रहा है? साले—हर मामले में तीसमारखाँ बनते हैं। जिस शख़्स की अपनी और उसके बच्चे की ज़िन्दगी stake पर है उससे ज़्यादा आप इस मसले को समझते हैं?

पठानकोट तक पहुँचते-पहुँचते तबीयत कुछ बहाल हुई। कश्मीर मेल चींटी की चाल चलती हुई और अपने 'मेल' होने पर लानत भेजती हुई किसी तरह जालन्धर पहुँची। रास्ते में interest की चीज़ थी। दूर-दूर फैली हुई हरियाली, घासपत्तों और वृक्षों के रूप में, जिसने खाकी का एक चप्पा भी नहीं छोड़ा था। और कम्पार्टमेंट में बैठी हुई कसरती सरदारनी, जो अपनी विगत खूबसूरती के गुमान पर अपने पति को खूब डाँट-फटकार रही थी...

जालन्धर स्टेशन पर पहुँचकर एहसास हुआ कि घर पहुँच गये हैं। टुन-टुन-टुन-टुन करते रिक्शा में घर आ गये। अम्माँ से मिलकर अपना आप भर गया। कल से चार-छह दिन दुनियादारी के धन्धे करने होंगे।

जालन्धर : 20.7.57

सुबह देर से उठे और जब नहा-धोकर तैयार हुए कि बैठकर लिखें तो ध्यान आया कि घर में कागज़ ही नहीं है।

बड़ा धर्म-संकट पैदा हो गया। धूप और उमस घर से निकलने की इज़ाज़त नहीं देती थी, और जल्दी जालन्धर से छुटकारा पाने के लिए कागज़ लाना आवश्यक था। किसी तरह मन मारकर निकल पड़े। रिक्शा अभी-अभी मॉडल टाउन की हद से निकला ही था कि मन हो आया कि रेडियो स्टेशन होते चलें। रिक्शा उधर मोड़ दिया। प्रेमी हस्बमामूल कुर्सी पर टाँगें रखे बैठे मिले। यार लोगों ने कुछ इस तरह से दुआ-सलाम की जैसे बरसों बिछड़े रहने के बाद मिल रहे हों।

प्रेमी ने *नये बादल* पर डॉ. मदान के रेडियो रिव्यू की एक कॉपी दी। हालाँकि उसमें अपनी प्रशंसा-ही-प्रशंसा थी, पर—संग्रह की तीनों अच्छी कहानियों—'पंछी', 'मलबे का मालिक' और 'उसकी रोटी' में से एक का भी उल्लेख नहीं था। दोनों टाइपशुदा पृष्ठ जेब में डाले और वहाँ से चल दिये।

हीरा गेट से कागज़ खरीदते हुए बियर पीने को मन हो आया। कुंडली में धनराशि नहीं मिली। प्रेमी हिन्दी भवन से दस रुपये उधार पकड़ लाये और चार बजे तक दोनों आदमी चार-चार गिलास चढ़ा गये। बियर पीते हुए प्रेमी को अक्सर रोने का मूड सवार हो जाता है। आज अश्क की चर्चा करते हुए ही रो दिये। उन्हें इस बात का सख्त गिला था कि अश्क ने उन्हें अपना गुरु तसलीम नहीं किया—हालाँकि उन्होंने अश्क को खड़ा करने के लिए इतना कुछ किया था।

बियर ज़्यादा नहीं पी थी, फिर भी अपने दिमाग में चढ़ गयी।

शाम तक सोये रहे। नहाकर प्लाज़ा की तरफ़ चले तो प्रेमी सपत्नीक उसी

बस में आ सवार हुए। लड़की कन्धे पर थी। उस समय बेचारे बहुत ही भद्रमूर्ति, बिलकुल गोवंशी-से लग रहे थे। प्रेमी जब भाभी के साथ बाज़ार में चलते हैं तो लगता है, कोई शहीद फाँसी पर लटकने के लिए जा रहा है। उस समय वे मिलने वाले की तरफ़ इस भाव देखते हैं जैसे कह रहे हों कि भाई, याद रखना, अभी जान से जाने का इरादा तो नहीं था, मगर क्या किया जाये...

पुअर प्रेमी!

एक घंटे की सड़क-सवारी और रेस्तराँबाजी के बाद घर चले आये।

तय है कि डलहौज़ी लौटकर जायेंगे तो होटल में अलग फ़्लैट लेकर रहेंगे। साथ रहने में सौ तरह की सुविधा है, मगर लिखने-पढ़ने के लिए मन में जो उन्मुक्तता चाहिए, वह नहीं आ पाती। भाभी ने अपने मन में रहने-खाने के 'कोड' को लेकर एक निश्चित फ्रेम बना रखा है। जितने दिन वहाँ रहे उस फ्रेम में अपने को फ़िट करने का भरसक प्रयत्न करते रहे, मगर कोई-न-कोई नोक या कोना उस फ्रेम से बाहर चला ही जाता। भाभी को उतने के लिए भी कोफ़्त होती। अपने को भी कोफ़्त होती। भाभी यह बात कतई भूल जाती हैं कि बन्दा उनका अज़ीज़ ही नहीं, एक लिखने-पढ़ने का शौक रखने वाला इन्सान भी है। यह बात उनकी समझ में ही नहीं आती कि जो बात उन्हें ठीक लगती है वह दूसरे को ठीक क्यों नहीं लगती? उनकी नज़र में इन्सान रोज़ गिरते-चढ़ते रहते हैं। जो उनकी रुचि के अनुकूल व्यवहार करता प्रतीत हो, वह नज़र में चढ़ जाता है। जो न हो, वह गिर जाता है। हर नये दिन नयी व्यवस्था होती है। अश्क कभी-कभी उस फ्रेम में छटपटाते हैं, फिर अपने कोने समेट लेते हैं। वे बार-बार यह कहकर सन्तोष कर लेते हैं कि जो कुछ कौशल्या करती है, वह मैं पहले से मन में प्लान करके स्वयं उससे कराता हूँ—वह भोली यह समझती है कि मैं उसकी इच्छा के अनुसार चल रहा हूँ, जबकि वास्तव में मैं उसे अपनी इच्छानुसार चलाता हूँ। किसी स्थिति का कोई परिणाम हो, उन्हें लगता है कि यह तो उन्होंने पहले ही सोच रखा था। जो हो जाता है, उसका होना सोच रखा था। और जो नहीं होता, उसका न होना सोच रखा था। फिर न जाने क्यों वे इस तरह दुःखी होते और छटपटाते हैं। मैंने आज जो उन्हें लिखा है कि मैं अलग फ़्लैट में रहूंगा, वे ज़रूर कहेंगे कि यह भी उन्होंने पहले ही सोच रखा था, और कौशल्या से कह दिया था कि राकेश आयेगा तो अब यहाँ नहीं रहेगा। कहते हुए उनके ओठों पर एक 'सेल्फ़ कम्पलिमेंटरी' मुस्कराहट आ जायेगी...

तब मैं यह चाहूँगा कि यह डायरी का पन्ना उनके सामने कर दूँ।

जालन्धर : 21.7.57

दिन भर 'मिट्टी के रंग' शीर्षक कहानी को रद्दोबदल करके टाइप किया—मगर तसल्ली नहीं हुई।

नरेन्द्र अब अपनी आर्थिक समस्या से परेशान है। अपने मध्यवर्गीय संस्कारों से वह अभी तक मुक्त नहीं हो पाया—मुक्त होना आसान भी कहाँ है? मगर अपने और भाइयों से वह कितना भिन्न है? शायद अपने सारे परिवार में वह अकेला ही है, जिसमें इतनी humility है।

शीला को मैंने कितना समझाने का प्रयत्न किया था? वैवाहिक प्रक्रिया को छोड़कर हम लोगों के सम्बन्ध का और कोई भी तो आधार नहीं है। वह आत्मतुष्ट भाव से जी लेती है, इसलिए उसे शायद यह समझ ही नहीं आता कि इस विवाह ने मुझे इतना अस्थिर और असन्तुलित क्यों कर दिया?...काश कि उस लड़की ने मुझे वह fateful पत्र न लिखा होता।

जब भी इस विषय में सोचने लगता हूँ, मन बहुत अशान्त हो जाता है मगर जीवन भर इस अशान्ति को ढोये जाने से क्या होगा? निर्णय होना ही चाहिए। शारीरिक रूप से हमारा सम्बन्ध नाम मात्र को ही रहा है। दो वर्ष से वह भी नहीं। मानसिक सम्बन्ध मेरी ओर से कभी भी नहीं बन पाया। फिर विच्छेद के लिए तो कानूनी कार्यवाही के अतिरिक्त कुछ भी अपेक्ष्य नहीं है....मगर बच्चे के साथ तो शरीर, मन और आत्मा का सम्बन्ध तोड़े से नहीं टूट सकता। अश्क ने कहा था, "गेट मेरिड, प्रोड्यूस टू मोर चिल्ड्रेन एंड फ़ॉरगेट एबाउट इट!" यदि इस बात पर अमल करना इतना ही आसान होता!

...मगर एक बात ठीक है। मन के अनिश्चित रहने से किसी का भी उपकार नहीं होगा—न उसका, न अपना, न बच्चे का। निश्चय करना आवश्यक है, बहुत आवश्यक। और निश्चय अभी होना चाहिए...

यह बात सच है कि ज़िन्दगी बहुत छोटी चीज़ है। कुछ गिने हुए बरस—जिनमें से कई अमूल्य बरस केवल तड़पने और करवटें बदलने में कट गये हैं। इतनी गहरी यन्त्रणा में शायद टूट भी जाता। हर चीज़ का स्वाद फीका पड़ गया था। अपना स्वभाव तेज़ी से बदल रहा था। गुमसुम रहना और बात-बात पर चिड़चिड़ा जाना... यह परिस्थिति और अधिक दिन बनी रहती तो ज़रूर कोई वहशियाना हरकत कर बैठता। कितना चाहा था मैंने कि शीला इस परिस्थिति को समझ जाये। लेकिन उसने समझकर भी समझना नहीं चाहा। नतीजे के तौर पर मैं जैसा था, अब वैसा नहीं रहा। परिवर्तन अच्छा रहा या बुरा, उसका निर्णय आज कैसे करूँ?

बच्चा बड़ा होकर इस परिस्थिति को ठीक समझ सके तो मुझे खुशी होगी। न समझ सके तो भी दुख नहीं होगा। बच्चे की गलतफ़हमी उसकी माँ को सान्त्वना दे सके तो मैं उसे उस सान्त्वना से वंचित नहीं करना चाहूँगा।

मन बार-बार उन दिनों में लौट जाता है, जब यह विवाह नहीं हुआ था। यदि यौवन के प्रथम चरण में ही यह कालरात्रि आरम्भ न हो जाती...

बार-बार मन को मारा है। बार-बार अपने को और दूसरों को धोखा दिया

है। बार-बार यह चाहा है कि इस दुःस्वप्न की परिणति मंगलमयी हो...

मेज़ पर पड़ी हुई इन ढेर-ढेर चिट्ठियों का क्या करूँ? किस-किस को पत्र लिखूँ? किस-किस को न लिखूँ? दिनों से जमा हुई ये चिट्ठियाँ भी पुराने कर्ज़ का-सा एहसास कराती हैं।...न जाने क्यों लोग रस्मी किस्म का पत्र व्यवहार करते रहते हैं? बहुत कम पत्र ऐसे आते हैं जिनमें निजता हो, आन्तरिकता हो। लगे कि किसी घनिष्ठ से बात कर रहे हों। अधिकांश पत्रों में कुछ वैसा ही casual अन्दाज़ होता है, जैसे रास्ता चलते कोई घड़ी का वक्त पूछ लेता है।

जालन्धर : 22.7.57

बहुत बरस भटकता रहा हूँ।

सन् बयालीस में जब मैं लाहौर होस्टल में दाखिल हुआ था तो मैं जीवन में और साहित्य में अपने लिए मार्ग तराशने का प्रयत्न आरम्भ कर चुका था। अपनी परिस्थितियों और अपने आस-पास के माहौल को देखने-परखने की दृष्टि विकसित हो रही थी। मैंने उन दिनों गद्य और पद्य लिखने के जो प्रयत्न किये थे, वे अब भी मेरी स्मृति में ताज़ा हैं। ठीक दिशा में चलता जाता तो अब तक ज़रूर मैंने कुछ लिख लिया होता।

मगर उन दिनों एक व्यक्ति के प्रभाव ने जीवन और साहित्य के सम्बन्ध में मेरी दृष्टि को बहुत बदल दिया था। वह व्यक्ति था ज्ञान।

ज्ञान को मैंने बरसों तक अपना सबसे घनिष्ठ दोस्त माना है—आज भी मैं उसे अपना अन्यतम मित्र मानता हूँ। परन्तु इस सम्बन्ध का विकास मैत्री के रूप में बाद में हुआ, पहले-पहल मैंने उसे स्पर्धा की दृष्टि से देखना आरम्भ किया था।

ज्ञान हमारे सहपठियों में सुविधासम्पन्न था—सर मनोहर लाल, जो उन दिनों अविभाजित पंजाब के वित्तमन्त्री थे, उसे दत्तक पुत्र के रूप में पाल रहे थे। ज्ञान हम सबमें अधिक चतुर, अधिक सुपठित और हर दृष्टि से अधिक accomplished था। वह लम्बा-ऊँचा खूबसूरत जवान था, बैडमिन्टन का बहुत अच्छा खिलाड़ी था और टेबल टाक में अपना सानी नहीं रखता था। अध्ययन में भी बहुत नियमित था और प्रायः सबसे आगे रहता था। हम सब पर वह जितना खर्च कर सकता था, हममें से कोई उस पर नहीं कर पाता था। परीक्षा के दिनों में जब सर मनोहर लाल की कार उसे छोड़ने आती थी तो बहुतों की आँखें ईर्ष्या से फैल जाती थीं। ज्ञान का व्यवहार सबके प्रति बहुत सौजन्यपूर्ण होता था। यद्यपि उस सौजन्य की तह में कहीं गहरी उपेक्षा छिपी रहती थी। वह बहुत सूक्ष्म और अनायास ढंग से हर एक को अपनी स्थिति के अन्तर का बोध करा देता था। यह चेतना उसमें शायद इसलिए भी थी कि वह अपने जन्म के सम्बन्ध में फैले हुए अपवाद को अच्छी तरह जानता था, और उससे उसके दूसरों के साथ व्यवहार में एक स्वाभाविक

प्रतिशोध भावना का स्पर्श आ जाता था।

और लोगों की तरह मैं भी पहले-पहल उसके प्रभाव के आक्रान्त हुआ था—यद्यपि कैलाश सन्त और दूसरे कुछ लोगों की तरह मुझे कभी उससे ईर्ष्या नहीं हुई। परीक्षा की दृष्टि से स्पर्धा अवश्य थी, यद्यपि अंग्रेज़ी कमज़ोर होने से मुझे अपनी मजबूरी का एहसास भी था। ज्ञान एम.ए. में फर्स्ट रहा था और मेरी यूनिवर्सिटी में चौथी पोजीशन आयी थी।

हमारी मित्रता का विकास एम.ए. कर चुकने के बाद हुआ और मुझे कहना चाहिए कि ज्ञान के initiative से ही हुआ। एम.ए का परिणाम घोषित होने से पूर्व ही मुझे यूनिवर्सिटी से रिसर्च स्कॉलरशिप मिल गया था। यह मुख्यतया डॉ. लक्ष्मण स्वरूप की वजह से हुआ था क्योंकि वे मुझे बहुत मानने लगे थे। मैं उन दिनों यूनिवर्सिटी लाइब्रेरी में अपनी रिसर्च टेबल पर बैठा करता था। ज्ञान ने लॉ ज्वाइन कर लिया था, पर कक्षाओं में उसका दिल नहीं लगता था और वह अक्सर मेरे पास चला आता था। फिर हम दोनों वहाँ से उखड़कर कॉफ़ी हाउस या चेनीज लंच होम में चले जाते थे। मुझे उन दिनों कॉफ़ी का शौक नहीं था, कॉफ़ी कड़वी लगती थी। वहाँ ज्ञान प्रायः अपने अन्य अन्य मित्रों से परिचय कराया करता था, जिनमें से कुछ कॉलेज के विद्यार्थी थे, कुछ स्थानीय अदीब और अखबारनवीस थे। उसकी महफ़िलों में शरीक होकर मुझे अपने बहुत से बन्धन टूटते महसूस होते थे।

अब ज्ञान से स्पर्धा का सवाल नहीं रहा था। एम.ए. के परिणाम ने और सामान्य जीवन में ज्ञान की बेहतर स्थिति ने उसके प्रति मेरी दृष्टि को एक निश्चित रूप दे दिया था। मेरे हृदय में उसके लिए सौहार्द ही नहीं, आदर का भाव भी था। वह जो कुछ भी करता था, उसे मैं अवचेतन रूप में अनुकरणीय मानने लगता था। आरम्भ से वैष्णव संस्कारों के दायरे में पोषित होने के कारण और कई-कई तरह की कुंठाओं और मानसिक ग्रन्थियों में जकड़े रहने के कारण मुझे ज्ञान की सहचर्या आदम के निषिद्ध फल की तरह आकर्षक लगती थी। ज्ञान के साथ ही मैंने शराब पीना सीखा। मुझे याद है कि पहले-पहल उसने स्टैंडर्ड होटल में मुझे जिमलेट पिलायी थी—यह कहकर कि यह लाइट लेडीज़ ड्रिंक है। उस लाइट लेडीज़ ड्रिंक का मुझ पर कुछ असर नहीं हुआ। शायद इसलिए कि उसने कह दिया था कि वह लाइट है। तो उसने मेरे लिए जिन या व्हिस्की मँगवायी। व्हिस्की पीते हुए मुझे अपने हाथों की उंगलियाँ बहुत हल्की लगने लगी थीं। मैं बार-बार उंगलियों को हिलाता था, जैसे चिड़ियाँ पंख मारती हैं, क्योंकि उस हिलाने में लगता था कि आयास ही नहीं पड़ता। मन में कुछ सन्तोष, कुछ आश्चर्य और कुछ आह्लाद लिए हुए मैंने अनुभव किया था कि मेरे बचपन के संस्कारों की बहुत बड़ी मज़बूत दीवार ढह गयी है। उंगलियाँ नचाते हुए विस्मय के साथ सोचा था कि क्या यही

नशा है? तभी स्टैंडर्ड के पर्दे खिंच गये थे, हॉल एक गहरी पीली रोशनी में आलोकित हो उठा था, सब आँखें बीच की ओर घूम गयी थीं और एक गोरांग युवती, जिसके शरीर का तीन-चौथाई भाग नग्न था, बाल सुनहरी थे, चेहरा अंडे की शक्ल में तराशा हुआ था, जैसे किसी आसमानी दुनिया से टूटकर वहाँ नाचती हुई उतर आयी थी। नशे की एक मानसिक कल्पना मेरे अन्तर में पहले से बनी हुई थी, मगर बिजली की तरह थिरकते हुए उन अंगों का वह दृश्य मेरे लिए कल्पना ही था...

उसके बाद ज्ञान के साथ अक्सर शराब पी, कई बार उसके साथ कैब्रे देखने भी गये। धीरे-धीरे यह सब कुछ जीवन में स्वाभाविक हो चला। एक दिन आया। जब यह सोचकर निराशा हुई कि इस नवीनता का क्षेत्र भी सीमित है, आगे और-और नया-नया देखते जाने की सम्भावना अनन्त नहीं है। बहुत शीघ्र ही विराम स्थल पर पहुँच गये।

लेकिन ज्ञान के व्यक्तित्व को लेकर जो संस्कार हृदय में घर कर गये थे, वे संस्कार अपने आगे के विकास में बहुत प्रभावशाली सिद्ध हुए। सन् 52 तक लाहौर, बम्बई और शिमला में रहते हुए जीवन की विभिन्न परिस्थितियों के सम्बन्ध में सोचने-समझने में ज्ञान की दृष्टि के प्रभाव से मुक्त नहीं हो पाया। यहाँ तक कि विवाह का निश्चय करते समय भी मस्तिष्क में ज्ञान का ही एक वाक्य मंडरा रहा था :

"I wouldn't marry a raw girl. I would rather marry a woman – mature and understanding."

अपनी प्रवृत्ति को परखता तो मैं एक अपक्व लड़की से ही विवाह करना पसन्द करता। परन्तु अपनी प्रकृति और अपनी दृष्टि के अधिकार को मानता कौन था? अपने में ज्ञान के व्यक्तित्व को प्रतिष्ठित किये हुए ही विवाह कर लिया था, परिणामतः अपनी प्रकृति विद्रोह करने लगी और अन्त में वह धारण किया हुआ बाना तार-तार हो गया।

जीवन की इस ट्रेजेडी का परिणाम कई बरस भुगतना पड़ा।

साहित्य रचना के क्षेत्र में भी इससे मिलती-जुलती घटना ही हुई। ज्ञान नीत्शे का बहुत प्रशंसक था। अज्ञेय की वाक्य रचना और खांडेकर की सूक्ति-पद्धति उसे बहुत प्रिय लगती थी। रामकुमार वर्मा के *औरंगजेब की आखिरी रात* पर वह फ़िदा हो गया था। हमारी बैठकों में अक्सर *पूछ लूँ मैं नाम तेरा* का पाठ हुआ करता था।...इससे उन adolescent दिनों में मेरे वाक्य रचना के मोह को बहुत पुष्टि मिली। परिणामतः *इन्सान के खंडहर* की कई एक कहानियाँ लिखी गयीं। बाईस-चौबीस साल की उम्र तक जितनी परिपक्वता आ जानी चाहिए थी, उतनी मुझमें नहीं आयी थी। हाँ, अपने आपको ख़ुदा समझने की प्रवृति ज़रूर आ गयी थी। नतीजा यह हुआ कि जीवन और संसार के अध्ययन से हटकर

एक तरह के pseudo-intellectualism में बह गये।

विवाहित जीवन की कटुता ने धीरे-धीरे उस pseudo-intellectualism की दीवार को भी तोड़ा।

और आज मैं दोनों ही क्षेत्रों में जैसे हाथ झाड़कर अपने को आश्चर्य से देखता हूँ। आज भी मेरी भूमि वही है जो सन् बयालीस में थी। जीवन का कुछ अनुभव अवश्य हाथ लगा है। स्त्री-पुरुष के सम्बन्ध की वास्तविक सार्थकता का कुछ अनुभव केवल पिछले दो साल में ही हो पाया है, और साहित्य के क्षेत्र में भी जीवन की धमनियों का उष्ण स्पर्श—कुछ-कुछ इन्हीं वर्षों में प्राप्त हुआ है।

लिखने की चाह मुझे बहुत बचपन से है और बहुत कुछ लिखने की चाह है—परन्तु उस चाह की पूर्ति के लिए आवश्यक उपादान मेरे पास कितने हैं, इसकी अब मुझे नये सिरे से परीक्षा करनी है।

ज्ञान को मैं आज भी प्यार करता हूँ। इन दिनों, मेरे इस भूमि पर लौट आने से कई बार अनायास ही उसका अहं मेरे साथ टकराया है। मैंने कभी उसे चोट पहुँचाना नहीं चाहा, फिर भी उसे चोट पहुँचती है—जैसे ट्रेनर का पाला हुआ जानवर फिर जंगल में चला गया हो। वह आज भी अपनी उस ट्रेनिंग स्टिक का जादू मुझ पर परखना चाहता है। वह जादू नहीं चलता तो उसे खीझ होती है, दुःख होता है, निराशा होती है। वह कभी-कभी गाली भी दे देता है। अपने अहं को assert करने के लिए महीनों चिट्ठी नहीं लिखता। जालन्धर आकर भी नहीं मिलता। मुझे खेद अवश्य होता है, लेकिन आज की इस दूरी में भी मेरे हृदय की निकटता में अन्तर नहीं आया।

कभी-कभी मशीन की तरह लिखने का काम करना होता है। आज *बहुत बड़ा सवाल* शीर्षक के रेडियो नाटक का खाका कुछ इसी तरह बनाया।

अपनी हर रचना को यथार्थ की भूमि पर ले आने के और-और प्रयोग करना चाहता हूँ।

ख...का जीवन कितना नीरस है? उसे देखकर बहुत बार तरस आता है। उसे शायद स्वयं भी इस बात का एहसास है कि उसका शरीर अब ढलने लगा है। माता-पिता दोनों लगभग अपाहिज हैं। उसके आदर्शवादी संस्कार उसे उन दोनों की सेवा के लिए बाध्य करते हैं। हालात की मजबूरी भी है। उसकी बातों से और उसके चेहरे से यह स्पष्ट झलकता है कि वह जो कुछ भी करती है, अब आन्तरिक प्रेरणा से नहीं करती, केवल कर्तव्य-भावना से करती है। जीवन से अपने अस्तित्व को, अपने 'स्व' रूप में सार्थक बनाने के लिए वह कितने desperate प्रयत्न करती है। सितार सीखती है, मित्र बनाना चाहती है, कभी कहानियाँ भी लिखती रही है। फिर वह पुरुष के प्रति अपनी नारी का अर्पण भी चाहती है, जिसे उसके संस्कारों ने एक निश्चित मर्यादा का रूप दे रखा है। घंटों उसके पास बैठे रहो, वह खामोश

और अन्तर्मुख भाव से बैठी रहती है। उसे जो कुछ कहना होता है, वह उसका वातावरण कहता है—घुटा हुआ तंग कमरा, जिसमें पड़ा हुआ पुराना सोफ़ासेट साधारण खादी के गिलाफ़ों में ढँका हुआ है, मैंटलपीस पर पड़े हुए गौतम बुद्ध और अर्द्ध-नारीश्वर के बस्ट, वृक्ष की डाली के नीचे प्रतीक्षा करती हुई रमणी का चित्र, राधाकृष्ण के और पक्षियों के युगल चित्र, टैगोर की तस्वीर, शीशे पर बना हुआ काला ताजमहल, सितार केस, तबला, सरगम की कॉपी, ड्राइंग की कॉपी, बहन और उसके पति का सह-चित्र, उनके बच्चे का चित्र, मिट्टी की मैना और कपड़े की मुर्गी जिसके पेट में अंडे गर्म रखे जाते हैं। वह खामोश बैठी रहती है, बात सुनती रहती है, शादोनादर कभी मुस्करा देती है, अन्यथा ऐसे गम्भीर रहती है, जैसे अभी-अभी किसी का शाप लगा हो। उठने लगो तो बैठने की याचना करती है, हठ करती है, और बैठ जाओ तो फिर उसी तरह खामोश बनी रहती है। वह उपनिषद पढ़ती है, बर्ट्रेंड रसेल की *द कांक्वेस्ट ऑफ़ हैपीनेस* पढ़ती है, डचेस ऑफ़ विंडसर की *दि हार्ट हैज़ इट्स रीज़न्स* पढ़ती है। विवाहित स्त्रियों का साथ अक्सर उसे पसन्द नहीं आता। वह स्त्रियों में spinsters को अधिक पसन्द करती है...और चलते समय जब वह नमस्कार करती है तो हाथ जोड़ते हुए उसकी आँखें ऐसे मुँदती हैं जैसे गहरी यन्त्रणा में अपनी सहिष्णुता का परिचय दे रही हों...

वह जब कहती है कि मिठाई खाना बहुत पसन्द है तो मुझे हँसी आ जाती है।

उसके आसपास के लोगों ने, रिश्तेदारों, गली-मुहल्ले की सहेलियों ने उसे एक ऐसा बड़प्पन का रोल दे रखा है, जिससे उसके चेहरे की लकीरें और गहरी हुई जा रही हैं।

ये बरसाती रातें प्यारी भी बहुत लगती हैं और तंग भी बहुत करती हैं। क्षितिज के किसी भी कोने में बिजली चमकती हो तो मन उड़ने लगता है। शीत की सिहरन तो पुलकित करती ही है, उसकी कल्पना भी पुलकित कर देती है। परन्तु इन पुलकों को सँजोये हुए जब बिस्तर पर बेहोश पड़े होते हैं तो ऊपर से नन्ही-नन्ही बूँदें पड़ने लगती हैं, बादल दो-एक बार ज़ोर से गरज जाता है, अम्माँ उतावली हो जाती हैं कि जल्दी करो चारपाइयाँ अन्दर ले चलो, और अन्दर पहुँचते-पहुँचते बूँदें थम जाती हैं, बादल उड़ जाता है और थोड़ी देर में हवा भी रुक जाती है और दम घुटने लगता है। बरसात का मौसम दरअसल भीगने के लिए है, छत के नीचे सोने के लिए नहीं। भीगने की बात याद आती है तो साथ पीले-पीले आमों के ढेर आँखों के आगे आ जाते हैं। बचपन में घर में कितने आम आया करते थे।

जिस तरह 'सैलर' में शराब बरसों mature होती रहती है, उसी तरह छोटी-छोटी घटनाएँ बरसों दिमाग में mature होती रहती हैं। उन्हें फिर लिपिबद्ध करने में पुरानी शराब का-सा ही नशा हासिल होता है।

जालन्धर : 23.7.57

कल अपने और ज्ञान के सम्बन्ध की बात सोच रहा था और आज ही उसका पत्र आ गया। उसका पत्र पाकर वास्तव में आन्तरिक खुशी हुई, क्योंकि मेरे पिछले पत्र से वह काफ़ी नाराज़ भी हो सकता था। मन होता है कि दो-चार दिन उसके पास धर्मशाला जा रहूँ...मगर जब तक आज का द्वन्द्व समाप्त नहीं हो जाता, समस्या पूरी तरह हल नहीं हो जाती, तब तक उसके पास जाते मन शंकित होता है। मुझे डर है कि वह आज भी मुझ पर छा सकता है।

इसलिए अभी दो, तीन, चार महीने और गुज़र जाने चाहिए।

अपना मर्ज लाइलाज है।

जो दो चेक डलहौज़ी से यहाँ जमा कराने के लिए लाये थे, वे न जाने वहीं रह गये हैं, या रास्ते में गुम हो गये हैं। आज सारे कागज़ात उथल-पुथल करके देख लिये परन्तु वे दोनों चेक नहीं मिले। वहाँ चार-छह दिन दिमाग पर यह बोझ रहा कि चेक जेब में पड़े हैं—कहीं रह न जायें, कहीं गिर न जायें। अपने जाने उन्हें बहुत सँभाल-समेट कर यहाँ ले आये थे। जाने वे क्या हुए? फ़िलहाल तो यही लगता है कि यह सागवान की मेज़ उन्हें निगल गयी।

थोड़ी देर हुई मदान, प्रेमी और खोसला, मदान के बरामदे में खुशगप्पियाँ कर रहे थे। ये तीनों जीवन की धुरी से हिले हुए प्राणी हैं। मदान को पैंतालीस-पचास बरस की बैचलर लाइफ़ ने सिनिक बना दिया—वह किसी भी मामले में राय देता है तो इस तरह जैसे ध्रुव सत्य की घोषणा कर रहा हो। आज आप *नये बादल* पर अपने रिव्यू की 'स्थापनाओं' पर प्रकाश डाल रहे थे। खोसला हारा हुआ आदमी है। नौकरी में उसे जो सेटबैक हुआ था, उसने उसकी जीवन सम्बन्धी दृष्टि को बुरी तरह डिस्टर्ब कर दिया है। वह हर चीज़ को अविश्वास और सन्देह की दृष्टि से देखने लगा है और हर ऐसी परिस्थिति में, जो निर्णय की अपेक्षा रखती है, उसका निर्णय होता है—'लेट इट गो टु हेल!' प्रेमी ने कभी 'अग्नि गान' लिखे थे—पर आज वह ठेठ सुविधापरस्त है, और कुछ नहीं। वह जिसके पास बैठ जाता है, उसी के मनोनुकूल बात करने लगता है। सामने का व्यक्ति जिसकी निन्दा करता है, उसकी वह भी निन्दा करता है, जिसकी स्तुति करता है, उसकी वह भी स्तुति करता है। हर समुदाय में जो व्यक्ति सामाजिक स्टेटस की दृष्टि से बड़ा होता है, वह उसी का हो जाता है। एक विशेष समुदाय में वह एक व्यक्ति से बहुत घनिष्ठ हो जायेगा और दूसरे समुदाय में उसी व्यक्ति से उपेक्षापूर्ण व्यवहार करने लगेगा। उस बीच, जिस किसी तरह, अवसर निकालकर, वह अपने प्रति श्रद्धांजलि भी अर्पित कर लेगा। उदयशंकर भट्ट का ज़िक्र होने पर प्रेमी की ईर्ष्या विशेष रूप में जाग्रत हो उठती है और वह अपनी तुलना में भट्ट की हीनता प्रमाणित करने का कोई प्रयत्न शेष नहीं रहने देता...।

ख...के हर व्यवहार से उसका व्यक्तित्व रोगी प्रतीत होता है। उसमें वह स्वस्थता, वह ताज़गी कभी नाम मात्र को भी नहीं दिखाई देती, जिससे उसका साहचर्य अपेक्षित हो सके।...एक स्वर बार-बार मेरा पीछा करता है, मुझे haunt करता है। उस स्वर से जुगुप्सा होती है। फिर भी उसके भाव में इतनी करुणा रहती है कि उसके प्रति कठोर नहीं हुआ जाता।

थोड़ी देर से मन अनायास उदास हो रहा है। जब मन इस तरह उदास होता है तो अपने आसपास के वातावरण की पकड़ ढीली पड़ जाती है, दृष्टि बहुत 'सब्जेक्टिव' होने लगती है, और जिस किसी घेरे में हों, उससे निकल भागने को मन होता है...

आज नाटक के केवल दो ही पृष्ठ टाइप किये। मुझे कुछ भी लिखने के लिए बहुत वक्त चाहिए। जल्दी-जल्दी मुझसे नहीं लिखा जाता। क्या कर सकता हूँ?

जालन्धर : 25.7.57

कल दिन भर लिखते-लिखते कमर टूट गयी और जो कसर थी वह आज पूरी हुई। जिस किसी तरह *बहुत बड़ा सवाल* पूरा हुआ। मुसीबत ढोकर लिखने में बेहद कोफ़्त होती है, लेकिन कुछ सिलसिला ऐसा चल रहा है कि बिना मजबूरी के आसन जमता ही नहीं। गले में फाँसी न लगी हो तो हमेशा काम आने वाले कल पर टलता जाता है।

अपने शेल्फ़ में कई एक पुस्तकें नदारद हैं—बारह-चौदह पुस्तकें कॉलेज लाइब्रेरी की और अपनी पुस्तकें कितनी, इसका ठिकाना नहीं। पुस्तकें उधार माँगकर पढ़ने की तरह पुस्तकें उधार देना भी एक बीमारी है। हज़ार बार मन में निश्चय करते हैं, प्लेकार्ड तक लिखकर रखते हैं कि पुस्तकें उधार नहीं देंगे। पर जब उधार लेने वाला बड़े मासूम ढंग से यह पूछता है—'मुझे भी नहीं' तो इनकार करना बड़ा मुश्किल हो जाता है। अन्दर-ही-अन्दर कुढ़ते हुए और बाहर सहज विश्वास का जामा ओढ़े हुए कह देते हैं, "नहीं-नहीं—आप शौक से ले जाइये—लेकिन यह है कि आप ही याद रखियेगा कि पुस्तक लौटानी है, क्योंकि मुझे तो याद-वाद रहता नहीं कि कौन-सी पुस्तक किसके पास गयी है।" उधार लेने वाला तुरन्त आश्वासन दे देता है कि वह अवश्य याद रखेगा और जितने दिन किताब उसके पास रहेगी, वह अपनी किताब की तरह सँभालकर रखेगा। दोनों पक्षों की उस समय के लिए तसल्ली हो जाती है। बाद में रखने वाला ज़िन्दगी भर के लिए उसे अपनी किताब की तरह सँभालकर रख छोड़ता है।...आज शेल्फ़ में *अन्ना करेनिना* के न मिलने का बहुत खेद हुआ।

डलहौज़ी : 26.7.57

सुबह बारिश में भीगते हुए घर से चले—धरती के गुरुत्वाकर्षण को कोसते हुए क्योंकि हाथ में लिया हुआ चमड़े का बैग बाँह तोड़ने को आ रहा था। बस में सवार होकर तबीयत कुछ बहाल हुई।

बस में साथ की सीट पर एक महिला आ बिराजीं। साथ एक लड़की थी—पतला चेहरा, बड़ी-बड़ी आँखें और भरे हुए ओठ। महिला का चेहरा गोल था, चश्मा लगाये थीं, बहुत कीमती साड़ी पहने थीं और बात करती थीं तो लगता था कि उपदेश दे रही हैं। उनके गले की आवाज़ कुछ मरदाना-सी थी, जैसी कि अक्सर अध्यापिका वर्ग की स्त्रियों की हो जाती है। चेहरे की भाव-भंगिमाओं में भी वही बेबाकी थी। बस से बाहर एक दुबला-पतला यतीम लड़का खड़ा था, जो उनका लड़का था या शायद छोटा भाई था। वे लगातार उसे आदेश पर आदेश दिये जा रही थीं कि वह बाग में अमुक क्यारी के फूल निकलवा कर दूसरे लगवा दे, अमुक क्यारी में दवाई छिड़कवा दे, अमुक को एक-एक फुट गहरा करा दे, इत्यादि। लड़का बहुत बरखुरदारी से सिर हिलाता जा रहा था—जैसे सिर हिलाकर अनुमोदन कर देने से ही उसका पूरा उत्तरदायित्व समाप्त हो जाता हो। बाग और फूलों के सम्बन्ध में आदेश समाप्त होने पर वे उसे चिड़ियों और कबूतरों के सम्बन्ध में आदेश देने लगीं, फिर गर्म कपड़ों के बारे में और फिर किताबों के शेल्फ़ों के बारे में। बरखुरदार बदस्तूर बरखुरदारी से सिर हिलाता रहा। जब उससे यह कहा गया कि वह लुधियाना जाकर कुछ बीज ले आये और आचार्य जी को टेलीफ़ोन करके पूछ ले कि उन्हें तो कुछ बीज नहीं चाहिए और उनसे यह न कहे कि वह आप लुधियाना जा रहा है बल्कि कहे कि नौकर जा रहा है तो भी वह उसी तरह मुस्कराता और सिर हिलाता रहा।

बस का रास्ता खतरनाक था—जालन्धर से पठानकोट तक भी और पठानकोट से डलहौज़ी तक भी। बारिश ने सड़क कई जगह से तोड़ दी थी। डलहौज़ी के रास्ते में कई जगह से पहाड़ गिर गया था। एक जगह आध-पौन घंटा रुकना पड़ा। बेलचे वाले मज़दूर सड़क से मिट्टी पत्थर खड्ड में डाल रहे थे। एक आदमी बेलचा चलाता था, दो आदमी रस्सियों से खींचते थे और मिट्टी खड्ड में जा गिरती थी। वहाँ प्रतीक्षा करना ज़्यादा बुरा नहीं लगा क्योंकि जगह बहुत सुहानी थी। चारों तरफ़ पहाड़ से छोटे-छोटे दूधिया झरने खड्डे में गिर रहे थे। सड़क के किनारे खड्ड के सिरे पर पड़ी हुई एक बोरी पर बैठकर सिगरेट फूँकते रहे। बस जब चलने को हुई तो बल्कि निराशा हुई। मन था कि कुछ देर और इसी तरह बैठे रहते और उस बुड्ढे एक्स-ड्राइवर की आलोचनाएँ सुनते रहते जो रास्ता भर सबको हँसाता आया था।

रास्ते में एक डायरिस्ट से वास्ता पड़ा। आप जालन्धर से हमारे साथ आये

थे और जहाँ कहीं भी उतरकर डायरी लिखने लगते थे। जिस तरह वे एक-एक चीज़ पर नज़र डालकर कलम घिसने लगते थे, उससे लगता था कि वे हर जगह आस-पास की चीज़ों की लम्बी-चौड़ी फ़ेहरिस्त तैयार करते हैं। एक-दो बार उन्होंने बन्दे को भी गौर से देखकर अपनी डायरी में कुछ नोट किया। अपनी तबीयत साफ़ हो गयी।

शाम नरेन्द्र और स्वर्ण की बातें करते हुए कटी। रात कृष्णा जी के किस्से और बिज़नेस के झगड़े में।

डलहौज़ी : 27.7.57

लिखना बहुत कुछ चाहता हूँ पर शायद लिख नहीं पाऊँगा, क्योंकि बहुत-बहुत थका हुआ हूँ। सुबह बैलून से काफ़ी नीचे पिकनिक पर गये। शाम को होटलों में अपने लिए जगह देखते रहे और रात को बियर पीने के इरादे से निकल गये। इस तरह कुल मिलाकर बारह-चौदह मील का चक्कर लगा लिया। इस समय दिमाग बिलकुल ही काम करना नहीं चाहता। जो कुछ लिखना चाहता हूँ, कोशिश करूँगा कि कल लिख सकूँ।

डलहौज़ी : 28.7.57

यह एहसास कि हम ज़िन्दा हैं, कितना गुदगुदा देता है? ज़िन्दा होने की अनुभूति में ही सुख है—यही सुख विभिन्न संवेदनों में रूप बदल-बदल कर व्यक्त होता रहता है। मानव चेतना अपनी इस संवेद्यता को पहचान लेती है, उससे उस सुख में अतिरेक आ जाता है।...और ज़िन्दा होने की अनुभूति फिर व्यक्ति तक ही सीमित नहीं रहती, अपने से बाहर हर चीज़ के स्पंदन में, उसकी निरन्तर परिवर्तनशीलता में भी वही ज़िन्दा होने का भाव व्यक्त प्रतीत होता है। लगता है, हम ज़िन्दा हैं क्योंकि आसपास की हर चीज़ ज़िन्दा है—पेड़, पौधे, घास, मिट्टी। अणुओं का संघर्ष चल रहा है—वे और से और बनने की दिशा में निरन्तर प्रयत्नमान हैं।...और महसूस होता है कि बियाबान बियाबान नहीं है—जीवन का समुद्र वहाँ भी ठाठें मारता है। अपना आप फैलता जाता है—वह सारे वातावरण का अंग बन जाता है। अपना आप खो जाता है, क्योंकि अपना आप बहुत बड़ा हो जाता है और लगता है कि मृत्यु कुछ भी नहीं है, मृत्यु कभी सम्भव ही नहीं है। हम गल नहीं रहे हैं, जर्जर नहीं हो रहे हैं, क्षीण नहीं हो रहे हैं—हम हर क्षण अधिक सबल, अधिक सुन्दर और अधिक युवा हो रहे हैं—हम अर्थात् हम—ये ग्रह—हम—यह विश्व।

कृष्णा का देवर क्या उसकी पहरेदारी करने के लिए ही उसके साथ है? कल की घटना बार-बार दिमाग में उभर आती है। पिकनिक से लौटते हुए वह मेरे साथ औरों से ज़रा आगे निकल आयी थी। मैं उससे पाल के बारे में बात करना चाहता

था, और वह भी इसी इरादे से आगे बढ़ आयी थी। मगर बहुत जल्दी तेज़-तेज़ डग भरता हुआ वह हमसे आ मिला। उससे तेज़-तेज़ चला नहीं जाता इसलिए वह पसीना-पसीना हो रहा था। साँस उसकी फूल गयी थी, वह देखने में तो पूरा पका हुआ आदमी लगता है। अपने परिवार के और लोगों की तरह ही उसका चेहरा शरीर के अनुपात में बड़ा है...ऐसे लगता है जैसे गलत चेहरा उन कन्धों के ऊपर लगा दिया गया हो। चेहरे की हड्डियाँ काफ़ी चौड़ी, नीचे ठुड्डी में खम, मोटे-मोटे ओठ और उन पर तराशी हुई मूँछें। बाल ज़रा विरले—भावी गंजेपन का संकेत देते हुए। भवें गहरी और आँखों के ऊपर छाई हुईं। मगर यह मर्दजात बातचीत और व्यवहार बच्चों की तरह करता है। अधिकतर चुप रहता है। जब बोलता है तो लगता है कि बड़ा प्रयत्न करके बोल रहा हो। कृष्णा आकार-प्रकार में उससे बहुत-बहुत छोटी लगती हुई भी उसे बच्चों की तरह बुलाती, थपथपाती है। वह भी ऐसे अवसरों पर चेहरे पर बड़ा अज़ीज़ाना भाव ले आता है। साधारणतया उसका attitude यही लगता है, जैसे उसे हाथ में बन्दूक देकर एक ऐसे घर की रखवाली का भार सौंपा गया हो जिससे उसे डर लगता हो।

उधर कृष्णा में अपने परिवार और पारिवारिक मूल्यों के प्रति उपेक्षा का एक निश्चित भाव है—उसके व्यवहार, बोलचाल आदि में एक कलात्मकता है—और उसके साथ उसमें एक निश्चित restlessness है। उसके चेहरे का नृत्याकार रूप, ऊपर उठी हुई नाक, उसे एक विशेषता दे देते हैं। उसके चेहरे में भव्य एक्सप्रेशन भाव है, उसके ओठ...ओठों को वह बात पर जिस तरह से मोड़ देकर दबाती है, उसमें उसकी self-consciousness भी झलकती है और दूसरे को प्रभावित करने की दबी इच्छा भी। जब वह ओठ इस तरह बन्द करती है तो साथ उसका चेहरा ज़रा बायीं ओर को हिलता है—जिसमें अपेक्षित प्रभाव पैदा कर पाने का सन्तोष झलकता है। उसकी आँखें उस सन्तोष से एक बार झुकती हैं और फिर फैल जाती हैं। बहुत बार जब मज़ाक में भी उसके सौन्दर्य की प्रशंसा की जाती है तो उसके चेहरे पर वही प्रतिक्रिया होती है।

30.7.57

उस दिन अर्थात् 28 की शाम को ही मोती टिब्बा पर मिस महाजन के यहाँ चाय पीने गये थे।

मज़लिस टूटने पर मोती टिब्बा के राउंड पर निकल गये। वहाँ अश्क और भाभी मिस महाजन के कॉन्वेंट में अपनी किताबों का सेट बेचने के बारे में बात करते रहे। उस राउंड से डलहौज़ी और बैलून, अँधेरे में जगमगाते हुए बहुत भले लग रहे थे। घाटी से आकर डलहौज़ी को घेरते हुए बादल ऐसे लग रहे थे जैसे सुहानी संध्या के नशे में वे उन्मत होकर झूम गये हों। वातावरण में बहुत-बहुत

ताज़गी थी। अँधेरा गहरा हो रहा था, जब कोरस में गालिब की गज़ल 'दिल ही तो है न संगो खिश्त, दर्द से भर न आये क्यों?' गाते हुए नीचे चेयरिंग क्रॉस की तरफ़ उतरे।

कल सारा दिन कृष्णा के साथ बीता। उसने इतना पुरतकल्लुफ़ खाना खिलाया कि अपने देवता कूच कर गये। खाना खाकर चलना मुश्किल हो गया। कृष्णा को अपने हाथ के खाने का बहुत गुमान है और हालाँकि गुमान बुरी चीज़ है, फिर भी उसका गुमान ज़रा भी गलत नहीं। इस बीच उससे पाल के बारे में बात करने का अवसर भी मिल गया। ज़ाहिर है कि यह बहुत कमज़ोर लड़की है और जितनी शिद्दत की उसकी चाहत है, उसके मुताबिक उसमें हौसला नहीं है। उसने प्रेम जोशी की जो बात बताई (कि उसने कहा था कि उसमें और पाल में गलतफ़हमी पैदा कर रहा हूँ) वह मन को बहुत चुभी। लेकिन उस शख्स को मैं पहले ही जान चुका हूँ, इसलिए ज़्यादा दुःख नहीं हुआ।

आज दोपहर की बस से वह चली गयी। बाद दोपहर हम सामान उठवा कर मेट्रो होटल में चले आये। डलहौज़ी में पहली बार मन में हल्केपन का अनुभव हुआ। स्नो व्यू में रहते सब आराम होते हुए भी मन आज़ाद नहीं था। यहाँ आकर मन को बहुत विश्राम प्राप्त हुआ। कुछ चिट्ठियाँ लिखीं और घूमने निकल गये। स्नो व्यू से अश्क और भाभी को साथ ले लिया। रास्ते में हिन्दी-उर्दू की पचास चुनी हुई कहानियाँ संकलित करने की योजना बनाते रहे। रास्ते पर धुन्ध फैली थी। नन्ही-नन्ही बूँदें बरसने लगीं। भागकर अपने कमरे में आये। डायनिंग हॉल में खिड़की के पास बैठकर बरसते मेह और सुनसान चेयरिंग क्रॉस को देखते हुए खाना बहुत अच्छा लगा।

इन दिनों कई बार शीला की बातें हुई हैं।

डलहौज़ी : 1.8.57

कल दिनभर चिट्ठियाँ लिखने के सिवा कुछ नहीं किया। शाम को अश्क और भाभी के साथ घूमने निकले तो अपने वैवाहिक असन्तोष के सम्बन्ध में भाभी के एक रिमार्क से तबीयत बहुत उखड़ गयी। अश्क और भाभी दोनों ने मन को सुस्थित करने का बहुत प्रयत्न किया। अश्क फिर अपना और सोबती का किस्सा सुनाते रहे। अश्क जिस किसी का भी ज़िक्र करें, उसमें तुलनात्मकता आ जाती है और वे आत्मश्लाघा किये बिना नहीं रह सकते। उनका विश्वास है कि यह आत्मश्लाघा की प्रवृत्ति ही उनकी ख्याति का मूल है। उस ख्याति की वास्तविकता तक वे नहीं पहुँचना चाहते। सोबती के किस्से में सोबती के whims और mood की चर्चा हुई, उसकी enthralling मुस्कराहट और बातचीत की चर्चा हुई, उसके व्यक्तिगत frustrations का उल्लेख हुआ, उसके उपन्यास के मुद्रण, पुनर्मुद्रण प्रसंग

को लिया गया, बार्नेट और सारनाथ प्रसंग दोहराये गये, दे...versus सोबती और दे...और सोबती versus कौशल्या–इन प्रसंगों के delicate पहलुओं पर प्रकाश डाला गया, और धीरे-धीरे हम लोग स्नो व्यू पहुंच गये। सोचा, कॉफ़ी पीकर होटल में लौट आयेंगे मगर वर्षा कुछ इस तरह आरम्भ हुई कि रात वहीं रह जाना पड़ा। सवेरे नाश्ते के बाद लौटकर आये।

रात को देर तक फिर शीला की चर्चा होती रही। मन में वह सारी वितृष्णा फिर ताज़ा हो आयी। मन था कि उसे फिर एक पत्र लिखूँ, फिर उसके दिमाग में बैठाने का प्रयत्न करूँ कि विच्छेद अनिवार्य है–उसे बदमज़गी से स्वीकार करने के बजाय हँसकर स्वीकार कर लिया जाये तो कहीं अच्छा है। मगर अश्क और भाभी इससे सहमत नहीं हुए। परिणामतः अश्क ने ही उसके पत्र का उत्तर लिखा।

भाभी के चरित्र की एक विशेषता है कि वे हर बात अश्क को केन्द्र में रखकर ही सोचती हैं। उनका हर कार्य, हर शब्द और हर संकेत, इसी आधार से प्रेरित होता है। उनका स्वतन्त्र व्यक्तित्व, जो उत्तेजना के क्षणों में कभी-कभी उद्भाषित होने लगता है, जैसे अपनी पूरी हार मान चुका है। इसीलिए भाभी अश्क की झुँझलाहट, अहम्मन्यता आदि को भी अपना अर्थ देकर सन्तोष किये रहती हैं। कभी कोई छोटी बात वे कह दें तो उसे भी विनोद के रूप में ग्रहण कर लेती हैं। वे अपने यौन सम्बन्धों का बखान करने लगें तो अपनी विद्रोही और तिरस्कार की मुद्रा को दबाकर हँस देती हैं–हालाँकि कभी-कभी उस हँसी के खोखलेपन को ढाँपती हुई चेहरे की कठिन रेखाएँ उनकी वितृष्णा को व्यक्त कर देती हैं। परिणामतः भाभी अश्क के व्यक्तित्व की कमज़ोरियों के मामले में जितनी उदार हैं, दूसरों की कमज़ोरियों के मामले में उतनी ही अनुदार हैं–वे उनके सम्बन्ध में झट असहिष्णु हो आती हैं। पर कभी-कभी उन्हें यह चेतना हो आती है कि एक parallel परिस्थिति में ही वे अपने पति का पक्षपात कर अपनी उदारता प्रकट कर रही हैं और उसी परिस्थिति में दूसरे के प्रति अनुदार हो रही हैं तो वे कुछ conditional clause लगा कर दूसरे को भी क्षमा कर देती हैं या दूसरे की जस्टीफ़िकेशन को बर्दाश्त कर लेती हैं। और जब यह ज़रा-सा एहसास मन में रह जाता है कि उन्होंने किसी के साथ थोड़ा अन्याय कर दिया है तो क्षतिपूर्ति के लिए उनके स्नेह के द्वार खुल जाते हैं–वे उस व्यक्ति के लिए एक साथ बहुत कुछ करना चाहती हैं। यदि वह व्यक्ति उस समय मानसिक रूप से उस स्नेह से आप्लावित होने की स्थिति में न हो तो वे अपने को तिरस्कृत अनुभव करती हुई फिर कठिन हो जाती हैं।

कहीं थोड़ी कुंठा भी है, क्योंकि किसी-किसी प्रसंग में अपने किसी के साथ भी जाने-आने या घूमने चर्चा करते हुए वे अवश्य कहती हैं–"Now I am old, nobody can say anything. But who can hold anybody's tongue? Therefore I have to be very careful. In those days I had to be very, very particular. You see, people could say anything. And they did say...”

भाभी वास्तव में बहुत सेन्सिटिव भी हैं और काफ़ी भोली भी। भाभी के सम्बन्ध में लिखी हुई अश्क की कविता कदरे अच्छी थी।

होटल आकर दो पत्र मिले। एक पत्र अम्माँ का था—दूसरा कानपुर की किसी माया बोस का। आपने कहानियों की तारीफ़ की थी, adolescent अन्दाज़ में कुछ सवाल पूछे थे, कानपुर आने का निमन्त्रण दिया था और लिखा था कि वे रात के ग्यारह बजे बैठ कर पत्र लिख रही हैं। जालन्धर के प्रो. बिब्रा उस वक्त साथ बैठकर कॉफ़ी पी रहे थे। उन्हें पत्र सुनाया। खासी दिल्लगी रही। एक उम्र होती है जब लेखकों आदि को पत्र लिखकर पुलक का अनुभव होता है। माया बोस शायद उसी उम्र में से गुज़र रही हैं। लेखक की भी एक उम्र होती है। जब उसे ऐसे पत्र पाकर अच्छा लगता है। बन्दा उस उम्र में से गुज़र रहा है।

अपने कमरे के आगे का terrace बहुत अच्छा है। दोपहर की ठिठुरन के बाद (क्योंकि सामने की रेंज पर बर्फ़ पड़ने से बहुत ठंड हो गयी थी) शाम की चाय के वक्त terrace पर कुर्सी डालकर बैठ गये। Terrace चेयरिंग क्रॉस के ठीक ऊपर पड़ती है। नीचे चेयरिंग क्रॉस पर कुछ परिचित और कुछ अपरिचित चेहरे आ-जा रहे थे। हर क्षण किसी न किसी ओर से कुछ नये रंग आँखों के आगे आ जाते थे और कुछ नयी ध्वनियाँ कानों में पड़ने लगती थीं। बहुत से लोग किनारे की बेंचों पर बैठे सामने से गुज़रती दुनिया को देख रहे थे। मैं डायरी लिख रहा था। सामने बैठा हुआ एक जोड़ा खामखाह conscious हो रहा था कि मैं उसके बारे लिख रहा हूँ। मुझे उस डायरिस्ट की याद आयी जिसने मुझे ऐसी consciousness में डाल दिया था और मैं मुस्करा दिया। सेक्रेड हार्ट्स की लड़कियाँ और उस्तादनियाँ घूमने के लिए निकल आयी थीं। उनकी वजह से और भी बहुत से लोग चेयरिंग क्रॉस पर जमा होने लगे थे। फर्नीचर वाला खन्ना (जूनियर) और मेट्रो का मालिक सरदार हरबंस सिंह पास आकर बातें करने लगे। दोनों का महाराजा चम्बा पर काफ़ी रुपया निकलता है। सरदार का शायद छह-सात हज़ार रुपया है। खन्ना बताता रहा कि वह आदमी अब भी अपनी पुरानी चाल पर ही चल रहा है। और उसके जल्दी ही बिलकुल बर्बाद हो जाने में कोई सन्देह बाकी नहीं। चेयरिंग क्रॉस पर भीड़ बढ़ रही थी। बन्दे की मेज़ और कुर्सी पर हर एक की आँख अटक जाती थी। अँधेरा होने लगा था। उठकर लैस हुए और सैर को निकल गये।

आज दिन में उपन्यास की कुछ रूपरेखा प्रस्तुत करने का प्रयत्न किया। काफ़ी देर तक यही सोचा किये कि र...की छोटी डायरी का उपन्यास में किस रूप में उपयोग किया जा सकता है।

अपने दैनिक कार्यक्रम में कुछ तब्दीलियाँ करनी होंगी। जिससे रात को नींद जल्दी गालिब न होने लगे।

डलहौज़ी : 4.8.57

तीन दिन खरमस्तियों के सिवा कुछ नहीं किया। रात को बारह-बारह एक-एक बजे तक घूमते रहे। जालन्धर के कई परिचित यहाँ मिल गये—पुराने परिचितों में कालीचरण मिला। वह धार में नियुक्त है, चम्बा जा रहा था मिंजरों के मेले पर, एक दिन के लिए ठहरा था। कल पाल के नाम बारह पन्ने का पत्र लिखा था, पर अभी पोस्ट नहीं किया। आज दोपहर भर बिब्रा ने अपना हाथ देखा। साधारणतया वहीं बातें उसने बतलायीं जो अक्सर लोग बता दिया करते हैं। एक उसने यह कहा कि छत्तीसवें बरस तक हम लोगों का विच्छेद होगा—और कि सात-आठ बरस तक पुनर्विवाह सम्भव नहीं। इति श्री पद्मपुराणे द्वितीये खंडे तृतीयोऽध्यायः।

डलहौज़ी : 10.8.57

इन छह दिनों का इतिहास बहुत लम्बा नहीं—परन्तु इतने अर्से में कितना कुछ कितने नाटकीय ढंग से घटित हुआ है।

पाँच तारीख, सोमेश अचानक पठानकोट से आ गया था। उसने कहा कि सम्बन्ध विच्छेद के लिए फ़ारिगखती का रास्ता सबसे आसान और उपयुक्त है।

पहले मन नहीं माना कि इस मार्ग का अवलंबन किया जाये। आधी रात तक अश्क और भाभी से बात होती रही। कई पुरानी घटनाएँ एक-एक करके दोहराई गयीं। अन्त में निश्चय हुआ कि सुबह ही शीला को तार देकर बुला लिया जाये, और उसके सामने यह प्रस्ताव रखा जाये।

दूसरे दिन सुबह जल्दी उठ गया और शीला को तार दे आया। रात तक तार के उत्तर की प्रतीक्षा की। 'एक्सप्रेस रिप्लाई पेड' तार था, पर लाइन खराब थी। तार आ-जा नहीं रहे थे। रात तक पता करते रहे। कोई उत्तर नहीं मिला। दूसरे दिन सुबह फिर जल्दी उठकर डाकखाने गया। तार आ गया था। शीला ने लिखा था कि वह उसी दिन आ रही है।

भाभी को जाना था। अपना ओरिजनल प्रोग्राम उनके साथ जालन्धर तक जाने का था। मगर तय हुआ कि उन्हें पठानकोट से गाड़ी पर चढ़ा आयें, और वहाँ से खुद फ़ारिगखती के सम्बन्ध में सारी स्थिति का पता कर आयें। तब तक अश्क शीला से इस सम्बन्ध में बात करेंगे। जाने से पहले शीला की बस आ गयी। बच्चे को एक आँख देखकर चल दिये। रास्ता भर वही बातें होती रहीं। भाभी कश्मीर मेल से चली गयीं। शाम को सोमेश के जीजाजी से मशविरा किया। उन्होंने फ़ारिगखती का मज़मून लिख दिया। सुबह पाँच बजे की बस से लौटना था, इसलिए रात दो बजे तक बियर लेकर बैठे रहे। चार बजे होटल के बैरे ने जगा दिया।

डलहौज़ी : 12.8.57

ऊँघते हुए बस का सफ़र किया और साढ़े आठ-नौ बजे डलहौज़ी पहुँचे। अश्क तब तक शीला से काफ़ी बातें कर चुके थे। फ़ारिगखती का मज़मून लेकर उन्होंने फिर शाम तक बातें कीं—रात तक फिर हम तीनों में और शीला के साथ अपनी अकेले में बातें हुईं। यह तय हुआ कि दूसरे दिन सुबह पाँच की बस से ही चला जाऊँ—वहाँ जाकर कागज़ात तैयार करा रखूँ—अश्क शीला के साथ नौ बजे की बस से चलकर एक बजे पहुँच जायेंगे।

पठानकोट में सुबह से रात तक ज्वराक्रान्त-से सब काम करते रहे। अदालत में जाकर स्टाम्प पेपर खरीदा, मज़मून टाइप कराया, अश्क और शीला को रिसीव किया, उन्हें होटल ले गये, वहाँ नहाना-धोना, कुछ देर नीत के साथ खेलते रहे। कागज़ पर शीला हस्ताक्षर करने लगी तो नीत उसका हाथ पकड़ कर रोकता रहा। सोमेश ने उसे ले लिया तो रोने लगा। उसी समय एक चिड़िया बिजली के पंखे की चोट खाकर चारपाई पर आ गिरी। मैं कुछ देख नहीं रहा था, केवल दिमाग में कुछ शब्द गूँज रहे थे—

"हाय-हाय, चिड़िया मर गयी!"

"चिड़िया नहीं, चिड़िया का बच्चा है।"

"नहीं, चिड़िया है!"

"मरी नहीं है, केवल चोट लगी है।"

"इसे उठाकर एक तरफ़ कर दो।"

"इधर मत करो, बच्चा उसे मसल देगा!"

"नहीं, कभी नहीं मसलेगा, वह उससे दूर रहेगा!"

"बाहर निकाल दो।"

"पड़ी रहने दो, क्या कहती है?"

फ़ारिगखती पर सबके हस्ताक्षर हो गये तो सब लोग निकल कर कोर्ट की तरफ़ चले। शीला आगे थी, अच्छा नहीं लगा, उससे आगे जाकर दरवाज़ा खोल दिया। अदालत में जाकर पता चला कि रजिस्ट्रेशन का समय निकल चुका है। तहसीलदार इस समय रजिस्ट्रेशन करने के लिए तैयार नहीं है। तहसीलदार उस समय खज़ाने में था। लोहे के सींखचों के दरवाज़े खुलते और बन्द होते दिखाई देते थे। सब लोग शशोपंज में थे कि क्या होगा।

अन्ततः तहसीलदार निकला। शीला ने उसके पास जाकर रिक्वेस्ट की कि वह आगरा से आयी है, रुक नहीं सकती, अगले दिन रक्षाबन्धन है, फिर इतवार है, इसलिए वह उसी दिन रजिस्ट्रेशन कर ले। तहसीलदार ने सिर हिला दिया। क्लर्क ने अपने कमरे में ले जाकर एन्ट्रीज़ कीं फिर कोर्ट में पहुँचे। एक वकील केस 'आर्ग्यू' कर रहा था—"हुज़ूर, यह मुलजिम कैसे हो सकता है। यह बयान

में कहती है कि पता नहीं कौन आया जबकि यहाँ कहती है कि यही शख्स आया—भला, इस पर एतबार कैसे हो सकता है...फिर दो औरतों से क्या यह आदमी तगड़ा है? और क्या यह सूरत से डाकू नज़र आता है?"

...Argument के बीच तहसीलदार ने सिर उठाया, "मदन मोहन कौन है?"

"मैं!"

"जो कुछ इसमें लिखा है, ठीक है?"

"ठीक है।"

"और शीला देवी?"

"मैं हूँ!"

"यह सब ठीक है?"

"ठीक है।"

तहसीलदार सिर झुकाकर हस्ताक्षर करने लगा और उसने कहा, "जाओ।"

कश्मीर मेल से शीला चली गयी। मन बहुत भारी हो गया। होटल में लौटने तक बुरी तरह डिप्रेशन छा गया।

रात को अश्क एक कामरेड के सामने कम्युनिस्ट पार्टी की छीछालेदर करते रहे।

डलहौज़ी लौटकर भी दो दिन डिप्रेशन छाया रहा। कुछ काम करने को मन नहीं हुआ। कुछ पत्र लिखे, खूब सैर की, रोज़ थककर चूर होते रहे, बातें कीं, कहकहे भी लगाये, लेकिन...लेकिन मन का भारीपन दूर नहीं हुआ।

पाल का पत्र कई दिन से पोस्ट नहीं हुआ। आज पोस्ट कर दूँगा। पत्र की नकल अपने पास रख रहा हूँ।

डलहौज़ी : 13.8.57

प्रो. एस.पी. मलहोत्रा ने लाला ज्ञानचन्द प्रिंसिपल के वक्त का एक किस्सा सुनाया—गोडसे द्वारा महात्मा गाँधी की हत्या कर दिये जाने पर कॉलेज के विद्यार्थियों में बहुत हलचल मची। जनसंघी विद्यार्थी गोडसे को हीरो मानते थे, काँग्रेसी उसे देशद्रोही समझते थे। होस्टल के कॉमन-रूम में सावरकर का एक चित्र लगा था। काँग्रेसी विद्यार्थियों का हठ था कि उसे उतार दिया जाये जबकि जनसंघी विद्यार्थी किसी भी हालत में उसे उतारने न देना चाहते थे। पहले बहसबाज़ी हुई, फिर हाथापाई पर नौबत आ गयी। दोनों ओर के ग्रुप गर्मी खाये हुए थे, प्रिंसिपल ज्ञानचन्द ने और कोई चारा न देखकर उनके कदमों में अपनी पगड़ी बिछा दी और कहा कि यह उनकी इज़्ज़त का सवाल है, लड़के जैसे भी हो उनकी इज़्ज़त रखने के लिए शान्त हो जायें। लड़के शान्त तो हुए पर झगड़ा नहीं मिटा। अन्त में फ़ैसला हुआ कि तस्वीर उल्टी लटका दी जाए। अगर ट्रिब्यूनल ने गोडसे के हक में फैसला

दिया तो तस्वीर सीधी कर दी जायेगी, उसके विरुद्ध फ़ैसला किया तो तस्वीर हटा दी जायेगी। तस्वीर उल्टी करने से पहले कपड़े में बाँधी गयी तो जनसंघी विद्यार्थियों ने उसमें कुछ फूल बाँध दिये। उस पर फिर हंगामा हुआ और कपड़ा खोलकर फूल निकाले गये। जिस दिन अदालत का फ़ैसला आया, उस दिन तस्वीर के टुकड़े-टुकड़े कर दिये गये।

पठानकोट में सोमेश चौधरी ने निकल्सन का किस्सा सुनाया। निकल्सन को रोज़लीन बक नामक लड़की से प्रेम हो गया था, जो सेक्रेड हार्ट्स स्कूल में अध्यापिका है। सर्दियों में रात के बारह-बारह बजे वह बर्फ लाँघकर बैलून से उसकी कोठी में आया करता था। यह मुहब्बत बहुत अर्सा चलती रही। आखिर रोज़लीन के गर्भ रह गया।

रोज़लीन का बाप पादरी था। उसे पता चला तो बहुत परेशान हुआ। इससे पहले कि वह इस मामले को लेकर कुछ करता, निकल्सन ने उसके पास जाकर कन्फ़ेशन कर लिया। पादरी बाप गुनाह स्वीकार करने वाले ईसाई बेटे के गुनाह मुआफ़ करने के लिए मजबूर था।

पादरी ने निकल्सन से अनुरोध किया कि वह रोज़लीन से शादी कर ले। मगर निकल्सन ने अपनी गरीबी की तरफ़ संकेत करते हुए अपनी असमर्थता प्रकट की। पादरी ने उसे अपनी तरफ़ से दो हज़ार रुपया देने को कहा तो निकल्सन ने इस आधार पर इनकार कर दिया कि चर्च को देना उसका धर्म है, चर्च से लेना नहीं—वह ऐसा अधर्म का काम कभी नहीं कर सकता।

अन्ततः रोज़लीन को अबॉर्शन कराना पड़ा।

आजकल निकल्सन चाहता है कि किसी तरह यह शादी हो जाये क्योंकि रोज़लीन के अपने नाम से बीस हज़ार रुपया जमा है। इस मकसद से माउंट व्यू के चड्ढा ने परसों रोज़लीन की माँ को चाय पर बुलाया था। जब उसने उसके सामने निकल्सन का यह प्रस्ताव रखा तो रोज़लीन की माँ ने मुलायमियत के साथ कहा, "लड़का अच्छा है, उसका खानदान भी अच्छा है। मगर पिछले दिनों खामखाह लोगों ने उसके साथ लड़की का नाम लगाकर झूठी अफ़वाह फैला दी थी—इसलिए लड़की नहीं मानेगी...और कोई बात नहीं, यूँ वे ज़रूर उसके साथ लड़की की शादी कर देतीं, मगर..."

यहाँ के एक पहाड़ी नौकर का यह किस्सा सुनने में आया है कि उसे शादी करने के लिए रुपया जमा करना था, सो वह सात साल कड़ी मज़दूरी करता रहा, नौकरी करता रहा। अन्त में रुपया जमा करके उसने शादी की तो उसकी बीवी दो दिन बाद ही किसी के साथ भाग गयी।

चार दिन हुए तेरह बरस की एक लड़की—जो पागल और गूंगी थी, सहसा सड़क के चक्कर पर कहीं गुम हो गयी थी। चार दिन की तलाश में वह कहीं

नहीं मिली। उसकी माँ बेहद परेशान हो गयी थी। आज वह लड़की बकरोटा में ज्ञान निवास के नीचे खड्ड में गिरी मिली। वह चार दिन भूखी-प्यासी वहाँ बेहोश पड़ी बारिश में भीगती रही। शाम को उसे चारपाई पर डालकर घर लाया गया। (वे लोग वहीं ठहरे हैं जहाँ पहले कृष्णा रहती थी)। कहते हैं, लड़की के सारे चेहरे पर नीले दाग पड़ गये हैं।

बारह बरस के बाद आज एक कविता लिखी–'मिट्टी और पत्थर।'

डलहौज़ी : 15.8.57

कल डॉ. प्रेमनाथ के यहाँ तीन-चार घंटे कई विषयों पर बातचीत होती रही। हम लोग इस निष्कर्ष पर पहुँचे कि आज की डेमोक्रेसी तथा totalitarian state दोनों समाज के स्वस्थ विकास के लिए सहायक नहीं हैं। दोनों systems ने healthy mind की ग्रोथ को अवरुद्ध कर दिया है। हम लोग जो जीवन जी रहे हैं, वह नितान्त अवरुद्ध जीवन है। डॉ. प्रेमनाथ समझदार आदमी हैं, उसकी बीवी भी अच्छी है, पर वह अंग्रेज़ी तरज से हिन्दी बोलती है, यह मुझे अच्छा नहीं लगता।

रात देर तक ड्रिंक करते रहे, इसलिए सुबह देर से उठे। सोमेश रात साथ ही सोया। स्वतन्त्रता दिवस के उपलक्ष्य में सुभाष चौक (चेयरिंग क्रॉस) में विशेष कार्यक्रम आयोजित था, जो सिवाय लाउडस्पीकर की आवाज़ के और कुछ भी नहीं था। शहीदे-आजम भगतसिंह के बड़े भाई ने लीडराना भाषण दिया जिसमें गाँधी जी के धर्म की व्याख्या की, प्रधान ने उनकी प्रशंसा, किसी और ने प्रधान की प्रशंसा की। बच्चों का कार्यक्रम हुआ जिसमें कुछ बच्चे खबरें सुनाते-सुनाते भूल गये और कुछ इस तरह की खबरें सुनने को मिलीं–24 सितम्बर–तात्या टोपे..तात्या टोपे ...पर लालकिले...लालकिले ने कब्ज़ा कर लिया।...एक ब्लैक मार्केटियर सरदार प्रधान के आसन पर अकड़े बैठे थे। बच्चे बेहद शोर कर रहे थे और और लोग सुनने के अतिरिक्त हर काम कर रहे थे।

बाद दोपहर पंजपुला में छिन्त्र (कुश्ती) देखने चले गये। वहाँ थोड़ी देर के हल्ले-गुल्ले के बाद पहाड़ी पट्टी से बगैर पत्ती की चाय पीकर चले आये।

लौटकर प्रमिला शर्मा के यहाँ चले गये, छह नम्बर फ्लैट में। उसकी माँ और आंटी बोलने में अपना सानी नहीं रखतीं। अपने विवाहित जीवन के मसले को लेकर दोनों अपनी-अपनी विद्वत्ता का प्रदर्शन करती रहीं। उसकी माँ self complacent है और आंटी सिनिक।

रात चेयरिंग क्रॉस पर आवारा घूमते रहे। सरदार हरबंस सिंह के अनुरोध पर उसके साथ रम पीने बैठ गये।

डॉ. प्रेमनाथ ने कल प्रो. परसराम (एफ. सी. कॉलेज) की एक बात बतायी थी। प्रो. परसराम का आर्य समाज के उद्‌भव के सम्बन्ध में विचार था कि अंग्रेज़ों

के राज में जब बहुत से लोग बाबू भर्ती हो गये और उन्हें रोज़-रोज़ जूते पड़ने लगे तो उन्होंने यह एक ढंग निकाला। छह दिन तो वे आराम से जूते खाते और सातवें दिन आर्यसमाज मन्दिर में जमा होकर बाँहें उठाकर कहते, 'कृण्वन्तो विश्वमार्यम्।'

कल से अब लगकर काम करना चाहिए।

डलहौज़ी : 16.8.57

मन सहज स्थिति पर है—यह सम्बन्ध विच्छेद आवश्यक था और स्वाभाविक था। मस्तिष्क उलझा हुआ था, अब सुलझ रहा है। There is a lot of peace in the mind. I feel more energetic, more serious, more confident and above all, very fresh.

I have done some work today. Shall work regularly now onwards.

But I must make adjustments in my food habits.

The only thing that can justify this divorce is to do hard work... consistent hard work. That is a must.

डलहौज़ी : 17.8.57

अभी थोड़ी देर पहले हम लोग नीचे मेट्रो होटल के डायनिंग-रूम में बैठे थे। दो पठानकोट से आये हुए नौजवान थे, जिनमें से एक श्रीनगर का टिम्बर मर्चेंट है। उस आदमी को यह वहम है कि उसे दिल की बीमारी है। डॉक्टर बताते है कि उसे कोई सीरियस बीमारी नहीं बल्कि कोई बीमारी ही नहीं, मगर वह चौबीस साल की उम्र में अब उस वहम के मर्ज का शिकार है सो है, वह विश्वास कर चुका है कि उसका मर्ज लाइलाज है। यही बीमारी बहुत बरस अपने मामा सरदार महिन्द्र सिंह को रही है। शिमले में कुछ दिन हमें भी ऐसा ही वहम हुआ था। एक और बुज़ुर्गवार जो वहाँ बैठे थे उनके लड़के को भी यही बीमारी है—

यह शौकिया बीमारी भी खूब चीज़ है।

आज जैसी तेज़ बारिश पहले डलहौज़ी में नहीं हुई। बार-बार चकाचौंध कर देने वाली बिजली चमकती है और बादल की गरज से हर चीज़ काँप जाती है। पानी बरस नहीं रहा, उँडेला जा रहा है। अश्क के घर से आते हुए बरसाती कोट के बावजूद बुरी तरह भीग गये थे। अब जगह-जगह से छत चूने लगी है। रात कैसी कटेगी, ख़ुदा ही जानता है। कागज़ों का डर है कि ये न भीग जायें। किताबें पड़ी हैं, और अपना आप है! पानी दो-चार जगह से और बरसने लगा तो रात भर कमरे में शतरंज खेलेंगे—चीज़ें यहाँ से हटाकर वहाँ और वहाँ से हटाकर यहाँ रखते रहेंगे। जहाँ बिस्तर बिछा है उस दिन वहाँ से छत चूती रही थी। आज भी टप-टप होने लगी तो...खुदारा, यह बिजली, यह गरज है या मुसीबत है। अभी ऐसा तेज़

धमाका हुआ है जैसे कई शक्तिशाली विस्फोटक एक साथ फूट पड़े हों। और यह धाराधार मेह—सर्रा...की तेज़ आवाज़, फिर बिजली, फिर कड़क...यह वर्षा कभी थमेगी भी? अब छत से टपकती हुई बूँदें बाँह और कन्धे पर पड़ रही हैं। दूर झाड़ियों की ओट में छिपी हुई दुनिया के लिए शायद वर्षा संजीवनी हो—लेकिन इस समय इन्सान के लिए उसने रात को कितना वाइल्ड और भयानक बना दिया है?

जब बिजली चमकती है तो आकाश की ओर देखता हूँ। क्षण भर के लिए दूर-दूर तक का विस्तार आलोकित हो उठता है जिसमें घने सफ़ेद बादलों की कुछ आकृतियाँ परिलक्षित हो उठती हैं। यह विस्तार की रेखाओं का उभरना हृदय को पुलकित भी करता है। लगता है यह विस्तार ही सत्य है, इससे नीचे किन्हीं भी सीमाओं में बद्ध होकर रहना छोटापन है, उन सीमाओं में सोचना हल्कापन है। इतने बड़े विस्तार में व्यक्ति की नगण्य सत्ता ही क्या है? क्या सचमुच इस विस्तार के उपयोग के रूप में व्यक्ति की सत्ता है। इन्सान ने विस्तार की इन सीमाओं पर काबू पाकर भी कितना काबू पाया है? प्रकृति के आवेश के सामने वह आज भी कितना निरीह लगने लगता है। बिजली का एक आघात इन्सान के शताब्दियों के प्रयत्न और मंसूबों को बर्बाद कर देता है।

...यह महावृष्टि—यह अणु और उद्‌जन बम परीक्षणों का ही परिणाम है। यह भी तो सम्भव है कि धरती के एटमासफ़ियर में और किसी ग्रह की विकसित शक्तियाँ अपने परीक्षण कर रही हों—जैसे कि हम चाँद पर परीक्षण करना चाहते हैं।

विस्फोट के बाद विस्फोट, विस्फोट के गर्भ से ही फूटता हुआ दूसरा विस्फोट—यह रात भुलाने वाली रात नहीं है। बल्कि यह रात तो सन्देह में डाल देने वाली है कि उसके बाद सुबह होगी भी या नहीं—सुबह होगी अवश्य—किसी एक या किन्हीं हज़ार व्यक्तियों के लिए भले ही न हो...और उन व्यक्तियों में एक यदि...

अमां, यहाँ बैठे डायरी लिख रहे हो, वहाँ सारा बिस्तर भीग गया है!

डलहौज़ी : 21.8.57

कई दिनों से आकाश में पुच्छल तारा (धूमकेतु) दिखाई दे रहा है। सड़क पर चलते हुए लोग रुककर उसे देखने लगते हैं। फिर चलते हैं, फिर रुक जाते हैं और फिर देखने लगते हैं। कहते हैं कि जब-जब यह तारा दिखाई देता है, कोई-न-कोई विपत्ति आती है, युद्ध होता है, भूकम्प आता है या तूफ़ान आते हैं। लोग टोलियाँ बाँधकर इस बात की चर्चा करते हैं कि आज दुनिया भर में हो रही अतिवृष्टि और सब जगह फैल रही बीमारी का कारण यह पुच्छल तारा ही है।

हम लोग भी आज ठंडी सड़क के एक कोने पर खड़े होकर उस तारे को देखते रहे। पुच्छल तारे से कुछ उधर शुक्र तारा चमक रहा था और उसके कुछ

ही पीछे एक और तारा। आकाश साफ़ होने के कारण दूर-दूर तक बिखरे हुए असंख्य तारे अपनी हल्की-हल्की लौ में टिमटिमाते प्रतीत हो रहे थे। दायीं ओर आकाश गंगा का विस्तार था। असंख्य तारक मंडल को देखते-देखते बुद्धि पथराने लगी। कितना अच्छा था वह ज़माना जब इन्सान यह विश्वास करके जी लेते थे कि ये तारक केवल कुछ आत्मायें हैं, जिनके उज्ज्वल कर्मों ने उन्हें आकाश में जगह दे दी है। बचपन में हम भी इस विश्वास से चालित थे। बड़े हमें झुठलाते थे, पर हम सच्चे हृदय से मानते थे कि अमुक तारा हमारी परनानी का है, अमुक तारा हमारे बाबा का है और अमुक देवीदयाल मामा का। जब मामी की मृत्यु हुई थी तो हम आकाश में उसका तारा ढूँढ़ते रहते थे, क्योंकि उसकी सच्चरित्रता के कारण हमें तो सन्देह ही नहीं था कि आकाश की बिरादरी में उसे निश्चित स्थान प्राप्त हुआ होगा।

परन्तु कुछ भ्रम अध्यापकों ने तोड़ दिये, कुछ वैज्ञानिकों की छानबीन ने और आज हम पहले से कहीं अबोध हैं, क्योंकि यह विश्वास करने के लिए मज़बूर हैं कि हर तारा एक दुनिया है—और इस दुनिया से कहीं बड़ी दुनिया—कई बार कई हज़ार गुना बड़ी दुनिया। और इतनी दुनियाओं का यह विश्व क्या फिर भी एक सूत्र, एक ही निर्मातृ शक्ति द्वारा चालित है—वह शक्ति अपने प्रति चेतन हो या अचेतन।

"It is too much! How to stand the feeling of such vastness and such multitude?"

बार-बार यह exclaim करते हुए आगे चल दिये। मन बहुत उदास हो गया। इतनी इतनी दुनियायें—और हमारी चिरन्तन और शाश्वत सत्य सम्बन्धी बातें। कितनी नगण्यता है?

गर्म सड़क से सौ-डेढ़ सौ मील का मैदान का विस्तार देखा जा सकता है। पहाड़ी शृंखलायें ज़रा छोटी होकर एकदम समाप्त हो गयी हैं, फिर ज़मीन के हल्के-हल्के उभार हैं जैसे थार के प्रदेश में दिखाई देते हैं। बीच में एक आड़ी सी खाकी रेखा है। यह नदी चम्बी है। चम्बी पठानकोट तक बिलकुल सीधी जाती है, और वहाँ से एकदम बायें हाथ को मुड़ जाती है। चम्बी से काफ़ी बायें को हटकर टेढ़ा-मेढ़ा बिखरा हुआ व्यास का विस्तार है। व्यास ज़रा बायीं ओर को उठता हुआ गया है, और आगे जहाँ चम्बी उसमें आ मिलती है तो उसका पाट चौड़ा हो जाता है, वहाँ से वह खासी बायीं करवट ले लेता है और फिर उसी तरह बायीं ओर को झुकता-सा लगभग सौ का कोण बनाकर अपने फैलाव से एक अर्धचन्द्र की सृष्टि कर देता है। दूर क्षितिज को छूकर फिर उसका पाट बहुत चौड़ा होकर चमकता है। उसके आगे पानी की रेखा दिखाई नहीं देती।

चम्बी के दायीं तरफ़ रावी है, जिसमें इन दिनों खूब बाढ़ आ रही है। रावी

कई छोटी-छोटी धाराओं में बँटती, फिर एक धारा में आती, फिर बँटती हुई बहुत नीचे पहाड़ियों के पीछे गुम हो गयी है। थोड़े व्यवधान के बाद उसकी लकीर फिर आगे निकलती है और जैसे व्यास से दूर रहने के लिए दायीं ओर को करवट लेती जाती है। कुछ आगे एक और खाकी लकीर उसमें आ मिलती है। यह कहना कठिन है कि यह भी पानी ही है या केवल मिथ्या भ्रम! बहुत आगे जाकर वैसी ही एक और रेखा उसमें आ मिलती है।

पहाड़ से नीचे तीन दरियाओं के इस विस्तार को देखते हुए हृदय बहुत पुलकित होता है। रात के समय पानी की रेखायें गुम हो जाती हैं तो पहाड़ दूर-दूर बिखरे हुए कुछ और ही समां बाँधते हैं और मैदान में दूर-दूर के नगरों की बत्तियाँ चमकने लगती हैं। बकलो, पठानकोट, नूरपुर वगैरह की बत्तियाँ तो साफ़ locate हो जाती हैं। पठानकोट के तो सिनेमा की बत्ती भी अलग नोट की जा सकती है। पठानकोट की बत्तियाँ अपेक्षतया बहुत पास नज़र आती हैं। उनमें बहुत पीछे रावी के बायीं ओर तक व्यास के दोनों ओर बत्तियों की मद्धम-मद्धम रेखाएँ दिखाई देती हैं। अनुमानतः रावी के किनारे दिखाई देने वाली बत्तियाँ लाहौर की हैं और व्यास के किनारे दिखाई देने वाली अमृतसर और जालन्धर की। और इन रोशनियों के और अपने बीच के विस्तार में कभी-कभी जुगनू चमक आते हैं, जो सारे दृश्य के प्रभाव को accentuate कर देते हैं।

होटल के खाने से ऊबकर आज सामान अपना खरीद लाये और खाना बनाने का काम छोटे लड़के के सुपुर्द कर दिया है, जो चार दिन से अपनी सेवा में है। यह अरेंजमेंट भी नहीं रुचा तो चुपचाप एक दिन बिस्तर बाँधकर बस के अड्डे की तरफ़ रवाना हो जायेंगे। इसी सिलसिले में दो-तीन दिन लिखने-पढ़ने से कतई नाकारा रहे।

जी.सी.बी की लड़की का चेहरा देखकर ही लगता था कि वह बीमार है। अमीचन्द की बात में कुछ तथ्य ज़रूर था कि कोई खास वजह है जो उसे यहाँ लाया गया है और वह पेट पर बोतल रखे सारा दिन बिस्तर में पड़ी रहती है और कि डॉ. फ़कीरचन्द कहता था कि...

चर्चा है कि डॉ. भार्गव को फिर पंजाब के कैबिनेट में लिया जा रहा है। यह वही आदमी है, जिसे पाँच एक बरस पहले ही काँग्रेस की मेम्बरशिप से भी अलग कर दिया गया था। इसके साथ ही पृथ्वीसिंह आज़ाद का नाम भी पंजाब की राजनीति से निकल गया था। पर आज शतरंज के खिलाड़ियों को फिर इस मोहरे की ज़रूरत महसूस हो रही है। यह अढ़ाइवें घर मार करने वाला मोहरा क्या गुल खिलायेगा, यह अभी देखना रहता है।

उधर परसों की ही तो खबर थी कि शायद शेख अब्दुल्ला को रिहा कर दिया जाये। बख़्शी और सादिक की कशमकश में वह सीधी और तिरछी मार करने वाला

बड़ा मोहरा क्यों लाया जा रहा है?

राजनीति है!

A game of thick-skinned people,who corrupt religion in the name of religion, violate virtue in the name of virtue, assail truth in the name of truth, outrage humanity in the name of humanity. It is the game of people who keep just one shutter of their minds open—

राजनीति?

A game where Truth and Beauty are just the tools and not the ends!

डलहौज़ी, 23.8.57

रात कुछ देर मिस्टर वर्मा के गप एक्सचेंज में बैठे रहे।

मिस्टर वर्मा उन आदमियों में से हैं जो अपने को man of consequence समझते हैं और जिन्हें ज़िन्दगी से हमेशा शिकायत रहती है कि उन्हें उनकी योग्यता का मूल्य नहीं मिला। पहले मिस्टर वर्मा मिलिट्री में थे। वहाँ से रिटायर होकर डलहौज़ी में होटल खोल लिया। हर साल होटल में घाटा देते रहे। उनके होटल के बारे में यह बात मशहूर है कि उनके नौकर टर्किश टावल से कड़ाहियाँ साफ़ किया करते थे।

एक दिन मिस्टर वर्मा ने स्वयं ही यह किस्सा सुनाया—

"साहब, हिन्दुस्तानी आदमी को होटल में जाकर बैठने की तमीज़ कहाँ है? एक ज़माना था जब यहाँ ठंडी सड़क पर सिर्फ़ अंग्रेज़ चलता था, हिन्दुस्तानी को सड़क पर चलने की इजाज़त नहीं थी। कोई चलता था तो सिपाही उसे बाँह से पकड़कर सड़क से हटा देता था। अंग्रेज़ राज करना जानता था, जानता था ज़िन्दगी किसे कहते हैं। अंग्रेज़ के ज़माने में आदमी चार पैसे कमा सकता था। अंग्रेज़ को इस बात में खुशी होती थी कि दूसरा उससे कुछ कमाये। वह सिर्फ़ सर्विस माँगता था। और हिन्दुस्तानी?...एक किस्सा सुनिये। एक बड़े अफ़सर की बहन दो साल हुए मेरे होटल में आयी। तब मैं डलहौज़ी होटल चलाता था, वहाँ अब माउंटव्यू है। वो सोफ़ासेट और वो चमचम करती मेज़ें और फ़र्स्टक्लास बालरूम का फ़र्श । किसी हिन्दुस्तानी का चेहरा उतना नहीं चमकता जितना वह फ़र्श चमकता था। तो साहब, वहाँ वह आयी, फ़र्स्टक्लास साड़ी पहने। बैरे ने एक लेडी की तरह उसका स्वागत किया, उसे बैठाया, और उससे ऑर्डर माँगा। बोली कि एक समोसा लाओ!...वही समोसा बाबूसिंह दो आने का देता है, वही मैं दो आने का देता था—और सर्विस के साथ। बैरा मेज़ पर प्लेट रख गया, छुरी-काँटा रख गया और समोसा और साथ में छोटी प्लेट में पुदीने की चटनी दे गया। आप बोली, "टोमैटो सॉस लाओ!"

"मैं उठकर पास गया। मैंने कहा, 'मैडम, चटनी बैरे ने दे दी है, उसके साथ खा लीजिये।' बोली, 'नहीं टोमैटो सॉस चाहिए।' मैंने कहा कि 'मेम साहब समोसे के साथ टोमैटो सॉस तो नहीं मिल सकता।' इस पर उसके माथे पर तेवर पड़ गये। बैरे से बोली, 'अच्छा नैपकिन लाओ!' मैंने कहा कि 'मैडम नैपकिन नहीं मिल सकती।' बताइये—दो आने का समोसा और दो आने नैपकिन की धुलाई! वह कहने लगी कि 'यू आर होपलैस।' मैंने कहा कि 'आप यहाँ से तशरीफ़ ले जाइये, मुझे आप जैसे ग्राहकों की ज़रूरत नहीं।' "

"बताइये," अन्त में वर्मा साहब बोले, "अब ऐसे-ऐसे तो लोग आने लगे हैं। मैं अंग्रेज़ों के ज़माने को याद करता हूँ तो रोना आता है। वे इन लोगों को ठीक जगह पर रखते थे। रास्ते से कम्बख्तों को गुज़रना नसीब नहीं होता था, अब दो आने के समोसे के साथ नैपकिन माँगते हैं।"

"वर्मा साहब, आप यहाँ कितने साल से हैं?" मैंने पूछा।

"थर्टी सिक्स ईयर्स," वे बोले। "जब मैं पहले-पहल यहाँ आया था तो पठानकोट से यहाँ तक का भाड़ा पता है क्या लगता था? छब्बीस रुपया!"

"तब तो आपने शुरू के दिन बहुत तकलीफ़ में काटे होंगे।"

"क्यों?"

"आप कह रहे हैं न कि हिन्दुस्तानी को सिपाही सड़क से गुज़रने नहीं देते थे..."

"There is a difference between an Indian and Indian, my dear!" वर्मा साहब बोले।

मुझे अपनी कहानी 'जानवर और जानवर' याद आ गयी।

वर्मा साहब की खूब घनी नीचे को झुककर कोनों में अकड़ी हुई सफ़ेद मूँछें हैं। लम्बे-तगड़े आदमी हैं। सारा दिन आप गप एक्सचेंज में अपनी कुर्सी पर बैठे ग्राहक की प्रतीक्षा करते हैं। पहले अच्छे सिगरेट रखते थे, अब सिर्फ़ तार और लैंप का स्टॉक रह गया है। पहले मटन कटलेट्स का इश्तिहार करते थे। ग्राहक नहीं आये तो कीमा रोगन जोश का बोर्ड लगाने लगे। फिर भी ग्राहक नहीं आये तो बोर्ड पर चॉक से 'छोले भठूरे' लिखने लगे। खयाल था कि हिन्दुस्तानी छोले-भठूरे पर ज़रूर मरेंगे, पर वे नहीं मरे तो छोले की परात तथा भठूरे का तवा सड़क पर निकलवा कर वहाँ पर बेंच लगवा दी। अब परात उठवा कर चेयरिंग क्रॉस भिजवाने की कसर बाकी है।

ग्राहक अब भी नहीं आते हालाँकि वर्मा साहब मेज़ों पर *इलेस्ट्रेटेड वीकली, रीडर्ज़ डाइजेस्ट, फ़िल्मफ़ेयर* तथा दो-तीन डेली पेपर्स बिछा रखते हैं। कभी कोई भूला-भटका चाय पीने चला आये तो बैरा जग लिये हुए किचन के दरवाज़े से हिलता है, काउंटर पर जाकर पैसे माँगता है और दूध लेने बाज़ार चला जाता है।

मिस्टर वर्मा पिंजरे में बन्द शेर की तरह रेस्तराँ के अन्दर और बाहर चक्कर लगाते रहते हैं। रोगनजोश और साग-मीट अन्दर बनता ज़रूर है पर उसके खाने वाले अक्सर रात को वे आप और उनके लड़के-बच्चे ही होते हैं।

डलहौज़ी : 24.8.57

रात *ज्ञानोदय* का संस्मरण अंक देखते हुए सहसा स्वामी ज्ञानानन्द का चित्र मस्तिष्क में उभर आया।

तब हम बहुत छोटे थे। सातवीं क्लास से स्कूल छोड़कर संस्कृत पढ़ने के लिए 'प्राज्ञ' कक्षा में दाखिल हुए थे,। 'प्राज्ञ' के बाद 'ओनली इंगलिश' में मैट्रिक करना था। उन्हीं दिनों अचानक एक दिन एक बंगाली महात्मा पिताजी के दफ़्तर में आ गये। उन्होंने बताया कि वे बहुत कष्ट में हैं, कलकत्ता यूनिवर्सिटी में बी.ए.बी.एल तक शिक्षा पाये हुए हैं। और किसी की सहायता नहीं चाहते, कुछ काम करना चाहते हैं। अगर उन्हें कोई ट्यूशन-ऊशन दिला दिया जाये तो वे उपकार मानेंगे। पिताजी ने तुरन्त ही उन्हें हम लोगों को अंग्रेज़ी पढ़ाने के लिए रख लिया। मेरे अतिरिक्त मेरी बहन कमला और एक और लड़का जगदीश भी उनसे पढ़ने लगे।

उनकी अंग्रेज़ी बहुत अच्छी थी, इसमें सन्देह नहीं। पर वे बिना किसी टेक्स्ट बुक के पढ़ाते थे, इससे हमें बहुत दिक्कत होती थी। मगर न उनसे कुछ कह सकते थे, न उनकी शिकायत कर सकते थे। वे अपने चारों ओर अजब mystery का जामा ओढ़े रहते थे। दिन के लगभग दो बजे वे आते थे—हम लोग उनके आने से पाँच-दस मिनट पहले ही बैठक के कोने में अपनी कुर्सियों पर जम जाते थे क्योंकि वे समय के बारे में बहुत 'पंक्चुअल' थे, और जब कभी खुद लेट हो जाते थे तो हमारी क्लास पर एक हिकारत और शिकायत की नज़र डालकर पढ़ाने बैठते थे। यह कभी ही होता था, वैसे हर रोज़ ठीक वक्त पर उनकी आकृति, गेरुए कपड़ों में लिपटी, एक हाथ में कागज़ और दूसरे हाथ में कमंडल लिये सीढ़ियों से प्रकट होती थी। हम लोग सीधे हो जाते थे। वे आकर बैठते ही हमारे किये हुए काम की तलब करते थे। और हम कभी एक-दूसरे की स्पर्द्धा में कॉपियाँ आगे बढ़ा देते थे और कभी आँखें झुकाए एक-दूसरे की अपराधी भाव भंगिमा का अध्ययन करते रहते थे। उन्हें सबसे ज़्यादा शिकायत मुझसे होती थी क्योंकि काम करने के मामले में उनके शेष दोनों शिष्य अधिक फरमाबरदार थे। हर सप्ताह वे हमारा टेस्ट लेते थे और उन्हें इस बात से सख्त कोफ़्त होती थी कि टेस्ट में मैं कमला और जगदीश से अधिक अंक ले जाता था। वे कभी इसे 'फ़्लूक' कह देते थे और कभी यह कहते थे कि उन दोनों के कम नम्बर भी ज़्यादा हैं, क्योंकि उनकी अंग्रेज़ी की बैकग्राउंड कमज़ोर है और मेरे ज़्यादा नंबर भी कम हैं क्योंकि मैं पाँचवीं से सातवीं क्लास तक अंग्रेज़ी पढ़ चुका हूँ।

दसवीं के बाद कुछ दिन हम उनसे बंगला सीखते रहे। उन्होंने कलकत्ते से हमारे लिए 'राज भाषा' सीरीज की पुस्तकें मँगवायीं, बड़ी लगन और बड़े उत्साह से हमें पढ़ाया, पर हम 'आयी-ऊई' से आगे नहीं बढ़ पाये। हाँ, उनकी सिखाई हुई कुछ कविताएँ ज़रूर याद कर लीं, जो सम्भवतः उनकी अपनी ही रचनायें थीं—

शोनो रे पागलेर चेला!
पागल हौवा नय सामान्य,
देबेर मान्य पागल भोला।
आर एक पागल
बीर हनुमान
से जे
बुक चिरिये देखाए राम नाम
छिंड़िल मुकतार माला।

मुझे याद है कि उन्होंने हमें एक अपना रचा हुआ बंगला नाटक भी लिखाना आरम्भ किया था। पर जैसा कि अधिकतर साहित्यिक प्रवृत्ति के लोगों के साथ होता है, उन्हें हमारी वय और योग्यता और ग्रहणशक्ति का ध्यान नहीं रहता था। 'अज्ञता मने करूँ आपनी न बोलबेन न के बोलबे'—उनके नाटक का यही एक वाक्य जिस किसी तरह मेरी स्मृति में अटका रह गया है।

हमारे मैट्रिक का इम्तिहान दे चुकने पर एक बार वे निराश होकर कहीं चले गये थे, पर साल भर बाद, जब हमें 'ओनली इंगलिश' में इंटर का इम्तिहान देना था, फिर उसी तरह एक दिन नमूदार हो गये थे।

इस बार वे पहले से अधिक आध्यात्मिक बनकर लौटे थे या हमें वे पहले से अधिक अधिकारी समझने लगे थे। वे अनुवाद में हमें रोज़ 'बाबाजी और फ़कीर साहब' के उच्च कोटि के आध्यात्मिक संवाद लिखाया करते थे। जिनमें बाबाजी जिज्ञासा करते थे और फ़कीर साहब उत्तर देते थे। अधिकांश प्रश्न न हमारी समझ में आते थे, न उत्तर। हम किसी तरह सिर खुजला-खुजला कर उनके वाक्यों का शाब्दिक अनुवाद कर देते थे, जिससे उन्हें सख्त निराशा होती थी। वे हमारी ज़बान में वही फ़्लो देखना चाहते थे जो उनकी अपनी ज़बान में था और अन्त में झल्लाकार वे सारे अंश का स्वयं अनुवाद कर देते थे। अपना किया हुआ अनुवाद पढ़ते हुए उनके ओठों पर अनायास मुस्कराहट आ जाती थी। जब हम उनके अनुवाद की प्रशंसा करते थे तो वे हँसकर हममें से किसी एक की पीठ थपथपा दिया करते थे। और फैले हुए ओठों से जो एकाध वाक्य बोलते थे, उससे उनके मुँह का कुछ भाग कॉपियों के कागज़ों पर आ पड़ता था।

उन आध्यात्मिक प्रकरणों में जिज्ञासा करने वाले बाबाजी तो वे स्वयं हैं, यह हम जानते थे पर फ़कीर साहब कौन हैं? यह बात उन्होंने 'माई स्टोरी' में छिपा

रखी थी और हम उस सम्बन्ध में तरह-तरह से प्रश्न करके और अनुमान लगा कर हार जाते थे। आज समझ में आता है कि 'फ़कीर साहब और बाबाजी' एक ही व्यक्तित्व के दो पक्ष थे—पर तब हम फ़कीर साहब को देखने, उनसे बातें करने के लिए बहुत व्याकुल रहते थे। जब हम हठ करके उनसे कहते कि वे हमें किसी दिन ज़रूर फ़कीर साहब से मिला दें तो वे हँसकर टाल देते।

'बाबाजी और फ़कीर साहब' के संवाद इतने बढ़ने लगे कि उन्हें अनुवाद के लिए देना लगभग असम्भव हो गया। धर्म, संस्कृति, राजनीति, कोई विषय नहीं बचा था जिस पर उनके संवाद न होते। जब वे संवाद पढ़कर सुनाते तो हम मेज़ के नीचे एक-दूसरे को पैर मार रहे होते। परन्तु उन्हें अपनी उन रचनाओं में अधिकाधिक रस आने लगा था। इसलिए वे बाबाजी और फ़कीर साहब के संवाद काफ़ी विस्तार से लिखकर लाने लगे, जो वे हमारे पढ़ने के लिए छोड़ जाते। फुलस्केप के पन्ने बीच से आधे करके वे पेंसिल से उनके दोनों तरफ़ लिखते थे। जब वे दूसरे दिन हमसे उन संवादों के सम्बन्ध में सवाल पूछते तो हम एकदम कोरे-से एक-दूसरे की तरफ़ देखने लगते। कमला फिर भी किसी तरह उनका कुछ न कुछ अंश पढ़ लेती थी, जिससे मुझे और जगदीश को बहुत लज्जित होना पड़ता था। अब वे हम तीनों के लिए अलग-अलग संवाद लिखकर लाने लगे। हम रोज़ निश्चय करते कि आज के कागज़ ज़रूर पढ़ेंगे और कल मास्टर जी के आने पर बहन को मात देंगे, पर मास्टर जी के जाते ही खेल-कूद में कुछ इस तरह मसरूफ़ होते कि दूसरे दिन दो बजे ही होश आता कि मास्टर साहब कुछ लिखकर पढ़ने के लिए दे गये थे। मास्टर साहब अब बहन के लिए तो बीस-बीस शीट लिखकर लाते और हमारे लिए चार-पाँच। हम वे चार-पाँच शीट भी रोज़ अलमारी में तह लगाकर रख देते...। मास्टर साहब से यह ज़रूर कहते कि कभी हम वे सबके सब कागज़ एक साथ ही पढ़ेंगे, इसलिए वे हमारे लिए लिखकर लाया ज़रूर करें, क्योंकि इस बात में हमें बहुत हेठी लगती थी कि बहन को तो रोज़ इतने शीट्स मिलें और हमें एक भी नहीं।

अब मास्टर जी हमें लम्बे-लम्बे धार्मिक पैसेज़ अनुवाद करने के लिए लिखाया करते थे। हिन्दी से अंग्रेज़ी में अनुवाद करने के लिये वे कई बार पहले संस्कृत के श्लोक लिखाते, फिर उनके अर्थ और तब उनका अनुवाद करने के लिए कहते। धीरे-धीरे वे श्लोक *रामपंचाध्यायी* से अधिक लिए जाने लगे और मास्टर साहब आँखें बन्द किये 'सुरतवद्र्धनम्' इत्यादि लिख कर उसका अनुवाद हमें करने को देते। कुछ संस्कृत पढ़ चुकने के कारण कई श्लोक हमें बहुत अश्लील लगते और उन्हें लिखते-लिखते हमारे कान लाल होने लगते। मास्टर साहब बड़े इत्मीनान से हमें अर्थ लिखाने लगते—"मेरे श्याम सुन्दर का मधु अधर चुम्बन जिसके साथ रात्रि भर जागरण के कारण राधा का मुरझाया हुआ मुखमंडल भी खिला हुआ प्रतीत होता

है–मेरे उस श्यामसुन्दर का मधु अधर चुम्बन...''

एक दिन इस अधर चुम्बन के प्रकरण में ही हमारी दादी बैठक में आ पहुँचीं। उन्होंने रूखे स्वर में मास्टर जी को आदेश दिया कि वे बच्चों को यह सब पढ़ाने के बजाय कोई और चीज़ पढ़ाया करें। मास्टर साहब इससे बहुत व्यथित हुए और कई दिन उन पर अस्वाभाविक चुप्पी छायी रही।

हम तीनों को पढ़ाकर उन्हें महीने में कुल अठारह रुपये मिलते थे, जिनमें से शायद चार रुपये वे कोठरी का किराया देते थे और शेष से अपना गुज़ारा चलाते थे। क्योंकि उन्हें इसमें कठिनाई का अनुभव होता था इसलिए पिताजी के कन्या महाविद्यालय की एक अध्यापिका की ट्यूशन उन्हें और दिला दी–शायद छह या आठ रुपये पर। वह अध्यापिका विधवा थी और उसका नाम था श्यामा। एक मुहल्ले में रहती थी। मुहल्ले में पीढ़ियाँ बिछाकर बैठी हुई स्त्रियों के झुरमुट में से होकर मास्टर साहब उसे पढ़ाने जाते थे। वहाँ भी शायद उन्होंने अनुवाद के लिए कोई ऐसा ही पैसेज दिया तो क्या हुआ–एक दिन मुहल्ले में बवंडर उठ खड़ा हुआ। गली की स्त्रियों ने उन्हें देखते ही जली-कटी सुनाना शुरू किया और वे श्यामा के घर तक पहुँचने से पहले ही लौट आये। उस दिन वे बहुत उत्तेजित थे। संसार के प्रति उनकी विरक्ति जैसे उस दिन चरम पर पहुँच गयी थी।

वे बीमार हो गये। उनकी बीमारी के दिनों में मैं उनका खाना लेकर उनकी कोठरी में जाता और जगदीश वहीं रहकर उनकी सेवा करता। उन दिनों वे हम दोनों पर बहुत प्रसन्न हुए। उस गन्दी अँधेरी बदबूदार कोठरी में मैं जितनी देर रहता था, मेरा दिल घबराता था। पर कभी उनके लिए barley water तैयार करना होता था, इसलिए काफ़ी देर वहाँ बैठना होता था। उन दिनों उन्हें अपने हिलडुल न पाने और हमें पढ़ाने न आ पाने का बहुत खेद रहता था। इसलिए वे हम लोगों के लिए बाबाजी और फ़कीर साहब के लंबे-लंबे संवाद और हमारे नाम बड़ी-बड़ी चिट्ठियाँ लिखते रहते थे। उनका कहना था कि हम बड़े होने तक इन्हें अपने पास रखें और बड़े होकर पढ़ें। मैं चिट्ठियाँ वहाँ से तो बहुत सँभालकर लाता था पर घर आकर मुझसे गुम हो जाती थीं। जो कोई बची रहती थी, वह मैं अलमारी में रख देता था। मुझे इस बात का गुस्सा ज़रूर आता था कि बहन के कागज़ों का ढेर छह इंच मोटा हो गया है जब कि मेरा ढेर डेढ़ इंच मोटा भी नहीं है।

बाबाजी को अभी ज्वर आता था पर ज्यों ही उन्हें अपने में उठकर चलने लायक शक्ति महसूस हुई, वे फिर पढ़ाने आने लगे। हमारी परीक्षा निकट आ रही थी इसलिए हम भी विरोध नहीं कर सके। वे लगभग कराहते हुए-से कुर्सी पर आ बैठते और हम लोग कॉपियाँ खोल लेते। जो कुछ वे लिखाते हम लिखते जाते। वे हर आठ-दस मिनट के बाद पानी माँगते थे। लड़की उठकर पानी लाये यह उन्हें

गवारा नहीं था। इसलिए यह काम मुझी को सरअंजाम देना होता था। कई बार उठकर पानी लाने में मुझे बहुत कोफ़्त होती थी। इस पर वे खामोश शिकायत की नज़र से मुझे देखते थे और पानी माँगना बन्द कर देते थे। इस पर मैं खुद ही बीच में उठकर सिर झुकाये हुए पानी ले आता था। वे दो घूँट पीते और गिलास रख देते। फिर दो घूँट पीते और गिलास रख देते। दादी कहती थीं कि बीमार आदमी का गिलास अलग रखो। आखिर हमारी परीक्षा हो गयी। उन्होंने यह बहुत पहले ही घोषणा कर दी थी कि हमारी परीक्षा होते ही वे वहाँ से चले जायेंगे। एक दिन उन्होंने अपना कोठरी का हिसाब किया और अपना सामान बाँध लिया। उनका कहना था कि पहले हरिद्वार जायेंगे, फिर न जाने कहाँ!

जाने के दिन वे फिर हमें पढ़ाने आये। जाते हुए उन्होंने मेरे सिर पर हाथ फेरा, जगदीश को प्यार दिया और बहन के सिर पर हाथ फेरकर उसके गालों को सहलाया और 'माई चाइल्ड' कहकर आँखों में पानी भरे हुए सीढ़ियाँ उतर गये।

जाने के कुछ दिन बाद हरिद्वार से उनका पत्र आया कि वे ऋषिकेश जा रहे हैं—वहाँ से वे आगे पहाड़ों की तरफ़ निकल जायेंगे और कभी लौटकर नहीं आयेंगे। यदि सम्भव हो तो उनका बच्चा एक बार आकर उनसे मिल जाये...। पिताजी उन दिनों बीमार थे—फिर भी मैं एक मित्र को साथ लेकर हरिद्वार चला गया। वहाँ वे मिल गये। हरिद्वार जाकर गंगा तट पर घूमने और हर की पौड़ी की लीला देखने में अपना मन इतना रमा कि मास्टर जी की बात भूल गये। वे बारबार बुलाते तो कहीं एक बार मैं उनसे मिलने जाता। मेरा साथी उन दिनों मुझे स्त्री और पुरुष के गोपन सम्बन्धों की विशद जानकारी दिया करता था और तत्सम्बन्धी अपने अनुभव सुनाया करता था।

उन्होंने एक दिन निश्चित कर रखा था—शायद एकादशी का, जिस दिन उन्हें ऋषिकेश से लक्ष्मण झूला होते हुए गरुड़ चोटी की ओर निकल जाना था। उन्होंने हमें बताया था कि गरुड़ चोटी पर जाकर वे आमरण अनशन व्रत करेंगे। अब उनके हृदय में जीवित रहने की कोई अभिलाषा शेष नहीं रही। उस दिन हम उनके साथ ऋषिकेश तक गये। कार्यक्रम लक्ष्मण झूला तक जाने का था, पर बहुत थक गये थे और ऋषिकेश में बहुत कुछ था जो आँखों को खींच रहा था। इसलिए उन्हें वहीं से विदा कर देने का निश्चय किया। मेरा साथी उन्हें छोड़ने चला गया।

सायंकाल जब साथी के लौटकर आने का समय हुआ तो देखा कि वे भी उसके साथ ही लौट आये हैं—इस चिन्ता के कारण कि पीछे मेरी तबीयत ज़्यादा खराब तो नहीं हुई। उन्होंने कहा कि वे दूसरे दिन सवेरे वहाँ से अकेले चले जायेंगे।

रात हम लोगों ने धर्मशाला में काटी। बहुत खटमल थे, नींद ठीक से नहीं आयी। मास्टर जी और मेरा साथी दोनों सो गये तो भी मैं जागता रहा।

दूसरे दिन सुबह ही हम लोगों से विदा लेकर मास्टर जी गरुड़ चोटी की तरफ़ चले गये। हम लोग हरिद्वार चले आये।

उसके बाद उनका कोई समाचार नहीं मिला।

ज्ञानानन्द उनका केवल अपने को दिया हुआ नाम था। उनका असली नाम क्या था? वे बी.ए.बी.एल. करने के बाद घर से साधु का बाना पहन कर क्यों निकल पड़े थे? फिर कौन-सी हताशा उन्हें अनशन करके प्राण देने के लिए गरुड़ चोटी की तरफ़ ले गयी?

समय के पन्नों पर वह व्यक्ति कहीं भी तो नहीं है।

आज डेढ़ मील ऊपर बकरोटा जाकर तीन मील के बकरोटा राउंड पर घूम आये। वाटर वर्क्स के टैंक के पास से लक्कड़ मंडी की पगडंडी पर कुछ दूर जाकर–हलवाई की दुकान से चाय पी। कुछ पहाड़ी लोग और वहाँ चाय पी रहे थे। किसी भी पैदल यात्रा में इस तरह टूटी हुई बेंच पर बैठकर हिलती हुई मेज़ पर गिलासों या टूटे हुए प्यालों में काली केतली में उँडेली गयी चाय न पी जाये तो लगता है यात्रा अधूरी रही। वेसाइड की टूटी-फूटी दुकानों की चाय एक अजब ही नशा देती है।

बकरोटा राउंड के पिछले भाग में–अर्थात् ठंडी सड़क पर कितने घने वृक्ष हैं–देवदार, फर और कैल। तपस्वियों के इस एकान्त को साहब लोग क्यों पसन्द करते थे? दोनों में अन्तर इतना ही है कि तपस्वी इस एकान्त के एकान्त साहचर्य से सन्तुष्ट रह लेते थे और साहब लोग अपनी वैयक्तिक सुख-सुविधा के सब सामान साथ ले आते थे।

प्रभात के पास अन्दर बूँदें पड़ने लगीं। फिर नीचे उतरते हुए तेज़ बारिश आ गयी। किसी तरह भागते और भीगते हुए घर पहुँचे।

डलहौज़ी : 25.8.57

कितनी ज़ालिम रात है। हवा इतने ज़ोर से चल रही है, लगता है, किसी भी समय कमरे की छत उड़ जायेगी। सांऽऽऽऽ हू ऊऽऽऽ हररररऽऽ। वृक्षों की टहनियों को झिंझोड़ती और टीन की छतों को हिलाती हुई हवा दम भर के लिए खामोश होती है और फिर पूरे वेग और आवेश के साथ उमड़ पड़ती है। खिड़की के किवाड़ बार-बार खुलकर आवाज़ के साथ बन्द होते हैं। चिटखनियाँ टूटी हुई हैं, शीशे भी टूटे हुए हैं। हवा की चुभन रज़ाई में दुबककर बैठे हुए भी महसूस होती है। कमरे का वातावरण सिहर जाता है। मेज़पोश मेज़ों से उड़ जाना चाहते हैं। लैंप का शेड जैसे ठिठुर रहा है। बाहर बूँदें भी पड़ रही हैं। आज तो सारा दिन ही बारिश रही इसलिए अभी थोड़ी देर पहले हावर्ड व्हिस्की के साथ एक मुर्ग उड़ा गये। अश्क मिस महाजन के यहाँ से होकर आये थे, इसलिए ज़रा मूड में थे। दोनों तरफ़ से कॉन्फिडेंसेस का आदान-प्रदान होता रहा।

र...का दिल-गुर्दा सचमुच कितना बड़ा रहा होगा? आज जब वह दूर चली गयी है तो मुझे और ज़्यादा महसूस होता है कि इस लड़की में अपना ही एक बड़प्पन है, जो उसे साधारण की भूमि से, एक विशेष दिशा में कहीं ऊँचा उठा देता है।

सोमेश चौधरी कभी-कभी मुझे उकता देता है। यह आदमी अभी तक कई कई तरह की गलतफ़हमियों का शिकार है। वह गलत जगह गलत ढंग से अपने को assert करने की कोशिश करता है। मुझे बहुत वितृष्णा होती है। यही एक शख़्स है जिसका हित मैंने दिल से चाहा है, जिसे ऊपर उठाने की कोशिश दिल से की है पर यह शख़्स न जाने क्यों कभी-कभी...और कभी-कभी क्यों, अक्सर ऐसा व्यवहार करता है। मुझे दुःख होता है, खेद भी होता है—परन्तु मैं इस शख़्स को इसके complexes से क्योंकर बाहर निकाल सकता हूँ?

यह शीत की सिहरन, यह शराब का नशा और यह असम्भावित भविष्य... जीवन के ये क्षण कितने मार्मिक हैं? वर्षों के बाद लगता है कि जी रहा हूँ और अपनी सत्ता से छिपा हुआ नहीं हूँ। पिछले साल इन दिनों पहलगाम में था और इन्हीं दिनों शायद गवर्नमेंट कॉलेज में मोहन चोपड़ा से लड़ाई हुई थी। He certainly is a weak man and suffers from a terrible inferiority complex.

But I am much more at peace with myself than I was a year back.

यह हवा तो जैसे प्राण ही ले लेना चाहती है। सर...र...अर र रर... र...हुऊ...ऊ ...सर...र...र...वर्षा और हवा...हवा और वर्षा...मुझे उन घाटियों की कल्पना से रोमांच हो आता है। जहाँ कभी मानवी चरणों ने प्रवेश नहीं पाया, शायद जानवरों के पैर भी वहाँ नहीं पहुँचे जहाँ घनी हरियाली है, वृक्षों की पुरानी जड़ें धरती से बाहर फूट रही हैं और जहाँ यह हवा, और मनहूस एकान्त इसी तरह हु...ऊ...की आवाज़ करती हुई गूँज रही है और वर्षा पड़ने पर टप-टप की आवाज़ करती जान पड़ रही है। मुझे बरसाती सर्दी की रातें याद आती हैं जब अपने गंडावाला बाज़ार के घर के निचले कमरे में हम रज़ाई में दुबक जाते थे, पापा कोई कथा या वार्ता सुनाते थे, बहन व्याकरण पढ़ती थी, अम्माँ चाय बनाती थी—दूध में घूँट भर कढ़ी हुई पत्ती का पानी डालकर बनाई गई चाय, जिसमें मलाई, पिस्ता और बादाम पड़े रहते थे। वह कमरा, वह कोना, वहाँ अपना आप कितना सुरक्षित लगता। और आज उस सुरक्षितता की कल्पना से ही मन बिदक उठता है। 'Today I love wilderness, I love vastness, I love adventure and I love limitlessness.'

हवा के साथ हल्की-हल्की चूरा हुई बूँदें भी मुँह-सिर को छेड़ जाती हैं, लगता है, यह तूफ़ान सारी रात रहेगा।

डलहौज़ी : 27.8.57

दोपहर को बाल कटाये और दिन भर तबीयत उदास रही...

डलहौज़ी : 28.8.57

दोनों तरफ़ की घाटी में जब बादल भरे रहते हैं या घाटी में धूप चमकती है और ऊपर स्लेटी, सुरमई, सफ़ेद और ताँबई बादल छाये रहते हैं तो हवा की गति से निरन्तर बदलते हुए चित्रपट का हर क्षण सुन्दर लगता है। अपनी अनायासता में बनते हुए वे रंगों और रूपों के मिश्रण किसी-किसी क्षण तो चेतना को स्तब्ध कर देते हैं। जो आँख रंगों को उनके साम्य और वैषम्य में देख लेती है, वह क्षणानुक्षण की इस रूपमाधवी पर विस्फारित होकर रह जाती है।

प्रकृति के इस रूप वैभव के सामने कला अपनी अनुरणात्मकता में कितनी सीमित और तुच्छ प्रतीत होती है। और प्रकृति की सजीवता, जिसे अनुकृति कभी प्राप्त नहीं कर पाती—वे कम्प अनुकम्प, वह गति अगति, वह मूर्त अमूर्तता, अस्पृश्य कोमलता...बादल पानी से बोझिल होते हैं। फिर भी स्पर्श में कितने कोमल, कितने लघु चरण, कितने वायव्य...

और हर कदम दृश्य विस्तार को नया कोण और नया रूप दे देता है...

जालन्धर : 30.8.57

दिन भर के सफ़र और गर्मी के कारण सख़्त सिरदर्द हो रहा है। अभी-अभी काफ़ी देर घड़ी की वजह से परेशानी रही। घर-गुसलखाने में छोड़ गये थे, लौटने पर न वहाँ मिली, न कमरे में अन्यत्र कहीं—फिर सारी दुनिया में ढूँढ़ते फिरे। आखिर पता चला कि पीछे जो सरदार लोग घर में रह रहे हैं, उनमें से एक ने उठाकर रख ली थी। नहीं तो रात भर एक सिरदर्द के साथ दूसरा और सिरदर्द रहता।

जालन्धर : 31.8.57

ख...के घर जाने पर पता चला कि उसकी माँ की मृत्यु हो गयी है।

प्रो. सोहनलाल शर्मा और आर.एन. चोपड़ा की वहाँ उपस्थिति के कारण ज़्यादा बात न हो सकी। औपचारिक संवेदना के चन्द शब्द कहकर चले आये। दोपहर बियर शॉप में कटी थी और बियर पिये हुए ही कहानी रिकॉर्ड करा आये थे—इसलिए वहाँ यह कांशयसनेस रही कि साँस और उसका चेहरा कहीं betray न कर दे।

रात मोती देर तक प्रेमी के किस्से सुनाता रहा कि पीछे मियाँ-बीवी में किस तरह ठनती रही है और सुदर्शना किस तरह लोगों के सामने शेखी बघारती है और एक दिन टेलीफ़ोन पर उसकी दुर्गत करती रही है और अब उसे अपने अँगूठे के नीचे किये है।

रात बख्शी के यहाँ सोये। बारह बजे तक उसका इन्तज़ार करके घोड़े बेचकर पड़ गये।

डलहौज़ी : 1.9.57

सुबह उठकर पता चला कि बख्शी बेचारा घंटा भर किवाड़ खटखटाता और गली से आवाज़ें देता रहा जिससे सारी गली जाग गयी पर अपनी नींद नहीं खुली।

उठने के बाद निश्चय किया कि डलहौज़ी जाकर सामान उठा लायें और चल दिये।

रास्ते में Elya Ehrenburg का उपन्यास *दि थॉ* (*The Thaw*) पढ़कर समाप्त किया। सोचता हूँ, जितनी पुस्तकें पढ़ी जायें, उन पर अपने कमेंट्स एक अलग डायरी में लिखे जायें।

जालन्धर : 16.9.57

कुछ दिन डलहौज़ी में अव्यवस्थित रहे, कुछ दिन फिर जालन्धर आकर। डलहौज़ी में वर्षा से बहुत बोर हुए। अश्क जी की वजह से भी खासी परेशानी रही। रुपये-पैसे के मामले में मैंने ऐसा जटियल आदमी बहुत कम देखा है। आप चाहते हैं कि दूसरा अपने घर में तो इन पर खर्च करे ही, इनके घर में भी इन पर खर्च करे। अपना खर्च किया हुआ हर पैसा आपको याद रहता है, पर दूसरे के खर्च किये सैकड़ों को आप बड़ी सुविधा से भूल जाते हैं।

आने के समय नौकर के बीमार हो जाने से उसे पीछे छोड़ आना पड़ा। बाद में सोमेश ने उसे जिसकी देखरेख में भेजा, वह लड़का भी उससे ज़्यादा बड़ी उम्र का नहीं था।

जालन्धर आकर घर ठीक किया, पिछले बरसों के जमा कागज़ों की जाँच-पड़ताल की। कई टोकरी रद्दी कागज़ फेंके—शेष कागज़ों को व्यवस्थित किया। कमरे ठीक किये, किताबें दुरुस्त कीं। कोशिश की कि सब जाले उतर जायें।

इस बीच राजकमल प्रकाशन से तीन पुस्तकों के प्रकाशन का तय कर लिया—*जानवर और जानवर*—*कुत्तोंवाली गली*—*साहित्य का मार्केट*।

पठानकोट से जालन्धर आते हुए रास्ते में एक खास कैरेक्टर मिला।

जालन्धर : 17.9.57

वीणा लन्दन से लौट आयी है। र...मद्रास से लौट आयी है। शीला आगरा से अलीगढ़ चली गयी है। ख...अपनी माँ के फूल प्रवाहित करने हरिद्वार गयी है। परसों दोपहर को उ...घंटे-डेढ़ के लिए आयी थी। आज उ...और न...दोनों आयीं।

जालन्धर : 18.9.57

अपने से शंका होती है।

क्या सचमुच मैं 'वह' हूँ, जिसकी कभी अपने से आशा होती थी और जिसकी कुछ दूसरे अब भी आशा रखते हैं? कभी-कभी अपनी योग्यता और genuineness पर बहुत सन्देह होता है। लगता है, यह सब बाहरी आडम्बर है—अपने को और दूसरों को छलने की एक विडम्बना मात्र है। अपने लिखे से और लिखने की इच्छा से वितृष्णा होती है। क्या सचमुच मुझमें वह है, जो इस कार्य के लिए होना चाहिए?

कभी-कभी बियर की एक बोतल की बेहद ज़रूरत महसूस होती है। अपनी इस कमज़ोरी से क्यों कर छुटकारा पाया जा सकता है?

गिरधारी के नाम लिखे हुए अपने कई पत्र पढ़े जो उसने चार साल पहले भेजे थे, क्या मैं वही इन्सान हूँ या बदल गया हूँ?

मैं अपने घर में अपने विवाहित जीवन का कोई भी निशान नहीं रहने देना चाहता। मेरे मन का एक कोना मेरी इस नृशंसता की आलोचना करता है। लेकिन उस आलोचना का मुझ पर कोई प्रभाव नहीं पड़ता। मैं जो कुछ कर रहा हूँ, अपने जीवित रहने के हित में ठीक कर रहा हूँ। आज सम्बन्ध विच्छेद के इतने दिन बाद भी मैं निश्चित रूप से कह सकता हूँ कि दाम्पत्य में जो साहचर्य चाहिए, वह हम दोनों में कहीं नहीं था—कोई भी परम्परापेक्षिता नहीं थी। यह एक दुर्वह स्वप्नछाया थी, जिसे हट जाना ही चाहिए।

गिरधारी को बहुत दिनों बाद कल एक लम्बा पत्र लिखा है। यूँ, अपने में लगता है कि ज़िन्दगी के एलबम में अपने कोने निश्चित होते जा रहे हैं। क्या यह सच है?

वीणा को पत्र लिखा है। क्या वह उत्तर देगी?

जालन्धर : 19.9.57

आज शाम को प्लाज़ा के बाहर लाज मिल गया—लाज अर्थात् लाजपतराय—पीस काउंसिल का भूतपूर्व सेक्रेटरी और अब—नेशनल कॉलेज, पटियाला का एक अदना इकोनॉमिक्स का प्रोफ़ेसर।

पहले प्लाज़ा में बैठे रहे। फिर बियर शॉप चले गये, लाज से कुछ आन्तरिक बातें हुईं। लाज ने अपने कम्युनिस्ट पार्टी से अलग होने का किस्सा सुनाया। मैं अर्से से हैरान था कि यह आदमी सहसा पीस काउंसिल के सेक्रेटरी से एक प्रोफ़ेसर कैसे हो गया—खास तौर पर वियना और वार्सा में यूथ फ़ेस्टिवल में हो आने के बाद। लाज ने वही हिस्टरी सुनायी जो पहले मैं और लोगों के मुँह से सुन चुका हूँ। अपने रूस के ट्रिप में लाज ने जो कुछ देखा, मानवीय भावनाओं का जो रूप और नौकरशाही, जो करिश्मा...उससे उसे अपनी वर्तमान पार्टी लाइन से वितृष्णा हुई, आन्तरिक मतभेदों के कारण उसने पार्टी की होलटाइम मेम्बरशिप छोड़ दी

और—नौकरी कर ली। अब उसकी माँ ज़िद कर रही है कि उसे शादी कर लेनी चाहिए। लाज को अपनी शादी का किस्सा सुनाया। लाज ने जो कुछ बताया उससे मन की वितृष्णा और बढ़ गयी। कुछ लोग इतने अन्धविश्वासी हो जाते हैं कि एक विचार—बल्कि विचार का एक रूप उनके लिए धर्म बन जाता है। जो बात कट्टर सम्प्रदायवादियों के लिए सच है, वही साम्यवादियों के एक बहुत बड़े गिरोह के लिए भी सच है। इतना पक्षगत चिन्तन किसी भी समुदाय को विकास की दिशा में नहीं ले जा सकता।

होशियारपुर के श्री रत्नचन्द को रेडियो नाटक *कर्फ़्यू* भेज दिया। शीला का पत्र आया था—नीत के ऑपरेशन और पुरानी चीज़ों के बारे में। उसका उत्तर भी भेज दिया।

दोपहर को र...की प्रतीक्षा थी। उसके न आने से बहुत कोफ़्त हुई। सम्भव है वह कल सुबह आये।...वीणा ने पत्र का उत्तर नहीं दिया।

जालन्धर : 20.9.57

कमरे में बेइन्तिहा कीड़े उड़ रहे हैं और उनकी वजह से खासी परेशानी है। एक हरफ़ लिखना हराम हो रहा है।

आज 'काला घोड़ा' शीर्षक कहानी के तीन पृष्ठ टाइप किये। कल जैसे भी हो इस कहानी को पूरा करना होगा। वर्ना मुसीबत होगी। सोमवार तक प्रेमी को नाटक भी पूरा करके देना चाहिए।

जालन्धर : 21.9.57

मैं क्यों रोज़-रोज़ बियर पीता हूँ? क्यों पीता हूँ आखिर? आज शाम को घर से निकला तो ऐसा कोई इरादा नहीं था लेकिन फिर भी...

सबेरे र...आयी थी। बाद दोपहर उ...आयी। ये दो लड़कियाँ अपनी-अपनी जगह उस सारे समुदाय से बेहतर हैं जिसे मैंने आज तक जाना है। दोनों ही intelligent नहीं हैं मगर—दोनों में गज़ब की sincerity है। र...ने ज़्यादा दुनिया देखी है फिर भी उसमें ज़रा cunningness नहीं है। उ...यौवन के पहले चरण की मस्ती के बावजूद बेहद मासूम है—बिलकुल एक बच्चे की तरह बातें करती है और एक बच्चे की तरह ही शरारतें करती है।

न...को अभी ठीक से नहीं समझ पाया। आज उसने उ...के हाथ शीशे की कटोरी में आम का मीठा अचार भेजा है। उस दिन बता गयी थी कि किसी कर्नल से उसकी शादी हो रही है। फिर भी उस लड़की को वो ही किचन ढंग की ज़िन्दगी का कुछ मोह है अवश्य।

शाम को प्रेम जोशी ने बताया कि सुदर्शना ने प्रेमी की नकेल बुरी तरह अपने हाथ में कर रखी है। एक दिन जोशी को डाँटती रही कि वह उसकी हुक्म-उदूली

क्यों करता है। एक दिन मोती से कहती रही कि इस शख़्स को अब मैं आसानी से नहीं छोडूँगी। जो मेरे-उसके ताल्लुकात रह चुके हैं, उनके बाद यह मुझसे शादी करे या मेरा कैरियर बनाए—यह यहाँ से बदली भी करा ले तो भी मैं इसे ऐसे नहीं छोडूँगी—जहाँ यह जायेगा, वहाँ मैं इसके साथ जाऊँगी!

पुअर प्रेमी!

मैं अपने वर्तमान से मुक्ति चाहता हूँ और यथाशीघ्र।...लेकिन इसकी सम्भावना कब तक है। बहुत बार अपनी नपुंसकता पर बेहद खीझ आती है।

जालन्धर : 22.9.57

सवेरे से *काला घोड़ा* पूरा करने के पीछे पड़े हैं—पर अभी मंज़िल बहुत दूर नज़र आ रही है। तहैया तो है रात एक बजे तक बैठने का। देखें...

जालन्धर : 24.9.57

कल कॉलेज खुला और अपने सम्बन्ध विच्छेद के बारे में पहली whisperings सुनीं। कुछ लोगों ने रस लेते हुए सवाल भी किये।

शाम को इरादा था ड्रामा लिखने का, पर बियर शॉप जाकर धुत हो गये। लौटे तो सुबह होश आया कि कहाँ हैं।

आज सुबह से ड्रामे के पीछे पड़ गये।...अब मँझधार में हैं। रात को बारह एक बजे तक बैठेंगे।

परसों रात को लम्बी सिटिंग लगाकर कहानी पूरी कर दी थी। सवेरे उसका टाइटल बदलकर *काला घोड़ा* से *काला रोज़गार* कर दिया।

आज राजेन्द्र यादव ने *एलबम के दाम* का जो प्रशंसा-पत्र भेजा है, उसने दिमाग खराब कर दिया।

जालन्धर : 27.9.57

ऐसी मुसीबत कभी नहीं ढोयी जैसे *कुँवारी धरती* लिखने में ढोयी है। 24 को सारा दिन काम किया—आधा नाटक लिखा—25 को सुबह प्रेमी को भेज दिया। 25 को पूरा करते, पर पिक्चर देखने उठ गये। घर आने पर सोमेश चौधरी मिल गये—रात नौ के बाद लिखना शुरू किया—एक बजे सोये—फिर जाग गये—सवेरे नौ बजे नाटक पूरा होकर चला गया।

अभी थोड़ी देर में ब्राडकास्ट है!

कल न...के घर में दीवारों पर लगी हुई और vases में लगाई हुई टहनियाँ बहुत खूबसूरत लगीं।

परसों कॉलेज से आते हुए एक हिन्दी रक्षक आर्यसमाजी भद्रपुरुष रिक्शा

में साथ थे। आप हिन्दी रक्षा आन्दोलन के सम्बन्ध में घोर चिन्ता और व्यस्तता प्रकट करते रहे, पंजाब गवर्नमेंट, सेंट्रल गवर्नमेंट तथा सिखों को गालियाँ देते रहे—कहते रहे कि यह आन्दोलन हिन्दुओं के लिए जीने-मरने का सवाल है!

कुछ देर में अपने लड़के-लड़कियों की शिक्षा की बात करने लगे। बताने लगे कि एक लड़की फ़र्स्ट ईयर में दाखिल हुई है—दूसरी एम.ए. करेगी।

"आपके कॉलेज में किस-किस सब्जेक्ट का एम.ए. है?" आप बोले, "अभी मैं सोच नहीं पाया कि लड़की को जालन्धर ही दाखिल कराऊँ या होशियारपुर?"

"हमारे यहाँ इकोनॉमिक्स है।

"अच्छा!"

"पॉलिटिक्स है।"

"अच्छा!

हिस्टरी या इंगलिश नहीं है?"

"नहीं! पर मैथेमेटिक्स है। हिन्दी है...।"

"हिः!" आपने मुँह बिचकाया, "हिन्दी नहीं। हिन्दी में क्या फ़्यूचर है?...दैट्स नो सब्जेक्ट..."

रात बख़्शी ने बताया था कि ज्ञान काश्मीर मेल से दिल्ली जा रहा है सो उससे मिलने स्टेशन चले गये। वह साला आज भी ज्यों का त्यों लगता है—एज़ ब्राइट एंड फ्रेश एज़ एवर!

'कुँवारी धरती'—प्रोडक्शन बुरा नहीं था।

जालन्धर : 30.9.57

अट्ठाईस का दिन कॉलेज और बियर शॉप में बीता।

उनतीस का दिन घर में रमी खेलते हुए और सलूजा के घर व्हिस्की पीते हुए।

तीन पैग पीकर किसी पादरी की आत्मा अपने में आ समायी और मोती और जोशी को बाकायदा एक सर्मन दे दिया। डेढ़ पैग और पीकर पेट सिर को आ गया।

सवेरे सलूजा के घर में ही नींद खुली।

रात को ग्यारह-साढ़े ग्यारह बजे मिसेज ल्यूकोना ने सलूजा का दरवाज़ा खटखटाया और ल्यूकोना को ले गयीं।

आज दिन भर टाँगों और बाँहों में दर्द होता रहा।

थोड़ी देर पहले सोमेश चौधरी तशरीफ़ ले आये।

आपने एक ऐसी बेहूदा बात की कि सिर भन्ना गया।

आज रात को कुछ लिखने-पढ़ने का इरादा था जो काफ़ूर हो गया।

अब वे महाशय बाहर निद्राग्रस्त हैं और बन्दा अन्दर कुढ़ रहा है।

सवेरे ये फिर पैसे माँगेंगे। तीस रुपये इन्हें उस दिन चंडीगढ़ जाते समय ल्यूकोना से लेकर दिये थे।

ये मेरे अज़ीज़ मेहमान कभी मुझे पढ़ने की कोशिश क्यों नहीं करते?

अब मुझे सो जाना चाहिए।

I must keep up my promise with Sharad Deora and send him a story by day after tomorrow.

यह अच्छा है कि कल-परसों और तरसों छुट्टी है।

जालन्धर : 1.10.57

एक रुटीन दिन–*आशा* नाम की पिक्चर देखने गये। हिन्दुस्तानी प्रोड्यूसर इस कला की सम्भावनाओं का सही उपयोग करना न जाने कब सीखेंगे?

Frankness can be interpreted as cheapness sometimes. I become very frank at times, which I should not do.

Tomorrow I meet the Principal and tomorrow, it should be decided if I continue at the present job.

जालन्धर : 3.10.57

कल दोपहर को भाभी का पत्र और तार मिला। स्टेशन पर भाभी को रिसीव करके बाहर आकर रिक्शा में सामान रखते हुए देखा–वीणा अपनी बेटी के साथ पास ही खड़ी है। वह भी उसी गाड़ी से आयी थी। देखने में पहले से स्वस्थ और कदरे बड़ी मालूम हुई।

रात को दो बजे तक बातें करते रहे। मेन टॉपिक्स थे शीला और उमा।

लगभग सोये ही नहीं। सोये तो पौने पाँच बजे जागे जब कश्मीर मेल के पकड़ने की कोई सम्भावना नहीं रही थी।

भाभी आठ पैंतीस की बस से गयीं।

बस स्टॉप से एवरेस्ट चले गये। नरेन्द्र से उसके विवाहित जीवन के सम्बन्ध में बातचीत हुई। जो-जो अन्देशा था, वह सब सच निकला।

लाज के साथ *Desiree* देखने गये–यूँ बैठे-बैठे सो जाने को मन हो रहा था।

दोपहर को उ...आयी तो उसे वस्तुस्थिति का ठीक परिचय देने का प्रयत्न किया।

उसके जाने-जाने तक प्रोफ़ेसर रत्नचन्द चले आये और दो प्रोफ़ेसराना बातें करके चले गये।

फिर सो गये और दो-अढ़ाई घंटे सोये रहे।

जालन्धर : 9.10.57

जब घटा घिरने लगती है तो घिरी ही आती है और जब घटने को होती है तो सहसा ही सब कुछ निर्मल हो जाता है।

इन दिनों में कुछ ऐसा ही हुआ है। मन कितना भरा-भरा-सा प्रतीत होता है।

वीणा आकर तीन-चार दिन रही। भाभी के जाने के अर्थात् दशहरे के दूसरे दिन वह डॉ. मदान के साथ आयी। उस दिन पहले कुछ औपचारिक बातें होती रहीं। उसकी बच्ची घर भर की चीज़ों की तोड़-फोड़ करती रही। बहुत चंचल और शोख है उसकी बच्ची। डॉ. मदान कुछ देर में चले गये। फिर वीणा के चेहरे की वही अभ्यस्त मुद्राएँ देखने को मिलीं। ...वह लन्दन की बातें सुनाती रही...कि वहाँ की पत्थर की इमारतों, कोलतार की सड़कों और कुहरे से आच्छादित आकाश के नीचे उसे लगता था कि वह एक graveyard में घूम रही है। वह कभी-कभी शाम को पार्क में चली जाती थी। सुरेश के साथ वही द्वन्द्व चलता था क्योंकि सुरेश को पार्क के बजाय थियेटर में शाम बिताना अधिक रुचता था...वह संशयित दृष्टि से मुझे देखती थी...उसके ओठों से अधिक बातें उसकी आँखें कह डाल रही थीं...

उसके बैठे-बैठे लाज आया। वह उसके पति का पुराना दोस्त निकला। फिर मेंहदीरत्ता का विद्यार्थी शौनक आ गया।...फिर डॉक्टर मदान आ गये और वह चली गयी।

दूसरे दिन सुबह से ही बहुत व्यस्त रहा। *सुप्रभात* के लिए कहानी पूरी करके भेजी। इस बीच र...आ गयी और आध घंटे के बाद चली गयी। कॉलेज जाते हुए ट्रेनिंग कॉलेज वोट देने गया। कॉलेज में दो पीरियड पढ़ाये और—जब घर आया तो बहुत थक गया था। खाना खाकर लेटा था कि वह फिर आ गयी।

काफ़ी देर बातें होती रहीं। वीणा ने अपने आप को और स्पष्ट किया। उसने संकेत से बताया कि वह इस बार आशा छोड़ आयी है—पहले अदन से पत्र लिखने लगी थी, पर इसलिए नहीं लिखा कि मैंने कहा था कि...

और जो मैंने कहा था, वह झूठ नहीं था। मैंने उसे उसके जाने के बाद पत्र में लिखकर स्पष्ट भी कर दिया है। जिस प्राप्ति का तब मुझे मोह था, वह आज प्राप्ति नहीं रही। आज स्थिति बदल गयी है। आज उस पुराने धरातल की स्वीकृति अपनी ही अवमानना है।

उसने कहा था कि उसने सब कुछ कह दिया है। जाते हुए रिक्शा में बैठकर उसने बच्ची से हाथ मिलाने के लिए कहा था और स्वयं मेरा हाथ दबा दिया था। मैंने समझा था कि अब वह नहीं आयेगी।

...राजेन्द्र यादव की किताब *जहाँ लक्ष्मी कैद है* आज ही आयी है। मन है, पर पढ़ नहीं पाऊँगा।

नीत की तस्वीरें सामने हैं। मुझे इस बच्चे से कितना प्यार है, फिर भी...

जालन्धर : 17.10.57

दिन पर दिन बीतते जाते हैं। बहुत बार अपने में निरर्थकता की प्रतीति होने लगती है, क्योंकि चाहते हुए भी कुछ किया नहीं जाता—परन्तु करने की उत्कट कामना और न कर पाने का असन्तोष ही अपने को आश्वासन देते हैं। यूँ, अभी मुक्ति का प्रभात ही है। 10 सितम्बर, सन् 57 की शाम तक ज़िन्दगी कितनी tension में बीती है...। अब से नियमित काम न भी हो कम से कम वह बेबसी तो नहीं रही।

सात दिन—या आठ दिन—9 की शाम से 16 की रात तक अश्क दम्पति के साथ इस तरह बीते कि अपने लिए अपने पास समय ही नहीं रहा—यूँ जैसे कोई पीछे से आँखें मूँद ले और तुम्हें आगे चलाता जाये पर देखने का अवसर न दे। इन दिनों में केवल खाया और जिया है—यद्यपि भाभी का स्नेह बहुत बार खला को भर देता रहा है। भाभी की उपस्थिति अश्क के व्यवहार को भी बदल देती है—तब उनमें वह संकीर्णता नहीं रह जाती।

उन लोगों ने अपने काम पूरे कर लिए—कोऑपरटिव बैंक से 14 तारीख को कर्ज़ा ले लिया और इन्द्रजीत और शशि के झगड़े को निपटाने का प्रयत्न कर लिया। उस प्रयत्न की सिद्धि कुछ नहीं हुई।

कल स्टेशन पर सत्यप्रकाश सेंगर से मुलाकात हुई। निहायत दुनियादार किस्म का आदमी प्रतीत हुआ—मीठा और मिलनसार। ज़्यादा बात नहीं हो पायी।

भाभी का रवैया स्वर्ण के प्रति इस बार बदला हुआ था—क्योंकि स्वर्ण का रवैया नरेन्द्र के प्रति बदला हुआ था।

आज दिन भर सोये रहे। अब नींद नहीं आती। इस मर्ज का कोई इलाज नहीं। आधी रात तक नींद नहीं आयेगी। सुबह सिर भारी होगा। दोपहर को नींद आयेगी और रात को फिर आँखें खुली रहेंगी।

एक सिगरेट पिया जाये। फिर सोचेंगे कि नींद का क्या उपाय करें।

जालन्धर : 29.11.57

एक महीना और बारह दिन का व्यवधान।

बहुत बार सोचा कि डायरी लिखें, मगर हर बार मन कहता कि हटाओ, क्या रोज़-रोज़ का गोरखधन्धा गले में डाल लिया है? छोड़ो जी, अभी तो सिगरेट पियो, फिर लिखना।....या अभी तो बाहर चहलकदमी करो, फिर सही।

मगर इतने दिनों में ज़िन्दगी तो रुकी नहीं रही। बल्कि काफ़ी तेज़ी से काफ़ी कुछ बदला है, या बदला नहीं, स्पष्ट हुआ है।

कॉलेज छोड़ दिया है—मतलब त्यागपत्र स्वीकार हो गया है—officially रिलीव 31 दिसम्बर को होंगे। इस प्रकरण में प्रिंसिपल को और नज़दीक से देखने और समझने का अवसर मिला है। ...वह आदमी कहीं किसी पार्श्व में इन्सान भी है, यह विश्वास करना कठिन प्रतीत होता है। वह मशीन भी नहीं है, क्योंकि मशीन प्रवंचना तो नहीं करती। वह मशीन युग के कूड़े का मूर्तिमान रूप है—सोचता कुछ है, कहता कुछ है, करता कुछ है। काफ़िर ए ज़हन्नुम रफ़्त! अब चन्द दिन—या चन्द महीने—ज़िन्दगी के मशीनी ढर्रे से निजात पाकर जिएंगे।

...हाँ, आर्थिक स्थिति कुछ ज़रूर उलझायेगी—मगर वह तो आगे की बात है। यूनिवर्सिटी स्कॉलरशिप से दाल-पानी का खर्चा तो निकलेगा। सोचा था, वरीन भाई अपनी जगह पर स्थिर रहे होंगे, मगर आप भी वहाँ से भटक चले। अब नये सिरे से बम्बई में आकर सिलसिला भिड़ायेंगे।

...और रमेश पाल के आने पर लम्बी-चौड़ी स्कीमें बनाई थीं कि मिलकर पत्रिका निकालेंगे, और (दूसरे alternative के रूप में) साथ-साथ विलायत जायेंगे। पैसा दोनों में से किसी के पास नहीं—और स्कीमें ऐसी पर्फ़ेक्ट बनाईं कि कहीं कमी या कमज़ोरी नहीं।...विलायत जाने की स्कीम अभी तक दिमाग में है।

...लेखकीय मंच पर ज़िन्दगी कुछ और आगे बढ़ी है। प्रोफ़ेशनल हुए बिना चारा नहीं दिखता...

अब इस चिन्ता से परेशान हैं कि इलाहाबाद के लेखक सम्मेलन के लिए कहानी के सम्बन्ध में एक लेख लिखना है।

आने वाले कल की प्रतीक्षा है, और आने वाले परसों की...।

इतने दिन निकल गये और कुल इतनी-सी ही तो बातें हुईं।

जैसे तेज़ रफ़्तार का अमल लगा गया है।

जालन्धर : 30.11.57

वह आने वाला प्रतीक्षित 'आज' नहीं आया। उसकी जगह एक घिरी हुई सी उदास शाम, जो अपने से छिप-छिपकर रहने के प्रयत्न में बीती। और अब रात—जो धकेल कर ज़िन्दगी को पगडंडी-खाइयों की ओर जाती हुई पगडंडी—से सड़क पर लाने के लिए प्रयत्नशील है।

...अब मैं उस स्वप्न—या दुःस्वप्न—को प्रश्रय नहीं दूँगा।

परन्तु अपनी अबोधता में या खिलवाड़ में (जाने?) उसने मेरे साथ कितनी ज़्यादती की है?

...फिर भी मुझे विश्वास है कि ज़िन्दगी हमवार सड़क पर आ जायेगी, उसे

पहिये भी लग जायेंगे और वह तेज़ रफ़्तार से आगे बढ़ेगी।

ज़िन्दगी की सार्थकता इसी में है कि पराजय भी आगे जाने की उतनी ही प्रेरणा दे, जितनी विजय दे सकती है।

I love life.

The people we love are just the symbols of LIFE.

Persons can betray you, but not LIFE.

Secret of life lies in keeping alive in all situations.

I know that I shall not forget—but I shall not split up either.

A greater push—a greater effort—yes !

It should not turn out to be for the worse—but for the better.

जालन्धर : 2.12.57

सुबह उठे तो गले से आवाज़ आ रही थी, जैसे ढोल फट गया हो...बुड्ढों की तरह धौं-धौं करते रहे।

कॉलेज में क्लास के अन्दर जाने तक पढ़ाने का ज़रा मूड नहीं था। गये तो पढ़ाने लगे। फिर परिषद् की मीटिंग में भी बैठे रहे। कुछ बुखार महसूस हुआ। घर आकर सो रहे।

अभी-अभी चार-छह कहानियाँ पढ़ डालीं। अब खाँस रहे हैं, छींक रहे हैं, और सोच रहे हैं कि क्या करें? दोपहर को सो लिये, इसलिए नींद नहीं आती, सिर भारी है, इसलिए पढ़ना-लिखना हराम है, और अकेले हैं, इसलिए न बात हो सकती है, न...

सौ बीमारियों की एक बीमारी है यह अकेलापन भी...हम समझ गये...अच्छी तरह समझ गये। और फ़िलहाल इस बीमारी का इलाज हमारे पास नहीं है।

कभी होगा, यह भी नहीं जानते। ,

होना चाहिए, यह हम समझते हैं।

लेकिन हमारा समझना ही तो सब कुछ नहीं है।

इसलिए खामोश छत की ओर देखेंगे। लिंटल की छत है, कड़ियाँ भी नहीं हैं, जो गिनते रहें।

जालन्धर : 3.12.57

रात भर की मारी, सपनों में लदी नींद...

और सुबह की टूटन और थकान।

किसी तरह घिसटते हुए नहा-धोकर तैयार हो पाये।

रमेश, मोहन और चार लड़के और मिज़ाजपुर्सी के लिए आ गये। उस समय

बाहर जाने के लिए तस्मे बाँध रहे थे।

पहले र...का चपरासी आकर दो मिट्टी के vase दे गया।

कॉलेज जाकर टूटे से कमरे में बैठे रहे और मशीन की तरह छुट्टी की अर्जियों पर हस्ताक्षर करते रहे।

लौटने पर ख...पहले से आयी हुई थी। डेढ़-दो घंटे बातचीत हुई। संशय धुल गया।

उसके जाने के बाद फिर बिस्तरदराज हो गये।

शाम को छह बजे जोशी आया। उसने अपना रेडियो पुराण आरम्भ किया था कि न...और उ...आ गयीं। जोशी चला गया। वे दोनों घंटा-डेढ़ घंटा बैठीं।

मेरा विश्वास है कि न...में वे सब सम्भावनायें हैं जोकि होनी चाहिए।

"आप लोग खाना खाकर ही जाइयेगा," मैंने कहा।

"और खाना खाकर भी न जाना चाहें तो...?"

उखड़े-उखड़े ढंग से कई बातें हुईं...उसके विवाह की, जो जनवरी में होगा, हमारे डाइवोर्स की, कॉलेज छोड़ने की, कहानियों की...

उनके जाने के बाद दो काम किये।

कुछ बार बायें से दायें करवट बदली।

कुछ बार दायें से बायें।

जालन्धर : 4.12.57

आज का दिन एक दृष्टि से बहुत रिमार्केबल दिन था।

आज practically कॉलेज की चख-चख से छुट्टी हो गयी। कल से इम्तिहान होंगे। अपने ऊपर कोई ड्यूटी नहीं। हाँ...यूनिवर्सिटी क्लास के चन्द दिन और हैं...।

कल न...ने पूछा था, "कॉलेज छोड़ दिया। अब गुज़ारे के लिए..."

खीझ भी हुई थी और हँसी भी आयी थी।

कुछ दिन पहले यही सवाल नि...ने पूछा था।

"कॉलेज छोड़कर अब...?"

और ऐसे सवाल सुनकर मन में ग्लानि भर जाती है कि इतने दिन भी कॉलेज की नौकरी क्यों की?

शाम को डॉ. मदान साहित्य के सम्बन्ध में अपनी थ्योरियाँ बताते रहे। ऊपर से गम्भीर, पर मन में मन्द-मन्द मुस्कराते हुए सुनते रहे।

Father forgive him, for he does not know what he is saying ?

शाम को विर्क के यहाँ। उसका दोस्त धीर भी था। व्हिस्की का दौर और लौंडेबाज़ी—दोनों पक्षों—की बातें। महज़ बात—अर्थ नहीं, उद्देश्य नहीं, बस बात ही

बात। सबके सब बातों के जीनियस।

कहानी, सम्मेलन, पन्द्रह रुपये, इंट्रोडक्शन लेटर, मैटीरियल, कांटेन्ट विद लाइफ़, वेराइटी, ट्रैवल, बख़्शी, गुड टाइम, लकी नम्बर, ब्रेक, गुड स्टार्ट, स्टंट, यू एंड मी, फ़्लर्टेशन, पोयट्री, क्लैरिटी, रियैलिटी, नाम, शोहरत, पठान, कहानी, पंजाबी लिट्रेचर, पैसा, क्लेक्शन, लाहौर बुक शॉप, हॉरीबल, जो भी हो, ही, ही, ही, हो, हो, हो।

जालन्धर : 5.12.57

कॉलेज में रहस्यवाद पर व्याख्यान दिया—जीवात्मा और परमात्मा के तादात्म्य की व्याख्या करते रहे। सामने बैठी हुई वह बड़ी-बड़ी आँखों वाली लड़की बहुत सुन्दर लग रही थी। उसका नाम क्या है?

...घर आकर बाज़ार के लिए निकले कि नरेन्द्र मिल गया। लौट आये। नरेन्द्र पिछले दस वर्षों से कम्युनिस्ट पार्टी की पॉलिसियों में आये परिवर्तनों के विषय में बताता रहा।

फिर शौनक आ गया। इस लड़के की इतनी frequent visits से कोफ़्त होती है।

उ...और न...ज़रा देर से आयीं। बीच में बिसारिया के बार-बार के अनुरोध के कारण उसके यहाँ दो मिनट के लिए हो आये। उसके लड़के का आज जन्मदिन था।

उ...और न... काफ़ी देर बैठीं। शौनक काफ़ी देर से गया। इस बीच टेबल-टाक चलती रही।

बाद में न...ने अपनी समस्या बतलायी। सोमवार रात उसके यहाँ डिनर का तय हुआ।...उसी दिन उसके लिए किताब खरीदकर भी ले जायेंगे।

उनके जाते ही प्रेम जोशी आ गया, जो अभी तशरीफ़ ले गया है। नींद से मरे जा रहे हैं...सो इतना ही।

जालन्धर : 10.12.57

आज मन उदास है।

आज से सात साल पहले, आज ही के दिन अपना ब्याह हुआ था। वह दिन, वह एक दिन यदि ज़िन्दगी में न होता।

क्यों किया था ब्याह?

एक लड़की के कुछ पत्र...अपनी starvation और भलमनसाहत...ब्याह हो गया।

वहाँ जा रहे थे तो मन उदास था। भाँवरें हो रही थीं तो मन उदास था।

और फ़िनैरो होटल का कमरा जब अन्दर से बन्द हो गया था, तो मन बहुत ही उदास हो गया था।

और...

पता नहीं उस रात बूँदें पड़ी थीं या नहीं।

कल ख...शायद इसलिए अच्छी लगी थी कि वह खामोश रहती है। या मेरे दिमाग को ही कीड़ा लगा है।

कल एक दिन पढ़ाने जाने को है और कल भी पढ़ाने का मन नहीं होता।

कल कु...ने जैकेट भेज दी थी। सोच लिया था कि यह ऐसे ही होगा।

सो जा बेटे, ज़्यादा नहीं सोचते।

कश्मीर मेल (जालन्धर से दिल्ली) : 11.12.57

गाड़ी को जालन्धर से चले लगभग आधा घंटा हो गया। अपनी पेंसिल गुम हो गयी।

चलती गाड़ी में अपना आप सहज, स्वाभाविक और भरा-भरा प्रतीत होता है।

गति...केवल गति...

छुक छुक...छुक छुक...छुक छुक

यहाँ-वहाँ एकाध बत्ती, गूँज...

अन्दर निंदियाये चेहरे...सोये फैले हुए शरीर...

पुस्तक पढ़नी चाही, पर मन पुस्तक की पंक्तियों में नहीं रमा...यहाँ से वहाँ, वहाँ से और कहीं, मन भटक जाता है।

मन में दिन भर का छवि चित्र चल रहा है—

सुबह बहुत गीला मौसम था। रात भर वर्षा होती रही। चारों ओर कीचड़, पानी और ऊपर से अनवरत गिरती हुई बूँदें।

एम.ए. के आज आखिरी लेक्चर थे...मगर जाकर भी पढ़ाया नहीं...क्लास में गीत सुनते रहे। कमलेश का expression कितना modest है? She has that great quality which makes woman a woman.

कॉलेज से लौटे तो कन्या महाविद्यालय जाना था।

भीगते हुए पहुँचे। आचार्य जी द्वारा दिया गया मान कि इन्होंने डॉ. ख...के कन्वोकेशन एड्रेस का अनुवाद किया था।

हँसी आयी!

हॉल में गये। भाषण दिया,...'साहित्य में यथार्थवादी दृष्टिकोण!'

भाषण के बाद कमला जी के कमरे में कॉफ़ी!

बातें...पर्चे...affiliation, वाइस चांसलर को चिट्ठी...आत्म-प्रसादन!

उसी तरह भीगते हुए रिक्शा में घर आये!

र...!

ठक्-ठक्-ठक्।

अपनी आवाज़ पर हँसी आने को हुई।

हम मूर्खता में अपना सानी नहीं रखते!

खटखटाने वाला देव बख्शी था।

मँगती कांड से बरी होकर पहली बार आया था वह।

शान को भेजा कि रम की बोतल ले आए।

ज्यों-ज्यों रम के घूँट गले से उतरते गये, घनिष्ठता बढ़ती गयी।

साथ-साथ स्टेशन पर आये!

सोमेश को देखकर आश्चर्य भी हुआ और प्रसन्नता भी। उसके साथ थे कृष्ण भाटिया, वेद और वेद की बीवी...

चाय पी!

गाड़ी आ गयी।

गाड़ी चली तो सोमेश ने एक गोल्ड फ्लैक का डिब्बा अन्दर फेंक दिया।

अब सिगरेट पी रहे हैं और प्रसन्न हैं कि जा रहे हैं...कहीं भी सही, जा तो रहे हैं।

राज, देव, सोमेश, अपने विश्वास के तीन कोने!

कल कहाँ होंगे?

दिल्ली?

हो सकता है, न भी हों!

कानपुर स्टेशन की एक बेंच : 13.12.57

बेंच पर बिस्तर फैलाकर पूरी तरह at home महसूस कर रहे हैं। बेंच पर साथी एक अन्धा आदमी है जो बीड़ी वाले को आवाज़ दे रहा है, और बीड़ी वाला है कि उसकी आवाज़ नहीं सुनता—"पान-बीड़ी..." कहता हुआ सीधा चला जा रहा है—जैसे आवाज़ देने भर से उसे मतलब हो, पान-बीड़ी बेचने से नहीं।

आज की कहानी सिर्फ़ इतनी है कि जिसे मिलने के इरादे से यहाँ उतरे थे, उसने दर्शन नहीं दिये और साढ़े चार बजे से लेकर अब तक हमने सिगरेट पिये हैं, प्लेटफ़ार्म पर चहलकदमी की है, खाना खाया है, बाज़ार से फाउंटेन पेन खरीदा है, और यह सोच-सोचकर परेशान हुए हैं कि दूसरी गाड़ी पकड़ने तक क्या करें?

या *वूमेन विदाउट मैन* की कहानियाँ पढ़ते रहे हैं।

थर्ड क्लास कम्पार्टमेंट, कालका-हावड़ा एक्सप्रेस, दो सीटों के दरम्यान

20.12.57

किसी तरह सबके लिए सुविधा का प्रतिपादन हो गया। दोनों सीटों पर कुल मिला कर पाँच आदमी जैसे-तैसे सोने की तैयारी कर रहे हैं—और बीच में ट्रंक और बिस्तर मिलाकर बन्दा सोने की कोशिश में है। बीच में छह-आठ फैली हुई टांगों का संगम है। रात कट जायेगी। साथ के सरदार भी गोमोह ही उतरेंगे।

बहुत लम्बी-लम्बी मगर निःसार बातें। इलाहाबाद में लगभग एक सप्ताह निकल गया। साहित्यकार सम्मेलन में लोगों को शिकायत रही कि हम सारा समय बाहर खड़े कहकहे लगाते रहे। क्या करें जो भाषण देने-सुनने में अपना मन नहीं रमता। सारी कार्यवाही में यशपाल और हजारी प्रसाद द्विवेदी के भाषण सबसे अच्छे लगे। यूँ सम्मेलन अच्छा हो गया। किसी तरह की ill will पैदा नहीं हुई। यह बात रोचक लगी कि यहाँ लोग इतनी सीरियसली हमें बड़ा कहानीकार समझते हैं। जो लोग आलोचना करते थे, वे ऐसे, जैसे हमारे अनुचित प्रभाव को तोड़ना चाहते हों। अच्छा-खासा भ्रम है। हम समझते हैं कि हमें अच्छी कहानियाँ लिखनी चाहिए। लिखने की कोशिश भी करेंगे। लेकिन यहाँ किस तरह लोग एक-दूसरे को काटने और एक-दूसरे की टाँग खींचने में व्यस्त हैं। लोग जाने अमृत के क्यों इतने खिलाफ़ हैं? मैंने अमृत की चीज़ें नहीं पढ़ीं। मगर श्री अश्क, जो उनकी रचनाओं के सबसे बड़े आलोचक हैं, स्वयं भी तो थर्ड रेट साहित्य की ही सृष्टि करते हैं और उसके प्रचार के लिए अत्यन्त हीन साधनों का आश्रय लेते हैं।

सम्मेलन की एक उपलब्धि यही थी कि कुछ दिन दोस्तों के साथ कट गये। सत्येन्द्र शरत्, राजेन्द्र यादव और कमलेश्वर को और भी नज़दीक से देख पाया। सत्येन्द्र शरत् को आज मैं निस्सन्देह पहले से ज़्यादा प्यार करता हूँ।

अश्क के घर रहते हुए भाभी की सारी मिठास और स्नेह के बावजूद कुछ अखरता रहता है। That man enjoys pinching people and feels proud of this. It is so disgusting.

सम्मेलन के दिनों का कार्यक्रम ही क्या था? यहाँ खाना, वहाँ नाश्ता, उससे बात, इससे हँसी। सिर्फ़ मेला।

टाटा-पटना पैसेंजर : 21.12.57

गोमोह (Gomoh) से राँची रोड के रास्ते का लैंडस्केप—पथरीले पीली मिट्टी के टीले—चौड़ी गोल पत्तियों की growth, नाटे-नाटे पेड़—अपने में सिकुड़ी-सिकुड़ी-सी वीरान ज़मीन—फूस और टिंडों की छतों के छोटे-छोटे मिट्टी के घर—गोमिया के पास

एक colliery (Pirapadh?) दाहिने पार्श्व में पहाड़ियाँ—छोटी-छोटी गायें, भैंसें और बकरियाँ...

जालन्धर : 28.12.57

आज घर लौट आये। कई दिनों की लगातार यात्रा से काफ़ी थकान हो गयी है, हालाँकि पिछली रात पूशी के प्रयत्न से सोने की सीट मिल गयी थी।

राँची छोड़ने का निश्चय पलों में ही हो गया। सोच रहे थे कि एक दिन और राजेन्द्र यादव का इन्तज़ार किया जाये—परन्तु बियर के नशे में धुत 24 की शाम को ज्यों ही लौटकर आर्य होटल में आये, रेडियो स्टेशन से फ़ोन मिला कि इलाहाबाद से तार आया है—शीला नवनीत के साथ वहाँ है और नवनीत के ऑपरेशन का 'डिसाइड' करना है। तुरन्त जैसे-तैसे सामान पैक कराया और सवा छह बजे की बस पर सवार हो गये। राँची रोड से टाटा-पटना पैसेंजर में गोमोह—और गोमोह से एक बजे रात को कालका एक्सप्रेस पकड़कर इलाहाबाद—

उससे पहली रात भी बहुत देर तक जागते रहे थे। पाल ने अपने पिछले सात साल के सब लव लैटर्स लाकर सामने पटक दिए थे। एक-एक करके कई पत्र पढ़ डाले। ढेर इतना बड़ा था कि सब कुछ पढ़ पाना असम्भव था। फिर भी पत्रों में से झाँकती हुई ट्रेजेडी अस्पष्ट नहीं रही।

राँची से इलाहाबाद तक की यात्रा में रात भर जागने से जिस्म टूटने लगा था। शीला नवनीत को लेकर आयी तो इस बात से ठेस लगी कि बच्चा अपने को कतई पहचानता ही नहीं। तय हुआ कि उसका डॉ. खेड़ा से दिल्ली में ऑपरेशन कराया जाये—ऑपरेशन का खर्च हम देंगे, लेकिन वहाँ उपस्थित नहीं रहेंगे। कारण? कारण यही कि परिस्थिति का स्ट्रेन इतना हो सकता है और तलाकशुदा स्त्री और पुरुष का साथ-साथ होना बहुत पेनफुल स्थिति को जन्म दे सकता है।

इलाहाबाद में उमेश ने एक दिन सहसा कहा, "एक सवाल पूछना चाहता हूँ। चोर-उच्चकों, डाकुओं को सरकार सज़ा क्यों देती है? वे साधारण इन्सानों से किस तरह भिन्न होते हैं?"

प्रश्न का उत्तर देते हुए उसके चेहरे की तरफ़ देखता रहा कि वह ऐसा सवाल क्यों पूछ रहा है? क्या यह अपने ही वातावरण पर एक व्यंग्य है?

30.12.57

दिल्ली रुकने को मन नहीं हुआ, इसलिए सीधे जालन्धर चला आया। दीदी को देखकर हैरानी हुई। कितनी मोटी हो गयी हैं? तौबा!..और मानसिक रूप से तो जैसे वह बिलकुल जड़ ही हो गयी हैं। जहाँ वह पन्द्रह बरस पहले थीं, आज भी उससे आगे नहीं हैं। यह मेरी सगी बहन, जो हिन्दी की अध्यापिका भी है,

साहित्य के बारे में इतना ही जानती है कि *संकेत* की प्रति हाथ में लिये बोली, ''अच्छा! अब तो बड़ी-बड़ी किताबों में भी तेरी कहानियाँ आने लगीं!..अब तू लेखकों में, 'रिकोग्नाइज' होने लगा है।''

और जब मैंने कहा कि उसने कौशल्या भाभी को पत्र क्यों नहीं लिखा तो बोली, ''तू नहीं जानता! वहाँ लोग बहुत 'ऑर्थोडाक्स' हैं। बिलकुल अनपढ़। कोई ज़्यादा किसी से मिलने आये तो बातें बनाने लगते हैं। और वे लोग तो अक्सर दिल्ली आते हैं। हर बार वहाँ आ जाया करें तो?...लोगों को बात कहने का मौका ही क्यों दिया जाये? ठीक है कि नहीं?''

और यह मेरी बहन शास्त्री प्रभाकर है—कभी सभाओं में भाषण दिया करती थी—और दो बार महिला हिन्दी सम्मेलन की प्रधान रह चुकी हैं (41-43) में।

रात देव बख़्शी ने बड़ी रोचक बात सुनाई। वह कहीं से सुनकर आया है कि (कहीं से क्या, नि...से) कि मोहन राकेश की म...से शादी हो गयी—कोर्ट में—और कि वे दोनों अब पति-पत्नी के तौर पर साथ-साथ रह रहे हैं!

स्कैंडल एक ऐसा विषय है, जिसमें लोगों की प्रतिभा विशेष रूप से चमत्कृत होती है। इससे मिलती-जुलती ही अफ़वाह कुछ दिन हुए राज ने सुनाई थी।...सोच रहा हूँ कि यह बीज पहले-पहल किस प्रतिभा से अंकुरित हुआ है।

जालन्धर : 31.12.57

वर्ष का अन्तिम दिन।

कॉलेज से अपने सम्बन्ध का भी यह आखिरी दिन था।

आज की मनोरंजक घटना यह थी कि स्वयं ही अपने successor के चुनाव के लिए ad-hoc committee में बैठे candidates से सवाल किये, हालाँकि दिल में बहुत वितृष्णा हो रही थी।

इंटरव्यू के लिए जितने लोग आये थे, उनमें से रस्तोगी को छोड़कर शायद किसी को भी साहित्य का ज्ञान नहीं था।

काफ़िर ए ज़हन्नुम रफ़्त!

वहाँ से उठकर ख...के यहाँ चले गये। मन उदास था, इसलिए उससे देर तक बातें करना चाहते थे। परन्तु आगन्तुकों के कारण—और प्रत्याशियों के कारण मूड उखड़ा-उखड़ा-सा रहा।

ख...को राज़ की बात बता दी। यह जानकर कोफ़्त हुई कि उसने हमारी 23.7.57 की डायरी पढ़ ली थी। घर आकर खामखाह अम्माँ पर झुँझलाते रहे।

बहुत बार हम जीवन में भी अभिनय करते हैं। मुझे तो लगता है कि जब-जब मैं अभिनय करता हूँ—स्कॉलर का अभिनय, अध्यापक का अभिनय या मीठे बोलने वाले व्यक्ति का अभिनय—तो ज़्यादा कद्र होती है—लोग उस रूप को मेरा वास्तविक

रूप समझते हैं। पर जब मैं ठहाका लगाकर हँसता हूँ, खरी-खरी कह देता हूँ, ईमानदारी से बात करता हूँ तो लोगों को मेरा वह रूप गलत प्रतीत होता है—वे मेरे उस स्वाभाविक self को स्वाभाविक मानने को प्रस्तुत नहीं होते।

May the coming year be a year of hard work and better productivity!

जालन्धर : 1.1.58

A day of fluctuating emotions!

Was I happy?

Was I sad ?

जालन्धर : 4.1.58

उस दिन एक बहरे बाबू के साथ रिक्शा में आये। धोबी मुहल्ले में उसने रिक्शा रुकवा कर धोबी को पूछा। उसकी घरवाली ने बताया कि धोबी घर पर नहीं हैं। बाबू को धोबी दूर की गली में से आता दिखाई दिया। उसने रिक्शा में बैठते हुए चिल्लाकर कहा, "धोबी, अभी आकर कपड़े ले जाना!"

"घंटे-डेढ़ घंटे में आऊँगा," धोबी ने भी चिल्लाकर कहा।

बाबू ने उसकी ओर इस दृष्टि से देखा कि उसकी समझ में कुछ नहीं आया।

"घंटे-डेढ़ घंटे में आऊँगा," धोबी ने फिर उसी तरह कहा।

रिक्शा चल दिया था। बाबू क्षण भर तो चुप रहा। फिर सहसा बोला, "नहीं आज आना, बच्चों को बाहर जाना है।"

रिक्शा वाले ने पीछे मुड़कर बाबू को देखा और कहा, "जी, वह कह रहा है कि घंटे-डेढ़ घंटे में आऊँगा।"

बाबू फिर चौंका और बोला, "नहीं नहीं, धीरे चलाओ, कोई जल्दी नहीं है।"

इस पर मैंने मुस्करा कर उसे देखा और उसके कान के पास कहा, "वह कह रहा है कि धोबी ने कहा है कि घंटे-डेढ़ घंटे में आऊँगा।"

बाबू ने झटके के साथ मुझे देखा और बोला, "और क्या? सब खाने-पीने के महकमे खुले हुए हैं। सड़कों की तरफ़ कौन ध्यान देता है?"

रिक्शावाला भी अपनी तरह का एक आदमी था। पैडल मारने के साथ-साथ वह हैंडल पर थाप देता हुआ किसी पक्के राग का ठेका गुनगुना रहा था—धा धा धिन, धिक धा, धिन धिक्...

और मेरे मस्तिष्क में एक ऐसे समुदाय का इमेज घूम गया, जिसमें सब संगीत के मतवाले लोग ही हों—कितना मनोरंजक लगे।

परसों सुबह ख...के यहाँ चले गये। उससे बहुत बातें हुईं। उसका इतना डिवोशन कभी-कभी पिघला देने वाला प्रतीत होता है। अपने मोजे उतारकर उसके

बनाये हुए गर्म मोजे पहन आये। मन भरा-भरा रहा।

उसी शाम प्रेमी, मोती और सलूजा प्रेम जोशी का पुराण सुनाते रहे कि उसे जो इंडेक्सिंग का काम दिया गया है, वह करना नहीं चाहता। मोती ने यह भी बताया कि प्रकाश ढिल्लों से कह रही थी कि पाल ने इसलिए त्यागपत्र दिया है कि उसके खिलाफ़ केस फिर से उठाया जाने वाला था और यह सम्भावना थी कि डिपार्टमेंट उसे निकाल दे। What people!

उधर अरोड़ा ने सुनाया कि उसकी दुकान पर आकर कोई देवी जी उसे बतला गयी हैं कि प्रो. राकेश की जल्दी किसी से दूसरी शादी हो रही है।

कल दिन भर काम किया। शाम को सुदर्शन भाटिया हिमाचल की सड़कों का बड़ा मनोरंजक किस्सा सुनाता रहा। पिछले दस साल में फ़ाइलों के अनुसार वहाँ दो हज़ार मील लम्बी सड़क यदि बनी होंगी, तो उसमें से अब दो सौ मील ही मौजूद होगी, ऐसा उसका विश्वास था। जब आगे पचास मील सड़क बनती है तो पीछे की पचास मील बह जाती है—और जब फिर पीछे की पचास मील नए रूट से निकाल कर बनाई जाती है तो आगे की पचास मील बह चुकी होती है।

दूसरा किस्सा है रिसैटिलमेन्ट ऑफ़िस के स्टाफ़ के रिट्रेंचमेंट का। सुना है कि इस काम के लिए सरकार ने एक रिट्रेंचमेंट ऑफ़िसर नियुक्त किया था। छह महीने स्थिति का जायज़ा लेकर उसने एफ़िशिएंटली काम करने के लिए और स्टाफ़ की माँग की है।

आज दिन भर पत्र लिखते रहे। वीणा को कल ही पत्र लिखा था। आज उसका टेलीग्राफ़िक बुलावा आ गया। अब बोरी-बिस्तर बाँधकर हिमाचल प्रदेश की ओर रवाना होते हैं।

रात प्रेम जोशी आकर अपना रोना रोता रहा कि कुछ भी हो जाये, वह इंडेक्सिंग का काम नहीं करेगा। प्रेमी का कहना था कि उसके पास काम नहीं है—तीन महीने के लिए सिर्फ़ दो स्क्रिप्ट हैं—जबकि प्रेम जोशी का कहना है कि उसके पास 45 स्क्रिप्ट हैं लिखने के लिए—

"प्रोफ़ेसर, नौकरी छोड़नी पड़े, लेकिन मैं यह काम नहीं करूँगा। बिसारिया भी स्क्रिप्ट राइटर है, उसे यह काम क्यों नहीं दिया जाता? AIVP का काम मुझे दे दें और बिसारिया को यह काम दे दें। मैं अपनी 'डिग्निटी कम्प्रोमाइज' नहीं कर सकता..."

बेचारा प्रेम जोशी!

घर से चले थे ड्रामा-नवीसी के इरादे से और पल्ले पड़ी यह क्लर्की।

जालन्धर स्टेशन की एक बेंच : वही रात्रि

स्टेशन पर पहुँचकर पता चला कि कम्बल कहीं रास्ते में गिरा आये हैं। चलते

समय अम्माँ ने सौ ताकीद की थी कि एक-एक चीज़... गिन लो, अच्छी तरह याद रखना कि जेबों में चार चीज़, बाहर भी चार चीज़... और कुल मिलाकर नतीजा यह हुआ कि घर से स्टेशन तक के सफ़र में ही चार चीज़ की तीन चीज़ रह गयीं।

रिक्शा घर तक वापस ले गये। मगर कम्बल कहाँ मिलता? अब दूसरी बार दूसरा कम्बल लिये हुए आये हैं। हाँ, इस सिलसिले में अम्माँ के हाथ की रोटी ज़रूर खा आये।

दायीं ओर गाड़ी आयेगी। उत्सुक भीड़ सिग्नलों की तरफ़ देख रही है। उकड़ूँ होकर सोये हुए लोग जागने लगे हैं। सामने एक युवती अपने बच्चों समेत उदासीन लाइनों की तरफ़ देख रही है। बायीं ओर छह-आठ पटरियाँ हैं, अकेली, उदास, वीरान, और दो लैंप पोस्ट हैं, एक-दूसरे को आँख से इशारा करते हुए...सर्द और ठिठुरे हुए। कभी-कभार कोई मालगाड़ी का डिब्बा भागता हुआ पटरियों पर से गुज़र जाता है। एक लैंप पोस्ट स्टाफ़ के क्वार्टरों की ओर झाँक रहा है और दूसरा इधर प्लेटफ़ार्म की ओर—स्टाफ़ क्वार्टर में टिकट बाबू की बीवी अंगड़ाई ले रही है और प्लेटफ़ार्म पर टिकट बाबू जेबों में हाथ डाले उस दोशीजा को घूर रहा है जो अभी सोकर जागी है और अपने वृक्ष पर आँखें गड़ाये हुए आत्मचिन्तन कर रही है...बायीं ओर एक गाड़ी आ गयी। लैंप पोस्ट ओझल हो गये। अब टिकट बाबू की बीवी न जाने क्या कर रही है।

अम्बाला छावनी, नाहन का बस स्टॉप, सुबह साढ़े तीन बजे : 5.1.58

Way to Nahan	D
Ambala	5.0
Shahbad	5.20
Varada	6.15
Sadhamra	7.0
Kala Amb	7.40
Nahan	8.45 (A)

कुछ लोग—दो-एक माँइयाँ, दो-एक देवियाँ और दो-एक बच्चे अड्डा नामधारी तम्बू के बाहर रात बिताकर अभी-अभी जागने लगे हैं। रात के इस पहर में कम्बलों से निकली हुई केवल आँखें ही दिखाई देती हैं। स्टेशन पर कोई इंजन छुक-छुक कर रहा है। लगता है, वह दुनिया जहान से दूर है। यहाँ सर्दी अपने कान ऐंठ रही है, हाथ सुन्न हो रहे हैं, आत्मा भी सुन्न मंडल में प्रवेश किया चाहती है। इन लोगों से ईर्ष्या होती है जो आग जलाकर ताप रहे हैं। दो काम हो सकते हैं। या तो हम भी आग तापने वालों में शामिल हो जायें या सामान को खुदा के आसरे छोड़कर स्टेशन पर जाकर चहलकदमी करें।

हिमाचल राज्य परिवहन, वही सुबह : Road to Nahan

नाहन के अड्डे पर घंटा भर आग तापते रहे। आग के गिर्द जमा हुए कुलियों के अतिरिक्त एक ढीले अंगों वाली युवा औरत भी वहाँ आ बैठी थी।

"चौधराइन, आज कुछ कमाई हुई?" एक ने पूछा।

चौधराइन ने केवल मुँह बिचका दिया।

"नूरजहाँ बेगम आजकल बात नहीं करती।"

नूरजहाँ बेगम कुछ न कहकर अपनी पिंडली का कोढ़ खुजलाने लगी।

"चाय पियेगी?"

नूरजहाँ बेगम ने फिर मुँह बिचका दिया।

"इसका बाप कोढ़ी मर गया है।"

"क्यों चौधराइन, मर गया तेरा बाप?"

चौधराइन कुछ नहीं बोली, आग तापती रही।

"आज सर्दी बहुत है," एक जवान कुली बोला।

"चौधराइन को दुअन्नी दे और साथ ले जा!"

"चलेगी चौधराइन?"

चौधराइन चुप रही।

"बड़ी मस्ती में है चौधराइन?"

"अरे, यह किसी खानदान में पैदा होती तो क्लब में डानस किया करती।"

कुछ लोग हँस दिये।

कुली ने दुअन्नी निकाल कर उसके हाथ पर रख दी और उसके कन्धे पर हाथ मारा।

"चल उठ, उधर चलें।"

चौधराइन ने हथेली फैलाकर दुअन्नी नीचे गिरा दी।

"क्यों, आज भाव तेज़ है?"

"मुआ! कमजात!" चौधराइन पहली बार बोली।

"लो, यह बड़ी जात वाली देख लो...," कुली हँसने लगा।

"अरे, चवन्नी दे और ले जा! मरता क्यों है?"

"चवन्नी इसे?...चार आने की बीड़ी न लूँ जो चार दिन चले।"

"अरे, जाने दो भाई! क्यों छेड़ते हो? तुम्हें पता है, उसका बाप मर गया है।"

अँगीठी भभक रही थी। ठंडी से ठिठुरते हुए कई बाबू तम्बुओं से निकलकर वहाँ आने लगे। धीरे-धीरे वहाँ बाबुओं का ही अधिकार हो गया। कुली उठ गये। चौधराइन भी अपनी लूली टाँगों से सिमटती हुई परे चली गयी। थोड़ी देर में एक क्लीनर ने आकर अँगीठी उठा ली।

"साहब की अँगीठी है।" और वह अँगीठी टेंट के अन्दर ले गया, जहाँ पैसेंजर रहस्यमय आकृतियों की तरह अँधेरे वातावरण में धीरे-धीरे बातें कर रहे थे और साहब अर्थात् टिकट बाबू लालटेन लिए हुए टिकट बुक टटोल रहा था।

अम्बाला छावनी स्टेशन, एक बेंच : 6.1.58

प्लेटफ़ार्मों से आगे, कोयले और बजरी के ढेर के उस तरफ़ दो इंजन खड़े हैं–

दोनों का मुँह दो अलग-अलग दिशाओं की ओर है–लेकिन पीठ लगभग मिली हुई है। दोनों धुआँ और भाप छोड़ रहे हैं–अपनी इस शक्ति से दोनों हज़ारों टन बोझ खींचकर कहाँ से कहाँ ले जायेंगे। अभी दोनों असम्पृक्त हैं–जो गाड़ियाँ इन्हें खींचनी हैं, वे इनके साथ नहीं लगी हैं। इस क्षण तक दोनों साथ हैं। मिले हुए हैं। लेकिन दोनों दो-दो बार व्हिसल कर चुके हैं। बायीं ओर का इंजन चल दिया। दायीं ओर का फिर व्हिसल कर रहा है, अपने लिए सिग्नल माँग रहा है। सिग्नल उसे भी मिल गया है, और वह सीधा जाने के बजाय उलटा उसी दिशा की ओर चल दिया है, जिधर पहला इंजन गया है।

दोनों की गाड़ियाँ अलग-अलग प्लेटफ़ार्मों पर प्रतीक्षा कर रही हैं।

कल से अब तक इन चौबीस घंटों में मैंने पूरा एक जीवन जी लिया है।

नौ बजे के लगभग बस नाहन के अड्डे पर पहुँच गयी थी। चारों ओर देखा। सोचा था वीणा लेने के लिए आयी होगी। लेकिन वह नहीं थी। मन निराश हुआ। उसने तार देकर बुलाया और स्वयं लेने के लिए भी नहीं आयी? उसे तार तो कल ही मिल गया होगा। फिर?

सामान उतरवाया तो एक खुशशक्ल और सौम्य-सा लड़का पास आया। उसने ज़रा संकोच के साथ पूछा, "आप कहाँ जायेंगे?"

मैंने उसे सिर से पैर तक देखा। लगता था, वह नौकर या चपरासी है।

"गवर्नमेंट गर्ल्स हाई स्कूल!" मैंने कहा।

"सामान मुझे दे दीजिये," उसने कहा।

सामान कुली को उठवा दिया था। मेरा कम्बल उस लड़के ने ले लिया। हम चल दिये।

घंटाघर के पास से दायीं ओर को मुड़कर हम सीधे चलने लगे। घाटी में हल्के-हल्के पहाड़ी उभार और उससे आगे दूर तक मैदान दिखाई दे रहे थे। बादलों के कुछ सफ़ेद सुरमई टुकड़े क्षितिज के पास अटके हुए थे।

लड़का एक कदम पीछे चल रहा था, इसलिए मुझे बार-बार उसकी ओर मुड़कर आँख से यह निश्चय कर लेना होता था कि ठीक रास्ते पर जा रहे हैं। बल खाती हुई सड़क, हल्की-हल्की उचान और निचान, यहाँ-वहाँ एकाध दुकान, एक प्राइवेट

कॉलेज और जहाँ से अम्बाला की सड़क नीचे को चली जाती है और एक सड़क ऊपर को चढ़ती है, वहीं, ऊपर की सड़क पर चन्द कदम जाते ही, टीन की ब्राउन रँगी हुई चादरों से घिरे हुए अहाते के पास से गुज़रते हुए पीछे से लड़के की आवाज़ सुनाई दी, "यहीं।"

चार-छह कदम लौटकर लकड़ी के दरवाज़े से अहाते के अन्दर प्रविष्ट हुए। सामने कमरों की पंक्ति के बाहर काले रंग की तख्तियाँ लगी थीं, जिनके बाहर प्रत्येक कक्षा के विद्यार्थियों की संख्या आदि चॉक से लिखी हुई थी। यूँ, छुट्टी होने से सब सुनसान था।

अहाते में बायीं ओर को क्वार्टर का रास्ता था।

क्वार्टर के बरामदे में पहुँचते ही कमरे से आवाज़ें सुनायी दीं। वह किसी से बात कर रही थी। उषा शोर कर रही थी।

"भाई साहब आ गये हैं," लड़के ने कमरे में झाँक कर कहा। मैंने कमरे में प्रवेश किया। वह उठ खड़ी हुई। दोनों ओर से नमस्कार के लिए हाथ जुड़ गये। उषा "अंकल, अंकल" कहती हुई भाग आयी।

"कहो उषी, क्या हाल है?"

"अंकल आओ, आपको अपना बन्दल दिखाऊँ...आपने ऐसा बन्दल देखा है? मम्मी, मेला बन्दल कहाँ है? मैं अंकल को अपना बन्दल दिखाऊँगा।"

"अरे तू लड़का है, दिखाऊँगा कहती है?"

"मैं ललका नहीं हूँ, अंकल ललका हैं। मैं तो ललकी हूँ। मैं तो मम्मी की लानी बितिया हूँ।"

कमरे में एक ही सज्जन और थे—एक वयोवृद्ध व्यक्ति। सफ़ेद बाल, चश्मा, छोटा कद, घिसा हुआ ब्राउन सूट, घुटनों में ज़रा-ज़रा खम...

"आपके भाई हैं?" उन्होंने दूसरे को प्रसन्न करने के लहज़े में मुस्करा कर पूछा।

"नहीं...ये...हमारे एक मिलने वाले हैं। इनसे मिलिये मिस्टर राकेश, ये हैं मिस्टर वर्मा...मिस्टर राकेश!"

अभिवादन के बाद ही वे सज्जन उठ खड़े हुए।

"अच्छा, तो मैं चलता हूँ।"

"अच्छा तो मिस्टर वर्मा, मैं कल समय पर पहुँच जाऊँगी। नौ बजे से है न मीटिंग?"

"जी हाँ। अच्छा..."

"नमस्कार!"

"नमस्कार!"

कमरे में बीच में एक छोटी मेज़ थी, जिसके चारों ओर कुर्सियाँ लगी थीं।

एक दीवार के साथ चारपाई पड़ी थी। कोने में एक ओर मेज़ थी जो स्टडी टेबल और ड्रेसिंग टेबल दोनों का काम देती थी।

"अंकल, हमारे बन्दल को चाबी दे दो। देखना, यह फिल कैछै छैने बजायेगा।"

"उषा, अभी रख दे बन्दर वहाँ..."

"नईं, हम अबी अंकल को अपना बन्दल दिखायेंगे। अंकल चाबी दे दो..."

मैं बन्दर को चाबी देने लगा।

"कैसा रहा सफ़र?" उसने बैठते हुए पूछा।

"सफ़र ठीक ही रहा। अब तो लम्बे-लम्बे सफ़र करने की आदत हो गयी है। यूँ रास्ता ऐसा है कि आदमी को आने से पहले बीमा करा लेना चाहिए।"

वह हँस दी। उसके छोटे-छोटे सुन्दर दाँत चमक गये।

"अच्छा, चाय के साथ क्या लोगे—फ्राइड एग या ऑमलेट, या..."

"मैं पहले सिर्फ़ चाय की प्याली पिऊँगा। नाश्ता नहाकर खाऊँगा।"

"अच्छा।"

वह भाग कर बाहर चली गयी।

"रामदेई, अभी नाश्ता नहीं बना।...सिर्फ़ चाय दे दे। नाश्ता बाद में खायेंगे।"

बन्दर सिर हिला रहा था और छैने बजा रहा था। उषा उसके साथ नाच रही थी। नाचते-नाचते उसने मेरे हाथ से छीनकर गोगोल का कहानी संग्रह नीचे पटक दिया।

"उषा रानी किताबें इस तरह नहीं पटकते।"

"तो तुम पतक कल बताओ कैछे पतकते हैं? ऐछे? ऐछे?" और उसने अपनी मम्मी की टेबल से एक-एक करके तीन किताबें उठाकर नीचे पटक दीं। "ऐसे नईं तो कैछे?"

"उषा!" वीणा ने अन्दर आते हुए उसे डाँटा।

"मम्मी, मैं तो तुमाली लानी बितिया हूँ।"

उषा जाकर उसकी टाँगों से लिपट गयी।

"देखा, यह मेरी रानी बिटिया कितना तंग करती है?"

"यह तो जालन्धर में ही देख चुका हूँ। जब तुम इसे साथ लेकर आयी थीं..."

क्षण भर के लिए उसकी आँखों में उषा के लिए तर्जना का भाव आया, फिर मदिर भाव में बदल गया और वह अन्तर्मुख हो गयी।

पठानकोट एक्सप्रेस

नाश्ते के बाद उसने कहा, "चलो, ऊपर धूप में चलकर बैठते हैं।"

"ऊपर कहाँ?"

"हायर क्लासेज़ ऊपर की कोठी में लगती हैं। उसके आगे terrace में धूप

होगी। वहाँ बैठेंगे।''

''चलो।''

''अपनी किताब भी ले लो।''

''अच्छा।''

सड़क के पार ही ज़रा ऊँचाई पर वह दूसरी कोठी थी। चपरासी ने terrace पर धूप में कुर्सियाँ रख दी थीं। वहाँ बैठकर उसने पूछा, ''नाहन कैसी जगह लगी?''

''जगह सुन्दर है, मगर अकेली बहुत है।''

''एकान्त ही तो मुझे लीलने को आता है।

''तुम्हारी यहाँ कोई सोसाइटी नहीं है?''

''न सोलन में स्कूल अपने घर की तरह था। सारे स्टाफ़ से फ्रेंडशिप-सी थी। यहाँ मैं स्टाफ़ के लिए सिर्फ़ हेड-मिस्ट्रेस हूँ। और और लोग भी...बताओ, सरकारी अफ़सरों और उनके परिवारों से मैं किस आधार पर मिलूँ-जुलूँ? उनके बीच बैठी हुई भी मैं अकेली पड़ जाती हूँ।...लोग दो-चार बार बुलाते हैं, फिर छोड़ देते हैं।''

उषा स्टापू खेलने के लिए बज़िद थी, और चाहती थी कि मम्मी बातें न करके उसके खेल में दिलचस्पी ले। वह बार-बार उसकी बाँह खींचती, ''मम्मी, बताओ क्या डालूँ? छक्का?...यह छक्का!...अब बताओ, क्या डालूँ...?''

''बेबी, तुम खेलो, हमें बात करने दो।''

''नईं तुम भी मेले छाथ खेलो, अंकल भी मेले साथ खेलें...''

''देख, अंकल बड़े हैं, वे तेरे साथ नहीं खेलेंगे। तू जाकर नवीन के साथ स्टापू खेल।''

''नईं, हम यईं पर खेलेंगे। अब बताओ क्या डालूँ...?'' और वह फिर उसकी बाँह खींचने लगी।

वीणा उसके साथ मशगूल हो गयी। उसने बेबी को दौड़ाना चाहा, पर उसे साथ दौड़ना पड़ा। उसने उसे फूल गिनने पर लगाया, मगर उसने झट से एक सौ तक गिन दिया और फिर मम्मी के गले से आ चिपटी। कई फूल ज़रूर उसने तोड़कर बिखरा दिये, फिर वीणा ने उसे कॉपी में तस्वीरें बनाने को कहा। उषा मेरा पेन लेकर कॉपी का और उसका हुलिया दुरुस्त करने लगी, जाकर चहबच्चे से पेन को अन्दर-बाहर से धो आयी फिर जाकर उसे चहबच्चे में डुबो आयी। कॉपी के कई पन्ने उसने एक-एक करके फाड़ दिये, फिर काँच का गिलास उठाकर ज़मीन पर पटक दिया। वीणा हताश और परेशान-सी उसके पीछे भटकती रही। मैं अखबार पढ़ता रहा।

वीणा थकी-सी आकर कुर्सी पर बैठी तो उषा आकर उसके घुटनों से लिपटकर झूलने लगी।

''जा उषा'', वीणा ने थके और झुँझलाये हुए स्वर में कहा, ''जाकर देख आ कि रामदेई ने खाना बना लिया कि नहीं।''

''जाओ मम्मी,'' उषा बोली, ''जाकर देख आओ कि लामदेई ने खाना बना लिया कि नईं?''

''अच्छा आप बैठिये, मैं इसे लेकर नीचे हो आती हूँ। साथ देख भी लूँ कि वह खाने का क्या कर रही है।''

वह उषा को साथ लेकर चली गयी। मैं अखबार रखकर टहलने लगा। terrace से नीचे दूर तक का व्यू दिखाई दे रहा था। पिछली तरफ़ सड़क पर मज़दूर काम कर रहे थे। बजरी से लदे हुए दो-एक ट्रक खड़े थे। कुछ स्कूल या कॉलेज के लड़के मज़े से गाते हुए चले जा रहे थे।

''बहन जी बुला रही हैं। खाना हो गया है,'' थोड़ी देर में रामदेई ने आकर कहा। उसकी आँखें खोजने के ढंग से मुझे देख रही थीं, जैसे कहीं उनमें सन्देह हो, या जिज्ञासा। उसके गोरे हिमाचली चेहरे पर कहीं रसिकता की छाया भी थी, हालाँकि वह प्रौढ़ता की उम्र पार कर चुकी थी, उसके आधे बाल सफ़ेद थे और चेहरे की रेखायें झुर्रियों में बदल गयी थीं।

''चलो, मैं आता हूँ।''

उसने एक बार पीछे मुड़कर देखा और चली गयी।

जालन्धर

बेबी ने सारे कमरे में चावल बिखरा दिये थे, उसे खाने से अधिक शौक प्लेटें इधर-उधर करने और चम्मच फेंकने का था। वह एक-एक ग्रास खाने के लिए मम्मी से मेज़ पर घंटी बजवाती थी, और घंटी नहीं बजती थी तो उठकर भाग जाती थी।

''आपके लिए दही भी रखवाया है, मँगवाऊँ?'' वीणा ने पूछा। उसकी आँखें अर्थ के साथ उठीं और ओठ मधुर भाव से फैल गये। मेरी आँखों में भी मुस्कराहट भर गयी। सुबह मैंने उससे कहा था कि मैं नाश्ते के साथ दूध नहीं लेता, खाने के साथ दही खा लिया करता हूँ।

''रायता बना है तो फिर दही की क्या ज़रूरत है?''

''मैंने रखवा दिया था। न लेना हो तो...''

''नहीं, न क्यों लेंगे? माई से कह दो ले आये।''

वह स्वयं जाकर दही ले आयी।

''खाना ठीक बना है?'' उसने पूछा।

'मुझे खाने का इतना विवेक तो नहीं है, पर जो बना है, अच्छा बना है। इसमें कोई चीज़ तुम्हारी बनाई भी है?''

''नहीं, आज कहाँ बना पायी हूँ? हाँ, उस दिन मैंने तुम्हारे लिए अपने हाथ से बनाया था। मगर उस दिन तुम नहीं आये...''

मैं चुपचाप खाता रहा। सवा-डेढ़ महीना पहले उसे लिखा था कि आऊँगा। मगर लुधियाना से तार देकर लौट आया था कि नहीं आ रहा।

''मैंने तुम्हें पत्र में सब लिख दिया था...।''

''पत्र तो बाद में आया न। उस दिन तो हमने इतनी प्रतीक्षा की थी कि बस...''

घंटी नहीं बजी थी, इसलिए बेबी ने खाने की प्लेट पर थूकना आरम्भ कर दिया था।

''बेबी खा, क्या करती है?'' उसने झिड़का।

''तुम घंटी बजाओ।''

वह फिर घंटी बजाने लगी।

खाना खा चुकने पर बेबी सन्तरों को गेंद की तरह कमरे में इधर-उधर फेंकने लगी। वीणा जल्दी से साड़ी बदल कर आ गयी।

''चलो ऊपर ही चल कर बैठें।''

''चलो।''

उसने सन्तरे ज़मीन से उठाकर प्लेट में रख लिए। अहाते से निकलते हुए मुझे लगा कि जैसे वह पूजा के फूल लिये हुए मन्दिर की ओर जा रही हो। उसके चेहरे पर बहुत सौम्यता और स्निग्ध कोमलता छायी थी।

टैरेस पर आकर फिर अपनी कुर्सियों पर बैठ गये।

''बेबी कहाँ चली गयी?'' मैंने पूछा।

''मिसेज कपिला के यहाँ गयी होगी, अक्सर उनके लड़के से खेलने चली जाती है।''

''बहुत नटखट और शरीर लड़की है।''

वीणा सहसा गम्भीर हो गयी।

''पिछले तीन महीने तो मैं सबसे ज़्यादा इसी की वजह से परेशान रही हूँ। मुझे लगता था, जैसे मेरे घर में एक 'वाइल्ड एनिमल' छोड़ दिया गया हो, और वह मुझे जीने न देना चाहता हो। अब तो यह पहले से कुछ सुधर गयी है, क्योंकि अब इसे कभी-कभार थप्पड़ पड़ जाता है। पहले मैं इसे बिलकुल नहीं मारती थी। थप्पड़ से यह डर जाती है।''

''बड़ी होकर और सँभल जायेगी।

''लोग कहते हैं कि तू कैसे कहती है कि यह तेरी लड़की है? यह बिलकुल उन पर और हमारे मामूजी पर गयी है। वे दोनों स्टर्डी हैं।''

जालन्धर : 7.1.58

"मिस्टर सुरेश का कब तक वापस आने का प्रोग्राम है?"

"उनका टर्म तो मार्च में समाप्त हो जायेगा, पर थीसिस पूरा होने में अभी थोड़ा समय और लगेगा। वे वहाँ पर खुश नहीं हैं। मैं तुम्हें उनके पत्र दिखाऊँगी।"

धूप आँखों में पड़ रही थी, इसलिए मैंने कुर्सी की दिशा ज़रा बदल ली।

"उनके लौटने के बाद कहाँ रहोगी? यह वर्तमान अरेंजमेंट हमेशा तो नहीं चल सकेगा।"

"यह अरेंजमेंट तो मेरे लिए मौत के बराबर है। पहले स्कूल के काम में दिल लग जाता था। अब बिलकुल नहीं लगता। बच्चों की तरह घंटियाँ गिनती रहती हूँ—अब तीसरी घंटी बजी, अब चौथी, अब पाँचवीं। जब सब घंटियाँ बज चुकती हैं तो फिर एक शून्य आ घेरता है कि इसके बाद क्या करूँगी। इतवार काटना तो असम्भव हो जाता है। सारा वातावरण विरक्त और उदासीन प्रतीत होता है। अन्तर निरर्थकता की अनुभूति से भर जाता है। बार-बार मन पूछता है कि क्यों जीवित हूँ, मर क्यों नहीं जाती? मगर मरने में भी बहुत व्यर्थता लगती है। जी लिया हो तो मरूँ। यह जीने की साध जो बचपन से हृदय को व्याप्त किये है, क्या साध ही बनी रहेगी, और मैं कभी एक क्षण के लिए भी मर कर न जी पाऊँगी?"

वह इस तरह मेरी ओर देख रही थी जैसे उसके प्रश्न का निश्चित उत्तर अभी-अभी मेरे माथे पर उभरने वाला हो।

"देखो मैं नहीं समझता कि मैं तुम्हारे केन्द्र में वर्तमान होकर सोच सकता हूँ। मगर मैं तुम्हारी परिस्थिति को समझने की कोशिश अवश्य करता हूँ। मैं भी परिस्थितियों की उस कटुता में कई वर्ष बिता चुका हूँ। तुम यह सोचकर भूल करती हो कि तुम्हारी समस्या का हल बाहर कहीं से प्राप्त होगा। तुम्हें उसे अपने अन्दर से ही हल करना होगा। जीवन के सब सम्बन्ध सापेक्ष हैं, अनिवार्य नहीं, पहली चेतना तो हमें यह उपलब्ध करनी होगी कि समुदाय के अन्तर्गत व्यक्ति नगण्य है, फिर भी व्यक्ति एक सम्पूर्ण इकाई है—एक पूरा मानसिक यन्त्र है। उपयुक्त चालक न हो तो वह यन्त्र व्यर्थ पड़ा रह सकता है। परन्तु उससे यह अर्थ कदापि नहीं निकलता कि वह यन्त्र व्यर्थ है। उसकी शक्तिमत्ता ही उसकी उपयोगिता का प्रमाण है। उपयोग न होने का खेद हो सकता है पर व्यर्थता की प्रतीति नहीं होनी चाहिए।"

और फिर मैंने मुस्कराकर कहा, "अब मैं भाषण देने लगा न? कॉलेज छोड़ दिया, मगर भाषण देने की आदत नहीं छूटी।"

वह भी मुस्करा दी।

"तुम्हारे भाषण सुनने की लिए ही तो तुम्हें तार दिया था।"

"तो घड़ी देख लो। एक बार बोलने लगा तो घंटे भर से पहले नहीं रुकूँगा। एक-एक घंटे का लेक्चर देने की आदत है, इसलिए मशीन घंटे भर से पहले रुकने में नहीं आती।"

और मैंने हल्का-सा ठहाका लगाकर कहा, "मेरा इस तरह हँसना तुम्हें बुरा लगता है न?"

"हाँ, क्यों इतना ज़ोर से हँसते हो?"

"क्योंकि हँसना भी मेरे स्वभाव में है।"

"मुझे लगता है कि कभी तुम मुझ पर भी इसी तरह हँसोगे।"

"नहीं, तुम पर नहीं। कभी भी नहीं। अधिकांशतः तो मैं अपने पर ही हँसता हूँ और जब दूसरे पर भी हँसता हूँ तो उसकी हँसी उड़ाना उद्देश्य नहीं होता है।"

कुछ क्षण हम लोग खामोश एक-दूसरे की ओर देखते रहे।

"तुम्हारा बच्चा कैसा है?" सहसा उसने पूछा।

"मुझे बहुत सुन्दर लगता है और वह मेरी तरह ही हँसता भी है, हालाँकि वह मुझे पहचानता नहीं और मेरे पास आता भी नहीं।"

"तुम्हें मिला था?"

"हाँ, इलाहाबाद में मिला था। उसका ऑपरेशन होने वाला था। राँची में मुझे तार मिला तो मैं कलकत्ता न जाकर इलाहाबाद लौट आया था।"

"किस चीज़ का ऑपरेशन था?"

"हर्निया का। उसे जन्म से ही हर्निया की शिकायत थी। 28 दिसम्बर को दिल्ली में डॉ. खेरा ने उसका ऑपरेशन किया है। मैं जानकर ऑपरेशन के समय उपस्थित नहीं रहा। दोनों की उपस्थिति में ऑपरेशन होता और कोई untoward situation डिवेलप हो जाती तो बहुत असह्य हो उठता। मैंने शीला से यह request अवश्य किया था कि ऑपरेशन का सारा खर्च मुझे लेने दें। दो सौ का एक चेक भेज आया हूँ। और जितना होगा, वह भी भेज दूँगा।"

"बच्चा अब ठीक है?"

"हाँ ठीक है। टाँके खुल गये हैं और अस्पताल से आ गया है।"

"शीला जी अब कैसा महसूस करती हैं?"

"निस्सन्देह वह सुखी नहीं हैं। एक बच्चा, दूसरे उसके कट्टर आर्यसमाजी संस्कार, तीसरे उसके घर का वातावरण और चौथे उसका अहं उसे दूसरा विवाह नहीं करने देंगे, हालाँकि वह कहती यही है कि जब पहला विवाह सफल नहीं हुआ तो दूसरा सफल होगा, इसी का क्या निश्चय है?"

वीणा ने कुछ नहीं कहा। वह चुपचाप देखती रही। मैं कुछ क्षणों के लिए अन्तर्मुख हो गया। ऊपर की सड़क से एक जीप नीचे को उतर गयी।

“तुम्हें खेद होता है?” सहसा उसने पूछा।

“खेद नहीं होता है, दुख होता है,” मैंने अपने से बाहर निकलते हुए कहा। “इस बात को लेकर मेरे मन में कहीं बाधा नहीं है कि सम्बन्ध विच्छेद के सिवा कोई चारा नहीं था। अब तो जितना टूट चुके हैं, उतने को समेट सकते हैं। उस स्थिति में निरन्तर टूटते जाना ही होता। हममें कोई मानसिक साम्य नहीं था, और यह भी नहीं था कि दोनों में से एक व्यक्तिवहीन होता। अधिकांशत : दाम्पत्य जीवन इसीलिए निभ जाता है कि दो में से एक में ही व्यक्तित्व होता है या दोनों में ही नहीं होता। दोनों का बना हुआ व्यक्तित्व हो और उसमें टकराव हो तो किसी तरह नहीं चल सकता। मैंने उसे एक दिन के लिए भी प्यार नहीं किया और ना ही मैंने एक दिन भी अनुभव किया है कि उसे मुझसे प्यार है। हाँ, उसमें possession की instinct ज़रूर थी और आज भी मैं समझता हूँ कि उसे वास्तविक दुःख अपनी पराजय का है कि वह possession बनी नहीं रह सकी। जिसे वह अपने विश्वास की हार समझती है, वह वास्तव में उसके अहं की हार है।”

मैंने महसूस किया कि उसका ध्यान मेरी बात से हट गया है और वह कुछ और सोच रही है।

“तुम कहीं और पहुँच गयी हो शायद!” मैंने कहा।

“मैं अपने ब्रदर-इन-लॉ की बात सोच रही थी,” उसने कहा। “इस बार मैं शिमला गयी थी तो उनसे बहुत लम्बी बात हुई थी। वे भी कहते थे कि मैं जीवन भर चाहता रहा हूँ कि मेरी पत्नी मुझे प्यार करे, मुझे समझे, मुझे पहचाने, पर वह अपनी ही दुनिया में व्यस्त रही है, मेरे लिए एक माँस के लोंदे से अधिक महत्त्व उसका कभी नहीं रहा—न ही मैं उसके लिए एक समाज द्वारा दिये गये अधिकार की सुविधा से अधिक कुछ बन पाया हूँ। मैं यह भी नहीं कहता कि हम दोनों strangers रहे हैं बल्कि मुझे तो लगता है कि हृदय की गहराई में हम एक-दूसरे के दुश्मन रहे हैं।”

“यह अनुभव एक व्यक्ति का ही अनुभव नहीं है, बहुत घरों में ऐसा होता है। फिर भी लोग प्रवंचना की ज़िन्दगी जिये जाते हैं, हँसते-खाते हैं, बच्चों की ब्याह-शादियाँ करते हैं और मर जाते हैं।”

“क्यों होता है ऐसा?” वीणा ने व्यथा से आँखें मूँद लीं। “क्यों जीवन इतना मजबूर हो जाता है?”

“क्योंकि हम जीवन को सृष्टि के विराट के अन्तर्गत नहीं देखते, बाहर से अपना जायज़ा नहीं लेते, अपने अन्तर से सधे हुए बाहर की परीक्षा दिया करते हैं। इसीलिए हम सम्बन्धों को सापेक्ष न मान कर अनिवार्य समझ लेते हैं। यह स्मरण रहे कि सब सम्बन्ध सापेक्ष हैं—पति-पत्नी का भी—तो शायद इतनी बाधा न हो, इतनी घुटन न हो।”

"मैं समझती हूँ," वह बोली, "किन्तु फिर भी कर्तव्य और अकर्तव्य की एक रेखा बनी रहती है। उचित-अनुचित की बनी हुई धारणा से मुक्ति नहीं होती।"

"क्योंकि संस्कार ऐसे हैं। व्यक्ति या तो अपने विश्वास के अनुसार जीता है या अपने संस्कारों के अनुसार या एक बनी हुई आदत के अनुसार। बहुत बार संस्कारों से मुक्त होकर भी व्यक्ति आदत से मुक्त नहीं हो पाता। आदत स्वतः संस्कार बन जाती है।"

वह हँस दी। फिर बच्चों की तरह ओठ फैलाकर आग्रह के साथ बोली, "तो मुझे क्यों नहीं बताते हो कि मैं क्या करूँ?"

"मैं केवल इतना ही बता सकता हूँ कि तुम्हें दूसरों से नहीं पूछना चाहिए। स्वयं जो हो, वही होने का प्रयत्न करो। कोई व्यक्ति तुम्हें समूचा नहीं पा सकता। तुम किसी को समूचा नहीं पा सकतीं। हर व्यक्ति एक भरा-पूरा मार्केट है। उसमें से तुम वह लो, जो तुम्हारे लिए सुन्दर और उपयोगी है, और जिसे लेने की सामर्थ्य तुममें है, और जिसे चुराना या छीनना या याचना से लेना नहीं होगा। इसकी चिन्ता मत करो कि शेष कहाँ जाता है, कौन लेता है। इसी तरह कोई भी व्यक्ति, चाहे उसे पति की संज्ञा ही प्राप्त हो, तुम्हारा सभी कुछ प्राप्त कर सके, इसकी कामना मत करो। जितना उसे अपेक्ष्य है, और तुम्हें देने में बाधा नहीं, वह उसे दो। शेष कहीं और दिया जा सकता है, तो वहाँ दे दो। नहीं दिया जा सकता तो भी खेद मत करो, क्योंकि वस्तुओं का मूल्य क्रय करने वाले की शक्ति पर निर्भर नहीं करता। उनका वास्तविक मूल्य उनमें निहित रहता है। बाहर से एक आपेक्षिक मूल्य निर्धारित होता है। उसकी चिन्ता मत करो। अपने अन्तर्निहित मूल्य में ही अपनी सार्थकता का अनुभव करो। इस बात से मत बिखर जाओ कि जिस एक व्यक्ति द्वारा पहचाने जाने की तुम्हें अपेक्षा थी, उस एक ने तुम्हें क्यों नहीं पहचाना? वह अपनी सामर्थ्य के अनुसार जितना पहचान सकता है, जितने का आदर कर सकता है, जितने को प्यार कर सकता है, उसे उतना मुस्करा कर दो। शेष अगर गाँठ में ही बना रहता है, कहीं भी उपयुक्त नहीं होता, किसी के द्वारा भी नहीं पहचाना जाता तो भी खेद मत करो। वह तुम्हारी सम्पत्ति, तुम्हें गरिमा देने के लिए है। उस गरिमा का अनुभव करो और विश्वास के साथ जियो। तब निरर्थकता की अनुभूति नहीं रहेगी।"

"और यदि किसी को तुम्हारे किसी अंश की भी आवश्यकता न हो तो?"

"तो भी खेद न करो। तुम उसके लिए अपरिचित हो, यह साहस के साथ स्वीकार करो। न स्वयं उसके लिए बाध्यता बनो और न उसे अपने लिए बाध्यता बनने दो। मुस्कराकर उससे विदा ले लो और हट जाओ। वह हटना चाहे, उसे हट जाने दो। रजिस्ट्री के दफ़्तर में हस्ताक्षर हुए थे, मात्र इतने के लिए जीवन भर की विडम्बना को ढोने का कोई अर्थ नहीं है।"

"और साहस न हो तो?..."

"उसका संचय करो। चाहने और न करने में जो बुज़दिली है, वह अवश्य व्यक्ति को मार देती है।"

"मैं तुम्हें उनके सब पत्र पढ़ने को दूँगी। पढ़ोगे?"

"अवश्य पढ़ूँगा।"

"फिर मुझे बताना कि तुम उनके सम्बन्ध में क्या सोचते हो। वे भी बहुत सेन्सिटिव आदमी हैं। उनके साथ भी यही ट्रेजेडी है कि उन्हें अपनी पत्नी में जिस चीज़ की खोज थी, वह उन्हें मुझमें नहीं मिली। वे मुझे अपने अनुकूल बनाना चाहते हैं। मैं उन्हें छोड़ दूँ तो भी, मैं जानती हूँ कि उनके दिल को बहुत चोट लगेगी..।"

उसने आँखें झपकाते हुए एक ठंडी साँस ली और सड़क की ओर देखने लगी। टैरेस के किनारे उगी हुई बाड़ में चिड़ियाँ एक-दूसरे के पीछे दौड़ती हुई चुहल कर रही थीं।

"चाय पियोगे?" उसने पूछा।

"हाँ।"

"यहीं मँगवा लेती हूँ।"

"नहीं, नीचे चलकर ही पियेंगे।"

"चलो।"

मैंने अखबार और कागज़ समेट लिये। उसने प्लेट और छिलके उठा लिये।

"यहाँ लोग न जाने क्या सोचेंगे कि तुम कौन हो? फिर भी मुझसे रहा नहीं गया। रामदेई सुबह पूछ रही थी कि क्या बेबी के पापा आ गये हैं? मैंने कहा कि नहीं, बेबी के अंकल हैं...। अब मिसेज़ कपिला पूछेंगी...अरे, उनके यहाँ आज एक मीटिंग भी थी, दो बजे से स्टडी सर्कल की। मैंने ही उनसे कहा था कि स्टडी सर्कल शुरू करो। मुझे हो आना चाहिए था।"

"तो अब हो जाओ। अभी तीन-सवा तीन ही हुए हैं"

"हो आऊँ? नहीं, अब नहीं जाऊँगी।"

क्यों?"

"अब जाऊँगी तो सहज भाव से नहीं बैठ सकूँगी। और वे पूछेंगी कौन मेहमान हैं तो क्या कहूँगी? मित्रता भी एक रिश्ता होता है, यह तो लोग समझेंगे नहीं।"

"समझाना ज़रूरी भी क्यों है? तुम उनसे कुछ भी कह सकती हो..."

हम लोग दरवाज़े से निकल रहे थे। निकलते ही दो लड़के मिल गये जो शायद क्वार्टर से होकर आ रहे थे।

"बहन जी, मम्मी बुला रही हैं," बड़े लड़के ने कहा।

"देखो, मेरे मेहमान आये हुए हैं। उनसे कहना, मैं अभी इन्हें चाय पिलाकर..."

"इन्हें वहीं चाय पिला दीजियेगा। वे कह रही थीं कि उनसे कहना, ज़रूर आयें।"

मैं चलता हुआ क्वार्टर में पहुँच गया। दो-एक मिनट बरामदे में चहलकदमी करता रहा। फिर वह आ गयी।

"रामदेई, जल्दी से चाय बना दे," उसने दरवाज़ा खोलते हुए कहा। कमरे में पहुँचकर बोली, "एक झूठ बोल आयी हूँ। यह नहीं कहा, हमारे मित्र हैं। कहा है, हमारे-उनके एक मित्र हैं।"

"तुम्हें वहाँ जाना है, थोड़ी देर के लिए हो आओ।"

"हो आऊँ?...मगर मैंने कहला तो दिया है कि शायद न आ पाऊँ।"

"कहला दिया है तो मत जाओ।"

"तुम चाय के साथ कुछ लोगे?"

"नहीं, सिर्फ़ चाय।"

"अच्छा, तो मैं बाहर जाकर देखती हूँ..."

"नहीं, तुम मत देखो। रामदेई ले आएगी। तुम बैठ जाओ।"

"अच्छा, मैं कपड़े तह करके रख दूँ, बिखरे पड़े हैं।" वह कुर्सियों पर बिखेरी हुई साड़ियाँ आदि उठाने लगी। मुझे ध्यान आया कि सुबह मैंने ही उसे कह दिया था कि वह अपने घर के मामले में बहुत केयरलेस है—उसके आसपास इतना बिखराव नहीं होना चाहिए, और उसने कहा था कि यही बात वे भी कहा करते हैं, पर उसे किसी के आदेश से कुछ करने का उत्साह नहीं होता बल्कि मन विद्रोह कर उठता है। बचपन में उसे अपने घर को सजाने और सुन्दर बनाने की बहुत रुचि हुआ करती थी, पर अब तो वह उतना ही करती है जितना किये बिना चल ही नहीं सकता, शेष सब रहने देती है। क्यों करे?

"अब यह उठाना-धरना इसलिए शुरू कर दिया कि सुबह मैंने कहा था?"

"नहीं, अच्छा नहीं लग रहा। दो मिनट में सब ठीक कर देती हूँ..."

"नहीं, आज नहीं। इस समय यहाँ कुर्सी पर बैठ जाओ।...बैठ भी जाओ भाई..."

वह साड़ी तह करती हुई हँस दी, "प्राण रहने दो यह गृहकाज, आज रहने दो सब गृहकाज..."

मैंने उसकी हँसी में योग दिया।

"यही पंक्तियाँ मेरे ध्यान में भी आयी थीं," मैंने कहा।

"तभी तो मैंने बोल दीं।"

"तो अब बैठ जाओ।"

वह शेष कपड़े कुर्सी पर छोड़कर सामने की कुर्सी पर आकर बैठ गयी। रामदेई ने चाय की ट्रे मेज़ पर रखी। वह चली गयी तो मैंने कहा, "यह

औरत काफ़ी रंगीन-मिज़ाज प्रतीत होती है।''

''अरे, इसकी रंगीन-मिज़ाजी तो यहाँ मशहूर है। लोग इसीलिए उसे अपने यहाँ नहीं रखना चाहते...। बेचारी करे भी क्या? बहुत पहले इसका पति मर गया था।''

''फिर किसी दूसरे के यहाँ नहीं गयी?''

''नहीं, किसी एक के यहाँ नहीं...।''

मैं हँस दिया।

''अब तो यह बुड्ढी हो गयी। अब भी इसकी रंगीनियाँ चलती हैं?''

''अरे, यह अब भी किसी-किसी दिन बहुत खूबसूरत लगती है। शौकीन भी बहुत है। रोज़ धुले हुए कपड़े पहनती है। एक दिन मेरी अनुपस्थिति में मेरा पाउडर-क्रीम खोलकर बैठी हुई थी।''

हम दोनों हँस दिये।

''आये दिन उसका कोई-न-कोई किस्सा सुनने में आ जाता है। वह यह भी कहती है कि बहन जी के सिवा किसी के घर में मेरा गुज़ारा नहीं हो सकता। जब मैं पहले यहाँ पर थी तो इसे स्कूल में माई लगाया था। मेरे बाद यह निकाल दी गयी। इस बार मैं आयी तो यह फिर नौकरी माँगने आ गयी। मैंने इसे इस बार खाना-वाना बनाने के लिए रख लिया।''

चाय की प्यालियाँ बन गयी थीं। हम एक-एक प्याली उठाकर पीने लगे।

चाय के कुछ देर बाद मैं शहर की ओर घूमने निकल गया। उषा खेलकर आयी तो उसने बताया था कि आंटी कह रही हैं, मम्मी को ज़रूर भेजो। शायद और भी कोई बुलाने आया था। वीणा ने प्रस्ताव किया कि हम लोग साथ-साथ बाहर चलें। वह मिसेज़ कपिला के यहाँ चली जायेगी और मैं किसी तरफ़ चक्कर लगा आऊँगा। मेरा सूट बैग में काफ़ी सिकुड़ गया था क्योंकि रात को मैंने बैग को तकिये के तौर पर इस्तेमाल किया था। वीणा ने जल्दी से वह इस्तरी कर दिया। बेबी ने गर्म इस्तरी को छूकर हाथ जला लिया। इस्तरी फिसलकर नीचे फ़र्श पर गिर गयी और एक ओर से टूट गयी। बाहर निकलते हुए वीणा ने वह भूरा कोट पहन लिया जो वह लन्दन से लायी थी। मुझे उसके शरीर पर वह कोट बड़ा-बड़ा लगा।

सड़क पर आकर उसने कहा, ''मैं कुछ दूर तक तुम्हारे साथ चलूँ?''

''नहीं, तुम जहाँ जा रही हो, हो आओ। मैं किधर भी निकल जाऊँगा।''

''मिलिट्री राउंड से सूर्यास्त बहुत सुन्दर लगता है...''

''लेकिन सूर्यास्त हो चुका है और मैं नहीं जानता मिलिट्री राउंड किधर को है। मैं अड्डे की तरफ़ चला जाऊँगा और जहाँ से मन होगा, लौट आऊँगा। तुम कितनी देर में आओगी?''

"तुम जितनी देर में कहो।"

"मैं आध-पौन घंटे में आ जाऊँगा।"

"अच्छा।"

वह बेटी को लिये हुए ऊपर को चल दी और मैं नीचे की ओर।

थोड़ा-सा परिचित रास्ता तय करके अनजान रास्ते पर हो लिया। एक कैफ़ेटेरिया, कुछ दुकानें, नाहन फाउंडरी, महिला लाइब्रेरी, काली स्थान, पुलिस लाइंज़, बस स्टैंड...

सड़कें प्रायः सुनसान थीं। कहीं ही कोई एकाध लोग चलते नज़र आते थे। स्त्रियाँ जैसे उस शहर में थीं ही नहीं। पौन घंटे में मुझे एक ही स्त्री सड़क पर दिखायी दी।

मेरे क्वार्टर में पहुँचने से पहले वह आ गयी थी।

"कहाँ-कहाँ घूम आये?" उसने पूछा।

मैंने रास्ते में जितने बोर्ड पढ़े थे, सब गिना दिये।

"तो शहर के अन्दर नहीं गये?"

"मुझे और कोई अन्दर मिला ही नहीं।"

"अच्छा बताओ, रात को क्या खाओगे?"

"तुमने क्या-क्या बनवाया है?"

"मीट बन रहा है, और..."

"मीट बन रहा है तो और कुछ नहीं चाहिए। मीट के साथ और कुछ नहीं खाया जाता।"

"अच्छा।"

"मगर मुझे इस समय भूख लगी है।"

वह दो लिफ़ाफे ले आयी। एक में दालमोठ थी और दूसरे में कलाकन्द।

"यह तुम्हें पता था कि मुझे इस समय भूख लगेगी?"

"नहीं, चाय के लिए मँगवाया था।"

"तो चाय के साथ दिया क्यों नहीं ?"

"तुमने कहा था, नहीं लेंगे?"

"इतनी जल्दी मान जाती हो?"

वह मुस्करा दी। मैंने हाथ बढ़ा दिया। उसका हाथ मेरे हाथ में आ गया। मैं उसकी उंगलियों से खेलने लगा।

मेरे मस्तिष्क में वे दिन उभर आये, जब हम लोग पहले-पहल परिचित हुए थे। दीदी के यहाँ एक पार्टी हुई थी, जिसमें कई लोग निमन्त्रित थे। उन्हीं में एक थे प्रो. चोपड़ा। ट्रेनिंग कॉलेज में वे भी पढ़ाते थे।

बातों-बातों में बेतकल्लुफ़ी हो गयी। अपने यहाँ एक दावत हुई तो उन्हें

निमन्त्रित किया। उनके साथ उनकी लड़कियाँ और साली भी आयी।

खाने के बाद गपशप होती रही। प्रेम और बिसारिया ने कवितायें सुनाईं। मिस्टर चोपड़ा ने बताया कि उनकी साली भी कवितायें लिखती है।

उससे कविता सुनाने का आग्रह किया गया। बहुत आग्रह पर सुनाने लगी तो सिर से पैर तक लाल हो गयी। पाल और मैं दो व्यक्ति थे जिन्होंने उस सुन्दरता को विशेष रूप से लक्षित किया।

पार्टी के कई दिन बाद एक दोपहर को जब घर पर कुछ टाइप कर रहे थे तो सहसा पीछे के कमरे में एक आकृति आकर खड़ी हो गयी। उसे पहचानते ही पुलक हो आया।

''आइये...''

वह बैठ गयी।

''डॉ. मदान ने मुझे भेजा है...,'' उसने कहा। ''मैंने चोपड़ा साहब से कहा था कि वे मुझे साथ ले चलें पर वे बहुत व्यस्त रहते हैं, इसलिए अकेले ही आना पड़ा।''

''बताइये...''

और उसने बताया कि वह सोलन से सर्दी की छुट्टी में वहाँ आयी है, इसलिए कि एम.ए. की तैयारी कर सके। वह अप्रैल में परीक्षा देना चाहती है। उसने डॉ. मदान से गाइडेंस के लिए कहा था और उन्होंने मेरा पता बता दिया था।

''आप मुझे अपने लिखे दो-एक आर्टिकल दिखा दीजिए, फिर मुझसे जो बन पड़ेगा, मैं अवश्य करूँगा।''

''आप विषय बता दीजिये...''

मैंने दो-एक विषय बता दिये।

वह थोड़ी देर बैठ कर चली गयी।

जालन्धर : 10.1.58

सात को सतीश मिला। जब रात को घर लौट कर आये तो वह इन्तज़ार कर रहा था। साढ़े चार वर्ष बाद। आखिरी बार बम्बई में मिले थे—अप्रैल 1953 में, जब वह अफ्रीका जा रहा था।

उसमें सिवा इसके कोई परिवर्तन नहीं आया कि पहले से थोड़ा मोटा हो गया है और चश्मा लगाने लगा है।

आठ को सुबह वरीन आ गया। दो दिन शॉपिंग-ऑपिंग ही करते रहे। रात वरीन से लम्बी बात हुई। शीला के साथ अपने सह-अस्तित्व के दिनों की स्मृति से वह भी बहुत छिला हुआ है। रात मन बहुत उमड़ आया।

सतीश और वरीन ने एक-एक लतीफ़ा सुनाया।

सतीश का लतीफ़ा—पाकिस्तान में आये रूसी के खुदा के विश्वास के बारे में, और वरीन का—कॉमेडियन ओम प्रकाश के सेट पर गोप को तीन बार नमस्कार करने के बारे में।

रात में वीणा का पत्र पूरा नहीं पढ़ा था। यहाँ उसका पत्र और उसका उत्तर दोनों लिखे ले रहा हूँ :

राकेश,

तुम्हें जो चाहिए था सम्भवतः तुम्हें मिल गया, पर मैं जो चाहती थी, वह अभी मुझे नहीं मिला। मैं उजली धूप में भीगी घाटियों में घूमना चाहती थी, मैं आसमान के स्वरों से पुलकायमान होना चाहती थी, मैं हिमालय के उच्च शिखर के गुहा-स्थित मन्दिर की गहन घंटा-ध्वनि को अन्तर में भर लेना चाहती थी। वह नहीं हो सका, उसका सुयोग नहीं मिला।

कुछ हल्की-सी निराशा, कुछ उन्मुखता है। क्या विश्व में कहीं भी शारीरिकता विरहित कुछ नहीं? फिर मेरे अन्तर में क्यों ऐसी अनुभूति होती है? क्या अपनी कल्पना के दिव्य भाव की पूर्ति के लिए पत्थर के देवता के आगे ही सिर रगड़ना होगा? पर उस पत्थर के देवता में पुलक कहाँ होगा? वह पुलक क्या भक्त के अन्तर का ही होता है।

इन दिनों गीता पढ़ रही हूँ। कभी शान्ति, कभी उद्वेग; कभी करुणा उमड़ती है। पर ये जलकण बड़े शीतल हैं। इनमें कोई क्षोभ, कोई उपालम्भ, कोई पश्चाताप नहीं।

एक बात तुम्हें बताना चाहती थी। तुमसे मिलने के उपरान्त मुझे कुछ नया नहीं मिला और मैंने सिवाय एक प्रिय मानव की निर्बलता को करुणा के अवलम्ब के दिया भी कुछ नहीं। तुम्हें कुछ मिला, या तुमने पा लिया, या ले लिया, वह तुम्हीं जानो।

इन पंक्तियों को पढ़कर लौटा देना।

आज तुम्हारा जन्मदिन है। माँ को मेरी ओर से मुबारकबाद देना।

मैं भी professional writer बनना चाहती हूँ। क्या बन सकती हूँ?

वीणा,

तुम्हारा पत्र मुझे मिल गया है।

मैंने पहले दो पत्रों में लिखा है कि मैं अपने अन्तर में कुछ भरा-भरा-सा महसूस करता हूँ। परन्तु यदि तुम सोचो कि यह भरना स्थूल उपलब्धि को लेकर है तो मेरे साथ न्याय न होगा। स्थूल की उपलब्धि कहाँ सम्भव नहीं? परन्तु हर स्थूल की आत्मा में ही वायव्य कुछ नहीं होता, जिसे आत्मीयता कहते हैं। मेरा जो अभाव भरा, वह था किसी की आत्मीयता में डूब जाने का। तुम्हें शरीर से वितृष्णा है—मुझे नहीं है। मेरी दृष्टि में शारीरिक पुलक में आत्मीयता की दीप्ति हो सकती है।...उस दीप्ति

के अभाव में शारीरिक पुलक पाशविकता है। मैंने पाशविकता का जागरण अपने में कई बार देखा है। परन्तु इतना दिग्भ्रान्त नहीं हूँ कि उसमें और इसमें अन्तर न कर सकूँ। फिर भी, मैं तभी से जानता हूँ कि तुम्हें ऐसा लगा है। मुझे खेद है। तुम्हें दोष क्योंकर दूँ? तुमने क्या किया, क्या नहीं किया, उसका लेखा-जोखा मैं नहीं कर सकता। परन्तु कुछ क्षणों की दुर्बलता को मेरी उपलब्धि मानकर तुमने उचित नहीं किया। मैंने तुम्हें 'पुनरावृत्ति' के अतिरिक्त कुछ न दिया हो, पर जो मैंने तुमसे प्राप्त किया, वह आत्मीय तत्त्व मेरे लिए अनुपलब्ध था, और विश्वास करना चाहता हूँ कि अछूता भी था। करुणा का अवलम्ब भी अन्ततः अवलम्ब तो है।

एक बात कहूँगा। अप्राप्त की प्राप्ति कल्पना में नहीं होती, भावना में होती है, क्रिया में होती है। क्या तुममें अपनी कामना को—अमूर्त की चाह को—भावना और क्रिया देने की शक्ति है? तुम जो हो, वह भी बनी रहना चाहो, और अतिरिक्त भी पा लेना चाहो, यह क्योंकर होगा? यह नहीं कि 'उजली धूप में भीगी घाटियों' तक जाने के रास्ते नहीं हैं। लेकिन रास्तों के अतिरिक्त चरण भी तो चाहिए—और विश्वास, अपने पर, मार्ग पर, सम्बल पर। यूँ अपनी असमर्थता को दूसरों की देन मान लेने से असन्तोष कुछ हल्का भले हो जाये—परन्तु सिद्धि क्या हो पायेगी?

तुमने अपनी पंक्तियाँ लौटा देने को कहा है। तुम्हारे विश्वास की यह परिणति है तो उन्हें रोककर रखूँगा भी नहीं। लेकिन, एक बार फिर माँगो। लौटा दूँगा।

किसी दूसरे को उपादान रूप में कभी मत ग्रहण करो। पुरुष हो, भावना हो या पत्थर, अपने से बाहर उसके स्वतन्त्र अस्तित्व को स्वीकारो। फिर उसे छुओ। तब इस तरह अनुपलब्धि का खेद न होगा। क्योंकि देना भी एक उपलब्धि है।

मैंने गीता नहीं पढ़ी। इतना फिर भी कह सकता हूँ कि जिधर प्रवृत्ति न हो, उधर कभी मत चलो। और जिधर प्रवृत्ति हो, उधर चले हुए हर चरण को अपनी सार्थकता मानो। जीवन में 'तटस्थता' कुछ नहीं है।

मैं तुम्हें तुम्हारे उपादान के रूप में कभी नहीं मिलूँगा। यदि मिलूँगा और जब भी मिलूँगा, एक इन्सान के रूप में मिलूँगा, जो हर दृष्टि से सामान्य है, और इसीलिए संवेदनहीन नहीं है। मैत्री एक पूर्ण और एक पूरक साँचे का संयोग नहीं है। पूर्णता और पूरकता दोनों ओर होती है।

तुम्हारे पत्र ने मुझे कहीं से छीला है, यह मैं निस्संकोच स्वीकार करता हूँ।

Professional writing का एक ही अर्थ है... consistent writing उसमें भला क्या बाधा हो सकती है?

एक और पत्र—

नीड़ में जाकर मन आकाश के लिए तड़प उठता है और आकाश में उड़ते हुए नीड़ की उष्णता पीछा करती है।

मैं वह अभिशप्त हूँ, जिसे बन्धन बाँधता नहीं—मुक्ति मुक्ति नहीं देती।

जालन्धर : 11.1.58

एक और पत्र—

हर व्यक्ति, जिससे मेरा साक्षात्कार हो, मुझे एक नया चेहरा देता है।

मैं किसी से सुन्दर या असुन्दर व्यवहार करता हूँ, किसी के सामने हँसता या रोता हूँ, किसी के समक्ष छिछला या गम्भीर हो जाता हूँ, तो वह मेरा रूप, नितान्त मेरा ही नहीं होता, उसका भी होता है, जिसकी भावुकता में वह प्रकट होता है।

इसलिए मेरा पाप उसका भी पाप है, जिसके आधार से वह जन्म लेता है। मेरा पुण्य उसका भी पुण्य है जो उस पुण्य की प्रेरणा बनता है।

इसलिए मैं बँटा हुआ हूँ। मैं एक नहीं, अनेक हूँ। मैं व्यक्ति नहीं, समाज हूँ, समूह हूँ, युग हूँ, विस्तार हूँ।

इसलिए अकेला नहीं हूँ।

क्योंकि इकाई होते हुए भी सब इकाइयों में अन्तरतः हूँ। अतः मृत्यु मुझे नहीं व्यापेगी। क्योंकि मृत्यु एक आपेक्षिक सत्य है। विघटन भी उतना ही जीवन है जितना कि संघटन।

इसलिए क्षण-क्षण बदलता और विकीर्ण होता हुआ मैं, अनश्वर हूँ।

और तुम मेरी अनश्वरता की उपाधि।

क्योंकि तुम्हारी सम्पूर्णता में मैं अपना अनश्वर रूप देख सकता हूँ।

जबकि कई औरों के सामने मुझे नश्वर रूप ही अपना नज़र आता है जो कि शुभ है।

किन्तु विडम्बना यह है कि मेरी भ्रम मुक्ति, कि मेरा यह रूप तुम्हें भ्रम में ढाल देता है।

जालन्धर : 12.1.58

सुबह ल...अपने बुने हुए स्वेटर और दस्ताने दे गयी थी।

शाम को न...और उ...आयीं। मूड उखड़ा-उखड़ा-सा था। ठीक से बात भी नहीं कर पाये। न...ऊपर पढ़ने के कमरे में चली गयी और नाहन की डायरी का आरम्भिक भाग उसकी नज़र पड़ गया—ऊपर जाकर उसे पढ़ने से रोक दिया।

हमारे पड़ोसी कई बार रहस्यमय नज़रों से इधर की ओर देखते हैं। उन्हें शायद आश्चर्य होता है कि यहाँ इतनी लड़कियाँ क्यों आती हैं?

आज लोहड़ी है। लोग पटाखे चला रहे हैं। बच्चे चीख रहे हैं। हम बच्चे थे, तो कितनी उत्सुकता से लोहड़ी की प्रतीक्षा करते थे। हम किसी के यहाँ लोहड़ी माँगने नहीं जाते थे। शायद एक ही बार लड़कों की एक टोली के साथ एक घर

की सीढ़ियाँ चढ़े थे।... मगर रात को हमारे घर के आगे ही चौक में लोहड़ी जलती थी। हमारे चाचा और दूसरे लोग भुने हुए गन्नों को जमीन पर मारकर पटाखे चलाते थे। हम भी गन्ना तपाकर ज़मीन पर मारते थे, पर पटाखा नहीं बोलता था। बहुत कोफ़्त होती थी।...फिर ऊपर छज्जे पर चले जाते थे। आग के चिनगारे आकाश में बहुत ऊँचे तक जाते थे। हम उन्हें देखा करते थे। माँ या दादी रेवड़ियाँ ले आती थीं, और खजूरें। हम खजूरें बहुत चाव से खाते थे।

मगर आज हम अकेले हैं। ज़िन्दगी अपने में सीमित-सी है। नहीं, ऐसे जीना अच्छा नहीं है। खूब खुलकर जीना चाहिए। आज न...कहती थी—"You have unconsciously created a shell around you." उसकी आँखों में एक शरारत-सी रहती है, जिसका कुछ भी अर्थ हो सकता है।

ल...सुबह जन्मदिन की भेंट एक किताब भी छोड़ गयी थी—Bertrand Russell की *Conquest of Happiness* मेरे जीवन की साधना भी तो यही है। हर जीवन की यही साधना होती है शायद।

But can this reading of a book make one happy ?

प्रो. डोगरा एक ऐसा व्यक्ति है जिसकी सारी विचारधारा जननेन्द्रिय के इर्द-गिर्द घूमती रहती है। उसके पचास प्रतिशत से अधिक वाक्य स्त्री और पुरुष के अन्यतम सन्सर्ग की अभिव्यक्ति करते हैं।

He seems always possessed by this thought. It seems that he is the weaker partner in his sex life. That is why he exhibits himself so much in public.

वरीन कल चला गया। कल दिल बहुत भर आया था। अन्ततः वह अभी बच्चा है। सोचा था एक वर्ष के स्वतन्त्र उपार्जन और विदेश निवास ने उसे परिपक्व कर दिया होगा। पर नहीं—वह अब भी सोलह आने वही बच्चा है—जो यहाँ से जाने से पहले था।

रात अजब complication हो जाती। वरीन जनता से चला गया और उसका टिकट अपनी जेब में रह गया। यह भी कुली ने याद दिला दिया। लुधियाना टेलीफ़ोन करवाया और स्वयं हावड़ा से जाने का निश्चय किया। पर वरीन को जल्दी होश हो आया। वह जालन्धर छावनी से ही लौट आया। इस तरह उलझन बच गयी। नहीं, दोनों को वह परेशानी होती कि तौबा!

जोशी साहब तशरीफ़ ले आये हैं—आज का अफ़साना खत्म होता है।

जालन्धर : 14.1.58

कल दोपहर से दिमाग फिर अव्यवस्थित है। Is it lack of application? I think that it is lack of proper emotional outlet.

Jullundur : 17.1.58

I have decided to shift to Delhi. I am going there today to see about the place of residence. I might finalise in two weeks' time.

I feel good for having decided this.

They gave me a farewell in the college yesterday. I have found these farewells always very depressing, as they smack of complete lack of feeling on the part of those who give farewells and misconceived vanity on the part of those who accept them. I would much rather have warm handshakes than pastries and euologies from my well-wishers.

Vareen was broadcasting once again from Colombo this morning. It reduces an immediate worry about him considerably.

New Delhi : 18.1.58

I have spent only a day here and already feel that I have been here for months. The change, however, has done me much good mentally. I am horrified at the idea of going back and living at Jullundur. I should have shifted from there a long time back. The place and surroundings tend to change the very mode of thinking and behaviour of a person. How terribly I have wasted myself daily the last eight years! I simply cannot go back to that city of unhealthy dark room emotions !

I had mixed feelings during the day. Some of the old acquaintances met me very coldly, while others greeted me very warmly. The enthusiastic greeting of Fiqra Tonswi was overwhelming.

Saw the picture *Back from Eternity* at Rivoli. It was about a party stranded in a rocky jungle after the force-landing of their damaged plane. It was a very well executed story. The climax; the killing of the old couple with the last two cartridges by the criminal, was superb.

Now I am here—above in the flat and feel a little disconcerted.

जालन्धर : 20.1.58

जालन्धर में रहना मुश्किल है, निश्चय ही है कि दिल्ली चले जायेंगे।

ज़िन्दगी तकिये के सहारे लेटे हुए नहीं जी जाती। साधन नहीं है, इसलिए मुश्किल बहुत होगा, मगर जो भी हो।

It is always good to seek new sensations.

नरेन्द्र ने एक मज़ेदार बात सुनायी। उसके बड़े भाई साहब ने एक बार आलू की सब्ज़ी बनाई जो संयोगवश अच्छी बन गयी। उसके बाद हमेशा घर के सब लोग उनकी सब्ज़ी को याद करके उनसे वैसी ही सब्ज़ी बनाने के लिए कहते रहे, मगर भाई साहब ने फिर ज़िन्दगी भर सब्ज़ी नहीं बनायी—कि कहीं दूसरी बार खराब बन गयी तो बना-बनाया नाम खराब हो जायेगा।

"यही हालत मिडिआकर लेखक की होती है, जो एकाध अच्छी चीज़ लिखकर ज़िन्दगी भर उसी का गुणगान करता रहता है।" नरेन्द्र ने कहा।

मैं खूब हँसा।

जालन्धर : 21.1.58

डॉ. मदान का सुझाव है कि दिल्ली घूम आऊँ, मगर scholarship अभी resign न करूँ—

कई दिनों के पत्र जमा हो रहे हैं—कल कुछ पत्र लिखने चाहिए।

दिमाग जड़ है—जागने का प्रयत्न व्यर्थ है।

Jullundur : 22.1.58

I do not know how I feel. Probably I am happy, very happy. M... came this morning, when I was working at my typewriter. She remained here for an hour or so. I said everything to her that I wanted to. She gave me her promise to marry me. I do not know how I feel about it. I feel terribly excited. The day had a real feel of spring in it. The grass looked more green than ever. I felt as if I were the master of the world. Love certainly is a positive sentiment, in spite of all the cynicism of my friends. I love the young girl and it gave me intense pleasure to know that she has this same feeling for me. I am happy, for I took a few glasses of beer just now to enjoy my happiness. Oh! How nice and blissful I feel ! I feel as if we are already married !

जालन्धर : 23.1.58

उनींदी रात—

दो बजे जाग गया था। बार-बार मन में आशंकाएँ जागती थीं—बार-बार मन में उद्विग्नता भर जाती थी—

पाँच बजे तक जागता रहा, फिर सो गया।

...नहाकर कंघी कर रहा था—मन में कुछ वासन्ती-सी अनुभूति लिये—जब

दरवाज़े पर दस्तक हुई—देखा—म...ही थी।

"मैं कॉलेज जा रही हूँ, बैठूँगी नहीं," उसने आते ही कहा।

"कहो, क्या बात है?"

"कुछ नहीं।"

"ऐसे खड़ी क्यों हो? उधर चलो, बैठकर बात करेंगे।"

"नहीं, मैं जाऊँगी।"

"मगर बात...?"

उस पर वही जड़ता छायी थी। चेहरे पर ज़र्दी, आँखों में विषाद—

"बैठ तो जाओ।"

"नहीं।"

वह खड़ी रही। फिर स्वयं बैठ गयी।

"मैं कहने आयी हूँ..."

"कहो।"

"आप दिल्ली जा रहे थे न...आप दिल्ली चले जाइये। मैं माफ़ी माँगने आयी हूँ..."

"म...।"

वही आँखें—जैसे वे आँखें भर्त्सना कर रही हों या अपनी व्यथा का निवेदन...

"कल तुमने मुझे वचन दिया था।"

उसने सिर हिलाया।

"तो...?"

वह चुप रही।

"तो यही अन्त है?"

वह चुप रही ।

"बोलो?"

उसने सिर हिलाया—"नहीं।"

"तो?"

"मुझे जाना है—मेरी क्लास का समय हो रहा है।"

"तुमने कल कहा था—"

"मुझे माफ़ कर दीजिए।"

"तो यह विदा है न?"

वह चुपचाप देखती रही।

"तुम्हारी किसी से बात हुई है?"

"नहीं।"

"तो?"

वह चुपचाप देखती रही।

"तो यह अन्तिम विदा है न?"

वह चुप रही।

"हम कभी नहीं मिलेंगे न? तुम कभी नहीं आओगी न? मैं तुमसे कभी नहीं मिलूँगा न?"

वह चुपचाप देखती रही।

"तो फिर..."

"मैं चाहता हूँ तुम सुखी रहो—कल तुमने अपना हाथ मुझे दिया था—आज फिर दो—विदा के लिए—"

उसने हाथ हटा लिया।

"मैं नहीं चाहता कि इसके बाद हम मिलें, एक-दूसरे को देखें—क्योंकि आमने सामने आने से दुःख बढ़ता है—"

वह खड़ी हो गयी।

"मैं चलूँगी।"

और उसका हाथ बढ़ आया। मैंने उनका हाथ दबा दिया।

"जाओगी?"

वह चुप रही।

"कभी नहीं आओगी न?"

वह किवाड़ के साथ टेक लगाये उसी दृष्टि से देखती रही। फिर चिक उठाकर खड़ी रही। फिर बाहर निकल गयी।

"गुड बाय—हमेशा के लिए—हमेशा-हमेशा के लिए—"

वह धीरे-धीरे बरामदे से उतरी और साइकिल उठाकर चली गयी।

साधारण-सी घटना।

फिर भी जीवन के लिए कितनी महत्त्वपूर्ण।

कल उसने अपना हाथ मेरे हाथ में दिया था तो मैंने सोचा था कि घर बसाकर रहूँगा, काम करूँगा, मन और शरीर को भटकने नहीं दूँगा—

इसी निश्चय से कुछ पत्र भी लिखे थे। अम्माँ से भी कहा था।

परन्तु, ठीक चौबीस घंटे बाद—उसने वह हाथ लौटा दिया...

अब कोई संयम नहीं है।

मन-शरीर पर कोई लगाम नहीं है।

—अब हर चीज़ का और रूप होगा।

क्या सोचा था, वीणा को लिखूँगा कि मैंने एक आधार ढूँढ़ लिया है, एक ऐसा आधार जो पुरुष के रूप में मेरे अभाव को भर देगा। परन्तु आज—

आज उसे केवल उदासी और बेबसी का एक पत्र लिख दिया है।
उसके जाने के बाद कुछ घंटों में मस्तिष्क बिलकुल जड़ हो गया।
अप्रत्याशित रूप से उ...आ गयी थी। अपने को बह जाने दिया—
अब कोई बाँध नहीं था—कोई बन्धन नहीं...
तो दिल्ली जाने का ही कार्यक्रम निश्चित है।

Now, I should sleep.

जालन्धर : 24.1.58

आज सुबह से दोपहर तक निश्चय बनाने और बिगड़ने का ही काम हुआ। घर बदलने के लिए जगह देखने निकले थे—लाज मिल गया—कई घर देखे, सैंट्रल टाउन में—और इस नतीजे पर पहुँचे कि जिस घर में हैं, वहीं रहें तो अच्छा है—और दिल्ली जाने का प्रोजेक्ट भी यदि मुल्तवी किया जा सके तो अच्छा है। सोचना एक ऐसी प्रक्रिया है जो हमेशा दो परस्पर विपरीत परिणामों की ओर ले जाती है। अब सोचते हैं कि क्या करेंगे दिल्ली जाकर—क्यों नहीं यहीं जमकर काम करते?

परन्तु दिल्ली जाकर अपना-आप क्यों इतना उन्मुक्त प्रतीत होता था?

हम समझते हैं कि एक रात की अच्छी गहरी नींद सब फ़ैसले कर दे सकती है। क्यों हमारी नींद इतनी disturbed रहती है? क्यों रोज़ आधी रात को जाग जाते हैं? क्यों रोज़ नये-नये कुलाबे मिलाते हैं? क्यों नहीं कल को भूलकर आज के काम को देखते? निश्चित उत्तर एक ही है...जीवन में emotional adjustmant. नहीं है—घर खाली-खाली लगता है—उस warmth का अभाव अखरता है, जो हर दिशा में छा लेती है।

परन्तु वह warmth होती भी है या सपना ही है?

रोज़ थके दिमाग से जागते हैं और भी थककर सो जाते हैं।

जालन्धर : 26.1.58

हवा में वासन्ती स्पर्श है—समय अच्छा-अच्छा लगता है। ऐसे में अनायास मन होता है कि हल्के-हल्के स्वर में किसी से बात करें। अपने चारों ओर घर की मिठास, घर की उष्णता हो। किसी के हाथ चाय की प्याली लाकर दें और प्याली के साथ वह हाथ भी थाम लें। हल्का-सा खिंचाव हो और ओठ मदिर मुस्कराहट से फैल जायें। परन्तु यह सब कैसे हो?...जिससे इस सबकी आशा की थी, उसने तो उस दिन रेखा खींच दी। जिससे वस्तुतः आशा की पूर्ति सम्भव है, उसके अपने बन्धन हैं, अपने दायित्व हैं, एक भरा-पूरा घर है, जहाँ उसे अपना एक निश्चित रोल अदा करना होता है।

और मैं इस एकान्त से, इस वीरानगी से समझौता करने के प्रयत्न में हूँ जिससे किसी रूप में तो जीवन की धुरी बैठ जाये।

लिखने-पढ़ने में अपने को पूरी तरह खो लिया जा सकता है, क्यों न उस aspect को मन से निकाल देने का ही प्रयत्न किया जाये? परन्तु प्रयत्न मात्र से ही तो परिणाम नहीं निकल आता।

वस्तुतः जो ट्रेजेडी हुई है, उसमें मेरा ढुलमुलपन ही तो कारण है।

शिमले में उन दिनों एक बार मनोरमा साहनी ने कहा था, "क्यों करते हैं ब्याह? मना क्यों नहीं कर देते? जब मन नहीं है, तो क्यों व्यर्थ में...?"

कितनी बार साहस संचित किया था कि लिख दें, नहीं, हमारी मर्ज़ी नहीं है। मगर फिर-फिर वही बात सामने आ जाती थी...उनसे कह जो चुके हैं।

जब भी मन उखड़ने लगता है, चाह होती है वीणा को एक पत्र लिख दें। उसे बुरा लगे या अच्छा, लिख दें। सच में, उसकी आत्मीयता किस तरह छा लेती है? कैसे मानूँ कि वह मेरे लिए पराई है और किसी और के लिए अपनी?

कुत्ते भौंकते हैं, गाड़ी फक-फक करती है, रात चिकचिक बोलती है—और हम खामोश हैं। लिख रहे हैं कि किसी तरह थक जायें, जिससे नींद आ जाये, मगर विडम्बना यह है कि कितना ही थकने की कोशिश करें, पूरा थकते नहीं। और थक जाते हैं तो नींद नहीं आती। और नींद आती है तो थकान दूर नहीं होती। ऐसे सुबह उठते हैं जैसे दस घंटे दफ़्तर में काम करके आये हों।

Must work, work, and work. Must not waste myself.

इरादा था, सोने से पहले उपन्यास के एक अध्याय का खाका बनायेंगे। अब खाक बनायेंगे?

जालन्धर : 27.1.58

एक और पत्र—

वीणा,

बाद दोपहर घर से निकलते हुए लैटर बॉक्स देखा। तुम्हारा पत्र निकला। सड़क पर चलते हुए पढ़ा—"एक प्रातः यहाँ आ जाओ। सप्ताह भर रहना घूमना। बात करना। चित्त सुस्थिर हो जायेगा।"

जल्दबाज़ी की आदत तो है ही। आज निश्चय कर लिया कि फरवरी के पहले या दूसरे सप्ताह चला जाऊँगा, कुछ काम साथ ले जाऊँगा। घूमूँगा, पढ़ूँ-लिखूँगा।

सारा शहर घूम लिया। कोई ऐसा व्यक्ति नहीं मिला जिससे जी भरकर बात की जाये। कभी भी नहीं मिलता। रोज़ इसी तरह घूमकर लौट आता हूँ। हर मिलने वाले से उसका चेहरा लगाकर भेंट करता हूँ।...फिर शाम गहरी हो जाती है। घर लौटता हूँ—और...

यहीं आकर मन उलझने लगता है।

...तो घूमते हुए प्लाज़ा में जा बैठा। तुम्हारा पत्र फिर निकाला। फिर पढ़ा—"माँ आ सकें तो..."

पत्र बन्द करके रख दिया। कार्यक्रम जितनी आसानी से बनाया था, उतनी ही आसानी से ढह गया।

तुम्हें पहले भी बता चुका हूँ शायद कि माँ बस का सफ़र नहीं कर सकतीं। वे मील भर बस में जाती हैं तो पीली पड़ जाती हैं। एक बार शिमला से कालका तक भेज दिया था। वरीन साथ में था। उसकी रिपोर्ट थी कि न जाने किस तरह वहाँ तक जीवित पहुँच गयीं। इस बार डलहौज़ी ले जाना चाहता था। सोचा था कि कोई डोली मिल जाये तो ले जाऊँ। पर उसके लिए माँ नहीं मानीं। बताओ, उन्हें कैसे लाऊँ?

इसका अर्थ है कि आप भी न आऊँ। यही शायद ठीक भी है। मन को इतना भटकने नहीं देना चाहिए। एक बार हो आया हूँ, फिर हो आऊँगा तो क्या प्रमाण है कि मन सुस्थिर हो जायेगा? यह एक दिन की भूख तो नहीं है।

इन दिनों कागज़ों से प्यार बढ़ाने के प्रयत्न में हूँ। अभी कुछ बेगार का काम कर रहा हूँ। दो-तीन दिन में पूरा हो जायेगा। फिर किसी तरह ठीक से मन को जुटाऊँगा।...अच्छा, तुम यह नहीं कर सकतीं कि रोज़ सोने से पहले मुझे एक पत्र लिख दिया करो, जैसे किसी को चाय की प्याली बनाकर देते हैं, या किसी के सिर में मालिश कर देते हैं या पान का बीड़ा पकड़ा देते हैं। कर सको तो कठिन तो नहीं है। मैं तो खैर, कर सकता हूँ ही। मेरे पास रोज़ कहने को बात नहीं होती—लेकिन केवल कुछ कहने के लिए ही तो नहीं लिखा जाता। बहुत कुछ ऐसा भी सम्प्रेषण होता है, जिसे बात के रूप में देखें तो कुछ भी नहीं होता पर होता वह बहुत कुछ है। मैं रोज़ सोने से पहले अपने अन्दर उमड़ते हुए उस 'कुछ' को सम्प्रेषित करने के लिए व्याकुल होता हूँ। निस्सन्देह वह 'कुछ' वह नहीं है, जिसके दोष से मैं लांछित हूँ। वह 'कुछ' 'कुछ' भी हो, शारीरिकता से छुआ नहीं होता—यद्यपि उससे कहीं बलवान होता है।

कमरे की सब खिड़कियाँ खुलवायी हैं, जिससे ठंडी हवा अन्दर आये। महसूस करना चाहता हूँ कि सर्दी चली गयी है और निरभ्र आकाश में मँडराती हुई हवा बही है, जो पुलक और विश्वास लेकर आती है। न जाने क्यों मौसम बदलने से पहले चाहने लगता हूँ कि मौसम बदल जाये, यह बात हर अनागत क्षण को लेकर होती है। धैर्य से उसकी प्रतीक्षा मैं नहीं कर पाता।

कभी-कभी यह भी अनुभव करना चाहता हूँ कि आकृति न सही, एक भावना यहीं कहीं पास में है, अभी मेरी ओर देखकर मुस्करा देगी, खिलखिला उठेगी। अभी मेरे तकिये के पीछे आ खड़ी होगी और मेरे बालों को सहला देगी। अभी मेरा टेबल

लैंप बुझा देगी और कहेगी, थको नहीं, सो जाओ। लेकिन भावना इतनी मूर्त क्योंकर हो सकती है? अपनी छलना पर स्वयं मुस्करा देता हूँ। हटाओ जी, यह सब बात। पढ़े-लिखे समझदार आदमी हो, तुम्हें यह सब शोभा नहीं देता। कोई और बात सोचो या कोई उपन्यास पढ़ो या रेडियो लगाकर किसी अपरिचित देश का संगीत सुनो। या बत्ती बुझाकर अँधेरे में जुगनुओं की कल्पना करो। या बाहर सड़क पर घूमो। या कल से हर रोज़ दस बजे एक नींद की टिकिया खाया करो।

सोचना, एक टी.बी की तरह का मर्ज़ है, जिसका एकमात्र इलाज है खुली हवा।

अच्छा तो मैं दो-चार-छह रोज़ में दिल्ली जाऊँगा। जितने दिन मन करेगा, वहाँ रहूँगा। फिर एक दिन लौट आऊँगा और मेज़-कुर्सी पर डट जाऊँगा। जिस दिन फिर मन उखड़ेगा, फिर भाग जाऊँगा।

अच्छा, पत्र लिखना—एक पंक्ति का पतंजलि सूत्र नहीं।

—राकेश

मन को स्थिर करने की कोई प्रक्रिया सोचो पण्डित। इस तरह उलझे-बिखरे रहोगे तो ज़िन्दगी यूँ ही पूरी कर दोगे। आखिर तुम्हीं अकेले तो नहीं हो जिस पर यह सूनापन छाया है। और तुम्हें तो भाई, ज़िन्दगी में बहुत-कुछ मिला भी है, मिलता भी है। बल्कि जितना तुम करते हो, उससे अधिक पा लेते हो। फिर क्यों मचलते हो? काम करना चाहते हो, काम करो। खामाखाह का रेशम कात कर उसमें उलझ जाने का कोई अर्थ नहीं।

तस्मादुत्तिष्ठ कौन्तेय।

जालन्धर : 28.1.58

अभी-अभी रसोईघर में बैठे अम्माँ से अमृतसर के वृत्तान्त सुन रहे थे। अपना सारा परिवार ही एक तरह से तबाह हो गया है। नाना की मृत्यु के बाद नानी को कोई support करने वाला नहीं—छोटे मामा घर से अलग रहते हैं, बड़े मामा का वैसे बुरा हाल है और सात जीव उनके घर में खाने वाले हैं। भोला का क्या भविष्य होगा? दो जगह ब्याह होने पर भी उसका घर नहीं बसा और उसकी लड़की अब दस बरस की हो रही है। तायाजी की दुकान बन्द हो गयी, कृष्ण की नौकरी छूट गयी। दादी बुआ के घर में रहती हैं—यहाँ आना नहीं चाहतीं। बहुत मन खट्टा होता है। ऐसी विडम्बना है कि कहने को सब लोग हैं—मगर ऐसा कोई घर नहीं जहाँ जाकर हँस-खेल सकें, अनुभव कर सकें कि हमारा भी एक परिवार है—

कुछ समझ में नहीं आता कि इन सब लोगों की जिन्दगी किस तरह चलेगी?

आज दिन सुबह से ही घिरा हुआ था, शाम से बूँदें पड़ रही हैं। बाहर का

नल बिगड़ा है, सो हर समय बहता रहता है—घूमने निकले ये, कोई नहीं मिला। अब अकेले हैं—मगर आज मन उतना अशान्त नहीं है। शायद इसलिए कि दो दिन से काम कर रहे हैं। मगर यह लेख-वेख लिखने में मन नहीं रमता। बहुत अरुचि होती है। बहुत दिनों से कह रखा है, इसलिए पूरा तो करेंगे ही। कल नहीं तो परसों।

अभी और स्थिरता आनी चाहिए। जीवन उखड़े रहकर नहीं बीतेगा। कुछ ढंग होना चाहिए।

Jullundur : 30.1.58

Met Shiv Kumar and his wife at Rama Krishna's. He is a typically practical person, who makes you feel uncomfortable in his presence. Has an immense capacity of complimenting himself at the expense of others. His wife was also the self-important type — a typical lady professor.

Jullundur : 31.1.58

Indecision again.

Shall I go to Delhi?

Should I shift from Jullundur?

I am tired of this state of indecision in my mind.

I resolve not to waver any more.

I must decide things — and do them.

So

I DO NOT SHIFT TO DELHI AT PRESENT.

I DO NOT GO THERE EITHER, IN CASE I DO NOT RECEIVE SHARAT'S LETTER.

Jullundur : 1.2.58

I did not receive Sharat's letter. But I am going there all the same. But I stood resolved to complete the thesis at Jullundur. I shall return by the 7th.

Was given another farewell today—by the college Department.

Three teachers of Hindi—how ignorant they are about everything and in particular about Hindi literature?

Spent the day writing letters. Delivered the article on 'Tulsi' to Dr. Madan.

All cobwebs seem to have cleared. Hence no commitments at the moment.

2.2.58

समय गोधूलि—सूर्य की अन्तिम किरणें सुनहरे पक्षियों की तरह फड़फड़ाती हुई—धरती के मुखर गीतों की तरह उड़ते हुए पक्षी—हरियाली, धरती की मरी हुई खाल—टेढ़े-मेढ़े वृक्ष, ecstacy के असम्बद्ध उद्‌गार—आकाश, एक निर्मुक्त निःश्वास।

"यह जमीन सोना है," एक ज़मींदार बात करता है," हमारी अमृतसर से हमीरा तक की ज़मीन को पानी ने मार दिया है। यहाँ देखो—"

वह ईर्ष्या और लोलुपता की नज़र से जमीन को देख रहा है, जैसे ज़मीन ज़मीन न हो, किसी का प्रासाद हो जिसे देखकर उसकी आँखें फटी जा रही हों।

"देखो माता के रंग को, जय माता दी। कैसे मूर्ख हैं लोग लालाजी, माता के दर्शन करने पहाड़ चढ़कर जाते हैं। गुफ़ा में जाकर दर्शन करते हैं। यह देखो, लम्बी भुजावाली माता साक्षात् दर्शन दे रही है।"

और वह अपने बच्चे को गोदी में लेकर खिड़की के पास ले जाकर कहता है, "जय कर बेटे, जय माता दी।"

वह आदमी हँसता है, "हा-हा-हा! जय-जय-जय! ऊँचे मन्दिरों वाली, तेरी सदा ही जय।"

सिग्नल न मिलने से गाड़ी रुक गयी। किसी ने बन्द खिड़की खोल दी। स्नायुओं की उष्णता पर ठंडी हवा का एक स्पर्श—मनुष्य शरीर की जिस गन्ध का खिड़कियाँ बन्द रहने पर अनुभव नहीं होता था, अब होने लगा—कुछ वितृष्णा, कुछ आत्मीयता, कुछ स्निग्धता लिए हुए यह गन्ध—

वह ज़मींदार लगातार अपने लड़के को चूमे जाता है।

घंटा-डेढ़ घंटा गाड़ी का दरवाज़ा खोलकर पायदान पर पैर रखे बैठे रहे। इस तरह बैठकर सफ़र करने में वही रोमांच होता है, जो तेज़ दौड़ते हुए एक घोड़े की लगाम ढीली छोड़कर बैठे रहने में। सारी ज़मीन नीचे परिस्पंदित हो रही थी। अँधेरा धीरे-धीरे घिर रहा था। पैरों के नीचे पतली खाकी रेखा पीछे को दौड़ रही थी—मस्तिष्क में एक लकीर खींचती हुई। संध्या की उदासी में एक अपना ही पुलक होता है, संध्या की ध्वनियाँ हृदय को भारी भी कर देती हैं, पुलकित भी। तेरहवीं की चाँद बिलकुल सामने था। खेत थे, पानी था, वृक्ष थे। हल्की चाँदनी में पानी अबरक की तरह चमकता था। धुआँ उमड़ता हुआ आता, आँखों में भर जाता। मैं आँखें मूँद लेता—तब लगता, गाड़ी की तेज रफ़्तार मेरी रफ़्तार है, गाड़ी का शब्द मेरा शब्द है—शब्द की गूँज मेरी गूँज है—मैं व्यक्ति नहीं, गति हूँ, शब्द हूँ, गूँज हूँ। फिर आँखें खोलता—तार के खम्भे, वृक्ष, घास, गाड़ी मोड़ लेकर एक स्टेशन पर प्रवेश

करती–सुनसान प्लेटफ़ार्म–एक हिलती हुई हरी झंडी, फिर धुँधला क्षितिज, मालगाड़ी के उदास डिब्बे, वीरान पटरियाँ, पत्थर के टुकड़े फ़ौलाद की रेखा–

करनाल स्टेशन पर देखा, शायद चाय मिल जाये, पर नहीं मिली।

Jullundur : 9.2.58

A week of hectic life in Delhi.

Sharat's marriage was the main event of the week.

Met so many persons. Talked so many things.

Returned very tired. Slept till eleven in the morning.

Today was a day of brain fever.

I have decided to write a full length drama on Kalidas, before starting on the novel.

Shall set about it tomorrow.

Should complete it by the 21st.

jullundur : 13.2.58

Plans are ready for shifting to Delhi. 1st of March is the latest by when I should leave Jullundur.

Staying here already seems like living in the past.

But I had developed more attachments in this city than in any other city before.

I shall carry with me many pleasant and unpleasant memories.

And I shall never come back to live here.

I do not yet know what is going to be my major occupation for earning a livelihood in the days to come, writing does not provide a living.

It may be anything, but I shall at no cost come back to have a job in this city.

I shall try to write out the play on Kalidas during the days that I am here.

Flying Mail, Jullundur to Delhi : 16.2.58

I felt suffocated—extremely so, living at Jullundur. I do not know why 1 am so sensitive to certain situations. Till yesterday, I was not sure if I shall travel to Delhi. Even till later this morning I did not know. Only felt a certain pain, a piercing agony right within my heart. I could not write.

I could not read. I even could not imagine things. I felt as if my heart and brain were being eaten up by worms. I feel so terribly depressed. Now that I am sitting in a train, in the compartment next to the engine, the engine is whistling continuously, doing about 50 miles an hour, I feel if the oppressive burden is being slowly lifted. I like this terrible speed, this maddening push. I hope to feel light and happy in an hour's time.

I shall try to settle down in Delhi. I shall live there. I might probably die there. I am so tired of these shiftings, and yet I cannot help them. My whole system has been poisoned by the bitterness of circumstances. How long I have suffered and how much!

Could I ever be relieved of this pain, this sorrow?

The train is going very fast. But I also feel lonely and desolate. How can I help it?

As the train steams off from Ambala Cantt, the depression is over.

New Delhi.

A feeling like that of having slept well. A vague sensation of pleasant excitement. Wind is chilly. I feel that it is spring.

I like this mode of living. I like this life. Everything around seems to be pulsating with activity.

I cannot believe that I, myself, have been through all that suffering. I want to believe that it was not reality but a nightmare —a hallucination.

जालन्धर : 14.4.58

16.2.58 को दिल्ली गया था। 26.2.58 को लौटकर आया।

डायरी वहीं छूट गयी। आकर कुछ नहीं लिखा।

आज यह अधूरी छोड़ी हुई डायरी फिर उठा ली है।

...कल कम्युनिस्ट पार्टी का अधिवेशन देखने अमृतसर गया था। रास्ते में कुछ देर रामबाग छोड़ा, मंडी की सैर की। एक पार्टी का अधिवेशन गोल बाग में हो रहा था। जेड. अहमद के भाषण में कुछ ज़ोर था। बाकी भीड़ और भागदौड़ ही देखी—नरेन्द्र भाई स्थायी वालंटियर है और ज़िन्दगी भर वालंटियर ही रहेगा। ...नरेन्द्र ने ई.एम.एस. नंबूदिरीपाद से परिचय कराया। छोटे कद का आदमी—धोती के साथ स्लेटी रंग की बुश्शर्ट पहने, चश्मा लगाये। नरेन्द्र ने उससे *आखिर चट्टान तक* की चर्चा की।

रात पौने दो की गाड़ी से लौटे और सुबह चार बजे यहाँ पहुँचे। आज दिन में लगभग सोये ही रहे।

इस डेढ़-दो महीने के अर्से से काफ़ी कुछ हुआ है।

दिल्ली से सामान लेने आये थे, और रास्ते में जाने का निश्चय बदल दिया—कारण—देव बख़्शी, जो दूसरे की खून की कमाई को भी हराम की चीज़ समझता है।

नाहन से वीणा आकर तीन-चार दिन रही। वह वृत्तान्त दूसरे वृत्तान्त के साथ ही लिखूँगा।

न...के सम्बन्ध में जो धारणा थी, वह अक्षरशः सत्य प्रमाणित हुई।

2 अप्रैल को उनके वहाँ दोनों के सान्निध्य में काफ़ी अच्छा समय व्यतीत हुआ।

नाटक पूरा नहीं हो पाया—तीसरा अंक अभी आधा लिखना रहता है।

जालन्धर : 18.4.58

नाटक पूरा करके भी पूरा नहीं हुआ—अन्तिम भाग अभी तक पकड़ में नहीं आया।

आज चार घंटे नरेन्द्र के साथ गप होती रही—नरेन्द्र ने अपनी व्यक्तिगत और पार्टी लाइफ़ का विश्लेषण किया—हमने अपनी साहित्यिक ज़िन्दगी के विचित्र aspect पर बात की। पौने ग्यारह बजे थककर उठ गये।

जालन्धर : 30.4.58

सब गड़बड़ हो गया। यह डायरी दिल्ली छूट गयी थी। सो दो महीने डायरी लिखी ही नहीं गयी।

शाम को खामखाह depression घिर आया था। किसी दिन शान्त चित्त से कुछ अपने सम्बन्ध में सोचना चाहिए।

21 को दिल्ली जाने से पहले शाम को म...आयी थी—उस दिन की बातचीत के बाद सोचा था, सम्भवतः वह नहीं आयेगी। वह बहुत दुबली लगी। ल...अम्माँ के पास से आयी तो उसने कहा, "घर नहीं आओगे?"

मैं देखता रहा।

"नहीं आओगे?

"शायद।"

"शायद नहीं, किसी दिन आओ।"

"अच्छा, और तुम?"

उसने क्या कहा, मैं ठीक से सुन नहीं सका।

"दुबली क्यों हो गयी हो?"

"यूँ ही।"

"ठीक हो जाओ।"

वह देखती रही।

"खुदा के लिए—सेहत ठीक रखो।"

"खुदा के लिए—तुम्हारे लिए नहीं?"

तभी ल...आ गयी। वे चली गयीं।

जालन्धर : 2.5.58

अम्माँ अभी-अभी अमृतसर से लौटकर आयी हैं।

तायाजी के यहाँ ताई ने जिस तरह की बातें कीं, उनसे मन बहुत क्षुब्ध हुआ। अभी तायाजी को पत्र लिख दिया है—जिससे या तो आपसी सम्बन्ध एक स्वस्थ आधार पर रहें, या समाप्त ही हों। वर्ना जब भी अमृतसर जाओ, वही चखचख।

कल दोपहर ख...के बुलावे पर उसके यहाँ गया था। उसे समझाना चाहा कि कोई भी सम्बन्ध एकपक्षीय नहीं होता। सम्बन्ध वही है जिसमें व्यक्ति उतना दे जितना दूसरा इच्छा से ग्रहण कर ले और उतना ही माँग करे जितना देने में दूसरे को बाधा न हो।

सम्भव है, कल की बात का उस पर असर हो।

आषाढ़ का एक दिन full-length play लिखना आरम्भ किया 3 मार्च को, पूरा किया 21 अप्रैल को यह हाल है।

जालन्धर : 2.5.58 (रात्रि)

रात। सिर दर्द। दिन भर तबीयत नासाज़ रही। कुछ खाया नहीं। यह भी बोझ है कि दिन भर कुछ किया नहीं है।

Jullunder: 3.5.58

I am still worried about the reported illness of Veena.

Further self analysis is necessary before starting on a new life. Things are not going to be easy anyway. I have to work hard to make both ends meet. The strain is already telling upon my nerves. But it is I who asked for it. So I must work harder and harder and work on proper lines.

I can live for a few months at the present rate—but what next ?

जालन्धर : 4.5.58

रात देर तक नरेन्द्र से अपने बारे में बातें कीं। क्या वस्तुतः स्वतन्त्र रहकर जी सकना असम्भव होगा?...कुछ काम न हो सकेगा?

अधिक लगकर लगन से काम करो पण्डित! आखिर यह एक मिशन है—और तुम चाहते थे इसे सफल बनाना। अब जी क्यों चुराते हो?

Go ahead and face all consequences. Do not retrace your steps—because life is short—you have only a few more years to go.

Go and live in the midstream. Live not a political and professional life, but a real life. Live with gusto and power—power that is within you and not outside you.

4.5.58 (रात्रि)

दिन में एक कहानी आधी टाइप कर डाली—रात में *हवामुर्ग* के अंग्रेज़ी अनुवाद के दो पृष्ठ टाइप किये। यदि इसी रफ़्तार से काम हो सके तो क्या अभाव रहे?

शाम को म....के यहाँ चला गया। यह लड़की अपनी सारी सीमाओं के बावजूद अपने सारे परिवार से अलग जान पड़ती है। तीनों बहनें बैठी रहीं और उनसे मज़ाक करते रहे। क्षण भर के अन्तराल में उसने हाथ बढ़ा दिया। मैंने पूछा, "आओगी नहीं?"

उसने सिर हिलाया—"आऊँगी।"

तभी अन्तराल पूरा हो गया।

उन्होंने दूध ला रखा।

"दूध नहीं पीते—दूध भी कोई पेय है?"

"पेय क्यों नहीं है? पियो तो।"

"नहीं, पहले ही मोटे हो रहे हैं। और मोटे हो जायेंगे।"

"पहले से कहीं मोटे नहीं हुए। जैसे तब थे वैसे ही अब हो।"

"नहीं भाई, मोटे हो गये हैं।"

"नहीं हुए।...हम जो कह रहे हैं।"

"अच्छा, नहीं हुए। मगर दूध फिर भी नहीं पियेंगे।"

उसने दूध की प्याली उठा ली और स्वयं पीने लगी।

"मत पियो। हम पी लेते हैं।"

जब उनके घर पहुँचे वीणा की मित्र भी वहाँ थी—वह हेडमिस्ट्रेस। परन्तु वह हमारे पहुँचते ही वहाँ से चली गयी।

बदचलन के बाद *कथा सरित्सागर* और *अंगीठी* शीर्षक कहानियाँ और तदन्तर

खालिस नाखालिस शीर्षक एकांकी—यह मानसिक schedule है। मई के अन्त तक सात complete manuscripts तैयार होने चाहिए।

In spite of the economic instability this has been the best time of my life so far as the tranquility of mind is concerned i.e, taking into consideration one aspect only.

जालन्धर : 6.5.58

आज के दिन की एक खास significance है।

सुबह चार बजे से पहले ही नींद उखड़ गयी थी जिससे तबीयत भारी और परेशान थी।

दिमाग कतई काम नहीं कर रहा था। मुश्किल से बिदानी सिस्टर्ज के टेस्टिमोनियल टाइप किये।

खयाल था शायद दस बजे से पहले म....आये। साढ़े ग्यारह-बारह बजे ख...के आने की बात थी।

दिमाग जकड़ा-सा—अपने खस के केबिन में सोने का प्रयत्न किया—मगर बेकार।

—तभी ठक-ठक हुई। दरवाज़ा खोला। म...थी। तब ग्यारह बजे थे।

वह अन्दर आ गयी—बहुत नज़दीक खड़ी हो गयी—

और उसके जिस स्पर्श की मैंने वर्षों से कामना की थी, वह अनायास ही प्राप्त हो गया।

म...के आने की बात का कल ही निश्चय हो गया था—शाम को घर आये तो वह और ल...पहले से आयी हुई थीं। चलते हुए उसने जो अपना सुबह का कार्यक्रम बनाया था, उससे आशा हुई थी कि वह आयेगी। उसके आज आने की प्रतिक्रिया समझने का प्रयत्न कर रहा हूँ। शारीरिक पूर्ति या उपलब्धि का सुख—विशेष नहीं। फिर भी एक पुलक है, एक रोमांच।

आज के उन क्षणों के बिना शायद जीवन भर एक अभाव का अनुभव होता। और उसके व्यवहार में जो सहज आत्मीयता थी, उसने भी मन के किसी कोने को भर दिया था।

रात कालिया देर तक बैठा कहानियों और कहानियों की समीक्षाओं की चर्चा करता रहा। जाते हुए वह कमलेश्वर का कहानी संग्रह *कस्बे का आदमी* ले गया।

मैं दिन भर सोया रहा। Complete inactivity का साम्राज्य है। कुछ करने को मन नहीं। घूमने भी नहीं गया। बैठा हूँ और सोच भी नहीं रहा। फिर लेट जाऊँ तो नींद भी नहीं आयेगी। जान नहीं पा रहा कि रिक्त हूँ या पूर्ण हूँ, disillusioned हूँ या satisfied।

अंधेरे में किसी उड़ते हुए कीड़े की आवाज़—जैसे कि पुचकार रहा हो—साथ के घर में बच्चे लड़ रहे हैं। अभी उनका बाप आ जाएगा और उनकी माँ को गालियाँ देगा कि बेवकूफ़ माँ की बेवकूफ़ सन्तान होती है। वह यह शायद नहीं मानता कि सन्तान के पैदा होने में पिता का भी कुछ योग होता है।

तो, कल तक...

8.5.58

उसके बाद वह प्रायः आने लगी। मैं दोपहर को बैठकर कुछ टाइप कर रहा होता, जब सहसा खटके से चौंककर देखता कि वह पिछले कमरे की कुर्सी पर बैठी होती या दबे पैरों दरवाज़े से दाखिल हो रही होती। उसके चेहरे पर सदा यह भाव होता मानो कहना चाह रही हो कि आप कीजिए, मैं लौट जाती हूँ।

आज नवनीत का जन्मदिन है। दिन भर इस बात को भुलाए रखने का प्रयत्न किया। पिछले साल की घटना सहसा याद हो आयी।

मगर आज मन को दुःखी नहीं होने दिया।

दिन भर काम में लगे रहे—*Crestfallen* शीर्षक से *हवामुर्ग* का अनुवाद पूरा किया, फिर *बदचलन* शीर्षक कहानी के दो पृष्ठ टाइप किये, कॉपियाँ देखीं, पत्र लिखे।

शाम जी.टी रोड पर कटी, घूमते हुए—

जालन्धर : 9.5.58

रात, बियर शॉप।

दिन भर पर्चे, खत, अपना आप, और कुछ नहीं।

कई दिनों से ऐसा कार्यक्रम चल रहा है कि कुछ सोचने तक का अवकाश नहीं मिलता।

आज की विशेष बात यह है कि लगभग एक बरस के बाद मोहन का पत्र आया। पत्र में कुछ व्यंग्य था, कुछ ग्लानि, कुछ खेद।

उसे तुरन्त ही उत्तर लिख दिया।

आज उलझे हुए कागज़ों की फिर सफ़ाई कर डाली।

कल नरेन्द्र से फिर उसके बारे में बातें हुईं। उसने अपने आगे न बढ़ते की बात की, कुछ अपने दोषों का संकेत किया, अपने अन्तर की कुछ slimy प्रवृत्तियों का संकेत किया—मगर स्पष्ट कुछ भी नहीं कहा।

"Have you found the proper cushion for your mind?"

मैंने पूछा।

उसने स्पष्ट उत्तर नहीं दिया। केवल उन circumstances का उल्लेख किया

जिनमें उसने Communist Party join की थी।

बेदी भी रात बियर शॉप में अपने वैवाहिक जीवन के असन्तोष की चर्चा करता रहा। यूँ मिसेज बेदी देखने में उसकी aunty प्रतीत होती हैं—यह रोग कहाँ तक और कितना व्याप्त है।

मुझे लगता है कि शारीरिक और मानसिक दोनों दृष्टियों से मेरा स्वास्थ्य अब पहले से बेहतर है।

10.5.58

और फिर धीरे-धीरे उसका आना इतना स्वाभाविक, इतना अनिवार्य हो गया था कि वह न आये तो अभाव का अनुभव होता था। बातों-बातों में उसने अपने जीवन के कुछ संकेत दिये थे, मैंने अपने।

—फिर एक ऐसी निकटता और आत्मीयता की स्थापना हुई थी जिसका आधार बौद्धिक होते हुए भी नितान्त बौद्धिक नहीं था। वह आती, हम घंटों बैठे बातें करते रहते—और कभी-कभी बात न करके केवल एक-दूसरे की ओर देखते रहते। उसकी आँखें और उसके ओठ बिना शब्दों के भी बात करते थे। मुझे लगता था, वैसी आकर्षक और एक्सप्रेसिव आँखें मैंने अन्यत्र नहीं देखीं।

हमारी निकटता बढ़ी तो यहाँ तक कि उसके हाथ मेरे हाथों में आ जाते—कई बार वह मेरे बढ़े हुए हाथों को अपने चेहरे तक ले जाती। मैं उसके हाथों को चूमता, उसकी उंगलियों के पोरों को, और अधिक उन्मादी क्षणों में उसके बालों को, माथे को, गालों को, आँखों को—

एक बार मैंने उसके ओठों को चूमना चाहा तो उसने मुझे झटक दिया।

मैं अप्रतिभ होकर उसे देखता रहा।

"मेरी आँखें चूमो। ये आँखें कुँवारी हैं। मेरे शरीर का यही हिस्सा कुँवारा है। इसे मैं निस्संकोच तुम्हें दे सकती हूँ।"

फिर वह दिन आया जब उसे वापस जाना था। उसकी छुट्टी समाप्त हो गयी थी।

उस दिन शाम को वह देर तक बैठी रही।

"विलायत ज़रूर जाओगी?" मैंने पूछा।

"एक बार ज़रूर जाऊँगी।"

"अगर न जाओ—"

वह देखती रही।

"तुम जानती हो मैं क्या कहना चाहता हूँ?"

उसने सिर हिलाया।

"नहीं, एक बार जाऊँगी। मैंने वायदा कर रखा है।"

"तो अब...?"

"अब मैं जा रही हूँ।"

"और उसके बाद?"

"लौट आऊँगी।"

"मगर–"

वह देखती रही।

"तुम जानती हो, जीवन निरन्तर आगे बढ़ता रहता है। आज मेरे दिल में एक क्रेविंग है–जब तुम स्वयं तिरस्कार करने की स्थिति में हो, मेरा हृदय तुम्हारा मान कर सकता है परन्तु कल..."

उसने एक निःश्वास छोड़ा।

वह जाने के लिए उठी तो मैंने उसे बाँहों में भरना चाहा। वह हट गयी और मुस्कराई।

"बहुत हठी हो तुम। मुझसे क्या पा लोगे इस तरह? मैं या सब कुछ ही दे सकती हूँ, या कुछ भी नहीं–"

"अच्छा।"

उसके बाद उसके दो-एक पत्र आये–स्निग्ध पर शान्त जैसे ठंडी जलधारा हो। कुछ लेख उसने भेजे जो मैंने देखकर लौटा दिये।

फिर एक दिन तार आया कि अम्बाला छावनी स्टेशन पर वह 12 बजे की गाड़ी से पहुँच रही है।

उन्हीं दिनों वीरेन्द्र घर से चला गया था। हम लोग बहुत परेशान थे क्योंकि अभी तक उसका कोई पता नहीं आया था।

तार का अर्थ स्पष्ट था। मैं जनता एक्सप्रेस से अम्बाला छावनी पहुँच गया। उसकी गाड़ी बाद में आयी, वह गाड़ी से उतरी तो मैंने पहली बार महसूस किया कि मैं किसी आत्मीय को रिसीव करने आया हूँ।

11.5.58

उसकी कोई सह-अध्यापिका भी साथ आयी थी, जिसकी वजह से वह थोड़ी आशंकित-सी थी परन्तु उससे विदा लेकर उसने सामान लेडीज़ वेटिंग रूम में रखवाया और बाहर आ गयी।

"अब?"

"चलो, रिफ्रेशमेंट रूम में बैठेंगे।"

"चलो।"

रिफ्रेशमेंट रूम के केबिन में बैठकर मैंने चाय मँगवाई, उसने स्क्वैश।

"तुम्हें आशा थी, मैं आऊँगा?"

उसने सिर हिलाया।

"हाँ। तुम उस दिन जालन्धर छावनी स्टेशन पर आये थे न...।"

मैंने उसके हाथ अपने हाथों में ले लिये। उसकी आँखें आत्मीयता से आर्द्र हो उठीं।

दो घंटे हम वहाँ बैठे रहे। बैरे ऊँघते हुए से आते और बार-बार पूछते, "और कुछ चाहिए?"

हम सिर हिला देते और बातों में मशगूल हो जाते। बीच में मैंने फिर और चाय मँगवाई, हालाँकि पहली चाय भी पी नहीं गयी थी। वह अपनी बच्ची की बातें करती रही। उसने उसकी कुछ तस्वीरें दिखलायीं। कुछ अपनी तस्वीरे दिखलायीं। अढ़ाई बजे के करीब वहाँ से निकले और दूसरे रिफ्रेशमेंट रूम में जा बैठे। उस रात ऐसा लग रहा था जैसे हम बरसों के सम्बन्धी बरसों के बाद मिले हों और चन्द घंटों के बाद फिर हमें कभी न मिलना हो।

उसने हाथ हिलाया। मैंने भी हाथ हिलाया। वह बस के अड्डे की ओर चल दी, मैं प्लेटफ़ार्म की ओर।

इस अनुभव से मन डिप्रेस हो गया था कि इसके बाद सम्भवतः हम लोग न मिल पायेंगे।

उसके बाद उसके कुछ एक पत्र आये थे। अन्तिम पत्र बम्बई से जिसमें उसने शुभकामनायें भेजी थीं और स्वास्थ्य का समाचार पूछा था।

इस बीच कभी-कभी एक चुभन-सी महसूस होती रही।

और साल भर बाद एक दिन डॉक्टर मदान ने बताया कि वह लौट आयी है।

अगले रोज़ दोपहर को वह डॉक्टर मदान के साथ आई।

कई घंटे वह बैठी रही। डॉक्टर मदान ने *अपरिचित* शीर्षक कहानी का ज़िक्र किया। उसे *नये बादल* की एक प्रति दी। वह लन्दन की चर्चा करती रही। उसने कहा कि लन्दन उसे धुएँ और पत्थर का शहर महसूस होता रहा है—कुहरा-कुहरा-कुहरा-धुआँ—वह समझती थी, जैसे निर्जीव कब्रिस्तान में घूम रही हो।

अगले रोज़ वह फिर नहीं आयी। मैंने सोचा वह चली गयी होगी। परन्तु उससे अगले रोज़ घर आने पर पता चला कि वह आयी थी—और मेरे ड्राअर से मेरी डायरियाँ ले गयी है।

कुछ दिनों में डायरियाँ लौट आयीं।

और उसके बाद मैं इलाहाबाद, राँची हो आया।

आने पर फिर उसका एक अनुरोधपूर्ण पत्र मिला। उसे लिखा कि मैं किसी साहित्यिक आयोजन में नहीं आऊँगा—आऊँगा तो उसके पास ही—उससे मिलने के लिए ही—

और उस पत्र के उत्तर में उसका तार मिला कि अवश्य आओ।

मैं उसी समय चल दिया। घर से स्टेशन तक के रास्ते में एक कम्बल गुम कर दिया। घर लौटकर दूसरा कम्बल लेकर आया।

और उस दिन हिमाचल रोडवेज से वहाँ पहुँच गया था।

"तुम उस दिन क्यों नहीं आये थे?" उसने पूछा।

"तुमने ठीक से बुलाया जो नहीं था।"

"बहुत हठी हो न! अपना हठ पूरा कर लिया तो आये। जानते हो, उस दिन मैंने कैसा-कैसा महसूस किया था?"

"कैसा?"

"अभी बताती हूँ।"

वह कुछ डायरियाँ उठा लायी। एक डायरी में उसके अकेले मस्तिष्क के कई डरावने चित्र थे–सन्नाटे में एक अतृप्त मन की प्रतिक्रियाएँ थीं–अपने चारों ओर हर वस्तु की जड़ता पर आक्रोश था, सन्नाटे की हर वस्तु पर एक मनहूस प्रतिक्रिया का साक्षात्कार था।

दूसरी डायरी में उस दिन का वृत्तान्त था कि सुबह से उसने कैसे प्रतीक्षा की थी, क्या-क्या बनवाया, मँगवाया था, क्या-क्या आशा की थी, क्या-क्या सोचा था और बस का समय हुआ था, वह उत्सुकता से देख रही थी, उसने माई की छुट्टी कर दी थी–मगर बस के समय के बाद आधा घंटा बीत गया–दो घंटे बीत गये–उसे लगा, वह पागल हो जायेगी, उसका सिर फट जायेगा, वह अपने वातावरण को तहस-नहस कर देगी या वह वातावरण उसे तोड़ देगा।

उसने बहुत कुछ लिखा, याचनामय, आक्रोशमय, प्रताड़नामय–

फिर गीता पढ़ने का प्रयत्न किया।

मैंने डायरियाँ रख दीं। वह सीधी आँखों से मुझे देख रही थी। मैं कई क्षण उसे देखता रहा।

माई खाना ले आयी। मीट बहुत अच्छा बना था। मैंने माई की तारीफ़ की। माई बहुत प्रसन्न मालूम दी।

खाना खिलाकर माई चली गयी। बेबी सो नहीं रही थी। उसने कठिनता से बेबी को सुलाया। मेरा बिस्तर उधर के कमरे में था। उसको बेबी के पास सोना था। बेबी को सुलाकर वह मेरे कमरे में आयी।

"सोओगे?"

"नहीं।"

"तो?"

"बातें करेंगे।"

उसने खिड़की के किवाड़ मिला दिये और पाँयते की ओर कुर्सी पर बैठ गयी।

"वहाँ बैठोगी?"

"हाँ।"

"यहाँ नहीं?"

"यहीं ठीक हूँ?"

"मगर बहुत दूर हो।"

—और रात भर हम एक-दूसरे में खोये रहे। फिर भी हम दोनों के बीच की सीमा नहीं टूटी।

"तुम हठ नहीं करोगे," उसने प्रताड़ना की थी, "एक ओर के हठ से भी कुछ प्राप्त होता है?"

सवेरे ही उसने चाय बनायी। मेरा बिस्तर बाँधा।

उसने मेरी चीज़ें ठीक कीं, यथास्थान रखीं। मैं तैयार हो गया।

"जानते हो, मैं तुम्हें कुछ भी दे नहीं सकी?"

"जानता था। अब और अच्छी तरह जानता हूँ।"

कुछ ही देर बाद मैं बस में उसके क्वार्टर के नीचे से गुज़र गया। सुबह फूटने के साथ-साथ नाहन दूर होता गया।

जालन्धर : 12.5.58

रोज़ की तरह मशक्कत का दिन। *खालिस नाखालिस* के चार पृष्ठ टाइप किये, पर्चे चेक किये, रिजल्ट भेजा, पत्र लिखे।

...घूमने निकले तो सलूजा, मोती मिल गये। सलूजा के घर चले गये। ठाकुर ने बताया कि सहगल का संगीत अब धीरे-धीरे अनुपलब्ध हो जायेगा—उसकी master copies mystery हो रही हैं—Hindustan Recording Company ने अपने contract के कारण सहगल के संगीत को तबाह कर दिया है।

कल अधिकांश लोगों को *जानवर और जानवर* की presentation copies चली जायेंगी।

जालन्धर : 13.5.58

मई का समय है और रात को इस कदर ठंड पड़ती है कि तौबा! कल रात तो बाहर रज़ाई में भी ठंड लग रही। ऐसा मौसम नहीं देखा था। दिन में धूप के मारे बुरा हाल हो जाता है और रात को ठंड के मारे।

नरेन्द्र सुबह गया। चंडीगढ़ और इलाहाबाद के लिए पुस्तक की प्रतियाँ उसी के हाथ भेज दीं।

जालन्धर : 14.5.58

कल उसके चेहरे पर बहुत दयनीयता थी। किसी व्यक्ति में कितनी भी दृढ़ता

और विश्वास क्यों न हो, परिस्थिति उसे बिलकुल बदल दे सकती है। एक अजब-सी helplessness, खो जाने की-सी अनुभूति—जैसे दूसरे के कहे हुए एक-एक शब्द की, एक-एक संकेत की बहुत कीमत हो, जैसे वही सहारा हो—

मेरे सब अनुमान गलत थे, सब आशंकायें व्यर्थ थीं और तुलना में मुझे अपना आप बहुत छोटा प्रतीत हो रहा था—

"मैं क्या करूँ?" इन तीन शब्दों में कितनी याचना, कितनी निर्भरता, कितनी निरीहता, कितनी विवशता, कितनी अस्थिरता थी। और ढलते हुए आँसुओं ने चेहरे को स्निग्ध, कोमल और कदरे सुन्दर बना दिया था।

उस आग्रह में कहीं मूर्खतापूर्ण हठ भी था—जैसे छुट्टी न लेने की बात में, और कहीं प्रतिरोध भावना भी क्योंकि महीने के tour पर निकल जाने की बात को लेकर जब मैंने प्रताड़ना की तो उसके चेहरे पर एक क्षण के लिए मुस्कराहट पैदा हुई जो तुरन्त ही विलीन हो गयी। मुस्कराने और रोने के बीच की सन्धि रेखा को मैं पकड़ नहीं पाया।

और उसके बाद आज—

चेहरा अधिक संयत था—उसमें विवशता की अपेक्षा परिस्थिति के प्रति समर्पण का भाव अधिक था—कर्तव्यनिष्ठा थी—अनिवार्य की स्वीकृति थी।

और उठकर जाने के क्षण में मेरी आत्मीयता की दीप्ति क्या थी? क्या उसमें वायव्य कुछ नहीं था?

जालन्धर : 15.5.58

रात जोशी अचानक आ गया। अनायास ही उसकी भर्त्सना की—

"अब तो कुछ हो नहीं सकता, प्रोफ़ेसर," उसने जाते हुए कहा, 'गलती होनी थी, हो गयी। अब वह वक्त लौटाया थोड़े ही जा सकता है।"

और मैंने उससे कहा कि इन्सान इन्सान में यही अन्तर होता है—आज भी वह लखनऊ चला जाये तो कम-से-कम पाल उसे खुली बाँहों से ही मिलेगा।

उससे पहले प्रो. वर्मा से सौन्दर्य भावना के सम्बन्ध में कुछ बातें हुईं।

सौन्दर्य अनिवार्यतः एक व्यापक सत्य है—सौन्दर्य भावना सारे विलास के मूल में निहित है—सौन्दर्य परापेक्षी नहीं, सीमित भी नहीं। No work of art could be produced without a keen sense of beauty in the artist. लोकसंग्रह की भावना से लिखने वाले लेखकों में भी यह मूल भावना रही है, तभी उनकी रचना का कलात्मक महत्त्व बन गया है—

सौन्दर्यानुभूति लोकनिरपेक्ष नहीं—अपितु लोक धर्म और लोक व्यवस्था के विघटन के मूल में भी सौन्दर्यानुभूति ही काम करती है।

कल से एक duststorm घिरा है। आकाश धूल से मैला और बोझिल है।

अन्दर-बाहर सब ओर धूल ही धूल भरी है–

धूलमदः धूलमिदं धूलान्दे धूलमुदच्यते।
धूलस्य धूलमादाय धूलमेवावशिष्यते।
शान्तिः शान्तिः शान्तिः।

दो दिन के ब्रेक के बाद आज फिर कोशिश करूँगा कि कुछ लिख-पढ़ सकूँ।

रात्रि

राजपाल एण्ड सन्ज़ का एग्रीमेंट ठीक हो जायेगा। That's good!

Mrs. Premi came today in the afternoon with her elder son Prem. She started her usual wailing as soon as she entered the house. The situation seemed very unfortunate. I learnt from her that Premi has taken another house for her. She shifted there partially in the morning but came back at 3. p. m. and said that she can't live alone. He went with her.

Jullundur : 24.5.58

I was gay and quite at ease with myself. I am convinced that the one person on whom one can and should depend is one's own self. People may be wiser than you, but they certainly cannot know you better then you do. They may be more balanced in their judgement but they never will understand your problem as well as you do.

It was a relief that the examination work came to an end today. I had decided to go to Simla for four months but there is one thing that makes my mind waver.

It is K...K...K...

What the hell is wrong with me?

Madan has certain essential qualities as a man. His offer to keep Shesh's son with him was certainly a sign of goodness.

I hope that I will be able to write my novel with speed now. The track is already set.

Which way, myself?

जालन्धर : 25.5.58

Mother says it is better not to leave the house. I agree with her.

जालन्धर : 27.5.58

अनिश्चय यह है कि पहाड़ पर जाया जाये तो किस पहाड़ पर? और कितने दिन के लिए?

आज सिर यूँ भी बहुत भारी है। शायद इसीलिए कि सुबह नरेन्द्र ने जल्दी उठा दिया था। या शायद इसलिए कि कल...। दिमाग इस तरह डल हो तो कुछ भी करने को नहीं सूझता। जैसे सिर के अन्दर दो-तीन पत्थर धरे हैं। ऐसी स्थिति में इन्सान अपने आप का क्या करे? जब कुछ भी करना सम्भव न हो तो इस तरह बैठे-बैठे समय बीतना कितना बुरा लगता है?

टाइपराइटर खोला तो छह पंक्तियों से आगे नहीं बढ़े। और अब उन्हें भी फाड़ देने को मन होता है।

My talk 'Kaveri Ke Kinare' was rebroadcast on the 25th. From the letters received for Khanna and Somesh I understand that it was simply butchered. I had not remembered to listen for the broadcast myself. But I wrote a letter to D.K. Sengupta today.

डायरी लिखना भी मुश्किल है। इस समय यही हो सकता है कि टाँगें और फैला कर सिगरेट सुलगा लिया जाये...।

या लिलियन रोथ की आत्मकथा पढ़ी जाये।

I feel that I should go on a trip all by myself—should not carry even the servant with me. For that, I must buy myself a sleeping bag.

K... and V... did not come today. May be, this is the end of the episode.

Kalia and Kapil came in the evening and talked about short stories. These youngsters seem to take things a little too seriously.

It is again very cool and dusty. I am still very undecided about my programme. It has got to be decided one way or the other—and as soon as possible.

Which way, north wind?

जालन्धर : 29.5.58

'बस स्टैंड की रात' शीर्षक स्केच आज रात तक पूरा होना चाहिए...। और शराफ़त इसी में है कि जो कुछ दिमाग पर सवार है, वह सब लिखकर जालन्धर से निकला जाये।

मोहन का कल का पत्र। मेरी समझ में नहीं आता कि मैं इस व्यक्ति को

क्या समझूँ? Is it his personal frustration in life that is manifested in his relations with me? Or is it just an instance of a strong prejudice?

मैं कभी कहीं इतना अकेला नहीं रहता हूँ जितना पिछले डेढ़ साल से जालन्धर में। रमेश के जाने के बाद से कोई ऐसा मानसिक एडजस्टमेंट नहीं हो पाया जो अभाव के अनुभव को दूर कर दे। अब भी नहीं सोच पाता कि इस रिक्तता को भरने का उपाय क्या है?

मेरे निश्चय और अनिश्चय के बीच एक ही ग्रन्थि है और वह ग्रन्थि सुलझ जाये तो बहुत कुछ स्वतः ही सुलझ जायेगा।...मगर जैसे भी हो, यह जून का महीना यहाँ काट देना चाहिए। इस समय की जल्दबाजी में सभी काम अधूरे रह जायेंगे।

अभी सो नहीं सकूँगा। सोने से पहले जो शून्य घिरता है, वह किसी माँसल स्पर्श के बिना भर नहीं सकता।...परन्तु माँसल स्पर्श मात्र ही तो अपेक्षित नहीं। और वह अतिरिक्त कुछ...?

जालन्धर : 3.6.58

यह अजब बीमारी है कि एक डॉक्टर की दूसरे से राय नहीं मिलती—और एक डॉक्टर भी अपने में निश्चित नहीं हो पाता। डॉ. कर्मसिंह ने किडनी का colic बताया था—डॉ. मेहता ने colitis। अब डॉ. मेहता को ही सन्देह है कि किडनी में स्टोन न हो—

पाँच दिन से परेशान हूँ। बायीं ओर कमर में जब दर्द उठता है तो लगता है कि ज़िन्दगी पर पकड़ ढीली हो रही है—और जब दर्द रुक जाता है तो महसूस ही नहीं होता कि कहीं कुछ गलत है। तब नॉर्मल न भी हों तो नॉर्मल की तरह व्यवहार करने को मन होता है।

कितने दिन का दर्द है यह, मेरी जान?

इन दिनों अपने से वितृष्णा होती है। नौकरी छोड़ने के समय के मनसूबों में से कितने पूरे हुए हैं? और इन दिनों दिमाग है कि साथ ही नहीं देता।

I must discover myself—I must!

डॉ. मदान से इंटरव्यू के बाद प्रेमी के चेहरे पर रौनक दिखाई देने लगी है—जैसे विस्थापित व्यक्ति फिर से स्थापित हो गया हो। अब वह हँसता ही नहीं, मज़ाक भी करने की कोशिश करता है। लेकिन निहायत ही चुगद आदमी है। चुगद ही नहीं, गावदी भी। और अति की मात्रा तक स्वार्थपण! He is completely neutral to all that happens to other people. He is concerned only with self.

उसकी बातचीत mechanical होती है—उसमें 'एलिमेंट' कहीं नहीं होता।

आज बेइन्तिहा गर्मी है। शायद यह सीजन की पहली गर्म रात है।

जालन्धर : 5.6.58

कल एक्सरे से यह तसल्ली हुई कि कम से कम किडनी में स्टोन तो नहीं है। आज तबीयत comparatively ठीक रही। गर्मी अब अपने क्लाइमेक्स पर पहुँच गयी है। चाहता हूँ कि जल्द ही पहाड़ की तरफ़ निकल जाऊँ।...अभी-अभी अपनी आर्थिक स्थिति का पर्यावलोकन कर रहा था। अब तो शायद थीसिस as a matter of obligation पूरा करना पड़े अन्यथा अपनी आर्थिक स्थिति बहुत जल्द शोचनीय हो जायेगी।

जालन्धर : 6.6.58

हर ओर से वितृष्णा होती है। मन अन्ततः एक ही दिशा में प्रवृत्त होता है–वह सूत्र क्यों हाथ में आकर छूट जाता है?

कल के...ने तीनों पुस्तकें मँगवा भेजी थीं। उसके बाद आशा थी कि शायद वह आये भी। उसके न आने से लगता है, दूरी बढ़ गयी है। और जब वह आती है तो कितनी निकटता का अनुभव होता है?

I leave for Kullu on the 9th. I hope that the programme will not change now.

जालन्धर : 7.6.58

रात अम्माँ से पहले घर और जीवन के आरम्भिक काल के व्यक्तियों की चर्चा होती रही।

1925-27–पहला घर–चंडी वाली गली–बाल कौर, फूल कौर, बूआ, दग्गा, कलजुग, गुग्गा, माना, नारायण पंडित, चमनलाल मास्टर, नारायण की भाभी, अतर कौर (नत्थू की बीबी), बनारसी, पूरन, राममूर्ति।

1927-41 दूसरा घर–गंडांवाला बाजार–पाधा, साबुन के कारीगर, ढोली, भोला, लब्यू, रामलाल, गिरधारी, पुरुषोत्ती, जींगा, निहालसिंह, बाबाजी, शंकर दत्त, सन्तराम, राधिका रमण, खन्ना जी, देवीदत्त, सत्यवती, उसका पति (मैंने कहां जीं–!) मदनमोहन, प्राणनाथ...

माया, मनोहर, सुन्दर, आछी, राजी, बिमला, किशन, तायाजी, ताईजी, महेन्द्रो, सरनदास, बड़ा किशन, बिमला छोटी, ताई की बहन की लड़की राजो–शकुन्तला, मौसी-मौसा, दविन्दर, नानी, महेन्द्र-जीत, प्रकाश कौर, शांति, बच्चे–

शाम–लच्छा, तोताराम, रोशन।

मथुरावाली मौसी–बालाये बिन्दा

माँ पाछो।

शाह लालचन्द, किशनचन्द, नाथूरा (रंगवाला), नत्थूराम दलाल, जगन्नाथ हांडा, भगत लोग, ब्रजवासी, किरपाराम वकील, किरपाराम मुंशी, किरपाल सिंह काका, कमला, अम्माँ, बाबूजी—

पारो गंडे खानी
हऊ सिप्पी लून का डला
आ नया लाल खुदाई ओए।

1941-42 तीसरा घर—बाज़ार नृसिंह दास—रामदासी, चरनदासी, सरदार और उसकी लड़कियाँ—सिख दर्जी, सब्जी वाले, बाबू जगन्नाथ।

1941-45 चौथा घर—डकाड़ा—भाई जी, केशवानन्द, रामानन्द, इन्दिरा, कौशल्या, कौशल्या की भाभी, उसके पिताजी—कृष्ण बिहारी, ओंकार, बाबू लक्ष्मीनारायण, शान्ता, पंडित विश्वम्भर दास, राज, प्रेम, चपड़ासी (?), अश्क दम्पति।

1942-45 पाँचवाँ घर—होस्टल—नवीनचन्द, सहाय, सदानन्द, मोहन, ज्ञान, श्रुतिकान्त, धर्मचन्द, राधेलाल, रघुनन्दन, जगन्नाथ, लक्ष्मण स्वरूप, सूर्यकान्त, हरनामसिंह, मिस्टर एंड मिसेज़ शर्मा, वशिष्ठ, माधव, दिनेश, प्रेमी भट्ट।

1945-47 छठा घर—कृष्ण नगर—लाहौर—बाला सहाय, पुष्पा, कुन्ती, अविनाश, दविन्दर, आनन्द, अमरजीत, आनन्द का दोस्त—गोपाल दास, दढ़ियल शायर, बेदी।

1947—सातवाँ घर—जोधपुर—पुष्कर, माणिकलाल, सुलताना, मित्रा, इन्दु, इन्द्र, माणिकलाल का बेटा, साथी, ग्वालन, टिकट कलेक्टर, उसकी लड़कियाँ।

1947—आठवाँ घर—शेख मेमन स्ट्रीट, बम्बई—भाटिया, तुलुजा, शर्मा (ऑफ़ कश्मीरी होटल) बालगोविन्द, सुधा भाभी, अर्चना गिरधारी, डॉक्टर, सिन्धी, विजय भट्ट, सत्यपाल, मूर्ति।

1948-49 नौवाँ घर—कालीना—लाला, यार्दी, अभयंकर, बादल मियाँ, मनोरंजन, चपरासी...इरावती, तुथुजा की बीवी, बहनें, गली के परिवार—धर्म, पृथ्वी, पाल, अन्य कॉफ़ी हाउस की आकृतियाँ।

1949-दसवाँ घर—माहिम—मिस्टर एंड मिसेज वढेरा—सोनी, तनेजा...

1949 ग्यारहवाँ घर—लॉरेंस होटल—मिसेज़ लॉरेंस, मैथिलोन, लीला, सावित्री, भाभी, इन्द्रमिथ, चमन, राज बेदी।

1949-बारहवाँ घर—36, प्रेम लेन, नयी दिल्ली—अविनाश, भइया जी, भाभी, सन्तोष, शीला, सतिन्दर, कुमार आनन्द, मदन मुटयानी, रमा, स्वदेश, बूरी, चौधरी।

1949-तेरहवाँ घर—69 मॉडल टाउन, जालन्धर—ज्ञानचन्द, रवीन्द्र सिंह।

1950—चौदहवाँ घर—75, मॉडल टाउन, जालन्धर—राजकुमार, दुर्गा, सुरेन्द्र, उसका भाई।

1950-52—पन्द्रहवाँ—दि ग्रोटो, शिमला—तुली, बिहारी लाल, बीवियाँ, बच्चे, सरेज नाइट्स, ब्राउन्ज़, अडवानीज़ फिशर्ज, नटाल, रुथ, मिसेज सर्फा, प्रेकिंग्ज, कजन्ज़ डोरोथी, नानावती, जोन्ज़, हिचकाक्स, हैना, बार्कर्ज, बेटिंक्स, प्राण, मदन, पुरुषोत्तम, बाबा, शीला, सतीश, हरिमोहन, शरद, शाह, मदान, रघुनन्दन, खन्ना, भारती, रघुवंश, जगदीश।

1953—सोलहवाँ घर—लखपत स्ट्रीट, जालन्धर—भल्ला, चौधरी, भल्ला की लड़की, जगदीश, सोमेश, साहनी, नरुला...

1954-55—सत्रहवाँ घर—180, मॉडल टाउन, जालन्धर—कुसुम, कमला, राज, सूरजभान, सत्यदेव, रामकृष्ण।

1955-56—अठारहवाँ घर—568 एम. टी.—प्रेमी, पाल, मेहराज, बेदीज़, रिक्ता, पुष्पा, सुदर्शन, खालदा बेगम, अब्दुला, चोपड़ा, उनकी लड़कियाँ, मिस लाल, दीदी, चावलाज़, मेहर सिंह एंड परिवार, कमलेश्वर, दुष्यन्त, मार्कंडेय, कान्ता भारती।

1956—उन्नीसवाँ घर—5 मोती रोड, जालन्धर—शाहनी, चंचल, कुन्तल, महिपत।

1956-1956—बीसवाँ घर—453 आर., मॉडल टाउन, जालन्धर—बसु, कान्ति, ऊषा, राजेन्द्र, वेद, वीरेन्द्र, मोती, जोशी, कुसुम की अम्माँ, नरेन्द्र, स्वर्ण, आनन्द, कालिया, मिसेज़ प्रेमी, डॉ. एंड मिसेज़ प्रेमनाथ—To be counted.

जालन्धर : 7.6.58 (रात्रि)

सुबह–

कपिल, कृष्ण भाटिया और लाला मनोहरलाल सूद। कुल्लू की बातें–

दोपहर–

बैंक–रामकृष्णा–प्लाज़ा–

बाद दोपहर–

घर–डॉ. के.। डॉ. के. ने अपनी लिखी हुई कहानी सुनाई। बहुत अजब-सा लगा। उसे वीणा का ताज़ातरीन पत्र दिखा दिया–उसे पूरी कहानी भी सुना दी। जाने उस पर क्या प्रतिक्रिया हुई होगी?

वह पौने तीन बज़े गया। दो रोटी निगलकर रेडियो स्टेशन चले आये।

छह बजे रिकॉर्डिंग से फ़ारिग हुए।

शाम–

प्लाज़ा–प्रेमी अपनी बात करते हुए रोने को हो आया।

फिर म...के घर–

वह कागज, रंग, ब्रश बिखेरे बैठी थी। उसने अपनी कुछ ड्राइंग्स दिखायी। She seems to have got real potentialities for it.

उसने कहा कि कल नहीं, सोमवार सुबह आ सकती है!

सोमवार सुबह चलने का प्रोग्राम तुरन्त कैंसिल हो गया। अब जायेंगे। शायद–उसी दिन–मगर उसके आने के बाद।

फिर भी आशंका होती है कि शायद वह न आये। क्योंकि...

रात–

घर–

अजब-सा लगता है–जैसे किसी परीक्षा में बैठे हों और परिणाम की प्रतीक्षा कर रहे हों–

ये मिस्टर शर्मा क्या बला हैं?

कहीं–?

O God!

No!

Then?

Wait.

But how?

अच्छा—परसों तक तो किसी तरह जियो, मेरे दोस्त।

जालन्धर : 8.6.58

कल तक इन्तज़ार की ज़रूरत नहीं पड़ी—

रुक-रुककर लिखूँगा। चाहता हूँ बत्ती देर तक जलती रहे। अँधेरा मुझसे नहीं सहा जायेगा।

सुबह बेड टी ले रहा था जब वह आ गयी।

बात हुई—

उसने बताया घर में बात हो चुकी है...मम्मी इस बात पर लड़ी थीं—

फिर—कुछ अधकहे वाक्य—हारते हुए विश्वास को सँभालने की हताश चेष्टा।

साथ सटकर सिसकते हुए वक्ष—

I was convinced that she does not have that storng emotions.

ख...से बातें करके मन का बोझ कुछ हल्का हो गया।

मगर लौटकर मन पर फिर घटा घिर गयी।

अम्माँ पर उलझे।

सुबह जाना है—कैसी विचित्र होगी यह यात्रा?

कुछ लिखने को भी तो नहीं सूझता।

जालन्धर से चले जाने में ही मुक्ति है।

ग्रन्थि सुलझ तो गयी। किसी रूप में ही सही।

अब सब कुछ हल हो जायेगा।

धर्मशाला : 10.6.58

उस रात बहुत देर तक मन परेशान रहा। नींद नहीं आयी। अम्माँ देर तक बैठी बातें करती रहीं। सो गये तो सुबह देर से उठे।

एक मन था कि लखनऊ चले जायें पाल के पास। मगर रास्ते की गर्मी के डर से मन नहीं बना। उठकर दस-साढ़े दस बजे तक अनिश्चय में पड़े रहे। आखिर धर्मशाला का ही निश्चय रहा। सामान उठवाया और चले आये।

रास्ते में भी मन वैसे ही उखड़ा-उखड़ा-सा था। वही घूमती हुई सड़क, वैसी ही घाटियाँ, खेत, पानी के मार्ग, कच्चे घर, लोग...।

विस्तार की निकटता से मन कुछ-कुछ आश्वस्त अवश्य हुआ। नूरपुर, शाहपुर, गग्गल, धर्मशाला—

धर्मशाला पहुँच कर बस स्टैंड पर ही पता चल गया कि ज्ञान छुट्टी पर गया है।

कचहरी बाज़ार में आकर एक होटल से श्रुतिकान्त का पता किया। वहाँ एक दुबले से युवक ने पहचान लिया। उसने बताया, वह पहले सोमेश के साथ एक बार पठानकोट स्टेशन पर मिला था—जिस दिन डलहौज़ी से कौशल्या भाभी को पठानकोट छोड़ने आये थे। उसका नाम था कौशल।

कौशल ने ही श्रुतिकान्त का घर ढूँढ़ दिया। रात बारह बजे तक मन को बातों में बहलाये रखा।

फिर डिप्रेशन छाने लगा—मगर नींद आ गयी।

सुबह उठकर मन में वैसा डिप्रेशन तो नहीं है मगर मन उन प्रतिक्रियाओं से मुक्त हो गया हो, ऐसा भी नहीं।

जिस वातावरण में रहते हैं, वह हमारे रहन-सहन के अतिरिक्त हमारे सोचने और अनुभव करने की प्रक्रिया को प्रभावित करता है। village mentality, town mentality, city mentality आदि तो का यही अर्थ है कि हम जहाँ रहते हैं, वहाँ के जनसमुदाय की परम्पराओं और विश्वासों के code को प्रत्यक्ष या परोक्ष रूप से स्वीकार कर लेते हैं, वहाँ की सर्दी-गर्मी के अनुसार अपना एक जीवनक्रम बना लेते हैं और अपने सुख-दुख का निर्णय उस वातावरण के अन्तर्गत ही अपनी उपलब्धियों-अनुपलब्धियों के अनुसार करने लगते हैं। वातावरण का परिवर्तन उस सुख-दुख के भान में मौनाधिक्य ला देता है।

मैं जालन्धर में रहते हुए जो कुछ सोचता और जैसा अनुभव करता हूँ, वहाँ से निकलकर वैसे नहीं करता। पिछली बार दिल्ली में रहते हुए मुझे अपनी यह भावुकता बहुत बचकाना और उपहासास्पद-सी प्रतीत होती थी—आज यहाँ आकर वैसा तो प्रतीत नहीं होता—मगर यह अवश्य लगता है कि दुनिया बहुत विशाल है और विशाल की एक इकाई होते हुए मेरे जीवन का निर्धारण केवल एक इकाई के सम्बन्ध-असम्बन्ध से ही नहीं होता। मेरी व्यथा झूठी नहीं, मुझे इस चोट ने बौखलाया भी बहुत है, और आगे के लिए जीवन की दिशा इससे बदल भी बहुत जायेगी—मगर इसी आधारबिन्दु को लेकर जिया जा सकता था—ऐसी बात तो नहीं। यूँ मन को समझाने के लिए तो यह भी कहा जा सकता है कि इससे कुछ ऐसी रेखायें बन जातीं जो बुरी तरह कस लेतीं, ज़िन्दगी को बहुत कन्वेंशनल बना देतीं—अब कम से कम निर्मुक्तता तो रहेगी। जानता हूँ कि इस समय ऐसा सोचना आत्मप्रताड़ना हो सकती है—मिथ्याविश्वास हो सकता है। मगर पर्वतों के बीच से गुज़रते हुए अनेकानेक मार्गों की ओर देखकर मन को कुछ सुख अवश्य मिलता है। ये सब मार्ग मेरे हैं। विशाल के सौन्दर्य का हर कण मेरा है।

भावना के सूत्रों से कसी हुई वर्तमान की केंचुली से बाहर निकलने की प्रक्रिया आसान नहीं है। कष्ट भी होता है। यह महसूस होता है कि अपनी उपलब्धि, अपने संचय से जीवन वंचित हो रहा है। मगर एक कल्पना में थोड़ा सुख है—तुम्हें नये सिरे से जीवन जीने का प्रयत्न करना है, नये संयम के मार्ग पर चलना है, नयी उपलब्धि की दिशा ग्रहण करनी है।

धर्मशाला : 11.6.58

कल और आज में मन बहुत खुल गया है। यहाँ की हवा, चिड़ियों के शब्द, दूर से आती हुई बसें, बल खाती सड़कों पर चढ़ता-उतरता जीवन—यह वातावरण जैसे धीरे-धीरे कलुष को धोये दे रहा है—कलुष जो कि हताश और अविश्वास और पराजय की भावना के रूप में मन को घेरे था। बहुत दिनों में मन और मस्तिष्क इस सहज स्थिति में आये हैं।

कल डॉ. मदान को पत्र लिखकर पता नहीं ठीक किया या नहीं। उससे मन कुछ हल्का अवश्य हुआ—यद्यपि अपना ego कहीं से छिलता है। परन्तु यह छिलन एक दिन की ही तो होगी—

रात की सैर, खुली हवा, बियर के घूँट, निर्मुक्त बातचीत—इससे मन बहुत स्वस्थ हुआ और खूब अच्छी नींद आयी।

जाने के कार्यक्रम के सम्बन्ध में भी निर्णय हो-सा गया। यहाँ से मनाली तक पैदल जायेंगे। हमारे वहाँ पहुँचने तक पंडित जी वहाँ से जा चुकेंगे, इसलिए जगह की दिक्कत न होगी। उतने दिन धर्मशाला में बैठे रहने का तो कोई अर्थ नहीं।

शिवास्ते सन्तु पन्थानः।

थोड़ी ही दूर जाकर रास्ता पुल की मुँडेर की तरह दोनों ओर खड़ी चट्टानों में से होकर बायीं ओर को हट गया और सामने खुली घाटी दिखायी देने लगी। ब्यास की धार दायीं ओर के विस्तार से आगे घने देवदारों में जा छिपी थी और उसकी आवाज़ ही उसकी सत्ता का प्रमाण दे रही थी। मेरी आँखों के सामने खुले खेत थे, बायीं ओर के ऊँचे पहाड़ को काट-काट कर एक विशाल दुर्ग का-सा रूप दे दिया गया था। ब्यास के पार भी देवदार के जंगल, फिर खेत, फिर चट्टानें—यही कुछ दिखायी दे रहा था। वह ऐसा विस्तार था जहाँ आकर अनुभव होता है कि आसपास का सारा वातावरण एक ही स्वर में ध्वनित हो रहा है—चुप-चुप! चुप-चुप!

घाटी के बीच से सड़क बल खाती हुई जा रही थी। जहाँ तक आँख जाती थी, सड़क पर कोई आकृति नहीं थी। मैं छड़ी को पीछे से गरदन पर रखकर दोनों

हाथों से पकड़े चलता रहा, फिर छड़ी को ज़ोर-ज़ोर से मारने लगा। मैं वास्तव में कहना चाहता था कि मैं प्रसन्न हूँ और स्वस्थ हूँ (वैसा नहीं जैसा हर पत्र के अन्त में लिखा रहता है—आशा है आप स्वस्थ और प्रसन्न होंगे)।

मुझे फिर श्याम चाचा की याद आयी। मन में प्यार और आदर का भाव जाग्रत हुआ। बीस-बाईस की उम्र में भी उनके पास कितनी गहरी सौन्दर्य चेतना रही होगी? उस बलिष्ठ और अति स्वस्थ शरीर में कितनी कोमल भावनायें निहित रही होंगी? हमारे लिए तब कुल्लू और श्याम चाचा और जापानी फल ये सब पर्यायवाची से शब्द थे। तब से अब तक घाटी के सौन्दर्य में तो रंच मात्र भी अन्तर न आया होगा—मगर हमारा जीवन! सन् सैंतीस में हम कहाँ थे—सैंतालीस में कहाँ और आज...? घाटी के पीछे एक-दूसरे के पीछे ढलती हुई पहाड़ियों की श्रृंखला जैसे गम्भीर भाव से संकेत कर रही थी—चुप चुप! बस चुप!

अड़ेऊ गाँव आ गया। धर्मशाला में कुलतार चन्द ने जगतसुख की सुन्दरियों की चर्चा की थी। जगतसुख अड़ेऊ से अढ़ाई-तीन मील आगे होगा—और उससे भी छह मील आगे नगर जहाँ रोरिक परिवार रहता है। सूर्यास्त हो चुका था। अड़ेऊ गाँव के लकड़ी के घरों में जीवन जैसे स्तब्ध था—कहीं कोई आवाज़ नहीं, हलचल नहीं, रोशनी नहीं, केवल दो-एक चेहरे, जैसे उस उदास गाँव को human toch देने के लिए ही वे बैठाये गये हों।

एक दम्पति मेरे आगे-आगे चल रहे थे। दोनों की पीठ पर बोझ था। पुरुष के हाथ में एक घड़ा, एक छाता और एक छड़ी भी थी। पुरुष ने बताया कि वे लोग भुनतर के मेले से वह सब खरीदकर ला रहे हैं—दो रातें वहाँ रहकर वे आज लौट रहे हैं। उसका नाम था ननकू और उसकी वहाँ पास में ही अपनी ज़मीन थी।

उतराई आरम्भ हुई। नीचे नाला था जो कई धारों में बँटा था और उस पर तीन जगह पुल बने थे। नाले का पानी कई जगह से काटकर आठ-दस पनचक्कियों में लाया गया था। एक लड़की अकेली चट्टान पर बैठी उदास भाव से नाले को देख रही थी, हमारे पहुँचने तक वह उठकर चली गयी। नाले के पार सड़क पर दूर तीन आकृतियाँ आती दिखायी दे रही थीं—वह गुलाबी साड़ी वाली लड़की और उसके साथ के दोनों व्यक्ति। मुझे समय का और भूख का स्मरण हो आया। मैं लौट पड़ा।

सन्ध्या हो गयी थी। लौटते हुए ग्लेशियर सामने था। सन्ध्या के प्रकाश ने बर्फ़ को एक ताँबई स्पर्श देकर आलोकित कर रखा था। चलते-चलते मुझे महसूस हुआ कि मैं एक विराट संगीत के कई स्वरों के बीच से होकर गुज़र रहा हूँ। सामने से आती हुई तेज़ हवा ह्रांस-ह्रांस करती हुई सुर से टकरा रही थी—पहाड़ की सारी

हरियाली को भी अपने स्पर्श से वह गुँजित किये दे रही थी—करोड़ों पत्तों के काँपने का वह स्वर हवा के स्वर से भिन्न होता हुआ भी उसमें खोया हुआ था। और कहीं देवदारों की ओट में छिपा हुआ ब्यास किनारों को अपने स्पर्श से छीलता हुआ, चट्टानों पर टूटता हुआ अपना शब्द कह रहा था—किनारे हिलकर अपनी प्रतिक्रिया व्यक्त कर रहे थे। सन्ध्या का क्षितिज छोटे-छोटे जन्तुओं के स्वर में अपने को ध्वनित कर रहा था—चिकु-चिकु-चिकु-चिकु—चिर—हर्र—तिपु-तिपु-तिपु-तिपु—और किसी पहाड़ी रास्ते से उतरती हुई खच्चरों की घंटियाँ अलग सुनाई दे रही थीं, टिटंग-टंग-टंग टिटंग-टिंग-टिंग-टिंग। कोई खच्चरों के पीछे गाता आ रहा था—ठंडी-ठंडी बो...हो ठंडी-ठंडी बो...एक चश्मे का पानी ऊँचाई से पत्थर पर गिर रहा था—छप-छप-छप-छप-छप-छप-छप।

और मेरे कदम सड़क पर शब्द कर रहे थे। इन सब आवाज़ों ने मिलकर जैसे मुझे जकड़ लिया। मुझे लगा कि पहाड़, घाटी, दरिया, देवदार, पगडंडी, हवा और मैं सब मिलकर एक साथ उस मादक संगीत की सृष्टि कर रहे हैं जो एक माँसल स्पर्श की तरह रोम-रोम को सहला रहा है—ठंडी-ठंडी बो...ठंडी-ठंडी बो...।

सामने ग्लेशियर की बर्फ़ पर नाना चित्राकृतियाँ दिखायी दे रही थीं—एक मुग्धा युवती का मुखमंडल—गोल, ठोड़ी तिरछी, भाव कामुक, पुरुष के मुँह पर झुका हुआ। पुरुष स्थिर, चुप, गौतम बुद्ध। उससे पीछे विजेता सिकन्दर! प्रेम, विराग, अधिकार। आसपास कुछ पक्षी थे, कुछ कटे हुए हाथ-पैर थे। कभी न्यायशास्त्र में पढ़ा था कि सब आकृतियाँ आपेक्षिक हैं—सब आकृतियाँ आपेक्षिक हैं तो बर्फ़ की आकृतियाँ यथार्थ भी हो सकती हैं (हेत्वाभास-धिक्)। हेत्वाभास ही सही, मगर सिकन्दर उसी तरह चेहरा सख्त किये था, स्त्री उसी तरह तरल थी और पुरुष उसी तरह आँखें मूँद स्थिरप्रज्ञ था। एक देवदार की डालें रास्ते तक झुक आयी थीं, जैसे उन्हें किसी के स्पर्श की कामना है। मैंने देवदार की डालों को छड़ी से सहलाया—डालें कोमल बाँहों की तरह लचक गयीं।

"हलो!" मैंने कहा।

"सांय-सांय!" देवदार ने उत्तर दिया।

"बुड्ढे हो गये तुम भाई, अब भी रास्ते से छेड़खानी करते हो? तुम्हारी बाँहें अब भी व्याकुल होकर नीचे को झुकती हैं?"

देवदार ने ज़ोर से सांय-सांय किया जैसे कहता है कि बुड्ढे होगे तुम! मैंने तो अभी अपनी उम्र के दो सौ साल ही काटे हैं—मेरे अभी चार सौ साल शेष हैं—अभी अपने यौवन के प्रथम चरण में हूँ—तुम जो आधा खा चुके हो, मुझे बुड्ढा कहते हो?

"अच्छा भाई, न सही—मैं तुमसे बड़ा सही—बड़े के अधिकार से कुछ कह ही दिया तो क्या हुआ? बुरा नहीं मानते।"

देवदार ने फिर सांय-सांय किया और कहा, "आये बड़े बनने वाले। ज़रा

अपनी ऊँचाई देखो। कहाँ से बड़े हैं आप?''

''अच्छा भाई तुम जवान भी हो, बड़े भी हो, हम कुछ नहीं हैं—हम हर तरह से तुमसे हीन हैं। अब तो प्रसन्न हो?''

मुझे नाराज़ देखकर देवदार ने फिर ज़ोर से डालें हिलायीं और कहा, ''प्यारे, तुम भी एक बात में बड़े हो—तुम जाने कहाँ से आये हो और जाने कहाँ जाओगे और मुझे देखो जहाँ का तहाँ जकड़ा खड़ा हूँ, इस जगह से ज़रा भी हिल नहीं सकता।''

और अपने बड़प्पन से प्रसन्न होकर मैं चल दिया।

पुल सामने था। झुटपुटा हो चला था। एक युवती (या शायद नवयुवती) दौड़ती हुई दूसरी तरफ़ से आयी। ''जय हिन्द!'' वह मुस्कराई।

''जय हिन्द।''

''घूमने को गया?''

''हाँ, घूमकर आया।''

''पहाड़ देखा?''

''देखा।''

''क्या देखा? यह तो नीचे-नीचे ही देखा, पहाड़ तो ऊपर है। ऊपर का पहाड़ देखेगा?''

''ऊपर का पहाड़?''

''हाँ देखो। हम अभी ऊपर जाता है।''

वह जल्दी से सामने की पगडंडी पर चढ़ गयी और न जाने कैसे पत्थरों पर पैर रखती हुई सीधे पहाड़ पर चढ़ने लगी। मैं सड़क पर खड़ा उसकी ओर देखता रहा।

''आओ।'' उसने ऊँचे से मुस्करा कर कहा और काफ़ी दूर और चढ़ गयी। वहाँ से उसने केवल हाथ हिलाया और ऊपर चली गयी। यहाँ तक कि अँधेरे में उसकी आकृति भी गुम हो गयी। मैं कुछ क्षण खड़ा रहा। फिर धीरे-धीरे चलने लगा। पुल पर पहुँचकर फिर दरिया को देखने लगा जो पुल तोड़ने के लिए व्याकुल था। तभी धम-धम पुल पर पैरों की आहट हुई और जैसे आसमान से टूटकर वही युवती (या नवयुवती) दौड़ती हुई पास से निकल गयी। ''हाह!'' उसने पास से गुज़रते हुए कहा और हाथ पर हाथ मारा—और क्षण भर में ही वह इधर के पत्थरों के बीच गुम हो गयी।

मैंने पुल पार किया और मार्केट की तरफ़ जाने वाली सड़क पर चढ़ने लगा।

बरामदे की खिड़की से देवदारों का घना जंगल दिखायी देता है। अभी-अभी हल्की-हल्की बूँदें पड़ रही थीं। बूँदें पड़ती हैं तो जैसे आकाश को एक आकार मिल जाता है—उसमें प्राण आ जाते हैं। अब हल्की-हल्की धूप है जो देवदारों की हरियाली को हल्का सुनहरी स्पर्श दिये दे रही है। बायीं ओर से आती हुई हवा शरीर को

सहला रही है। नाले के पानी से खेलते हुए मैंने अनुभव किया था कि पानी के स्पर्श में भी एक माँसल सिहरन होती है—इसीलिए छड़ी की नोक से उसे ज़रा-ज़रा छेड़ता रहा था। अब यहाँ बैठे हुए लगता है कि हवा के स्पर्श में भी कुछ ऐसा है जो स्थूल और sensous है (obsession?)। सोचता हूँ, क्या मुझे छूकर हवा को भी पुलक का अनुभव होता है।

कमरे की खिड़की से जीवन का बहुत बड़ा कैन्वस दिखायी देता है। ग्लेशियर की बर्फ़ के आधे भाग पर बादल की छाया पड़ रही है, जिसने उसे सुरमई-सा रंग दे दिया है। आधे भाग में धूप पड़ रही है और बर्फ़ की चमक आँखों को चुँधिया देती है। बादल धीरे-धीरे सरक रहा है और वहीं सफ़ेदी पर सुरमई पर्दा चढ़ रहा है और वहीं से वह उतर रहा है और सफ़ेदी बाहर फूट रही है।

मुझे जो कुछ भी अनुभव होता है, मैं किसी के प्रति सम्प्रेषित करना चाहता हूँ—परन्तु वह 'वह' कौन है? कहाँ है?

जालन्धर : 30.6.58

कल लौटकर आया था तो इसी निश्चय के साथ कि नये विश्वास के साथ आरम्भ करूँगा। कल से मन बहुत स्थिर और निश्िंचत है।

कल दोपहर को सु...से गीत सुने, उसे रुलाया और...

नि...जबर्दस्ती कहानी संग्रह और नाटक की प्रतियाँ ले गयी।

रात को खाने के बाद बियर शॉप चले गये।

सुबह से मन बहुत सहज स्थिति में है। मुझे जालन्धर छोड़ना क्यों आवश्यक है? केवल इसीलिए कि...?

नहीं।

यहीं रहकर काम करने का प्रयत्न करेंगे। नहीं हुआ तो किसी भी समय यहाँ से जाया जा सकता है।

दोपहर को ख...के यहाँ चला गया। प्रत्येक व्यक्ति से सम्बन्ध निर्धारण अब सहज भूमि पर सम्भव होगा ऐसा विश्वास कर सकता हूँ।

लौटते हुए म...से साक्षात्कार हुआ। उसका फिर वही शोख अन्दाज़ था, फिर वही घर आने का आग्रह। परन्तु आज मन पर कोई प्रतिकूल प्रतिक्रिया नहीं हुई।

मन की इस सुस्थिति में डॉ. मदान की देन भी कम महत्त्वपूर्ण नहीं।

चाहता हूँ कि जुलाई का महीना कहीं बाहर न जाऊँ और थोड़ा लिख डालूँ। बहुत गर्मी पड़ रही है, परन्तु गर्मी को hindrance क्यों माना जाये?

जालन्धर : 1.7.58

बहुत दिनों के बाद जयनाथ 'नलिन' को देखा। प्रेमी के पीछे-पीछे वह कमरे

में आया तो सहसा लगा कि एक बुड्ढा आदमी आ रहा है। क्यों वह इतनी जल्दी बुड्ढा हो गया?

दोपहर को दीदी से उसके वैवाहिक जीवन के सम्बन्ध में बातचीत की और उसे यह समझाना चाहा कि एक पुरुष विवाह से क्या अपेक्षा रखता और रख सकता है। मुझे उसकी ट्रेजडी के लिए बहुत खेद होता है—विशेष रूप से इसलिए कि इस विवाह-सम्बन्ध के लिए विशेष रूप से मैं ही उत्तरदायी हूँ। मैंने उन दिनों राज की बहुत प्रशंसा की थी, और कमला ने वह सब ध्रुव सत्य के रूप में स्वीकार कर लिया था। मैंने राजकुमार के सम्बन्ध में जो कुछ भी कहा था उसमें मैं हृदय से विश्वास करता था। परन्तु...। मैं आज भी समझता हूँ कि वह एक बहुत सच्चा और खरा आदमी है। परन्तु...फिर परन्तु...।

आज दिल्ली से सरोज पाठक—एक गुजराती कहानी लेखक—का लम्बा-चौड़ा पत्र आया था। ये पत्र अपने अहंभाव को सन्तुष्ट करते ही हैं—साथ ही इनसे अपने में और विश्वास का भी उदय होता है। मैं चाहता हूँ कि मैंने जितना काम किया है, उससे कहीं अधिक और कहीं अच्छा काम कर सकूँ। मैंने आज तक कुछ भी ऐसा नहीं लिखा जिसे सन्तोषजनक कह सकूँ। I Want to write something good—something fully satisfying. Shall I ever write it?

जालन्धर : 2.7.58

आज कौशल्या भाभी के पत्र के स्नेह स्पर्श ने मन को बहुत भिगो दिया।

जालन्धर : 3.7.58

हमें जीवित रहने और बड़े तथा परिपक्व होने की कई बार कीमत चुकानी पड़ती है। कई बार हमारे लिए—हमारी गलतियों के लिए कीमत दूसरों द्वारा चुकायी जाती है।

मैंने मोहन से पुष्पा के सम्बन्ध में बात करके एक ज़बर्दस्त भूल की थी—जिसका मूल्य मुझे भी चुकाना पड़ा, पुष्पा को भी। मुझे खेद होता है कि मैंने केवल अपने ही कोण से हर परिस्थिति का मूल्यांकन करने का प्रयत्न किया। मैं पुष्पा के सम्बन्ध में चुप रह जाता तो कोई ऐसी क्षति न होती—कम से कम उसे घर में इतना torture तो न सहना पड़ता। जब कभी मैं उसके सम्बन्ध में सोचता हूँ, बहुत दुःख होता है, अपने से ग्लानि होती है।

और मनाली जाने से पहले मेरी खुराना से जो बात हुई, उसके लिए भी आज मुझे हार्दिक दुःख है। परिस्थिति का रूप मैंने ज्यों का त्यों उस व्यक्ति को बता दिया—परन्तु क्या मैं सर्वथा उस परिस्थिति से निरपेक्ष था?...और जिस स्थिति में उस व्यक्ति को confidence में लिया गया था, क्या उसमें परिस्थिति के सत्य का

परिचय उसे देना वांछित हो सकता था? इस तरह अपने को घटना-निरपेक्ष समझते हुए उस व्यक्ति से वह सब कुछ कहकर निस्सन्देह मैंने बहुत बुरा किया—अपेक्षित यह था कि मैं उससे तीनों की उपस्थिति में बात करने को कहता। एक ट्रेजडी की प्रतिक्रियाओं के समाप्त होने से पहले दूसरी ट्रेजडी की सृष्टि करके निस्सन्देह मैंने बहुत बुरा किया है—यह सच्चाई एक ऐसा अपराध है जिससे अपनी चेतना को मैं मुक्त न कर पाऊँगा। वे गीली आँख और काँपता हुआ शरीर सदा मेरे सामने रहेगा और मैं उस खामोश प्रश्न का उत्तर कभी दे पाऊँगा—'क्या मैंने तुम पर इसीलिए इतना विश्वास किया था, तुमसे इतना स्नेह किया था कि तुम मेरी दुर्बलता का सत्य किसी तीसरे आदमी के सामने व्यक्त कर दो? तुमने मेरी भावना को केवल शारीरिक कामना समझा था तो क्या यह आवश्यक था कि किसी और के सामने भी इसका उद्घोष कर देते? मैंने भी तो तुम्हारी दुर्बलताएँ देखी थीं परन्तु—एक बोझ से टूटने के अवसर को छोड़कर—कभी किसी से उनकी चर्चा नहीं की। और तुमने अपने में बहुत मान ले लिया कि मेरी दुर्बलता का इतिहास एक तटस्थ दर्शक की तरह एक अपरिचित के सामने खोलकर रख दिया? और वह अपरिचित—उसके लिए वह इतिहास सूत्र एक सौदे की भूमिका भी तो बन सकता है? क्या यही वह तुम थे जिसका मैंने इतना आदर किया था? और आज हल्का-सा खेद प्रकट करके तुम उस सबके दायित्व से मुक्त हो जाना चाहते हो? मैं खामोश हूँ, और मुझे खामोश रहना है, परन्तु तुम्हारे लिए यह खामोशी ही मेरा लक्ष्य है। सिर से पैर तक मुझे देख लो और सन्तुष्ट हो लो...कि बहुत बड़ाई की है तुमने—बहुत बड़प्पन सँजोया है!'

मेरा सिर अवनत है, मन उदास है, यह आत्मभर्त्सना भी अपने को बहलाने का प्रयत्न है। मैंने जो किया वह अनुचित था और वह अनौचित्य मुझे सालता रहेगा।

"ज्ञान को मेरे साथ भेज दो," उसने बैठे हुए गले से जैसे रोते हुए कहा।

The blow is direct and hard.

जालन्धर : 5.7.58

मैंने रिसर्च स्कॉलरशिप से भी त्यागपत्र दे देने का निश्चय किया है। इससे स्वतः ही यह भी निश्चित-सा हो जायेगा कि दिल्ली चला जाऊँ। आगे का कार्यक्रम स्वतः निर्धारित होता रहेगा।

डॉ. मदान से लम्बी बात हुई। फ़िलहाल त्यागपत्र न देने का ही तय हुआ।

जालन्धर : 7.7.58

कल सुबह उठते ही तैयार होकर रेडियो स्टेशन चला गया था। नौ बजे से

चार बजे तक रिकॉर्डिंग की ही प्रक्रिया चलती रही। पहले रिकॉर्डिंग आरम्भ हुई तो मैंने कट करा दिया—हरबंस की वजह से। फिर आरम्भ हुई तो फिर कट करा दिया—प्रेमी और हेमराज की वजह से। फिर आरम्भ हुई तो हेमराज ने कट करा दिया। फिर एक मिनिस्टर टॉक रिकॉर्ड कराने आ गये, फिर इंजीनियर खाना खाने लगे। फिर मोती और कपूर में सख़्त लड़ाई हो गयी। फिर बिजली फेल हो गयी। चार बजे खाना खाया और पाँच बजे घर आये।

घर आकर लेटा ही था कि माँ ने कहा, वीणा आयी है। सनीचर को डलहौज़ी से उसका पत्र मिला था तो उसी समय उत्तर दे दिया था। शाम को देर से सोये। मगर बहुत गर्मी थी, ठीक से नींद नहीं आयी।

जालन्धर : 10.7.58

अलसाये-से दिन। समय न शीघ्र बीतता है, न धीरे। जैसे उसकी गति अब सहज हो। निश्चित। बैठे-बैठे भी मन नहीं ऊबता। कभी बात करते रहते हैं, कभी नहीं भी करते। कभी बात करना अनावश्यक-सा लगता है। उसका हृदय इन दिनों उन्मादी है। मुझे अपने में अधिक सन्तुलन का बोध होता है।...बेबी बीमार है, रोती रहती है। कल रात उसने जैसे आर्तनाद किया था—"हाय मुझे यहाँ से ले चलो। अभी, अभी-अभी। हाय, अभी चलो। मैं नहीं। मैं नहीं। अभी गाड़ी में चलो। अम्माँ अभी चलो। मुझे ले चलो।" और एक बच्ची के ऐसे हठ का पहली बार परिचय पाकर बहुत विचित्र-सा लगा था, मन हुआ था कि उसे तुरन्त ही स्टेशन ले जाऊँ और प्यार से गाड़ी में बैठा दूँ। परन्तु उस समय उसे एक सौ दो से ऊपर बुखार था। आज दिन में हर पाँच मिनट के बाद वह कुनकुना उठती थी। उसकी माँ रोटी-पानी छोड़कर उसे थपथपाती, लोरी देती, कहानी सुनाती, प्रलोभन देती। बेटी धीरे-धीरे आँख मूँदने लगती तो वह फिर चौंककर स्नेह की भावना से देखती—मन होता था उससे प्यार करूँ। फिर मन होता था कि कुछ ऐसा करूँ जिससे आपका हित हो। वैवाहिक जीवन की सफलता और पुरुष की अपेक्षा के सम्बन्ध में उसे भाषण दिया—स्वयं रेखा के उस ओर रहने का वचन देना चाहा। परन्तु सहसा वह बहुत उदास हो गयी। उसकी आँखें भरी-भरी हो गयीं। और अन्ततः उसने कहा, "यह वचन तुम लौटा लो।"

"अच्छा।"

"यह मुझ से नहीं होगा।"

"अच्छा।"

दोपहर को उसने खाना भी बनाया। पहली बार ऐसे लगा कि घर घर है—और जीवन डरावने जंगल की एक एकान्त छाया नहीं है।

लखनऊ : 19.7.58

यहाँ आये कई रोज़ हो गये। परन्तु आते ही पहले सिरदर्द से पड़ गया, फिर जुकाम-खाँसी से। जुकाम-खाँसी का दौरा अभी तक है।

ग्यारह को जालन्धर से चल ही दिया था। उससे पहले की रात को जिस घनिष्ठता का परिचय उससे मिला था, उसे फिर से दोहरा कर पाने तक रुकने को मन नहीं हुआ। रात के ग्यारह बज चुके थे। दीदी शाम की गाड़ी से चली गयी थी। कमरे में हमीं दोनों थे। माँ और बेबी बाहर सो रही थीं।

दूसरे दिन वह आने देना नहीं चाहती थी। मुझे लोभ था कि इस भरे-भरे घर से ही चलूँ। वह पहले चली जाती तो घर बहुत खाली-खाली प्रतीत होता।

रिक्शा आ गया तो भी उसे आशा थी कि शायद मैं रुक जाऊँगा। परन्तु मैं चला ही आया।

एक दिन नयी दिल्ली में रहा। देव बख्शी ने अपने घटियापन को पूरी तरह प्रमाणित कर दिया। उसने प्रस्ताव किया कि मैं घर से नौकर को बुला लूँ, रसोई का सामान मँगवा लूँ, फ़र्नीचर, पर्दे इत्यादि मँगवा लूँ, उसके लिए अंग्रेज़ी का टाइपराटर मँगवा दूँ—और पेइंग गेस्ट बनकर उसे दो सौ रुपया महीना दे दिया करूँ।

दिल्ली से तेरह की सुबह चला। कानपुर स्टेशन पर मोनिका बोस मिलने के लिए आयी। झाँसी मेल के चलने तक वह वहाँ रही। हम शंट करते डिब्बे में बैठे रहे, प्लेटफ़ार्म पर टहलते रहे, रिफ्रेशमेंट रूम में बैठे रहे। मुझे वह बहुत साधारण लड़की लगी—हर दृष्टि से। गाड़ी चलने पर वह लौटी।

लखनऊ स्टेशन पर सत्येन्द्र और पाल दोनों मिले। पाल के साथ घर आने पर पता चला कि उसके पिता आये हुए हैं।

वे दो दिन बाद चले गये। मैं इलाहाबाद जाने का कार्यक्रम बनाकर भी नहीं जा पाया। दो दिन तो हम लोग सवेरे से उठकर बिना नहाये-धोये ही बैठे पीते-खाते, बातें करते रहे। पाल और पंडित ने *आषाढ़ का एक दिन* की बेहद प्रशंसा की।

यहाँ के साहित्यिक मंडल में किन्हीं लोगों से मिलने-जुलने का तनिक मन नहीं हुआ।

कल रात एक घटना हो गयी। शाम को मैं और सत्येन्द्र रिक्शा लेकर घूमते रहे। रिक्शा यूनिवर्सिटी की ओर गया, वहाँ से ठंडी सड़क (जो शायद संसार की सबसे बदबूदार सड़क है) के रास्ते लौटा, फिर एक जगह बेंच पर बैठकर हमने बातें कीं। शरत् कमल के साथ अपने सम्बन्ध के वीभत्स पहलुओं के विषय में बताता रहा। फिर 'कपूर्ज' में दाखिल हुए कि बियर पियेंगे और खाना खायेंगे। देखा, रमेश पहले से वहाँ है।

रमेश ने एक व्यक्ति मिस्टर गुप्ता से इंट्रोड्यूस कराया। कुछ देर बातें करते

रहे। गुप्ता उठकर चला गया, फिर लौटकर आया, कुछ देर काउंटर के पास खड़ा रहा, फिर पाल की पीठ के पास जाकर उसने अपने गिलास की शराब उसके चेहरे पर फेंक दी।

"सो यू वांट टू मीट माई वाइफ़?"

मुझे लगा कि अभी यहाँ खूनखराबा हो जायेगा। परन्तु पाल calm रहा, unruffled—हम लोग जैसे उस विषय को भूलकर और बात करते रहे। मगर 'कपूर्ज' से उठते ही उसे भूत सवार हो गया।

"I will kill him. I will murder him. How did he dare ? चाँटा लगाऊँगा। मार दूँगा। I am not a baniya. I am a man, so I will murder him."

'मदनज' में खाना खाने पर भी वह शान्त नहीं हुआ बल्कि और अशान्त हो गया। उसने हठ किया कि वह उसी समय उस आदमी के घर जायेगा। उसका पता करने के लिए पहले प्रमोद के घर जायेगा। मैं कठिनाई से उसे समझाकर लौटा पाया। वह रास्ते में मुझ पर भी बिगड़ता रहा। कई जगह रिक्शा को पल-पल के लिए रोका गया। आखिर हम घर लौट आये।

घर आकर रिक्शा वाले ने scene create कर दिया। वह तीन रुपये माँगने लगा।

रिक्शावाले से कहा-सुनी हुई। चौकी गये। वहाँ से चले तो रिक्शेवाले ने और रिक्शावालों को बुलाकर मारपीट करनी चाही। रात को सवा दो बजे तक झगड़ा हुआ। अढ़ाई बजे घर लौटे।

घर आते ही पाल पर फिर वही भूत सवार हो गया। मैं चारपाई पर लेट गया और वह मेरी चारपाई की परिक्रमा करने लगा।

"मार दूँगा। जान निकाल दूँगा।"

घंटा भर इस तरह टहलकर वह हठ करके कपड़े पहनकर चला गया। सुबह आठ बजे वह गुप्ता के साथ लौटा। गुप्ता कुछ देर बैठा माफ़ी माँगता रहा, फिर चला गया।

पाल यहाँ से प्रमोद के यहाँ गया था। उसे जगाकर गुप्ता के यहाँ ले गया। वहाँ उन्हें उठाकर उसने गली में ही उन्हें ऊँची-नीची सुनाई। प्रमोद ने भी उनसे बुरा-भला कहा और कहा कि हमारी पाल साहब से दोस्ती है, हम ज़िन्दा ही इनकी वजह से हैं, ये हमारी ज़िन्दगी हैं—पाल वहाँ से सन्तुष्ट लौटा।

Satisfied at having avenged himself and having been overwhelmed by Pramod's declaration of her love for him.

वह दो घंटे प्रमोद और कृष्णा की बातें करता रहा और मुझसे ऐसे कारणों पर प्रकाश डालने का आग्रह करता रहा जिनसे सिद्ध हो कि कृष्णा के बिल्लू के साथ भी सम्बन्ध रहे हैं।

He somehow wanted to believe that it is true.

यहाँ आये छह रोज़ हो गये। शायद यहाँ शिफ़्ट कर आना भी सम्भव नहीं है। यहाँ के जीवन में मेरी एकमात्र equation पाल से होगी और...।

I have enjoyed my stay here all the same.

लखनऊ : 20.7.58

आज मन उदास है। रात की गाड़ी से यहाँ से चला जाऊँगा। ऐसा प्रतीत होता है कि किसी भी जगह राहत नहीं है। सब कुछ बहुत अच्छा था—खूब व्यस्त रहे, घूमे, खाया-पिया, हँसे। मगर फिर भी...।

रात पाल और पंडित के 'रंगमंच' की स्थापना हो गयी। रात का वातावरण अच्छा था—उस समय लोग उत्साहित थे। मगर फिर पाल शराबखाने में जा बैठा तो मुझे डिप्रेशन ने घेर लिया।

डिप्रेशन का एक कारण शायद शरत् की कहानी भी थी। शरत् ने कितने विश्वास से कमल के पत्र और उसकी डायरी मुझे दी थी।

I am sorry for both of them. And I am sorry for Usha also. What life is? I do not feel like going anywhere.

परन्तु शरत् से कह रखा है साढ़े बारह बजे मिलूँगा, नागर जी से कहा था, दो बजे आऊँगा, प्रमोद को साढ़े चार बजे बुलाया था—

सब करूँगा। सब से मिलूँगा। परन्तु...।

मेरे इस 'परन्तु' का मेरे पास कोई उत्तर नहीं।

हर सुखी चेहरे के नीचे दुख के उमड़ते हुए स्रोत देखकर न जाने कैसा-कैसा लगता है!

मन अपनी दिशा जानता है परन्तु...।

दिल्ली एक्सप्रेस : 21.7.58 (रात्रि)

आखिर फिर जालन्धर की ओर। यह इतनी भटकन क्यों है? क्यों कहीं भी मन स्थिर और निश्चित नहीं होता? Is it really an escape from self? श्रुतिकान्त ने कहा था कि ज्ञान का यह कहना है। परन्तु कहाँ तक संगत है उसका यह कहना? यह भटकन आज ही की तो नहीं है। पिछले डेढ़-दो वर्ष की परिस्थितियों ने ही तो इसे जन्म नहीं दिया। जब से मैंने अपने को जाना है, तब से मेरे अन्दर यह भटकन ज्यों की त्यों है। मैं भागता हूँ तो इस भटकन से ही, इस restlessness से—नये-नये सन्दर्भ में अपने को रखकर देखना चाहता हूँ—अब लौटकर जा रहा हूँ—परन्तु लौटकर भी तो मन इतना अशान्त ही रहेगा। Will I ever get rest? Probably never.

स्टेशन पर पाल, शरत् और पंडित आये थे। मुझे उन तीनों से स्नेह है। ऐसे स्नेह के लिए जालन्धर में तरस जाता हूँ। सब सम्बन्ध औपचारिक, व्यावसायिक, नीरस, अर्थहीन! तो आखिर कैसे चलेगा? कैसे काटूँगा?

वीणा को पत्र मिल गया होगा। उसका तार नहीं आया। मैं छोटी-छोटी बातों से elated और उतनी ही छोटी-छोटी बातों से 'डिप्रेस्ड' हो जाता हूँ। मैं क्यों नहीं दृढ़, निश्चित, स्थितप्रज्ञ रह पाता?

सामने के दोनों बर्थों पर एक विवाहित जोड़ा है। पत्नी लेटी है, पति उसके बर्थ पर पाँव रखे बैठा है। पत्नी बहुत ही सुन्दर है। परन्तु आदमी साला बेइन्तिहा चुगद है। साला सारा रोमांस आज ही झाड़ लेना चाहता है।

I started from Jullundur with an uncommitted mind and I am returning to Jullundur with an uncommitted mind. I should know my preferences in life and choose better.

शाम की मीटिंग में प्रमोद के बारे में मेरी वह धारणा और भी पुष्ट हुई जो पहले ही दिन बनी थी।

जालन्धर : 22.7.58

गाड़ी का सफ़र और सिरदर्द—

घर, माँ, अपनापन।

दस-बारह दिन की डाक।

माँ के नाम आये वीणा के पत्र को छोड़कर और—शरत् के पत्र को छोड़कर किसी पत्र में 'इमोशन' का स्पर्श तक नहीं—

यहाँ जीवन फिर जैसे जड़ और स्तब्ध है।

जालन्धर : 24.7.58

दो एक तार दिये।

उपन्यास का आरम्भ तो हुआ किन्तु...।

यूनिवर्सिटी के पर्चे आज भेज दिये।

प्रेमी ने आज त्यागपत्र दे दिया है। उसने बताया कि डी.जी. ने उसे लिखा है कि उसे त्यागपत्र दे देना चाहिए।

भगवती बैकुंठी देवी सम्भवतः अपनी महागाथा सुनाने कल आयें।

वीणा के कल के पत्र में वही शालीन स्वर था जिसके प्रति आदर होता है।

कल रात खूब वर्षा हुई थी। इस समय सारा विश्व मेढकमय हो रहा है—जैसे सृष्टि के प्राणों में एक स्वर है—टर्र-रैं-टर्र-रैं—

आओ मदन मोहन, अब सो जायें।

हमारी 'रात की रानी' पहली बार खुशबू दे रही है।

जालन्धर : 25.7.58

आज सी.आई.डी. का एक आदमी यहाँ तहकीकात करने आया कि हम दिसम्बर में इलाहाबाद जिस लेखक सम्मेलन में गये थे, वहाँ क्या हुआ। वह पिता का नाम, कहाँ से बी.ए. किया, इत्यादि सब पूछ कर ले गया।

धन्य रे भारत राष्ट्र!

सिनेमा हाउस के कॉरिडोर में दाखिल होते हुए देखा—न...बालकनी की सीढ़ियाँ उतर रही थी। उसके साथ शायद अ... थी। न... ने देखकर भी जैसे नहीं देखा—उतर कर बाहर चली गयी।

मन में हल्का-सा खेद भर गया। वह लड़की जो कुछ ही दिन पहले तक इतने मुखर संकेत किया करती थी, जिसने सर्दी की रात में एक बजे तक मुझे अपने घर में रोक रखा था और जिसने इतनी चाह के साथ मुझसे शरीर का प्यार लिया था, मुझे अपना 'फ़र्स्ट एक्सपीरिएंस' कहा था, वह इस तरह अपरिचित-सी, जैसे बिना देखे, पास से चली गयी—

यह है हमारी संक्रमणकालीन संस्कृति—पुरातन मूल्यों और नवागत मूल्यों का सह-अस्तित्व!

वीणा ने कल लिखा था कि मैंने किसी से प्यार नहीं किया। मैं सोचना चाहता हूँ कि क्या सचमुच मैंने किसी से भी प्यार नहीं किया? क्या मैं इस भाव से सर्वथा शून्य हूँ? अपने पर दम्भ कैसे करूँ कि शून्य नहीं हूँ? परन्तु प्यार करने की चाह, किसी के अस्तित्व को सम्पूर्ण रूपेण अपने में विलय कर लेने की चाह आज तक बनी हुई है। अब तो सम्भव है कि यह चाह कभी पूरी न हो—परन्तु मुझे ऐसे प्यार की कितनी तृष्णा रही है। मैं भावशून्य नहीं हूँ—निस्सन्देह ऐसा नहीं। विवाह के आरम्भिक दिनों में शीला यदि मेरे इस भाव को थोड़ा-सा हविष्य देकर प्रज्वलित कर लेती?

परन्तु वह नहीं होना था। वह सर्वथा विपरीत लोक की प्राणी थी।

और मैं?

मैं आज भी आकाश की नाना ध्वनियों में घिरा हुआ अपने को अकेला महसूस करता हूँ। सबसे अधिक आत्मीयता का अनुभव होता है तो वीणा से ही। परन्तु मैं उस खाई को पाट नहीं सकता—उफ़्! उस रात बच्ची किस बुरी तरह इस घर से जाने के लिए छटपटायी थी?

अब स्वास्थ्य ने फिर दगा नहीं किया तो कुछ दिन काम का रुटीन चलेगा। काम के बीच से मन को व्यवस्था मिलेगी। माँ अनपढ़ है, पर कैसी पते की बात कहती है! "तू सब कुछ भूलकर काम कर। काम के बीच से ही तुझे शान्ति मिल जायेगी।"

मैं मूर्ख हूँ। मैंने आज तक माँ के महत्त्व को नहीं जाना!

डॉ. मदान का जीवन कैसे बीतता होगा? उस व्यक्ति का इतना निराशापूर्ण जीवन दर्शन है, इतना सिनिकल एटिट्यूड है कि खामखाह दूसरे पर भी depression छा जाता है। वह न जाने क्यों यह विश्वास दिलाना चाहता है कि जीवन केवल व्यर्थ का अस्तित्व है और जीवन कामना केवल मृत्यु से बचने का संघर्ष!

उस बात से दोपहर को दो घंटे मन उदास रहा।

जालन्धर : 26.7.58

डरता हूँ कि यह मन की सहजता अपने साथ truce तो नहीं है। आजकल जिस तरह कई काम अपने हाथों करता हूँ, बागवानी में रुचि लेता हूँ, दिन को कुछ हिस्सों मे बाँटकर काम में लगा रहता हूँ, वह सब अप्राकृतिक संयम तो नहीं है जो एक दिन सहसा टूट जायेगा और मैं अपने को पहले से कहीं अधिक wretched महसूस करूँगा?

इतने दिन जी कर मैंने एक ही अनुभव बटोरा है। हर व्यक्ति अपनी धुरी पर जी रहा है। कोई भी व्यक्ति मेरी धुरी से जीवन को नहीं देख सकता। अच्छे-बुरे का हर एक का अपना दर्शन है। कर्म की हर एक की अपनी सीमा है और जैसे मैं कोई और नहीं हो सकता, वैसे ही कोई और मैं नहीं हो सकता। फिर भी इस सारे जन-समुदाय में जितने भी व्यक्ति आज तक मिले हैं, उनमें जिसने अपेक्षतया अधिक मेरी धुरी को और मेरे केन्द्र को समझने का प्रयत्न किया है वह है वीणा। कभी-कभी मन उसके प्रति आभार से भर उठता है। परन्तु जितना प्राप्त है, मैं उससे कहीं अधिक की आशा करता हूँ। सम्भवतः यह मेरी दुर्बलता है। परन्तु है तो सही। मैं उससे एक विशिष्ट दूरी का भी अनुभव करता हूँ—परन्तु उस अनुभव से निकटता कम नहीं होती। और नितान्त निकटता के अनुभव में भी दूरी नहीं जा पाती। I cannot imagine her as wife—but I visualize her as everything else, a friend, a companion, a mate and what not? But I need a home and a wife also.

घूम-फिर कर फिर एक ही बात—एक ही बात! Almost all people have failed me. Gyan, Mohan and even Ramesh Bakshi I do not count. And if Veena also fails me one day, then how wretched I am going to feel? I like her company so much and I cannot imagine her to be the mother of my child. Oh goodness!

जालन्धर : 27.7.58

दिन बहुत सहज भाव से बीत गया। यदि हर दिन इसी तरह बीत सके...।

आज दिन में डॉ. मदान ने कहा था, ''म...का भाई किताबें दे गया था,

वे मैं यहाँ छोड़ गया था।''

''हाँ, मैंने देख ली थीं।''

कुछ क्षण चुप रहकर इन्होंने कहा, ''You are better for having got out of this. The family is not good.''

''At least I don't have anything in mind now.''

''It is good. They are a different sort of people.''

Narendra seemed to be very much worried—probably because of something on the domestic front.

जालन्धर : 28.7.58

सुबह नहा चुके तो ला...और म...आ गयीं। ला...फिर से एम.ए. की परीक्षा देना चाहती है। वह पाँच पुस्तकें ले गयी।

और म...

आज मैंने उसे अधिक तटस्थ दृष्टि से देखा। उसके आने या जाने की कोई प्रतिक्रिया नहीं हुई—

मन की सहजस्थिति में कोई अन्तर नहीं आया।

क्या सचमुच दिमाग का जंग उतर गया है?

जालन्धर 29.7.58

मन स्वस्थ है।

कमरे की सब खिड़कियाँ खुली हैं (शायद पहली बार)—खूब अच्छी हवा चल रही है और मैं अब नाइट सिटिंग के लिए बैठा हूँ।

अभी घूमने के लिए निकाल था तो वीणा की याद आयी थी। मन हुआ था कि वह साथ हो तो दूर तक घूम आयें।

वह दिन, जिस दिन बरसात में भीगे थे, मुझे भुलाये नहीं भूलेगा।

मैं उन क्षणों के लिए सदा उसके प्रति आभारी रहूँगा।

टेबल लैम्प के गिर्द छोटे-छोटे अनेक कीड़े जमा हो गये हैं—लाल आकृतियाँ, लाल रंग। क्या इनकी सृष्टि इसीलिए हुई है कि ये मेरे लिखने में बाधा डालें?

मगर मेरे लिखने में बाधा डालने वाला सबसे बड़ा कीड़ा तो दिमाग में है।

तन शिथिल, मन, प्राण व्याकुल...!

अब छायावादी कविता न करके कुछ काम करो, बन्धु!

जालन्धर : 31.7.58

मन की सहज स्थिति में कोई अन्तर नहीं। उपन्यास का काम लगातार

हो रहा है। स्पीड तो नहीं है—फिर भी काम हो रहा है, यह चेतना ही सन्तोष देती है।

उसी समय वीणा का पत्र आया। पत्र के सहज सौहार्द, आत्मीय भाव, निश्छल स्वर और बौद्धिक स्पर्श ने मन को छा लिया।

उसी डाक से ख...का पत्र भी मिला। पत्र का स्वर बहुत निराशापूर्ण था। दुःख हुआ। उसे पत्र द्वारा प्रोत्साहित करने का प्रयत्न किया।

आज सुबह से थोड़ा-सा काम किया है। परन्तु अभी आधा दिन शेष है।

जालन्धर : 1.8.58

वरीन का जन्मदिन है आज! अम्माँ ने आज हमारी दावत की।

उस दिन की सिनेमा हाउस की भेंट के अनन्तर कल फिर न...का पत्र मिला। उसने लिखा है कि वे लोग सोमवार को आयेंगी I do not know how to interpret the whole situation.

नि...आज सुबह आयी और छह-आठ पुस्तकें ले गयी।

आज सही अर्थ में थीसिस का काम भी शुरू कर दिया। I must now complete it at any cost. The work is well begun and...they say well begun is half done.

I am only worried about the second half. Ha Ha!

कालिया ने बताया कि प्रोफ़ेसर वर्ग को इस बात में सन्देह है कि मेरा थीसिस कभी पूरा होगा। मैं इस बात पर भी हँस लिया।

रात और गर्मी।

मगर काम करूँगा।

जालन्धर : 2.8.58

सुबह फिर पेट में वही दर्द उठा और तबीयत परेशान रही। दिन भर कुछ नहीं किया—केवल लेटे रहे, ताश खेलते रहे, या बियर पी आये।

दिमाग जड़, खाली।

मगर मन बदस्तूर शान्त और सुस्थित है। आज यह भी निश्चय हुआ कि कम से कम साल भर जालन्धर में रहेंगे ही।—सितम्बर से यूनिवर्सिटी क्लास को पढ़ायेंगे भी।

आज फिर वीणा की याद आयी और मन हुआ कि वह होती तो इस समय दूर तक एक लम्बा चक्कर लगा आते।—आज प्रेमी से कहा कि वीणा को कविता पाठ का कॉन्ट्रैक्ट भिजवा दे।

जालन्धर : 4.8.58

कल भी कुछ नहीं किया—पिक्चर देखकर आये तो प्रेमी और जोशी आ गये। ताश खेलते रहे। शाम को मेहँदीरता आ गया। दो-एक घंटे बियर शॉप में काटे। लौट कर रात के डेढ़-दो बजे तक मेहँदीरता से गपशप होती रही।

आज सुबह पाँच-साढ़े पाँच बजे ही उठ गये। सिर भारी था। उठकर मेहँदीरता से बातें ही हुईं—उसके थीसिस का प्लान भी डिसकस किया। कुछ देर डॉ. मदान के यहाँ बैठे रहे। तम्बाकू का पान खाकर सिर घूम गया।

मेहँदीरता के जाने के बाद घंटा-डेढ़ घंटा शून्य में काटा। चार बजे के लगभग न...आयी और साढ़े आठ बजे तक रही।

उस drunkenness के क्षणों में ही देखा था कि एक पड़ोसी सामने की कोठी से रोशनदान की ओर देख रहा था।

हम बीच के कमरे में आ गये। न...ने बताया कि Jade..C.L. का भाई है—यह भी कि C.L. ने बन्दे का ज़िक्र होने पर एक दिन नाक-भौं चढ़ा कर बात की थी।

थोड़ी देर के लिए डिप्रेशन आ गया।

जाने से पहले न... ने दो बार बहुत माधुर्य के साथ आलिंगन किया, क्योंकि सम्भवतः आज के बाद वह कभी न मिल सकेगी।

पन्द्रह सितम्बर को उसका ब्याह है और bridegroom 15 अगस्त को ही यहाँ आ रहा है—शॉपिंग-ऑपिंग के लिए।

न...को रिक्शा ला दिया—रात को काला चश्मा लगाये हुए ही बाहर जाना पड़ा—अपना दूसरा चश्मा नहीं मिला।

न...चली गयी।

"You will never think ill of me?"

उसने कहा था।

"No."

"You know I worship you. I do not bother about what anybody else says about you. You see...all people talk very highly of you as a teacher."

"I shall be alright in no time."

"You should be alright now, otherwise I shall not go."

"I am alright now."

"No, you are not."

"Believe me I am."

"I want to believe you but I can't."

मैं हँसा।

दोपहर को देव बख़्शी का पत्र आया था कि श्री मोहन चोपड़ा धर्मशाला पहुँचे हुए हैं और both the friends are enjoying each other's company and exchanging confidences.

मेरे दिल में एक दर्द की लकीर उससे भी खिंच गयी थी। सोचा था कभी ज्ञान से इस मामले में बात करूँगा—मगर अब सोचता हूँ कि वह निरर्थक ही होगा।

The parting with N... was the best possible parting that could be there between a man and a women.

I liked her immensely today.

जालन्धर : 7.8.58

कल दिन में कुछ भी नहीं किया, फिर भी दिन बहुत व्यस्तता में बीता। दो-एक पृष्ठ टाइप किये, फिर कुछ मिलने वाले लोग आ गये। दोपहर को अश्क और यशपाल पत्र मिले। यशपाल ने *जानवर और जानवर* की बहुत प्रशंसा की थी, अश्क ने *आषाढ़ का एक दिन* की। सो अपने दिमाग की नसें कुछ इस तरह फूलीं कि काम-धन्धा छूट गया। बैठकर कई एक पत्र लिखे। इसी तरह शाम हो गयी जब मोती एंड पार्टी आ गयी।

बियर शॉप चले गये। वहाँ बैठे हुए प्रीतम और मोती ने निकलकर प्रीतम और जगजीत कौर ट्रेजेडी बयान की।

प्रीतम पहले बता रहा था कि किस तरह उसका यू.के. का पासपोर्ट बनवाने में उसे नारी जाति ने सहायता की है। उसकी फ़ाइल यहाँ के मजिस्ट्रेट ने जल्दी भिजवा दी—दिल्ली उसका काम कराने के लिए उसकी एक महबूबा को सवेरे पाँच बजे पासपोर्ट ऑफ़िसर के पास जाना पड़ा और विलायत में उसे admission भी एक महिला की वजह से ही मिला।

अचानक उसने पूछा, "अपने चेहरे से क्या मैं नपुंसक लगता हूँ?"

"क्यों?" मैंने आश्चर्य से पूछा।

"कुछ नहीं। मेरे कुछ दोस्त मुझसे कहते हैं।"

प्रीतम का बात करने का ढंग बहुत प्यारा है। उसकी बड़ी-बड़ी आकर्षक आँखें उसके साँवले चेहरे को बहुत सुन्दर बना देती हैं। वह कोमल स्वर से बिना assert किये, सदा मुस्कराता-सा बात करता है।

पाल ने मुझे उसके और उसकी पत्नी जगजीत कौर के बारे में कुछ बातें बतलायी थीं। उसने पूछा तो मैंने उसे बताया था कि मैं उसके जीवन के सम्बन्ध में थोड़ा कुछ जानता हूँ, अधिक नहीं।

जालन्धर : 9.8.58

कल *सेल्फ़ पोर्ट्रेट* टाइप करना आरम्भ किया, जो अभी तक चल रहा है।

बाद दोपहर ताश खेलते रहे—रात को बियर शॉप से 'ड्रंक' लौटे।

कल शायद प्रेमी को पता चला गया हो कि 'ल्युकोना' उसी का व्यावहारिक नाम है।

The man is an idiot of the first water.

आज सुबह पंडित हेमराज के दर्शन हुए। उसके गुण, कर्म, स्वभाव में पिछले पन्द्रह वर्ष में रत्ती भर भी तो अन्तर नहीं आया।

कितना विचित्र लगता है जब इस तरह का आदमी कहता है—"एफ.ए. की किताब की तो कुल छह हज़ार रुपया ही रॉयल्टी आयी। अब मैट्रिक की किताब की दस-बारह हज़ार ज़रूर आयेगी!"

पंडित हेमराज और किताब की रॉयल्टी!...खुदा!

यूँ आदमी हरिकृष्ण प्रेमी से तो ज़्यादा समझदार है, इसलिए वह अपनी नाटकावली में हज़ारों रुपये रॉयल्टी के लेता है, तो यही अपनी सम्पादित पुस्तकों से कमा ले, क्या बुरा है। वह भी तो अपने नाटकों की इसी रूप में चर्चा करता है—"मेरा एफ.ए. वाला नाटक—मेरा यू.पी. बोर्ड वाला नाटक...।"

पुस्तकों की दुनिया के इन जन्तुओं के लिए भी कोई Tata-fison ईजाद हो।

आमेन!

जालन्धर : 12.8.58

शनि की रात को बुखार हो आया—ऐसी कँपकँपी पहले कभी नहीं आयी।

इतवार के दिन सौ से एक सौ तीन के बीच टैम्परेचर लिये बिस्तर में विश्राम किया।

सोमवार को टैम्परेचर उतरा—रमी खेलते रहे।

रात को अढ़ाई-तीन तक नींद नहीं आयी।

शनि को वीणा का पत्र मिला था—संकेत था इतवार को अम्बाला आने के लिए।

सोम को दूसरा पत्र मिला—उसमें सोमवार का लिखा था।

यदि बीमार न होते तो इतवार का ज़रूर जाते—और तबीयत फ़ना हो जाती।

आज राजपाल एण्ड सन्ज़ से आयी आर.आर. गुम हो गयी और सारा दिन—literally सारा दिन उसे ढूँढ़ने में बीता। एक-एक शेल्फ़, एक-एक किताब, एक-एक फ़ाइल को टटोलकर देखा। वह नहीं मिली। एक-एक जेब, एक-एक ट्रंक देख लिया। वह नहीं मिली।

शाम को झुँझला कर बाहर चले गये। बियर शॉप होकर लौटे। फिर एक

बार सारा कमरा देख लिया। व्यर्थ।

लेटने से पहले, अम्माँ का कूड़े का पीपा देखने लगे। आर.आर. का लिफाफ़ा वहाँ मिल गया।

पाकर झुँझलाहट कम नहीं हुई। मन था कि उसे टुकड़े-टुकड़े कर दें।

जालन्धर : 13.8.58

सुप्रभात में राजेन्द्र यादव का लिखा रिव्यू पढ़कर एक बार सिर भन्ना गया।

शाम को काम नहीं किया।

डायरी खाक लिखें।

तो आप रिव्यूज़ की चिन्ता करते हैं?

हाँ-हाँ-हाँ!

नहीं भाई साहब ऐसा नहीं।

तो मियाँ मस्त रहो।

अच्छी बात है।

काम करने का मन नहीं तो रेडियो सुनो।

अच्छी बात है।

पहले एक गिलास ठंडा पानी पियो।

अच्छी बात है।

...और प्यारे दुनिया को हेच समझो।

ओ. के.।

जालन्धर : 16.8.58

फिर दो दिन बुखार रहा। 'कुछ न करना' कितनी बड़ी मुसीबत है।

'रेस्ट करो' हर कोई यही कहता है। रेस्ट कैसे करें? रेस्ट भी कोई 'करने' की चीज़ है? कोई करने की चीज़ हो तो बताओ, हम करें!

कल म...ल...के साथ आयी थी। मिज़ाजपुर्सी के लिए। पन्द्रह-बीस मिनट बैठकर दोनों बहनें चली गयीं।

I wished I could talk to her alone.

जालन्धर : 18.8.58

बुखार तो उतर गया, मगर तबीयत अभी ठीक नहीं हुई। सिर थका-थका है और शरीर में कुछ कच्चा-कच्चा-सा महसूस होता है।

सुबह मन फिर सब छोड़कर अलग और स्वतन्त्र हो जाने के लिए व्याकुल था। डॉ. मदान से बात भी हुई। मगर निर्णय नहीं हो पाया।

जालन्धर : 20.8.58

आज एक भला काम किया।

यूनिवर्सिटी रिसर्च स्कॉलरशिप से भी त्यागपत्र दे दिया।

जालन्धर : 21.8.58

सुबह-सुबह वर्षा होकर हटी थी। दस-साढ़े दस बजे डॉ. मदान त्यागपत्र का कागज़ हाथ में लिये हुए आये। उन्होंने उसे टुकड़े करके रद्दी की टोकरी में डाल दिया और हठ किया कि अपैल तक जैसे-कैसे भी continue करूँ। उन्होंने कहा कि उनके लिए दोआबा कॉलेज और कन्या महाविद्यालय के एम.ए. टीचिंग से हट जाने से एक कठिन समस्या खड़ी हो गयी है—और कि इस वक्त मुझे डिपार्टमेंट नहीं छोड़ना चाहिए।...तो अब सितम्बर से फिर प्रति सप्ताह एम.ए. को तीन पीरियड पढ़ाओ।

जानता था, मुँह पर विरोध नहीं कर पाऊँगा, इसीलिए त्यागपत्र डाक से भेजा था। अब कह दिया कि अप्रैल तक रह जाऊँगा।

दो-एक रोज़ से कई बार वीणा के सम्बन्ध में सोचा है।...चाहता हूँ कि उसका जीवन व्यवस्थित हो जाये। अपने लिए शायद यही जीवन क्रम अच्छा है।

जालन्धर : 23.8.58

कल सोमेश आया और आज सुबह चला गया। वह अभी तक marriage or no-marriage की समस्या से परेशान है।

रात फिर ठीक से नींद नहीं आयी।

अब किशन के विवाह पर अमृतसर जाने का निश्चय कर ही लिया है। यूँ मुझे लगता है कि इस अवसर पर कुछ न कुछ ऐसा होगा जो मन को छीलेगा।

नींद न आने से मेरा सिर वैसे ही भारी है और मन में झुँझलाहट भर रही है। रात ठीक से नींद आ जाती तो आज तबीयत हरी रहती।

आज रात को तो ज़रा भी सोना नसीब नहीं होगा।

जालन्धर : 26.8.58

तेईस को अमृतसर गये। तायाजी को लिखे पत्र का प्रभाव यह था कि चारों ओर से घटिया बातें सुनने को नहीं मिलीं।

फिर बायीं ओर दर्द उठा—उस वजह से काफ़ी परेशानी रही।

चौबीस को मदन मुटयानी के यहाँ चले गये। आठ-नौ घंटे उसके साथ कटे। बचपन के दिनों से आज तक की बातें होती रहीं।

रात फ्रंटियर मेल से चले आये।
कल दिन भी यूँ ही गुज़र गया।
सत्येन्द्र ने डाक से कमल के कुछ पत्र भेजे थे—पढ़कर मन उदास हुआ।
कल फिर अपनी वर्तमान स्थिति को लेकर झुँझलाहट रही।

जालन्धर : 27.8.58

कल वी...के दफ़्तर गया था। पता चला कि इन दिनों उसका दौरा है।

जालन्धर : 28.8.58

आज फिर म...अभी-अभी अपने भाई के साथ आयी थी। वह पन्द्रह-बीस मिनट बैठकर चली गयी। डॉ. मदान ने उसे resignation की बात बता दी थी। बातें औपचारिक ही हुईं। उसने दो-एक बार आँख भर कर देखा तो मन बहुत उदास हो गया।...

अब तो यह लड़की यहाँ न ही आये तो अच्छा है। कितनी बार सोचता हूँ कि अब मन तटस्थ हो गया है, परन्तु मन तटस्थ कहाँ होता है?

जालन्धर : 29.8.58

वीणा का पत्र—कि 30 या 31 को, सुबह कश्मीर मेल पर उसे देख लूँ—
कश्मीर मेल दो आती हैं—एक कोई चार बजे और दूसरी पाँच बजे।
अलार्म टाइमपीस बिगड़ा हुआ है।
सुबह मॉडल टाउन में रिक्शा नहीं मिलते।
अपनी नींद का कोई भरोसा नहीं।
ऐसे में एक दिन नहीं, दो दिन—
देखें, इस परीक्षा में कैसे पूरे उतरते हैं?
इस समय सिर बहुत भारी है—सोने का प्रयत्न किया जाये।

जालन्धर : 30.8.58

रात भर का जागना, सुबह-सुबह उठकर रिक्शा ढूँढ़ना और साढ़े चार बजे स्टेशन पहुँचना, सब व्यर्थ गया। वह नहीं आयी। बहुत बुरा लगा, मन बहुत झल्लाया। यह अच्छा मज़ाक है। दोनों दिन कश्मीर मेल देख लो! दोनों दिन सुबह पाँच से पहले कौन भला आदमी स्टेशन पर पहुँच सकता है?...उस दिन भी तो मज़ाक ही था। उस इतवार को बीमार न होता तो अम्बाला जाकर क्या गति होती? शनिवार को आप पत्र लिख रही हैं कि इतवार को न चलकर सोम को चलूँगी! यह आपने सोचने का कष्ट नहीं किया कि इतवार को डाक डिलीवर नहीं होती!...अब दिन

भर पत्थर हुए सिर को लिये घूमेंगे और कल...? कल स्टेशन पर पहुँच पायेंगे क्या?...और यही क्या निश्चित है कि आप कल आयेंगी?...यदि किसी को मिलने के लिए बुलाया जाये तो व्यक्ति को निश्चित समय देना चाहिए। This is a highly irresponsible attitude towards others.

जालन्धर : 31.8.58

और कल उसका तार आ गया कि वह नहीं आ रही।

यह आने का निश्चय, फिर न आने की बात—सोचता हूँ कहीं अभी से तो वह unpleasant स्थिति तो उत्पन्न नहीं होने लगी?

कल और आज मन जड़ रहा है। *मिस पाल* शीर्षक कहानी कल पूरी की थी, पर सन्तोष नहीं हुआ। फिर से लिखना आरम्भ किया। कहानी लम्बी है—दो-तीन दिन और ले जायेगी। न जाने मैं ज़िन्दगी में कब तेज़ रफ़्तार से लिखना सीखूँगा।

जालन्धर : 1.9.58

रात को नींद नहीं आयी। दिन भर पत्थर-सा सिर लिये कमरे ठीक करते रहे।

आषाढ़ का एक दिन पर नामवर की समीक्षा मिली...।

It seems that the play is really well written. Otherwise I cannot understand why everybody should praise it.

दस साल कहानियाँ लिखते रहे—किसी ने उनकी इस तरह मुक्तकंठ से प्रशंसा नहीं की। अश्क, जगदीशचन्द्र माथुर, लक्ष्मीचन्द्र जैन, चमन—सबके पत्रों में एक-सी प्रशंसा मिली—और मैं सोचता था कि ऐतिहासिक स्पर्श होने के कारण मेरे अधिकांश मित्र मुँह बिचकायेंगे कि बच्चा जी, अब इतिहास के पेट में मुँह मारने लगे—इस जीवन की सारी पूँजी—क्या खा बैठे?

आखिरी चट्टान तक को इन्हीं दिनों सारा रिवाइज कर डालने का इरादा है।

शारीरिक उपलब्धि का अभाव कई बार शरीर को बुरी तरह से कस लेता है। स्नायुओं पर इतना दबाव पड़ता है कि कुछ काम नहीं होता।...समझ में नहीं आता कि इस परिस्थिति का क्या निदान करना चाहिए। अमृतसर में सभी सम्बन्धियों ने पुनर्विवाह की चर्चा की थी। क्या orthodox ढंग से विवाह करके सुखी हो सकूँगा? I certainly cannot live through that bitterness again.

जालन्धर : 2.9.58

वृक्ष हवा में सिर मारते हैं तो क्या वह हवा का दबाव मात्र ही होता है या उसमें वृक्ष की अपनी भी कुछ प्रतिक्रिया होती है—उसके अपने रोमांच की अभिव्यक्ति?

विश्वास नहीं होता कि यह केवल हवा का गणित ही है जो वृक्ष की पत्ती-पत्ती को उस उन्मादी स्थिति में ला देता है।

मैंने अपने आज तक के जीवन में जिस सबसे महान व्यक्तित्व का परिचय प्राप्त किया है, वह मेरी माँ है।

यह भावुकता नहीं है। मैंने बहुत बार तटस्थ रूप से इस नारी को समझने का प्रयत्न किया है और हर बार मेरे छोटेपन ने मुझे लज्जित कर दिया है।

बड़े से बड़े दुःख में मैंने उसे अविचल धैर्य में स्थिर रहते देखा है। जीवन की किसी भी परिस्थिति ने उसे कर्तव्यनिष्ठा से नहीं हटाया। परन्तु अपनी कर्मण्यता के लिए रत्ती भर अहंभाव तो उसमें नहीं है। वह कर्म करती है, जैसे कर्म उसका अस्तित्व है, जीवन है, स्वभाव है। वह जो नहीं कर पाती उसका उसे खेद अवश्य होता है, पर जो कर लेती है, उसका गर्व नहीं। और घर में उसका अस्तित्व वैसे ही है जैसे विश्व में वायु का—वह प्राण देती है, परन्तु अदृश्य रहकर। घर में सब कुछ सँभला-सिमटा रहता है—हर चीज़ व्यवस्थित रहती है—परन्तु माँ कुछ भी करने के लिए वही समय चुनती है जब 'वह करना' किसी को दिखाई न दे। कल रात ही साढ़े ग्यारह बजे वह मेरी मेज़ झाड़ने और ठीक करने लगी थी जब मैं उस पर खीझ उठा, और वह मेरे खीझने से भी दुःखी नहीं हुई और वत्सल हो उठी।

"तू तो मुझे कोई काम करने ही नहीं देता। सुबह तेरी मेज़ पर चीज़ें इधर-उधर बिखरी होंगी तो तेरा बैठकर काम करने को जी नहीं करेगा।"

मैं झल्लाता रहा और वह मेरे सिर पर हाथ फेरती रही।

"माँ की मूर्खता पर गुस्सा नहीं होते। तुझे तो पता है कि तेरी माँ दिल से कुछ बुरा करना नहीं चाहती। इसलिए कुछ गलत हो जाये तो दुखी मत हुआ कर। ला तेरे सिर में तेल डाल दूँ। दिन भर काम करता है इसलिए थक जाता है।"

समझ में नहीं आता कि यह नारी अपने शरीर में जीती है या अपने से बाहर ही जीती है। अपना शारीरिक दुख, श्रान्ति, रोग सब कुछ उसे महत्त्वहीन प्रतीत होता है।

बहुत बार तंगी आयी है। पिताजी की मृत्यु के बाद तो बहुत ही बुरे दिन देखे थे। फिर बीच में मैंने दो-तीन बार बेकारी काटी। फिर भी माँ थोड़े से थोड़े साधनों से भी वही रोटी मेरी थाली में मुझे देती रही। कटौतियाँ बहुत होती थीं—मगर पहले अपने शरीर और पेट पर, फिर बहन के कपड़ों और खाने पर, फिर छोटे भाई पर—लेकिन मुझ पर नहीं।

"इसका कारण आर्थिक है। क्योंकि तुम बड़े बेटे हो और वह तुम पर निर्भर करती है।" ऐसा भी सुना है। पर क्या कारण आर्थिक है? क्या वह मुझ पर निर्भर करती है? क्या उसकी रात-दिन की तपस्या आर्थिक निर्भरता है?

"माँ, तू अन्नपूर्णा है," एक बार मैंने कहा था।

उसकी आँखें भर आयीं। बड़े भोलेपन से उसने पूछा, "किस बात पर तू ऐसा कहता है?...तेरे बाबूजी भी एक बार यही कहते थे।...किस बात पर?..."

मेरे विवाहित जीवन में तुमने दोहरा torture सहा है। उधर उसके पास रहकर एक नौकरानी का-सा व्यवहार सहते हुए और मेरे पास आकर मेरे कराहने और छटपटाने को देखते हुए। फिर भी अपनी ओर से यह कभी उसकी शिकायत मुँह पर नहीं लायी। और अब अन्तिम दिनों में अपने से हुए व्यवहार की बात कही भी तो मुझसे नहीं कही—कौशल्या भाभी से कही।

"मैं कहती थी मेरा बेटा पहले ही दुखी है, मैं उसे दुखी क्यों करूँ?"

और शीला इस नारी के सम्बन्ध में कहती थी, "उसे बहुत ज़बर्दस्त inferiority complex है। हममें यह बुराई है कि हम तुम्हारी माँ की तरह inferiority complax के शिकार नहीं हैं।"

और वह inferiority complex की शिकार नारी इस समय भी अपने कमरे में बत्ती जलाकर लेटी है, सोयी नहीं—हालाँकि आज दिन भर काम करती रही है—क्षण भर के लिए भी विश्राम नहीं कर सकी। कारण जानता हूँ। मैंने अभी ईसबगोल का छिलका नहीं खाया।

इस साढ़े चार फुट की काया में भावना के अतिरिक्त और भी कुछ है।

दिन भर मेह बरसता रहा। पिंजरे में बन्द शेर की तरह कमरे में टहलता रहा—*मिस पाल* शीर्षक कहानी दोबारा टाइप करता रहा। दिन में सोया भी नहीं काम ही करता रहा, फिर भी नींद क्यों नहीं आयी।

जालन्धर : 4.9.58

कल दिन—

वर्षा—फ्लाश—व्हिस्की—भक्षण।

कल प्रेमी के जाने की पार्टी थी।

आज शाम फिर यही दौर रहेगा—केवल वर्षा शायद न हो।

ज्ञान का एक पत्र।

मोहन भाई का धर्मशाला यात्रा का शायद यह अनिवार्य परिणाम है!

The letter has given me immense pain...

Here is the reply to the letter–

ज्ञान भाई,

पत्र मिला।

मेरे जीवन में तुम्हारा बहुत 'कन्ट्रीब्यूशन' रहा है—यह शायद उसकी आखिरी किस्त है। इसके लिए भी आभार मानता हूँ।

भूलता जीवन में कुछ भी नहीं—हाँ, दो व्यक्ति कभी मिलें नहीं, पत्र नहीं

लिखें—इतनी बात सम्भव हो सकती है।

मैंने कब तुम्हारे प्रति द्वेष की बातें कही हैं, या क्यों कभी कहने की सम्भावना है, यह समझ में नहीं आया। द्वेष का कोई आधार होता है। यहाँ आधार कौन-सा है? सोलह वर्ष पहले जब तुम्हें जाना ही जाना था तो कुछ स्पर्धा की भावना अवश्य थी। पिछले चौदह वर्ष में ऐसी किसी भावना का अवकाश नहीं रहा। आज किन्हीं कारणों से तुम इस सम्बन्ध को समाप्त कर रहे हो तो यह भावना मेरे अन्दर क्यों जाग जायेगी? मुझे तुमसे कतई कोई शिकायत नहीं है।

इस आकस्मिक रवैये के कारणों—या कारण—को समझ सकता हूँ। चाहता था एक बार तुमसे रूबरू बात करता—इसलिए ही धर्मशाला आया था। परन्तु वैसा नहीं होना था। पिछले डेढ़ वर्ष के कटुतापूर्ण इतिहास के कुछ पक्ष ऐसे हैं जिन्हें तुम्हीं जानते थे—और तुम्हारे ही अनुभव-सूत्र को लिये हुए मैंने एक परिस्थिति को सँभालना चाहा था...। परन्तु चाहने और होने में इतना बड़ा अन्तर भी तो हो सकता है।

तुमने मेरे जीवन की झूठी विडम्बना का ज़िक्र किया है। मुझे किसी सत्य की उपलब्धि का भान नहीं है। मुझमें तुमसे दस खामियाँ ज़्यादा हो सकती हैं—परन्तु मूलतः मैं आज भी वही व्यक्ति हूँ जो दस वर्ष पहले था।

परन्तु तुमने जो कुछ लिखा है, किसी व्यक्तिगत पीड़ा के कारण ही लिखा होगा। चन्द सुनी हुई बातों को आधार मानकर चलोगे, ऐसा विश्वास नहीं करना चाहता।

तुम्हारी कोई भी इच्छा मुझे मान्य है। तुम जब से दूर हटने लगे थे, तब से मैंने अपने को लादने का प्रयत्न कब किया है?

—मोहन राकेश

जालन्धर : 5.9.58

यह संघर्ष छोटा और आसान नहीं है...। परन्तु यदि मुझे जीवन में विश्वास है और विश्वास में विश्वास है तो मुझे इस दुःख को भी पीना और पचा लेना होगा...। दूरी निरन्तर बढ़ रही थी—उसी मौन में यह घटना स्वाभाविक रूप से ही हो जाती। परन्तु मोहन भाई की ईर्ष्या इतनी दूर तक जायेगी, इस परिणाम तक पहुँचेगी, यह सब कभी मैं कल्पना में भी नहीं ला सका था। लाहौर की कुछ घटनायें याद आती हैं। शायद मैत्री के इस सम्बन्ध में मेरी 'एप्रोच' और इनकी 'एप्रोच' में ही अन्तर था। जिस दिन मुझे जोधपुर जाना था, ज्ञान सहसा Cheney's restaurant से उठकर चला गया था। मैंने मोहन की लिखी किसी चीज़ की आलोचना की थी और वह रूठ गया था। मैंने ही उसे मनाया था। फिर गुरदासपुर—वह दिन जब मैं बस में लौटकर आने लगा था और मोहन जाकर ज्ञान को क्लब में लाया था।

फिर पहलगाम—गवर्नमेंट कॉटेज की वह रात—उस दिन मोहन ने ऐसा व्यवहार किया था जैसा कोई दुश्मन भी नहीं कर सकता। 'With all the vengeance of an old friend.' Oscar Wilde की यह पंक्ति कल से बार-बार याद आती है।

My only analysis of the situation is that Mohan has been suffering from an aggravated sense of professional jealousy.

पुष्पा पर उसका प्रकोप भी उस ईर्ष्या का ही परिणाम था। पुष्पा ने जो कुछ बताया था, उससे भी यह स्पष्ट था किन्तु ज्ञान—उसके मन को मैं अभी तक भी ठीक से नहीं समझ पा रहा हूँ। क्या आज इस सम्बन्ध में इसका भी ego कहीं hurt होता है? या क्या यह मोहन भाई के perverted मन से उपजी दास्तान का ही प्रभाव है?

जालन्धर : 6.9.58

अभी तक सिर जकड़ा हुआ है, मन भारी है। मैंने पत्र पढ़ते हुए नहीं सोचा था कि यह चोट मुझ पर इतना गहरा असर करेगी। वास्तव में मैंने अक्सर अपने साथ यही पाया है। कोई भी घटना या परिस्थिति तुरन्त मुझे प्रभावित नहीं करती। जब घटना होती है, मुझ पर उसका असर नाम मात्र को ही होता है। कुछ क्षण बीतते हैं और जैसे प्रतिक्रिया जड़ पकड़ने लगती है—धीरे-धीरे वह सारी चेतना में एक शोक की तरह फैल जाती है। फिर उस शोक को मिटाने के लिए उस जड़ को उखाड़ने के लिए अपनी पूरी इच्छा शक्ति और जीवन शक्ति को उपयोग में लाना पड़ता है।...यह सम्भवतः मेरी इच्छा शक्ति और जीवन शक्ति की सबसे बड़ी परीक्षा है।

इसका तो अर्थ यह है कि व्यक्ति किसी पर भी विश्वास न करे, किसी से निश्छल चित्त होकर बात न करे, किसी के सामने अन्तस् के सम्पूर्ण को व्यक्त करने का प्रयत्न न करे। अपने लिए एक चेहरा और दुनिया के लिए दूसरा चेहरा रखे। मेरी सबसे बड़ी कमज़ोरी यही है कि मैं जिस किसी व्यक्ति पर विश्वास करता हूँ, पूरा विश्वास कर लेता हूँ—बल्कि कोई भी जब तक विश्वासघात नहीं करता तब तक उस पर पूरा विश्वास करता हूँ—बहुत बार चाहता हूँ कि हर एक से अपना सब कुछ कह दूँ—हर व्यक्ति के सामने अपना confession कर लूँ—परन्तु परिणाम सामने हैं।

मुझे सबसे गहरे घाव उनके हाथों लगे हैं जिन्हें मैंने वर्षों अपने घनिष्ठतम मित्र माना है। क्या जीने के लिए, सभी सम्बन्धों के निर्वाह के लिए डिप्लोमेसी आवश्यक है।

मेरा मन भारी है। किसी चीज़ या किसी काम में रुचि नहीं होती। सोचना चाहता हूँ तो सोचा नहीं जाता। मन बार-बार उन्हीं शब्दों पर—तीखे चुभते हुए

शब्दों पर लौट जाता है। मैंने उसके साथ जीवन में क्या बुराई की है? इतनी ही कि उसे मित्र ही नहीं, अपने से बड़ा भी माना है, उसे प्यार भी किया है और उसकी कद्र भी की है, जब वह corruption case में suspend हुआ था और उसे डेढ़ साल की सज़ा होने की सम्भावना थी तो मैंने उससे कहा था कि मैं डेढ़ साल उसके पास उसी सेन्टर पर रहूँगा जहाँ उसे जेल में रखा जायेगा—उस बात को पाँच-छह साल ही तो हुए हैं—और आज—

शरीर के दर्द से आदमी कराहता है। इस दर्द से आदमी केवल दबता है और टूटता ही है। बार-बार वही सवाल मन में उठता है—यह क्या है, ईर्ष्या? यन्त्रणा देकर सुख प्राप्त करना? तोड़ देने की चेष्टा?

अपने को दिलासा देता हूँ कि किसी की बात को इतना महत्त्व नहीं देना चाहिए—पर मन झुँझलाता है, सब दिलासे झूठे और फीके लगते हैं। यह क्यों हुआ? क्यों उसने इतनी छोटी बातें लिखी? उसी ने तो मुझे बताया था कि एक दिन वह दोपहर को अपने कमरे में सोकर उठा तो उसने पुष्पा को अपने को चूमते पाया था—मैं जैसे भी हो मोहन से कहूँ कि उस लड़की का जल्द से जल्द ब्याह कर दिया जाये। मैंने तब तो मोहन से नहीं कहा। परन्तु जब पुष्पा मेरे बार-बार मना करने पर भी यहाँ आने लगी, घरवालों से झूठ बोलकर, धोखा देकर, और जिस 'स्नेह' से मिलने के बहाने अमृतसर में ज्ञान के यहाँ जाती थी उसी 'स्नेह' से मिलने के बहाने अमृतसर में आकर वहाँ से यहाँ के चक्कर काटने लगी और चाहने लगी कि मैं इस बात को गुप्त रखूँ—तो मैंने यही अपराध किया कि मोहन से कह दिया—यह समझकर कि उसे लौटने को किराये के पैसे भी देकर मैं उसके adventure में साझीदार बनता हूँ—उससे मेरी मित्रता में आघात पड़ता है। मैं puritan नहीं हूँ—मेरी शारीरिक वासना कई बार मुझे पागल भी बना देती है—मगर मैं अपनी मित्रता की रक्षा करना चाहता था—

परिणाम यह है। लड़की ने भाई से कहा कि वह कभी मेरे यहाँ नहीं आयी, उसने कभी कोई बात नहीं कही—यह सब व्यर्थ की तोहमत लगायी है।

भाई ने शायद ज्ञान से यही कहा होगा कि मैंने उसकी बहन पर यह नीचतापूर्ण तोहमत लगायी है।

और ज्ञान ने आज यह पत्र लिखा है। ज़रा-सी 'डिसऑनेस्टी' से सारी परिस्थिति ठीक हो सकती थी। कुछ न कहता, उस लड़की की इच्छाएँ पूरी होने देता तो मित्रता भी बची रहती—पुराने यार मिलकर जीवन भर पुराने दिनों की चर्चा करते रहते।

मगर अब?

मुझे इस बात का अफ़सोस नहीं कि मैंने दो मित्र खो दिये। मानवी सम्बन्ध eternal तो होते नहीं। परन्तु अफ़सोस इस बात से है कि मित्रता और मानवी सम्बन्ध के विश्वास को उस घटना ने इतनी चोट पहुँचायी है कि लगता है, प्रत्येक

पर सन्देह करना चाहिए—मन में विश्वास उठे तो भी उसे दबा देना चाहिए। जीवन विश्वास से नहीं 'टेक्ट' से चलता है।

मगर अब मैं इतना बड़ा हो गया हूँ, अपने को बदल कैसे सकता हूँ? वीणा पर मैंने विश्वास किया—उसके सामने जीवन का राई-रत्ती हिसाब खोलकर रख दिया—केवल वीणा की बात नहीं कही—इसलिए कि वीणा को किसी भी तरह compromise नहीं करना चाहता। पाल, शरत, यादव पर भी मैंने इसी तरह विश्वास किया—कौशल्या भाभी पर भी!

क्या यह विश्वास ही अपराध है? किसी पर भी विश्वास न करूँ? किसी पर भी विश्वास न करूँ?

कम्बख़्त, तूने मुझसे बात तो की होती, मुझसे पूछा तो होता।

कल पहली बार, जब सुदर्शन ने प्रेमी को स्टेशन पर विदा दी तो मन में इसलिए compassion जागा...

What is this life?

कल ख...के पत्र ने भी मन को कुछ सहारा दिया।

जालन्धर : 7.9.58

तीन दिन की जड़ता के बाद आज किसी तरह *मिस पाल* शीर्षक कहानी पूरी की।

शाम को म...ल...के साथ आयी—कालिया आया हुआ था—दो मिनट की फॉर्मल सी बातचीत के बाद चली गयी।

शाम को घूमने निकले तो मन अपेक्षतया स्वस्थ हुआ।

जो हुआ है, सम्भवतः शुभ के लिए ही है।...

तन्मे मनः शिवसंकल्पमस्तु!

जालन्धर : 10.9.58

आज राजपाल एण्ड सन्ज़ का पत्र आया कि *आषाढ़ का एक दिन* का पहला संस्करण समाप्त हो गया है। इससे सचमुच बहुत खुशी हुई। मगर खुशी के साथ एक संशय भी है। मुझे यह पता ही नहीं कि पहले संस्करण में कितनी प्रतियाँ थीं। दो हज़ार या एक हज़ार? परन्तु दो हजार से कम का संस्करण तो अब कोई भी नहीं छापता। और दो हज़ार का संस्करण हो तो अढ़ाई-तीन महीने में बिक कैसे गया?

आज करतूत यह की कि रेलवे रसीद घर छोड़कर बरसते पानी में स्टेशन से पर्चों का पार्सल छुड़ाने चले गये। वहाँ जाकर बरसाती की जेबें टटोलीं तो उसमें कुछ पैसे ही थे। लौटकर घर आये तो आर.आर. अपनी मेज़ पर रखी थी।

ख...ने लिखा था वीरवार पहुँचने को और अभी एक्सप्रेस तार आ गया कि नहीं, शनिवार को! खुदा!

प्रेमी के जाते ही रेडियो से पत्र मिला कि एक नया ड्रामा डिस्कस करने के लिए हम उनके दफ़्तर आयें। पढ़ते ही पारा चढ़ गया। आज सुबह उन्हें लिख दिया कि हम ऐसे पत्र को सख्त 'रिसेन्ट' करते हैं और कि यह रेडियो वालों का फ़र्ज़ है कि डिस्कस करने के लिए हमारे घर आयें।

आमेन!

आज शायद इकतीसवीं बार (खुदा जाने) फिर उपन्यास आरम्भ किया। इस बार पूरा करना ही चाहिए।

जालन्धर : 11.9.58

आज न...के विवाह का निमन्त्रण पत्र आया। उ...के नाम से बधाई का पत्र लिख दिया। कल *जानवर और जानवर* की प्रति भेंट के रूप में रजिस्टर्ड पोस्ट से भेज देंगे।

आज स्टेशन डायरेक्टर D.K. Sengupta को एक व्यक्तिगत पत्र भी लिख दिया और यह भी स्पष्ट कर दिया कि in want of an apology, I won't contribute anything to the A.I.R. Jullundur.

दिन भर खूब जमकर काम किया।

जालन्धर : 14.9.58

डायरी न लिख पाने का एकमात्र कारण था मानसिक व्यस्तता। इस तरह डूबकर मैंने कभी काम नहीं किया जिस तरह इन दिनों उपन्यास का काम किया है। मुझे विश्वास है कि यह उपन्यास अवश्य पूरा होगा।

इस बीच स्टेशन डायरेक्टर से apology का पत्र आ गया—बशीर बट, जिसका वह ड्राफ़्ट था व्यक्तिगत रूप से apology के लिए आया—बात आयी गयी हो गयी।

ख...आयी थी कल—उसकी भावना के सामने सचमुच नतशिर हो जाता हूँ—इतनी सहिष्णुता—ऐसा त्याग—She is a real woman!

और आया शीला का पत्र—बाहर पता बनावटी हैंड-राइटिंग में था—पत्र की भाषा लगभग वैसी ही थी जैसी कभी-कभी पश्चाताप के क्षणों में उसने आखिरी दिनों में लिखी थी—मगर इस पत्र से पहली बार लगा कि इस पश्चाताप के मूल में वही रिएलाइजेशन भी है—मगर सिवाय मौन रहने के कर क्या सकता हूँ?

A.L. Khatib ने किसी जयरतन का किया हुआ *आर्द्रा* का जो अंग्रेज़ी अनुवाद ढाका से भिजवाया, वह सचमुच बहुत अच्छा लगा।

कल 'कहानी क्यों लिखता हूँ?' इस सम्बन्ध में एक वार्ता लिखी थी, जो

आज पढ़ आये। उससे पहले डॉ. मदान के साथ न...के ब्याह पर गये थे—वहाँ कोई हमारा परिचित नहीं था, इसलिए दोनों आदमी लौट आये।

जालन्धर : 15.9.58

दिन भर सिर्फ़ काम किया।

सोचता हूँ, अपने घर की आरम्भिक कहानी *घराना* शीर्षक एक उपन्यास में लिपिबद्ध करूँ—यह बात इसलिए दिमाग में आयी कि आज दीदी के आने की सूचना आयी है—वह अगले इतवार को आयेगी—पन्द्रह-सोलह बरस बाद! पहले सोचा कि उसके चरित्र पर एक अच्छी सी कहानी लिखूँ—मगर कहानी में उसका चरित्र ठीक से प्रस्तुत न होगा! खैर...!

जालन्धर : 16.9.58

खूब तेज़ हवा और उड़ते हुए बादल। ऊपर गहरी घटा जैसे स्थिर है और नीचे से हल्के-हल्के पारदर्शक से बादल, सफ़ेद और सुरमई, उड़े जा रहे हैं—जैसे एक यवनिका हट रही हो और दूसरी यवनिका खुल रही हो! ये क्षण कितने सुन्दर हैं। स्पर्श—रूप—ऐसे क्षणों में अपना जीवित होना कितना सार्थक प्रतीत होता है।

कितना विचित्र है—ऊपर की गहरी घटा भी धीरे-धीरे चल रही है—उसके नीचे कुछ गहरे हल्के बादल हैं, वे भी चल रहे हैं। उसके नीचे हल्के-फुल्के टुकड़े हैं, ये भी चल रहे हैं—पर तीनों की गति अलग-अलग है। घटा मन्थर है, बीच के बादलों की गति सहज है और नीचे के बादल मलमल के आँचल की तरह उड़े जा रहे हैं। और सब की दिशा अलग-अलग है। घटा दायीं ओर जा रही है, बीच के बादल पीछे की ओर और ये कूदते हुए हरिण शावक बायीं ओर—यहाँ से वहाँ तक हवा के कितने स्तर हैं?

व्यक्ति क्या है? केवल एक छोटी-सी घटना। सब व्यक्ति छोटी-छोटी घटनाएँ हैं। जीवन के सन्दर्भ में कभी-कभी एक छोटी-सी घटना भी बहुत महत्त्वपूर्ण हो उठती है—यही बात व्यक्ति के साथ होती है। व्यक्ति का एकान्तिक महत्त्व कुछ भी नहीं है—वह केवल किसी न किसी सन्दर्भ में ही महत्त्वपूर्ण होता है। इसीलिए 'जीनियस' और 'चुने हुए व्यक्ति' का सारा दम्भ निराधार और निरर्थक है। हर मनुष्य—यदि उसकी सम्भावनायें पहचानी जा सकें—तो किसी न किसी रूप में, या किसी न किसी क्षेत्र में जीनियस होता है। जीवन का सन्दर्भ यदि उन सम्भावनाओं को प्रकट होने का अवसर नहीं देता तो वह व्यक्ति ठूँठ, अनपढ़, असभ्य, ओछा—कुछ भी बना दे सकता है। और अनुकूल सन्दर्भ उसे एक समय की संचालक शक्तियों में से एक भी बना दे सकता है। यूँ मनुष्य की योग्यता के स्तर हो सकते हैं—उसकी कर्मशक्ति के भी स्तर हो सकते हैं। परन्तु स्तर स्तर का भेद उतना

बड़ा नहीं होता, जितनी व्यक्तियों की जीवन के सन्दर्भ में स्थिति देखकर अनुमान होता है। कई बार जीवन का सन्दर्भ और व्यक्ति का प्रयत्न उसे उसकी योग्यता के स्तर से कहीं ऊँचे स्तर पर पहुँचा देता है—परन्तु न यह विस्मित होने की बात है, न भाग्यवादी बनने की। भाग्य एक ही है—और वह सारी मानवता का सामान्य है—समय की गति के अनुसार जीवन में होने वाले अनिवार्य परिवर्तन ही मनुष्य का भाग्य हैं। व्यक्ति का भाग्य कुछ नहीं है—इसे केवल एक साधारण घटना से मिला हुआ अनुकूल, प्रतिकूल या उदासीन सन्दर्भ ही कह सकते हैं। और वह सन्दर्भ स्वतः घटता है। इसीलिए मनुष्यों में कोई बड़ा, कोई छोटा नहीं है—केवल पद और अर्थ की दृष्टि से ही नहीं—अन्तर्हित योग्यता और मानवीय गुण की दृष्टि से भी!

जालन्धर : 17.9.58

जैसे ये दिन बीत रहे हैं, सारी ज़िन्दगी ही ऐसे बीते तो कितना अच्छा रहे। व्यस्त रहना—मन का काम करना और मन से करना—अपनी ही प्रभुता और अपने ही शासन में चलना—कितना अच्छा लगता है। यह आन्तरिक व्यस्तता ही शायद जीवन है—यही सबसे बड़ा सुख है।

सोने से पहले एक रेडियो नाटक का synopsis लिखना चाहता हूँ, नहीं बन रहा। दो घंटे हो गये सिर पटकते, बनता ही नहीं।

जालन्धर : 18.9.58

आज उसके न आने से एक और स्थिति स्प्ष्ट हो गयी।

दिन ऐसे ही गया। *डोरियां* शीर्षक से एक नाटक का synopsis तैयार किया। कुछ पर्चे-अर्चे चैक किये। आज जितेन्द्र ने बताया कि आगामी वर्ष से सब तरह के परीक्षकत्व से भी अपना पत्ता कट गया है। यह भी छुट्टी हुई। मतलब इस अप्रैल में विशुद्ध रूप से मसिजीवी रह जायेंगे!

कल रात की नींद दिन भर बुरा हाल किये रही। आजकल न अन्दर सोते बनता है, न बाहर। क्या करें?

जालन्धर : 19.9.58

सबेरे पुनः उपन्यास के कुछ पन्ने लिखे—कुछ पन्ने रिवाइज़ किये। दोपहर को बंसल आया—उसने जो लिस्ट दी, उससे स्पष्ट है कि अपना नाटक इस बार नहीं लगेगा।

दो बजे ख...के यहाँ चला गया। चार घंटे वहाँ बैठा—बहुत-सी बातें जो उससे कहना चाहता था, कह डालीं—मन खुल गया।

अब जोशी साहब तशरीफ़ ले आये हैं—इसलिए न काम होगा, न डायरी लिखी जायेगी। क्या होगा? पिक्चर देखेंगे।

तोबा!

इन्सान हर एक से चालाकी कर ले, मगर अपने साथ तो चालाकी नहीं कर सकता। So, one has got to be honest. There is no other way—absolutely no other way!

जालन्धर : 20.9.58

केवल तीन पन्ने लिखे—मगर उपन्यास का बहुत-सा अंश रिवाइज़ कर डाला। परिणाम यह है कि जितना हिस्सा लिखा है, वह दोबारा लिखना या टाइप करना पड़ेगा।

दिन काम करने से ही बीत गया केवल शाम को थोड़ी देर बाहर घूम आया।

दादी माँ के आने की पहली सूचना नहीं आयी। फिर भी आशा है कि कल वह आयेंगी।

राजपाल एण्ड सन्ज़ के पत्र से यह जानकर कि *आषाढ़ का एक दिन* का पहला संस्करण उन्होंने 1000 का छापा था, कदरे निराशा हुई।

जालन्धर : 23.9.58

दादी माँ इतवार को घर आ गयीं। परिवार के जीवन में इस घटना का बहुत महत्त्व है। दादी माँ के आ जाने से मुझे अपना आप और घर अपेक्षया भरा हुआ प्रतीत होता है। इतने बरस जो दुराव रहा—उसके लिए दोषी सभी हैं—वह भी, हम भी। परन्तु अब यह निकटता बनी रहे—वह अपने घर में ही अन्तिम दिन तक रहे—यह हृदय से चाहता हूँ।

तीन दिन दो रातें बातों में ही बीतीं। दादी माँ वर्षों के किस्से सुनाती रहीं। कभी हँसे, कभी रोये, कभी उदास हुए और कभी पेचताब खाये। प्रकटतः ताया जी और उनके परिवार ने हमारे सम्बन्धों को तोड़ने में कितना बड़ा पार्ट प्ले किया है। उस परिवार की छोटी और कमीनी हरकतों की वजह से ही हम लोग बरसों इस तरह दूर-दूर रहे। आज इतने बरसों के बाद महसूस हो रहा है कि यह पिताजी का ही परिवार है, उन्हीं का घर है—वही वातावरण आंशिक रूप से भी लौट आये तो 'घर' में जो-'घर' का अभाव था, वह किसी हद तक भर जायेगा।

काम न कर पाने का खेद नहीं—ये दिन—दादी माँ के साथ बात करते हुए इस तरह बीते कि और सब कुछ गौण हो गया। अब कल से पुनः योग साधना आरम्भ करेंगे—'योगः कर्मसु कौशलम्!'

जालन्धर : 26.9.58

कल उ...आयी थी, न...के ब्याह की मिठाई लेकर। कल ही ख...ने बताया कि शीला देहरादून के कॉलेज में प्रिंसिपल नियुक्त होकर गयी है। रात को नरेन्द्र ने अपने और स्वर्ण के झगड़े का किस्सा सुनाया—उसने बताया कि टेंशन अब क्लाइमेक्स तक पहुँच चुकी है। डेढ़ घंटा उसके साथ एवरेस्ट में बैठा रहा। इस शख़्स की स्थिति देखकर बहुत दुख होता है। It is far worse than mine.

उसने बताया कि इस बार वह किताबें उठाकर घर से चली गयी थी। फिर दफ़्तर में चली आयी थी कि अभी मेरे साथ फ़ैसला करो। उसने बताया कि कारण आर्थिक तो है ही, साथ यह भी है कि वह जल्दी अपना एक बच्चा चाहती है, और वह इससे बचना चाहता है क्योंकि उस स्थिति में तो खाना-पीना तो हराम होगा ही, She will die of T.B.

कल ही अमृतसर से दो अपरिचित व्यक्ति मिलने आये थे। मैं घर पर नहीं था। दादी माँ अपने ही अन्दाज़ों में खो रही थीं। Somehow the talk of this subject makes me sad.

दादी माँ के स्वभाव में 'बेसिकली' आज भी अन्तर नहीं आया है। अम्माँ के प्रति उनके भाव में आज भी स्नेह और विश्वास नहीं है। उनके लिए अम्माँ जो कुछ भी करती हैं, उस किये में कुछ दोष ढूँढ़ने को नहीं मिलता, यह भी सम्भवतः उन्हें अच्छा नहीं लगता। वह ऐसा कोई कोना नहीं पातीं जहाँ वह assert कर सकें, अपनी supremacy सिद्ध कर सकें। इसमें उन्हें हीनता लगती है। अभी तो सब बातें ऐसी हो रही हैं कि वह शिकायत कर ही नहीं सकतीं। मगर जब यह लौटकर अमृतसर जायेंगी तो निस्सन्देह बहुत कुछ ऐसा ही होगा जिसकी वह शिकायत करेंगी। इस बार शायद न भी करें—क्योंकि उनके शिकायतों के मुख्य भाजन इस बार तायाजी और उनका परिवार है।

जालन्धर : 28.9.58

तीन दिन से वर्षा ही नहीं थमती। लगभग वैसी ही स्थिति हो रही है जैसी सितम्बर-अक्टूबर सन् 55 में हुई थी। छोटी-छोटी वर्षा—लगातार। इस बार फिर मकान-अकान गिरेंगे।

कल एक कहानी *गुनाहे बेलज़्ज़त* के पीछे पड़े रहे। आज पूरी करने का प्रयत्न करेंगे।

कहानी पूरी नहीं हुई। दिन में पुरुषोत्तम और उसका एक मिलने वाला आ गये। 'Madame Bovary' देखने चले गये। Jennifer Jones की performance बहुत अच्छी थी।

दादी माँ से देर तक बातें हुईं। अब रात काफ़ी हो गयी है, आँखें भारी हैं सोयेंगे।

जालन्धर : 29.9.58

आज कहानी *गुनाहे बेलज़्ज़त* पूरी हो गयी। एक नयी कहानी की रूपरेखा भी बन गयी।

शाम को पांडे, बशीर और प्राण चाय पीने आये थे। उसी समय म...भी अपने cousin के साथ आ गयी। वह कुछ nervous और excited की लगती थी। कमरे से निकलते हुए उसने पीछे से चिकुटी काट दी। दो-चार मिनट में ही वह चली गयी।

दादी माँ से बदस्तूर बातें होती रहीं इसलिए आजकल उतना खाली-खाली नहीं लगता।

नींद से बुरा हाल है।

जालन्धर : 30.9.58

दिन भर वर्षा रही। दादी माँ को जाना था, वह नहीं जा पायीं। शाम को साढ़े चार-पाँच के करीब उ...आयी—डेढ़-दो घंटे देर से। विशेष बात नहीं हो पायी।

घूमने निकला तो सड़क पर पानी-ही-पानी था। मॉडल टाउन में ही इधर-उधर घूमकर लौट आया।

देर तक दादी माँ के पास बैठकर किस्से-कहानियाँ चलती रहीं।

जालन्धर : 1.10.58

दिन भर मन बहुत परेशान रहा। सुबह भी बारिश थी। नये अरेंजमेंट के अन्तर्गत आज पढ़ाने जाना था। दादी माँ का आज जाने का प्रोग्राम बना था। अम्माँ उन्हें छोड़ने चली गयीं—मैं कॉलेज चला गया।

इतने अर्से के बाद उस चहारदीवारी में प्रवेश करके बहुत विचित्र-सा लगा। मन ने बहुत रिवोल्ट किया। दफ़्तर में जाकर पता चला कि क्लास बारिश की वजह से चली गयी है। लौटकर आते हुए रिक्शा में तबीयत अज़हद परेशान थी। यही निश्चय किया कि यह झंझट जैसे भी हो छोड़ देना होगा। I find it absolutely impossible to put up with it. It is real torture.

घर आने के बाद ही सोचा कि डॉ. मदान से सारी बात करके ख...के यहाँ चला जाये। खाना खाकर डॉ. मदान के यहाँ गया। उनके घर के बाहर एक-एक फुट पानी खड़ा था। लौट आया। चार बजे के करीब दूसरी बार गया। पानी में से गुज़र कर अन्दर पहुँच गया। तभी प्रोफ़ेसर (प्रिंसिपल) डोगरा भी आ गये। दो

घंटे बैठा रहा, प्रो. डोगरा स्त्री-पुरुषों के अंगों और सम्बन्धों की बातें करते रहे—आखिर वहाँ से उठ आया।

घर आकर कमरे में टहलता रहा। सोचा ख...के यहाँ चला जाऊँ—मगर यह सोचकर रुक गया कि काफ़ी देर हो गयी है और कल तो सम्भवतः वह आये ही।

नरेन्द्र आ गया। उससे सारी बात कही। निश्चय किया कि एक बार फिर डॉ. मदान को पत्र लिखूँ।

जालन्धर : 2.10.58

सुबह उठकर जितेन्द्र के हाथ डॉ. मदान को पत्र भेजा कि जैसे भी हो मेरा त्यागपत्र ले लें—मेरे लिए कॉलेज एक दिन के लिए भी जाना टॉर्चर है।

मगर फिर वही इतिहास। दोस्ती का वास्ता, प्रेस्टिज़ की रक्षा का प्रश्न—और अन्ततः वही पुराना अरेंजमेंट। Now I have to go through this period of six months somehow or the other.

बाद दोपहर रमी और फ़्लाश खेलते रहे। सात बजे ख...के आने की बात थी। उसके न आने से सिर बहुत भन्नाया।

खाना खाकर काम किया जाये।

जालन्धर : 3.10.58

उपन्यास के तीन पृष्ठ टाइप किए। दिन रुटीन में बीत गया।

जालन्धर : 5.10.58

रोज़नामचा वगैरा कुछ नहीं।

कल ख...के आने पर पहले जड़ता कुछ बढ़ी, फिर दूर हो गयी।

आज दिन भर खाया और घर में टहला किये।

अभी टाइप करने बैठे तो बारह-चौदह पंक्तियों से आगे नहीं बढ़ सके।

सिर भारी—ज़ुकाम का अल्टीमेटम।

डॉ. मदान ने बताया कि इन्हीं दिनों म...की बड़ी बहन की शादी है।

सुबह पढ़ाने जायेंगे।

आज कुछ देर सोचा कि ज्ञान क्या चीज़ है। क्या वास्तव में आरम्भ से उसके दिल में जैलेसी की भावना रही है?

जालन्धर : 6.10.58

आज कॉलेज गये और एक पीरियड पढ़ा आये।

दिन में कुछ लिखा, कुछ सोये। शाम को घूम लिया और विर्क के यहाँ बैठे रहे।

दोपहर को *सुहागिनें* शीर्षक कहानी का synopsis लिख डाला।

बस इतना ही किया।

जालन्धर : 8.10.58

कल ख...ने जो बात बतायी, उससे बहुत दुःख हुआ। उसे यह खयाल क्योंकर हुआ कि यह बात मेरे source से निकली होगी?

...घर आने पर नरेन्द्र आया हुआ था। कुछ देर उससे बातें होती रहीं।

रात को *सुहागिनें* शीर्षक कहानी लिखना आरम्भ किया।

अभी-अभी रेडियो पर सुना कि प्रेसिडेंट इस्कन्दर मिर्ज़ा ने पाकिस्तान का विधान भंग कर दिया है तथा प्रान्तीय तथा केन्द्रीय सरकारें तोड़ दी हैं और देश में मार्शल लॉ लागू कर दिया है। स्थल सेना के सेनापति मार्शल लॉ के मुख्य संचालक नियुक्त हुए हैं।

अम्माँ से कहा कि पकिस्तान में इतनी बड़ी उथल-पुथल हो गयी है तो उसने एक हल्के-से 'अच्छा' के बाद कहा, "काढ़ा अभी रख दूँ कि शाम को पियेगा?"

जालन्धर : 12.10.58

आठ की शाम को अश्क और कौशल्या भाभी आ गये–और जैसा कि हुआ करता है–बैठने की फ़ुर्सत भी नहीं मिली। वे लोग आज चंडीगढ़ चले गये। वहाँ से शिमला होते हुए वे 19-20 के करीब लौटेंगे।

कौशल्या भाभी के नेचर में बहुत contradiction है। एक तरफ़ तो वे इस तरह पिघलती हैं जैसे जान ही दे डालेंगी और दूसरी तरफ़ इस तरह सख़्त होती हैं जैसे कहीं कोई कोमलता हो ही नहीं।

उमा के आने से पहले और उसकी वेद आंटी के आने की बात को लेकर भाभी खामखाह सख्त हो उठी थीं। उस परिवार का प्रकरण उठने पर उन्हें लगता है कि अश्क जी उनके प्रति sympathetic नहीं हैं–उन्हें उनकी उपस्थिति अखरती है–और कि वे स्वयं समझती हैं कि इसमें उनका अपराध है, इत्यादि। मुझे उमा का व्यवहार, उठना-बैठना, बोल-चाल, सब कुछ स्वाभाविक और 'ग्रेसफुल' लगा–उस लड़की ने छोटी होती हुए भी कोई छोटी बात नहीं की। इसके विपरीत भाभी सब कुछ करती हुई भी अपने मन में कसी रहीं, कुढ़ती रहीं। उन्हें उमा की बातों में अतिरिक्त मतलब और उसके व्यवहार में coldness महसूस होती थी। graceful व्यवहार भी कई बार कितने ज़बर के साथ किया जाता है, भाभी इसका 'टिपिकल एक्जाम्पिल' हैं। भाभी की इस मनःस्थिति पर कई बार तरस भी आता है।

परसों-अतरसों म...अपनी बहन के ब्याह का कार्ड देने आयी थी। आज वीणा कश्मीर मेल से गुज़र कर चम्बा गयी। सबेरे उठकर स्टेशन पहुँच गया था। आज

बस स्टैंड पर सहसा पद्मा खुराना से भेंट हो गयी। वह उ...के ब्याह पर चंडीगढ़ जा रही थी। इस बीच सदानन्द अपने और अपने मित्र श्यामलाल के परिवार के साथ मिलने आया।

कई दिनों की चहल-पहल के बाद आज घर खाली और वीरान लगता है। कल से फिर कुछ दिन चक्की पीसो!

Somesh came this afternoon. There is something in the speech and manners of this man that irritates me.

रात को अनेकानेक कीड़े पढ़ना-लिखना-जीना हराम कर देते हैं। इन्सान करे तो क्या करे?

पाकिस्तानी coup de tat की continuity में कल खान अब्दुल गफ़्फ़ार खान भी गिरफ़्तार हो गये। इससे स्पष्ट है कि ऊँट किस करवट बैठेगा।

जालन्धर : 14.10.58

कल से कहानी *सुहागिनें* पूरी करने के पीछे पड़े हैं। कहीं गये नहीं, यहीं घूम लिये। परसों से सिगरेट पीना भी छोड़ रखा है।—इसके अलावा अभी और भी कटौतियाँ करनी होंगी।

जालन्धर : 15.10.58

थकान।

जालन्धर : 16.10.58

आज *सुहागिनें* शीर्षक कहानी पूरी रिवाइज़ भी कर डाली। शायद कहानी बुरी नहीं है।

कल नरेन्द्र से देर तक कौशल्या जी और उमा के बारे में बात हुई। मुझे खुशी है कि दोनों के बारे में जो मेरी राय है, वही नरेन्द्र की भी है। उमा में सचमुच इस छोटी-सी उम्र में वह maturity है जो आश्चर्य में डाल देती है। नरेन्द्र ने बताया कि चंडीगढ़ से depart होते समय कैसे वह हँसी और अश्क के गले से लिपट गई—फिर कौशल्या की कमर में बाँह डाले हुए उसे बस की ओर ले गयी। जब कौशल्या जी ने कहा कि वह दिसम्बर में इलाहाबाद कैसे आयेंगी, अश्क तो तब बाहर गये होंगे; तो उसने कहा पापा जी न सही, मम्मी तो वहाँ होंगी। कौशल्या ने earrings उसे दे दीं, तो 25/- देने का इरादा बदल दिया। फिर भी 10/- वे देने लगीं तो उमा ने कहा कि अभी मेरे पास पैसे हैं, मैं किराया लेकर आयी हूँ।

नरेन्द्र का कहना था कि उसने उमा के गले लगने पर अश्क के चेहरे पर जो मुस्कराहट देखी, वह जीवन भर पहले कभी नहीं देखी—It was true happiness.

फिर उमेश के अभिनयपूर्ण जीवन की बात हुई—कैसे वह कौशल्या जी के प्रति भी कोमलता का अभिनय करता है—उस घर में हर आदमी दूसरे को at arm's Length रखकर जीता है। पुत्री अपनी जगह great है, उमेश अपनी जगह, अश्क अपनी जगह और कौशल्या अपनी जगह। नरेन्द्र ने कहा—"As if everybody is struggling for existence in a hostile camp. This can't fit in there. That's why I feel uncomforatable there."

सचमुच इस लड़की को यदि पिता का प्यार और वह सुविधा न मिली जिसकी वह अधिकारिणी है तो यह एक बहुत बड़ी ट्रेजेडी होगी।

कल रेडियो स्टेशन पर श्री जगदीशचन्द्र माथुर से भेंट हुई। He seems to be a nice person. कल रेडियो के सांस्कृतिक कार्यक्रम में बुलगानिन वाला skit मुझे बहुत अच्छा लगा।

आज शाम बहुत अच्छी बीती। कुछ भी लिख लेने पर एक बहुत स्वाभाविक-सी खुशी होती है। ज़िन्दगी में ज़रा-सा balance और हो तो मैं कितना-कितना काम कर सकता हूँ?

जालन्धर : 19.10.58

सुहागिनें शीर्षक कहानी में कुछ हेर-फेर करने में दो दिन निकल गये।

कल दिन में दीनानाथ (राजपाल एण्ड सन्ज़) के आने पर दो घंटे प्रकाशन लेखन सम्बन्धी गपशप होती रही।

दोपहर को वीणा का पत्र मिला। उसने चम्बा आने को लिखा था। पढ़कर काफ़ी देर असमंजस में पड़ा रहा। अश्क और कौशल्या जी शायद रात को आयेंगे। कौशल्या भाभी का हठ था कि उनके साथ दिल्ली ज़रूर चलूँ।

आखिर झूठ का आश्रय लेने की सोची। एक बड़ा-सा बहाना बनाकर आज निकल चलें—भाभी नाराज़ होंगी तो सँभाल लेंगे।

दो बजे की बस से पठानकोट के लिए रवाना होंगे। रात वहाँ रहकर कल आगे चलेंगे।

कहते हैं, अक्टूबर में चम्बा बहुत सुहाना होता है।

जालन्धर : 28.10.58

फिर वही भुतहा घर। अम्माँ के और अपने अस्तित्व की रेखायें कहीं-कहीं ही तो मिलती हैं। नहीं, वह अपने में बन्द, अपनी जगह और मैं लिखता, पढ़ता, सोचता अपनी जगह।

...वे गहन आत्मीयता के पाँच दिन मुझे कभी नहीं भूलेंगे। जैसे सचमुच वह रस की वर्षा थी और मैं भीग रहा था। जैसे वह घर ही घर था—और सब तो

मकान हैं—खाली, सूने, निःस्पंद!

काश कि मैं वहाँ कई सप्ताह, कई महीने रह पाता।

सुबह बस स्टैंड पर साधारण औपचारिक-सी विदा लेकर चला आया। मगर ज्यों-ज्यों बस आगे बढ़ती गयी, मन और भीगता गया। बस में स्मॉरडन, शिमला, में दाई की परीक्षा देने जाने वाली बारह-चौदह लड़कियाँ भी सफ़र कर रही थीं। एक लड़की बार-बार उचककर बाँह को अपने वक्ष से छू देती थी, इसलिए काफ़ी देर मन की प्रवृत्ति दूसरी ओर रही—मगर वह आप्लावन, वह फुहार में नहाकर निकलने की अनुभूति बनी रही।

पुरुषोत्तम और सोमेश की वजह से एक दिन पठानकोट रुककर कल घर पहुँचा। आते ही पता चला अश्क-दम्पति बहुत नाराज़ होकर गये हैं। इन दोनों मियाँ-बीवी के चिड़चिड़ेपन का कोई हल नहीं। इनकी आँख किसी के किये पर नहीं जाती, न किये पर ही जाती है। मन बहुत क्षुब्ध हुआ।

कई काम रुके पड़े हैं। कल चंडीगढ़ जाने को मन नहीं होता। मगर सोचता हूँ कि अब कहा है तो जाना ही चाहिए। फ़िलहाल दिल्ली जाने का मन नहीं।

वीणा को बहुत लम्बा-लम्बा पत्र लिखना चाहता था। मगर दो पन्ने लिखकर ही रह गया। लगा कि जो लिखना चाहता हूँ, उसे पन्ने के पन्ने लिखकर भी नहीं लिख पाऊँगा। और शायद 'लिखने' की ज़रूरत भी नहीं है।

अब मुझे अपने बुढ़ियाने की बात सुनकर भी दुःख नहीं होता। केवल एक डर लगता है। कल को यदि कोई कारण इस भाव को भी बदल दे...?

इन दुष्कल्पनाओं में पड़ने में क्या रखा है?

रात एक सपना देखा।

एक कमरा था। कोने में देव बख़्शी खड़ा था। ज्ञान एक बियर का मग और बोतल लिये हुए दाखिल हुआ था, और आरामकुर्सी पर बैठकर नशे में बकने लगा। मैं उसके सामने खड़ा था। पहले उसने आधा मग मेरे चेहरे पर उँडेल दिया। फिर शेष बियर और मग दीवार पर मार कर तोड़ दिये। फिर बोतल मेरे माथे पर दे मारी। मैं खड़ा रहा। बख़्शी उसे डाँटने लगा। ज्ञान उठा और आकर मुझसे लिपट गया। बोला, "मैं दो बार तुम्हारे घर हो आया हूँ।" मेरी आँखें भर आयीं।

आँख खुली तो मैं रो रहा था।

घर बहुत सूना-सूना लगता है।

जीवन का क्या एडजस्टमेंट होगा, कुछ समझ में नहीं आता।

2.11.58

रात मन बहुत उदास था। मगर उदासी तो स्वाभाविक है। शायद न उदास होना ही इन दिनों अस्वाभाविक है।

4.11.58

थकान, नींद, उदासी। पेट ठीक नहीं, पीठ में दर्द है। दो रातें हो गयीं, नींद ठीक से नहीं आयी। आज आयेगी क्या?

आई नीड ए होम। Shall I ever have it?

जालन्धर : 5.11.58

रमेश ने लिखा है उन्हें 'रंगमंच' की ओर से *आषाढ़ का एक दिन* का अभिनय करने के लिए यू.पी. गवर्नमेंट से 300 रुपये की ग्रांट मिली है और अन्य सुविधाएँ भी मिलेंगी। वे शायद मध्य दिसम्बर में नाटक प्रस्तुत करें। जानकर बेहद खुशी हुई...मगर क्या मैं स्वयं performance देखने जा पाऊँगा?

वीणा का पत्र।

"मौसम बहुत स्निग्ध और 'वार्म' है। *गिरती दीवारें* खत्म हो गयी है।

"...और क्या कर सकती हूँ तुम्हारे लिए?"

मन अभिभूत हो गया, कल्पना भी नहीं करना चाहता कि यह स्नेह मुझसे छिन जायेगा। कभी-कभी डर लगता है...सचमुच स्नेह का तन्तुजाल कितना कोमल होता है। यह चारों ओर से छा लेता है, फिर भी यह अनुभव नहीं होने देता कि उसने तुम्हें घेरा है, बल्कि यह भी नहीं महसूस होने देता कि उसने तुम्हें छुआ है।

अपना अस्तित्व हल्का लगता है। अभाव बड़े हैं, परन्तु उनके प्रति भी ममता उमड़ती है। आह! आज का यह अभाव बीते हुए कल के अभाव की अपेक्षा कितना मधुर और स्निग्ध है, कितना कोमल और निजी है!

यह ऐसा अभाव है जिसे खोने में भी डर लगता है! ओह!

जालन्धर : 8.11.58

अक्सर कई-कई दिन कुछ न लिखना आदत-सी होती जा रही है। क्यों इतनी थकान रहती है?

कई बातें लिखना चाहता हूँ—कमल और सत्येन्द्र के विषय में; राजेन्द्र यादव के विषय में; नरेन्द्र के साथ हुई Boris Pasternak सम्बन्धी बातचीत के विषय में—मगर सिर इजाज़त दे तो न।

कितने अकेले-अकेले से दिन निकलते हैं। कब सोचा था कि ऐसी भी ज़िन्दगी व्यतीत करेंगे!

घड़ी की टिक् टिक् टिक् टिक् टिक् टिक् टिक् टिक्—ऊँह!

जालन्धर : 11.11.58

घूमकर आया तो रास्ता चलना कठिन हो गया। चेतना रात की रानी की गन्ध से लद गयी। कितना बोझीला नशा था। जैसे ढेरों पँखुड़ियों में ढँक गये हों। घर में दाखिल होकर भी वह नशा बना रहा।

गन्धमादन पर्वत क्या था?

क्या वहाँ रात की रानी ही नहीं खिली रहती थी?

मन कहता है, इन फूलों का आसव भी ज़रूर होता होगा। कितना गहरा उतरता होगा वह नशा?

और मुझे इन दिनों दूसरा भी नशा है—उपन्यास लिखने का।

जालन्धर : 12.11.58

1. उपन्यास लेखन
2. कमरे में चहल-कदमी
3. भोजन
4. मध्याह्न शयन
5. सम्भाषण
6. जम्हाइयाँ
7. पत्र लेखन
8. झपकियाँ
9. निद्रा

इति

दिवसारम्भ से दिवसान्त तक की चर्चा समाप्त हुई।

...हिमालय जिसने अनन्त विचारों को जन्म दिया है, क्या उस समुद्र से कम महान है जिसके प्रति वे सब निर्झर समर्पित हैं?

...अपनी विस्मृति ही जीवन का रहस्य है, दूसरे की प्रतिभूति नहीं।

...सम्बन्ध तो संयोग है, चांस है, एक घटना है। उसे पुरानापन छा लेता है। नित्य नूतन अपना काल है, जो घटना नहीं, चांस नहीं, संयोग नहीं।

जालन्धर : 22.11.58

अब तक उपन्यास फिर से जितना और जैसे लिखा था उससे सन्तोष नहीं हुआ। इसलिए अब फिर से आरम्भ करेंगे! फिर से—ओह! कितने हज़ार बार मैं फिर से आरम्भ करूँगा?

और सुबह ही मिला था वीणा का पत्र। उसने बड़े लाइट मूड में लिखा था।

बहुत अच्छा लगा। उसी समय उत्तर दे दिया। मगर उसी समय से मन उखड़ा-उखड़ा-सा है। मन होता है कि मैं भी वहीं होऊँ—घूमूँ, लिखूँ, गप करूँ, और चाय पियूँ! क्यों मैं यहाँ जकड़ा हुआ हूँ? क्या यह जकड़ मुझे जीने देगी? मुझसे कुछ भी तो नहीं हो पाता। आई फ़ील सो लोनली एंड सो डेज़र्टेड—जैसे ज़िन्दगी की लड़ी से टूटकर अलग पड़ा हुआ हूँ! इस उद्भ्रान्त मनःस्थिति में इन्सान करे तो क्या करे!

जालन्धर : 23.11.58

कल न...का पत्र आने पर खुशी भी हुई थी—मन बाद में उदास भी रहा। रात को भी बेचैनी रही—नींद ठीक से नहीं आयी।

आज अभी-अभी खूब रोया। माँ ने रोटी खाते समय कह दिया कि उसका शरीर शिथिल होता जा रहा है, अन्दर से अपना आप ढीला-ढीला-सा लगता है! न जाने इन शब्दों का क्या असर हुआ कि अचानक होंठ फड़कने लगे—और अगले ही क्षण मैं बच्चों की तरह होंठ बिसोरकर रोने लगा। माँ ने छाती से लगाया, कसमें खायीं कि उसे कुछ नहीं है, वो तो यूँ ही कह रही थी, मगर बहुत देर रोना नहीं रुका।

"मैं इतनी जल्लाद हूँ कि अपने बच्चे को तकलीफ़ में छोड़कर मर जाऊँगी?" माँ कहती रही। "नहीं बेटे, मुझे कुछ भी नहीं है। मैं बिलकुल ठीक हूँ। कभी हवा का दौरा हो जाता है, और कुछ भी नहीं है। तू चिन्ता मत कर। मैं कसम खाती हूँ जो मुझे कुछ हो। तू विश्वास कर मुझे कुछ नहीं हो सकता। मैं मरकर अपने बच्चे को दुखी करूँ—मैं माँ हूँ कि कौन हूँ? तू मेरा मरी का मुँह देखे जो दिल खराब करे...।"

जालन्धर : 24.11.58

तो आज रिसर्च स्कॉलरशिप से हमारा रेज़िगनेशन स्वीकृत हो गया।

आज से वास्तविक संघर्ष का दौर शुरू होता है। आई एक्सेप्ट दि चैलेंज ऑफ़ लाइफ़, आई बिलीव दैट आई शैल नॉट फेल।

पहला काम यह किया कि न...को 'एक्सप्रेस टेलीग्राम' दे दिया। कल तक उसका जवाब मिल जाना चाहिए।

दिन में खूब घूम लिया, इस समय सिर थका है और नींद आ रही है।

जालन्धर : 26.11.58

कल रात—

डॉ. मदान ने खाने पर बुलाया था।...बहुत-बहुत बातें हुईं। He said he was hopeful of resolving the matter. He would call her in the morning and have a straight talk,

I did not sleep at night.

He came at 12 in the morning and said that he could not send the message as Sudarshan came to see him at two and took two hours talking of her woe. He said he would go himself in the evening.

It is 2 p.m. now and the time does not seem to move at all. What shall I do?

I believe his confidence is misplaced. I believe that he can do nothing in the matter. I believe that it is only going to leave some further bad taste in my mouth. I believe that the part of me that has broken already will suffer another blow. The two days that I wanted to spend arranging my matters, will now be spent in idle torture from which it is not easy to escape.

My bitterness is further enhanced because N... has not written back. She may not write back at all. What nonsense this emotional relationship is? You do not know when the mighty heights that you are so proud of might come crumbling down in a moment... It is simply inexplicable to me why she at least did not wire me to wait for her letter. This in fact is the crisis in human soul. She also probably is one of those individuals who are very bold in imagination and very cowardly in practice. But there was no boldness needed for this. I simply had asked if I could get accomodation for myself there. Why this silence over this?

जालन्धर : 4.12.58

इस बीच कितना कुछ हुआ।

27 को अमृतसर जाने का इरादा था—घर से निकलते हुए वीणा का पत्र मिल गया। कुछ और भी पत्र थे। प्लाज़ा जाकर नरेन्द्र की प्रतीक्षा की—वह समय पर नहीं आया। कोफ़्त हुई। अमृतसर जाने का इरादा छोड़ दिया।

नरेन्द्र के नाम एक लम्बा रुक्का लिखकर छोड़ा था। वह आज तक नहीं मिला। उस ओर से मन विक्षुब्ध है।

...29 को चंडीगढ़ चला गया। दोस्त मंडली में दो-तीन दिन बहुत अच्छे कटे। सेमिनार के बाद गाडगिल ने अगले रोज़ बुलाया। सुबह गया, बातें हुईं। सम्भव है हम लोग एक निश्चित वातावरण पैदा कर सकें।

सोचता हूँ, दिल्ली के बजाय चंडीगढ़ ही शिफ़्ट कर जाऊँ तो शायद अच्छा रहे! मगर...।

चंडीगढ़ रहते प्रादेशिक साहित्य संसद की स्थापना कर डाली। मित्र मंडली यही चाहती थी—सो आसानी से सब कुछ हो गया।

लौटकर दादी के ऑपरेशन की समस्या सामने आयी। वह इतवार को ही आ गयी थीं। मंगल को ऑपरेशन करा दिया।

मंगल की रात को वीणा आ गयी। एक दिन पहले उसका तार आया था। 24 घंटे में बहुत-बहुत बातें कर डालीं।...

दि टाइम वाज़ स्पेंट ब्लिसफुली।

3 की रात को उसके जाने के समय एक घटना हो गयी। 'रिफ्रेशमेंट रूम' में खाना खाते हुए उसकी बातों से पता चला कि सम्भवतः बन्दे के लेखकीय 'सेल्फ़' से वह भी परिचित नहीं है।

पहले चोट लगी—फिर मन में कन्फ़्यूजन भर गया। वह जाने से पहले बहुत 'डिप्रेस्ड' हो गयी।

मुझे घर आकर 'गिल्ट सेन्स' रहा।

चाहता था, उसे लम्बा पत्र लिखूँ कि उसे कुछ 'माइंड' नहीं करना चाहिए—मेरी भावना में कोई अन्तर नहीं आया—मगर कैसे लिखता?

एक संक्षिप्त सा पत्र—फॉर्मल—लिख दिया।

अभी-अभी उसका दिल्ली स्टेशन से लिखा पत्र मिला।

मैं उसे कैसे विश्वास दिलाऊँ कि मेरी निगाह में उसके महत्त्व में ज़रा भी अन्तर नहीं आया।

जालन्धर : 14.12.58

उपन्यास के तीन चैप्टर लिख चुकने के बाद आज राकेश भाई फिर पहले पृष्ठ पर लौट आये। अगर यही हाल रहा तो राकेश भाई ज़िन्दगी में एक भी उपन्यास पूरा नहीं करेंगे और जैसा कि स्वाभाविक है, भूखों मरेंगे।

...कल अम्माँ ने कितने भोलेपन से कहा था—तेरा उपन्यास ज़रा बड़ा हो जायेगा—इसे दो हिस्सों में छापना!

हाँ, क्षण भी महत्त्वपूर्ण होता है, क्योंकि अनेक युग बीतकर उसका निर्माण करते हैं—क्योंकि उसे लाने के लिए कल्पों की सन्धियाँ टूटती हैं, इतिहास अनेक करवटें लेता है, भूगोल अपनी धुरियाँ बदलता है। हाँ, क्षण बहुत महत्त्वपूर्ण होता है, क्योंकि जीवन की पूरी सार्थकता उसमें सिमट आती है—व्यक्ति की ही नहीं एक समाज और एक समय की सारी सार्थकता!

परन्तु फिर भी क्षण, क्षण ही तो होता है—इतना छोटा, इतना क्षणिक! उस सार्थकता को पा लो, या क्षण को बीत जाने दो, युगों को निरर्थक हो जाने दो,

यह अपने पर ही तो निर्भर करता है! परन्तु यह चेतना ही क्या कम है कि—हमारे जीवन में भी वह क्षण एक बार आया था।

जालन्धर : 18.12.58

आज वीणा के आने पर फिर तीन दिसम्बर की पुनरावृत्ति ही हुई। मन उसी तरह खेद से भर गया।

नोट्स फ्रॉम एन ऑड लेटर रिटिन अर्लियर।

...कई बार अपने विकास में हम स्वयं ही बाधा बन जाते हैं जब हम, जो हमें होना है, उसके अतिरिक्त कुछ होते ही होना समझने लगते हैं।

...किसी भी मार्ग के अवलम्बन में अवलम्बन ही आश्वासन है—निरन्तर अनुसरण ही तृप्ति है। जहाँ 'क्या होना था' 'क्या होना चाहिए' का कोई महत्त्व नहीं रह जाता—क्योंकि कोई क्रिया कार्य नहीं है—क्योंकि करने का परिणाम ढोना आवश्यक है।

...लहू में व्याप्त भाव को अधिकार रूप में कोई अपना 'प्राप्य' कहे तो लहू में उबाल उठता है, क्योंकि यह उसका अपमान है। स्नेह किसी का देय या किसी का प्राप्य नहीं है। देह में स्वास्थ्य की तरह वह अन्तर का धर्म है। जिसके हृदय में स्नेह है, तृप्ति उसी की है।

...विशुद्ध स्नेह का अधिकार स्नेह होने तक है, उसकी प्रतिक्रिया स्वाभाविक रूप से अपने आप होती है।—जो बांधना चाहता है वह स्नेह नहीं, भय है, आशंका है, अविश्वास है।

...प्रवास स्नेह का धर्म है जैसे जो प्रवहमान है वह सुन्दर झील में भी बँधकर नहीं रह सकता! बाँध दो तो वह बदबू देने लगता है।...यदि वह प्रवाह पैर के तलुवे भिगोकर भी निकल जाता है तो पुलक का वह क्षण अभिनन्दनीय है।

जालन्धर : 20.12.58

घूम-फिरकर फिर दोराहे पर। मैं इस निराशा को पूरी तरह स्वीकार क्यों नहीं कर लेता? कितनी बुरी चीज है यह कमज़ोरी!

एक तरह से मन ने मान ही लिया था। उस दिन डॉ. मदान शाम को उनके यहाँ गये मगर बात नहीं कर सके। दो-तीन दिन हुए उसके अब्बा ने आकर उनसे कहा कि वे किसी भगत के लड़के के साथ (जो विलायत से आ रहा है) उसकी सगाई कर रहे हैं। सुना और अपने में समेट लिया।

...मगर आज सुबह...आज जाना था डौली के पास। सुबह नरेन्द्र के साथ चलना था। सुबह ही महेन्द्र और ज्ञान पटियाला से आ गये थे। उनके साथ मदान के यहाँ गया और लौट आया। फिर चलने की तैयारी की तो अम्माँ ने

कहा, ''जिस दिन तुम चंडीगढ़ गये थे उस दिन म...आयी थी 12 बजे के लगभग—अकेली।''

इतने दिन यह बताना अम्माँ को याद नहीं रहा। मन बहुत उदास हो गया। नरेन्द्र से परामर्श किया। सलाह हुई कि डॉ. मदान से बात करके ही जाऊँ। घर आ गये। डॉ. मदान के यहाँ जाकर बात की। उन्होंने फिर कहा कि आज दोपहर नौकर को भेजकर उसे बुला भेजेंगे और पूछ लेंगे...।

सोचा, शाम तक डौली के पास हो आयेंगे।

चले तो कम्पनी बाग के पास वह सहसा साइकिल पर आती दिखाई दी। उसकी साइकिल सहसा रिक्शा के पास से निकल गयी। मन और भी उदास हो गया—बेहद उदास।

स्टेशन के अड्डे से बस पकड़ी।...टांडा अड्डा से आगे गेट बन्द था। बस रुक गयी। नरेन्द्र ने सहसा कहा, ''तुम उतरकर घर चले जाओ, मैं गाँव हो आऊँगा।''

उसकी तरफ़ देखा। दोनों टिकट उसके हाथ में दे दिये और बस से उतर पड़ा! आई फ़ेल्ट ग्रेटफुल।

घर आते हुए अम्माँ रास्ते में मिल गयी। उसे साथ रिक्शा में बिठा लाये। अगर वही...

और पाँच बज रहे हैं। मन उड़ा-उड़ा-सा है। चाहता हूँ डॉ. मदान ने बात कर ली हो। एक तरफ़ तय तो हो जाये। रात की गाड़ी से दिल्ली जाना है। यादव का कल एक्सप्रेस लैटर आया था। उससे मिलना चाहता हूँ। दिल्ली में रहने की जगह भी देखनी है।

मगर...

और रिक्शा में जाते हुए रास्ते में ही मिला था दुर्गा।

''ज्ञान और देव याद करते थे,'' उसने कहा। बताया कि ज्ञान ट्रांसफ़र होकर दिल्ली आ गया है।

नहीं जानता आमने-सामने होने पर कैसा लगेगा। 'इमोशनल डिस्टरबेंस' तो न होगा, दुख अवश्य होगा।

घड़ियाँ, पल, मेरा समूचा व्यक्तित्व उन्मुख मयूर की तरह चोंच खोले है। बादल नहीं बरसेगा तो क्या घुट जाऊँगा! नहीं।

पीड़ा को भी सहज रूप में स्वीकार कर लेना चाहिए। पीड़ा अपने में ही पीड़ा है—उसके अतिरिक्त और कुछ तो प्रदर्शन ही है।

And that is the end of the episode.

You said, my dear friend Shakespeare, Frailty thy name is woman! But even today I do not agree with you entirely, because I know at least one woman, who is not frail.

I thank you very much Veena, for your letter which I received today. You certainly are a gem of a woman.

नयी दिल्ली : 28.12.58

आज मैं इस शहर का नागरिक हूँ। जालन्धर छूट गया, सचमुच ही छूट गया।

कितनी बड़ी लकीर है। सन् 53 से 58—सवा पाँच साल!

तब में और आज में अपने में कितना अन्तर आया है। आज कोई कह रहा था, "तुम्हारे कहकहों में आज वह बात नहीं है जो सन् 53 में थी।"

आज पहला दिन था कि बाहर निकलकर लोगों से मिला। परसों सुबह यहाँ पहुँचने से आज सुबह तक पेटियाँ खोलने और सामान लगाने में ही लगा रहा।

और जालन्धर से दिल्ली तक की ट्रक यात्रा! सारी रात लगभग जागते कटी थी। मगर ढाबे की दाल और चाय का मज़ा भी ऐसी यात्रा में ही आता है।

और 26 को आते ही मिला उ...का पत्र। शाम को वीणा लाइब्रेरी के पास मिल गई। स्टेशन के रिफ्रेशमेंट रूम में चाय पीकर घर आए। फिर उसे ईस्ट पटेल नगर तक छोड़ आया!

कल वह फिर आयी। काफ़ी देर तक बातें होती रहीं। कुछ तनाव-सा भी आ गया। मुझे किसी की इच्छा से चालित होना किसी भी रूप में सह्य नहीं। वह 'हारमनी' की बात क्यों नहीं समझ पाती?

...आज लोगों से *मिट्टी की गाड़ी* को आलोचना ही सुनी। सिर इतना भारी है कि एक लफ़्ज भी नहीं लिखा जाता। तो बेहतर यही है कि...

नयी दिल्ली : 1.1.59

आज यहाँ आये एक सप्ताह हो गया।

कुछ लिखना तो आरम्भ कर ही दिया। आर्थिक दृष्टि से आगे एक भँवर-सा नज़र आता है। फिर भी, जैसे-तैसे यह पार होगा ही।

उस दिन *मिट्टी की गाड़ी* देखने गये थे। उन लोगों ने *मृच्छकटिक* का आधार न ही लिया होता तो अच्छा रहता। एक अच्छी-खासी फ़ैंटेसी बन सकती थी—मगर एब्सर्ड स्क्रिप्ट और हॉरिबल डायलॉग्स ने सारा इफ़ेक्ट ही तबाह कर दिया।

न्यू ईयर ईव—

बड़े आराम से घर में ही नये साल का अभिनन्दन किया। माँ से 'ब्लेसिंग' ली।

आज वीणा फिर आयी। वह कई घंटे रही। उस दिन का तनाव धुल गया।

नयी दिल्ली : 2.1.59

शाम सत्येन्द्र शरत् और कृष्णा सोबती के साथ कटी। कृष्णा तो काफ़ी बड़ी लगती है। शी मस्ट बी एट लीस्ट 40।

सत्येन्द्र को नौकरी छोड़ने की धुन सवार है।...उसकी बातें सुनकर तो यह कहा नहीं जाता कि नौकरी न छोड़े—मगर...।

I must restrain myself in the matter of expenses. How can I afford to spend the way I do?

नयी दिल्ली : 8.1.59

...ज़िन्दगी का एक साल और गुज़र गया।

सुबह उठा तो तबीयत उदास थी। शायद कल की वजह से। कल सुबह ही शर्मा जी आये थे। डेढ़ घंटा उनसे बातें हुईं। उन्होंने बताया कि नीत यहीं है। मन बहुत बेचैन हुआ। यह भी जाना कि बच्चे से मिलने की शर्त यह है कि 'उस' से भी मिला जाये। ...कितनी बड़ी विडम्बना है!

वह आज शायद चला गया होगा। मैं नहीं जानता कि वह मुझे कब देख पायेगा और जब तक न देख पायेगा, किस रूप में जानेगा, और जब देख पायेगा तो किस रूप में जानेगा।... आई डू नाट नो हूज़ ट्रेजडी इज़ दि ग्रेटेस्ट—हिज़, हर्स ऑर माइन।

और शर्मा जी ने भी वही बात कही जिसकी मुझे बहुत पहले से शंका थी।

"मुझे डर है कि वह भी उसके पास रहेगा नहीं," उन्होंने कहा। "इस एक साल में उसने बहुत 'ग्रो' किया है। उसमें एक विद्रोह-सा है। वह माँ की उतनी ही बात मानता है जितनी उसे सूट करती है। वर्ना हर बात में अपनी ही करता है।"

...फिर वह होटल का सीन याद आता है। चिड़िया का बच्चा पंखे से टकरा कर नीचे आ गिरा था। नीत हाथ पकड़कर रो रहा था।

नीते, ज़िन्दगी में कभी तू भी अपने बाप को समझ सकेगा?

...साधारण-सा ही दिन आरम्भ हुआ। सुबह माँ का स्नेह और आशीर्वाद लिया और लिखने-पढ़ने बैठ गया। बाद दोपहर घर से निकला। आकस्मिक-सी बात है कि आज ही चमन के लड़के अनिल का बर्थ-डे भी था। उसके लिए दो-एक प्रेजेंट लिए। चमन के घर पार्टी में आकर अच्छा लगा। कहीं तो महज़ आत्मीयता मिलती है—!

...चाहता हूँ कुछ और भी लिखूँ। लेकिन क्या? ज़िन्दगी का शून्य बातों से तो भरता नहीं। रोज़ एक बार *डॉ. जिवागो* उठाता हूँ? फिर रख देता हूँ। पढ़ नहीं पाता। क्यों?

कल से ज़िन्दगी में क्या अन्तर आयेगा? कुछ नहीं। इट विल गो ऑन एज़ यूज़ुअल।

और दूर का क्या? इस सम्बन्ध में केवल विस्मय ही है।

9.1.59

आज Praha (Prague), Czechoslovakia, से, Garmila Mastooska नामक लड़की का पत्र आया। डॉ. स्मेकल को कहानियों की किताबें भेज देनी चाहिए थीं।

अगले सप्ताह मेहमान ही मेहमान रहेंगे। काम खाक करेंगे।

नयी दिल्ली : 13.1.59

कहानी सम्बन्धी लेख आज भी पूरा नहीं हुआ। भाई साहब, काम की रफ़्तार बनाइये—ये लच्छन अच्छे नहीं।

कल स्टेशन जाकर सुबह-सुबह खराब ही हुए। रमेश और दादी माँ दोनों नहीं आये। घर आकर दो तार मिले। रमेश तो फ़िलहाल लखनऊ ही रह गया। ...दूसरा तार 'रंगमंच' का ही था कि 10 को *आषाढ़ का एक दिन* स्टेज किया गया—successful रहा। प्ले खुद देख पाता तो बात थी।

वही दर्द फिर ज़ारी है। यह तकलीफ़ जाने क्या करेगी?

ख....का पत्र आया, क्या खूब!...उल्टे मुझी पर इल्ज़ाम! I could not understand this!

कल लेख पूरा हो जाये तो अपने काम में जुट जायें—

अभाव तो है ही। उसे भरा क्योंकर जा सकता है?

इतवार को चमन और सन्तोष आये थे।

नयी दिल्ली : 14.1.59

दिन में *वाइल्ड इज़ दि विन्ड* देखने चला गया। Anna Magnani का रोल अच्छा था—पिक्चर अच्छी लगी।

शाम वही कॉफ़ी हाउस और टी हाउस में।

लेख दोपहर को पूरा करके भेज दिया।

मन का शून्य!

घर आकर यह खालीपन ही अखरता है। मगर चारा ही क्या है?

नयी दिल्ली : 16.1.59

कल काफ़ी तकलीफ़ रही। शाम को अजब भूल-भुलैया में पड़े। कमर में बहुत दर्द था, डॉक्टर के पास ही जाना ज़रूरी समझा। घर से निकले भी। 24 के बजाय 22 नम्बर की बस में बैठ गये। बस पहाड़गंज को मुड़ गयी तो ध्यान आया कि वह बेयर्ड रोड होकर नहीं जायेगी। सोचा, कनाट प्लेस में स्कूटर ले लेंगे।

मगर नयी दिल्ली स्टेशन पर बस रुकी तो यहीं उतर गये। खयाल था कि वहाँ से सीधा बेयर्ड रोड को रास्ता जाता है। वहाँ से स्कूटर वगैरह कुछ नहीं मिला। पैदल कनाट प्लेस पहुँचे और पंचकुइयाँ रोड पर मुड़ गये। कुछ दूर जाकर पता चला कि उससे तो बेयर्ड रोड के पहले चौक पर पहुँचेंगे जबकि डॉक्टर की दुकान मेन मार्केट वाले चौक पर है। किसी तरह घिसटते हुए वहाँ पहुँचे और आते हुए बस में मरने को हो गये।

रात को दर्द का दौरा कुछ कम हुआ!

आज शरत् को खामखाह परेशानी हुई!

यहाँ अक्सर लोगों को यह विश्वास ही नहीं होता कि मैं सचमुच नौकरी-शौकरी छोड़कर चला आया हूँ—और...कि किसी 'मार' पर नहीं आया!

कल तक तबीयत ठीक होनी ही चाहिए।

नयी दिल्ली : 18.1.59

कल राजेन्द्र यादव तशरीफ़ लाते हैं!

गुज़रे हुए कल पुरुषोत्तम कुमार यहाँ थे।

रात रमेश का तार आया कि तुरन्त लखनऊ आओ।

आज तार दिया कि आना मुश्किल है।

दिन चमन के साथ बीता। रात को बोलशॉय बैले देखने चले गये। Dying swan नृत्य अच्छा था—नृत्य का दूसरा एक्ट उतना नहीं जँचा।

कई रातों से एक सपना दीखा करता है—कई रातों से क्यों—कई महीनों से—दो एक साल से शायद कि एक बड़ा-सा इंजन, बड़ी सी गाड़ी लिये पटरी से उतर कर चल रहा है—वह जंगल में भी चलता है, एक प्लेटफ़ार्म से दूसरे प्लेटफ़ार्म पर भी गाड़ी को ले जाता है—मगर पटरियों पर रहकर नहीं। हमेशा लगता है कि गिर न जाये, मगर किसी तरह उसका सन्तुलन बना रहता है। सोचता हूँ कि अब यह पटरी पर चढ़े, अब चढ़े—मगर वह उसी तरह चला चलता है—अपने को इंजन में ही बैठे हुए महसूस करता हूँ क्योंकि उसके हर 'डायरेक्शन' को अन्देशे के साथ देखता हूँ—मगर ड्राइव न जाने कौन करता है—

मैं तो केवल चिन्ता ही करता हूँ।

लगता है ज़िन्दगी में रंग और स्वाद नहीं है— हर चीज बेलज़्ज़त है—

क्या मेरी भी पटरी छूट गयी है?

बहुत कुछ अब भी अपने में ही दफ़न रहता है। इन्सान चाहकर भी क्या ज़िन्दगी से सब पर्दे उठा सकता है?

आज मन फिर उपन्यास को लेकर 'ऑफ़ द ट्रैक' चला जाता।

गनीमत तो यह रही कि बस...।

नयी दिल्ली : 31.1.59

राजेन्द्र यादव के आ जाने के बाद कई दिन उसी व्यस्तता में निकल गये। उसके सैटिल हो जाने के बाद ही अपना कुछ होश हुआ।

इस बीच *सुहागिनें* शीर्षक कहानी को रिराइट करने के सिवा कुछ नहीं किया।

...आज जाने कैसा दिन था। सुबह राजेन्द्र यादव की बात पर गुस्सा आ गया। शाम को कॉफ़ी हाउस में कुछ अजब-सा लगा। हबीब, कुमुद, चमन, सन्तोष और श्याम साथ आये। *आषाढ़ का एक दिन* का पहला अंक पढ़ा। खाना खाया।

कैसा लगता है, कह नहीं सकता। देयर इज़ एक्साइटमेंट इन दि माइंड, व्हाई? आई डू नाट नो।

नाउ आई मस्ट ट्राई टु गेट सम गुड, ओनेस्ट स्लीप।

रेस्ट, लेटर।

नयी दिल्ली : 6.2.59

पहले दो दिन रमेश के साथ कटे। पता चला कि *आषाढ़ का एक दिन* का अभिनय पहले नागपुर में काँग्रेस अधिवेशन के अवसर पर हुआ (not yet confirmed), फिर 10 को लखनऊ में रंगमंच की ओर से। सर्वदानन्द वर्मा, भगवतीचरण वर्मा, अमृतलाल नागर इत्यादि antagonistic रहे। फिर 21 को नाट्य समारोह में अभिनय हुआ, जिसमें इसे 'बेस्ट प्रोडक्शन' का एवार्ड मिला। और भी कई प्राइज़ मिले। इन्होंने वहाँ से जो कागज़ात भेजे थे, वे यहाँ नहीं मिले। 21 की परफ़ोर्मेन्स के लिए ही रमेश ने बुलाया था। तार में कारण भी लिखा होता तो ज़रूर चला जाता मगर...।

अब यहाँ के नाटककार इसी आधार पर नाटक को रन डाउन करने की कोशिश में हैं कि लखनऊ में बाबू सम्पूर्णानन्द ने इसका उद्घाटन करने से इनकार कर दिया क्योंकि उनसे कहा गया था कि नाटक में कालिदास को हीन किया गया है। व्हाट् पीपुल...मैं तो पहले ही स्वीकार किये हूँ कि संगीत-नाटक अकादमी प्राइज़ किसी और को मिलेगा—हालाँकि अवस्थी ने उस दिन कहा था कि "भाई, rumour है प्राइज़ मिल रहा है। It is very high up।" मैं नहीं जानता। न जानना चाहता हूँ। खामखाह नींद बरबाद होती है...सिर्फ़ प्रकाशकों की वजह से कोफ़्त होती है वर्ना सिवाय अपनी किताबों की royalties पर जीने के और किसी चीज़ की आशा या अपेक्षा नहीं रखना चाहता। मगर कैसे? कैसे? एक प्रकाशक ने छह महीने के एकाउंट में 24 रुपये भेजे हैं और एक ने साल के बकाया 8 रुपये! Heavens!

श्रीनगर : 14.4.59

...और दिल्ली से श्रीनगर। फिर वही आकस्मिक निश्चय, वही अफ़रा-तफ़री—वही यात्रा!

दिल्ली में रहकर पौने चार महीने में बहुत-बहुत कुछ जाना। बहुत से लोगों के असली चेहरे सामने आये। कई बार कोफ़्त हुई—कई बार मनोरंजक लगा। खैर—हर अनुभव व्यक्तित्व को निखारता है—अपने भी चेहरे को समझने में मदद देता है।

दिल्ली में रहकर जिस व्यक्ति को सबसे ज़्यादा पहचाना है, वह है राजेन्द्र यादव। यह तो कहना शायद ठीक न हो कि वह मूलतः ही घटिया आदमी है— उसमें अच्छाइयाँ भी हैं निस्सन्देह—मगर वह इन्फीरियॉरिटी कॉम्पलेक्स से ग्रस्त है। उसी वजह से शायद उसमें इतनी ईर्ष्या की भावना है। वह हमेशा ऐसी ही बात करेगा जिसमें तुम्हें चोट लगे, दुःख पहुँचे। He cannot make you feel happy! तुम उसके लिए कुछ भी करो—वह अपनी आदत से लाचार वैसे ही हरकतें करता जायेगा।

उसकी दूसरी आदत जिसकी वजह से कई बार परेशानी हुई, वह है रुपये-पैसे के मामले में उसका रवैया। अगर शक्ति गुप्ता वाली बात सच हो तो कितनी शरम की बात है।...और यह आदमी है जिसकी लगभग लाख रुपये की जायदाद है आगरा में—घर में नकदी है, गहने हैं। और दूसरी तरफ़ हम लोग हैं कि घर में एक रत्ती सोना नहीं, कोई जायदाद नहीं, पैसा नहीं। मगर इन्सान बिना किसी चीज़ के भी तो dignity से जी सकता है।

दादी और बुआ का दबाव—ब्याह कर लो, ब्याह कर लो! मगर मेरी समस्या का यह निदान कैसे है? The girl I wanted to marry, refused me. What now? I do not know anyone else with whom I can spend a happy married life And there is the consciousness of this emptiness in life. Then?

कल बैसाखी थी—और कल ही मैं पहली वायु यात्रा करके यहाँ पहुँचा—यह नया साल गर्भ में क्या लिये है?

नयी दिल्ली : 23.8.59

श्रीनगर से चले महीना हो गया। आकर एक दिन डायरी लिखने का मन नहीं बना—हालाँकि कहीं कुछ ऐसा हुआ जिसे लेकर बहुत कुछ लिखा जा सकता था।

...9 की रात को रेडियो पर समाचार आया कि संगीत-नाटक अकादमी की ओर से सर्वश्रेष्ठ हिन्दी नाटक का एवार्ड *आषाढ़ का एक दिन* पर दिया गया है। उसके बाद से आज तक—ये दो सप्ताह इतनी जल्दी बीते हैं कि कुछ पता ही नहीं चला। पार्टियाँ, समारोह, लेख, आलोचना, कहकहे, और सबके बीच एक गहरी

नामालूम उदासी—वह उदासी क्यों रही है कह नहीं सकता। कह नहीं सकता कि पुरस्कार की अवचेतन पर किस प्रक्रिया का यह परिणाम है।

...यादव का व्यवहार फिर कुछ अजीब-सा लगा। बहुत कोशिश करने पर भी वह खिंचाव सामने आ ही गया।...न जाने क्यों मुझे छोटा बतलाकर या समझकर उसे खुशी होती है?

चाहता हूँ कल से फिर उपन्यास में लगूँ।

नयी दिल्ली : 21.9.59

...एक महीना—और किया कुछ नहीं। कुछ पन्ने किये—बस!

जाने क्यों कुछ दिनों से बार-बार वीणा की याद आती है। उससे उम्मीद कम से कम नहीं थी इस तरह टूट जाने की... But probably just a friendship—a real friendship beetween a man and woman is an impossibility.

शायद यह मेरा कोरा आदर्शवाद ही है—वर्ना, ज़रा-सी चालाकी बरतने से आदमी सब सम्बन्धों को बनाये नहीं रख सकता?

और रमेश ने रुपये माँगे थे। पुरस्कार के रुपये आने पर शायद हर दोस्त ने महसूस किया मैं एकदम अमीर हो गया हूँ। अढ़ाई हज़ार रुपये—सचमुच बहुत होते हैं इतने रुपये। मगर वे आते ही क्या हो गये—किन गड्ढों को भरने में चले गये—उसे कोई भी नहीं समझना चाहता। और शायद उसने भी समझा हो कि मैंने बस यूँ ही, उसे टाल दिया है...but, I have to be patient and watch him, does friendship depend on what you can offer and what you cannot?

चंडीगढ़ covention में मोहन से अनायास ही मुलाकात हो गयी—ठीक उसी तरह मिले जैसे पहले मिला करते थे। दो दिन साथ-साथ कटे...। I was, happy but...

और convention में जो उत्तरदायित्व लिया है—जो कुछ आगे के लिए करना धरना है—I wish I had a better capacity for work than I have...

और अपनी जिस्मानी ज़रूरतें—अपनी emotional भूख...?

खब्त सवार था कि नाटक खुद produce करेंगे—बस दिलो-दिमाग पर वही विचार छाया जा रहा था। आखिर छोड़ दिया—लिखना पहली चीज़ है, और कुछ नहीं।

नयी दिल्ली : 23.10.59

Last night they broadcast *AKED* as a national play. I felt like committing suicide after listening to it. And I feel like destroying all that I have written of the novel.

नयी दिल्ली : 11.12.59

मेरा डायरी लिखने को भी दिल नहीं कर रहा, फिर ज़बर्दस्ती क्यों लिख रहा हूँ?

मगर बहुत दिनों से अपने stock taking भी तो नहीं की। क्यों?

Facts : Neet came.

राज came.

बसु came.

Mohan Chopra came.

And I am a damn fool writing all this.

Delhi : 12.12.59

First steps were taken today in connection with the production of *AKED.*

New Delhi : 13.12.59

Another day of spontaneous irritation and disgust. It seems people have lots and lots of time to waste. But I do not want to waste my time. I want that any movement of life should be spent doing work—at least usefully. I get disgusted with myself when even because of physical tension I cannot work. I do not like it. I do not like idling. I do not like sitting, dressing and wasting myself. But only my courtesy is my undoing.

Yadav talked about Sharat yesterday in great detail. That upset me quite a bit. I can't stand hypocrisy in anyone—much less in a friend. He does many time behave in that manner. He has behaved even shabbily with me. How can I tolerate all that?

But is the irritation due to the fact that I have not been able to work for some days ? I do not know.

नयी दिल्ली : 8.1.60

आज पैंतीसवाँ जन्मदिन है।

यूँ, दिन बीत चुका है और मैं लिखना चाहता था, आज पैंतीसवाँ जन्मदिन था, परन्तु घड़ी की सूइयाँ अभी वहाँ नहीं पहुँचीं जहाँ आकर तिथि बदल जाती है।

यूँ, समय को बाँटने का अर्थ ही क्या है?

मैं नहीं जानता—परन्तु समय अपने में इतना सुनिश्चित और सुविभाजित है—फिर भी इतना अनिश्चित और अविभाजित है कि कहा नहीं जाता कि सचमुच एक दिन ही व्यक्ति के जीवन में एक अतिरिक्त गाँठ डाल जाता है—हालाँकि हर दिन एक गाँठ डालता है, यह सत्य है।

अभी थका हुआ हूँ—लिखने को मन बहुत है, फिर भी लिखने से मन विरक्त है—आज क्या ये सूत्र ही लिखे जायेंगे?

बहरहाल, सोना चाहिए।

20.1.60

Wrote on the pages preceding the diary of 8.1.60 and discovered the irritable lapse.

22.1.60

Started writing the novel all over again.

22.6.60

क्या लिखूँ?

Gulmarg : 21.5.61

It is just ten days since I came to this room. It had kept raining for the first six days and after a spell of sunshine for three days, it has started raining again today. As soon as it becomes cloudy, the temperature goes down terribly. The hands and feet start getting numb.

I have almost finished revising *Akhiri Chattan Tak* today. 'Almost' because I may run over the pages once again tomorrow morning. It has been so since yesterday. Turning over the pages and adding commas and fullstops here and there, I wrote the new introduction also today.

But it has been a day of terrible depression, a depression that seems to be eating me from within. I know the fountainhead of this onflow of depression: it is the bungling that I have made in the matter of matrimony once again.

I somehow got out of that situation, with a bitter feeling of getting separated from my son, whom, with all my reason and detachment, I somehow love very much.

But the second experiment of matrimony has been a stab in the back, less fatal but more crushing. The first woman had education and intelligence though she lacked softness, softness of speech and manner, and of love. That hurt me. This woman on the other hand has neither that education nor intelligence and has a cringiness of the lower middle class of a Panjabi small town. One gave me the feeling of sand and stones, the other woman gives me the the feeling of rubbish and drain water. And therein lies the hope. One can clear the rubbish and filter the drain water but one cannot turn the sand into wheat flour. That is why I have not yet given up my hope with Pushpa, though her hysteria has already led me to wilder hysteria. A contagious disease, this hysteria.

The bitterness of the new experience could have been fatal for me but for one redeeming feature: this time I have not lost my creativity, but on the other hand, have got into deeper urges of it, though only through sheer vengeance, or through sheer resignation or just through the will to survive.

Gulmarg : 3.6.61

Was it chance or deliberation? I do not know. Only a few days back, going to the club I had thought, what if all of a sudden I run across Navneet there? And today I did run across him. He passed by my balcony with his mother in the morning. I did not recognise the bespectacled lady coming from the Post Office side first. And suddenly I did. I do not remember whom I recognised first, her or Navneet. But there they were. The tiny toddler looked back twice. I got down and called him. He first hesitated and then came. What love! What bliss! When he embraced me I felt the abyss in my heart was filling. When he kissed me, I felt I was at the top of the world. My son! My flesh and blood! Just myself! How wonderful! He came again an hour later and the four hours with him were joy unbounded; joy that is also pain; pain that is pleasure and pleasure that is sorrow. I was cut in the deep within and healed at the same time; trodden over and elevated.

How ignorant and yet how very understanding he is. "Won't you come to my room?" he said and never once insisted that I must. He is just the son I could wish for; so much after the pattern of my heart! And yet I have to live away from him and at what cost?

I understand he is going to be here for a week. My goodness, how will this week be spent? My son, beloved little son, living only a few yards away from me and coming to meet me as a guest! What irony!

It is getting to be eleven and I must sleep. But shall I sleep?

26.1.62

कहानी *मफ़लर वाला चेहरा* का एक पन्ना टाइप किया।

छब्बीस जनवरी का पृष्ठ खोला और लिखने लगे यहाँ—एक पृष्ठ आगे। क्या इसका भी कोई मनोवैज्ञानिक कारण है?

27.1.62

रात बारिश हुई। भीगा हुआ दिन है। विशेष कुछ नहीं।

28.1.62

आज *मृच्छकटिक* का अनुवाद पूरा दोहरा दिया।

29.1.62

लहरों के राजहंस का काम शुरू कर दिया।

30.1.62

कुछ पृष्ठ और लिखे।

रूस में प्रकाशित कहानी संग्रह की प्रति डाक से प्राप्त हुई।

1.2.62

नाटक का काम चल रहा है। क्या पूरा हो पायेगा?

29.2.62

कितना नाटकीय रहा है यह महीना! पहली तारीख को ही बी पुष्पा जमशेदपुर आ धमकी थी। कितना आकस्मिक था उसका आना—फिर भी कितना प्रत्याशित! ...और उसके बाद के दो दिन। क्या ज़िन्दगी भर वे दो दिन कभी भूले जा सकते हैं?

पहले दिन आकर शाम की गाड़ी से वह चली गयी थी। स्टेशन पर उसने बखेड़ा खड़ा करना चाहा था, मगर किसी तरह उसे गाड़ी में बिठा दिया था। रात

को खाने की टेबल पर बैठे हुए चमन ने कहा था, "मैं नहीं समझता था कि वह आकर इतनी आसानी से चली जायेगी। चलो, सस्ते में जान छूट गयी।"

"मगर यह बहुत मुमकिन है कि वह कल सुबह की गाड़ी से लौट भी आये," मैंने कहा था।

"यू आर ए लिमिट!" कहकर चमन हँस दिया था।

मगर दूसरे दिन सुबह नहा कर टाई बाँध ही रहा था कि वह सचमुच लौट आयी।

चमन रात की गाड़ी से राँची चला गया था। घर में रेखा, अनिल, भूपसिंह और मैं—हम चार व्यक्ति थे।

उस सुबह से अगले रोज़ शाम तक—उफ तौबा! क्या सचमुच कोई स्त्री अपने होशो हवास में वे सब हरकतें कर सकती हैं?

मगर डॉक्टर या श्री शेषन तथा रामचन्द्रन के आने पर उसका रूप सहसा कैसे बदल जाता था।

श्री शेषन की समझदारी से ही उस रात उसे भेजा जा सका। अगले दिन चमन के लौटने पर मेरे हवाई जहाज से दिल्ली जाने की सलाह बनी।

दिल्ली पहुँचकर जो नक्शा सामने आया उसे भी क्या भूला जा सकेगा?

5/2 शाम को पहुँचे—ताला तोड़ना पड़ा।

6/2 उसकी बहन का लड़का।

7/2 खामोशी।

8/2 बी का आगमन—करोल बाग से कमलेश्वर को साथ लिया। राजपाल के यहाँ का दृश्य—टैक्सी ड्राइवर जीतसिंह 552—फिर राजकमल।

टेलीफ़ोन पर प्राप्त सूचनायें।

रात को ओमप्रकाश के घर हुई बैठक—फ़ैसला हुआ कि अगले दिन आकर वह वहाँ से अपना सामान ले जायेगी।

9/2 वह नहीं आयी।

घबराहट हुई। कमलेश्वर के यहाँ से प्रद्युम्नसिंह को अमृतसर भेजा। रमेश की दावत थी किरण के यहाँ।

10/2 राजकमल में फिर गये। किसी तरह निकल कर टैक्सी में घूमता रहा। फिर शीला सिनेमा में *Solomon & Sheba* देखी। वहाँ एक रूमानी घटना घटित हुई।

11/2 सुबह अम्माँ आ गयीं। वोहरा से भेंट—रिवोली के दो चक्कर—कमलेश्वर टैक्सी में रहा—बातचीत के बाद फिर टैक्सी में।

12/2 गिरधारी लाल, मोहन, वोहरा और पुरी से बातचीत दरियागंज में—फ़ैसला।

13/2 वह सामान ले गयी। मोहन को बस पर चढ़ा दिया।

14/2 अम्माँ को कीर्तिनगर छोड़ दिया।

15/2 16/2 पैकिंग, शिफ़्टिंग।

17/2 अम्माँ चली गयीं।

18/2 अपनी पैकिंग। शरत्-रमेश के साथ।

19/2 दीनानाथ से भेंट—ज्ञान की बात। टेलीफ़ोन! श्री चौहान से भेंट।

20/2 तैयारी—यात्रा।

21/2 कानपुर—वही स्त्री—दूसरे लोग।

22/2 इलाहाबाद।

23-26/2 कलकत्ता—श्री शान्तिप्रसाद जैन तथा श्रीमती रमा जैन से बातचीत तथा नौकरी का निश्चय।

27/2 जमशेदपुर।

28/2 विश्राम।

इसी महीने एक नये जीवन का सूत्रपात होगा—सम्पादकीय जीवन का। इससे आगे का जीवन क्या व्यवस्थित होने लगेगा?

1.3.62

घर पर F. Ap से भेंट। बातचीत। चाय की दो प्यालियों के इधर-उधर।

4.3.62

गाड़ी जमशेदपुर से चल दी है।

जमशेदपुर रहकर इस बार खाने-पीने और सोने के सिवा कुछ नहीं किया। थकान इतनी थी कि कुछ किया जा ही नहीं सका। सचमुच रेखा और चमन कितने निकट के आत्मीय हैं। 8 जनवरी और आज के बीच इन दोनों ने जो कुछ किया है, उसे भी कभी भूला जा सकता है क्या?

और अनिल के प्यार को भी?

सवा आठ हो रहे हैं और गाड़ी किसी छोटे-से स्टेशन पर आ रुकी है। जाने कौन सी ताज़ा चीज़ है जिसकी आवाज़ अँधेरे में लगाई जा रही है। इस अपरिचित स्थान का अँधेरा भी आज मुझे कितना आत्मीय लग रहा है।

6.3.62

इलाहाबाद में एक दिन गुज़ार कर आगे की यात्रा पर चल दिया। यह यात्रा कल दिन के दो बजे तक चलेगी।

जीवन जिन भयावह परिस्थितियों में से गुज़रा है, उनकी एक उदासी मन में है। सोचना चाहता हूँ कि वह सब अब बीत गया है—परन्तु क्या सचमुच बीत गया है।

मेल गाड़ी की तेज़ रफ़्तार—तेज़ी से गुज़रते हुए अँधेरे के साथ—मन-की सतह पर जमी हुई काई—दूर न जाने कहाँ दूब के उगने का-सा आभास—क्षितिज के छोर पर खोये हुए नक्षत्रों की लिखी हुई लिपियाँ—क्या आज धरती इतनी उर्वर रह गयी है कि इससे उगा हुआ सच्चाई और ईमानदारी का बीज पनप सके? मगर मैं नास्तिक क्यों हो रहा हूँ? धरती अनुर्वरा कब रही है?

एक दिन सब कड़ुवाहटें बीत जायेंगी। मगर उससे पहले अपना आप भी क्या बीत चुका नहीं होगा?

7.3.62

सुबह और सिर दर्द—इन दोनों का साथ कब छूटेगा?

20.3.62

आज बेदी साहब ने अपना *सेल्फ़ पोर्ट्रेट* लाकर सुनाया तो तबीयत खिल उठी। मन हुआ कि जाकर उनके हाथ, और हाथों के साथ वह झुर्रियों वाला माथा चूम लूँ।

21.3.62

9 तारीख को ज्वाइन किया था—तब से अब तक समय ही नहीं मिला। अभी तो काम में मन लगा हुआ है, आगे की कहना मुश्किल है।

17 से 'भारती' की भागदौड़ रही। अच्छा है, शान्ति से निपटारा हो गया। बच्ची को महसूस नहीं हुआ, यह सबसे अच्छी बात है।

हवा में वासन्ती स्पर्श और अपना अकेलापन—यह तो जीवन भर की समस्या है मेरे भाई।

होली का दिन। खेलोगे? कैसे? कहाँ किससे?

...शाम को साहित्यिकों की होली है—होली हुड़दंग!

अब तो घर के आडम्बर से ही मन भागता है। फ़्लैट लेकर रहने को मन नहीं होता। क्या ऐसे ही नहीं कट सकती?

1.4.62

महीना वैशाख का।

नयी फसल आयेगी।

मगर मुझे वही घुन खाये गेहूँ के दाने खाने को मिलेंगे। उसी बन्द कमरे की बुसी हुई हवा में साँस लेनी होगी।

क्यों?

क्योंकि मैंने नयी फसल के स्वागत में एक गीत लिखा था, ताज़ा हवा को

अन्दर लाने के लिए अपनी साँकल को छुआ था।

मैं गुनहगार हूँ, मुझे पाप की सज़ा मिलनी ही चाहिए।

मगर महीना वैशाख का है। क्या मेरी सज़ा केवल वैशाख भर के लिए टाली नहीं जा सकती?

मेमोरेंडम

पुष्पा ने बम्बई में भी वही बखेड़ा किया। नतीजे के तौर पर मामला अब अदालत में है।

बम्बई : 1.10.62

...तो आज मैनेजमेंट ने लॉक आउट कर दिया। सुबह दफ़्तर पहुँचे तो दरवाज़े के आगे जाली खिंची हुई थी...।

2.10.62

...आज हड़ताल का बारहवाँ दिन है। दफ़्तर अस्थायी रूप से रिट्ज होटल के कमरा नम्बर 305 में चला गया है। आज वहाँ सब लोग इस तरह जमा थे जैसे षड्यन्त्रकारियों का गिरोह हो। एक कमरे में बड़े अफ़सर गप कर रहे थे और दूसरे में छोटे अफ़सर 'काम' कर रहे थे।

अफ़वाह है कि दिल्ली के दफ़्तर में भी हड़ताल हो गयी है। हड़ताली अपनी माँगों पर डटे हुए हैं, लॉक आउट का उन पर खास असर नज़र नहीं आता। साह और के.सी रामन दफ़्तर होकर आये थे। बता रहे थे कि हड़तालियों का हुजूम दफ़्तर के बाहर जमा था—मगर वे तोड़-फोड़ की मनःस्थिति में नहीं थे। सब लोग शान्त थे—मगर अपनी जगह मज़बूत।

कल जे.सी. के घर से आकर Bombelli's में चाय पीते हुए अच्छी चुहलबाज़ी रही। Crosswords के मिस्टर...सबसे loyal servant की तरह बात कर रहे थे और सबसे ज़्यादा घबराये हुए थे।

उस दिन (शुक्रवार को?) दफ़्तर के बाहर खासा मुज़ाहिरा हुआ। जे.सी. के खिलाफ़ जो प्लेकार्ड बनाये गये थे उनमें से कुछ इस तरह थे :

1. J C
This is your harem.
2. J C. must go.

बम्बई : 7.11.62

चन्द दिनों में कितना कुछ हो गया।

6 अक्टूबर को लॉक आउट हट गया था। उस दिन से लोगों की जान में जान आयी।

...16 अक्टूबर को त्यागपत्र दे दिया। 18 को अजन्ता-एलोरा की तरफ़ निकल गये। 22 को लौटकर आये। पता चला, कलकत्ता से बुलाहट हुई है। 23 को सुबह के प्लेन से कलकत्ता चले गये।

23 को श्री एस.पी. जैन के यहाँ खाने के बाद लम्बी बातचीत हुई।

24 को सुबह श्रीमती रमा जैन से फिर बातचीत हुई।

25 को सुबह फिर श्री और श्रीमती जैन से बातचीत हुई। चीन के संकट के बावजूद कई घंटे बात होती रही।

अपने में यह तजुर्बा काफ़ी रोचक रहा।

26 की रात को जमशेदपुर चले गये और 27 की रात को लौट आये।

28 को शाम के प्लेन से वापस बम्बई पहुँच गये।

इन दिनों जे.सी. का रुख काफ़ी बदला हुआ नज़र आता है। मगर इरादा नौकरी में रहने का बिलकुल नहीं है।

रात *कंचनजंघा* देखने गया। दार्जिलिंग के प्राकृतिक सौन्दर्य का बहुत सुन्दर चित्रांकन है। कहानी human details और अच्छे screenplay के बावजूद आरोपित लगी।

बम्बई : 2.12.62 (सुबह)

त्यागपत्र के विषय में मिस्टर राय से बातचीत हुई थी। वे कलकत्ता बात करके आये। 15 फरवरी को रिलीव करने की बात लिखकर दी गयी है।

फ़्लैट खाली करने के लिए नोटिस दे दिया है। कार बेचकर कम्पनी के कर्ज़ की रकम चुका दी है। (यह कार भी एक कहानी ही रही!)

अब जगह बदलने की तैयारी करनी होगी। अम्माँ वरीन के साथ अपना कमरा लेकर रहेंगी (फ़िलहाल)। अपने लिए—वसुधैव कुटुम्बकम्!

इन दिनों दफ़्तर जाना और वहाँ कई घंटे कुर्सी पर बैठना बहुत अजीब-सा लगता है। मगर कोई चारा भी तो नहीं है।

इस बीच Asia Society की मिसेज़ क्राउन (Bonny?) आयी थीं। लंच रूम में रूबेन की पार्टी में तथा गुलमोहर में—तीन बार उनसे भेंट हुई। मसला कोई भी हो, राजनीति या साहित्य, ये ससुरे अमरीकन बात एक-सी बेहयाई से करते हैं।

दफ़्तर में आकर लोग त्यागपत्र के सिलसिले में जो तरह-तरह की बातें करते हैं, वे काफ़ी रोचक लगती हैं।

कल शाम को अवस्थी ने बियर की बोतलों को पहुँचाया। उसी समय राजेन्द्र सिंह बेदी और बलवन्त गार्गी आ गये। दो घंटे दौर चलता रहा। गार्गी अपने पेरिस

और रोम के अनुभव सुनाता रहा (soft, sentimental, bookish)। उठकर खाना खाने नैनकिंग चले गये। लगभग खाली था। खाने के बाद घंटे भर की मीटिंग Bombellis में हुई। कॉफ़ी का दौर चला। बेदी ने मुल्कराज आनन्द के बारे में जो कुछ बताया और गार्गी ने गुरुमुखसिंह मुसाफ़िर के बारे में—वह काफ़ी रोचक लगा।

स्वास्थ्य ठीक नहीं है। इस बारे में कुछ करना चाहिए।

1.1.63

रात काफ़ी चहल-पहल में बीती। डेढ़ बजे तक सी.सी.आई. में थे—इसके बाद चार बजे तक एन.एस.सी.आई. में। सी.सी.आई. में प्रायः बुड्ढों की भीड़ थी, एन.एस.सी.आई. में तरुणों की। अपने जैसे लोग दोनों जगह मौजूद थे। रात के बारह बजे डांसिंग फ़्लोर के हुड़दंग में भी शामिल रहे—उस वक्त तबीयत खुश थी।

दिन भी खुशी-खुशी चढ़ा। ग्यारह बजे सोकर उठे। नहाकर गेलॉर्ड में कॉफ़ी पी। फिर घसीटा हलवाई के यहाँ जाकर पूरियाँ खाईं। बाद दोपहर दोस्तों के साथ घूमते कहकहे लगाते रहे।

शाम रेखा के साथ एनी के यहाँ चले गये। कुछ देर बाद दोनों के साथ आकर Bombellis (Warden Road) में बैठे रहे। वे दोनों पेरिस के lesbian clubs के विषय में बातें करती रहीं।

वहाँ से उठने तक तबीयत उदास हो चुकी थी हालाँकि जब एनी के घर की तरफ़ जा रहे थे तो अचानक कुछ क्षणों के लिए लगा था जैसे यह शाम ज़िन्दगी की सबसे हसीन शामों में से हो।

इस वक्त कमरे में हैं—Chateau Windsor Guest House के 12 नम्बर कमरे में। फ़्लैट कल खाली कर दिया है। अपने लिए इसी तरह की ज़िन्दगी ज़्यादा स्वाभाविक लगती है।

कमरे में एक आदमी और है। उसे सुबह पहली बार देखा था। नाम उसने बताया था, याद नहीं रहा। वह दक्षिणी अफ्रीका का रहने वाला है। परसों सुबह के जहाज़ से वापस जा रहा है। चला जायेगा तो पूरा कमरा अपने रहने को हो जायेगा। इस तरह कमरा बाँटकर रहना अच्छा नहीं लगता।

वह आदमी लेटा हुआ खाँस रहा है। कमरे में एंटीसेप्टिक मरहम की गन्ध फैली है। जाने उसे एक्ज़ेमा की शिकायत है या केवल सिरदर्द की। वह बीच-बीच में मेरी तरफ़ देख लेता है, मगर खामोश है। अचानक वह उठकर बैठ गया है। वह कह रहा है कि उसे खाँसी-जुकाम और बुखार है। उसका जहाज़ परसों जायेगा। मोंबासा। वहाँ से शायद वह हवाई जहाज़ पकड़े। मुझे उसे देखकर मैथिलोन और सामी की याद आती है। 12 साल की ज़िन्दगी में इतना परिवर्तन आया है, फिर भी वह जहाँ की तहाँ रही है।

मन हो रहा है कि उठकर कहीं चला जाऊँ। मगर कहाँ?

वह आदमी बाहर चला गया है। मैं सोच रहा हूँ कि क्या अम्माँ इलाहाबाद में अकेली रह लेंगी? आज तक अकेली रही नहीं कभी। मगर चारा भी तो नहीं था। उन्हें किसी तरह यह आदत डालनी ही होगी। तभी तो मैं यह ज़िन्दगी जी सकूँगा—अकेले रहने और भटकने की ज़िन्दगी।

मन उदास है, इस उदासी में भी एक मिठास है। मैं यह उदासी खोना नहीं चाहता। इसमें से निकलना भी नहीं चाहता। लगता है, जैसे यह उदासी अन्दर के ज़ख्मों पर लीपा हुआ एक मरहम है।

कुल चवालीस सुबहें बाकी हैं—आज के और मुक्ति के दिन के बीच!

परसों से काम शुरू करूँगा। जब तक कमरा अकेला नहीं हो जाता, अपना आप स्वाभाविक नहीं लगता। स्वाभाविक न लगने पर काम कैसे किया जा सकता है?

परसों की रात भी अजीब थी। शीला, सोम, सन्तोष, सोना, अनिल सब लोग रात भर फ़्लैट में थे। ढाई-तीन बजे तक गप होती रही। सुबह अजब घरेलूपन से चाय बनी। इतने दिन उस फ़्लैट में घर था। मगर वह घर नहीं लगता था। परसों घर उठ गया था, फिर भी शायद पहली बार वहाँ उस तरह के घरेलूपन का आभास मिला था। यह एक व्यंग्य था या compensation?

कमरे का पार्टनर भी बैठकर लिखने लगा है।...लिखा हुआ कागज उसने मरोड़कर रद्दी की टोकरी में डाल दिया है और बालकनी में चला गया है। उसे जाने क्यों नींद नहीं आ रही?

मुझे भी नींद नहीं आयेगी हालाँकि सुबह जल्दी उठ जाना है। खाँसता हुआ बीमार आदमी पास में लेटा हो तो अपना आप भी आधा बीमार-सा ही लगता है।

यह इस साल की शुरुआत है। अगले साल की शुरुआत भी शायद ऐसी ही होगी और उससे अगले साल की भी। यह सब अपनी और सिर्फ़ अपनी वजह से ही है। अपने आपको आदमी कैसे बदल सकता है? और बदलने की ज़रूरत भी क्या है?

2.1.63

और कुछ न सही, डायरी ही सही। प्यारे, रात का खाना हजम करने के लिए कुछ तो लिखा करो।

खाली दिन खाली आया और खाली ही बीत गया। पुरलुत्फ़ बात एक ही हुई कि दाढ़ी आज हज्जाम से बनवायी। उसने गर्म तौलिये में मुँह लपेट कर मल दिया तो जवानी के (!) दिन याद हो आये।

प्यारे खानाबदोश, अब मुसाफ़िरखाना हाज़िर है। गाड़ियाँ प्लेटफ़ार्मों पर लग

रही हैं—तुम्हारे लिए। यह तो तुम तय कर नहीं सकोगे कि किस गाड़ी का टिकट लो, सो जो गाड़ी सबसे पहले नज़र आ जाये, उसी में सवार हो जाना। कहीं न कहीं तो पहुँचोगे ही, चाहे पहुँचकर कहीं और को हो लेना।

साथ के बिस्तर पर सोने वाले आदमी की शायद इस कमरे में यह आखिरी रात है (नाम उसका अब भी मालूम नहीं)। दोनों बार आने पर कम्बख़्त कमरे में दिखाई नहीं दिया! रात को आऊँगा तो सो रहा होगा। सोकर उठूँगा तो रवाना हो चुका होगा।

नियति है प्रिय, यह मेरी, तुम्हारी और उसकी...

यह 'उस' कौन है, डियर?

13.1.63

सोचा था, आठ जनवरी को डायरी लिखूँगा। याद ही नहीं रहा।

बम्बई : 15.9.63

नहीं सोच पा रहा कि क्या लिखना चाहता हूँ। क्यों आज महीनों बाद डायरी उठाई है...क्यों कुछ पंक्तियाँ लिखकर एक पन्ना फाड़ दिया है...क्यों दूसरी बार लिखकर तीन शब्द काटने के लिए रुका हूँ...मन सुलझ रहा है या अभी उलझन में है?

एक हलचल ज़रूर है। अशान्ति। कोई चीज़ अन्दर ही अन्दर काट रही है। क्यों? किसी की वजह से? क्या वजह अपना आप ही नहीं?

शायद। हालाँकि मानने में तकलीफ़ होती है। पिछले कुछ सालों में बहुत-बहुत उलझा हूँ। ज़्यादातर उलझनें अपने स्वभाव की रही हैं। सच, कैसा हूँ मैं? कहीं बहुत रूखा, कहीं बहुत कोमल। एक क्षण बहुत खुश, दूसरे क्षण बहुत उदास। हालात ने मन को बहुत कन्फ्यूज़ कर दिया है। किसी क्षण अपने पर बहुत विश्वास होता है, किसी क्षण बिलकुल भी नहीं रहता। कभी अपना आप बहुत भरा हुआ लगता है—इतना कि बरसों लिखकर भी हल्का न हो। पर थोड़ी ही देर में स्थिति बिलकुल दूसरी हो जाती है। लगता है कि यह एक झूठा भ्रम है, केवल एक निराधार उत्कंठा। वरना अपने में कुछ है नहीं। साल पर साल गुज़रते जाते हैं। उम्र बीतते-बीतते शायद बीत ही जायेगी—एक खोखले असन्तोष में। कुछ समझ में नहीं आता। बहुत बार ख़ुद ही तो कहा है—कुदरत का मज़ाक होते हैं कुछ लोग। योग्यता उनमें नहीं हो तो सिर्फ़ एक हलचल होती है। तत्त्व नहीं होता सिर्फ़ आभास होता है। वह आभास ही ज़िन्दगी भर छलता रहता है। कहते हुए भी मन में हौल उठा करता है।...अपने अन्दर की हलचल भी आभास की छलना ही तो नहीं?

इस वक्त मन परेशान क्यों है? क्यों तिन्नी को बार-बार डाँट देता हूँ? वह

गरीब बहुत नयी, बहुत अधपकी है, इसीलिए? आसपास के सब लोग ज़्यादा पके, मँजे हुए हैं। वह गरीब कोशिश करके भी उस स्तर तक उठ नहीं पाती। मेहनत की आदी भी नहीं है। मन उसका ज़रूरत से ज़्यादा रूमानी है। इतना कि किसी भी क्षण मुझसे तटस्थ नहीं हो पाती। किसी भी क्षण अपनी रूमानी कल्पना से बाहर नहीं जीती। काम करती है, मगर उसमें जी जान से अपने को खो नहीं पाती। अकेला होता तो उसे ज़्यादा प्यार से समझाता। दूसरों की वजह से उलझ जाता हूँ तो डाँटने लगता हूँ। चाहता हूँ कि मेरे मन की हर बात वह कहे बिना समझ जाये। वैसे ही काम करे। मेरे बरसों के संस्कार वह चार दिन में अपने अन्दर समेट ले। वह भी चाहती है। कोशिश करती है। पर बार-बार थक जाती है। बार-बार सब कामों से हटकर मेरे पास खिंच आती है। मुझे बुरा नहीं लगता। अच्छा लगता है। मुझे ख़ुद इस चीज़ की भूख है। गहरी भूख। वह तटस्थ हो रहे तो खुद मुझी को बुरा लगेगा। पर हर क्षण उसे दूसरों की नज़र से भी देखता रहता हूँ। चाहता हूँ कि वह पहले उन नज़रों से सही उतरे, बाद में मेरी नज़र की तरफ़ ध्यान दे। चाहे मुझे उसमें तकलीफ़ ही हो।

अब नींद नहीं आ रही। मन था उसे देर तक समझाऊँ। पर अवस्था ऐसी नहीं है। वह दूसरे कमरे में है। इस कमरे में मैं हूँ, राज है, बासु है। वे दोनों सो गये हैं। साथ के कमरे में भी सब लोग सो गये हैं। शायद तिन्नी भी। मुझे बहुत गुस्सा है उस पर। बहुत तरस भी आ रहा है। जब भी ऐसी व्यवस्था होती है, वह ज़ाहिरा तौर पर खुशी से स्वीकार क्यों नहीं कर पाती? इतनी मेच्योरिटी उसमें क्यों नहीं है? कब आयेगी? आयेगी भी या नहीं? वह क्यों नहीं समझ पाती कि अपने इस रूमानी बचपने से, दूसरों के बीच अपनी कमज़ोरी ज़ाहिर करके, वह मेरे प्राइड को चोट पहुँचाती है। उन सबके बीच जो आज तक मुझसे छोटे रहे हैं, वह मुझे छोटा बना देती है? क्यों नहीं समझ पाती वह कि मुझे भी उसकी उतनी ही जरूरत महसूस होती है, सिर्फ़ मैं जब्र करना जानता हूँ? क्योंकि मैं नहीं चाहता कि मेरी या उसकी तरफ़ से कोई भी ऐसा व्यवहार हो जो मुझे छोटा बना दे?

दिल घबरा रहा है। खाना ज़्यादा खाया है। महज़ शेखी में। अब क्या हो सकता है? यह तो खाते वक्त सोचना चाहिए था। मगर मैं वक्त पर कब सोचता हूँ?

8.10.63

मन शान्त नहीं है। कभी शान्त हुआ भी है मन? लिखने लगूँ तो जाने क्या-क्या लिख जाऊँगा। अच्छा यही है कि फ़िलहाल अपने को रोके रहूँ और उम्मीद करता रहूँ कि शायद...।

नयी दिल्ली : 26.4.64

जालन्धर छोड़ने के बाद से डायरी लिखने की आदत ही लगभग छूट गयी है। धूल भरी डायरियाँ उठाकर देखता हूँ कि कहीं-कहीं कुछ पंक्तियाँ कभी लिखी हैं, बस...।

और अब भी यहीं आकर विराम...मुझे हुआ क्या है?

नहीं, कुछ-न-कुछ ज़रूर लिखूँगा। भले इतना ही कि आज इतवार है—अप्रैल की छब्बीस तारीख। दिन के...मगर घड़ी तीन तारीख को शिमला जाते हुए रास्ते में टूट गयी थी। अब तक उसकी मरम्मत नहीं हो पाई। पैसे न होने की वजह से।

आज इतवार है। सोचा था उठकर लेख पूरा करूँगा, पर उसे हाथ नहीं लगा पाया। पहला लेख लिख रहा हूँ, अंग्रेज़ी में। पता नहीं बन पायेगा या नहीं।

आज आगे लिखना असम्भव है। कल कोशिश करूँगा।

नयी दिल्ली : 2.6.64

...सातवाँ दिन है आज कि कुछ लिखा-पढ़ा नहीं जाता। सोचा भी नहीं जाता। कमरे के बाहर से अक्सर कौओं की आवाज़ें सुनाई देती हैं। पहले भी ऐसे ही आती होंगी ये आवाज़ें पर सुनायी नहीं देती थीं।

आसपास के सारे माहौल से मौत की गन्ध आती है। अपने से भी। राजधानी में चलती हुई राजनीतिक जोड़-तोड़ मौत की घाटी में कुलबुलाते कीड़ों की याद दिलाती है।

27 मई की दोपहर को अपने पुराने कागज़ छाँट रहा था। बरसों के पुराने कागज़। छाँटने का उत्साह न ला पाने के कारण ये कागज़ ज़्यादा-ज़्यादा उलझते गये थे। बरसों इन्हें साथ-साथ लिये फिरा था। बीच-बीच में महीनों ये एक या दूसरी जगह बन्द रहे थे। कभी खुलते भी थे तो सैकड़ों और कागज़ों के साथ उलझकर, पहले से ज़्यादा बेतरतीब होकर, फिर बन्द हो जाते थे। हमेशा सोचता था कि किसी न किसी दिन इन्हें छाँटूँगा।

पहले भी दो-एक बार बेकार कोशिशें की थीं। उस दिन एक और कोशिश कर रहा था। अनीता हाथ बँटा रही थी। अकेले तो शायद कोशिश ही न कर पाता।

सुबह से हम लोग काम में लगे थे। बारह-साढ़े बारह बजे कमलेश्वर आ गया—जर्मन स्कॉलरशिप का फ़ार्म भरने के लिए। घंटा-डेढ़ घंटा उसके साथ निकल गया। इस बीच खाना भी खा लिया।

कमलेश्वर के चले जाने पर फिर शुरू किया। पर दस ही मिनट में कमलेश्वर नीचे से लौट आया। चेहरा उड़ा हुआ था। उसके मुँह से बस इतना ही निकला, "Nehru is dead...dead."

नयी दिल्ली : 8.6.64

कल रात फिर वही हुआ जो एक बार इंडस कोर्ट में हुआ था...बल्कि उससे भी भयानक था इस बार का पागलपन...आज मन बिलकुल टूट गया है...जैसे कोई उम्मीद बाकी न हो...

दूध की तरह उफनती भावना...पर जैसे किसी ने इसमें एसिड मिला दिया है...

...तुमसे सच नहीं कहा था किसी ने कि तुम एक अभिशापित व्यक्ति हो जिसके लिए कोई—कोई रास्ता नहीं है?

दिन भर मन पर जड़ता छायी रही। आज पंडित नेहरू का अस्थिप्रवाह था इलाहाबाद में। सुबह रेडियो कमेंटरी भी नहीं सुनी। मदन के यहाँ मीटिंग में गया था—Short story quarterly के बारे में बात होती रही। मशीन की तरह बात करता रहा। मन बात में नहीं था। अपने में भी नहीं। लगता है, उन लोगों ने नोट भी किया। पर किसी ने कुछ पूछा नहीं।

कल बम्बई जाने का प्रोग्राम है।

नयी दिल्ली

और कुछ दिन बीत गये। कई प्रोग्राम बने और टूटे। बम्बई, गुलमर्ग, बम्बई, बम्बई, शिमला, बम्बई। जाना कहीं नहीं हुआ। बस एक बार चंडीगढ़ होकर लौट आया।

...दिमाग बिलकुल खाली-खाली रहता है। पढ़ने-लिखने को बिलकुल मन नहीं होता। गर्मी की वजह से भी और उन कारणों से भी जो कि रोज़ छोटी-छोटी बातों को लेकर पैदा हो जाते हैं।

कुछ दिन उन स्थितियों का ब्योरा लिखूँगा। हो सकता है उससे अपने सामने स्थिति कुछ स्पष्ट हो सके...!

नयी दिल्ली : 25.6.64

बात-बात में उसने एक ऐसी बात कह दी कि उसके पास से उठ आया। लगा कि खटपट से बचकर काम करने का एक ही रास्ता है कि उसे दो-एक महीने के लिए, कम-से-कम, बम्बई भेज दिया जाये। चुपचाप उठकर हजामत बनवाने चला गया। लौटकर आया तो वही रोज़ की बात। वह आकर गले में बाँहें डालकर और चेहरे से चेहरा सटा कर पास बैठ गयी। पहले चुपचाप उसे देखता रहा फिर दो घंटे उससे बात होती रही।

जब वह गम्भीर होकर बात करती है तो काफ़ी सचेत हो जाती है। कह रही थी कि emotional integration चाहे कितना हो, साँस की दो अलग-अलग नलियाँ होने का द्वैत तो रहेगा ही। खून का दौरा अलग-अलग दो दिमागों में जायेगा, तो कुछ तो अलग-अलग ढंग से वे सोचेंगे ही। फिर तुम कैसे उम्मीद करते हो कि मैं बिलकुल perfect हो जाऊँ, जैसे तुम चाहो। बिलकुल वैसे ही चलूँ, वैसे ही सोचूँ? मैंने अस्सी फ़ीसदी अपने को तुम्हारे साँचे में ढाल दिया है, बीस फीसदी अगर नहीं ढाल पाती तो उसके लिए क्या करूँ? दिन में पाँच मिनट लड़ाई तो किन्हीं भी पति-पत्नी में हो जाती है—बल्कि इससे ज़्यादा ही होती है। तुम कैसे चाहते हो कि मैं ऐसी हो जाऊँ कि कभी लड़ा ही न करूँ?

मैं उसे अपने बारे में बताता रहा, अपनी एकान्त की खोज के बारे में। जितना सुनती गयी, उतना उदास होती गयी। अन्त में रो दी। फिर बच्चों की तरह थोड़ा प्यार पाकर हँसने लगी। बोली, "मैंने तो सौ फीसदी अपने को तुम्हारे सामने सरेंडर कर दिया है। मुझे अपनी ज़िन्दगी तो जीनी ही नहीं है, जीना है सिर्फ़ तुम्हारे लिए, तुम्हारी इच्छाओं के अनुसार चलते हुए।" पर अगले ही क्षण मेरी इच्छा के अनुसार चलने के लिए मेरे मुँह से सिगरेट छीन लिया, "पढ़ा नहीं आज अखबार में कि कैंसर हो जाता है?" और खाना बनाने चली गयी।

पूछा कि पढ़ाई के लिए महीना-दो महीने राज भाई के पास बम्बई भेज दूँ तो गम्भीर होकर बोली, "देखो राकेश, जो भी तुम्हें ठीक लगे, एक बार सोचकर मुझे बता दो। मेरी मर्ज़ी की यहाँ वुकत ही क्या है? तुम कहोगे तो चली जाऊँगी।" और उसकी नाक जैसे कि अक्सर गुस्से में लम्बी हो जाती है, वैसे हो गयी।

अब खाँस रहा हूँ, तो नीचे दरी पर पड़ी-पड़ी कह रही है, "ना-ना-ना! खाँसना नहीं।"

26.6.64

आज मुक्तिबोध को भोपाल से यहाँ ले आया गया है। जिस अचेतन अवस्था में है, उसे देखकर डर-सा लगता है। शरीर में जान तो जैसे है ही नहीं। जिस शालीनता से उसकी धर्मपत्नी यह सब सह रही है, वह सचमुच प्रशंसनीय है। बचने की सम्भावना कितनी है, इसका पता डॉ. विग के लौट कर आने पर ही शायद चल सकेगा।

दिन में ज़्यादा वक्त घर से बाहर रहा। दोपहर को कुछ देर काम किया। रात को आने तक उसने एक कहानी लिख रखी थी—अधूरी...रेखा के साथ 'एल्प्स' में बिताई एक दोपहर को लेकर। पूछती रही कि कैसी लगी। कहा, पूरी कर लो तो बताऊँगा। इस पर ज़िद पकड़ बैठी। नहीं, बताओ। यही बता दो कि थीम

कैसी है। कहा कि पूरी होने से पहले कोई कमेंट नहीं दूँगा। इस पर मन्नू की अनलिखी कहानियों के उससे सुने प्लॉट सुनाने लगी। मना किया तो रूठकर बैठ गयी। फिर कमलेश्वर के संग्रह *खोई हुई दिशाएँ* की 'प्लॉटविहीन एब्स्ट्रेक्ट' कहानियों के प्लॉट सुनाने लगी। बोली कि ये तो कहानियाँ हैं ही नहीं, डायरी के अंश हैं—इससे अच्छी डायरी तो वह खुद लिख सकती है। मना किया कि अब रात के वक्त कहानियों की चर्चा से बोर न करो तो कोर्स की किताब उठाकर मार खायी-सी दोहरी होकर उस पर झुक गयी। बीच-बीच में शिकायत भरी नज़र से देखती रही।

और सब बात समझ जाती है—इतनी बात नहीं समझ पाती कि मुझे भी कभी अपने लिए एकान्त चाहिए, लिखने और सोचने के लिए समय चाहिए। उसे लगता है कि मेरा होना तो सिर्फ़ उसके लिए है—बस उसे देखने, प्यार करने और उसकी बातें सुनने के लिए—कम-से-कम उतना समय जितना कि घर पर रहूँ। कहेगी, "इतनी-इतनी देर तो तुम बाहर रह आते हो। मैं तुमसे कब बात करूँ? मेरी बात तुम्हें अच्छी लगती ही नहीं। मेरी बात तुम कभी सुनना ही नहीं चाहते। मैं सोचती थी कि तुम मेरे सहायक और पथ-प्रदर्शक बनोगे, पर तुम हो कि...।"

कहते-कहते कांशस हो जाती है। "सॉरी, सॉरी, सॉरी। मेरा यह मतलब नहीं था। सच, यह मतलब मेरा बिलकुल नहीं था। तुम जो कुछ मेरे लिए करते हो, वह तो है ही। पर मैं जो चाहती हूँ, वह क्यों नहीं करते? देखो, मन्नू यादव को अब भी अपनी कहानियाँ दिखाती हैं।"

"तो मैं क्या तुम्हारी कहानियाँ नहीं देखता? मैं तो बल्कि...।"

"बस यही तो बात है। तुम मुझे बस ताने ही दे सकते हो। जानते हो कि मुझे अभी ठीक से लिखना नहीं आता। जो कुछ मन में होता है, जैसे-तैसे कागज़ पर उगल देती हूँ। तुम चाहते हो तो नहीं लिखा करूँगी।"

"हाँ, यही तो मैं चाहता हूँ। इसीलिए तो तुम्हारी एक-एक कहानी दोहराने में इतना वक्त लगाता हूँ।"

"तो यह सब अपनी पत्नी के लिए ही तो करते हो। मैं तो यह कहानी लिखना ही नहीं चाहती थी, और भी कई कहानियाँ हैं जो मैं नहीं लिख रही। मेरे दिमाग में इस वक्त..."

"कम से कम सात कहानियों के प्लॉट हैं।"

"तीन कहानियों के प्लॉट हैं...ऐं...क्या कहा तुमने...अब मेरा मज़ाक उड़ाते हो न...मेरे साथ हमेशा तुम्हारा यही सलूक रहेगा—" और वह रोने लगती है।

घर से जाकर गर्मी में जिस्म टूटने लगा। लौटते में काफ़ी सिरदर्द था।

आकर खाना खाया। खाना खाते हुए आर्थिक परेशानी का ज़िक्र किया तो गुम-सुम-सी हो रही। बोली, "एक मेरी कहानी अभी पढ़ लोगे?" जैसे कि कहानी

पढ़ना आर्थिक समस्या का हल हो।

रात को चिट्ठियाँ लिखने बैठा, चौकी पर पास बैठकर ऊपर झुकी रही। पूछती रही, "अब कैसी तबीयत है?"

कुछ चिट्ठियाँ छाँटकर फ़ाइलों में रखने को दीं तो अनमनी-सी फ़ाइलों के पास चली गयी। फिर चिट्ठियों का पुलिन्दा एक तरफ़ रखकर फ़र्श पर लेट गयी। थोड़ी देर में मैं बाहर होकर आया तो बोली, "राकेश, तुम मुझे बम्बई भेज दो।"

उसके बाद माथे पर त्योरियाँ डाले कुछ देर लगातार बोलती रही कि किस तरह उसका यहाँ होना मेरे काम में बाधा डालता है—कि आर्थिक स्थिति को दृष्टि में रखते हुए उसका मुझसे दूर रहना ही ठीक है।

एक साँस में बोली, "तो मैं कल बम्बई जा रही हूँ" और दूसरी साँस में, "क्या मदन से कहकर तुम मुझे अभी इंटर की क्वालिफ़िकेशन के बेसिस पर कोई नौकरी नहीं दिलवा सकते?"

"तुम बम्बई जाना चाहती हो या नौकरी करना चाहती हो?"

इस पर उसकी त्योरियाँ गहरी हो गयीं और वह फिर कुछ देर लगातार अपनी परेशानी की बात करती रही—कि उसके मन पर बोझ लगातार बढ़ता जा रहा है—कि आखिर मेरे काम न करने के लिए उसी को ज़िम्मेदार ठहराया जायेगा—कि अभी वह बाईस साल की नहीं हुई, इतनी लम्बी उम्र किस तरह कटेगी—कि दो-एक साल में मन पक्का करके वह मेरे साथ केवल 'इमोशनल' सम्बन्ध रखेगी, शारीरिक सम्बन्ध बिलकुल खत्म कर देगी...।

28.6.64

रात (या सुबह) साढ़े तीन-चार तक बात का सिलसिला चलता रहा।

ग्यारह से बारह के बीच अपनी तैयारी करती रही। बारह बजे बोली कि गाड़ी आने वाली होगी, अभी चले चलें। मैंने कहा अभी रुको, मैं नहा लूँ, फिर खाना खाकर एक बजे तक चलते हैं। मैं नहा लिया तो खाना लेकर आ गयी। खाना खाकर मैंने कहा कि टैक्सी लाने से पहले मैं कमलेश्वर को बुलाता हूँ, उससे नमस्कार-अमस्कार कर लो। कमलेश्वर आया तो पहले दो-चार मिनट उससे बोली नहीं, फिर रोती हुई पास आकर बैठ गयी।

"क्या बात है?" कमलेश्वर ने पूछा।

"कुछ नहीं, बम्बई जा रही हूँ," और सारा चेहरा उसका आँसुओं से भीग गया।

"अपनी मर्ज़ी से ही जा रही हो न?" कमलेश्वर ने पूछा।

इस पर फूट पड़ी। "ये मेरी वजह से काम नहीं कर पाते। यूँ वजह चाहे आने-जाने वालों की हो, पर बात मेरे सिर पर ही आती है। सो मैं जा रही हूँ। देखूँगी, मेरे पीछे कितना काम करते हैं।"

बात खुलने लगी, तो खुलती गयी। कमलेश्वर चुप बैठा सुनता रहा। दो-चार बार मैंने बात काटकर रोकने की कोशिश की भी पर रुकी नहीं। ''मेरा नेचर ही ऐसा है तो मैं क्या करूँ। मैं बहुतेरा अपने पर कंट्रोल करती हूँ, पर नहीं कर पाती। बात दिन-प्रतिदिन बिगड़ती जाती है। आपको नहीं पता, कैसे-कैसे क्राइसिस में से हम लोग गुज़रे हैं। पहले तो ऐसी-ऐसी स्थितियाँ आया करती थीं कि बस...। मैंने अपने को कितना ही डेवलप पहले से किया है, पर जो नहीं हो पाता, उसके लिए क्या करूँ? मैंने सुबह कहा इनसे कि मुझे मत भेजो, मैं मर जाऊँगी। मेरे लिए वहाँ एक-एक साँस लेना असम्भव होगा। पर इन्होंने डाँट दिया कि बार-बार नये-नये प्रोग्राम क्यों बनाती हो? अब इसीलिए मैं जा रही हूँ।''

''तुम अपने मन से क्या चाहती हो?'' कमलेश्वर ने पूछा।

''अपने मन से अब जाना ही चाहती हूँ,'' और फिर रोने लगी।

मैंने फिर समझाना चाहा कि अब आर्थिक स्थिति इतनी खराब हो गयी है कि और रिस्क हम नहीं उठा सकते, तुम अपनी ही नहीं, मेरी भी तो स्थिति देखो। मुझे दोहरी परेशानी है—पूरे साल भर से चल रही है। एक तरफ़ तो पैसा नहीं है, उधार चढ़ता जाता है दूसरी तरफ़ कुछ लिख-पढ़ न पाने से वैसे भी अपने में व्यर्थता-सी लगती है। अगर बीच में दो-एक महीने हम एक-दूसरे को ब्रेक दें तो उससे हम लोगों के लिए अच्छा ही रहेगा।

''इस ब्रेक से मैं तो बिलकुल ब्रेक कर जाऊँगी,'' वह बोली। ''पर मैं कुछ कहती नहीं। आप चाहते हैं चली जाऊँ तो चली जाती हूँ।''

फिर समझाया कि 'इमोशन' पर काबू पाना कई बार कर्तव्य हो जाता है। कमलेश्वर ने भी समझाया। बोला, ''जाओ, टैक्सी ले आओ।''

''मैं अभी टैक्सी लेकर आता हूँ,'' कहकर मैं उठकर खड़ा हुआ। पीछे से कमलेश्वर भी आ गया।

टैक्सी आयी तो उसमें भी रोती हुई सवार हुई। सबको ऐसे हाथ जोड़े जैसे क्रॉस पर लटकने जा रही हो। रास्ते में मेरा हाथ हाथ में ले लिया। स्टेशन के पास पहुँचकर बताने लगी कि दवाई की शीशी कहाँ रखी है और—और क्या-क्या कहाँ-कहाँ पर है। आँखों में रुके हुए आँसू बार-बार नीचे ढुलक आना चाहते हैं।

स्टेशन पर उतर कर देखा कि जिस डायरी में रुपये रखे थे, वह घर ही भूल आया हूँ। कुल दस रुपये जेब में थे। गाड़ी के छूटने में सिर्फ़ पौन घंटा रहता था। लाचार दूसरी टैक्सी पकड़कर वापस चले आना पड़ा—यह सोचकर कि अब तो रात की गाड़ी से ही जाना हो सकता है।

शाम को जाकर उसकी सीट पठानकोट एक्सप्रेस में बुक करा आया। उससे पहले काफ़ी देर उसे भाषण दिया—बचकाना हरकतें छोड़कर एक गम्भीर स्तर पर मन को लाने के लिए। कुछ देर रुआँसी रही, फिर हारे-से भाव से माफ़ी माँगने

लगी। मैं गुस्से में बोलने लगा तो बोलता ही गया। लम्बा भाषण दिया कि उसका सारा attitude है—I versus the world, कि उसे अपने करने, होने, सहने, न सह पाने का ही एहसास रहता है—सारे परिवार को एक इकाई के रूप में लेकर वह 'हम' में नहीं जी सकती। और भी जो जो बातें मन में आयीं, कहता गया। वह कुछ नहीं बोली। बाँहों में सिर डाल कर पड़ी रही। कुछ देर बाद उठ आयी। "देखना, इस बार वहाँ से पूरी तरह बदलकर आऊँगी," हल्के से कन्धे पर सिर रखकर बोली। "जैसी तुम चाहते हो न, बड़ी और गम्भीर—वैसी ही बनकर आऊँगी। आज तक के लिए तुम माफ़ कर दो। कर दिया है न माफ़?"

मन उमड़ आया तो उसके सिर को सहलाता रहा। "अच्छा ठीक है, अब ये बातें छोड़ दो। अगर सचमुच अपनी बात साबित करना चाहती हो तो वहाँ जाकर ठीक से पढ़ो और सितम्बर में परीक्षा दो।"

"ज़रूर पढ़ूँगी। ज़रूर परीक्षा दूँगी। माफ़ तुमने कर दिया है न?"

"कर दिया है।"

"भाई को अच्छी-सी चिट्ठी लिखोगे?"

"लिख दूँगा"

"भाभी को भी।"

"उन्हें भी।"

"और देखो—इक्कीस को वर्षगाँठ के दिन ज़रूर आ जाना।"

"अच्छा।"

"ज़रूर।"

"कह दिया है न।"

"देख लेना, इस बार मैं वहाँ से कितनी अच्छी होकर आऊँगी।"

टिकट ले आने के बाद भी इसी तरह की बातें करती रही। आठ बजे खाना खा लिया। साढ़े आठ पर टैक्सी मँगवा ली। अम्माँ ने कहा, वे भी साथ चलेंगी।

स्टेशन पर टहलते और बातें करते रहे। रोने से मना किया था, सो अन्दर से रुआँसी होकर भी ऊपर से संयत रही। बताती रही कि रूमालों से लेकर चिट्ठियों तक कौन-सी चीज़ कहाँ रख आयी है। वही एक बात कई-कई बार। यह भी कहती रही कि सिगरेट कम पीना। आँखों से, होंठों से, बातचीत से लग रहा था जैसे यह लड़की लड़की न होकर पतली-सी खाल में भरी कोई भावना हो—एकान्तिक भावना जो कि एक व्यक्ति के समूचे अस्तित्व को काटकर, आप्लावित करके, यहाँ तक कि तहस-नहस कर के, स्वयं भी तहस-नहस हो जाना चाहती हो। उस समय उसके पहले के कहे शब्द मुझे याद आते रहे—"क्या किसी तरह मैं पूरी की पूरी 'फिज़िकली' तुम्हारे अन्दर नहीं समा सकती?"

और लग रहा था कि उसके शरीर को अगर कहीं से भी नाखून से कुरेद

दूँ, तो वह वहीं से जेलीफिश की तरह टूट जायेगी और पलों में बहकर अदृश्य हो जायेगी।

गाड़ी चलने से कुछ पहले अन्दर जाकर अपनी खिड़की की सीट के पास बैठ गयी—मेरे कहने से। गाड़ी ने सीटी दी तो देर तक हाथ दबाये रही। गाड़ी चली तो दूर तक हाथ हिलाती रही। पर अचानक गाड़ी रुक गयी। किसी का बच्चा नीचे रह गया था।

जल्दी से पास पहुँचे तो फिर हाथ पकड़कर बोली, "देखा, मैंने गाड़ी रोक दी है।"

गाड़ी दोबारा चली तो बोली, "अच्छा अम्माँ, अब नहीं रोकूँगी।"

फिर हाथ हिलाते-हिलाते गाड़ी दूर निकल गयी।

लौटते में बिना बात के अम्माँ पर गुस्सा हो आया। रास्ता भर 'शाउट' करता रहा।

29.6.64

आज पहला दिन है जब मैं घर में हूँ और वह घर में नहीं है।

दिन भर जमकर काम किया। शाम को रोज़ की तरह टी-हाउस कॉफ़ी-हाउस में गया। कनाट प्लेस का चक्कर लगाया। कुछ लोगों की धुनाई-खिंचाई की। कहकहे लगाये। मगर बार-बार ध्यान आता रहा—वह अभी गाड़ी में है...अभी पूरी रात का सफ़र उसे और करना है...।

घर आया तो बहुत-सी डाक पड़ी थी। अधिकांश चिट्ठियाँ उसी के नाम थीं—भाई और भाभी की तरफ़ से। रमेश बक्षी की चिट्ठी भी आधी उसी के नाम थी। मेरे नाम आई भाई और भाभी की चिट्ठियों में भी उसी का ज़िक्र था।

उसके नाम एक पत्र लिखकर ये सब चिट्ठियाँ साथ बन्द कर दीं। अब रात काफ़ी हो गयी। तय नहीं कर पा रहा कि बाहर सोना ठीक होगा या अन्दर।

1.7.64

कोशिश की कि आज बाहर सो जाऊँ, पर अभी तक नींद नहीं आयी। सो उठकर अन्दर चला आया कि और कुछ नहीं तो डायरी ही लिखी जाये।

...दिन में अकेले होना अच्छा लगा। लगा जैसे एक मुद्दत के बाद खुली हवा में साँस लेने का—अपने ढंग से जीने का—मौका मिला हो। लगा कि अकेलेपन की ज़िन्दगी—बिना किसी की किसी भी तरह की दखलंदाजी के—ही अपने लिए स्वाभाविक है। कि चौदह महीने खामखाह एक दीवार से लड़ते हुए गुजार दिये—अगर तभी से अकेलेपन में रहकर काम शुरू कर दिया होता तो अब तक जाने क्या-क्या लिख डाला होता।

शाम को मन्नू ने कहा, "अनीता बम्बई में ही है या लौट आयी?"

"वहीं है, क्यों?"

"आपका कुछ भरोसा थोड़े ही है कि तार देकर बुला ही लिया हो। या कल-परसों में खुद वहाँ पहुँच जायेंगे।"

"मैं बीस को जाऊँगा। इक्कीस को उसकी एनिवर्सरी है न, इसलिए।"

"वही तो मैं कह रही थी। पाँच दिन में उधर भागेंगे और कहने को यहाँ काम हो रहा है।"

घर लौटकर आया तो खालीपन महसूस हुआ। अम्माँ ने एक बार आवाज़ नहीं सुनी तो चिल्लाने लगा, "आपको तो मेरी आवाज़ सुनाई देती ही नहीं।"

बाहर जाकर लेटा तो अकेलापन और भी महसूस हुआ। लगा कि वह यहाँ होती, तो इस वक्त आइसबॉक्स खाली कर रही होती, दरवाज़े-खिड़कियाँ खोल रही होती। फिर पास आकर धीरे से कहती, "गुड नाइट!" दाँतों पर उसके दाँतों का तीखा दबाव और गालों पर उसके होंठों की गहरी मसलन महसूस हो रही होती। पास की चारपाई पर आकर लेटती, तो एक बार हाथ पकड़कर दबा देती। कहती, "सिर दबा दूँ?"

मना करने पर चुप हो जाती। फिर पूछती, "दवाई?"

फिर मना कर देने पर एक बार झुककर हाथ को चूम लेती। फिर दोबारा कहती, "अच्छा, गुड नाइट।"

2.7.64

सिनेमा हाउस में बैठे-बैठे सोचा कि एक उपन्यास लिखना चाहिए—दिल्ली की ज़िन्दगी के 'स्पाट नोट्स' के रूप में। ऐसा कि जिसमें ज़िन्दगी के कच्चे रेशे ही हों, कहानी न हो। इससे ज़्यादा कुछ नहीं सोच सका क्योंकि गर्मी बहुत थी।

अब रात हो गयी है। मतलब अकेले सोने का वक्त आ गया है। कितनी खोखली ज़िन्दगी होती अगर पिछले चौदह महीने इसी अकेलेपन में काटे होते।

मगर जब वह आ जायेगी तो दूसरी तरह से कोफ़्त हुआ करेगी। न इस तरह चैन है, न उस तरह।

5.7.64

अकेले घूमने में अच्छा भी लगा—गुज़रे दिनों के अकेलेपन की याद भी ताज़ा हो आयी। दिमाग में तनाव होने से हर जगह बेचैनी महसूस होती रही।

कभी-कभी लगता है कि अहिन्दीभाषी लेखक को हिन्दी में नहीं लिखना चाहिए। भाषा में सही मुहावरा लाने के लिए कितना सिर पटकना पड़ता है। और अपने हिन्दी-भाषी दोस्त हैं कि बिना परेशानी के लिखे चले जाते हैं।

उसे 'मिस' किया। मगर एक सुख तो है ही कि हर रात को लड़ाई-झगड़ा नहीं होता, भाषण नहीं देना पड़ता।

6.7.64

सुबह काम करने बैठा ही था कि अम्माँ ने ज़रा-सी बात पूछ ली—बुश्शर्ट धुलने देनी है कि नहीं। बस, दिमाग बिगड़ गया।

अनीता के फ़ॉर्म का पता करने चला गया। फ़ॉर्म नहीं मिला। आकर सो गया। उठने के बाद रात ग्यारह बजे तक काम करता रहा।

माँ को अभी सोये हुए देखा तो पछतावा होने लगा। कितनी सीधी है बेचारी। कभी कुछ कहती नहीं। इतना बोल लेता हूँ, तब भी।

बाहर मौसम अच्छा है। दिन भर बूँदाबाँदी रही। अब बूँदाबाँदी नहीं है।

8.7.64

अब रात है। यह तो तय है कि फ़िलहाल बम्बई नहीं जाऊँगा। मगर मन में न जा पाने का अफ़सोस भी है।

बार-बार मन उसी गार में लौट जाता है—आर्थिक परिस्थिति के आतंक के। बचना चाहता है पर फिर-फिर लौट जाता है। उसे सुलाकर नहीं रहा पाता। हर वक्त एक टेबुलेटर दिमाग में चलता रहता है, कहीं खतरे की घंटी बजती रहती है। एक खाई सामने नज़र आती रहती है। हालत वहाँ तक नहीं पहुँचती कि आदमी शराफ़त का लबादा उतारकर अपने को नंगा कर दे। मगर दूसरों के बीच फटे हुए सफ़ेद कपड़े पहनकर जीते हुए भी अपने को हर वक्त अपने नंगेपन का एहसास रहता है। बल्कि सफ़ेद कपड़े की ओट होने से नंगापन और भी नंगा लगता है।

कुछ दिनों से रोज़मर्रा का वह रुटीन टूटा हुआ है। अब नये सिरे से वह रुटीन शुरू नहीं होना चाहिए। अपनी तरफ़ से भी कोशिश करनी होगी। पर बहुत कुछ उसकी कोशिश पर भी निर्भर करता है।

तय किया कि आज से तीन महीने तक सिगरेट, शराब नहीं पियेंगे, बेमतलब टी-कॉफ़ी हाउस भी नहीं जायेंगे।

9.7.64

कल उसे आने को तार दिया था। आज सुबह मन हुआ कि नहीं, ख़ुद ही चलना चाहिए।

...गाड़ी रुकी हुई है। अनारक्षित डिब्बे में ऊपर की बर्थ पर चादर बिछा रखी है। रास्ते में अब जो भी हाल हो।

एक मुद्दत हो गयी धक्के खाते सफ़र किये। आरक्षित सफ़र की साहब मिज़ाजी

आदत ही बनती जा रही है। खामखाह आदमी अपने ऊपर एक-एक करके बन्दिशें लगाये जाता है। आज़ादी के नाम पर कदम-ब-कदम अपने को कैद किये जाता है। नौकरी की कैद से आदमी छूट सकता है, घर-गृहस्थी की कैद से भी। पर ये छोटी-छोटी कैदें...इनसे छूटने की तो शायद वह ज़रूरत तक महसूस नहीं करता।

डे-कम-स्लीपर के कंडक्टर ने कहा था, गाड़ी चलने के वक्त बता सकेगा कि वहाँ कोई बर्थ खाली है या नहीं। अब उसके पास जाकर पता करने का इरादा नहीं है। इस बार 29 घंटे का सफ़र इसी तरह सही।

गाड़ी रुकी हुई है। रेलवे लाइन के उस तरफ़ कितनी ही चिड़ियाँ फुदक रही हैं। बूँदें पड़ रही हैं। बहुत हल्की धूप भी है। उस तरफ़ की खिड़की के पास 'सिंगल' सीट पर एक पागल औरत बैठी है जो एक-एक करके सबकी तरफ़ घूर रही है। मुँह में शायद सबको गाली भी दे रही है। उसके अलावा और साथी हैं—दो फ़ौजी, दो सिविलियन।

हवा में ठंडक। एक उदास-सा सफ़र ज़िन्दगी का, लाइन के पत्थरों पर आते-जाते लोग। अपने में अधूरेपन का एहसास। एक लाइन छोड़कर अगली लाइन पर खड़ी हुई गाड़ी कहाँ जायेगी? स्लेटी बुश्शर्ट वाला आदमी कहाँ जायेगा?

अपने सिवा किसी के बारे में आदमी झूठी बातों के सिवा क्या सोच सकता है? कितनी झूठी बातें होती हैं जिन्हें अपनी कल्पना समझकर हम खुश हो लेते हैं।

गरदन पर एक कीड़े ने काट लिया है। शायद भिड़ ने। दर्द की टीस गरदन से कन्धे तक जा रही है।

गाड़ी नयी दिल्ली स्टेशन पर रुक रही है।

डाइनिंग कार। हर चेहरे का एक एंगिल होता है। खूबसूरती का और बदसूरती का। आदमी किसी को पसन्द करता है तो उसे खूबसूरती के एंगिल से ही देखता है। नहीं पसन्द करता तो बदसूरती के एंगिल से देखने लगता है।

भरतपुर। सोच रहा था उसके लिए एक अलग तरह की ज़िन्दगी के बारे में। मतलब इस साल की ज़िन्दगी से अलग।

...कि वह रंगमंच या और किसी गतिविधि को लेकर एक स्तम्भ लिखने लगे नियमित रूप से—तो उससे दोनों तरह से सुविधा हो सकती है। उसे बराबर के स्तर पर जीने का अवसर मिलेगा, साथ ही, मुझसे 'डाइवर्ज़न' हो जायेगा। कुछ आर्थिक सुविधा भी होगी।

देखूँगा, अगर भारती से इस विषय में बात की जा सके।

खुले हरे खेतों में से गुज़रते हुए सब कुछ खुशनुमा लगता है—शायद बरसात की वजह से। पगडंडियाँ गीली हैं, गड्ढों में हल्का-हल्का पानी है। खम्भे भीगकर निखर आये हैं। सपाट काली मिट्टी में हरी कोंपलें फूट आयी हैं। आकाश ऊँचा-ऊँचा-सा

लगता है जिससे दूर पेड़ों की पंक्तियाँ बौनी हो गयी हैं। गौएं और फूस-मिट्टी के घर सब एक ही तरह से सीधे एक भीगी खामोशी में डूबे से लगते हैं।

हरियाली ज़र्द हो आयी है। अँधेरा उतरने वाला है।

बयाना जंक्शन। धुएँ में ढँकी एक बत्ती—अपने दिमाग की तरह।

इस्पात के बने दिमाग हैं हम लोगों के जो कि अत्याधुनिक ढंग की स्ट्रीमलाइंड रचनायें रचते हैं। बहुत-बहुत पॉलिश्ड होती हैं ये रचनायें—हर नोक-नुक्ते से दुरुस्त मगर बेजान।

हिन्दी में इस्पाती रचनाओं का दौर नयी कविता से शुरू हुआ। अब आज की कहानी भी उसी साँचे में ढल रही है। आदमी ऐसी बात सच-सच कह दे तो कारखानों के सौ-सौ फ़ोरमैन लाठियाँ लेकर सिर फोड़ने को आते हैं।

इन कारखानों में ढली ज़मीन बंजर होती है, झीलें सुरमे की, आकाश पथराया हुआ। जो चीज़ हमसे खोयी जा रही है, वह है मिट्टी की गन्ध, उसकी नमी और नरमी, उसका फूहड़पन अनगढ़पन, बेतरतीबी और बेपरवाही।

क्षणवाद। कुछ लोगों की लिखी पंक्तियों में ज़िन्दगी के धड़कते क्षण उसी तरह सजीव रहते हैं जैसे तेज़ एसिड में भीगे मुर्दा जिस्म—जोकि एक मुद्दत तक ज्यों के त्यों रहने का आभास देते हैं।

डिनर के बाद। अपने से ऊबा हुआ मन। खाने के अफ़ार से बोझिल। बैठने, पढ़ने, लिखने, सोने से उचाट। बाहर के अँधेरे से उदासीन। कोयले और पसीने में भीगा बसा।

कुछ लोग सो गये हैं। कुछ सोने की तैयारी में हैं। कुछ जागने-सोने के बीच के विराम में हैं—अपनी तरह।

11.7.64

वही हुआ जिससे डर रहा था। स्टेशन पर पहले कोई नज़र नहीं आया। फिर देखा भाभी को। पूछा, "अकेली आयी हैं?" तो बोली, "नहीं, ये बाहर गाड़ी पार्क कर रहे हैं।"

उसके बारे में ख़ुद नहीं पूछा। भाभी ने ही कहा, "कल तीन बजे ही वह भी यहाँ से गाड़ी चढ़ गयी है।"

पूरी बात राज ने बतायी। तार मिलते ही इन लोगों ने सब गाड़ियों का पता किया। तीन बजे पंजाब मेल में उसे आखिरी सीट मिल गयी।

घर लौटने पर राज को ट्रंक कॉल मिला। मिलते ही उसने भोपाल में शरद जोशी को तार दिया,

"Wire Anita's programme."

आज शरद का उत्तर आया है :

"Anitaji reached Delhi."

12.7.64

सुबह तबीयत कुछ खराब थी। नहाकर चाय के साथ दो टिकियाँ एनासिन की लीं और घूमने निकल गये। Trilogy के बारे में सोचते रहे।

लौटकर आये तो पता चला तीन तार आये हैं।

एक कमलेश्वर का राज के नाम—

Despatch Rakesh, Anita reaching, Save my friend please.

दूसरा मेरे नाम—

Anita reaching Monday by Janata Express. Myself leaving fifteenth. Send complete instalment 12th positively.

तीसरा अनीता का राज के नाम :

It is all in the game.

दिन भर सिवाय नोट्स लेने के कुछ काम नहीं किया।

सोचता रहा, अब उसकी गाड़ी चली होगी, अब बयाना पहुँची होगी।

भारती के यहाँ चले गये scandal-mongering होती रही।

पुष्पा, जिसकी की हुई बातों की चर्चा उर्मिला भाभी और गिरधारी कल कर रहे थे, आज सामने दूसरी ही तरह की बातें करती रही। "भाई साहब, इस बार हम लोग दस दिन के लिए महाबलेश्वर गये। भारती जी रोज़ आपको याद करते थे। कहते थे, राकेश को यहाँ होना चाहिए था। सचमुच वहाँ की walks बहुत ही खूबसूरत हैं। मैं तो चल नहीं पाती थी, इन्हें बेचारों को अकेले घूमना पड़ता था।

भारती हाँ-में-हाँ मिलाता रहा। "राकेश, महाबलेश्वर में सचमुच तुम्हें बहुत मिस किया। बहुत-बहुत मिस किया।"

13.7.64

दिन भर लिखता रहा, इंतज़ार करता रहा दूध मिले एसिड की जिसे शाम को जनता एक्सप्रेस से पहुँचना है।

14.7.64

शाम को भारती आया। मालूम हुआ कि कल भी वे लोग आये थे—जब हम पान खाने गये थे। फिर दूसरी बार भी आये, स्टेशन पर भी पहुँचे, पर भेंट नहीं हो पायी।

दिल्ली-इलाहाबाद के किस्से सुनते-सुनाते रहे।

भारती ने मनहर चौहान के कुछ किस्से सुनाये। एक यह भी कि उसने लिखा था—'आपके चपड़ासी की लौटायी रचना मिली।' तो इसने उत्तर दिया था कि 'चपड़ासी वाकई बदतमीज़ है जो उसने आपको धक्के देकर नहीं निकाला।'

17.7.64

आज सुबह पूछा, क्या पढ़ा है तो हाथ की किताब का पिछला चैप्टर उसने बता दिया—evolution of State के बारे में। स्टेट के प्रकार पूछे तो गुमसुम हो रही। इससे सिर भन्ना उठा। काफ़ी डाँट दिया। अच्छा इतना ही हुआ कि डाँट चुपचाप सुन-सह गयी।

मन बहुत परेशान हुआ कि इतना तरद्दुद—उसके बम्बई आने, फिर दिल्ली जाने और लौटकर आने, मेरे बम्बई आने, फ़ॉर्म भरने भेजने का...और उससे पहले उसकी किताबें लाने, कॉलेज ज्वाइन करने का...क्या सिर्फ़ किताब सामने रखकर डे-ड्रीमिंग करने के लिए ही था?

बाद में बोली, "अच्छा, रोज़ रात को मुझसे पूछ लिया करो।"

तीन चैप्टर उसे आज रात तक तैयार करने को कहा—हाउस टेस्ट के लिए।

19.7.64

परसों रात और कल रात अपने मन में उसके लिए बहुत प्यार उमड़ा। दोनों रातें तीन बजे तक जागते बीतीं। आज की रात (मतलब अभी बीती रात) गहरी नींद सोये।

परसों दिन में डाँटने के बाद शाम को उसे *क्लिओपात्रा* दिखाने ले गये, बारिश हो रही थी, उसके बावजूद। पिक्चर बेहूदा लगी। उसके बाद जो कुछ मन में उमड़ा, वह केवल प्रतिक्रिया नहीं थी। वह बाँहों में सिहरती रही और कहती रही, "ओ गॉड! हाऊ गुड इज़ इज़!...गुड!"

कल शाम, सी.सी.आई. में चले गये—भारती, गिरधारी, राज और मैं। हम लोग पहले गये, राज बाद में आया। भारती के साथ ज़्यादा साहित्यिक राजनीति की ही बातें होती रहीं। वात्स्यायन के बम्बई आने का किस्सा, जो पहले चार बार वे लोग सुना चुके हैं, वह फिर से सुनाने लगा तो उसे याद दिला दिया कि यह माजरा नया नहीं है।

ज़्यादा बातें हुई—दिल्ली के छुटभैयों के बारे में, टी-हाउस-कॉफ़ी हाउस के बारे में, उन कहानीकारों के बारे में जिनसे वक्तव्य नहीं मँगवाये गये—उनके बारे में जिन्होंने वक्तव्य नहीं भेजे। एक मज़ाक हुआ। राज से गिरधारी ने कहा, "तुम्हारे मुँह से शराब की गन्ध आती है।"

"तुम्हारे मुँह से तुलसीपत्र की गन्ध आती है," राज ने उससे कहा और फिर

बोला, "और ये जो दो चले जा रहे हैं, इनके मुँह से प्रेमपत्र की गन्ध आती है।"

इस पर भारती रुककर बोला, "क्यों गलत बात कहते हो? राकेश के मुँह से तो हमेशा त्यागपत्र की गन्ध आती है।"

विदा होते हुए राज वाला चुटकुला दोहराया गया—"होगी तो घर जाकर सबके साथ। वक्त का ही फ़र्क होगा। किसी के साथ नौ बजे होगी, किसी के साथ ग्यारह बजे। अच्छा है, जो ग्यारह बजे होनी है, नौ बजे ही हो जाये।"

22.7.64

कल उसके नवजीवनारम्भ की वर्षगाँठ थी—पहली।

दिन में खाना खाकर दोनों जन घूमने निकल गये। बान्द्रा गये, बासु के यहाँ। उसे साथ लेकर मिसेज राय के यहाँ गये क्योंकि रिंकी वहाँ थी। चाय पी। मिसेज राय अपनी पहली पुस्तक की चर्चा से, जो तभी छपकर आयी थी, दुलहिन की तरह शरमाती रहीं।

रिंकी को साथ लेकर पापा आंटी से मिलने चले गये। उनके पास जाना अपने में एक आशीर्वाद है। पापा की तबीयत और बिगड़ गयी थी। आंटी ने बताया कि डॉक्टर कहता है वे पन्द्रह-बीस रोज़ से ज़्यादा नहीं जियेंगे।

वहाँ से माउंट मेरी चर्च होते हुए वापस आये—रिंकी, बासु को माउंट मेरी रोड और कान्वेंट रोड पर छोड़ते हुए।

बान्द्रा स्टेशन पर मज़ाक करते रहे—कि क्यों न पिछले साल की तरह आज भी यहाँ पर लड़ लिया जाये। रास्ते में सचमुच लड़ाई हो गयी।

चर्चगेट स्टेशन पर उतरे तो दोनों के चेहरे तने हुए थे। बारिश हो रही थी, इसलिए कुछ देर उसी तरह रुके रहना पड़ा।

घर पहुँचे तो थोड़ा भीग गये थे, तनाव तब तक बना रहा जब तक उसने आकर माफ़ी नहीं माँगी।

रात को पहले डाइनिंग टेबल पर प्रेम के एक रिमार्क से, फिर आइसक्रीम में राज के एक चरित्र वर्णन से बेहद गुस्सा आया। वह उस सब बातचीत में शामिल रही—बल्कि उससे उत्साहित रही—इसलिए रात को गुस्सा निकाला उसी पर। बीच में स्वीटी (कुतिया) पर भी कुछ गुस्सा निकला। बाकी गुस्सा रात भर पीठ पर चढ़ते कीड़ों को मारने के सिलसिले में अपने पर निकालते रहे। नींद बहुत कम आयी।

23.7.64

सब कुछ ठीक चल रहा था कि बिना बात के झगड़ा हो गया। खामखाह अपनी बात रखने के लिए अभी भाभी का बढ़िया फूलदान टूट जाता। तीन-चार मिनट वह तनी रही, फिर अन्दर आकर वही पुच-पुच, पुच-पुच।

शरद जोशी ने तुलसी वाली बात लिखी है। किसी और ने भी यह बात कही थी। सच, क्यों मन में इसके लिए इतनी कमज़ोरी है। जब वह आकर नहीं उलझती तो ख़ुद जाकर उसे उलझा देता हूँ।

...अभी आकर कह रही थी, "क्यों लड़ते हो मुझसे? मुझे ज़्यादा दिन तो जीना नहीं है।"

लगा जैसे किसी ने मन को निचोड़ दिया हो। वह बाहर चली गयी थी, उसे वापस बुलाया। डाँटा कि उसने ऐसी बात क्यों कही। वह बाँह से लिपटकर गाल से गाल सटाये कहती रही, "अच्छा, अब नहीं कहूँगी।"

महीना हो चला था बालों को टचअप किये। वह शैम्पू, डाई, ब्रश वगैरह लेकर आ गयी। बालों को ब्रश से छूते हुए कहती रही, "चले आये थे वहाँ से बिना अपनी चीज़ें साथ लिये।...अब तुम्हारी बीवी लेकर आयी है यह सब...फिर भी तुम्हें अच्छी नहीं लगती। अगली बार अच्छी-सी देखकर लाना।"

26.7.64

भाई-भाभी की शादी की वर्षगाँठ है आज। सबको खबर इसी ने दी थी। सुबह जाकर फूल लायी। साथ चिट पर लिखा—To the Happy Couple. भाभी आजकल इससे खूब खुश नज़र आती हैं। कभी डाँटने लगूँ तो उलटे मुझी को डाँट देती हैं। यह तब मेरी तरफ़ मुँह बनाती है, "बस! और डाँटो!"

डायरी लिखते देखकर पास आ खड़ी होती है। कहती है, "सब बुरी-बरी बातें, लिख दो मेरे बारे में। कभी कोई अच्छी बात मेरे बारे में लिखने को तुम्हें नहीं मिलेगी।...बाद में इसे छपा भी देना ताकि लोग मेरे बारे में पढ़कर यही सोचें कि कितनी बुरी थी वह। कितना तंग करती थी बेचारे को।"

"तुम्हें मालूम है, मैं क्या लिखता हूँ?"

"मालूम ही है। जब मुँह से हमेशा डाँटते रहते हो तो लिखने में क्या जान बख़्श दोगे?"

27.7.64

दिन में भारती-पुष्पा आये थे—भाई-भाभी को मुबारकबाद देने। हम लोग जिमलेट पी रहे थे। कहने-कहाने पर भारती-पुष्पा भी लेने को तैयार हो गये—इस शर्त पर कि अनीता, मोहिनी जी और भाभी भी पियें। एक जाम सब लोगों ने साथ-साथ लिया। जब जिन बोतल से गिलासों में डाल रही थी तो मैं पास चला गया। बोली, "एक दिन पहले भी हम लोगों ने पी थी—मैंने, मोहिनी जी और भाभी ने।"

भारती-पुष्पा बताते रहे कि मनोहर श्याम जोशी ने रिपोर्टिंग में उस दिन के डिस्कशन का क्या कबाड़ा किया है—और कि वह पूरी रिपोर्ट फिर से लिखनी पड़ेगी।

"लगता है, उसने जान-बूझकर डिस्टर्ब किया है—खासतौर से तुम्हारी कही बातों को...," भारती ने कहा।

उन लोगों के जाने के बाद तैयार हुए और ड्राइव पर निकल गये। भावेश्वर दर्शन से वैद-परिवार को साथ लिया। अभियान हुआ विहार और पवाई लेक्स की तरफ़।

ज़्यादा वक्त यार लोगों ने विहार लेक पर बिताया, पवाई लेक लौटते में गये। पहुँचे तो दुःख हुआ कि इस सुन्दर झील को छोड़कर विहार लेक पर इतनी देर क्या झख मारते रहे।

पिकनिक के दौरान उसके उड़े बालों को देखकर गुस्सा आया था। फिर उर्मिला भाभी की उसके बारे में कही बात से भी। पर घर पहुँचने तक दिमाग ठंडा हो चुका था।

रात को बाहर के कमरे में सोये। कहने लगी, "तुम मुझे न मिलते तो बताओ मेरी क्या हालत होती।"

"तुम बताओ," पूछा उससे, "तुम्हारी महाजन से या किसी और से शादी हो जाती।"

"कह नहीं सकती," वह सोचती हुई बोली, "अपने बारे में सोचती यही थी कि मैं ज़िन्दगी भर एक आदमी की होकर रहूँगी। तुमसे प्यार न करती, या तुमसे मिलने से पहले शादी हो जाती, तो रहती भी। पर तुमसे मिलने के बाद ...कह नहीं सकती। उसके बाद शादी किसी और से करती ही क्यों, और अगर हो ही जाती तो तुम्हारे पास ज़रूर आती।"

फिर पूछा, "आज जो घनिष्ठता और आत्मीयता है, वह तब तो नहीं थी जब दिल्ली से चले थे। तब तुम क्या सोचकर साथ चल दी थीं?"

"मैं तुम्हारे साथ बदनाम होना चाहती थी," वह गहरे आन्तरिक आवेश के साथ बोली, "तुम्हारे साथ अपना नाम जोड़ना चाहती थी। तुम्हारे साथ सोना चाहती थी और ज़िन्दगी भर रहना भी चाहती थी।"

"और अगर मैं चन्द दिन बाद छोड़कर भाग जाता तो?"

"तो पता नहीं क्या करती। शायद आत्महत्या ही कर लेती या ज़िन्दगी भर कुँवारी रहकर कहीं नौकरी करती। पर मन में ऐसा खतरा नहीं था। मन्नू और कमलेश्वर की बातों ने काफ़ी ढाढ़स बँधा दिया था।"

"पर जब पहली रात को मैंने 'घर' की बात की भी, तो तुम उतावली क्यों हो उठी थीं? 'घर, घर, घर' तुमने कहा नहीं था, और कोई बात नहीं बस घर की रट लगाए जाओगे?"

"इस पर तो मैं उपन्यास लिखने जा रही हूँ। इट इज़ ए वंडरफुल थीम। माई मोस्ट प्रेशियस सब्जेक्ट।"

"तुम लिखो उपन्यास, मैं अपनी डायरी छपवा दूँगा।"
"तुम छपवा दो डायरी—मैं यह उपन्यास ज़रूर लिखूँगी।"

30.7.64

कुछ देर बाद नींद आ गयी। सुबह देर से उठा। बासु आया हुआ था। दोपहर बाद तक साथ रहे।

खाने के बाद बासु चला गया और लोग भी। वह बीच के कमरे में अकेली थी। उसने पूछा कि कैसी तबीयत है तो एकाएक बकना शुरू किया और पन्द्रह-बीस मिनट बकता रहा। उसकी एक बात से जो सालगिरह मनाने से रह गयी—उसकी गर्मी फिर सारे दिमाग में चढ़ गयी। सहसा उठा और साथ के कमरे में चला गया। फिर वहाँ से उठा और नीचे उतर गया। 'स्प्रिंगफील्ड बीच-एंड' देखने इरोज चला गया। अभी स्वामी विवेकानन्द सम्बन्धी डाक्युमेंटरी शुरू हुई थी कि जिस्म ढीला पड़ने लगा, ठंडा पसीना आने लगा और लगा जैसे दिल की कोई न कोई धड़कन मिस हो रही है। वहाँ से उठा और किसी तरह सड़कें पार करके घर आ पहुँचा।

थोड़ी देर में देखा, सब लोग घबराये हुए आसपास खड़े हैं—भाभी के अलावा पुष्पा भारती भी थीं। भाभी ने एक पेग व्हिस्की पानी में डालकर दे दी। उससे धीरे-धीरे जिस्म में गर्मी लौटने लगी। बाद में पुष्पा भारती बताने लगीं कि उस वक्त जिस्म बिलकुल नीला पड़ गया था। भाभी ने कितने ही डॉक्टरों को फ़ोन किये थे, पर दिन के चार बजे कोई भी डॉक्टर नहीं मिला।

थोड़ी देर में भारती भी आ गया। तब तक शरीर काफ़ी सँभल चुका था। लोग कहते रहे कि एक बार पूरा चेक-अप ज़रूर कराओ।

शाम को गिरधारी और उर्मिला जी आये, भारती और पुष्पा जी रात को फिर आये। तब तक अपना आप नॉर्मल लग रहा था—सिवाय हल्की-सी कमज़ोरी के।

31.7.64

कल डॉक्टर (दयाल) ने आज इलेक्ट्रोकार्डियोग्राम और स्क्रीनिंग वगैरह करने को कहा था—आज सुबह बिस्तरे-मरीजां पर पड़कर इस दौर से गुज़रे। रिपोर्ट मिलेगी कल।

कल दिन भर वह अलग रहकर पढ़ती रही। वरीन का फ़ोन आया था कि वह मिलने आयेगा। तीन बजे वह आया। उसके साथ नेपोली और टी सेंटर में बैठे रहे। वह बात करता रहा दिल्ली शिफ.ट करने के बारे में। अब कहता है कि वह पेंटिंग में अपने को आज़माना चाहता है। अपनी तरह दुविधा में वह भी हमेशा रहता है—

शाम को इसने पूछा—गीली आँखों से—कि क्या मैं उसे अकेले साथ घुमाने ले चलूँगा? मैंने कहा, "क्यों नहीं।" बहुत दिनों बाद अकेले मरीन ड्राइव पर घूमते रहे। वह कहती रही, "पहले मुझे गिल्ट सेन्स रहता था कि मेरी वजह से तुम काम नहीं कर पाते। अब और गिल्ट सेन्स होता है कि मेरी वजह से तुम्हारा स्वास्थ्य बिगड़ रहा है। अच्छा हो अगर बीच-बीच में हम लोग काफ़ी-काफ़ी देर के लिए अलग रहा करें।"

इस पर फिर गुस्सा हो आया। मगर घर लौटने तक टेंशन खत्म हो गया।

कितनी यात्राएँ कीं बम्बई से नौकरी छोड़कर जाने के बाद :

मार्च 1963 बम्बई से दिल्ली वाया लश्कर
मार्च 1963 दिल्ली से शिमला कुफ़्री
अप्रैल 1963 कुफ़्री से दिल्ली
अप्रैल 1963 दिल्ली से लश्कर
अप्रैल 1963 लश्कर से इलाहाबाद
अप्रैल 1963 इलाहाबाद से दिल्ली
जून 1963 दिल्ली से बम्बई
जून 1963 बम्बई से दिल्ली
जुलाई 1963 दिल्ली से बम्बई
सितम्बर 1963 बम्बई से दिल्ली
सितम्बर 1963 दिल्ली से बम्बई
सितम्बर 1963 बम्बई से खंडाला—लोनावला
सितम्बर 1963 खंडाला से बम्बई
अक्टूबर 1963 बम्बई से माथेरान
अक्टूबर 1963 माथेरान से बम्बई
नवम्बर 1963 बम्बई से माथेरान
नवम्बर 1963 माथेरान से बम्बई
नवम्बर 1963 बम्बई से माथेरान
दिसम्बर 1963 माथेरान से बम्बई
जनवरी 1964 बम्बई से दिल्ली
जनवरी 1964 दिल्ली से इलाहाबाद
फरवरी 1964 इलाहाबाद से बम्बई
मार्च 1964 बम्बई से दिल्ली
अप्रैल 1964 दिल्ली से इलाहाबाद
अप्रैल 1964 इलाहाबाद से दिल्ली

अप्रैल 1964 दिल्ली से शिमला-कुफ़्री
अप्रैल 1964 कुफ़्री से दिल्ली
जून 1964 दिल्ली से चंडीगढ़
जून 1964 चंडीगढ़ से दिल्ली
जुलाई 1964 दिल्ली से बम्बई
और अब 5 अगस्त 1964 को फिर बम्बई से दिल्ली।
इन 31 में से 29 यात्राएँ कीं अकेले।

1.8.64

रात सोने से पहले वह बाँहों में बिजली की तरह थिरकती रही। पल भर के लिए उसकी आँखें सामने होतीं, फिर एकाएक मेरी बाँह या छाती में जा छिपतीं। फिर झटके से सामने आतीं, और फिर उसी तरह ओझल हो जातीं। इसके साथ सारा शरीर भी उसका थिरकता-काँपता, बाँहें कसतीं और ढीली पड़तीं, होंठ पास आने को होते और दूर हट जाते।

बहुत-बहुत थपथपाया उसे, बहुत-बहुत दुलारा, शरीर स्वस्थ नहीं था, फिर भी देर तक उसे अपने से अलग करना असम्भव लगता रहा। लगता रहा जैसे अपने आधे प्राण उसके शरीर में हों और उसे सीने से लगाकर उन्हें पाया जा सकता हो।

कल रात सोने से पहले फिर उसने मछली की तरह तड़पना शुरू कर दिया तो उससे कहा, "देखो, इस वक्त ये अठखेलियाँ रहने दो मेरी तबीयत ठीक नहीं है। तुम्हें भी पढ़ने के लिए जल्द उठना चाहिए। अपने मन को एक तरफ़ लगाओ। ये सब खेल सितम्बर में परीक्षा के बाद खेलना।"

"परीक्षा के बाद," वह बोली, "हाय, तब तक सारा भूल भी जाऊँगी।" तब गुस्सा नहीं आया हँसी आयी।

5.8.64

डीलक्स को बम्बई सेन्ट्रल छोड़े कुछ मिनट ही हुए हैं। अभी दादर नहीं आया। कल सारा दिन दुविधा में बीता कि वह साथ चलेगी या बम्बई ही रहेगी। भाई-भाभी का खयाल था उसे बम्बई में ही रहना चाहिए। जब-जब साथ चलने की बात होती, वह खिल जाती, रुकने की बात होती तो मुरझा जाती। कल रात जैनकिंग में उसके बर्थ-डे की पार्टी दी थी। वहाँ बेहद सीरियस रही क्योंकि चलने से पहले भाभी ने यह कह दिया कि उसे दिल्ली नहीं जाना है। रात को आखिरी गोष्ठी में भाई-भाभी को राज़ी किया। उसके बाद भाभी के पास जाकर रोती रही।

अब जबकि गाड़ी बम्बई से दूर निकलती आ रही है, एहसास घर की तरफ़ जाने का नहीं, घर छोड़कर आने का है। पहले लगता था कि अपनी जड़ें सिवाय दिल्ली के और कहीं फैल ही नहीं सकतीं, पर आज महसूस होता है कि दिल्ली से कहीं ज़्यादा जड़ें बम्बई में हैं, अपनी जड़ें वहाँ से समेटी नहीं जा सकतीं।

खिड़की के बाहर शाम अकेली-सी थी, धुँधली नहीं। बादल पीछे छूट गया था या छितरा गया था, पता नहीं। मन खिड़की के बाहर खुले में भटक गया था। रास्ते के छोटे-छोटे घरों, पोखरों, खेलते बच्चों, नाव चलाते माँझियों और अकेले चले जाते राहगीरों के बीच अपने को गाड़ी में चले जा रहे एक दर्शक के रूप में देख रहा था। फिर निःसंग हो गया जैसे कि इस दर्शक से उसे मतलब ही न हो।

शाम के रंगों को देखते हुए वह भी शाम की उदासी की बात करने लगी—सब कुछ हासिल होने पर भी घिर आने वाली उदासी की। ऐसे में मन चाहता है कि या तो वह शाम सदा इसी तरह घिरी रहे— या फिर सब कुछ यहीं समाप्त हो जाये, इसके बाद कभी सुबह न हो।

शायद पहली बार एक वक्त पर एक-सी बात सोचकर एक-दूसरे से 'कम्युनिकेशन' का एहसास हुआ। कितनी ही देर बाहर देखते रहे और बात करते रहे—घर की, शाम को घर लौटने की, घर में बत्ती के जलने की, खाने की खुशबू की, चूल्हे के धुएँ और आने वाले मेहमान की...

अँधेरा होने के साथ-साथ बात का विषय बदलता गया—समाजवाद बनाम यथार्थवाद—यह कहानी, वह कहानी, वह विचार, वह विचार। दोहद स्टेशन आया तो खाने की याद आयी। कम्युनिकेशन का रूप स्थूल हो गया।

6.8.64

सुबह। रात एक बजे तक मुश्किल से अपने को कुर्सी पर एडजस्ट किया ताकि नींद आ सके। वह बहुत पहले सो गयी थी।

सुबह बेड-टी के लिए उसे उठाया तो चुपचाप उसने प्याली ले ली। बात नहीं की। न चाय पीते हुए, न उसके बाद। प्याली तकिये पर रखे चुपचाप पड़ी बाहर की तरफ़ देखती रही। फिर उसने आँखें मूँद लीं।

नजले के दौरे से बेहाल हो रहा था। उससे नया रूमाल माँगा तो वह भी उसने चुपचाप निकाल कर दे दिया और फिर से उसी तरह पड़ी रही।

थोड़ी देर बाद हिलाया। कल नाश्ते के लिए मना कर देने के बाद मथुरा स्टेशन पर खाने को मिले 'दाल के बड़े'—पत्थर की तरह सख्त। इससे पहले कि चाय की प्याली हासिल की जा सके, गाड़ी चल दी। खुश्क गले से, घर चलकर कमरे की व्यवस्था करने की बात शुरू की तो सुनने को मिला, "आहिस्ता बात

नहीं कर सकते?" और भाषण शुरू हो गया कि मैं कभी और कहीं अपनी आवाज़ पर कंट्रोल नहीं रखता।

"...और तुम जो यह भाषण दे रही हो।"

"भाषण? कोई दो लफ़्ज भी कह दे तो वह भाषण लगता है?"

नतीजा। एक कुर्सी की तरफ़, दूसरा खिड़की की तरफ़। घर पहुँचने तक सिर तो नहीं, पर हाथ आपस में मिल गये थे। टैक्सी में बैठे हुए।

कमरे में आकर अच्छा लगा, नहीं भी लगा। आते ही दिल्ली के जनमानस का एक सबूत मिल गया। कमलेश्वर ने बताया कि यहाँ अफ़वाह थी कि मैं गोयनका ग्रुप का कोई पेपर (शायद कहानी पत्रिका) ज्वाइन करने बम्बई गया हूँ। दिनेश और महेन्द्र झम्भ भी यह बात कह रहे थे। लगा कि अच्छे-भले पक्की सड़क पर चलते-चलते फिर से कीचड़ भरे रास्ते पर उतर आये हैं।

नरेन्द्र से बात हो रही थी नेहरू की मौत के बाद पैदा हुए हालात के बारे में, बढ़ती कीमतों के कारण पैदा हुई बौखलाहट के बारे में। बात करते हुए अपना सन्तुलन फिर खो दिया—जैसे उस दिन श्री धर्मप्रकाश आनन्द से बात करते हुए बम्बई में हुआ था। नरेन्द्र आज के भ्रष्टाचार और अनैतिकता की ज़िम्मेदारी नेहरू पर डालने के हक में नहीं था—तर्क था उसका कि नेहरू का व्यक्ति चरित्र ही राष्ट्रीय बुर्जुआजी का था, इसलिए उसके क्रान्तिकारी ढंग से समाज संगठन की आशा ही नहीं की जा सकती थी। उसका ज़ोर इस बात पर था कि ज़्यादा ज़िम्मेदारी उन लोगों की है जो समय पर इस नैतिक विघटन के खिलाफ़ आवाज़ नहीं उठा सके। पर आज क्या रास्ता है, इस सम्बन्ध में उसका मन भी दिग्भ्रम में था...

आज ज़्यादातर मूल्यों की बात वही लोग करते नज़र आते हैं जिनकी स्वयं किन्हीं मूल्यों में आस्था नहीं है—जो कि मूल्य को केवल एक शब्द के रूप में जानते हैं—और अपनी सादगी या धूर्तता में उतने में ही सार्थकता पा लेना चाहते हैं।

लगता है कि आसमान चारों ओर से कसता आ रहा है, फ़ौलादी शिकंजों की-सी बाँहें हैं उसकी—बीच में मकड़ी के जालों-से बारीक ताने-बाने हैं और मछली के काँटों से बारीक काँटे। यह जाने अभी कितना और कसेगा, कितना और उलझायेगा और कितनी और नोकें गड़ायेगा।

7.8.64

रमेश पाल अपनी जगह परेशान है। रेडियो की नौकरी को लात मारने के बाद आज इज़्ज़त के साथ उस ज़िन्दगी में लौटना उसके लिए मुश्किल हो रहा है। टेलीविज़न की नौकरी के लिए एप्लाई नहीं किया—चाची से हुई बातचीत ने हौसला तोड़ दिया। संगीत-नाटक अकादमी वाली जगह के लिए डॉ. मेनन ने निरुत्साहित कर दिया। अब दिल्ली नाट्य संघ के अन्तर्गत नाट्य अकादमी के प्रिंसिपल की

जगह के लिए कोशिश कर रहा है। कल इटंरव्यू है। शाम तक पता चलेगा।

...न जाने क्यों एक बेगानेपन का एहसास उसे होने लगा है। कुछ-कुछ मुझे भी होता है। उसके जिस आत्मविश्वास के लिए मन में बहुत कद्र थी, उसमें अब एक खोखलेपन का एहसास होता है। जब वह इस तरह की बात करता है—'डॉ. ...ने अपनी भूमिका में मेरा ज़िक्र किया है'—तो बात ही नहीं, वह खुद भी छोटा लगता है।

रवीन्द्र कालिया ने मार्कंडेय का पत्र दिखाया, पत्र से लगा कि वह आदमी अस्तित्व के लिए छटपटा रहा है। अपने पर ओढ़े एक बोझ के नीचे स्वयं दब गया है। जैसे-कैसे अपने को जस्टिफ़ाई करना चाहता है। पत्र कमलेश्वर ने भी पढ़ा। मज़ाक होता रहा, जैसे कि पत्र की जगह स्वयं पत्र-लेखक सामने हो।

गोपाल मित्तल के मिलने और हाथ मिलाने में एक अधिकार भावना होती है। पर उससे बीच की दूरी कम नहीं होती। लगता है, एक चौड़ी सड़क के दो फुटपाथों से दो आदमी एक-दूसरे की तरफ़ हाथ बढ़ा रहे हैं।

महेन्द्र भल्ला, प्रबोध और अशोक सेक्सरिया साथ-साथ थे। अक्सर साथ-साथ होते हैं। टॉपिक प्रायः एक ही होता है—श्रीकान्त वर्मा। उसी की निन्दा-प्रशंसा करते हैं। अक्सर निन्दा। विषय बदलने के लिए निर्मल का ज़िक्र कर लेते हैं। यही दो पोल हैं जिनके इर्द-गिर्द उनकी बातचीत घूमती है। उसी में से ह्यूमर पैदा होता है, उसी से साहित्य चर्चा का दायित्व पूरा होता है। उनके लिए साहित्यिक दुनिया श्रीकान्त वर्मा से शुरू होती है, निर्मल वर्मा पर समाप्त हो जाती है। बीच के कुछ मुकाम हैं—रामकुमार, विजय चौहान, मुक्तिबोध, शमशेर, नामवर सिंह। नामवर के ज़िक्र से गाली देने का शौक पूरा हो जाता है। नगेन्द्र-जैनेन्द्र से राकेश-कमलेश्वर तक का उल्लेख इतिहासबोध के सिलसिले में होता है। कभी-कभी नेमि, सुरेश और नरेश मेहता का। उदार भावना भीष्म साहनी और कृष्ण बलदेव के ज़िक्र से सन्तुष्ट होती है। और लोगों का ज़िक्र उन्हें सम्मानघातक लगता है। कभी-कभी करना पड़ जाता है, फिर भी। नीचे झुककर सड़क पर पड़ा पैसे का सिक्का उठाने की तरह।

मुद्रा, रवीन्द्र जिमनेज़ियम के नये पहलवान हैं। हर वक्त पोल वाल्ट करते हैं। और नहीं तो हॉट-स्टेप-जम्प का ही अभ्यास करते हैं। गनीमत है कि दोनों हँसना जानते हैं।

मन्नू नये घर में खुश नज़र नहीं आयी। वह खुद उखड़ी-उखड़ी-सी थी, इसलिए सभी कुछ उखड़ा-उखड़ा-सा लगा। कह रही थी कि न उसे दिल्ली शहर पसन्द आ रहा है, न दिल्ली का कॉलेज। टिंकू खेल रही थी। कुसुम जी देख रही थीं, सुन रही थीं। 'पैसा नहीं है'—राजेन्द्र के जीवन-संगीत का यह स्थायी पहलू मन्नू ने भी पिक-अप कर लिया है।

8.8.64

वे क्षण जबकि आदमी कुछ भी नहीं कर पाता, कुछ भी नहीं सोच पाता, कुछ भी नहीं चाह पाता। जबकि अपना आप रुका सा महसूस होता है—बहते पानी में रहकर भी घने सेंवार में उलझा-सा! जबकि अपनी शक्तियों पर अपना वश नहीं होता—जबकि गति नहीं होती, बहाव नहीं होता। केवल एक कँपकँपी होती है—कँपकँपी...।

अकेलापन! अभिशाप भी हो सकता है, एक आकांक्षा, एक अपेक्षा भी। निवर्तन भी हो सकता है, प्रत्यावर्तन भी। कटे होना भी हो सकता है, जुड़े होने का अन्तराल भी।

व्यक्ति अनिवार्यतः अकेला है—हाँ, है। परन्तु यह अकेलापन असामाजिक या समाज-विरोधी ही हो, ऐसा तो नहीं। सामाजिक होने से ही तो अकेलेपन का बोध भी है, उसी से अकेलेपन की आवश्यकता भी है। अपने अकेले के लिए अकेलापन तो जेलखाने में भी हासिल हो सकता है—वह अकेलापन कितनी बड़ी यातना है। जो अकेलापन आदमी स्वयं अपने लिए चुनता और चाहता है, वह तो अपने अकेले के लिए नहीं होता—बहुतों में रहने के कारण, बहुतों के बीच से पैदा हुआ, वह अकेले होने का प्रयत्न बहुतों के साथ अपने सम्बन्ध सूत्र की ही तो उपज है—और इसलिए कहा कि वह सम्बन्ध सूत्र से मुक्त नहीं।

अकेलेपन की ज़रूरत महसूस होती है ताकि दुकेले होने की सही भूमि प्रस्तुत हो सके। जो अकेलापन अकेले तक ही रहेगा, वह मृत्यु ही न होगा? जीने की तो शुरुआत ही अकेलेपन से आगे होती है—दूसरे व्यक्ति के पास होने से। यह और बात है कि वह दूसरा व्यक्ति एक हो, या कई लाख हों!

उद्धरण, उद्धरण, उद्धरण, जो उद्धरणों पर आश्रित हो, वह सृजनात्मक चेतना कैसे है? दूसरों के चिन्तन से व्यक्ति के चिन्तन को एक दिशा अवश्य मिलती है, उसकी चिन्तन शक्ति को उससे गति भी मिल सकती है, परन्तु अन्ततः दूसरे का चिन्तन—शब्दों और पंक्तियों की सीमा में बँधा—अपनी सम्पूर्णता में उसका चिन्तन तो नहीं हो जाता। दस उद्धरण, यहाँ-वहाँ से लिये हुए कागज़ पर लिख दिये जायें या टेप रिकॉर्ड कर दिये जायें, इसमें अन्तर ही क्या है? अमुक-अमुक-अमुक के कहे को अपनी 'दृष्टि' बनाने वाला व्यक्ति टेप-रिकॉर्डर से भिन्न किस तरह से है?

9.8.64

'डायलॉग्ज़ इन ड्रीम्ज़'—आदमी बाहर तो अपने को जस्टिफ़ाई करता ही है, सपनों में भी इस प्रक्रिया से न बच पाये—यह कितनी बड़ी ज़हमत है। सुबह उठने से पहले दिमाग में जो डायलॉग चलते हैं, उनसे खासी उलझन होती है। हर करवट

में एक न एक प्रवाद, एक न एक बहस। उठने तक स्थितियाँ और डायलॉग तो गायब हो जाते हैं, रह जाता है एक डिप्रेशन—उन सब प्रभावों का जिनसे कि शायद एक जद्दोजहद चलती है।

हरिवंश कश्यप दिन में आया। झुकी-झुकी आँखों से बात करता रहा। *दस कहानियाँ* के 'नेहरू अंक' के बारे में। चाहता था, उसके लिए कुछ लिखा जाये।

जितनी देर बैठा, अपने में सिमटा रहा। कोई बात करने को नहीं सूझी तो अमृता प्रीतम की मेज़ का ही ज़िक्र करने लगा। "इन्द्रजीत ने डिज़ाइन की है। बहुत आर्टिस्टिक है। बिलकुल और ही तरह की है। तीन-चार सौ किताबें भी उसमें आ सकती हैं।"

फिर भीष्म साहनी का पता लेकर उसी तरह झुके-झुके भाव से चला गया।

10.8.64

खूब पानी बरसा। बाहर निकले तो सामने थी लकवा खायी ज़िन्दगी। बरसात ने ट्रैफ़िक की कमर तोड़ दी थी।

पानी था, गड्ढे थे, कीचड़ थी, कंकड़ थे और थे फिसले हुए पैरों और पहियों के निशान। कमलेश्वर ने बात बतायी—कि किसी दुश्मन को इस शहर पर गोले बरसाने की ज़रूरत नहीं, बस पानी बरसा दे—सब कुछ पैरेलाइज़ हो जायेगा।

इक्कीस नम्बर के बस स्टॉप की तरफ़ जाते हुए सुना—दो आदमी गन्दे नाले में बह आये हैं। बाद में पता चला, उनमें एक बच्चा था। रात को लौटने तक वहाँ पैट्रोमेक्स लैम्प जल रहे थे। दो में से एक लाश की खोज हो रही थी।

उसके बाद बस की भीड़। भीड़ की नैतिकता। बावजूद गर्मी और पसीने के शरीरों की एक-दूसरे से जुड़े रहने की कोशिश। नर और मादा का शाश्वत आकर्षण पुरुषों के भौंडे मूर्खतापूर्ण चेहरे और लड़कियों की अर्थपूर्ण मुस्कराहटें। दबाव से बचने की दिखावटी कोशिशों में और गहरे दबाव। दबाव के स्रोतों को एक बार घूमकर देख लेने की कोशिश। बेबसी में अपने स्टॉप से आगे तक की यात्रा। साथ शिकायत, "क्या हाल है आजकल बसों में!"

पानी, गड्ढे, बढ़ती हुई कीमतों के खिलाफ़ जुलूस—पुलिस के घेरे में धीरे-धीरे रेंगता हुआ—कॉफ़ी हाउस के चेहरे—लगता है, इस शहर पर, और इस शहर पर ही नहीं, आसमान के इस छोर से उस छोर तक हर जगह एक तारीकी, एक थकन, एक पराजय उतरती आ रही है। यह हल्के ज़हर से हासिल होने वाली एक-एक अंग की मृत्यु है, जिसकी गति नहीं है, विद्रोह नहीं है, कहीं संघर्ष नहीं है। है तो केवल एक बौद्धिक उदासीनता या केवल विमूढ़ता जिसे कि कुछ पाखंडी लोग एक दर्शन की तरह ओढ़ ले रहे हैं। चलते कदमों और फिसलते पहियों के नीचे मूल्यों की लाशें हर क्षण, हर कहीं कुचली जाती हैं—पर सहसा कहीं-न-कहीं से

मूल्यों की बात भी सुनायी दे जाती है—प्रायः उनके मुँह से जो कि देह की तो क्या जानते, आज लाश को भी नहीं पहचान पाते। जीवन के प्रति एक आवेशपूर्ण स्वीकृति और स्वीकृतिगत विद्रोह की ललक कहीं किसी में दिखाई नहीं देती—जो है, वह केवल एक व्यवसाय भावना है। मूल्यों का व्यवसाय हो या न हो—मूल्यों की बात ज़रूर अच्छे दामों बेची जा सकती है।

अन्दर एक खलल का होना सच है। अशान्ति और असन्तोष का होना भी सच है। आत्म और आत्मीय के बीच एक आडम्बर की स्थिति भी गलत नहीं पर बात जो कचोटती है वह यह कि सहजता है अस्तित्व की या विकृति? विकृति होने पर भी चाहे उसे नकारा नहीं जा सकता, पर...पर सहजता के नाम पर उसे स्वीकार कर लेना भी कहाँ तक मुमकिन है?

11.8.64

रमेश पाल—मुगलों के वक्त से निकलकर आज की दुनिया में आया-सा। राजेन्द्र अवस्थी, मासूम बच्चे की तरह छोटे-छोटे सवाल पूछता, छोटी-छोटी बात पर खुश करने की कोशिश करता। हमेशा मन में सोचता हुआ कि जेब से पर्स निकाले या नहीं, निकाले या नहीं। नयी सम्पादकी के पुल से झाँकता, मगर किनारे पर दिखायी देने की अस्वाभाविक कोशिश करता।

रविशंकर और हेब्बार के साथ हुई बातचीत की रिपोर्ट *धर्मयुग* में पढ़ी। लगा बातचीत सुलझाव के साथ नहीं हुई। हमेशा, हर बातचीत के बाद ऐसा ही लगता है। बात के कई-कई कोण एक-दूसरे में गुँथे रहते हैं और जितना कहा जाता है, वह सब भोंडा और 'क्रूड' लगता है। क्या कोई ऐसी प्रक्रिया सम्भव नहीं जिससे व्यक्ति मानस की हर अनुभूति, उसके विचारों की हर संगति अपनी सम्पूर्णता में स्वतः अक्षेपित हो जाये? शब्द का माध्यम अपनाने में अधूरेपन का तीखा एहसास हमेशा सताता है, और यह अन्देशा भी हमेशा बना रहता है कि जो कही हुई बात में जहाँ एक ओर बहुत 'सीमित कुछ' कहा जाता है, जो कि बहुत एकांगी भी होता है, वहाँ दूसरी ओर इसके गलत समझ लिये जाने, या 'अभिप्रेत' अर्थ से अलग किसी और अर्थ में ले लिये जाने की सम्भावना बनी रहती है। ध्वनित शब्द में सही अर्थ या निकटतम अर्थ को व्यक्त करने की सम्भावना फिर भी अधिक होती है, पर लिखित शब्द—ओह, कितना अपूर्ण, कितना विकलांग माध्यम है यह! और उस पर मजबूरी यह कि लिखित शब्द ही आधार है विचार को सुरक्षित रखने और समय में सम्प्रेषित करने का!

12.8.64

ऊपर-ऊपर—आकाश की ओर—उठते जाने का एहसास। अभी कई एक हैं

जो मुझसे भी ऊपर हैं—दादी माँ, नानी माँ, माँ, मामा, मौसी, बुआ, फूफा, दीदी। पर ज़्यादातर स्त्रियाँ हैं। मामा और फूफा से सम्बन्ध सम्पर्क नहीं के बराबर है। औरों से भी ज़्यादा नहीं है। ज्यों-ज्यों वक्त बीतता गया है, ऊपर के लोग एक-एक करके झड़ते गये हैं, एहसास होता रहा है कि मुझे किसी तख्ती पर खड़ा करके धीरे-धीरे ऊपर उठाया जा रहा है। एक तरह से निकटतम परिवार में सबसे बड़ा, सबसे सीनियर, पुरुष पात्र अब मैं ही हूँ—और यह एहसास हिमालय की सबसे ऊँची चोटी पर हमेशा-हमेशा के लिए जा खड़े होने के एहसास से कम नहीं है।

हर शाम की एक ही समस्या—कहाँ और किसके साथ बैठकर पी जाये। दूसरे से जितनी पीना, उससे ज़्यादा उसे पिलाना। मुसीबत आ पड़े तो इतनी-सी शिकन माथे पर लाना जैसे आँख में चींटी जा घुसी हो।

ज़िक्र उठा शिवकुमार शर्मा का जिन्हें आज तक देखा नहीं। *नई कहानियाँ* खरीदने की फ़िराक में थे। नेफ़ा से लौटे कृश्न चन्दर के पात्र उनके सहयोगी बनने जा रहे थे। तीनों की तरफ़ से बात कर आये थे। और 'अस्ल' साहब से भी दोस्ती का रिश्ता कायम कर रहे थे। 'अस्ल' साहब पर चीनी खरीदकर लाने की ज़िम्मेदारी डाल कर खुश थे।

श्री शिवकुमार शर्मा ने *नई कहानियाँ* खरीदने की बात की और चारों तरफ़ इसकी धूम मचा दी। फिर *नीली झील* पर फ़िल्म बनाने की बात करने लगे। फिर एक टूथ-पेस्ट फ़ैक्टरी का सौदा करने लगे। अब लगे हाथों बैनेट कोलमेन एंड कम्पनी खरीदने की सोच रहे हैं। और नेफ़ा वाले हैं कि हर सौदे में उनके वर्किंग पार्टनर होने की फ़िराक में हर दिन का एक-तिहाई हिस्सा उनके साहचर्य में बिताते हैं।

13.8.64

गायत्री भाभी, कमलेश्वर की नज़र में। पढ़-लिखकर भी वही अठारहवीं सदी के संस्कार। वही सब काम करती है जो गाँव की अनपढ़ औरतें किया करती हैं। उसी तरह व्रत-उपवास रखती है। उसी तरह तीज-त्योहार मनाती है। उसी तरह आधी-आधी रात तक इन्तज़ार में बिना खाये बैठी रहती है।

उस दिन तीज थी। सावनी तीज। गायत्री भाभी ने नथ डाली। लाल साड़ी पहनी। मिट्टी की मूर्तियाँ बनायीं। पूजा की। तीज की कथा सुनायी।

"एक भाई की बहन थी जिसे उसकी भावज ने मरवा दिया। मरवाकर एक पेड़ के नीचे दफ़न कर दिया। ननदोई अपनी पत्नी को विदा कराने आया तो रास्ते में पेड़ के नीचे उसे अपनी पत्नी देवी बनकर बैठी मिली। उसने अपने पति को बता दिया कि किस तरह उसकी भावज ने उसे मरवाया है। वह आदमी अपनी ससुराल पहुँचा। वहाँ पर उन लोगों ने कहा कि उसकी पत्नी तो न जाने किसके

साथ निकलकर घर से चली गयी है। इस पर उस आदमी ने असली बात अपने साले को बता दी...कि उसकी बहन, उस आदमी की पत्नी, को मरवा कर पेड़ के नीचे दफ़ना दिया गया था और वह अब देवी बनकर वहाँ बैठी है। भाई बहनोई को साथ लेकर वहाँ गया। जाकर देखा कि उसकी बहन तो सचमुच वहाँ पर है। इस पर वह बहन को तो अपने साथ वहाँ से ले आया और वापस आकर अपनी पत्नी को उसने घर से निकाल दिया...।''

और कमलेश्वर हैं कि कथा सुन रहे हैं और सामने बैठे सिगरेट फूँक रहे हैं। हँस रहे हैं। मज़ाक कर रहे हैं। मगर साथ ही पैर भी पुजवा रहे हैं। उस स्थिति के प्रति समर्पित हैं, पर इससे बहुत ऊपर उठे हुए हैं। कह रहे हैं, ''तो इससे नतीजा यह निकला न कि पत्नियों को आखिर घर से निकाल देना चाहिए।''

गायत्री भाभी की आँखों में अमंगल की छाया काँपती है, पर वह मुस्करा देती है। झुकी-झुकी आँखों से हल्का-सा विद्रोह करती हैं। ''तुम लोग तो मानते ही नहीं हो इन बातों को। बस, मज़ाक उड़ाते हो। तुमसे कोई कहे तो क्या कहे।''

''अरे एक तो तुम्हारी कथा से शिक्षा ले रहे हैं, और ऊपर से तुम नाराज़ हुई जा रही हो।''

गायत्री भाभी अब कुछ नहीं कहती। पूजा की थाली समेटकर रख देती है। पल्लू से सिर ढँककर उसके और मेरे पाँव छूती है। इस पर अनीता भी हँसती हुई सिर ढँक लेती है। भाभी के अनुकरण में मेरे और कमलेश्वर के पाँव छू लेती है।

बस का इन्तज़ार...लम्बा इन्तज़ार...धूप में टहलते हुए उतना रास्ता वैसे ही चला जाता है जितना चलकर आदमी कम-से-कम गुरुद्वारा रोड तक तो जा ही पहुँचे...

ओमप्रकाश के केबिन में। चौहान, ओमप्रकाश। सामने *आजकल* का अंक। 'पुस्तकें हैं कहाँ जो बिकें?'

प्रिटेंशस लेख, बिना किसी विश्लेषण या अंडरस्टैंडिंग के। पढ़कर गुस्सा जो आया तो खूब खरी-खरी सुनाई। ओमप्रकाश बेचारा मुस्कराता मुँह ताकता रहा। जैसे किसी गुस्सैल बच्चे की बात सुन रहा हो। कहा कि बंगला से तुलना जो आप लोग करते हैं तो क्यों नहीं अपनी तथाकथित 'लोकप्रिय' से 'लोकप्रिय' पुस्तकें भी आप बंगला पुस्तकों का दसवाँ हिस्सा भी बेच पाते? वहाँ आप पाठक की सीमाओं की बात ले आते हैं तो जो पुस्तकें उनसे भी आधी बिकती हैं, वहाँ पाठक के सांस्कृतिक दीवालियेपन का ध्यान आपको नहीं आता।

चौहान मध्यस्थ की तरह कहते रहे, ''दोनों ही अर्धसत्य हैं। इनकी बात भी, आपकी भी। पूरा सत्य दोनों में नहीं है।''

फिर बात हुई कि एक दिन चार-पाँच आदमियों में खुलकर इस विषय में बात की जाये। तय हुआ कि तेईस के इतवार को चार बजे ओमप्रकाश के घर

में मिला जाये। हम तीनों के अलावा बन्ने भाई और कमलेश्वर भी हों।

अपनों के बारे में न लिखे आदमी तो किसके बारे में लिखे? यह वैयक्तिक स्तर का विश्वासघात क्या कलागत ईमानदारी की अनिवार्य शर्त नहीं?

सोचना कम होता है अपने यहाँ, सोचने का उपक्रम और उत्साह ज़्यादा होता है। और उपक्रम में भी ईमानदारी कम, पूर्वाग्रह और आत्मसमर्थन ज़्यादा। अधिकतर हम विषय की पकड़ में नहीं, उसके आभास में ज़्यादा जीते हैं। ज़मीन को नहीं, हवा के ज़र्रों को ज़्यादा टटोलते हैं। अपनी सीमाओं का सारा दोष दूसरों पर लाद देना चाहते हैं। जो कुछ नहीं पढ़ते, उसके सम्बन्ध में बहुत 'पॉजिटिव' राय रखते हैं—जो सम्बद्ध न हो उसके सामने ज़ोर-शोर से उद्घोषणाएँ करते हैं।

14.8.64

जगदीशचन्द्र स्नैक बार में। "बस एक पुस्तक आनी चाहिए। बस एक बार शुरुआत होनी चाहिए।"

"अगला उपन्यास अपने गाँव के बारे में लिख रहा हूँ। वह रियलिस्टिक है।"

"फ़ाइल मैं उठा लेता हूँ। मुझे अपना हाथ खाली-खाली लगता है।"

कमलेश्वर और गायत्री भाभी। दिन भर घर न आने से हल्की-सी लड़ाई। इधर-उधर नाचती-कूदती अढ़ाई बरस की मानो। सड़क की तरफ़ झाँकते देखकर पूछा कि क्या देख रही है, तो बोली, "शाम देख रही हूँ।"

खोजते हुए लोग। अर्थों को, उद्देश्यों को। अपनी-अपनी सार्थकता को। निषेध करते हुए, अस्वीकार करते हुए। नीचे और नीचे पैठने की कोशिश करते हुए। सूक्ष्म से सूक्ष्मतर को छूने के लिए बेचैन। हर माध्यम की स्थूलता को लेकर असन्तुष्ट। एक-दूसरे के अधूरेपन के प्रति असहिष्णु। शंकालु! उत्तप्त। सुनने से पहले सिर हिलाते हुए। नहीं, नहीं, नहीं। बिन्दु यह नहीं, वह है। यहाँ नहीं, वहाँ है। मैंने नहीं छुआ, पर उसे छुआ जा सकता है। हममें से किसी ने अब तक नहीं छुआ, पर कोई-न-कोई छुयेगा। जाने कब और कैसे। पर हम उस सूक्ष्म को सिर की धार से बेधेंगे। पूरी चेतना के आवेश से। आज नहीं तो कल। कल नहीं तो जब कभी। बेधेंगे ज़रूर। चाहे किसी अनजाने क्षण में ही और बिना इस चेतना के कि जिसे वेधा गया है, वह लक्ष्य ही था।

15.8.64

रवीन्द्र कालिया, घर पर। यहाँ, 8 ए/54, डब्लू.ई.ए. में।

काम करते-करते हाथ रोककर उससे बात करने के लिए उठ गया। वह अपना वक्तव्य लेकर आया था—*नई कहानियाँ* के स्तम्भ 'नई कहानी : कुछ और हस्ताक्षर के लिए।'

वक्तव्य में शब्द चयन अच्छा था। पर बात वही—किताबों के तहखाने से नये-नये निकलकर आये मौलवियों जैसी। हवाला दूसरों का, इसका, उसका। कि कहानी मर चुकी—दुनिया भर में। जो लिख रहे हैं, झख मार रहे हैं। कि जो लिखी जानी चाहिए वह कहानी नहीं होगी। इत्यादि, इत्यादि।

दो घंटे की माथापच्ची। वैल्यूज़ को लेकर। कहानियों और कहानीकारों को लेकर। कहता रहा कि वह कुछ कहानीकारों की बहुत कद्र करता है। उनकी कृतियों का बहुत मूल्य समझता है। मगर लिख नहीं सकता क्योंकि लोग उसे चापलूसी समझेंगे। इसके बावजूद इंटीग्रिटी की बात करता रहा। बोला कि अश्क ने उसकी पहली तीन पंक्तियाँ इस्तेमाल करके और बाकी का हिस्सा छोड़कर उसके साथ बे-इन्साफ़ी की है। 'यह सरासर बेईमानी है।' कुछ हिस्सों के बारे में कहता रहा, 'मेरा इससे यह मतलब नहीं, मतलब इससे बिलकुल उलटा है।' फिर बोला, 'मैंने तो आपकी ही बात का समर्थन किया है!' बहुत मासूमियत से।

कमलेश्वर कहता है कि यह लड़का बहुत 'चालाकी' दे रहा है। हर ग्रुप से हॉबनॉब करता है और हर जगह दूसरों के खिलाफ़ बात करता है। मज़ाक उड़ाता है। लिखते वक्त प्रिटेंशज ओढ़ लेता है।

उससे यह सब कह भी दिया। वह रुआँसी शक्ल बनाये बात करता रहा। कहता रहा, 'मेरा ऐसा मकसद कभी नहीं होता। मैं ईमानदारी से जो महसूस करता हूँ, वही कह देता हूँ।'

कहा कि उसे ईमानदारी से और खुलकर ही बात करनी चाहिए। समझौता नहीं करना चाहिए। किसी भी उपलब्धि के लिए नहीं। किसी के असर में नहीं आना चाहिए।

जाते वक्त वह डिस्टर्ब्ड था। मगर जो मन में था, न कहता तो मैं डिस्टर्ब्ड रहता।

करोल बाग। अजमलखाँ रोड पर छुट्टी के दिन की शाम। फुटपाथ मार्केट। गलत नहीं कहते लोग कि अब भी यह शहर एक बड़ा-सा गाँव है। यह करोल बाग खासतौर से। नीलाम से लॉटरी तक। झूले से लेकर वज़न तोलने की मशीन तक। हर चीज़ हाज़िर। पगड़ी से पाजामे तक। देसी जूती से पेशावरी चप्पल तक! हर शख्स हाज़िर। कन्धे-बाज़ी का स्वर्ग।

आइडेंटिफ़िकेशन—अपने काम के साथ। और कुछ भी अच्छा नहीं लगता। घूमना-फिरना, मजलिसें लगाना। मन झट वहाँ से उचाट हो जाता है। काम में लगा रहूँ तो न थकान होती है, न मन उचाट होता है।

मासूमियत और धूर्तता के बीच कभी-कभी बहुत सूक्ष्म रेखा होती है जिसे आदमी पकड़कर भी पकड़ नहीं पाता। कहीं समझ में आ जाता है कि यह ऐसे है—फिर भी आदमी दूसरे को 'बेनिफ़िट ऑफ़ डाउट' दिये जाता है। परिणाम आखिर

वही निकलता है जिसकी कि उम्मीद होती है। मगर यह मीठा धोखा खाने का खेल वह फिर-फिर खेलता जाता है। शायद इससे भी अपने अन्दर की ही कोई ज़रूरत पूरी होती है।

16.8.64

सुबह-सुबह भीष्म साहनी। अनुवाद के लिए कहानी लेने। देर तक बातचीत। विषय : 'समकालीन सामाजिक और साहित्यिक सन्दर्भ में लेखक का विचाराभिव्यक्ति का दायित्व।' भीष्म के चेहरे और बातचीत में आज भी वह सहजता है जो 22-24 की उम्र के बाद नहीं रहती। विश्वास नहीं होता कि यह आदमी अगले साल पचास साल का हो जायेगा।

भीष्म कहता रहा कि 'मनीषा' गोष्ठी की गन्दगी देखने के बाद कुछ कहने-लिखने को मन नहीं होता। कि वह अपने में कहीं कन्फ़्यूज्ड महसूस करता है। कि उसने सब लेखकों को पूरा पढ़ा नहीं है।

बात चलती रही। जीवन-सन्दर्भों से टूटे हुए लेखन को लेकर। इंडो-यूरोपियन तथा इंडो-अमेरिकन आदान-प्रदान की कहानियों को लेकर। स्थान—लन्दन, न्यूयॉर्क, बर्लिन, पेरिस—या अनिश्चित। एक कमरा—होस्टल, क्लब या रेस्तराँ का। नाच, सैर, बातचीत। शारीरिक कसाव। मानसिक अजनबीपन। परिणति—टेंशन या रिलीज़ में। टेंशन में कटुता। रिलीज़ में वितृष्णा।

हिन्दुस्तानी पात्र—अपने माँ-बाप, बहन-भाई बहुत छोटे पड़ते हैं इन सोफ़िस्टिकेटिड पाइंट्स के लिए। जिन सन्दर्भों से निकल कर विदेश गये हैं, उन्हें स्वीकार करते शरम आती है। इनका अजनबीपन फ़कत विदेशी होने का अजनबीपन है। या वह कुछ जो अजनबी दर्शन के बारे में पढ़ा है।

भीष्म कुछ उत्साहित हुआ कि वह अब लिखेगा। कि अपने को व्यस्त करना—इन सभी विषयों पर लेखकीय दायित्व की अनिवार्य शर्त है। बोला, 'मनीषा'—गोष्ठी के बाद एक लेख लिखना शुरू किया था, पर वह बीच में ही रह गया। पूरा नहीं किया। अब पूरा करूँगा।

कुछ दोस्तों पर उसने दबे-दबे रायज़नी भी की। पर एहतियात रखते हुए कि बात का कहीं गलत इस्तेमाल न हो। साथ ही भलमनसाहत का तकाज़ा कायम रखते हुए। एकाध को छोड़कर औरों के नाम लेने में हिचकिचाते हुए।

टी-हाउस। मेज़ के इर्द-गिर्द चार आदमी। चौधरी, कश्यप और दो अपरिचित। अपरिचितों में से एक आँखें आधी-आधी भींचता हुआ कह रहा है, ...'बेचकर तो दिखाएँ एक गाड़ी भी। एक दिन दो गाड़ी अनाज मँगवा लें और बेचकर दिखाएँ।' मैंने कहा नन्दा जी से कि "भाई हम तो हैं ही ऐसे—हमारा तो काम ही है हेरफेर करना। चोरी-चकारी हम नहीं कर सकते, डाका हम नहीं डाल सकते, किसी औरत

पर ज़ोर-ज़बर्दस्ती करने का हौसला हम में नहीं—हम लोग बनिये की जात, कलम की हेरफेर ही तो कर सकते हैं। तुम लाओ अनाज...हमसे एक आना कम में बेचो, तो ग्राहक तुमसे ही खरीदेगा। उसे जो सस्ता देगा, उसी से तो वह लेगा। आओ तुम मार्केट में हमारे कॉम्पिटीशन में। आते क्यों नहीं?

"कीमत गिरेंगी—गिर सकती हैं—अगर तुम्हारे अपने आदमी करोड़ों के सौदे न कर रहे हों। तुमने कैरों को पकड़ा—वह तो छोटी-मोटी हेरफेर ही कर रहा था। सत्तर-अस्सी लाख की हेरफेर भी कोई चीज़ है और वह मारा गया अपने लड़कों की गुंडागर्दी की वजह से। वरना तुम बिज्जू पटनायक को क्यों नहीं हाथ लगाते? उसे जिसने पचास करोड़ की हेरफेर की है? वह तो साफ़ कहता है कि पचास लाख खर्च करके मैं चीफ़ मिनिस्टर हो गया। प्राइम मिनिस्टर बनने में कितना लगेगा? ज़्यादा से ज़्यादा दो करोड़?

"और कुम्भन दास (?) राजस्थान का। उसने गुड़ में पचास लाख बना लिया है और मूँछों पर हाथ फेरता बैठा है। गुंडागर्दी वह करता है, लोगों की लड़कियाँ वह उठवाता है, डाके वह डलवाता है, यहाँ तक चीफ़ मिनिस्टर के लड़के को ही अगवा करवा दिया और तीन लाख वसूल करके वापस छोड़ा।...राजस्थान की विधानसभा की चाभी उसके हाथ में है। जिसे चाहे, बनाये, जिसे चाहे बिगाड़े—उसको तुम छू भी सकते हो? बनाने को कमेटियाँ तुम चाहे कितनी बना लो—स्टेटमेंट चाहे कितने दे दो—कीमतें क्या कमेटियों और स्टेटमेंटों से गिरती हैं? अनाज क्या कागज़ों और भाषणों से पैदा होता है? हम तो कहते हैं कि हम रखते हैं अपने गोदामों में बनिये है, इसलिए नफ़े पर बेचते हैं, तुम आओ भरे बाज़ार में बनिये बनकर और हमारे कॉम्पिटीशन में बेचो।"

"ये लोग चिल्लाते हैं को-ऑपरेटिव, को-ऑपरेटिव। यहाँ साझेदारी की भावना है लोगों में जो को-ऑपरेटिव कामयाब होंगे? को-ऑपरेटिव बनते हैं दस दिन मुनाफ़ा कमाने के लिए—उस वक्त जब किसी चीज़ की किल्लत होती है। माल बाज़ार में आते ही को-ऑपरेटिव नदारद हो जाते हैं। यह है तुम्हारी को-ऑपरेटिव योजना। कि जो चीज़ प्राइवेट व्यापारी छह रुपये क्विंटल ढोकर यहाँ से महाराष्ट्र पहुँचा सकते हैं, उसके लिए तुम किसी अपने गुरगे के को-ऑपरेटिव को ओबलाइज करने के लिए चौदह रुपये क्विंटल में ठेका दे देते हो।"

"यह मुल्क है जहाँ गन्दूम और चावल तक लोगों को आसानी से मयस्सर नहीं। उस दिन एक अमरीकन कह रहा था कि चिकन को तो वे लोग रफ़ फूड समझते हैं। कहते हैं अंडा-मुर्गा भी कोई खाने की चीज़ है? एक डबलरोटी के बराबर वहाँ एक मुर्गे की कीमत होती है। वे खाते हैं स्टीक जिसमें अच्छी गिज़ा की सभी खासियतें मिली रहती हैं, जो कि प्योर और मेडिकेटिड फूड होता है। वहाँ भी है को-ऑपरेटिव मगर किस काम के लिए? फ़सलों को कीड़े से, चिड़ियों से बचाने

के लिए। ज़रूरत हुई तो हज़ारों मीलों में को-ऑपरेटिव से दवाइयाँ छिड़कवा लीं, बुलडोज़र मँगवा कर मीलों में जमी बर्फ़ तुड़वा ली कि वह पिघलकर सिंचाई के लिए पानी बन जाये। को-ऑपरेटिव की भी एक मोरेलिटी होती है। यहाँ है कोई भी मोरेलिटी तुम लोगों में—सिवाय इसके कि अगले इलेक्शन के लिए जो दस, बीस, पचास लाख रुपया चाहिए, वह कैसे और किससे हासिल करो?"

टी हाउस के बाहर पेड़ के इर्द-गिर्द बूट पॉलिश के बक्सों का ढेर—ज़ंजीरों से बँधा हुआ।

चौधरी कहता है, "लगता है, जैसे यहाँ किसी बूट फ़कीर का थान हो।..वह है न मटकेशाह का थान—नुमायश ग्राउंड और सुन्दर नगर के बीच जहाँ लोगों को मानता मानने से पहले मटके चढ़ाने पड़ते हैं। इधर-उधर, पेड़ों और दीवारों पर मटके ही मटके लटके नज़र आते हैं।"

तभी कोई लड़का आकर *ईवनिंग न्यूज़* हाथ में देता है। 'श्री शास्त्री के खिलाफ़ अविश्वास का प्रस्ताव पेश होने की सम्भावना। काँग्रेसियों के मन में भी असन्तोष की लहर।'

स्नैक बार में सरदार के साथ बैठी हुई लड़की। दोनों कुछ ऑर्डर नहीं देते। कोई बैरा भी उनके पास नहीं जाता। आपस में वे बात भी नहीं करते। लड़की बस शरमाती-मुस्कराती आँखों से इधर-उधर देखती जाती है।

सरदार उठकर कुछ देर के लिए बाहर चला जाता है। लड़की उसी तरह देखती बैठी रहती है। सरदार लौट आता है। कुछ देर में वह अचानक उठ पड़ता है। लड़की भी उठ पड़ती है और दोनों स्नैक बार से बाहर चले जाते हैं। चौधरी की आवाज़ जो कुछ देर खोयी रही थी, अचानक फिर सुनायी देने लगती है,..."हाँ, यही तो बात है। राजेन्द्र से मैंने यही कहा कि अगर सचमुच तुम महसूस करते हो कि तुम लोगों के सोच-विचार की ज़मीन एक नहीं है तो ईमानदारी का तकाज़ा यही है कि अपनी दोस्ती कायम रखो और साहित्यिक स्तर पर अपनी-अपनी ज़मीन पर खड़े होकर बात करो।"

टी हाउस। कुछ बौखलाई हुई नज़रें। कुछ घूरती हुई आँखें। कुछ चुभती हुई बातें। कुछ रुके-रुके कहकहे। कुछ दबे-दबे इशारे। एक का बेतकल्लुफ़ी से हाथ मिलाना। दूसरे का त्योरी डालकर बाँहें सिकोड़ लेना। किसी का कन्धे हिलाना। 'हमारी तो समझ में नहीं आता साहब कि आजकल लोग एक-दूसरे से इतने जले-भुने क्यों रहते हैं? फिर भी इतने हिल-मिलकर कैसे बैठते हैं।'

इसमें क्या सार्थकता है कि आदमी एक ही जिये हुए दिन को बार-बार जिये। फिर-फिर से उसी तरह, उसी क्रम से उसी दायरे में। वही बातें करे—या वे नहीं तो वैसी ही। उसी तरह हँसे। उसी तरह हैरानी ज़ाहिर करे। उसी तरह बैठे। उसी तरह उठे। और उसी तरह मुँह उठाये। कल की तरह आज भी बस के क्यू में आ खड़ा हो।

एक घटनाहीन घटना अपने अन्दर घटित होती रहती है—घटनाहीन नहीं, क्रियाहीन। वह जो मन को, मनन को, ग्रहणहीन अनुभूति को एक प्रलक्षित क्रम से तोड़कर फिर-फिर से बनाती चलती है। हर आज, हर बीते कल का परिणाम होता है, उसका नया, बदला हुआ संस्करण, उससे समृद्ध और परिष्कृत। पर यह घटना क्या सभी के अन्दर घटित होती है? होती हो, तो क्यों फिर...?

पता है कि बहुत छोटी-सी बात है। बहुत साधारण। एक स्वाभाविक तनाव होता है स्नायुओं का जो नर और मादा माँसपिंडों को आपस में लिपटा देता है। एक-दूसरे में खो जाने, डूब जाने के लिए मजबूर कर देता है। सारी प्रक्रिया में एक मशीनीपन नज़र आता है। जैसे कि एक के बाद एक पुर्जा अपने वक्त पर स्टार्ट होता जाता हो। मशीन एक खास रफ़्तार पकड़ने के बाद एक परिणाम पर पहुँचकर रुक जाती हो—तार घर में लगे टेबुलेटर की तरह। सब ठीक है, फिर भी उन क्षणों में जो विवशता, जो विस्मृति, जो अवसन्नता होती है, वह क्या है? उसमें चाहे क्षण भर को ही सही, एक दिशा और काल निरपेक्ष अनुभूति का स्पर्श क्यों होता है। क्यों उस हूँ-हाँ और चिपचिपाहट के बीच भी कहीं वह मुकाम आ जाता है जहाँ लगता है कि सामने आकाश रूप सार्वकालिकता है और हम उसे अपने सिर की ठोकर से तोड़कर उसकी आखिरी तह तक पहुँच जाने को हैं। और वह अनुभूति चेतना में जाग्रत होने से पहले ही विलीन क्यों हो चुकी होती है? उसके बाद शेष होती है चिपचिपाहट से शीघ्रातिशीघ्र मुक्ति पाने की कामना। हाथ कपड़ों को ढूँढ़ते हैं—नंगेपन में अपना आप जानवर जैसा लगता है।...मगर वह जानवर का-सा नंगापन भी तो किसी-किसी स्थिति में अद्भुत होता है।

17.8.64

राजकमल के बाहर फुटपाथ पर श्रीकान्त वर्मा। अन्दर लक्ष्मीनारायण लाल, देवीशंकर अवस्थी। विषय—नयी कहानी,। 'मनीषा' गोष्ठी। उपेन्द्रनाथ अश्क। साहित्य की दूसरे दर्जे की विधा। केवल दो कहानीकार।

श्रीकान्त वर्मा कहता है कि जो बातें उसके नाम से कही जा रही हैं, वे उसने 'मनीषा' की गोष्ठी में नहीं कही। सब नामवर का प्रचार है। वह आदमी उसे ज़लील करने के लिए झूठी बातें बनाकर कहता है।

जनपथ होटल में मीटिंग। दो बाहर के अतिथि। ज्ञानी जी की दिलचस्पी सैंडविच खाने में है। चौहानजी 'अतिथि देवो भव' के सिद्धान्त पर चलकर आगन्तुकों के सामने विचलित हैं। लक्ष्मण शास्त्री ओरेटरी में इंटरेस्टेड है। अतिथि नोट्स ले रहे हैं। एक बहुत दुःखी नज़र आते हैं, दूसरे बात-बात पर मुस्कराते हैं। बाहर बारिश हो रही है। लक्ष्मीनारायण लाल घड़ी देख रहे हैं।

दिन भर की थकान। अपना आप—बिगड़े साज़ के बेढब संगीत-सा।

21.8.64

अठारह को पहले कॉफ़ी हाउस। सुदेश (नहीं, स्वदेश कुमार) और वेद व्यास। सन्तोष नौटियाल। *चाय पार्टियाँ* नाटक। डी.ए.वी. में रीडिंग है।

स्वदेश का एक ही विषय है–विश्वनाथ। नौकरी करता था, तब भी वही था, अब भी वही है। अब कहता है कि उस आदमी के नौकरी छोड़ने (मतलब छुड़ाये जाने) से ही स्वास्थ्य सुधर गया है।

बोला, ''एक कहानी लिख रहा हूँ। अभी पूरी नहीं कर पाया क्योंकि समझ नहीं पा रहा कि वह नयी कहानी है या पुरानी।''

टी हाउस में रवीन्द्र कालिया और लक्ष्मीनारायण लाल। फिर एक के बाद एक–कुलभूषण, रमेश गौड़, राजेन्द्र अवस्थी और पाँच अदद और। रमेश गौड़ अश्क की किताब *कहानियाँ और फ़ैशन* का ज़िक्र करते हुए कहता है, ''साहब इधर एक किताब आयी है। उसका नुस्खा सुनिये। पहले एक जमूरा घंटी बजाता हुआ आता है और मजमा इकट्ठा करता है–'मेरा उस्ताद, उस्तादों का उस्ताद, उनका भी उस्ताद।'

फिर उस्ताद आता है और जमूरे का परिचय देता है, 'यह जमूरा, मेरा नहीं, मैं इसका नहीं, जो है सब खुदा का है। तो साहबान, अब खुदा को हाज़िर-नाज़िर जानकर जो कुछ मुझे कहना है, वह इस जमूरे की ज़बान से सुनिये...।'

जमूरे, तेरा नाम?
सुरेश सिन्हा।
काम?
डॉक्टरी।
पेशा?
जी हुजूरी।
शहर का नाम?
इलाहाबाद?
इरादा?
नेक।
फिर भी?
मजमे में नाम पाना।
तो जिस बात को मैं सच कहूँ, उसी को सच बतायेगा?
बताऊँगा।
जो बात ज़बान पर लाऊँ, उसे मजमे में फैलायेगा?
फैलायेगा।
चार बार दिल्ली जायेगा?

जाऊँगा।

तो लेट जा चादर ओढ़कर।

(जमूरा लेट जाता है चादर ओढ़कर)

अब तेरे ऊपर कलमा पढ़ूँ?

पढ़ो।

जब तक मैं न कहूँ, तब तक आँखें तो नहीं खोलेगा?

नहीं खोलूँगा।

और जो कुछ भी मैं कहूँ, उस पर पूरा यकीन लायेगा?

लाऊँगा।

जो कुछ न कहूँ, वह खुद बतायेगा?

बताऊँगा।

तो आ, और बता कि इनमें सचेतन कहानीकार कौन-कौन हैं...?

भीष्म साहनी, राजेन्द्र यादव, लक्ष्मीनारायण लाल, कॉफ़ी हाउस में। हल्की-फुल्की बातचीत। बेमतलब की।

राजकमल में मुलाकात श्री राजकुमार से। बातचीत 'अम्बर' में। विषय—दीदी का ऑपरेशन। विषयान्तर—व्यंग्य।

नेशनल स्कूल ऑफ़ ड्रामा का दीक्षान्त समारोह। भाषण श्रीमती तारकेश्वरी सिन्हा, अध्यक्षा, का। शब्द बेढब—चालीसवें साल की गोलाइयों की तरह। ब्लाउज़, ब्रेसियर, दो साइज़ छोटे। दस साल के रिट्रोस्पेक्ट में लड़की खूबसूरत। बिलकुल डिप्टी मिनिस्टर या फ़िल्म हीरोइन होने के लायक! आज—

नाटक *द फ़ादर* (स्टिंबर्ग) का हिन्दी (?) रूपान्तर। भाषा बेढब। उठान, लाउड। इंटरप्रेटेशन—जर्की। तकनीकी पहलू, पालूटेड। नख से शिख तक दुरुस्त-चुस्त। क्लाइमेक्स—ढीला।

डॉ. लक्ष्मीनारायण लाल। वहाँ से साथ टी हाउस। टी हाउस में निर्मल, प्रबोध, कमलेश। हमारे आने पर वे उठकर चले गये।

डॉ. लक्ष्मीनारायण लाल साथ घर। उनके नाटक *दर्पन* का पहला अंक।

नाटक समर्पित—श्री नेमिचन्द्र जैन को।

पहली प्रति—भाई श्री अलकाज़ी को।

उनकी सूचना—इलाहाबाद से भैरव एक नयी कहानी पत्रिका निकाल रहे हैं। बहुत सम्पन्न प्रकाशक की ओर से।

बीस की सुबह। नेशनल स्कूल ऑफ़ ड्रामा का रिसेप्शन। समोसा, पेस्ट्री, चाय। सिवाय इसके कोई तालमेल नहीं। अलकाज़ी—कसे हुए। माया—ढीले-ढाले। भारत भूषण के कमरे में। डॉ. परमानन्द श्रीवास्तव। चुगद।

यूनाइटेड कॉफ़ी हाउस में सुरेश, नेमि और हबीब के साथ। हबीब अलकाज़ी

से बुरी तरह खार खाये हुए। बेतरह, बेवजह अलकाजी की निन्दा। हर बात पर। वह एक्टर बुरा है, डायरेक्टर बुरा है, प्रोड्यूसर बुरा है, स्कूल के लिए बुरा, रंगमंच के लिए बुरा है, भाषा के लिए बुरा है, संस्कृति के लिए बुरा है।

फिर टी हाउस में। राजेन्द्र यादव, नेमि, लक्ष्मीनारायण लाल।

धर्मप्रकाश शर्मा का पालतू शायर—उसकी बेमतलब की ऊल-जलूल बातचीत।

कमलेश्वर पर हुई किराये की डिक्री को लेकर परेशानी। राजेन्द्र के और मेरे बीच। ओमप्रकाश के और मेरे बीच। गायत्री परेशान। अनीता परेशान। कमलेश्वर अलग-अलग जगह वक्त देते हुए। हमारी दौड़-धूप। कमलेश्वर लापता है।

शाम। राजकमल में ओमप्रकाश, राजेन्द्र यादव, श्रीकान्त वर्मा। श्रीकान्त वर्मा के साथ 'मोना लीज़ा' में बातचीत। कृत्रिमता और प्रामाणिकता। सामाजिकता का अर्थ। महेन्द्र भल्ला की कहानी (उपन्यास—अंश) *एक पति के नोट्स*। प्रिटेंशस और जेनुइन राइटिंग। श्रीकान्त वर्मा की सफ़ाई, 'मैं आज भी मार्क्सिस्ट हूँ और ज़िन्दगी भर रहूँगा...पर मेरा मतलब तो यह है कि...।'

फुटपाथ पर राजेन्द्र से बातचीत। कमलेश्वर और ओमप्रकाश के बीच की समस्या की लेकर। डिक्री के प्रकरण में। बूँदाबाँदी। उससे घर पर देखने का निश्चय।

रात। घर पर। कमलेश्वर हँस रहा है। कहता है, सब ठीक है। सुबह पैसा वह ले आयेगा। बस...।

खाना। पत्रिकाओं के बारे में बातचीत। किसे कितना सहयोग देना चाहिए।

इक्कीस की शाम। कॉफ़ी हाउस। अशोक सेक्सरिया। विषय—'श्रीकान्त ने कहा कि आपको महेन्द्र की कहानी बहुत पसन्द आयी।' लिट्रेचर इन जनरल भाषा। इतने में राजेन्द्र यादव। प्रयाग शुक्ल। उखड़ी-उखड़ी बातचीत। *कल्पना* कार्यालय की स्थिति। सामन्ती वातावरण।

दूसरे दौर में श्री सेंगर, मन्नू, बांटिया। विषय—वेफ़र्ज, कॉलेज, टिंकू, कॉफ़ी, हाट डाग्ज़, रेडियो टाक्स, श्री सेंगर की ज़िम्मेदारियाँ, उनकी भौजाई, ज़िन्दगी, वेफ़र्ज, हॉट डॉग्ज़, कॉफ़ी, दिल्ली में एकामोडेशन, रेडियो की पॉलिटिक्स, चिरंजीत गन्दा आदमी, कलकत्ते की याद...।

टी हाउस। फ़्लेश लेमन सोडा। दूर से देवराज दिनेश की आँखें। फिर दिनेश उठकर उस टेबल पर। विषय—उम्र, आँखें, चश्मे का नम्बर, उर्मिल की बीमारी, डॉक्टर तिवारी...।

घर। कमलेश्वर का अब भी पता नहीं। मतलब, वह सामने नहीं गया। सुना, बारह बजे टी हाउस में था, साढ़े छह बजे घर पर आया था।

24.8.64

बाईस को भीष्म और मिसेज़ साहनी घर पर। औपचारिक बातें। तेईस को पहले, कालिया, फिर मन्नू।

कालिया ने नया वक्तव्य सुनाया। मन्नू से हँसी-मजाक चलता रहा। आज—दोपहर से नौ बजे तक आवारागर्दी।

25.8.64

रमेश पाल टी हाउस में। बात प्रमोद, कृष्णा, परम और शीला बावा की। उसने बताया कि एक मेट्रिमोनियल विज्ञापन के जवाब में अलीगढ़ गया था। लड़की फ़्लाइट लेफ़्टिनेंट थी—निहायत बदसूरत। एडवरटाइज़र इसका कोई पुराना सहपाठी था। पता चला वहाँ पहुँचकर। सोचो, कितनी आकवर्ड पोजीशन हुई।

सवा सात बजे घर। कमलेश्वर। हिन्दी डायरेक्टरेट में कुलभूषण और जगदीश चतुर्वेदी से हुई बातचीत। बोला, 'जगदीश चतुर्वेदी लीडरी चाहता है। कुलभूषण बेवकूफ़ है। कहता है, अश्क और जैनेन्द्र के इंटरव्यूज़ के खिलाफ़ लिखेगा।'

26.8.64

बत्ती जलती रही, बुझती रही। जलती रही, बुझती रही।

27.8.64

स्थान—कमलेश्वर का कमरा। अवसर—बियर की तीन बोतलें। भोक्ता राकेश, कमलेश्वर। भोजन : राजेन्द्र। विषय : राजेन्द्र की बेईमानी।

विषयारम्भ : राकेश के कन्फेशंस। स्थिति का विश्लेषण।

मध्य : राजेन्द्र द्वारा भलमनसाहत से कथ्य का आरम्भ। परन्तु शुरू करते ही कुंठा। फिर बेईमानी।...आखिर स्वीकृति।

अन्ततः एक लेख की योजना।

28.8.64

निर्मल, रामकुमार के घर के बाहर। उनके पिताजी की मृत्यु का सोग। साहित्यिक परिवार में से सिर्फ़ तीन आदमी। भीष्म, कुलभूषण और मैं।... वीरानगी।

खामोशी का बाँध टूटा। अच्छा लगा। उदासी में निर्मल की आँखें पहले से ज़्यादा डूबी हुई लगीं। पर उनमें मस्ती नहीं थी। रामकुमार की आँखों में, चेहरे में, मुरझाव ज़्यादा था, मस्ती भी थी।

भीष्म ने बताया कि मुक्तिबोध की हालत नाज़ुक है।

मेडिकल इंस्टीट्यूट। शमशेर, शमशेर सिंह नरूला, श्रीकान्त, नेमि।

पता चला कि सुबह मुक्तिबोध की साँस रुक गयी थी। आर्टिफ़िशियल रेस्पायरेशन से ज़िन्दा रखा जा रहा है। अब किसी भी क्षण...।

बरामदा।

अपने सिवा हर एक की हँसी मुस्कराहट अजीब लगती है। अस्वाभाविक। लगता है, मौत के साये में कैसे कोई हँस-मुस्करा सकता है। पर फिर अपने गले से भी कुछ वैसी आवाज़ सुनायी देती है।

कमलेश, अशोक वाजपेयी।

व्यस्त, जैसे कि किसी साहित्य समारोह के कार्यकर्ता हों। व्यस्त, चेहरे से।

मुक्तिबोध—रुकी-रुकी साँसें...

ऊपर से देखने में अन्तर नहीं...

लगभग वैसे ही जैसे दिल्ली आने के दिन थे।

बाहर बातचीत...

"चिता वगैरह का प्रबन्ध कैसे करना होता है?"

"भीष्म बता सकेंगे। इसके लिए हमने उन्हीं का नाम लिख रखा है।"

...मुस्कराहटें!

"कुछ महाराष्ट्रियन विधि भी तो होगी।"

"वह प्रभाकर माचवे बता देंगे।"

हँसी।

मुक्तिबोध का सबसे छोटा बच्चा—खेलता-चिल्लाता, "अंकल! अंकल!"

कुछ वाक्य :

"एक साहित्यकार की अकाल मृत्यु! कितना अनर्थ है।'

"इसके लिए एक सरकारी कोष होना चाहिए।"

"हेल्थ सर्विसेज़ फ्री होनी चाहिए।"

"हेल्थ सर्विसेज़! हा-हा!"

"या सोशलिज्म हो, या कुछ भी न हो।"

"हम प्रजातन्त्र के लायक नहीं।"

"आजकल क्या लिख रहे हैं?"

"कितनी बड़ी पुस्तक होगी?"

... ...

"कब तक पूरी हो जायेगी?"

... ...

"नागपुर से प्लेन कितने बजे आता है?"

"भिलाई की गाड़ी को उसका कनेक्शन नहीं मिलता।"

“चलें?”

“अच्छा...!”

29.8.64

कमलेश्वर ने बताया श्री चौहान के सम्पादकीय के बारे में, कि *आलोचना* में उन्होंने भी *नई कहानी* को तीन आदमियों की गुटबन्दी बताते हुए उसकी निन्दा की है—फ़ोर्थ रेटर्ज़ की हाँ में हाँ मिलाते हुए...।

5.9.64

साढ़े आठ बजे से एक ऐतिहासिक बैठक हुई स्टैंडर्ड होटल, दरियागंज में—तिकोन के तीनों कोनों के बीच। तय हुआ कि तीनों वैल्यूज़ को लेकर अपना-अपना स्वतन्त्र स्टैंड लें। हर बात में साथ जुड़े रहना गलत है—और कि इसका प्रभाव भी अच्छा नहीं पड़ता।

आज शाम को घर से निकलकर राजकमल। वहाँ से ज्ञानपीठ। चौधरी के साथ 'अम्बर' में चाय। बातचीत का विषय : राजेन्द्र यादव। जैनेन्द्र का बेटा प्रदीप। 'तुम्हारे बारे में। बोला कि...।'

मोती महल से गोलचा, गोलचा से मोती महल—पौन घंटा स्कूटर की तलाश में चहलकदमी। स्कूटर मिलने पर रूपनगर। बिन्दु का फ़ेयरवेल। दोस्त उसे समझा रहे थे : 'देखो, लड़कियों के साथ सोना अच्छा नहीं होता।' 'देखो वहाँ पानी मत पीना।'

मन्नू के यहाँ। मन्नू, कुसुम जी। कॉफ़ी। विषय—खर्च। तीन सौ का मकान—हाथी। दिल्ली में बगैर घर के नहीं चल सकता। नौकर राशन बहुत खर्च करता है। राजेन्द्र को अपने खर्च के लिए दो सौ चाहिए।

टी हाउस के बाहर—सर्वेश्वर, श्रीकान्त, अजित, मुद्रा, देवीशंकर अवस्थी, रमेश गौड़ तथा अन्यान्य।

छोटा-मोटा हिन्दी साहित्य-सम्मलेन।

सर्वेश्वर : 'अब बैनेट कोलमेन वालों को मालूम पड़ेगा कि साहित्यकारों को रखना कितना महँगा पड़ता है।'

श्रीकान्त : “या साहित्यकार साहित्यकार नहीं रहेंगे, या प्रोप्राइटर प्रोप्राइटर नहीं रहेंगे।”

सर्वेश्वर : “हम तो साहित्यकार रहेंगे ही।”

बाद में : “उस रात लखनऊ में देखने के बाद आज देखा है। उस रात हमें तो लगा कि...।”

7.9.64

कल दिन में मदन के यहाँ–

रेखा, चमन, इन्दर नहीं आये थे। शक्ति जली-भुनी बैठी थी।

मदन के साथ कॉफ़ी हाउस।

बातचीत : –शास्त्री जी कितने दिन चलेंगे? इनके बाद कौन आयेगा?

वही रेखा, चमन, इन्दर।

वापस मदन के घर–वाया सतीश गुजराल। परिचय न कराने की चमन की हिमाकत।

मदन के यहाँ दस्तरखान पर खाना।

बातचीत : –आज की राजनीतिक वस्तुस्थिति। काँग्रेस कितने दिन चलेगी?

रामरतन गुप्ता के इलेक्शन का प्रसंग। इलेक्शन रद्द होने पर सुचेता कृपलानी का भाषण!

खाने के बाद उन लोगों ने कनाट प्लेस में छोड़ दिया।

आज तीन बजे निकलकर कमलेश्वर के साथ आकाशवाणी भवन। घंटा भर चिरंजीत के कमरे में नाटक के एडेपटेशन का प्रकरण। चिरंजीत की सफ़ाई।

वहाँ से ऊपर टी.वी में।

रमेश, चार्ली और स्टेनो। मुलाकात की बात।

फिर सलूजा, मलहोत्रा।

कॉफ़ी हाउस। रमेश पाल। जज सिंह। दो और सरदार।

चुटकुले–

एक देहाती सरदार और होटल में चाय खाने के वक्त...

कॉटेज इंडस्ट्रीज़ की लड़की और शादी की बात...'ऐसी ही कुछ बात है।'

8.9.64

राजकमल।

एक राँची के प्रोफ़ेसर–थीसिस छपवाने के चक्कर में। किताब छोड़कर जाने में उनकी जान जा रही थी।

कॉफ़ी हाउस। महेन्द्र, अशोक, सेठी, गोस्वामी, । विषय : महेन्द्र का उपन्यास। निर्मल का लेख। सन्ध्या के साथ नायक के सम्भोग की घटना को लेकर 'एपिसोडिक एप्रोच' की बात, fibre में फ़िट न होने की बात।...

यादव।

कुछ देर कॉफ़ी हाउस में अलग उसके साथ, फिर टी हाउस में। रमेश, मुद्रा, डॉक्टर तिवारी। फिर गोपाल मित्तल के पास से जाता ज्ञान। गोपाल मित्तल हमारी

मेज़ पर। घटिया लतीफ़े। सोडा–तीन गिलास।

रमेश गौड़ बस स्टॉप पर–संग्रह में कहानी देने की अनुमति के लिए।

घर पर कमलेश्वर। रामानन्द दोषी प्रकरण।

9.9.64

तीन दिन से कुछ न कर पाने की थकान और उलझन। मेज़ पर कहानियाँ रखे बेबस-सा बैठा टाइपराइटर के की-बोर्ड को देख रहा था। आँख का फ़ोकस ठीक न रहने से की-बोर्ड के नीचे की जाली बहुत बड़ी लगने लगी...एहसास हुआ जैसे बहुत गहरे 'इटरनिटी' में कहीं झाँक रहा हूँ...की-बोर्ड की चार पंक्तियाँ, चार से पाँच हुईं...फिर छह-सात हो गयीं...फिर अलग-अलग कीज़ पंक्तियों से हटकर ऊँची-नीची नज़र आने लगीं...

मन में आया कि देखने वाले का पर्सपेक्टिव यथार्थ को कितना बदल दे सकता है...। और कि खगोल में झाँकते हुए जो अव्यवस्था और बिखराव नज़र आता है, वह धरती से देखने के पर्सपेक्टिव का ही तो दोष नहीं?

10.9.64

कल–

घर से निकल कर एस.टी.सी. मदन के कमरे में। तीन हंगेरियन। बिज़नेस टॉक। फिर 'हिमालक्स' के आदमी। 10,000 रेफ्रिजरेटरों का ऑर्डर–शायद बुलगारिया से। मेटल्स एंड मिनरल्स ट्रेडिंग कॉरपोरेशन के श्री...से सर्टिफ़िकेट का अटेस्टेशन कराने गये। उनका किस्सा–कैसे उन्होंने एक ईस्ट यूरोपियन देश के कोयले की सप्लाई का सौदा पटाया। For seven days we talked...but nothing happened. Because of that clause...above the prise. Then they consulted the chairman of their negotiating committee. I said I am packing my things and going back...

सौदा पट गया। मिनिस्ट्री खुश है। अभी सरदार स्वर्णसिंह वहाँ गये थे, तो...।

राजकमल। कमलेश्वर के साथ रेडियो के असिस्टेंट प्रोडयूसर श्री दीनानाथ।

फिर से कांट्रेक्ट पुराण।

'दोषी' के मामले में कमलेश्वर का attitude ठीक नहीं लगा।

शक्ति को टेलीफ़ोन–

"You see we have to go to Ashoka. Then to the Bulgarian National Day Reception. And then to Indu's, you can find his number from *Statesman's* office."

मगर मदन हठ करके लेने चला आया।

इन्दर के घर में—

सतीश गुजराल और उसकी पत्नी किरण...।

शामलाल और मिसेज़ शामलाल—

मदन और शक्ति

तारिक साहब...

चमन, रेखा, शीला...

इन्दर की अम्माँ...बहन...

उसके अब्बा...वह

हम दोनों...

सतीश गुजराल के लतीफ़े—हकलाती धीमी, अस्वाभाविक आवाज़ में...।

शक्ति—शामलाल से मिलने पर...

तारिक साहब का अन्दाज़!

शीला टिप्सी...

रेखा-इन्दर अन्दर के कमरे में...

किरण गुजराल का होंठों से बात करने का ढंग...!

कुल मिलाकर कुछ भी नहीं।

रात को छत पर। शीला नशे में। चमन चारपाई पर। बातें शीला करती रही, 'Send Anita to me sometime. You do not think I am a bad influence, do you?'

12.9.64

परसों।

दोपहर को निकलने पर बस में महेन्द्र भल्ला। यात्रा की समस्या। भाषा लिखना किसी को आता ही नहीं। कॉफ़ी हाउस में घंटा भर। फिर जनपथ लेन से चमन को लाने। रेखा। टहलते हुए हबीब के बारे में बात। वह उसे भिलाई बुलाना चाहती है।

चमन के साथ कॉफ़ी हाउस में। विषय : उसकी नौकरी। स्टील प्लांट और स्टील फर्नेस। मैनेजमेंट।

वहीं रमेश पाल। उसे छोड़ने शंकर मार्केट तक। रास्ते में हबीब। रेखा की बात।

पाल का विषय—'किसी भी तरह थोड़ी-बहुत एकस्ट्रा आमदनी।'

कॉफ़ी हाउस में शरद देवड़ा और राजेन्द्र यादव। राजेन्द्र अवस्थी, मनोहर श्याम जोशी और एक और जर्नलिस्ट।

'लघु कहानी' की बात। लौटते हुए रेलिंग के पास भारती उपाख्यान। उसका रिवीज़न कि रविशंकर वाले डिस्कशन को लेकर क्या-क्या हुआ। वह थोड़ा डाउन

हो गया। रात को कमलेश्वर के साथ मार्कंडेय की बात। बारिश में गली में।

कल–

शरद देवड़ा और राजेन्द्र घर पर। मार्कंडेय का पत्र। टैरेस पर चाय और राजेन्द्र के लॉजिक से पैदा एक लतीफ़ा–

'...तो कहानीकार कुल तीन?'

उसने हाथ मिलाया।

'उपन्यासकार दो?'

उसने फिर हाथ मिलाया।

'और नाटककार सिर्फ़ एक?'

उसने हाथ हटा लिया। बोला, "हस्साला, कहाँ से बात निकालकर लाया है।"

ला बोहीम में राजेन्द्र और शरद देवड़ा के साथ कॉफ़ी। शरद की तलखी *ज्ञानोदय* छोड़ने की बात को लेकर। हम लोगों के लिखने की बात को लेकर। उसकी आँखों में आँसू आ गये।

स्थिति का स्पष्टीकरण।

साली बेल्जियम फ़िल्टर ने बुरी तरह परेशान किया। बहकर। बैरे ने बताया, 'आपने टॉप गलत रखे हैं।'

चलने तक शरद देवड़ा की मुस्कराहट लौट आयी थी।

सड़क पर हुल्लड़बाजी और रीगल से स्कूटर...

सुबह-सुबह कमलेश्वर ने बताया, "मुक्तिबोध की मृत्यु हो गयी।"

मौत का दिन था यह...जैसे कि होता है कोई-कोई दिन...!

दोपहर को राधास्वामी सत्संग के स्टॉप के पास बस से उतरा तो एक शव सामने से आ रहा था...

दोपहर को निगमबोध घाट पहुँचे तो मुक्तिबोध की अरथी वहाँ पहुँच चुकी थी। चिता जलाने से पहले पूजा हो रही थी ।

खामोश लोग एक-दूसरे की तरफ़ देख रहे थे, या मंडप में रखे शव की ओर।

पूजा हुई। लकड़ियाँ रखी गयीं। आग लगा दी गयी।

सब कुछ धुआँ हो गया। न जाने कितने संकल्प, कितने विचार, कितनी अनुभूतियाँ, कितनी आकांक्षाएँ...जो सब कुछ घंटे पहले साँस रुकने के साथ जड़ हो गयी थीं।

सुना, मामा वरेरकर की हालत नाज़ुक है। हिचकी बन्द नहीं हो रही।

राजकमल में सुरेश अवस्थी, श्री शिवदान सिंह चौहान। वहाँ से उठकर 'स्टैंडर्ड' में। तीन घंटे बातचीत। लगा दीवार पर सिर पटक रहे हैं–पत्थर की भुरभुरी दीवार पर।

'स्टैंडर्ड' से कनाट प्लेस। बात पौने आठ तक चलती रही—फुटपाथ पर। टी हाउस। दिनेश, दो अलम्बरदार। चड्ढा (हरिदत्त?)। बोगस कानखाऊ किस्से। सत सोनी, रवीन्द्र कालिया।
सत सोनी की बात *दायरा* के बारे में।
रवीन्द्र कालिया *ज्ञानोदय* के इण्टरव्यू को लेकर। घर तक छोड़ गया।

13.9.64

दिन में कॉफ़ी हाउस। बारह बजे। कमलेश्वर के साथ गर्मागर्म बातचीत। चौहान को लेकर। आगमन भीष्म साहनी का। कॉफ़ी के साथ चौहान पुराण का दूसरा दौर। तय हुआ—किसी दिन राजेन्द्र की भूमिका साथ-साथ सुनेंगे। भीष्म के घर में।

बत्ती दिन में तीन बार जाती है। जब भी लिखने-पढ़ने की सोचो, तभी। या कि बिजली के जाने पर ही लिखने-पढ़ने की बात दिमाग में आ जाती है।

पानी उबाल कर पियो। घर से बाहर मत पियो। क्लोराइड-कंटेंट बहुत है। जमुना का पानी बाढ़ ने गँदला दिया है। ड्रेन नम्बर आठ की वजह से यह सब हो रहा है। इसमें अधिकारियों का कोई कसूर नहीं। वे तो रोज़ बाढ़ से घिरे इलाकों का चक्कर लगाते हैं। चाहते हैं कि पानी उतर जाये। बीमारियाँ न फैलें। कीमतें न बढ़ें। लोग खुशहाल रहें। नहीं होता यह सब, तो वे क्या करें? ढेरों कागज़ों पर रोज़ दस्तखत करके भी कुछ न हो, तो कैसे करें?

17.9.64

बात कल ही की रही थी कि आ पहुँचे रमेश पाल। रेखा को छोड़ने गया गली के मोड़ तक। वहाँ बातचीत हबीब और *लहरों के राजहंस* को लेकर। तभी सरदार की कार। ऊँचे स्वर में बात करने की कोशिश। ताकि सरदार सुन ले।

वापसी पर रमेश के साथ बातचीत। विषय 'इमोशनल सिक्योरिटी।' हिसार की लड़की (कॉलेज टीचर) अनीता। *लहरों के राजहंस*। रीडिंग की बात। घर आने का निश्चय। टी हाउस में दो बार। मसाला दोसा। दूसरी बार उठने तक मारे जुकाम के बुरी हालत। फिर किसी दिन सही...।

रमेश ने भारत की बात बतायी। "वह कह रहा था कि तुमने हम लोगों की पहली मुलाकात का यूँ विवरण दिया कि...।"

कल। निकला रेखा से मिलने और मुक्तिबोध की शोक सभा में जाने के इरादे से। पर कॉफ़ी हाउस में दाखिल हो, वहाँ से टेलीफ़ोन करके लौट आया। जुकाम के साथ बुखार भी लग रहा था, जिस्म टूट रहा था। रेखा 5.25 तक अभी आयी नहीं थी।

कल सुबह चिरंजीत को फ़ोन किया था, प्ले कैंसिल करने के लिए। उस दिन उसका बात करने का अन्दाज़ पसन्द नहीं आया था, जिस दिन वह भारत और पाल के साथ मिला था।

उसने फोन पर सफ़ाई दी। शाम को मुक्तिबोध की सभा में मिलने की बात तय की। उसे भी फ़ोन कर दिया कि अब ठीक है, मिलने की ज़रूरत नहीं। मिलना होगा, वैसे मिल लेंगे। आज कल में।

कल रात घर आने पर पता चला अनीता से—गायत्री कमलेश्वर की लड़ाई हो गयी थी। गायत्री दरवाज़े को ताला लगाकर चली गयी थी। कमलेश्वर से कह कर कि घर पर नहीं होगी। कमलेश्वर शाम को चने खा रहा था। उसे ऊपर लाकर फ्रेंच टोस्ट बनवा दिये। तभी गायत्री आ गयी। बैक-ग्राउंड बाद में मालूम हुई।

आज। घर से निकल कर शाम को कॉफ़ी हाउस। रमेश पाल, सलीम रज़ा (?), उर्दू अनुवाद की बात। बाद में परसाई, कमलेश्वर, यादव, दूसरी मेज़ पर। विषय : कमलेश्वर का सम्पादकीय। तभी—महीपसिंह, सुखबीर। बैडमिंटन। यादव की लेग-पुलिंग।

प्रस्थान महीप, सुखबीर, यादव का।

आगमन प्रबोध का।

हल्की-हल्की बातें। प्राण तुम लघु-लघु गात! प्रस्थान पहले प्रबोध और फिर परसाई का।

कमलेश्वर द्वारा चौहान के साथ हुई बातचीत का विवरण।

अभी, अभी...।

चौहान मुँह ताकते, सफ़ाई देते रहे।

अभी-अभी...।

चौहान लेख माँगते रहे।

अभी, अभी...।

चौहान निढाल होकर चले गये।

प्रवेश वेदव्यास का। प्रश्न, "यह राकेशवाद, कमलेश्वरवाद क्या है?"

विषयाम्भ...'नई कहानी...।'

प्रवेश रमेश पाल का!

"यह क्या बकवास है? हर वक्त नई कहानी, नई कहानी। तुम्हारा हश्र भी इशा का-सा न हो जो हर वक्त लोगों से 'लतीफ़ा' 'लतीफ़ा' कहता रहता था।"

फिर—कौशल कैसे मर गया?

बाहर।

विषय : *लहरों के राजहंस* के लिए सलीम रज़ा (?) की बुकिंग। वेदव्यास उसे रिलीज़ करने को तैयार होगा?

चलते-चलते टी हाउस तक।

वहाँ से अलग-अलग रास्ते।

पूसा रोड पर फटफटिया से उतरने के बाद—

कमलेश्वर : "उसके पति का खत आया है।"

बात—इमोशनल डिपेंडेंस कितनी है?

परिवार की चर्चा! अपने भाई के साथ इसकी भतीजी के रिश्ते में वह किस तरह रुकावट डाल रही थी।

"उसका दूसरा कारण भी हो सकता है।"

"हां, कि कहीं...।"

"पर देखो...।"

"मैं जानता हूँ। मैं इस यूनिट को किसी कीमत पर नहीं तोड़ सकता।"

ज़ीने में उपदेश—उसके पति को क्या उत्तर देना चाहिए।

18.9.64

साढ़े आठ बजे नींद टूटी श्री रमेश पाल के भेजे श्री बजाज के शुभागमन से। रमेश ने कहा था वह लड़का टाइप-आइप का काम कर दिया करेगा।

पूछा, "किस वक्त खाली होते हो?"

बोला, "सुबह मिनिस्ट्री में नौकरी पर जाता हूँ। शाम को ड्रामा स्कूल में। वहीं नौ बज जाते हैं।"

पूछा, "हिन्दी टाइप की मशीन तो नहीं होगी?"

बोला, "नहीं। उसकी प्रैक्टिस भी नहीं है। अंग्रेज़ी की प्रैक्टिस है।"

उसे विदा करके फिर सोने की कोशिश की, पर नींद नहीं आयी।

शाम को गंगाप्रसाद विमल किसी और के साथ आये। उस वक्त सो रहा था। अनीता ने उठाया नहीं। सवा नौ बजे उठने पर पता चला।

19.9.64

बर्फ़खाने के पास के शैक्स तोड़कर कई लोगों को आज बेघर किया जा रहा है। पीपे, कनस्तर, चारपाइयाँ, डिब्बे, गुदड़ियाँ...ज़्यादातर यही सामान है जो सामने फुटपाथ पर बिखरा है। कुछ सामान लोग हाथों में लिये खड़े हैं। जैसे कि सड़क की जगह रेल के प्लेटफ़ार्म पर खड़े गाड़ी का इन्तज़ार कर रहे हों।

कमलेश्वर। *लहरों के राजहंस* के एडेप्टेशन पर बातचीत। गहरी आत्मीयता।

20.9.64

रेखा-चमन को सी-ऑफ़ करने जाना था। घर से निकलते ही सामने दिखायी दिये वही विस्थापित लोग—खामोश फुटपाथों पर बैठे हुए। डोलियाँ, चारपाइयाँ, तकिये, ढोलक, कुछ कारोबार का सामान। एक आदमी उस स्थिति में भी अन्दर से बाहर फेंके गये 'छोले-भठूरे' बेचता हुआ।

दीवारें तोड़ी जा रही थीं। छतें गिरायी जा रही थीं। एक कोठरी में जो कि कुछ देर पहले खाली करायी गयी थी, बैठा एक आदमी बड़े से रजिस्टर में कुछ इन्दराज कर रहा था।

स्टेशन पर उन लोगों से पहले पहुँच गया। सीट ढूँढ़कर उस पर बैठ रहा। कुछ देर में चमन नज़र आया। दुबला हो जाने से, या जाने बुश्शर्ट की वजह से काफ़ी स्मार्ट और खूबसूरत लग रहा था। उसने बताया, वे लोग बाहर हैं। वह अकेला सामान रख रहा था।

बाहर थे इन्दर, रेखा, सीमा, बुई, शशि और शीला की दोनों बच्चियाँ। अनिल नहीं था।

रेखा उस दिन की सफ़ाई देती रही कि देर से पहुँची, घर पर इन्तज़ार करती रही।

कुछ देर में तकिये लिये भूपसिंह आ पहुँचा। मरियल-सा।

हल्की-हल्की बातें चलती रहीं। गाड़ी दस मिनट लेट चली। वे दस मिनट अनइजीनेस में कटे।

गाड़ी चली गयी तो साथ-साथ सब लोग बाहर निकले। इन्दर ने अपनी गाड़ी में 'ओडियन' के पास छोड़ दिया।

राजकमल। रवीन्द्र कालिया, हरिवंश कश्यप। कमलेश्वर के कमरे में। कमलेश्वर ने बताया ओमप्रकाश को बुखार हो आया है। वह चला गया है।

वहीं पढ़ा कमलेश्वर का सम्पादकीय। अपना नाम न होना काफ़ी महसूस हुआ। मगर कोशिश की कि चेहरे से जाहिर न हो। श्री सत्यपाल विद्यालंकार से मज़ाक करता रहा।

वहाँ से उठकर चौधरी के पास चले गये। कमलेश्वर ने सम्पादकीय वहाँ पढ़कर सुनाया। रमेश गौड़ की कविता सुनायी।

वहाँ से चले स्टेशन। फटफटिया में। स्टेशन पर बदपरहेजी की। बर्फ़ी खायी। कटलेट्स खाये। गन्दे। बेहूदा।

मुक्तिबोध की अस्थियाँ ले जाने वाले तीन व्यक्तियों—उनके लड़के, परसाई तथा शमशेर—के अलावा कोई नहीं था। परसाई और शमशेर से औपचारिक बातें होती रहीं। शमशेर दिल्ली आने-न आने के सम्बन्ध में अनिश्चित बात करते रहे। परसाई निश्चित। गाड़ी बीस मिनट लेट चली। पर वैसी अनइजीनेस नहीं हुई।

21.9.64

सुबह एक नामालूम दस्तक।

नींद उससे खुली। पता चला, कोई नहीं है।

दिन में कमलेश्वर। *लहरों के राजहंस* का एडेप्टेशन लेकर। उस पर बातचीत। *सारिका* में राजेन्द्र यादव का सेल्फ़ पोर्ट्रेट और मन्नू का लेख। राजेन्द्र का सेल्फ़ पोर्ट्रेट बिलकुल वाहियात लगा। मन्नू के लेख में अनावश्यक प्रशंसा और स्वाभाविक कड़वाहट मिली। लगा जैसे घर की लड़ाई सड़क पर लड़ी जा रही हो। बिना वजह। ...*कल्पना* में दीपक की समीक्षाएं। कामचलाऊ।

शाम को सड़क की सैर। चर्चा परसाई और श्रीकान्त की। कमलेश्वर बताने लगा कि परसाई श्रीकान्त की वकालत करता रहा। कि वह कहता है केवल आर्थिक कारण से नौकरी कर रहा है, वरना विश्वास की दृष्टि से तो वह आज भी...।

रात को भीष्म और शीला साहनी। अनीता को विश करने। घंटा भर बातचीत लेखकीय दायित्व पर। भीष्म की मध्यवर्गीय वृत्ति। गुडी, गुडी, गुडी, गुडी।

सिनेमा जाने से पहले रघुवीर सहाय का वक्तव्य। पहले नहीं पढ़ा था। लगा जैसे रबड़ का खिलौना हवा से फूला हो। अन्दर कहीं जान ही नहीं। परले सिरे की चुगदियत। साहित्यिकता के नाम पर। छोकरा उँगली पर लहू लगाकर शहीद हो गया।

22.9.64

दिन भर घर पर।

शाम को नीचे कमलेश्वर के कमरे में। उसने बताया कि आज ओमप्रकाश से 'सम्पादकीय' को लेकर बात हुई। ओमप्रकाश ने आज दो पत्र इसके और चौहान के नाम लिखे हैं। दोनों के सम्पादकीयों का हवाला देते हुए, तीनों की मीटिंग चाही है। कि इस बीच बन्ने भाई से भी ओमप्रकाश की बात हुई है। बन्ने भाई चौहान की थीम से नहीं, पर कथ्य से सहमत हैं। 'अश्वत्थामा' वाली बात पर उन्हें भी एतराज है।

बात कर रहे थे अपनी आस्था और मूल्यनिष्ठा के सम्बन्ध में—कि आये जयन्त गडकरी।

गडकरी बम्बई से अभी लौटा है। तलाक की पेटीशन देकर। बताता रहा कि किस तरह वह औरत आखिरी दम तक अड़चनें डालती रही। हालाँकि केस सीधे एडल्ट्री का है। इसकी अनुपस्थिति में उसने इसके भाई को फाँस लिया था। 'उसका भी तो खयाल नहीं रखती,' गडकरी कहता रहा, 'वह लड़का इतना पस्त और टूटा हुआ है कि क्या कहूँ, वह न इधर का रहा, न उधर का। अगर मुझे

छोड़कर उसी के लिए कुछ कर सकती, तो भी मुझे खुशी होती।'

23.9.64

ओमप्रकाश और दीपक घर पर कमलेश्वर के कमरे में। नीचे पहुँचा तो बात वही हो रही थी *नई कहानी* की और कमलेश्वर के सम्पादकीय को लेकर। खासा ओवरडोज़ हो गया इस साल इस सबका। हर सुबह, हर शाम। जो मिलता है, वही बात करता है। मन होता है कुछ दिनों के लिए अपने को सील-इन कर लूँ। शहर में रहते हुए भी शहर से बाहर हो जाऊँ। वरना यह सिलसिला तो नहीं खत्म होने का अभी कई महीने।

दीपक ने एक बात ढंग की कही कि डिमार्केशन लेखकों का नहीं, रचनाओं का होना चाहिए। ज़िक्र भी उसी तरह से हो। इससे धरातल अधिक स्पष्ट होगा। अधिक स्वस्थ होगा। दिक्कत यह है कि वह बात को लम्बा बहुत करता है। संक्षेप में कहकर आगे नहीं बढ़ता।

दोपहर को घर से निकलकर बस स्टैंड पर बस की लम्बी प्रतीक्षा। तीन हिस्सों में दरियागंज तक की यात्रा।

ओमप्रकाश के केबिन में एक रूसी भाई बैठे थे। ओमप्रकाश पोलियो की दवाई इलाहाबाद भिजवाने के लिए किसी डॉक्टर (Tatov या Tarov?) का पता-अता पूछ रहा था।

वहीं चौहान आ गये। बात शुरू हुई तो कमलेश्वर आ गया। बात गर्म होने लगी तो आ पहुँचे महावीर अधिकारी। उन्होंने किस्सा शुरू किया बैनेट कोलमैन एंड कम्पनी का। पता चला कि गवर्नमेंट की इंक्वायरी से पहले उन्होंने डायरेक्टर बदल दिये हैं।

रमा जैन तथा कुछ संसद सदस्य (हरेकृष्ण मेहताब आदि) डायरेक्टर चुने गये हैं। प्यारेलाल साह वगैरह विद्रोही हो उठे थे। उनके साथ डिप्टी सेक्रेटरी, डिप्टी बिज़नेस मैनेजर इत्यादि लगा दिये हैं। उम्मीद थी कि सरकार अपने डायरेक्टर लगा देगी। मगर शान्तिप्रसाद जैन ने नोटों के पुलन्दे देकर टी.टी.के. के अलावा सभी मिनिस्टरों और दूसरे काँग्रेसियों को फोड़ लिया है।

"जाट है वह आदमी।" अधिकारी अपने खास अन्दाज़ में कहता रहा। "सरकार बनियों की है। सो वह मनमर्ज़ी से इसके साथ सम्भोग कर रहा है।"

फिर मोतीमहल में वह बात करता रहा अपने उपन्यासों की, कहानियों की। कुल मिलाकर वही बातें जो दो साल पहले करता था।

नेमि से बातचीत रमेश द्वारा *लहरों के राजहंस* के प्रोडक्शन को लेकर।

प्रभाकर माचवे के यहाँ मुक्तिबोध की तेरहवीं। खामोश बैठे लोग। बीच में मुक्तिबोध का चित्र। गुलदस्ते। माचवे के सिवा लेख लिखने वाले नदारद।

हल्के-हल्के वाक्यों से टूटती खामोशी। सब लोग एक-दूसरे की आँखों में कुछ खोजते से। जर्मन विद्यार्थिनी, *एक साहित्यिक की डायरी* के पन्ने पलटती हुई। कुलभूषण उसके कान में कुछ फुसफुसाता हुआ।

कुछ और आगन्तुक। एकाएक सबका उठ पड़ना। हाथ जोड़कर निकल आना। मुक्तिबोध का छोटा बच्चा ज़ीने में।

प्रभाकर माचवे : ''इसे रोज़ इस वक्त नीचे टहलाना होता है। ज़रा मेरा पर्स देना... ।''

साथ माचवीय मुस्कराहट।

बियर की बोतलें लेकर ओमप्रकाश के यहाँ। सभी चुटकुले। आगमन राजेन्द्र यादव का। मन्नू का।

हँसी-हँसी में बातचीत। चौहान और आलोचना को लेकर। चौहान के वास्तविक दुःख को लेकर। जोकि दुःख कुलभूषण का भी है।

घर पर। श्री एस.एस. सेठी तथा झज्झर (?) से आये एक सज्जन। वहाँ के 'यूथ फ़ेस्टिवल' में जाने की बात। कहा, कल बताऊँगा।

24.9.64

सुबह ग्यारह बजे कमलेश्वर इस कमरे में। बात की कि किस तरह रमेश पाल को *लहरों के राजहंस* स्टेज करने से dissuade किया जाये।

साढ़े तीन बजे रमेश के कमरे में। ए.आई.आर. हॉस्टल। विक्टोरिया के ज़माने की छतें, दीवारें। अजब मुर्दनी। दरवाज़े, काँच, सब उस मुर्दनी के साक्षी।

रमेश पहले से बियर पी रहा था। उसका असिस्टेंट (कानजी?) भी तभी पहुँचा था। रमेश बोला, ''आई हेड ऑलमोस्ट गिवन यू अप।''

मुश्किल से बात शुरू की। अपने को बेगाना-सा लगा उस तरह बात करना।

रमेश ने मतलब समझा, उसे पचाया।

उसके पलंग पर लेट गया। विषय बदल गया। छत और दीवारों की बात की, आपसी सम्बन्ध की, उसके बदले रूप की।

उसका पार्टनर आ गया। लद्दाखी।

स्लाइस ऑमलेट का ऑर्डर हुआ। तभी कमलेश्वर भी आ गया।

कमलेश्वर ने भी वही बात कही। उसी awkwardness के साथ।

रमेश ने बियर के घूँट के साथ उसे भी निगला। मुस्कराहट और गालों की हल्की सुर्खी के साथ पचाया।

बात इस पर आयी कि कोई क्लासिक क्यों न किया जाये। इस पर *मृच्छकटिक* का सुझाव आया। रमेश ने कहा कि *मृच्छकटिक* की बात सीरियसली सोचेगा।

वहाँ से निकले। कनाट प्लेस में हमें ड्रॉप करके रमेश और उसका असिस्टेंट आगे चले गये।

कॉफ़ी हाउस के सामने। 'कंज्यूमर्स को-ऑपरेटिव कॉफ़ी हाउस' की हलचल। शामियाने के नीचे कुर्सी-मेज़ें। सुना मेम्बरशिप हज़ार तक पहुँच गयी है। को-ऑपरेटिव बैंक 50 हज़ार तक कर्ज़ा देने को तैयार है।

शामियाने के बाहर महफ़िल। जैसे किसी की लड़की की शादी हो।

उधर कॉरिडोर में कॉफ़ी बार!

टी हाउस में दिनेश। चन्दा करके व्हिस्की। बाद में पाने वाले से दिनेश ने दस रुपया कर्ज़ा ले लिया। "चलो, चलकर कुछ खायेंगे।"...यह सिर्फ़ इसलिए कि मैंने व्हिस्की नहीं पी।

अन्दर। टी-हाउस में, मुद्रा, कालिया। विषय : चौहान का सम्पादकीय, कमलेश्वर का सम्पादकीय। मुद्रा का चेहरा ज़रूरत से ज़्यादा उतरा हुआ। दयनीय।

हाटडॉग, हैमबर्गर, कॉफ़ी। गोपाल मित्तल ने सलाम किया तो कमलेश्वर को बताया कि उसी ने जैनेन्द्र आदि के साथ मिलकर एम.आर.ए. की मीटिंग कन्वीन की थी जिसमें कमलेश्वर के *सारिका* में जाने के खिलाफ़ बात की गयी।

"तू कैसे जानता है?" कमलेश्वर ने पूछा।

"मैं इसे लाहौर से जानता हूँ?" मैंने कहा। "उन दिनों यह प्रोग्रेसिव था।"

"मैंने भी सोचा कि...।"

"कहो तो कल यहीं जुतियाया जाये।"

"मगर मुद्रा का नाम मत लेना...।"

"हाँ," रवीन्द्र बोला। "बेचारे को अभी यू.एस.आई.एस. के कुछ अनुवाद और कर लेने दो।"

मुद्रा हँसा, मरियल हँसी। बोला, "मेरा नाम मत लीजियेगा।"

बाद में कमलेश्वर से अकेले में वह कहता रहा, "गुरु मैं तुम्हारे साथ हूँ। तुम जैसा कहो, वैसा करूँ।"

कमलेश्वर चलने के बाद भी रुक गया तो कुछ देर इन्तज़ार करने के बाद फटफटिया लेकर चला आया।

मानो से खेलता रहा।

थोड़ी देर में कमलेश्वर आया। दो मिनट में बात खत्म हो गयी।

दिन में एस.एस. सेठी से फ़ोन पर कह दिया कि झज्झर वाले बुलाना चाहें तो उन्हें हर रोज़ का 150 रुपया देना होगा। और कि वे कल शाम तक पता दे दें।

कल के दो प्रकरण। अधिकारी द्वारा चौधरी ब्रह्मप्रकाश के कारनामों पर प्रकाश (ऐसा होता है जाट आदमी!)–60,000 एकड़ ज़मीन रुपये गज़ पर एलॉट करा ली। उसके ज़रिये फिर अपनी सेना का पालन।

दूसरे–माचवे के ज़ीने पर श्रीकान्त का एक व्यक्ति से बात करने रुक जाना।

ओमप्रकाश—(मुझसे) "तुम कभी सफल नहीं होंगे ज़िन्दगी में! तुम एक डिप्टी मिनिस्टर को विश तक नहीं करते!"

"किस चीज़ के डिप्टी मिनिस्टर हैं ये?"

"शिक्षा सचिवालय में।"

25.9.64

पाँच बजे राजेन्द्र यादव। बारिश के बाबजूद। वक्त का और ज़बान का पक्का है यह आदमी।

ऊपर नहीं आया। मानो को भेजकर नीचे बुला भेजा।

चार घंटे बात करते रहे। पहले दिनों से लेकर आज तक की। उसके सेल्फ़ पोर्ट्रेट को लेकर धुनाई की। माना कि झख मारी है।

नई कहानियाँ लेने की बात करता रहा। को-ऑपरेटिव बनाने की। हर तीन वाक्यों के बाद, 'मैं कलकत्ता हो आऊँ।' वही बचकाना बातें, विज्ञापनों की, कर्ज़ की, प्रकाशन खोलने की।

बाद में अपनी कहानियों की बात करते रहे। सामान्यतः कहानी की। आधुनिकतम कहानी के अन्तर्निहित फ़ॉर्मूलों की।

कमलेश्वर पहुँचा पाँच बजे की जगह नौ बजे।

नया दौर शुरू हुआ तो बारह बजे तक चला। खाना वहीं खाया। ऊपर से खाना नीचे ले गया।

बातें ज़्यादातर दोहरायी गयीं। राजेन्द्र थोड़ी देर रेसिस्ट करके ट्रैक पर आ गया। फिर गहरी आन्तरिकता से बात होती रही।

तय किया कि मंगल को मिलेंगे। एक-दूसरे को अपनी चीज़ें सुनायेंगे।

उससे कहा कलकत्ता जाकर उसके मध्य-वित्तीय संस्कार अधिक जाग्रत हो आये हैं, जिसका असर उसके लेखन पर भी पड़ा है—तो उसने बुरा नहीं माना।

बहुत दिनों के बाद इस तरह बैठकर अच्छा लगा।

26.9.64

ग्यारह बजे कमलेश्वर मानो के साथ। "नीचे मन नहीं लग रहा था, सोचा तुम्हें देख लूँ।"

थोड़ी देर बैठकर वह चला गया। बात हुई राजेन्द्र यादव के बारे में। मैंने कहा, "तू कलकत्ते जाकर बीस हज़ार ले आ। जिस दिन ले आयेगा, उसी दिन *नई कहानियाँ* मैं तुझे दिला दूँगा।"

"इस चुगद को जाने कब अक्ल आयेगी?"

"और क्या। सोचो....अगर तुझे बीस हज़ार ऐसे ही आसानी से मिल सकता

था तो तूने कलकत्ते से ही पत्रिका क्यों नहीं निकाल ली?"

डॉक्टर मल्होत्रा की दुकान। मरीज़ों की लम्बी पंक्ति। मशीन की तरह डॉ. मल्होत्रा का काम किये जाना।

27.9.64

तीन बजे कमलेश्वर। गायत्री भाभी और मानो के साथ। उसने अपना 'आत्म-कथ्य' सुनाया और पढ़ने के लिए छोड़ दिया। बात कर ही रहे थे कि विमल एक और व्यक्ति (दीक्षित?) के साथ आ पहुँचा। उठकर नीचे चले गये। वहाँ आठ बजे तक बात होती रही। ज़्यादातर बेमतलब। यह लड़का जाने सचमुच पढ़ता-लिखता है या ऐसे ही बनता है। बातें इसकी बहुत असम्बद्ध होती हैं। समझदारी से ज़्यादा उतावली नज़र आती है। जैसे बिना पानी में उतरे छलाँग मारकर दरिया पार कर लेना चाहता हो। मानो से वह खेलता रहा पर वह भी एक अजनबी के उत्साह से। दूसरा व्यक्ति ज़्यादा समय चुप रहा। कुछ थोड़ी-सी ही बात की उसने—वह भी मुझे और कमलेश्वर को ह्यूमर करने की कोशिश।

विमल ने अपना बनाया प्रारूप निकाला—वह भी उसकी बातों की तरह असम्बद्ध। मोहन राकेश, कमलेश्वर, रवीन्द्र कालिया तथा गंगाप्रसाद विमल, चार लेखकों में कहानी सम्बन्धी अत्यन्त महत्त्वपूर्ण एवं गम्भीर बातचीत। जो-जो कुछ उससे कहा, हर बात की हामी भरता गया। जैसे कि पहले से उसने भी वही सोच रखी हो। यादव, श्रीकान्त, सर्वेश्वर की कहानियों पर बात हुई। मतलब उनकी निन्दा। इसी अर्थ में चौहान की भी बात हुई। कमलेश्वर के सम्पादकीय की निन्दा से शुरू करके बात के रुख के अनुसार उसकी प्रशंसा करने लगा। जाते हुए बातचीत के लिए बुध का दिन मुकर्रर कर गया।

कमलेश्वर ने बताया, "पुष्पा भारती का पत्र आया है। उसने लिखा है कि भारती जी सम्पादकीय पढ़कर बल्लियों उछल पड़े।"

और कि :

"आनन्द जैन बता रहा था। उसने कहा था किसी से भी कहना नहीं। बैनेट कोलमैन का सारा बोर्ड बदल गया है, यह तो तुम्हें मालूम ही है। शान्तिप्रसाद जैन ने किसी बात के लिए नानपोरिया को फ़ोन किया तो नानपोरिया ने कहा, मैं आपसे ऑर्डर नहीं ले सकता क्योंकि आप अब चेयरमैन नहीं हैं। इस पर उसे कसना शुरू किया गया तो वह दिल्ली आकर सीधे शास्त्री जी से मिला। शास्त्री जी से बाद में शान्तिप्रसाद जैन ने मिलना चाहा तो शास्त्री जी ने मिलने से इनकार कर दिया। सुना है, जल्द ही बैनेट कोलमैन में एडमिनिस्ट्रेटर बैठने वाला है। पी. के. राय की नौकरी चली जायेगी...और भी कई सम्पादकों, व्यवस्थापकों की नौकरी जायेगी। अधिकारी इसी काम से तो आया था दिल्ली कि अपनी नौकरी बचा रखे।

भारती जी बीमार हैं, सुना नहीं? दफ़्तर आजकल नहीं जा रहे...।''

28.9.64

तीन बजे कमलेश्वर ऊपर। उसके सामने अपना आत्मकथ्य।

उस वक्त वोल्टाज़ का मेकेनिक मशीन चेक कर रहा था।

सवा पाँच बजे घर से निकला। बस स्टैंड पर पहुँचते ही बस मिल गयी। कॉफ़ी हाउस पहुँचा। Price Rise Resistance Committee के शामियाने में कॉफ़ी पी। रामानन्द मुंजाल और उसका भानजा मिल गये। उनसे इधर-उधर की बातें होती रहीं। आज भी रामानन्द उतना ही मासूम लगा जितना उन दिनों था।

शामियाने में काफ़ी हलचल थी। सैकड़ों लोग आ-जा रहे थे। काउंटर पर लम्बा क्यू था। सामने के कॉफ़ी हाउस ने हालाँकि रेट कम कर दिये हैं, फिर भी पुराने धुरन्धर उधर का रुख न करके क्यू में खड़े थे। बहुत से लोग बोर्ड के पास जमा होकर 'कॉफ़ी एजिटेशन' की खबरें पढ़ रहे थे। नयी खबर—फूड मिनिस्टर कमेटी के मेम्बर बन गये। प्राइम मिनिस्टर ने आशीर्वाद दिया।

मेला-सा था। सच, अगर यही जगह स्थायी हो जाये तो कितना अच्छा हो। हिन्दुस्तान का शायद यह पहला पेवमैंट कैफ़े है...।

सामने के कॉफ़ी हाउस वालों का ब्लैक बोर्ड और भी बड़ा था। 'In view of public demand, the management is pleased to announce...' पर उधर कोई ताक भी नहीं रहा था। मैनेजमेंट ने दरवाज़ों पर पर्दे लगा दिये थे ताकि कोई झाँककर देख न सके कि अन्दर कितने आदमी हैं। दरवाजे . पर दरबान तैनात था। पान वाला पंडित बोला, ''आज कुछ आदमी गये हैं, अन्दर, साहब! कल तक तो कोई झाँककर भी नहीं देखता था।''

पंडित के लड़के ने दूसरा मोर्चा सँभाल लिया है—नये शामियाना कॉफ़ी हाउस के अन्दर।

टी हाउस। दिनेश। मिस्टर गनी (?)। दूर राजेन्द्र यादव। इशारा।

वह दो कॉफ़ियाँ लिये अकेला बैठा था। दूसरी कॉफ़ी जिस सज्जन के लिए मँगवाई थी, वह उठकर किसी से मिलने चला गया था। अब राजू भैया बैरे से कह रहे थे कि एक कॉफ़ी दस मिनट बाद ले आये, या उसे ही बाद में गर्म कर लाये—पर मैनेजमेंट ने यह दरखास्त रद्द कर दी थी।

राजू भैया के दोस्त (श्री सुरेन्द्र फ्रॉम देहरादून तथा श्री गुरुदत्त के सुपुत्र) आ गये, तो वहाँ से उठ आया।

बुक स्टाल के पास अशोक वाजपेयी। एक टेबल पर चले गये तो वहाँ पहुँचे गोपाल मित्तल, रामानन्द दोषी।

दोषी ने बहुत धीरे से कान में बात की। ''उस योजना में विष्णु जी को लायें?''

“ज़रूर!”

“कोई एतराज तो नहीं?”

“बिलकुल नहीं। ही इज़ मोस्ट वेलकम।”

दोषी चले गये!

मित्तल से सीधे पूछ लिया कि मॉरल रिआर्मामेंट की मीटिंग में उसके कमलेश्वर के खिलाफ़ आयोजन करने की बात कहाँ तक सच है।

मित्तल ने कसमें खायीं कि वह ऐसी किसी मीटिंग में कभी शामिल नहीं हुआ, एम.आर.ए. के किसी व्यक्ति को वह जानता तक नहीं, जैनेन्द्र से उसकी तीन साल में एक बार भी बातचीत नहीं हुई।

अशोक वाजपेयी हँसता रहा। खास तौर से जब मित्तल ने कहा कि उसकी पुस्तक की भूमिका वात्स्यायन ने लिखी है तो उससे कही बात से, “ठीक ही तो है। गोपाल मित्तल उर्दू का वात्स्यायन है और वात्स्यायन हिन्दी का गोपाल मित्तल।”

फिर उससे पूछा, “तुम्हारी पुस्तक का हिन्दी में अनुवाद किसने किया है? वात्स्यायन ने?”

“नहीं। सर्वेश्वरदयाल सक्सेना ने।”

“एक ही बात है।”

फिर कुलवन्त सिंह विर्क। वहीं।

उसे खींचकर पास बिठाया। गोपाल मित्तल का चेहरा और फीका पड़ गया।

विर्क के साथ बाहर निकल आया। राजू भैया से जाकर छुट्टी माँगी तो वह बोला, “तेरा नामराशि बैठा है।”

“कौन?”

“चोपड़ा?”

“कहाँ?”

“वहाँ सामने। ज़रा सँभलकर जाना।”

“मेरा बॉडी गार्ड साथ में है। वह सरदार।”

“किराये पर लाया है?”

“हाँ।”

बाहर दिनेश के साथ एक प्रेमालिंगन। मतलब, साले की तोंद के साथ।

बस में कुलवन्त के साथ आया।

“मोटा बहुत हो गया है।”

“हाँ। तेरे क्या हालचाल हैं?”

“ठीक हैं।...कोई ज़नानी घर में है?”

“हाँ, है।”

“तीसरी या उन दोनों में से?”

“तीसरी।”

“कब से?”

“सवा साल से।”

“जामा मस्ज़िद पर एक दिन देखा था।”

“कबाब खाने गये होंगे।”

बस से उतरने पर वह अपने घर ले गया, राजेन्द्र नगर। बोला, “ऊपर का फ़्लैट खाली है। मन हो, तो चले आओ।”

फ़्लैट देख लिया। कहा, “कल बताऊँगा।”

नीचे उसकी बीवी मिल गयी। “यह मोहन राकेश...।”

“मैं जानती हूँ।”

दोनों कुछ रास्ता छोड़ गये।

“तुम्हारा ज़िक्र सुनते रहते हैं।”

“किससे?”

‘लोगों से।’

“कैसा?”

“सब तरह का।”

“अच्छा!”

“तुम हिन्दी वालों की बहुत चर्चा होती है।”

“अच्छा?”

“डैम लकी।”

“अच्छा।”

“पुरुषोत्तम का खत आया था।”

“क्या?”

“दिल्ली आना चाहता है।”

“क्यों?”

“बेवकूफ़ है।”

“अच्छा?”

“नौकरी करनी ही है तो यह क्या और वह क्या? सब एक सी हैं।”

“हूँ।”

“जनानी की तरह। जैसे एक ब्याह ली, वैसे दूसरी।”

“हूँ।”

“बस रत्ती-मासे का ही फर्क होता है।”

“अच्छा?”

"और क्या!"

29.9.64

शाम को घर से निकलने पर टी हाउस के बाहर मिस्टर ज्ञान। देखकर भी दोनों ने नहीं देखा। पास से निकल गये।

अन्दर मिला विर्क। दो और सरदारों के साथ।

"जँच रहे हो," उसने कहा।

"शुक्रिया।"

"ठीक ही है," उसने कहा।

"क्या?"

"सब कुछ।"

"यानी?"

"सभी कुछ।"

"मैं समझा नहीं।"

"वह भी ठीक है। ज़रूरत भी क्या है?"

शामियाना कॉफ़ी हाउस के बाहर महेन्द्र, सेठी, गोस्वामी! राजेन्द्र अवस्थी। अवस्थी के जाने के बाद कॉफ़ी लेकर रेलिंग के पास की मेज़ पर, थोड़ी देर में भीष्म और शीला जी।

बातचीत—यादव और कालिया के लेखों को लेकर। महेन्द्र बोला, "हिन्दी में इतना घटिया लिखकर भी आदमी ख्याति पा जाता है। मैं यादव को पन्द्रह आदमियों के बीच भी बैठा देखूँगा तो उसके पास जाकर कहूँगा कि जो कुछ तुमने लिखा है, वह ईडियॉटिक है।"

"मैं पहले कह चुका हूँ।"

"ऐसे आदमी के साथ दोस्ती रखकर आप अच्छा कैसे लिख लेते हैं?"

"यह स्टेट सीक्रेट यहाँ मत पूछो।"

"निर्मल की कहानी पढ़ी?"

"नहीं।" साथ ही मुस्करा दिये।

"काफ़ी सुधार है," उसने कहा, "बेदी का इंटरव्यू?"

"...पढ़ा।"

"काफ़ी है," वह बोला।

भीष्म बताने लगा कि उसकी चौहान से भेंट हुई थी। पूछ रहे थे कि तुमने 'नई कहानियाँ वाला लेख पढ़ा है?" मैंने कहा, "नहीं।"

"चौहान का लेख पढ़ा है?"

उसी मासूमियत के साथ भीष्म ने जवाब दिया, "नहीं।"

"यह जगह खूबसूरत है।"

"हाँ, बहुत ही...।"

"यह कॉफ़ी हाउस हमेशा इसी तरह नहीं रह सकता?"

"इसके मेम्बरों से पूछना चाहिए।"

तभी दो आदमी कागज़ लिये हुए आ गये।

"आप मेम्बर हैं?"

"बनना चाहेंगे?"

"ज़रूर।"

और रुपया देकर मेम्बर बन गये।

घर आने पर कालिया। बोला कि "डॉ. मदान कल आ रहे हैं, उन्हें भी शामिल कर लें।"

"जरूर कर लो। आई ऑलवेज़ लाइक हिज़ कम्पनी।"

"यादव का लेख आपको कैसा लगा?"

"वाहियात।"

"मन्नू का?"

"अच्छा नहीं।"

"यादव को क्या हो गया है?"

"पता नहीं।"

"अन्त में यह क्या लिखा है उसने—अभी तो मैं जवान हूँ?"

"वह प्रिय पाठिका के लिए है।"

"हालाँकि उसे विश्वास नहीं आयेगा।"

"क्यों?"

"तस्वीर देखकर।"

"वह ट्रांसपेरेंसी किसकी है?"

"ब्रह्मदेव की?"

"कैसे मालूम?"

"बुश्शर्ट ब्रह्मदेव की है।"

"अच्छा। सिगरेट भी ज़रा गौर से देखना। कहीं मेरी न हो।"

30.9.64

घर से निकला कमलेश्वर के साथ। बैंक होता हुआ टेलीफ़ोन ऑफ़िस गया। कनेक्शन का पता करने। मिस्टर चोपड़ा से पता चला 19-20 तक शायद लग जाये।

शामियाना कॉफ़ी हाउस होते हुए राजकमल। वहाँ ओमप्रकाश के कमरे में

कमलेश्वर के साथ। फिर कमलेश्वर के कमरे में। वहाँ मटियानी, गौड़, भल्ला। मीठी-मीठी बातचीत।

फिर ओमप्रकाश के कमरे में डॉ. मदान। रमेश कुन्तल मेघ। कालिया। कमलेश्वर। डॉ. मदान की कहानी सम्बन्धी जिज्ञासाएँ।

डॉ. मदान के साथ घर। अम्माँ से डॉ. मदान का वही मज़ाक।

...वापस कनाट प्लेस।

...वापस घर।

1.10.64

कालिया के कमरे में हुई कहानी सम्बन्धी बातचीत में एक ओर पूर्वग्रह अधिक था, दूसरी ओर उत्तेजना। उत्तेजना और पूर्वग्रह के बीच वस्तुस्थिति के कुछ पक्ष स्पष्ट भी हुए पर कुल मिलाकर लगा कि यह आयोजन किसी भी तरह की निश्चित भूमि पर नहीं था। परिणाम, एक वितृष्णा और उदासी—मूल्यों के सम्बन्ध में दृष्टिहीनता को लेकर हल्की-सी खीझ।

खोज के आग्रह और आन्तरिक मूल्य चेतना के बिना किये गये वाद-विवाद सिवाय एक ढकोसले के क्या हैं?...और यह सोचना कि यह आग्रह...इतना ही उत्कट...औरों में भी होगा, क्या सचमुच एक दुराग्रह ही नहीं है?...हर आदमी कहीं-न-कहीं एक झिल्ली में उलझा है...क्षण भर झिल्ली से बाहर निकलकर बात करता है तो फिर अचानक झिल्ली का आसरा लेने लपकता है।...डॉ. मदान और रमेश कुन्तल मेघ के हठ में अधिक ईमानदारी थी...सबसे डिप्रेसिंग और निराधार थी कालिया की बातचीत...बेहद, बेहद बचकाना!

15.10.64

शाम को घर से निकला तो इरादा बाल कटवाने का था।

एक स्कूटर वाले ने पीछे से आकर आवाज़ें दीं। पता चला, रमेश पाल स्कूटर में बैठा है। बुला रहा है।

वह बेहद पिये हुए था।

उसके साथ स्कूटर में बैठ गया।

'शीला' तक गये। दुकान बन्द थी।

वह कह रहा था, "आई एम हैप्पी।"

"मैं तुम्हारे इन शब्दों का मतलब जानता हूँ," मैंने कहा।

"मैं तुमसे कहने आया था—आज से हम दोस्त नहीं हैं।"

"वजह?"

"वजह कुछ नहीं।"

रीगल के पास उतर गये।

देखा उसकी पतलून पर, हाथ पर, बुश्शर्ट पर, खून लगा है। हाथ ज़ख्मी है।

''तुम्हें मेरे दिल्ली आने का बहुत दुःख था न?'' उसने कहा।

''क्यों?''

''ऐसे ही।''

''पर हुआ क्या है जिसकी वजह से यह सब कह रहे हो?''

''मुझे भी तो जीने का हक है,'' वह झूलकर बोला। ''मैं कम-से-कम बीस-तीस साल और जीऊँगा। तुम भी शायद इतने साल जिओगे। पर तुम्हारे बारे में मैं निश्चित नहीं कह सकता। हाँ, मैं ज़रूर जिऊँगा।''

''ठीक है, पर तुम परेशान किस चीज़ से हो?''

''परेशान?'' वह चेहरा सख्त किये बाँहों पर आगे को झुक गया। ''मैं क्यों परेशान होऊँगा?''

काफ़ी देर वह इसी तरह बात करता रहा। ''तुम समझते हो यह भी कहानी है? पचास रुपया, सौ रुपया, डेढ़ सौ रुपया कमाने का मसाला है?...मैं बता रहा हूँ तुम्हें, मैं मरूँगा नहीं। मैं अभी कम-से-कम बीस-तीस साल और जिऊँगा।''

तंग आकर उसके पास से उठ गया। कहा, ''अच्छा, फिर किसी दिन मिलेंगे।''

वह कुछ देर में उसी तरह झूलता हुआ टी हाउस से बाहर चला गया।

हाँ, एक बात और कही उसने, ''मैं तुम्हें वार्निंग दे रहा हूँ।''

''किस बात की?''

''कि एक पुराना दोस्त बहुत खतरनाक भी साबित हो सकता है।''

''ठीक है। तुम जब होश में रहोगे, तब बात करेंगे।''

''मैं आज के बाद कोई बात नहीं करूँगा,'' वह बोला। ''और तुम समझते हो कि मैं इस वक्त होश में नहीं हूँ?''

कल महेन्द्र से फिर टैरेस पर बातचीत हुई थी। शुरुआत—राजेन्द्र यादव से दोस्ती क्यों और कैसे? आगे चलकर विषय : आज का जीवन-सन्दर्भ और रचना प्रक्रिया—अकेले क्षण और 'अकेलेपन' का दर्शन।

आज ज्वाय फोटोग्राफ़र—आदमी को उसके पर्सपेक्टिव में रखकर देखने की बात...।

4.11.64

कल रात यादव के यहाँ जाने को हुए, पर आलस कर गये। कमलेश्वर ने कहा, ''हटाओ, यहीं चाय पी लेते हैं।''

रात ग्यारह बजे तक उसके कमरे में ही बैठे रहे। उसने बताया कि डॉ. ओमप्रकाश और उसकी मिसेज़ के सामने मन्नू किस तरह अपने और राजेन्द्र के

सम्बन्ध को लेकर बात कर रही थी। कह रही थी, "जब कुछ है ही नहीं, तो भ्रम बनाकर भी क्यों रखा जाये?"

बात कहाँ से चलकर यादव के अब दिल्ली से बाहर जाकर काम करने के इरादे पर आयी। टिंकू को क्यों भेजा गया, इसका ज़िक्र हुआ। फिर लेखक और उसकी बैंककरप्टी का प्रकरण उठा। बात के सिलसिले में पहली बार अपने मन की बात कमलेश्वर को बता दी। अपनी डायरी ले जाकर उसका वह पत्र निकालकर उसे दिखाया जिसमें दो तरफ़ मुँह किये दो इंजनों का ज़िक्र है और जो कि *स्याह और सफ़ेद* शीर्षक उपन्यास का अन्त होता। भाई राजेन्द्र यादव को बता दिया था कि उपन्यास का अन्त इस तरह से करना चाहता हूँ। नतीजा यह हुआ कि कुछ दिन बाद भाई ने जब *प्रेत बोलते हैं, सारा आकाश* के नाम से छपवाया, तो वह आइडिया वहाँ मार दिया–इस उपन्यास का अन्त लगभग उसी तरह करके। इससे मन इतना खराब हुआ कि *स्याह और सफ़ेद* का बाकी हिस्सा लिखा ही नहीं, बल्कि उसे दो हिस्सों में तोड़ दिया और पीछे का हिस्सा ही *नीली रोशनी की बाँहें* शीर्षक से लिखना शुरू कर दिया। पहले हिस्से के 200 टाइप किये पन्ने ज्यों के त्यों रखे हैं।

कमलेश्वर को यह भी बताया कि यह बात उस आदमी से मैंने आज तक नहीं कही...मगर *नया मकान* वाला आइडिया बताने पर जब उसने उस पर 'अपनी' कहानी लिख ली थी तो उतनी तकलीफ़ नहीं हुई थी और उससे कह भी दिया था। पर इस बार... इतनी नफ़रत हुई कि उससे कुछ भी कहा नहीं।

"मेरा दिल उस आदमी से फट चुका है," मैंने कमलेश्वर से कहा। "मैं अब सिर्फ़ निभा रहा हूँ...जैसे-कैसे भी।"

कमलेश्वर ने डायरी का वह अंश पढ़ा–सन् 58 का लिखा हुआ। उसके आगे का रेफरेंस भी उसे दिखाया। वह सुन्न होकर बैठा रहा।

कमलेश्वर के पास से उठकर आया तो मन फिर उदास हो गया था। साढ़े बारह बजे तक करवटें बदलता रहा। फिर सो गया।

आज बहुत दिनों के बाद कॉफ़ी हाउस की तरफ़ जा रहा था तो अपने में बुजुर्गियत-सी लगी–न जाने क्यों। शायद बहुत दिनों के बाद रॉ-सिल्क का कोट पहना था, इसलिए।

7.11.64

कल शाम को पहले महेन्द्र भल्ला, फिर कालिया। महेन्द्र अपने कमिटेड होने की बात करता रहा। फिर लेखक की ईमानदारी के बारे में। उसने कहा कि हम लोग सही शुरुआत नहीं कर पा रहे हैं...लेखक के लिए जिस-जिस तरह की मुक्ति आवश्यक है, वह सब तरह की मुक्ति हमने अपने को नहीं दी...हम आधे रास्ते

में रुके हुए हैं...भलमनसाहत के अपने तकाज़े में अटके हुए हैं। अपने inertia को हममें बहुतों ने अपनी नियति मान लिया है मुझे ज़्यादा जो गुस्सा आता है, वह इसी बात पर।

कहा कि अपना आप कभी-कभी मुझे एक सींगवाले जानवर की तरह लगता है जो कि अपने सींग सीधे किसी चीज़ में गड़ा देना चाहता है...या कि ऐसा लगता है जैसे मेरे सिर पर एक ब्लेड लगा हो, तेज़ धार का लम्बा ब्लेड जिससे सीध में किसी पेड़ को मुझे दो टूक कर देना हो।

रवीन्द्र आया तो लेखकों की बात करते रहे। टॉल्सटॉय की, दोस्तोएव्स्की के पैशन की, काफ्का की सिंसिएरिटी की...।

महेन्द्र के जाने के बाद कालिया को भाषण दिया...स्मार्टनेस से बचकर ईमानदारी से चलने के लिए...अपने लिए सोचने और खोज करने के लिए।...

परिसंवाद रद्द कर देने की बात भी उससे कही। उसे काफ़ी निराशा हुई, पर और कोई चारा नहीं था। परिसंवाद की रिपोर्ट का मूल स्वर ही बहुत pretentious था...।

कॉफ़ी हाउस में श्रीकान्त वर्मा। बोला, ''साहित्यिक कहानी को मैं बकवास मानता हूँ। साहित्यिक कहानी नाम की कोई चीज़ नहीं होती। मैंने पहले जो कुछ कहा है इस बारे में, वह गलत है। मैं तो इस बारे में लेख लिखने को तैयार हूँ।'' फिर सफ़ाई देता रहा 'रानी' वाले प्रकरण और रस्तोगी की बात को लेकर। ''कमलेश्वर लेखक बेहतर है, पर ईमानदारी नहीं है...उसने अपने सम्पादकीय से सबसे ज़्यादा घपला किया है...राजेन्द्र लेखक अच्छा नहीं है। पर ईमानदार है।''

तभी राजेन्द्र आ गया, फिर अशोक वाजपेयी। श्रीकान्त का आधा इंसपिरेशन खत्म हो गया।

रमेश गौड़। केन्द्र वाली परिचर्चा से मुद्राराक्षस को साथ लेने पर उसकी धुनाई की। बाकी बात उससे सोमवार को होगी।

8.11.64

कालिया का लेख उसकी बातचीत से ज़्यादा बचकाना है...दो बार लिखे जाने पर भी उसका कोई अर्थ नहीं बना। परसों वह तीन घंटे बैठा रहा। जो बात मन में थी, उससे कह भी दी...कि आधारभूत ईमानदारी लेकर न चलने से वह साल-दो साल के लिए एक भ्रम पैदा कर सकता है, पर वह भ्रम जब टूटेगा तो वह बहुत तकलीफ़देह स्थिति होगी। वह कहता रहा कि अब इस तरह की स्थिति से बचकर चलना चाहता है...जब शुरू-शुरू में दिल्ली आया था, तो ज़्यादा गैर-ज़िम्मेदार था ...अब उतना नहीं है...कि विमल जैसे व्यक्ति का उस पर कोई प्रभाव नहीं है।

जब वह मासूम बनकर बात करता है तो मन में बहुत हमदर्दी जागती है।

पर साथ ही कहीं यह भी लगता है कि उसकी मासूमियत सिर्फ़ एक लबादा है ...वह हर ऐसे व्यक्ति के साथ मासूम बन जाता है जो कहीं किसी तरह का प्रभाव रखता हो...।

कभी-कभी यह भी सोचता हूँ कि ऐसा सोचना मेरा कमीनापन है...वह कहीं सचमुच मुझसे इमोशनली अटैच्ड है... या कम-से-कम उन दिनों की एक इज़्ज़त तो उसके मन में है ही जब डी.ए.वी. कॉलेज, जालन्धर में मुझसे पढ़ता था। पर उसकी कही या लिखी हर बात का 'अंडरकरेंट' इसके विपरीत जाता है।

जुकाम, खाँसी। हल्का-सा बुखार। घर से बाहर वैसे ही बहुत कम निकलता हूँ...आज दिन भर मजबूरन पड़े रहना पड़ा। बिना कुछ किये-धरे। हाँ, छींकते और रूमाल खराब करते हुए कुछ चिट्ठियाँ लिख डालीं। बेमतलब की चिट्ठियों की सफ़ाई भी कर दी।

...यह स्वीकृति कैसी है, नहीं जानता। सच, मुझे लगता है कि मुझे मौत से डर नहीं लगता...जो खयाल आता है वह यह कि बहुत-सा काम अभी करने को पड़ा है। अनीता का खयाल भी आता है। वह अभी बहुत छोटी है... उसे बीस-तीस साल की ज़िन्दगी मिलनी ही चाहिए, इतना। मगर अपनी वजह से, अपने शरीर की वजह से, डर नहीं लगता। दूसरों की तरह अपनी तरफ़ से भी मन काफ़ी हद तक तटस्थ है उस दृष्टि से। हो सकता है कि यह स्वस्थ दृष्टि तब तक ही हो जब तक कि स्वास्थ्य ठीक है, उसके बाद न रहे। किसी ने कहा था कि यह दृष्टि स्वस्थ नहीं है। पराजय की स्वीकृति है। मैं नहीं जानता। मुझे इस एहसास से कहीं पराजय नहीं लगती। कुछ वैसा ही लगता है जैसे क्षण भर के इरादे से एक अच्छी-खासी लगी-लगायी नौकरी छोड़ देना।

9.11.64

पूरा दिन आज भी घर में बीता। रात जागते छटपटाते कटी थी, दिन ऊँघते-जम्हाते हुए। चौखाना नीले मेज़पोश पर लम्बी तानकर लेटे हुए अपना आप एक पाले-पोसे जानवर की तरह लगता रहा। माँ और अनीता...दो-दो स्त्रियों के बीच पड़े हुए एक लम्बा, उदास, बीमार दिन...शाम को छह बजे से ही अँधेरा और खामोशी...जैसे कि किसी पहाड़ की तराई में एक अलग-से गाँव में हों।

बिजली की रोशनी भी मद्धिम लगती रही।...शायद बुखार की वजह से...।

10.11.64

शामियाना कॉफ़ी हाउस में सुरेन्द्र चतुर्वेदी। "गुरु, कहो तो लखनऊ के शहीद स्मारक पर नई कहानी की गोष्ठी करें। अब तो सब लोग शहीद हो गये। नहीं?"

"नहीं, सब नहीं। पर तुम गोष्ठी करो। हम शहीदों को साथ ले आयेंगे।"

14.11.64

ग्यारह की रात को भीष्म के यहाँ खाना था।

सेरेब्रेयाकोफ़ को भीष्म ने निमन्त्रित किया था। यादव-मन्नू को, हमें, महेन्द्र भल्ला को। कमलेश्वर इलाहाबाद से लौटा नहीं था—यूँ निमन्त्रण उसके लिए भी था।

भल्ला ने सेरेब्रेयाकोफ़ से ब्राडस्की के ट्रायल और उसकी कविता के बारे में सवाल शुरू किये। बदमज़गी हो जाती। किसी तरह बात दूसरी पटरी पर आयी। बाद में सेरेब्रेयाकोफ़ काफ़ी खुल गये। मज़ाक होने लगे। खाना खाया गया। कल्पना ने प्यानो सुनाया।

उससे पहले राजकमल में—बन्ने भाई, रज़िया सज्जाद ज़हीर, यादव—दो और व्यक्ति, बन्ने भाई से सम्बद्ध।

...विषय—चौहान। चौहान का सम्पादकीय। कमलेश्वर का सम्पादकीय। बम्बई में हुई बातचीत का हवाला।

...पीस कॉन्फ्रेंस में सम्मिलित होने की बात...बाद में एक अन्तरंग मीटिंग बुलाने का फ़ैसला।

12 को यादव ने हमारे यहाँ अपनी *एक दुनिया समानान्तर* की भूमिका पढ़ी। भीष्म और कमलेश्वर भी थे। पहले कुछ पन्ने ठीक लगे, मगर बाद में वही बोरियत। तीस पन्ने तक सुनने के बाद लगा कि आगे सुनना बेकार है।

कल दिन भर रेखा, चमन के साथ। बाद में मदन के घर। रात को पालम पर कॉफ़ी।

आज सुबह अमरेन्द्र अमर। बेचारा बिना बिस्तर या रिहाइश की जगह के दिल्ली आ पहुँचा था। मिलने। साहित्यिकों से। बोला, "पब्लिक सर्विस कमीशन का इम्तिहान दिया था साल भर पहले। उसके रिज़ल्ट का भी पता करना था। अभी तक कुछ पता नहीं आया।"

और एक कस्बाती शहर की सब धारणायें यन्त्रणायें लिये हुए।

दो घंटे उससे बात की। कहा कि पत्रिकाओं के कार्यालयों में कुछ लोगों से मिले—कुछ से हम शाम को मिला देंगे। कमलेश्वर से नीचे मिला दिया। कहा, उसे ठहराने के लिए के लिए राजेन्द्र अवस्थी को फोन कर दे। "तुम भी फोन कर देना," कमलेश्वर बोला।

शाम को अवस्थी को फोन किया कि कमलेश्वर से बात करके उस लड़के को रात को अपने यहाँ ले जायें। यह भी कि उसे शामियाना कॉफ़ी हाउस में बुला ले—वहीं मैं भी मिल जाऊँगा।

शाम को कॉफ़ी हाउस पहुँचा तो अवस्थी इन्तज़ार कर रहा था।

उसने बताया कि कमलेश्वर ने उससे तय कर लिया था, पर बाद में यादव

का फ़ोन आया कि वह लड़का कह रहा है, रात की गाड़ी से वापस चला जायेगा।

समझ में नहीं आया कि क्या करूँ। कमलेश्वर से बात करने का मौका नहीं था। उसका राजेन्द्र यादव के यहाँ खाना था। रात को उसे जाने कब लौटना था।

अवस्थी ने ही बताया, "बैनेट कोलमैन में भारती की स्थिति बहुत नाजुक है। वहाँ मिस्टर कपूर, नये चेयरमैन, को भारती के खिलाफ़ 53 आदमियों ने पेटीशन दे रखी है। अधिकारी अंग्रेज़ी वालों के साथ है।"

अवस्थी के साथ बैठा चुगद, "आपकी कहानी *मवाली* बहुत अच्छी लगी थी। उसके बाद कोई कहानी आपकी नहीं पढ़ी। जिस लेखक की कोई कहानी बहुत अच्छी लग जाती है, उस लेखक की कोई चीज़ उसके बाद मैं नहीं पढ़ता।"

श्रीकान्त वर्मा–बैनेट कोलमैन पुराण को लेकर–"अब लगता है कोई खतरा नहीं है। वात्स्यायन के अपने कॉन्टैक्ट हैं–वे लालबहादुर शास्त्री को, डॉ. रामकृष्णन को, वरच्युअली सभी को जानते हैं। मेरा खयाल है पेपर निकलेगा...हालाँकि शान्तिप्रसाद जैन और रमा जैन अब इस पेपर के खिलाफ़ हैं।"

कल मदन के यहाँ–रेखा ने पिछले कमरे में अलग से बात की–अपने और इन्दर के सम्बन्ध के बारे में। "आई एम थ्रू विद हिम।"

चमन आया तो दोनों ने एक-दूसरे को चूमा।

शीला को बताया तो वह बहुत खुश हुई। "आई एम सो हैप्पी।"

शीला पालम पर, "कॉफ़ी के पैसे मैं दूँगी। आई इन्वाइटेड एवरीवन।"

देने नहीं दिये तो नाराज़ हो गयी।

जल्दी लौटने के सिलसिले में, एक बार बोली, "I am further late, I may be thrown out of Queensway Lane tonight."

इशारा शारदा के बरताव की तरफ़ था।

15.11.64

कॉंग्रेस फॉर वर्ल्ड पीस एंड इंटरनेशनल कोऑपरेशन। विज्ञान भवन। हॉल में हाज़िरी बहुत कम। अरुणा आसिफ़ अली का भाषण कि चीन के हमले के बाद भारत को अपनी शान्ति नीति में परिवर्तन करना पड़ा है।

बाहर–विदेशी डेलिगेशन। कुछ अपनी अजीब-अजीब पोशाकों में। अमरीकन (रिपोर्टर), रूसी, यूगोस्लाव!

हरिशंकर परसाई। भोपाल के मथुरा बाबू। संसद सदस्य मिश्र। टोली के साथ पान-चाय की खोज। एक जगह निराशा। दूसरी जगह (सामने की गली में) दो आना कप चाय। पान।

वापसी पर नवतेज, सेरेब्रेयाकोफ़।

परसाई का कहना, "वही अश्क के उपन्यास वाला प्रीतनगर...?"

नवतेज का सुर्ख होना।

परसाई से बातचीत—चौहान और बन्ने भाई के बारे में।

लौटते हुए बस स्टॉप पर अकेले ठिठुरना।

16.11.64

सप्रू हाउस। पीस कॉन्फ्रेंस। लालबहादुर शास्त्री का भाषण। बेजान।

कृष्ण मेनन शास्त्री को एस्कॉर्ट करते हुए।

लॉबीज़ में परसाई, नरेन्द्र, बन्ने भाई। कल की मीटिंग के बारे में बातचीत। चौहान टोप-कोट में दुरुस्त-चुस्त।

कनाट प्लेस। थियेटर कम्यूनिकेशंस बिल्डिंग में पी.आर.आर.एम. के कॉफ़ी हाउस का उद्घाटन। हबीब, गुजराल। टी हाउस—राजेन्द्र यादव। एक बेमतलब बैठक। गे-टाइम—कॉफ़ी, हॉटडॉग।

17.11.64

जनपथ होटल के कॉन्फ्रेंस रूम में वर्ल्ड पीस कॉन्फ्रेंस का लेखकीय सेमिनार।

लॉन में ड्राफ़्ट पर बातचीत। बन्ने भाई, परसाई, चौहान, रजिया आपा।

आना दारा सिंह और स्टंट हीरोइन ताजी का। सब लोग राइट अबाउट टर्न।

चाय पीने वहाँ से कमलेश्वर के साथ डबल मार्च अन्नपूर्णा तक और वापस।

सेमिनार में डॉ. आनन्द की आनन्दियत। यू.ए.आर. के श्री मकसूद का ओजस्वी और अर्थपूर्ण भाषण। उसके बाद आधा दर्जन लोगों की व्यक्तित्वहीन उद्घोषणाएं। एक सरदार साहब की सरदारियत।

बुलाहट मोहन राकेश की।

भाषण! अन्तर्राष्ट्रीय सेमिनार से पहले राष्ट्रीय स्तर पर लेखकों को संगठित करने के बारे में। जातीय साहित्य से आलोचकों के अलगाव की बात।

डॉ. आनन्द की तिलमिलाहट।

बाद में लॉबीज़ में...

चौहान, आनन्द, जाफ़री...एक-दूसरे के बारे में। अधिकांश युवा लेखकों द्वारा मोहन राकेश का समर्थन!

कॉफ़ी हाउस होते हुए वापसी।

20.11.64

18 को चमन वापस गया...भिलाई। स्टेशन पर रेखा, अनिल और इन्दर आये थे। गाड़ी लेट थी, इसलिए इन्दर पहले ही चला गया।

सीट बुक नहीं थी। रेखा जाकर थर्ड का टिकट लायी। चमन को उसने कुछ

रुपये भी दिये। दोनों एक-दूसरे से कहते रहे, ''तुम रखो, तुम्हें ज़्यादा ज़रूरत होगी।''

''बहुत-सी खूबसूरत लड़कियाँ तुम्हारे साथ सफ़र कर रही हैं,'' रेखा ने कहा।

''सबसे खूबसूरत लड़की को तो यहीं छोड़ जा रहा हूँ,'' वह बोला।

रेखा भीगी हुई हँसी हँसी। ''अरे यार, अब तो बूढ़ी हो गई हूँ।''

इन्दर का कमरा–स्टेट्समैन हाउस में। इन्दर अपने सम्पादक के साथ। हम लोगों के पहुँचने पर दोनों दूसरे कमरे में चले गये। इन्दर ने चाय मँगवायी।

इन्दर को आठ बजे तक काम करना था। वह कहता रहा कि आठ बजे के बाद जाकर उसे निज़ामुद्दीन छोड़ आयेगा।

''मैं चली जाऊँगी,'' रेखा बनाने की कोशिश करती रही।

मगर ज़्यादा देर कोशिश नहीं कर सकी।

घर आये अनीता को लेने। वह कमलेश्वर का कमरा गायत्री के साथ मिलकर सेट कर रही थी।

उसे लेकर चले गये–कॉफ़ी हाउस।

कॉफ़ी हाउस में सरदारों की टेबल!

किस्से–

गोपाल सिंह कैसे एम.पी. हो गया। ''बस मन में फ़ैसला कर लेना चाहिए कि हमें यह करना है...। उसने फ़ैसला कर लिया कि मुझे एम.पी. बनना है–फिर उसके बाद, बस! फिर खुद अपने लिए हर एक से कहता रहा।''

''तीन मूर्ति और राष्ट्रपति भवन जा-जाकर...।''

''कहता है मेरा काम तो हरि (पंडित जी का नौकर) जानता है।''

''धर्मवीरा को खाना खिलाकर ख़ुद उसने उससे सिफ़ारिश की कि मेरी बीवी को ऑनरेरी मजिस्ट्रेट लगा दो।''

''दो महीने पहले कहता था, एम्बेसेडर बनने का लोभ नहीं रहा क्योंकि शास्त्री के खिलाफ़ मैंने काम किया था। पंडित जी के गुज़रने के बाद...और फलां स्कैंडल की वजह से और लोग भी नाराज़ हैं...।''

''कल पता चला है कि वह जल्दी ही एम्बेसेडर या गवर्नर लगकर जा रहा है।''

''उसका भाईबन्द दूसरा–जो मुझे पटासकर के पास ले गया था।...पटासकर ने अन्दर तक नहीं बुलाया।''

''हो-हो-हो!''

''बस विल पावर होनी चाहिए।''

फिर रेखा से एक सरदार बोला, ''अब कोशिश करके आप भी एम.पी. हो जाइये।''

रेखा वहाँ से चलने के बाद काफ़ी देर बात करती रही। ''यह आज तक

किसी ने नहीं सुझाया था...एम.पी. बनने के बारे में। सचमुच क्या कोशिश नहीं की जा सकती?''

आर्थिक समस्या के उसे तीन ही हल सूझ रहे थे—एक बड़ा-सा घर लेकर किसी को पेइंग गेस्ट रख ले...नौकरी कर ले...या एम.पी. लग जाये।

कल वेद खन्ना और विमल मारवाह की बड़ी बहन। वेद नीचे कार में थी—पैर प्लास्टर में था, इसलिए।

घंटा भर वहीं चहकती रही। विषय : बम्बई में बासु के साथ शूटिंग देखना।

...मोहन स्टूडियो, अशोक कुमार, मीना कुमारी, पद्मिनी...

उसने घर पर बुलाया। शाम को मानो की बर्थ-डे चाय के बाद गये। उसकी सास जी आयी हुई थीं। बेबी रो रहा था। बिस्तर पर बैठे हुए उसका जिस्म इतना फैला हुआ और थल-थल लग रहा था कि जी मितलाने लगा।

कुत्तों का ज़िक्र उठने पर बोली, ''अकेली होती हूँ तो इन्हीं की वजह से घर भरा-भरा-सा लगता है।''

22.11.64

कल—शाम को कॉफ़ी हाउस। महेन्द्र भल्ला ने बताया, 'एक्सप्रेस' वालों का विज्ञापन निकला है। किसी साप्ताहिक के लिए सम्पादक चाहिए। अफ़वाह है—विज्ञापन तो ऐसे ही निकला है—मोहन राकेश सम्पादक नियुक्त हो चुके हैं।

अन्दर श्रीकान्त, प्रबोध वगैरह से भी लगभग यही बात सुनने को मिली। अशोक सेक्सरिया सिर हिलाता रहा। 'सिवाय ऐसी कमीनी बातों के लोगों के पास करने को और बात ही क्या है।'

वह रवीन्द्र कालिया की भी निन्दा करता रहा। रमेश बक्शी और *ज्ञानोदय* के विशेषांक की भी। एक तरह से पूरे हिन्दी साहित्य की, बल्कि साहित्य मात्र की। कहता रहा, ''सब बकवास है। दुनिया भर में आज लिखा ही क्या जा रहा है? जो कुछ लिखा जाता है, सब जला दिया जाना चाहिए, या कूड़े के ढेर में फेंक दिया जाना चाहिए।''

उठते हुए सुरेश अवस्थी से भेंट हुई। बात हुई कलकत्ता चलने के बारे में।

वापसी पर *ज्ञानोदय* का विशेषांक। कुल मिलाकर सारा प्रयत्न बचकाना लगा। यादवियन।

आज अचानक रमेश पाल। फिर उसी तरह पिये हुए। माफ़ी माँगने और उसी तरह अभियान चलाने के बीच झूलता हुआ। उससे काफ़ी तल्ख बातें कही। लखनऊ के दिनों से आज तक के बारे में। जैसा जब उसके बारे में महसूस होता रहा, सब कहा। बातचीत हँसी, गुस्से और अभियोग-प्रत्याभियोग के दौरों में से गुज़रती रही।

खाना खाया, उसे टैक्सी तक छोड़ने गया। वह टैक्सी में छोड़ने आया। टैक्सी खराब हो गयी। उसका रिवर्स गियर लग ही नहीं रहा था। आगे तक घुमाकर भी गियर नहीं लगा। इस बीच आपस में फिर तल्खी हो गयी। उससे कहा कि आजकल मैं अपने को बन्द रखकर काम कर रहा हूँ क्योंकि मेरी आर्थिक स्थिति बहुत नाज़ुक है तो वह बोला, "यह तुम जालन्धर में भी कहा करते थे।"

उस पर बिलकुल बेकाबू हो गया। कहा कि अगर वह ह्यूमन प्रॉब्लम को उसी कैज्युअलनेस से उड़ा सकता है तो दोस्ती यहीं खत्म कर देना अच्छा है। उसके जाते हुए अलबत्ता कुछ शान्ति हो गयी थी।

"तुमने अपने घर के दरवाज़े मेरे लिए बन्द कर दिये हैं, उसका मुख्य कारण यह था। तब तुम में और दूसरे लोगों में फर्क ही क्या है? तुम भी मुझे अपने घर के लिए अनडिजायरेबल एलिमेंट समझते हो?"

कमरे में चहलकदमी। एक अजीब-सी बेचैनी।

31.12.64

एक नया सिर दर्द—टेलीफ़ोन।...अभी-अभी कमलेश्वर जी की दो कॉल्ज़ की वजह से मन काम से उखड़ गया। अब दिन भर सिर भन्नाया रहेगा।

रेखा और इन्दर का आना-जाना बहुत रहा। उस दिन मदन के घर में रेखा ने जो बात कही थी, वह बेमानी थी। सब कुछ उसी तरह चल रहा है। उस दिन जिस तरह इन्दर...वह बहुत 'डिस्गस्टिंग' था।

पर कई बार उनके साथ बाहर जाना हुआ...मैडोना, अशोका, प्रेस क्लब और यहाँ-वहाँ। प्रेस क्लब की शाम खास तौर से याद है।

मोमबत्तियों के उजाले में आसपास के पियक्कड़ों की वजह से।

शशि की आँखों में एक अजीब-सा भाव रहता है...अपनी उम्र से काफ़ी बड़ा-बड़ा। लगता है, वह दो साल में चार-छह साल बड़ी हो गयी है।

रमेश पाल। चक्कर स्वर्ण मरवाह का। इस बीच वह कई बार आया है। पहले एक दिन अपने व्यवहार के लिए माफ़ी माँगने, फिर स्वर्ण मरवाह के साथ, फिर परम के साथ, फिर हरबंस बेदी के साथ।

स्वर्ण मरवाह की कार उसे चमत्कृत किये है।

ए.आई.आर. होस्टल से निकलकर वह कुछ दिन बिड़ला मन्दिर धर्मशाला में रहा। वहाँ से चार रोज़ के लिए भारत भूषण अग्रवाल के यहाँ शिफ़्ट कर गया है।

उस दिन कान्ति चन्द्र सौनरेक्सा और श्रीमती सौनरेक्सा से मिलने कॉफ़ी हाउस गया तो अचानक उससे मुलाकात हो गयी।

काफ़ी देर साथ रहे। ला बोहीम में बैठे रहे।

स्वर्ण मरवाह के साथ शादी की बात बेतुकी लगी...यह उससे कह भी दिया।

स्वर्ण मरवाह ने उसके लिए साउथ पटेल नगर में एक कमरा ठीक किया है—125 रुपये महीने पर।

उस दिन कहता था अब वहाँ नहीं जाऊँगा।...दूसरा कमरा ले दो। पर बाद में वह आया नहीं। आज शाम अग्रवाल परिवार के साथ हमें 'वेजिटेरियन' में डिनर पर बुला रखा है। सुबह फ़ोन आया कि स्वर्ण मरवाह भी आ रही है।

उससे पहले दोनों को शेक्सपियर सेमिनार में जिस तरह साथ-साथ देखा था, उससे लगता था जैसे पति-पत्नी ही हों।

कम बोलना चाहिए... रवीन्द्र कालिया के उस दिन रो देने की बात से बार-बार यह अपने से कहता हूँ। वह तकलीफ़ ऐसी थी कि अब तक मन से नहीं गयी।

1.1.65

निज़ामुद्दीन में चमन के घर की छत से (पार्क व्यू की बरसाती से)—

ढलता दिन। आसमान की सिहरन। अपने अन्दर की एक उदास कँपकँपी। पेड़ों की खामोश रेखायें।

बात शहर की...चमन के ड्राइव करके दिल्ली आने की...रास्ते के प्रदेशों के लोगों की, लैंडस्केप्स की...

'हमारे इंटलेक्चुअल्स अपने इमोशंज़ से अलग ऊपर दस मन का रावण का सिर जो फ़िट किये रहते हैं...' चमन!

रास्ते में—

चमन, 'सम्पर्कों से प्राप्त सफलता कलाकार को क्या सन्तोष दे सकती है? सोचता हूँ, एक दिन जब यह टूटकर लौटेगी, तब क्या इसे सँभाल पाऊँगा?'

और दर्द से ज़्यादा तकलीफ़ सोच-विचार के दोहरेपन से होती है। अपने काम से हटकर ध्यान इस तरफ़ चला जाता है। इधर की बात सोचता हूँ तो ध्यान काम में भटक जाता है।

मदन के घर में शक्ति—अचानक आकर, 'भई, आज लोग बात की तरह बात करें। सुबह राजू का टेस्ट है।'

गाड़ी पंक्चर।

रेखा, ''राकेश जब भी गाड़ी में बैठता है, इसे धक्के लगाने पड़ते हैं।''

ऊपर लगे भोंपू वाली टैक्सी। अन्दर घुटन। जैसे कि अभी-अभी किसी तहखाने से निकालकर लायी गयी हो।

30.9.67

फिर एक बार और कोशिश डायरी लिखने की। इन दिनों अपने पहले की

डायरियों को सम्पादित करने से पैदा हुआ उत्साह। एक कारण अकेलापन भी। अनीता को बम्बई गये 36 दिन हो गये। पहले कुछ दिन अटपटा लगता रहा, अब आदत हो गयी है। आज मन्नू से बात करते हुए यह एहसास डरावना लगा कि आदमी को हर चीज़ की आदत हो जाती है। इस शहर में हैं तो इस शहर की आदत है। कहीं और होते तो वहाँ की आदत हो गयी होती। लेकिन कुल बात आदत होने की तो नहीं है। अपनी मानसिक व्यवस्था के अनुसार आदत होने की है। नहीं तो जालन्धर में रहते वहाँ की आदत हो सकती थी। शीला के साथ रहते उसकी। मगर मन ने उन दोनों में से किसी आदत को स्वीकार नहीं किया। नौकरी की तो आदत कभी हो ही नहीं पायी। मतलब किसी दूसरे की नौकरी की। वरना रात-दिन ये कागज़ अपने चारों तरफ़ बिखेरे रहना भी तो एक नौकरी ही है।

आज तीन पत्र लिखे हैं। चार। एक के.के. को। दूसरा श्री लक्ष्मीचन्द्र जैन को। तीसरा और चौथा भारती तथा कमलेश्वर को। चारों पत्र तीन अलग-अलग विषयों पर लिखे गये हैं, पर एक ही मनःस्थिति से। बेलिहाज़ होकर स्थितियों का सामना करने की। के.के. को लिखा कि मेरे लिए आज का सन्दर्भ जीवन का निश्चित सन्दर्भ है। ऐसे में मैं उससे सिवा इसके कुछ कहने की स्थिति में नहीं कि लखनऊ, इलाहाबाद या पटना—वह जो भी चुनाव अपने लिए करे, उसमें मुझे कुछ कहना नहीं है। यह भी कि मैं अपनी ओर से चुप कर जाऊँ, शायद यही बेहतर है। इशारा था कि इस पत्र-व्यवहार से अब मुझे कोफ़्त होती है, मैं इसे बन्द कर देना चाहता हूँ। उसके दुःख से दुःख होता है, पर उसका दुःख कम कर सकने के लिए मैं किसी और के लिए दुःख के कारण क्यों जुटा दूँ? अब अच्छा ही है, अगर वह उत्तर न दे तो।

श्री लक्ष्मीचन्द्र जैन को उनकी कल की बात को लेकर लिखा। उन्होंने कल 'यात्रिक' के बाहर कहा था, "भई, 'बीज नाटक' तो हमारे यहाँ चलेंगे नहीं। आप हमें कोई पूरा नाटक दीजिए।" गुस्सा उसी वक्त चढ़ आया था। क्योंकि मैंने भारतीय ज्ञानपीठ से एडवांस ले रखा है, इसीलिए ये अपने को इस स्थिति में पाते हैं कि मुझे बतायें कि क्या इनके यहाँ नहीं चलेगा। इसलिए कि 'तीन बीज नाटक' शीर्षक पुस्तक ये लोग प्रकाशित कर लें, यह प्रस्ताव मेरा था। उस समय चुप कर गया। मगर इंटरवल में एक कोकाकोला उन्हें पीने को देकर कहा कि अगली बार वे धुआँधार लड़ाई के लिए तैयार होकर आयें। वे थोड़ा अचकचाये। शायद प्रसंग उनकी समझ में नहीं आया। आज उन्हें लिख दिया कि किसी भी पुस्तक के प्रकाशन की बात मैं प्रकाशक के निर्णय पर नहीं छोड़ता। उन्हें मेरे प्रस्ताव से अगर गलतफ़हमी हुई है, तो दूर हो जानी चाहिए। "आप प्रकाशित करना चाहें, तो..." की औपचारिक पंक्ति को उन्हें शब्दशः नहीं लेना चाहिए। वे लेते हैं, तो उसका अर्थ है लेखक-प्रकाशक

के रूप में हमारे सम्बन्ध की समाप्ति। उस स्थिति में मिलकर बात कर लेंगे कि अग्रिम की जो शेष राशि मेरे ऊपर है, उसे लौटाने की क्या व्यवस्था करनी चाहिए।

भारती और कमलेश्वर के पत्रों में पारिश्रमिक की बात थी। *धर्मयुग* से 150 रुपये का चेक आया था। हालाँकि छह महीने पहले इन्हें लिख दिया था कि आगे से प्रकाशित होने वाली रचनाओं के लिए 250 रुपये से कम पारिश्रमिक मुझे स्वीकार नहीं होगा। चेक भारती के पत्र के साथ लौटा दिया। दोनों को लिख दिया कि कम्पनी की आज की स्थिति में यदि इस प्रकरण को लेकर कुछ कर सकना उनके लिए सम्भव नहीं है तो मेरा इतना प्रोटेस्ट तो रहेगा ही कि *सारिका* और *धर्मयुग* में इन दिनों प्रकाशित चारों रचनाओं के चेक लौटा दूँ। बिना प्रोटेस्ट के स्थिति को स्वीकार कर लूँ, यह सम्भव नहीं। समझ में नहीं आता कि छह साल पहले की पारिश्रमिक की दरों को आज दोहरवा सकने के लिए ये लोग मिलकर स्टैंड क्यों नहीं ले सकते। खैर नहीं ले सकते, यह उनकी मजबूरी है। स्थिति को स्वीकार न कर सकना मेरी मजबूरी है। कम्पनी उचित पारिश्रमिक देना एफ़ोर्ड नहीं कर सकती पर एक लेखक तो पारिश्रमिक न लेना एफ़ोर्ड कर ही सकता है।

कल 'परम्परा के सर्जनात्मक उपयोग' पर भाषण देना है। ये ज़बर्दस्ती के भाषण बहुत बोर करते हैं।...छोड़ो, मियाँ। यह तो ऐसे ही चलता है। लेट्स प्ले द गेम ऑफ़ लव—विदाउट थिंकिंग वाट इज़ लव।

नयी दिल्ली : 1.10.67

आलोचना द्वारा आयोजित आचार्य हजारीप्रसाद द्विवेदी का षष्टिपूर्ति महोत्सव। हाईलाइट—आचार्य जी का मिथक-सम्बन्धी भाषण। 'सर्वनाम' से आरम्भ करके सामान्य मानव सम्बन्धी दृष्टि। सचमुच द्रष्टा हैं आचार्य द्विवेदी, कितनी सूक्ष्म बात किस तरह हँसते-हँसाते उन्होंने कह दी। कितना गहरा साक्षात्कार है जीवन के सूक्ष्म से उनका।

शीला सन्धू के यहाँ खाने के बाद यह उद्घाटन कि सचमुच कलकत्ता प्रकरण के कारण वात्स्यायन ने गोष्ठी में भाग नहीं लिया। लगा कि आचार्य जी का एंटी-थीसिस खोजना हो तो इतना अच्छा और दूसरा नहीं मिल सकता। एक ओर आन्तरिकता और उन्मुक्तता, दूसरी ओर केवल कुंठा।

उद्घाटन गोष्ठी और विचार गोष्ठी के बीच जलपान में काफ़ी हँसा। अपने असली फ़ार्म में। स्टीम-रोलर की तरह पूरी गैलरी में घूमता रहा। किसी ने कहा, "तुम जब साठ के होगे तो...।" उसे बीच में ही काटा। "तुम्हारा खयाल है, मैं मानूँगा तब अपने को साठ का? कोई अगर मुझे कह देगा साठ का, तो मैं उसके कहूँगा, साठ के होगे तुम। मुझे तुम साठ का कहते हो।"

विचार गोष्ठी में अपना भाषण...स्मार्ट था बस!

नयी दिल्ली : 3.10.67

...यह क्या हो गया पीछे से! आई.सी.सी.आर. के डिनर में गया था, इनाम रहमान के यहाँ। यूकियो मिशिमा आया है, उसके लिए। वहीं पोर्टिको में थे जब बहुत तेज़ हवा चलने लगी थी—आँधी जैसी। ऐसी कि नीरद चौधरी को भी उसने चुप कर दिया था—कुछ देर के लिए। घर आकर ऊपर छत पर पहुँचा तो कमरे के अन्दर देखता रह गया। दरवाज़े खुले छोड़ गया था। एक खिड़की का काँच टूटकर नीचे बिखरा है। और पिछले छह हफ़्ते में लिखे नाटक के कागज़—कुछ पता नहीं। कुछ कागज़ अभी छत से बटोरे हैं। एक ढेर खिड़की के नीचे है—टूटे काँच के टुकड़ों के बीच। ऊपर से लगता है, ज़्यादातर पुराने वर्शन के कागज़ हैं, जो नीचे थे। नये वर्शन के ज़्यादातर कागज़ उड़ जा चुके हैं, ऐसा लगता है। इस वक्त हिम्मत नहीं पड़ रही सहेजकर देख लेने की। सुबह से पहले इन्हें हाथ नहीं लगाऊँगा। अगर सो न सका तो शायद रात को ही देखूँ।...अगर उड़ ही गये होंगे वे कागज़, तो...?

आधी रात्रि, दो बजे : 4.10.67

एक भी वर्शन पूरा नहीं है। पहले तीनों वर्शन के आधे-आधे पन्ने बचे हैं और नये वर्शन के चालीस में से कुल नौ...। इसके अलावा दो अधूरी कहानियों और एक लेख की भी यही स्थिति है...!

नयी दिल्ली : 4.10.67

भयानक दिन गुज़रा है आज।

रात को दो बजे के बाद भी काफ़ी देर नींद नहीं आयी। सुबह उठने पर सिर भारी था, मन भी। नाश्ते के बाद कुछ भी करने को मन नहीं हुआ। थोड़ी देर लेटे रहने के बाद चाय की एक और प्याली पी लेने के लिए नीचे चला गया।

नीचे आते ही फ़ोन की घंटी बजी। उठाने पर पहली आवाज़ सुनाई दी, "योर ट्रंक कॉल फ्रॉम बॉम्बे।" उसके बाद दूसरी आवाज़ : "दिस इज़ डॉक्टर त्रेहन फ्रॉम बॉम्बे हॉस्पिटल। आई एम सॉरी टू इन्फॉर्म यू सर कि आपका जो लड़का होने वाला था, उसकी डेथ हो गयी है।" दिमाग एकदम सुन्न हो गया। "क्या?" उससे पूछा, "माँ का नाम क्या है? अनीता?" "यस सर," वह बोला। "आई एम वेरी सॉरी, सर।" पूछा, "बट हाऊ इज़ द मदर?" "शी इज़ वेल," जवाब मिला। "आर यू श्योर?" पूछा। "यस सर," वह बोला, "आई एम वैरी सॉरी फ़ॉर द चाइल्ड, सर।" तभी पहली आवाज़ आयी, "टाइम इज ओवर।"

रिसीवर रख दिया। दीवार से टेक लगाए पगलाया-सा बैठा रहा। दिमाग में उभर रहा था अनीता का पेट, उसकी इतने महीनों की उत्सुक प्रतीक्षा, 'गूकी होयेगा।'

और अब बॉम्बे हॉस्पिटल में पड़ी हुई वह—खाली पेट। मैं भी पास में नहीं कि वह छाती से लगकर रो ही सके, 'गूकी नहीं है।' माँ टेलीफ़ोन की बात से कुछ अन्दाज़ा लगाकर पास आकर बैठ गई थी। ''क्या हुआ है?'' पूछ रही थी। ''ठहरो, ठहरो, बोलो नहीं...'' कहकर चुप हो रहा। वहीं, बोलता रहा अपने से, ''हाऊ कैन इट बी? नो नो, इट कांट बी...''

तभी दूसरी बार घंटी बजी। वही पहली आवाज़। वही दूसरी। ''दिस इज़ अगेन डॉक्टर फ्रॉम बॉम्बे हॉस्पिटल, सर। योर चाइल्ड इज़ नॉट डेड।'' ''आर यू श्योर?'' फिर पूछा। ''यस सर।'' ''विल ही सर्वाइव?'' ''यस सर!'' ''मदर इज़ पर्फ़ेक्टली ऑल राइट?'' ''यस सर।'' और पहली आवाज़ : ''टाइम इज़ ओवर।''

अटपटा लगा। पहली कॉल के दो मिनट के अन्दर-अन्दर दूसरी कॉल कैसे? फिर पहली आवाज़ लड़की की नहीं, किसी बारह साल के लड़के की-सी थी। फिर अनीता को बॉम्बे हॉस्पिटल में तो एडमिट होना नहीं था। फिर भाभी या राज ने फ़ोन क्यों नहीं किया? फिर वक्त से पचीस दिन पहले डिलीवरी कैसे हो गयी? फिर अभी-अभी डाक से अनीता का एक पैकेट मिला है। फिर एक-एक मिनट से ज़्यादा बात न होने पर भी दोनों बार 'टाइम इज़ ओवर' कैसे कह दिया गया?

मगर ये सब बातें नीचे दबी रह गयीं। ऊपर था केवल एक एहसास—अनीता के बच्चा हो गया है। डिलीवरी नॉर्मल नहीं हुई। शायद इमर्जेंसी केस होने की वजह से ही उसे बाम्बे हॉस्पिटल ले जाया गया है। हो सकता है, भाभी से खुद टेलीफ़ोन करते न बना हो, इसीलिए डॉक्टर से कह दिया हो...।

माँ पूछती रही, ''क्या हुआ है? क्या खबर आई है? अनीता कैसी है?''

दस मिनट और चुप बैठा रहा। फिर एक झटके से अम्माँ को दोनों बार फ़ोन पर सुनी बात बता दी। ''मैं पहली फ़्लाइट से बम्बई जा रहा हूँ,'' कहकर टेलीफ़ोन लिये ऊपर भागा। ऊपर आकर कुछ देर चुँधियाया-सा खड़ा रहा। क्या करना है मुझे?

कुछ चीज़ें रखीं, उठायीं। अलमारी खोली, बन्द की। पतलून, बुश्शर्ट पहन ली। पैसे निकालकर जेब में रख लिए। अब?

माँ को आवाज़ देकर कहा कि ऊपर आकर मेरा अटैची केस तैयार कर दे। ख़ुद फ़ोन करने लगा। एयरलाइंस, एंगेज्ड। ओमप्रकाश, एंगेज्ड। शीला सन्धू, एंगेज्ड। फिर एयरलाइंस। श्यामानन्द। नेमि। एंगेज्ड या घर पर नहीं है। फिर एयरलाइंस। रात सवा नौ से पहले फ़्लाइट नहीं है। ओमप्रकाश दफ़्तर में नहीं है। शीला सन्धू—''हाँ, राकेश जी?'' शीला सन्धू से बात करते हुए बाँध टूटने लगा। ''मुझे किसी भी तरह एक सीट करा दीजिये—पहले प्लेन से।'' ''मैं अभी आ रही हूँ वहीं,'' उसने कहा। माँ आकर सामान अटैची में रख रही थी। इस बार खुलकर रो लिया। वह भी रोने लगी।

ऐसी ही स्थिति थी जब शीला सन्धू आई। उसने दिलासे की दो बातें कहीं और फ़ोन करने लगी। सीता ट्रैवेल। मर्करी ट्रैवेल। इंडियन एयरलाइंस। विंडसर प्लेस। एक सीट जैसे भी हो पहली फ़्लाइट से चाहिए। मर्करी से टेलेक्स मैसेज। एक्सप्रेस तार। अर्जेंट ट्रंक कॉल। तार देने के तुरन्त बाद ही ट्रंक कॉल मिल गयी। उधर से आवाज़ आयी अनीता की—बहुत खुश।

"हैलो...।"

"इज़ इट यू, राकेश?"

"हाऊ आर यू?"

"फ़ाइन। इट इज़ नाइस टू हियर योर वायस।"

"अभी डिलीवरी नहीं हुई न?"

"अभी तो बहुत दिन हैं डिलीवरी में।"

उसे बताने की कोशिश की कि यहाँ सुबह से किस टॉर्चर में से गुज़र रहे हैं, मगर वह बिना समझे कहती रही, "ओह, हाऊ वंडरफुल टू हियर योर वायस।"

"तुम वंडरफुल किये जा रही हो, यहाँ बुरी हालत है उस कॉल की वजह से।"

"बट आई डिडंट डू इट।"

"यह कौन कहता है तुमने की है, मगर वह कॉल..."

"आई डिडंट डू इट।"

"वह तो ठीक है, मगर...।"

वह वहीं राज से, "ही इज़ डिप्रेस्ड फ़ॉर समथिंग।" फिर मुझसे, "रियली इट इज़ वंडरफुल टू हियर योर वायस।"

ट्रंक कॉल के बाद हम तीनों इस खुशी में और भी स्तब्ध। किसने की होंगी वे कॉल्ज? किसी साहित्यिक महारथी ने? मैडम पुष्पा के किसी सहयोगी ने?

शीला सन्धू फिर व्यस्त हो गयी। बुक की हुई सीट्स कैंसिल करने में। उसके बाद अचम्भे और खामोशी के कई मिनट। वह वहाँ से इतनी खुश-खुश बात कर रही थी। पता नहीं इस बीच यहाँ क्या मुर्दनी छायी रही है।

"पर कौन हो सकता था वह?"

"ऐसा भी कोई इन्सान हो सकता है कि पैदा होने से पहले एक बच्चे के बारे में ऐसी बात...?"

"कितने-कितने दुश्मन बना रखे हैं, तुमने, राकेश?"

"आई स्टिल कांट बिलीव इट," ओ गॉड! मेरे मन में अन्धविश्वास जाग रहा था कि रात को जो काँच टूटा, कागज़ बिखरे, उस सबका कुछ ताल्लुक था इसके साथ।

"थैंक गॉड, इट वाज़ जस्ट ए डर्टी ट्रिक।"

नीचे पहुँचकर शीला सन्धू चलने लगी तो होश हुआ पौने तीन बज गये हैं।

''खाना...''

''नहीं, खाना मैं नहीं खाऊँगी।''

शीला सन्धू के जाने के बाद ऊपर आकर तीन घंटे बिस्तर पर औंधा पड़ा रहा। ओ गॉड! कौन हो सकता है यह...कौन? यह क्या सिर्फ़ शरारत थी? या सिर्फ़ टॉर्चर करने की कोशिश? या सुनने वाले का हार्ट फेल हो जाये, इसके लिए आज़माया गया एक फ़ॉर्मूला? मर्डर बाई फोन कॉल—अपने परिचितों में से किसके दिमाग की लहर हो सकती है यह?

नयी दिल्ली : 6.10.67

कमलेश्वर का पत्र :

प्रिय राकेश,

तुम्हारे, दोनों खत मिले। पारिश्रमिक के सम्बन्ध में अभी कुछ होता नहीं दिखाई देता। *सारिका* में बराबर तुम्हारा पेमेंट इसीलिए पेंडिंग रख रहा था कि बात तय हो जाये तो पेमेंट भिजवाऊँ—पर बात बनी नहीं। राय साहब भी अजीब घपले में हैं। वे आजकल कोई भी निर्णय लेते कतराते हैं—सारी चीज़ें, इस बुरी तरह लटक और खिंच जाती हैं कि चिढ़ होने लगती है। असल में यहाँ कोई भी सुरक्षित (हायर अप्स) महसूस नहीं कर रहा है। एक ज़ोर और मारा है, अगर इस धक्के में भी कुछ न हुआ तो प्यारे, तुम्हें अभी वही पुराना रेट स्वीकारना ज़रूरी हो जायेगा। क्या किया जाये?

चौधरी का खत आया था। सब हाल मालूम हुए थे। देखो क्या होता है।

अनीता से तुम्हारे कारनामों (बकौल अश्क) का पता चला था। मुझे यहाँ यह भी पता चला है कि *कल्पना* (सितम्बर) में सुरेन्द्र चतुर्वेदी के नाम से श्री उपेन्द्रनाथ अश्क ने खत लिखा है (तुमने पढ़ ही लिया होगा)। चूँकि वह खत उन्होंने लिखा है और वे अपने पक्ष-विपक्ष में लिखने वालों को मेहनताना देते हैं अतः मैंने बतौर मेहनताना अश्क को 5 रुपये का मनीऑर्डर भिजवा दिया है ताकि उन्हें यह न लगे कि दूसरे लोग उन्हें मेहनताना नहीं देते।

तबीयत यार अब भी ठीक नहीं है। पर अब इस प्रकरण से ऊब होती है। अतः यह प्रकरण बन्द।

नई कहानियाँ अमृतराय ने खरीद ली है, यह सूचना कहाँ तक सच है? मनोहर श्याम जोशी *साप्ताहिक हिन्दुस्तान* कब ज़्वाइन कर रहा है?

तुम्हारे आने का इन्तज़ार है। चौधरी और ओम जी को भी साथ लेते आओ तो मज़ा रहेगा।

और हाल लिखना।

नेमि जी की सलाह ठीक नहीं है—जो सलाह उन्होंने दी है वह कवियों को ज़्यादा मुआफ़िक आती है। तुम्हारे मुआफ़िक गुस्सा आता है। तो प्यारे?

तुम्हारा, कमलेश्वर

उत्तर :

डियर,

तुम्हारे पत्र की अन्तिम पंक्ति है—'तुम्हारे मुआफ़िक गुस्सा आता है।' मगर गुस्से के बाद समझौता तो नहीं? इन दिनों सब पत्र-पत्रिकाओं, प्रकाशन तथा रंग-संस्थाओं, विश्वविद्यालयों पर एक-साथ गुस्सा आ रहा है। आज तक समझते रहे हैं कि लेखक के शुल्क और रॉयल्टीज़ इनके निर्णय पर हैं। ऐसी की तैसी इनकी! हम लिखना छोड़ देंगे लेकिन निर्णय इनका रहे, यह स्थिति स्वीकार नहीं करेंगे?

...स्थितियों की उलझनें तो प्यारे, सब जगह हैं, और बनी रहेंगी। कम्पनी के लोग सुरक्षित महसूस न करते हों, या निर्णय लेने की स्थिति में न हों—मगर तुम्हारा दोस्त बहुत सुरक्षित है और अपनी ओर से निर्णय ले सकने की स्थिति में भी है। 'अभी पुराना रेट स्वीकारना ज़रूरी हो जायेगा'—इस बात को मानने को वह बिलकुल तैयार नहीं। इसका यह मतलब नहीं कि तुम्हारे या भारती के लिए लिखने में कोई बाधा पड़ेगी। लेकिन वह लिखना तुम दोनों के लिए होगा—बिना पारिश्रमिक। जहाँ तक कम्पनी का सवाल है, उसके निर्णय-अनिर्णय से बँधकर पारिश्रमिक स्वीकार करना—हरगिज़ नहीं। यह निर्णय उभयपक्षीय है, एकपक्षीय नहीं। यदि आज तक लेखकों ने अपने अधिकारों के लिए एसर्ट नहीं किया तो हम क्यों अपनी ज़िन्दगी बिना एसर्ट किये निकल जाने दें? जो चेक एक बार लौटा दिया है, वह अब वापस आकर मेरे हिसाब में तो जमा होगा नहीं—और चाहे जो हो। तुमने अच्छा किया है जो पेमेंट रोक रखा है। वह दस साल और रुका रहे, मुज़ायका नहीं। बैनेट कोलमैन एंड कम्पनी फ़िलहाल या तो मेरी हर प्रकाशित रचना पर कम-से-कम 250 रुपया पारिश्रमिक देगी या कुछ भी नहीं। इस स्थिति में किसी तरह की रद्दोबदल स्वीकार करने को कहकर मुझे बदलने के लिए मजबूर करोगे? तब फिर कैसे कह सकोगे, 'तुम्हारे मुआफ़िक गुस्सा आता है?'

प्यार के साथ तुम्हारा,
राकेश

पी.एस. : मिस्टर राय को भी पत्र लिखना चाहता हूँ। धुआँधार।

नयी दिल्ली : 8.10.67

अपने आप की यन्त्रणा। जो चाहता हूँ, वह सब न कर पाने, न लिख पाने की। जिस रूप में आस-पास की ज़िन्दगी अपने अन्दर घटित है, जिन उलझे हुए बिम्बों, ध्वनियों और ग्राफ़ों में मन उनके प्रभावों को ग्रहण करता है, उनकी उन्हीं

की आन्तरिक अन्विति में व्यक्त करना—यह एक चुनौती नहीं, विवशता-सी लगती है। पर परिणाम के रूप में जो कुछ लिखकर सामने आता है, वह इतना क्रूड, स्थूल और खंडित होता है कि अपना सारा प्रयत्न केवल अपने को व्यस्त रखने या बहलाये रखने का बहाना जान पड़ता है। एक ओर अपना अहं अपनी असमर्थता को स्वीकार नहीं करने देता, और दूसरी ओर अपना आत्म इस अस्वीकार पर लानत भेजता है—जब तुम हर दूसरे की असमर्थता की खुलकर और आवेश के साथ आलोचना करते हो तो अपनी असमर्थता से चुपचाप कतराकर उसकी प्रताड़ता से बचे कैसे रह सकते हो? और आलोचना केवल बोलकर ही तो नहीं होती, चुप रह भी तो होती है—अगर अपनी असमर्थता को तुम चुप रहकर दर-गुज़र कर दो तो भी क्या वह चुप्पी, अन्दर ही अन्दर तुम्हें और नहीं छीलती? ऐसे में आदमी सिवाय इसके क्या करे कि घड़ी देखे और यह सोचकर कि रात बहुत हो गयी है, सिर थक गया है, आने वाली सुबह के लिए कुछ आशा मन में लिये चुपचाप सो रहे?

14.10.67

कल बीस मिनट एम.एस. के साथ बिताने के बाद इतना सख़्त अस्थिरता का दौरा क्यों पड़ा?...या कि अस्थिरता का सम्बन्ध उससे न होकर सिर्फ़ घर में इन दिनों अकेले होकर रहने की अनुभूति के साथ था?...एब्नॉरमेल्टी बहुत है अपने में, इसमें सन्देह नहीं। अपनी इन एब्नॉरमेल्टीज़ से डर भी लगता है। मगर किया क्या जा सकता है?

15.10.67

कल झुनझुनवाला के यहाँ डिनर में बासु ने बहुत टॉल टॉकिंग की। अच्छा नहीं लगा। हो सकता है, वह जल्दी इससे उबर जाये और ठीक से काम करने लगे। मगर खतरा यह भी है कि अपने ही ट्रैप में उलझकर ज़िन्दगी भर एडॉलसेंट फ़िल्में बनाता रहे।

नयी दिल्ली : 18.10.67

हेराल्ड विंटर! हेराल्ड विंटर!

आज रात शरत् पूर्णिमा है। उससे पहले सुबह-सुबह यह बारिश।

बासु रिंकी आज शाम जा रहे हैं। पर अनीता ने लिखा है कि इन्हीं दिनों अब कमलेश्वर आने वाले हैं।

क्यों सोच रहे हो यह सब? तुम्हारे चाहने से तो लोगों का आना-जाना रुकेगा नहीं। इस सम्बन्ध में कुछ करना है तो तुम्हीं को करना है।

यह निश्चित है कि मिलने आने वालों का अब पूरा ब्लैकआउट कर देना

है। सिवाय काम के किसी से मिलना नहीं। यूँ मिलना भी एक काम हो सकता है अगर आने वाला सिर्फ़ खोखली बातें करने के लिए न आये। पर आने वाले समुदाय में अधिकांश लोग आते हैं सिर्फ़ रहने की सुविधा के लिए, सतही मित्राचार के लिए और खोखली बातें करने के लिए...।

कम से कम दो-एक साल का ब्रेक तो देना ही है।

दिन कितना अच्छा है! काश कि ये पाँच महीने सर्दी और बसन्त के इसी तरह बीतें!

नयी दिल्ली : 19.10.67

एल.बी. से पहले—

जनपथ पर श्यामानन्द के यहाँ—*लहरों के राजहंस* पर बहस। भाभी, शिवपुरी, श्यामानन्द, मैं। एक रचना के बार-बार लिखे जाने पर शिवपुरी का कमेंट, और उससे पैदा उत्तेजना।

खाने के बाद—श्यामानन्द ड्रॉप्ड एट ओडियन!

अकेले कॉफ़ी। दरार से आगन्तुक। वह। नॉट टुडे। टैक्सी। गन्तव्य। मैन हू रिस्पेक्ट। बग बनी टीथ। येस, थ्री फ़ोर टाइम्ज़, बट नॉट दैट। डोंट टेल मी दैट यू आर ए...। डजंट वन कम टु नो?...इफ़ सो, देन आई वोंट। बट आई वांट इट।...बट डजंट इट गो विद मास्टर—? अदर देन। आई लाइक सच पर्सस।...इज़ ए कावर्ड।...इज़ एफ़ेक्शनेट। क्या? अच्छा हाँ...हाँ आई सी। दन्तक्षत। आई'ल मैरी आफ़्टर फ़ाइव ऑर सिक्स इयर्स। आफ़्टर डूइंग बट आई वांट टु डू। देन व्हाई नॉट सेव योरसेल्फ़? ओ नो—आई बिकेम यंग एट फ़ोर्टीन ऑर सिक्सटीन। सिंस देन एट इयर्स। आई डोंट वांट टु वेट फ़ॉर एनदर सिक्स इयर्स फ़ॉर एन अननोन पर्सन। हूम आई मे नॉट लव। आई विल बेयर चिल्ड्रेन फ़ॉर हिम। बिकॉज़ आई वांट टु बेयर चिल्ड्रेन। यू आर ए ब्लडी आर्टिस्ट इन दिस।

नेवर हैड इट बिफ़ोर बिकॉज़ ऑफ़ फ़ियर। नॉट जस्ट बीइंग टॉक्ड अबाउट। नर्व ऑफ़ बोल्डनेस। आई टोल्ड अबाउट मिस जैन—व्हाई डोंट यू रेप हर? बट बेसिकली आई एम ए कावर्ड। आई टेल, आई डोंट बेयर। बट आई बेयर। आई टेल व्हाई शुडंट ए गर्ल डू इट? बट आई डोंट डू इट।

कांट हेल्प गिविंग लुक्स। बीइंग काकेटिश। आई नो पीपल मिसअंडरस्टैंड। जेट आइडियाज़, बट आई डोंट नो एनी अदर वे ऑफ़ लुकिंग, बिहेविंग। अदर गर्ल्स इन द इंस्टीट्यूशन—हू डज़ इट।

होम? नो फ़ादर। ब्रदर्स? ओनली सिस्टर। बड़ा भाई—माँ का चमचा।

फ़ॉर बीइंग एबल टु टॉक टु वंस हसबैंड इन द लैंग्वेज ऑफ़ लव, वन मस्ट लर्न द ए बी सी फ्रॉम समवन।

टुमारोज़ वर्क बिकॉज़ ऑफ़ स्लीपलेसनेस? आई एम यंग एंड एनर्जेटिक।

नयी दिल्ली : 20.10.67

दूसरों की अपेक्षाओं के अनुसार अपने को ढालना—यह केवल आत्मघात की प्रक्रिया है जो जीवन भर चलती रह सकती है। परन्तु कुछ ऐसा क्रम है रोज़ की ज़िन्दगी का कि यह सब अनजाने में होता चलता है। रोज़ एक निश्चय कि आने वाले कल से ऐसा नहीं होने देंगे—और रोज अपने को अगले दिन तक की मोहलत। अपने इस संस्कार को जैसे भी हो, बदलना होगा। चिट्ठियाँ लिखना और लिखकर पोस्ट न करना, यह क्रम भी अब और नहीं चलेगा। आज अनीता के पत्र में तो साफ़ लिख ही दिया है—बम्बई जाकर सब लोगों से ज़बानी और कह दूँगा। अब तक अढ़ाई बजे से पहले लोगों से न मिलने और टेलीफ़ोन रिसीव न करने का कार्यक्रम जितना रिज़िड किया जा सका है, उतना ही रिज़िड इसके बाद का ब्लैक आउट रखना होगा। बिना उसके कोई चारा नहीं, कोई रास्ता नहीं। यह तो ऐसे हुआ कि घोड़े की चाल चल सकने की टाँगें लिये हुए आदमी हर टाँग पर टाँक के चार-चार प्रशंसकों को साथ रखे रहने दे—ऐसे में स्थिति-सुख तो बहुत है, पर गति-सुख का कोई उपाय नहीं रह जाता।

आज श्यामानन्द से हुई बातचीत के बाद निश्चय है कि नये नाटक के प्रस्तुतीकरण से पहले कलकत्ता जाकर नहीं रहूँगा। अपनी ओर से बहुत आगे बढ़कर अपनी ही कीमत पर दिये गये सुझाव का अर्थ दूसरे तक पहुँचकर बिलकुल दूसरा हो जाता है। यह अतिरिक्त उत्साह भी एक बवाल है जिससे अपने को बचाना ज़रूरी है। अपने को अपने केन्द्र पर रखा जाये, दृष्टि यही रहनी चाहिए। व्यक्ति का मान भी इसी में है और वह काम भी इसी तरह कर सकता है। दूसरे के केन्द्र पर जाने से न काम होता है, न ही वह मान रह जाता है—विशेष रूप से जबकि प्रस्ताव अपनी ओर से हो।

नयी दिल्ली : 22.10.67

कल सारी रात श्यामानन्द से नये नाटक के सम्बन्ध में बात हुई। लौटने में सुबह हो गयी। आकर सवा दो बजे तक सोया रहा। नींद खुली चौधरी के आने से। दो घंटे घर में बैठे, एक घंटा स्टैंडर्ड में। फिर शाम नेमि और श्यामानन्द के साथ—अनामिका कला संगम और 'नटरंग' के विषय में बात करते हुए।

जब किरण भाभी करवा चौथ का चाँद देखने की प्रतीक्षा में थीं तो अम्माँ की बहुत याद आयी।

...सिर अब भी नींद से भारी है। अच्छा है, सो जाऊँ।

नयी दिल्ली : 29.10.67

श्री लक्ष्मीचन्द्र जैन का पत्र। उत्तर बम्बई से लौटकर दूँगा।

...कल सूचना मिली थी...बच्ची के जन्म की। एक राहत-सी मिली। क्यों—इसका विश्लेषण फिर कभी।

परसों का किस्सा भी लिखना चाहता था। वह भी बम्बई से लौटकर आने पर ही।

कल डीलक्स से जाना है। अनीता से 'हेलो' कहने के लिए। जितने काम अधूरे हैं उन्हें आने के बाद फिर हाथ लगाऊँगा।

वातानुकूल एक्सप्रेस : दिल्ली से बम्बई : 30.10.67

कितना फ़र्क है तब के थर्डक्लास और आज के इस डीलक्स थर्डक्लास में। विभाजन से पहले तक थर्डक्लास में सफ़र करने का मतलब था गाली-गलौज़ का अभ्यास और पुट्ठों का व्यायाम। लकड़ी की सीधी सपाट सीटों पर दस की जगह तीस-तीस आदमी...सफलतापूर्वक यात्रा कर लेने को ज़िन्दगी की एक विजय मानते हुए...फिर भी उन तपती ठसाठस गाड़ियों में कुछ था जो इस वेस्टीब्यूल के वातानुकूलित थर्ड क्लास डिब्बों में नहीं है...बाहर के बदलते रंग और तेज़ी से दौड़ते परिदृश्य का साक्ष्य...तपा हुआ आकाश और उसके नीचे ठहरी रुकी हुई आकृतियाँ...गुज़रती गाड़ी को देखती हुई...हाथ में टहनी लिये एक लड़का...मैली रँगी चुनरियों से सिर ढँके लड़कियाँ...एक पोखर से पानी पीता कुत्ता...खेत, खेत खेत...पका धान, कटा धान, भूसा...इश्तिहार...डोगरे का बालामृत...गुप्त रोगों का इलाज...सिद्ध मकरध्वज...दूर सड़क पर गाड़ी के साथ-साथ दौड़ती कार।...एक धक्का गाड़ी कच्चे रास्ते पर अपने से आड़ी तरफ़ को जाती...पुल...डंग-डग-डंग-डग आवाज़...बिजली के तारों पर बैठे पक्षी...दूर से पास आती बत्तियों का जगमग आभास...गाड़ी की रफ़्तार से अनदेखा गुज़रते घरों का सामान्य...क्रॉसिंग पर रुका हुआ ट्रैफ़िक...गाड़ी के मुकाबिले में उड़ता एक पक्षी...।

वह सब यहाँ खिड़की के पास बैठकर भी वैसा नज़र नहीं आता। सुरमई शीशे के आभिजात्य में हर चीज़ का रंग ही और नज़र आता है—ध्यान अक्सर जाता ही नहीं बाहर...जाता भी है तो जैसे एक कैनवस पर छपा-छपा-सा लगता है सब कुछ...स्वयं ही अपनी एक अनुभूति जैसा। हम जैसे एक बन्द शहर में हैं। जहाँ आसपास के गाँवों-कस्बों की हवा का दखल नहीं है...हर हफ़्ते दिल्ली से बम्बई की यात्रा करने वाले वेस्टीब्यूल के आठ सौ छिहत्तर यात्रियों की एक अलग ही दुनिया है...हफ़्ते के आठ सौ छिहत्तर...एक दिन के दो सौ चौरानवे...हर डिब्बे में तिहत्तर आदमी...गाड़ी में चार डिब्बे...हफ़्ते में तीन

गाड़ियाँ...आठ सौ छिहत्तर बिलकुल दो सौ चौरानवे जैसे...दो सौ चौरानवे तिहत्तर जैसे...और तिहत्तर के तिहत्तर एक-दूसरे जैसे...साथ की सीट पर बैठे व्यक्ति की दृष्टि में यही इस गाड़ी की खूबसूरती है कि इसमें सब एक से 'वेल ड्रेस्ड' आदमी सफ़र करते हैं। 'वेल-ड्रेस्ड'...हाँ...। विशेष रूप से 'वेस्टीब्यूल-ड्रेस्ड'...खाने, चलने और सिगरेट पीने का एक-सा अन्दाज़ लिये हुए...ब्रा-साइज़ अलग-अलग होने पर भी 'जटिंग आउट ऑफ़ द बेस्ट' का एप्रोच...। 'फ़र्स्ट क्लास से कहीं बेहतर है यह गाड़ी,' मेरा सहयात्री कई बार कह चुका है। वह शायद पहली बार डीलक्स में सफ़र कर रहा है। पुराने, गन्दे, दकियानूसी फ़र्स्ट क्लास को गालियाँ देते उसका जी नहीं अघाता...खास तौर से वहाँ के संडास की वजह से। वह डीलक्स की एक-एक चीज़ को हैरत और प्रशंसा के भाव से देख चुका है। इसमें ड्रेसिंग रूम भी है। यह एश ट्रे देखो। और संडास–। आपने एक चीज़ पर गौर नहीं किया–उसकी सीट के ये गैजेट...।

डाइनिंग कार में वह खाना खाने इसीलिए गया (गैस्ट्रिक ट्रबल के बावजूद) कि वहाँ की सीटें बहुत अच्छी हैं, सर्विस बहुत अच्छी है और खाना गर्म मिल सकता है। 'ब्लडी फ़र्स्ट क्लास की तरह नहीं कि...।' उसकी बातों से लगता है जैसे इतने दिन फ़र्स्ट क्लास की सुविधा देकर उसे रखा गया है। 'मैंने इस हफ़्ते पाँच हज़ार किलोमीटर की यात्रा की है फ़र्स्ट क्लास में, पर उस सबसे प्लेज़ेंट सफ़र यही है।'

अब क्या करूँ? बत्तियाँ बुझा दी गयी हैं। नीली बत्तियों की रोशनी इतनी नहीं कि ठीक से लिखते रहा जा सके तो बाकी कल सुबह। गुड नाइट।

वातानुकूल एक्सप्रेस : बम्बई से दिल्ली : 8.11.67

फिर एक शाम सफ़र की।

बम्बई में आठ दिन हमेशा की-सी अस्थिरता में बीते। बल्कि और हर बार से कुछ ज़्यादा ही। जब तक अपने तकल्लुफ़ को 'सहज' मानकर चलता था, तब तक निभ जाता था। मगर अब नहीं निभता। सबके मुँह पर कह देने को मन होता है कि मुझे बहुत बोरियत होती है वही घिसी-पिटी बातें सुन-सुनकर। परन्तु कितने सन्तुष्ट हैं सब लोग–अपने से, एक-दूसरे से। मतलब एक-दूसरे की खामियों से। गिरधारी की ज़िन्दगी उस बन्द बोतल की तरह है जिसका कार्क अन्दर की सड़ांध से उड़ गया हो। उसे यह एहसास ही नहीं है कि उसकी नज़र में जो उसका 'खुलापन' है उसमें से अभी तक उस सड़ांध की बास आती है। आजकल इस सारे सर्कल का वह 'हीरो' है–हिन्दी फिल्म–हीरो की तरह बबुआ-बबुआ, गोल-गोल। क्योंकि इन सबके लिहाज़ से 'अमीर' भी है, इसलिए सफलतापूर्वक सबको अपने सेटेलाइट्स बनाये हुए है–सिवाय राज के।

राज और भाभी की सबसे बड़ी दुर्बलता उनकी अच्छाई है। भाभी की अतिरिक्त

दुर्बलता है उनका 'सही' का मोह। 'सही' की जो एक निश्चित धारणा उनके मन में बनी है, उसकी कसौटी पर वे सारी ज़िन्दगी अपने को तथा दूसरों को कसती रहेंगी। क्योंकि और कोई उतना 'सही' और उस अर्थ में 'सही' हो नहीं सकता, इसलिए दुःखी भी रहेंगी। उनके अन्दर का हर भाव नियागरा फॉल्स की तरह उमड़ता है। उसे समेट सकने और ग्रहण कर सकने की शक्ति दूसरे में है या नहीं—इसका जायज़ा लेने के लिए वे नहीं रुकतीं। प्यार 440 वोल्ट्स। गुस्सा 440 वोल्ट्स। बाहर 'सावधान' का बोर्ड भी नहीं। 440 प्यार में सारी दुनिया वे आपको दे देंगी। फिर भी असन्तुष्ट कि दुनिया इतनी छोटी क्यों है? दूसरे के पास उस दुनिया या सब दुनिया को रख सकने की जगह हो या न हो। दूसरे को कुदरत ने सिर्फ़ चोंच भर या कटोरी भर ही ले सकने की सामर्थ्य दी है, इस वास्तविकता के प्रति बिलकुल उदासीन। बटन दबा और दुनिया उँड़ेली जाने लगी उसके ऊपर—वह तिलमिलाये, छटपटाये या भरकर टूट जाये, डूब जाये—इससे मतलब नहीं। जब वे पूरी दुनिया दे सकने की हिम्मत रखती हैं तो दूसरे में भी इतनी हिम्मत होनी ही चाहिए कि वह पूरी दुनिया ले सके। वरना, 'अच्छा नहीं लगता, भाई साहब।' आप ठीक कहती थीं, 'यह तो आलू और टमाटर भी 15-15 किलो से कम नहीं खरीदती—इसके गुस्से और प्यार का वज़न भी उसी अनुपात से रहता है।'

राज एक ऑटोमेटिक मशीन की तरह काम करने में विश्वास रखता है। सुबह उठने के साथ ही उसके तमाम गैजेट एक साथ काम करने लगते हैं। यहाँ जाना है, वह करना है, यह देखना है, इससे मिलना है, इसे रिसीव करना है, इसके साथ खाना खाना है, इसे घर बुलाना है, इसे-इसे पत्र लिखने हैं, यहाँ-यहाँ सामान भेजना है, यहाँ-यहाँ लेबर को देखने जाना है, यहाँ-यहाँ सोशल कॉल्ज़ करनी हैं—फिर इस सबके बीच ठहाकों और विटामिन की गोलियों के लिए भी वक्त निकालना है। इस सारे प्रयत्न से लगातार वह दुनिया तैयार करता रहता है जो भाभी के हाथों बँटती रह सके। उसे गुस्सा आता है तो वह फौरन गैजेट बदलकर हँस देता है। 'सब चलता है, ठीक है।' अबकी पहली बार उसके चेहरे पर उम्र की लकीरें नज़र आयीं। फिर भी उत्साह में फ़र्क नहीं। 'बस दो-तीन साल में सब सेट हो जाये, तो...।' यही वह 1959 में भी कहता था। 1979 में भी कह रहा होगा।

राज से क...के बारे में बात न करता तो अच्छा था। शायद उसे लगा हो कि मैं खामखाह उस बेचारे पर तोहमत लगा रहा हूँ। मगर लगा था कि यह रिस्क उठाना ही ठीक होगा—और अफ़सोस इसके लिए अब भी नहीं है। उसका खयाल है कि सारी दुनिया की आँखों में वही लेंस हैं जो उसकी आँखों में हैं—कुछ आँखें बाहर से मासूम और अन्दर से बहुत खुर्राट हो सकती हैं, यह उसकी समझ में नहीं आता। बहरहाल, वह अब सतर्क तो रहेगा ही—बात करने की बुराई का इतना भी अच्छा परिणाम काफ़ी है।

क...इस बार की कुल प्रतिक्रिया है वितृष्णा। एक-एक बात को लेकर। उसकी बढ़ती तोंद, चकले चेहरे की बेहूदा हँसी, झूठे संवेदों की गहरी कोटिंग के पीछे से झाँकता फ़रेब और ओछापन। एक तरफ़ क...का सेटेलाइट, दूसरी तरफ़ उस पर छुरी चलाने में लगा हुआ। उसके माथे पर लिखा लगता था, 'मेरे लिए किसी चीज़ की कोई कीमत नहीं है, सिवाय अपने स्वार्थ के।'

य...उतरा हुआ लगा। अपने को एसर्ट करने के लिए प्रयत्नशील, फिर भी असमर्थ। घर के कलह-क्लेश से थका हुआ। रिज़ाइंड। कांशस कि बातचीत का विषय वही होता है।

नया-नया मछलियों का शौक पाला है। अब तक तो यही लगता है कि एक ओर कोने में अपना मरा हुआ उत्साह उसने दफ़न कर रखा है। पिछली बार ऐसा ही लगा था रिकॉर्ड प्लेयर को देखकर।

...का कोना देखकर दहशत हुई। एक तरफ़ पेंटिंग्ज़ (उपहार की) और दूसरी तरफ़ वह लड़की...।

प...क्यों लड़की की एक डरावनी मूर्ति की तरह लगती है? सिर से पैर तक आर्टिफ़िशियल? हँसी हँसी नहीं, बातचीत बातचीत नहीं। और क्यों सब लोग इतनी बात करते हैं उसके बारे में? जैसे कि इस सारे वर्ग की ज़िन्दगी उस औरत के इर्द-गिर्द ही जी जाती है। टिपिकल कैरेक्टर है। उसकी जिसके बारे में जो राय बनती है, धीरे-धीरे सारे वर्ग की वही राय बन जाती है।

उ...स्वस्थता का पोज़ लिए अपनी बीमारियों से परेशान औरत। 'ऑल फाउंड अरेंजमेंट' में सबसे कुशल गृहस्थिन।

अनीता को लेकर इस बार बहुत क्रिटिकल थी। कारण?—अनीता की मूर्खतायें और अपना फ्रस्ट्रेशन।

ग...की बात करना ही बेकार है। वह कभी एक औरत के रूप में ग्रो कर पायेगी, इसी में सन्देह है।

बासु, रिंकी। बासु के चेहरे पर कुछ पश्चात्ताप। रिंकी के चेहरे पर समझदारी, कोमलता।

अनीता।

उतनी ही मूर्ख, अड़ियल। लगता है, राज, भाभी और अम्माँ को खासा परेशान किया है उसने। इसे हज़ार नसीहत दे दी जाये, इस पर कुछ असर होगा, लगता नहीं।

बेबी—पुरवा।

अपने रोने-धोने के बावजूद औरतों में एक वही है जिससे फ़िलहाल कोई शिकायत नहीं।

वातानुकूल एक्सप्रेस : 9.11.67

बहुत दिनों के बाद गाड़ी की खिड़की से सूर्योदय देखा। मगर उदासी दूर नहीं हुई।

नयी दिल्ली : 11.11.67

दो दिन ज़्यादातर समय सोकर बिताया।

शाम को हंगेरियन आलोचक तथा साहित्यिक इतिहासकार Peter Nagy आये। I.C.C.R की मिस बैनर्जी के साथ डेढ़ घंटा उनसे बात होती रही। Collin Wilson से रासलीला तक। अपने यहाँ के नाटककारों के सम्बन्ध में उनकी भी वही धारणा थी जो यहाँ के आलोचकों की यहाँ के नाटककारों के सम्बन्ध में है। मुझे सबसे ज़्यादा पसन्द आयी उस आदमी की मुस्कराहट। लगा कि यह आदमी खुलकर हँसता भी होगा जो कि एक आलोचक के लिए असामान्य गुण है।

रेखा ने अपने तथा चमन के सम्बन्ध को लेकर बात की। बाँकुड़ा से उसके साथ निज़ामुद्दीन चला गया था।

Hungarian Charge de Affairs के यहाँ cocktail party—Peter Nagy के लिए। सोशलिस्ट कैम्प के लेखक, including बलवन्त गार्गी। बाहर बलवन्त गार्गी की अमरीकन गाड़ी।

गार्गी बोला, "मैं सक्सेसफुल इसलिए हूँ कि मैं बड़ों की चिलमें भरता रहा हूँ।"

"तुम ज़िन्दगी भर चिलमें ही भरते रहोगे?" उससे कहा।

वहाँ से लौटे उसी की convertible में।

Soviet Land Award. सबसे दुःखदायी थे भाषण—जो सब सतही थे। फ़िराक से कुछ उम्मीद थी, पर उन्होंने भी निहायत बोसीदा बातें कही।

उज्बेक नृत्यों में, हाँ, कुछ आकर्षण लगा—जहाँ-तहाँ उनमें 'नवीनता' का स्पर्श नहीं था। संगीत में भी यही बात थी। कार्यक्रम कहीं अच्छा होता अगर सस्ती अभिरुचि की ओर उन लोगों ने इतना ध्यान न दिया होता।

आज शाम चौधरी के साथ लम्बी बैठक हुई। बम्बई के सब किस्से उसे बता दिये।

नयी दिल्ली : 19.11.67

श्री लक्ष्मीचन्द्र जैन के पत्र का उत्तर :

प्रिय भाई जी,

आपके पत्र का उत्तर कुछ देर से दे पा रहा हूँ। इस बीच अनीता को देखने

बम्बई चला गया था। वहाँ हमारी बेटी ने जन्म लिया है।

आपने अपने पत्र में 'अनुबन्ध पत्र की शर्तों' पर विशेष बल दिया है। अनुबन्ध पत्र (या पत्रों) की प्रतियाँ हस्ताक्षरित होकर मेरे पास वापस नहीं आयी थीं। कृपया मेरी वाली प्रतियाँ भिजवा दें।

खेद है कि आपने मेरे पत्र को बिलकुल दूसरे ही अर्थ में लिया है। पर इस पर कुछ कहने से पहले आप द्वारा उठाये गये पाइंट्स पर अपनी दृष्टि से थोड़ा प्रकाश डालना चाहूँगा।

आपको शायद वह बातचीत याद होगी जो हम लोगों में पिछले वर्ष आपके घर हुई थी। तब तय हुआ था कि ज्ञानपीठ की प्रकाशन-योजना के अनुसार एक-एक पुस्तक के प्रकाशन का समय आने पर आप मुझे सूचना भेजते जाएँगे और मैं महीना दो महीने के अन्दर उस पुस्तक की पांडुलिपि आपको भेज दूँगा। क्रम होगा—निबन्ध संग्रह, *आखिरी चट्टान तक* नाटक और उपन्यास। परन्तु *परिवेश* के प्रकाशन के बाद इस मई तक आपकी ओर से दूसरी पुस्तक *आखिरी चट्टान तक* के लिए माँग नहीं आयी। तब मैंने ही अपनी ओर से आपको उस सम्बन्ध में लिखा था। उन दिनों आये आपके पत्रों में यह स्पष्ट आभास था कि आप *आखिरी चट्टान तक* को अब दूसरी की जगह तीसरी पुस्तक के रूप में लेना चाहते हैं। इस पर मैंने उसे अन्यत्र प्रकाशित करा लेने की बात लिखी तो आपकी ओर से सूचना मिली कि उसका प्रकाशन ज्ञानपीठ ही करेगा। हालाँकि नये रूप में *आखिरी चट्टान तक* की पांडुलिपि मेरे पास इस मई-जून से तैयार रखी है, फिर भी मैंने सोचा कि शायद आप यह अधिक पसन्द करेंगे कि मैं उससे पहले आपको एक नयी पुस्तक दे दूँ। इसीलिए मैंने *तीन बीज नाटक* शीर्षक पुस्तक के प्रकाशन का सुझाव देने की गलती की। कहीं मन में यह खयाल भी था कि इस तरह के प्रयोगात्मक लेखन का प्रकाशन शायद ज्ञानपीठ के उद्देश्यों के अधिक निकट होगा। फिर भी, मैंने यह निर्णय आप पर छोड़ा था कि आप चाहें तो इसे नाटक के स्थान पर ले लें, और चाहें तो इसके लिए नया अनुबन्ध पत्र भिजवा दें। आशय था कि नाटक का अनुबन्ध आप ज्यों-का-त्यों रहने देना चाहें तो इसे मैं एक अतिरिक्त पुस्तक के रूप में आपको दे सकता हूँ। परन्तु बहुत दिनों तक मुझे इसका उत्तर नहीं मिला। उत्तर मिला, व्यक्तिगत रूप से भेंट होने पर 'यात्रिक' के बाहर। हालाँकि क्रमशः एक-एक पुस्तक को प्रकाशन-शिड्यूल में लेकर उसकी पांडुलिपि की माँग आपकी ओर से नहीं भिजवायी गयी, फिर भी यह आरोप मेरे ऊपर है कि मैंने 'अनुबन्ध पत्र के अनुसार' समय पर पांडुलिपियाँ नहीं दीं।

खैर, *तीन बीज नाटक* के प्रकाशन की व्यवस्था मैंने कर ली है—राधाकृष्ण प्रकाशन से। यूँ यह व्यवस्था कहीं से भी हो सकती थी। अब इसके बाद यह दूसरा आरोप मुझ पर हो सकता है कि मैं प्राथमिकता दूसरे प्रकाशकों को देता हूँ। मुझे

लगता है कि अग्रिम की राशि तथा अनुबन्ध पत्रों के सम्बन्ध में कुछ भ्रान्तियाँ आपके मन में हैं जिन्हें यहाँ दूर कर लेना चाहिए।

जिन दिनों आपसे इन पुस्तकों की बात तय हुई थी, उन्हीं दिनों मैंने आपको बतलाया था कि दो नाटकों (*पैर तले की ज़मीन*, तथा *आधे अधूरे*) तथा दो उपन्यासों के मेरे अनुबन्ध पहले के हैं। अगले छह-आठ महीनों में इन पुस्तकों के अन्यत्र से प्रकाशित होने पर यह निराधार आरोप फिर मुझ पर न लगे कि 'अनुबन्ध के अनुरूप कोई कृति तैयार होने पर भी उसे ज्ञानपीठ के पास भेजने न भेजने का अधिकार लेखक का है'—इसलिए स्थिति का स्पष्टीकरण बहुत आवश्यक है। एक नाटक या उपन्यास का लिखा जाना ऐसी प्रक्रिया नहीं है जिसे पूरी तरह समय से बाँधा जा सके। मैं अपना पूरा समय लेखन को देता हूँ, फिर भी जब तक किसी रचना से पूरा सन्तोष नहीं होता, तब तक उसे प्रकाशन के लिए धकेले देने में विश्वास नहीं रखता। इसी कारण अपने 63 तथा 64 के अनुबन्ध पत्रों के अनुसार दी जाने वाली सब रचनायें मैं अब तक भी नहीं दे पाया। ज्ञानपीठ से लिये गये 2,500 रुपये में से *परिवेश* के खाते के 600 रुपये निकाल देने के बाद मेरे ऊपर जो 1900 रुपये शेष हैं, उनका बोझ भी कुछ हद तक *तीन बीज नाटक* के प्रकाशन का सुझाव देने के मूल में था। मगर एक गलत धारणा अपने मन से निकाल दें। अग्रिम राशि केवल ज्ञानपीठ ही नहीं, अन्य सभी प्रकाशन देते हैं। राजपाल, राजकमल तथा राधाकृष्ण—इन तीनों प्रकाशन-गृहों से मैं जब-तब आवश्यकतानुसार दो-दो तीन-तीन हज़ार रुपये लेता रहा हूँ और अब भी लेता रहता हूँ। अनुबन्ध पत्रों पर अग्रिम के साथ ही हस्ताक्षर हो जाते हैं और पांडुलिपियाँ तैयार होने पर मैं उन्हें देता रहता हूँ। 'हमारा इतना अग्रिम आप पर निकलता है,'—ऐसा हवाला देकर आज तक उनमें से किसी ने मुझसे बात नहीं की। यह और बात है कि वे हर साल बिक्री इतनी कर लेते हैं कि साल के अन्त में हज़ार-बारह सौ से अधिक का अन्तर हिसाब में नहीं रह जाता। इसके अतिरिक्त कोई और चीज़ पहले तैयार हो जाने पर मैंने उनसे उसे छाप लेने को कहा है तो भी उन्होंने 'अनुबन्ध पत्र' का हवाला देकर बात नहीं की। यह सवाल पहली बार ज्ञानपीठ के सन्दर्भ में ही उठा है।

मैं सचमुच नहीं सोच पा रहा कि मैं इस सम्बन्ध में क्या निर्णय लूँ। आपको अपना मित्र और हितैषी जैसे मैं पहले समझता था, वैसे ही आज भी समझता हूँ और आगे भी समझता रहूँगा। हम लोगों के व्यक्तिगत सम्बन्ध इस तरह के मतभेदों से कहीं अधिक महत्त्वपूर्ण हैं। अपने आत्मसम्मान, व्यक्तिगत सम्बन्धों और रुपये-पैसे से मैं किसे कितना महत्त्वपूर्ण समझता हूँ, यह सब 'सारिका प्रकरण' से ही स्पष्ट हो जाना चाहिए था। यदि उसके बाद मैंने व्यक्तिगत सम्बन्ध नहीं बिगड़ने दिये, तो आज क्यों बिगड़ने दूँगा? 1900 रुपये की राशि इतनी बड़ी नहीं है कि उसे

लेकर सम्बन्धों को कसौटी पर रख दिया जाये—और इस लिहाज़ से तो कोई भी राशि बड़ी नहीं होती। इस समय दो ही विकल्प सामने हैं। या तो 'अनुबन्ध पत्र' की शर्तों के अनुसार पांडुलिपियाँ भेजकर मुझे इस दायित्व से मुक्त होना चाहिए, या यह राशि लौटाकर। आप इनमें से जो भी बात चाहें, मैं उसके लिए तैयार हूँ। आप पहली बात चाहें तो मुझे तीनों पुस्तकों के सम्बन्ध में अभी से लिख दें कि वे कब तक प्रेस में दी जायेंगी ताकि उनकी पांडुलिपियाँ आपके पास भेजने की निश्चित तिथियाँ मैं आपको लिख सकूँ। मैं यह पसन्द नहीं करूँगा कि आपके कार्यालय से छह-छह महीने पत्र न आने पर भी यह तोहमत मेरे ऊपर रहे कि मैं पांडुलिपियाँ नहीं भेजता। और अगर आप दूसरी बात ज़्यादा पसन्द करें तो 1900 रुपया मैं या तो जनवरी और अक्टूबर के बीच दस किस्तों में आपको लौटा सकता हूँ या अगस्त-सितम्बर में यकमुश्त अदा कर सकता हूँ। आपको इनमें से जो भी बात ठीक लगे, वह मुझे स्वीकार होगी। हाँ, एक अनुरोध अवश्य करना चाहूँगा। आगे से कृपया 'अग्रिम की राशि' और 'अनुबन्ध पत्र की शर्तों' का हवाला देकर न लिखें। ऐसी बात तो 'व्यावसायिक' प्रकाशक भी नहीं करते—फिर ज्ञानपीठ का तो अपना एक स्थान और स्तर है।

आशा है, प्रसन्न हैं। कुन्था जी से नमस्कार कहें।

सस्नेह,
मोहन राकेश

नयी दिल्ली : 3.12.67

परसों शाम की फ़्लाइट से अनीता-पुरवा बम्बई से आ गयीं। दो दिन पुरवा को देखने-दिखलाने में ही बिता दिये। बच्ची के साथ मेरे लगाव को देखकर अनीता हैरान होती है। 'तुम इतना बदल गये हो,' वह कहती है। पर मुझे ऐसा कुछ नहीं लगता। वरीन जब इतना छोटा था तब उसे भी तो इसी तरह खिलाया करता था। नीत भी जब-जब मेरे पास आता रहा है, तब-तब उसे भी इसी चाव से खिलाना चाहता रहा हूँ। परन्तु वह परिस्थिति ही ऐसी रही है कि बीच के अन्तराल को हम दोनों ही भर नहीं पाते रहे। पर हो सकता है, पुरवा के साथ कुछ अतिरिक्त लगाव उम्र के तकाजे के कारण हो या बरसों से मन में बनी रही भूख के कारण, या ज़िन्दगी में पहली बार घर में खेलने लायक एक 'लड़की' के होने के कारण। पर गिरधारी ने भी तो अपने पत्र में लिखा है कि 'मैं इस एक साल में दस साल जितना बदल गया हूँ।' क्या सचमुच इस बात में कुछ सच्चाई है? मैं अगर अपने अन्दर कोई परिवर्तन पाता हूँ, तो इतना ही कि सब फ़ालतू चीज़ें काटकर काम करने की मेरी इच्छा इधर एक निश्चय में बदलने

लगी है। यह अपने में एक ऐसी प्रक्रिया है जिसने रोज़ की ज़िन्दगी तथा प्रायः सभी के साथ अपने सम्बन्धों में काफी रद्दोबदल करने के लिए मजबूर किया है। यह शहर एक अजदहा है जो आदमी को पूरी तरह निगल ले सकता है, अगर वह सावधान न रहे तो। अपने आसपास प्रायः सभी को इस अजहदे के मुँह में गुम होते देखा है, देखता हूँ। उस देखे की दहशत ने ही शायद एकाएक एड़ी गड़ाकर रुक जाने के लिए मजबूर किया—वरना हश्र अपना भी वही होने को है—एक-एक इंच कर अजदहे के मुँह में गायब। लेकिन पुरवा के साथ लगाव का इस निश्चय के साथ क्या ताल्लुक है? अनीता जो मेरे बदलने की बात कहती है, उसका तो सन्दर्भ ही दूसरा है।

नयी दिल्ली : 9.12.67

हल्के से अर्धविराम के बाद वापस वही रफ़्तार ज़िन्दगी की। सिवाय इसके कोई चारा नहीं कि इस तेज़ ज़िन्दगी के तेज़ बहाव के बीच ही जीते रहते हुए जो लिखना हो, लिखा जाये। जिस तरह के लम्बे विराम की बात मैं चाहता-सोचता रहा हूँ, वह आज क्या, कभी भी सम्भव हो सकेगा, इसमें सन्देह है।

आठ दिन अधिकांश समय पुरवा के साथ। उसे खेलाते हुए, सुलाते हुए, चुपाते हुए 31 साल पहले के वे दिन याद आते हैं जब वरीन इतना ही छोटा-सा था। तब उसे भी इसी तरह बाँहों में लिये-लिये घूमता था। फिर भी दोस्तों को, और काफ़ी हद तक अपने को भी यह विश्वास रहा है कि मुझे बच्चों से चिढ़ है। रेखा अनीता से कहा करती थी, 'देखना, कहीं बच्चा-अच्चा न पैदा कर लेना, नहीं तो यह तुझे भी छोड़कर भाग जायेगा।' अनीता को इस पर विश्वास भी था। इसलिए आज वह कहती है, "मुझे सचमुच बहुत हैरानी होती है। मेरा खयाल था, तुम बहुत कुढ़ा करोगे बच्चा हो जाने से। पर यहाँ तो बिलकुल ही उलट बात लगती है।"

अनीता काफ़ी मुटिया गयी है—पेट से और पीछे से। पहले-सी लड़की नहीं रही। देखकर मन में वैसी कामना नहीं जागती। परन्तु कोई और ही भाव है यह—सेक्स से अलग—जो उसे चूमने के लिए मजबूर करता है। उसके होंठों से होंठ मिलाये रहने पर शरीर में सेक्स की जुम्बिश महसूस नहीं होती। फिर भी कोई अभाव है जो भर जाता है उसे बाँहों में लेकर साथ सटा लेने से। यहाँ आकर लगता है कि स्त्री और पुरुष के सम्बन्ध का आधार सेक्स ही नहीं, उससे हटकर भी कुछ है—ऐसा कुछ जो उम्र और शरीर की ढलान के साथ जुड़ा नहीं है, जो राजनीति, एटम बम और अर्थशास्त्र द्वारा लायी गयी सारी तोड़-फोड़ से अलग और ऊपर है—फ्रायड और मार्क्स से परे—मिट्टी के रूप में मिट्टी के होने का-सा कुछ।

नयी दिल्ली : 11.12.67

कल श्रीकान्त वर्मा द्वारा आयोजित हिन्दी विधेयक सम्बन्धी गोष्ठी में भाग लेकर बहुत पश्चात्ताप हुआ। पता नहीं, यह गोष्ठी उसी रूप में आयोजित थी जिस रूप में श्रीकान्त वर्मा ने पहले बतलाया था—या वास्तव में जनसंघ, संसोपा तथा हिन्दी सेना के तत्वावधान में किया गया एक आयोजन था जिसका मात्र उद्देश्य हिन्दी साहित्यकारों को ब्लैकमेल करना तथा उन पर कीचड़ उछालना था। जिस रूप में सारी कार्यवाही सामने आयी, उससे तो यही लगता था कि यह पहले से निर्धारित एक रूपरेखा थी जिसके अनुसार कुछ व्यक्तियों को हॉल में यहाँ-वहाँ छितराकर बिठा दिया गया था जिससे वे पूरे समय की कार्यवाही में एक अवरोध पैदा करके अपनी मनमानी करवा सकें। इसके विपरीत जो साहित्यकार नाम के प्राणी वहाँ उपस्थित थे, वे केवल असहाय दर्शक मात्र थे—वे सारा समय शायद इस बात का जायज़ा ही लेते रहे कि बात का रुख क्या है और कौन क्या कहना चाह रहा है। और साहित्यकारों की इस दुविधा का लाभ उठाते हुए हिन्दी सेना वालों ने श्रीकान्त वर्मा के कन्धे पर सवार होकर अपना प्रस्ताव पास करा लिया। जिस रूप में यह सब हुआ, वह हम सब लोगों के लिए लज्जास्पद तो था ही, साथ ही, इस बात का सूचक भी कि किसी भी तरह के रेजिमेंटेशन के समक्ष स्वतन्त्र चिन्तन की क्या दुर्दशा हो सकती है। यूँ रेजिमेंटेशन के लिए साम्यवादी दल बदनाम है—परन्तु उसके पीछे कम से कम एक विचारधारा तो है। दूसरी ओर यह समस्या तथा जनसंघ ब्रांड रेजिमेंटेशन—इसका तो कोरी अवसरवादी राजनीति तथा सामयिक दुराग्रह के अतिरिक्त और कोई आधार भी नहीं। कल जिस बात का सबसे अधिक डिप्रेशन रहा वह थी कि उस पूरे वितण्डावाद में अकेला पड़कर मैं भी उस सबका साक्षी बना—और दूसरे इस बात का कि क्या आने वाले कल को हम इन तीसरे दर्जे के राजनीतिज्ञों के हाथों अधिक बेबस और अधिक प्रभावहीन नहीं होने जा रहे?

उसके बाद चौधरी के यहाँ चला गया। हम लोग जामा मस्जिद की तरफ़ घूमने निकल गये। कबाड़ी बाज़ार की सैर करते रहे। फिर एडवर्ड पार्क और परेड ग्राउंड होकर चाँदनी चौक में निकल गये। चौधरी पुरानी दुनिया और वास्तविक ज़िन्दगी वाली अपनी प्रिय थीम पर बात करता रहा। हालाँकि बहुत चाव के साथ उसके घूमने का कार्यक्रम बनाया था, पर मन उस सबमें रमा नहीं। यहाँ तक कि रोज़ा उतारने के समय वह जामा मस्जिद में जो दृश्य दिखना चाहता था उसे देखने के लिए भी नहीं रुके। कबाड़ी बाज़ार के अलावा पूरी शाम यह इम्प्रेशन दिमाग में इतना ही रहा—काली मस्जिद (मस्जिद कलाँ), मोहल्ला कब्रिस्तान, रज़िया सुलताना की कब्र, बुलबुलीखाना और रमज़ान का बाज़ार—कुछ ऐसे ही लगा जैसे दिन भर एक मेले में घूमते रहे हों। शुरुआत एक दंगल से—फिर इमारतें, स्टॉल और डुगडुगियाँ।

हमारी पूरी सभ्यता क्या एक कबाड़ीखाने की सभ्यता नहीं है जिसमें हमने

न जाने कितने बेहूदा बेकार कलपुर्ज़े न जाने कल के किस उपयोग के लिए सजा रखे हैं?

—कबाड़ी बाज़ार में एक खास चीज़ देखी—सांडे का तेल। पहले चुटकुलों में सुना ही था। यह मालूम नहीं था कि सांडा गिरगिट की शक्ल का एक जानवर है और यह तेल उसी को काटकर तथा पकाकर बनाया जाता है। अगर किसी तरह अपनी सारी बोसीदगी पर सांडे का तेल लगाकर इस कबाड़ीखाने की ऐसी की तैसी की जा सके। सच, इस सारी कौम के दिमाग पर सांडे के तेल की मालिश होनी चाहिए।

रात को घर पर लड़ाई। वह भी क्या दिन भर की उलझन का ही परिणाम नहीं थी?

नयी दिल्ली : 12.12.67

सतीश ने बहुत बोर किया। हर चन्द सालों के बाद आप अचानक अफ्रीका से आ नमूदार होते हैं। हर बार बात इस तरह करते हैं जैसे पन्द्रह साल पहले शिमला की माल रोड पर हुई बातचीत अभी हमारे दिमाग में ताज़ा हो। कभी-कभी किस हद तक बदल जाता है आदमी पन्द्रह सालों में—और कभी-कभी किसी हद तक नहीं बदलता। कुछ तो वह नशे में था, इसलिए उसकी बातें असम्बद्ध और बचकाना लगीं—पर असल बात यही थी कि यहाँ से जाने के बाद उसने इतने साल बाहर गुज़ारे हैं, चेहरे पर माँस चढ़ाया है, शादी की है, चार बच्चे पैदा किये हैं, पर रहा वह वही का वही है—उतना ही एब्रप्ट और उतना ही असंगत। जीता वह आज भी शिमला की माल पर ही है—'तुम्हें याद है, एक दिन जब हम लोग' के आधार पर। इससे एक तरफ़ उम्र का बहुत एहसास होता है, दूसरी तरफ़ बिलकुल नहीं होता। वह सब कुछ जो मुझे इतना पीछे रह गया लगता है, उसकी ज़बान से कल का-सा लगने लगता है। पर 'दोज़ वर द डेज़, पार्टनर, दोज़ वर द डेज़,' कह कर वह ख़ुद भी उम्र रसीदा हो जाता है, दूसरे को भी कर देता है।

जहाँ-जहाँ भी वह मेरे साथ बैठा, वहीं-वहीं चल रही बातचीत के बीच अपनी फुलझड़ियाँ छोड़ता रहा। 'पिछले पन्द्रह साल से मैं उसे बुला रहा हूँ कि यह वहाँ आये, पर यह आता ही नहीं।' 'इस अप्रैल में इसे वहाँ आना ही है और एक बुक लिखनी है।' मैंने इससे कहा है कि 'पार्टनर एक ऐसी बुक लिखो कि बस मज़ा ही आ जाये।' 'भाषा का झगड़ा—यह क्या नॉनसेंस है यहाँ? आप लोग इंटेलेक्चुअल्ज़ हैं, पार्टनर, आप लोगों को कुछ करना चाहिए। एकदम रेवोल्यूशन ले आना चाहिए। वरना इस मुल्क का कुछ नहीं होने का। सब लोग स्टुपिड हैं यहाँ। मेरे बच्चों को चंडीगढ़ में एडमिशन ही नहीं मिल रहा। यह भी कोई मुल्क है, मैं हिन्दुस्तान में रहता तो कुछ बन भी जाता—अब मेरा क्या हो सकता है?'

और चलते वक्त आप कह रहे थे कि कल शाम अपन लोगों को ज़रूर साथ बितानी है—'कहीं बैठकर पियेंगे'—और साथ ही यह बता रहे थे कि कल शाम उन्हें फ़ुरसत नहीं है—'मैं कल बिस्मिल्ला खाँ की शहनाई सुनना चाहता हूँ। पचीस का, पचास का, जितने का टिकट मिलेगा, लेकर जा बैठूँगा। अपनी तो म्यूज़िक में जान है, पार्टनर। तुम्हें तो पता ही है।'

नयी दिल्ली : 15.1.68

पहली तारीख को बलवन्त गार्गी के यहाँ बैठे हुए सोचा कि ऊपर-नीचे के दोनों फ़्लैटों का किराया भरना मुश्किल पड़ रहा है, इसलिए नीचे का फ़्लैट छोड़ दिया जाए। दो तारीख को अनीता से बात की। तीन तारीख को मिस्टर चोपड़ा को कहला दिया कि शायद अप्रैल से हमें निचला फ़्लैट छोड़ देना पड़े। पाँच को फिर कहा कि छह हफ़्ते बाद इस सम्बन्ध में निश्चित बता दूँगा। सात को अनीता, पुरवा को ऊपर बुला लिया—ट्रायल के लिए। सात की रात बिना रुई के और आठ की रात कानों में रुई डालकर सोया। नौ को सुबह तय कर लिया कि अभी नीचे का फ़्लैट खाली कर देंगे। नौ की दोपहर की मुख्य सामान ऊपर मँगवा लिया। शाम को अनीता को कुछ दिनों के लिए, लोधी कालोनी भेज दिया। दस, ग्यारह और बारह को सामान सेट किया। तेरह, चौदह को बिजली की फ़िटिंग्ज एडजस्ट करायी। अब बाकी हैं किताबें और फालतू सामान की पेटियाँ नीचे से मँगवाना, किचन के शेल्फ़ नीचे से उठवाकर ऊपर लगवाना और फोन का सॉकेट बदलवाना। सब सेट हो जाने के बाद पुरवा को बुला लाऊँगा। तब ठीक से पता चलेगा कि सही किया है या गलत।

19.5.68

रेखा-चमन की घटना इतवार 28.4.68 को हुई थी। उस दिन रेखा आयी। इन्दर के साथ। पहले घंटा भर यहाँ। फिर कॉफ़ी हाउस में। वहाँ शीला के सामने बातचीत। फिर रेखा, शीला दोनों यहाँ। शाम छह बजे तक बातचीत।

रात को चमन आया। गोर्डन का खाना था। उसके बाद एक बजे तक उससे बातचीत।

29 को फिर बात रेखा से फोन पर। उस 30 की रात चमन फिर आया। फिर देर तक उससे बातचीत। उस रात मन्नू का खाना था।

1 की रात को रेखा, शीला से लम्बी बातचीत। रेखा को dissuade करने की कोशिश। असफलता।

2 की शाम को वह फ़्लाई कर गयी। बाद में चमन के साथ रात को। उसका कहना, 'बुई कहती है कि...।'

बीच में दो-एक बार वह आया। घंटों बैठकर rambling करता रहा।

रेखा 14 को लौट आयी। आकर उसने फोन नहीं किया।

12 को चमन, शीला आये थे। उस दिन घर पर नहीं था। कल चमन फिर आया। रात को देर तक बैठा रहा। कल फिर उसने वैसी ही एक बात कह दी। 'सन्तोष ने शीला से कहा है कि...।'

तब से जो मूड ऑफ़ हुआ अब तक ठीक होने में नहीं आया।

चमन के नाम पत्र लिखा है, पर पोस्ट नहीं करूँगा।

My dear Chaman,

I am writing this after an extremely agonising night. You had said a similar thing on the 2nd night and it has taken me all these days to get over the pain. As all such pain has a stupefying effect on me and paralyses my capacity of work, I think the best thing to do under the circumstances will be to avoid meeting each other till the things get resolved into some shape and you feel better organised mentally.

Sincerely
Rakesh

❑❑❑

स्थापित 1912
100 वर्षों की
श्रेष्ठ प्रकाशन परम्परा
राजपाल

राजपाल एण्ड सन्ज़ की स्थापना एक शताब्दी पूर्व 1912 में लाहौर में हुई थी। आरम्भिक दिनों में अधिकतर धार्मिक, सामाजिक और देश-प्रेम की पुस्तकें प्रकाशित होती थीं और हिन्दी के अतिरिक्त अंग्रेज़ी, उर्दू व पंजाबी भाषा में भी पुस्तकें प्रकाशित की जाती थीं।

1947 में भारत-विभाजन के बाद राजपाल एण्ड सन्ज़ को नए सिरे से दिल्ली में स्थापित किया गया और साहित्यिक पुस्तकों के प्रकाशन का आरम्भ हुआ। रामधारी सिंह दिनकर, महादेवी वर्मा, बच्चन, अज्ञेय, शिवानी, आचार्य चतुरसेन, विष्णु प्रभाकर, राजेन्द्र यादव, मोहन राकेश, रांगेय राघव, कमलेश्वर और अन्य साहित्यिक लेखकों की कृतियाँ यहाँ से प्रकाशित होने लगीं। राजपाल एण्ड सन्ज़ से प्रकाशित *मधुशाला, कुरुक्षेत्र, मानस का हंस, आवारा मसीहा, कितने पाकिस्तान, आषाढ़ का एक दिन* जैसी पुस्तकें हिन्दी साहित्य की 'क्लासिक पुस्तकें' मानी जाती हैं और आज भी लोकप्रियता के शिखर पर हैं। भारत के राष्ट्रपतियों और प्रधानमंत्रियों की पुस्तकें प्रकाशित करने का गौरव भी राजपाल एण्ड सन्ज़ को प्राप्त है। नोबेल पुरस्कार से सम्मानित अर्थशास्त्री डॉ. अमर्त्य सेन की सभी पुस्तकों के हिन्दी अनुवाद यहाँ से प्रकाशित हैं। अन्तरराष्ट्रीय चर्चित पुस्तकों के अनुवाद, विश्वविख्यात कोशकार डॉ. हरदेव बाहरी द्वारा सम्पादित 'राजपाल' शब्दकोशों की शृंखला और किशोरों के लिए सैकड़ों पुस्तकें राजपाल एण्ड सन्ज़ से प्रकाशित हुई हैं।

पाठकों के स्वस्थ और सुरुचिपूर्ण मनोरंजन और ज्ञानवर्धन के लिए समर्पित राजपाल एण्ड सन्ज़ से हिन्दी और अंग्रेज़ी में पुस्तकें प्रकाशित होती हैं जो देश के सभी बड़े पुस्तक-विक्रेताओं और विश्व भर के ऑनलाइन विक्रेताओं के यहाँ उपलब्ध हैं।

राजपाल एण्ड सन्ज़

1590 मदरसा रोड, कश्मीरी गेट, दिल्ली-6, फोन: 011-23869812, 23865483
email: sales@rajpalpublishing.com, facebook: facebook.com/rajpalandsons
website: www.rajpalpublishing.com

मोहन राकेश की चर्चित पुस्तकें

मोहन राकेश के संपूर्ण नाटक

नाटककार मोहन राकेश के सभी नाटकों को एक साथ पूरी समग्रता में, इस पुस्तक में प्रस्तुत किया गया है। इसमें सभी नाटकों के मूल पाठ सभी संस्करणों की लेखकीय भूमिकाएं औ सृजन-प्रकिया पर प्रकाश डालने वाले उद्धरण राकेश की डायरी से दिये गए हैं। साथ ही इन नाटकों के निर्देशकों, समीक्षकों और कलाकार के आलेख एवं वक्तव्य हैं। भारत और विदेश में राकेश के नाटकों की रंगमंचीय प्रस्तुतियों व छायाचित्र इस पुस्तक में एक स्थान पर पहल बार दिए गए हैं।

इसके संपादक नेमिचन्द्र जैन सुप्रसिद्ध नाट्यसमीक्षक और साहित्यकार हैं। उनक विस्तृत संपादकीय भूमिका इस पुस्तक का विशेष आकर्षण है।

ISBN: 9788170281528
पृष्ठ: 472

मोहन राकेश की चर्चित पुस्तकें

आषाढ़ का एक दिन

'आषाढ़ का एक दिन' सन् 1958 में प्रकाशित और नाटककार मोहन राकेश द्वारा रचित हिन्दी नाटक है। कभी-कभी इस नाटक को हिन्दी नाटक के आधुनिक युग का प्रथम नाटक कहा जाता है। 1959 में इसे वर्ष का सर्वश्रेष्ठ नाटक होने के लिए 'संगीत नाटक अकादमी पुरस्कार' मिला था। कई प्रसिद्ध निर्देशक इसे मंच पर भी ला चुकें हैं। वर्ष 1979 में निर्देशक मणि कौल ने इस नाटक पर आधारित एक फिल्म भी बनाई थी, जिसने आगे जाकर साल की सर्वश्रेष्ठ फ़िल्म का 'फ़िल्म फ़ेयर पुरस्कार' जीता। 'आषाढ़ का एक दिन' महाकवि कालिदास के निजी जीवन पर केन्द्रित है, नाटक का कथानक कालिदास और उनकी बचपन की प्रेमिका मल्लिका के इर्द-गिर्द घूमता है।

ISBN: 9788170284000
पृष्ठ: 128

मोहन राकेश की चर्चित पुस्तकें

मोहन राकेश की सम्पूर्ण कहानियाँ

1947 से 1969 तक उनकी लिखी सभी 66 कहानियाँ इस संग्रह में सम्मिलित हैं। यदि कहानियाँ क्रमानुसार परखी जायें तो उनमें निरन्तर लेखकीय विकास मिलता है। कथा-शिल्प में तो मोहन राकेश माहिर थे और थोड़े से शब्दों में बहुत कह जाना उनकी विशेषता थी जो इस बात का प्रमाण है कि भाषा पर उनका कितना अधिकार था। उनकी कुछ कहानियों की पृष्ठभूमि शहरी मध्यवर्ग है तो कुछ कहानियों में भारत विभाजन के दर्द की पुकार सुनाई देती है, लेकिन हर एक कहानी पाठक के दिल और दिमाग पर अपनी अमिट छाप छोड़ जाती है।

ISBN: 9788170282280
पृष्ठ: 528

मोहन राकेश की चर्चित पुस्तकें

न आने वाला कल

प्रख्यात लेखक मोहन राकेश ने उपन्यास बहुत कम लिखे हैं परन्तु वे बहुत ही लोकप्रिय हुए हैं। 'न आने वाला कल' आधुनिक तेजी से बदलते जीवन तथा व्यक्ति और उनकी प्रतिक्रियाओं पर बहुत प्रसिद्ध उपन्यास है जो आर्थिक संघर्ष, स्त्री-पुरुष सम्बन्ध तथा साहित्य और कला की दुनिया को बड़ी सूक्ष्मता से चित्रित करता है। यह उपन्यास प्रकाशित होते ही चर्चा का विषय बन गया था और अनेक युवक-युवती इसके चरित्रों में अपनी जीवन की झाँकी पाते थे।

आज भी यह उपन्यास उतना ही पठनीय तथा रोचक है, और लेखन के क्षेत्र में एक मानक का स्थान ग्रहण कर चुका है।

ISBN: 9788170283096
पृष्ठ: 160

मोहन राकेश की चर्चित पुस्तकें

पैर तले की ज़मीन

कहानी और उपन्यास के अतिरिक्त मोहन राकेश ने हि
नाटक के क्षेत्र में भी महत्त्वपूर्ण योगदान किया और शीघ्र
बहुत लोकप्रिय हो गये। उनके 'आषाढ़ का एक दिन'
'आधे-अधूरे' ने प्राचीन और आधुनिक दोनों प्रकार के रं
में नई ज़मीन तोड़ी और अन्य नाटक भी बहुत पसन्द
गये।

'पैर तले की ज़मीन' भी इसी परम्परा में उनका एक
नाटक है जो संकट की परिस्थिति में मनुष्य के व्यवहार
व्यक्त करता है।

ISBN: 9788170282778
पृष्ठ: 100

मेरी प्रिय कहानियाँ

हिन्दी कहानी को कथा और शैली दोनों ही दृष्टियों से
दिशा देने वाले लेखकों में मोहन राकेश का अग्रणी स्थान
उन्होंने कम ही लिखा परंतु उनकी अनेक कहानियाँ सा
की अमर निधि बन गईं। प्रस्तुत संकलन में उनकी अप
द्वारा चुनी हुई कहानियाँ हैं तथा अपने लेखन व रचना प्रा
के संबंध में विशेष रूप में लिखी गई भूमिका भी है।

ISBN: 9789350640623
पृष्ठ: 120